LA
POPULATION FRANÇAISE

LA
POPULATION FRANÇAISE

HISTOIRE DE LA POPULATION

AVANT 1789

ET

DÉMOGRAPHIE DE LA FRANCE

COMPARÉE A CELLE DES AUTRES NATIONS

¡AU XIX· SIÈCLE

PRÉCÉDÉE D'UNE

INTRODUCTION SUR LA STATISTIQUE

PAR

E. LEVASSEUR

MEMBRE DE L'INSTITUT

TOME TROISIÈME

PARIS
ARTHUR ROUSSEAU
ÉDITEUR
14, rue Soufflot et rue Toullier 13

1892

LIVRE IV

LES LOIS DE LA POPULATION ET L'ÉQUILIBRE DES NATIONS

I

POPULATION CONSIDÉRÉE DANS SA RELATION AVEC LA RICHESSE

CHAPITRE PREMIER.

MALTHUS ET LES LOIS D'ACCROISSEMENT DE LA POPULATION.

Sommaire. — Nouvel aspect du sujet — Malthus et son ouvrage — Les deux progressions de Malthus — L'insuffisance des remèdes proposés contre l'excès de population, d'après Malthus — Les antécédents de la loi de Malthus — Le libéralisme de Malthus — Critique des deux propositions de Malthus et de la contrainte morale — Les disciples et les adversaires de Malthus — Les lois expérimentales du progrès de la population.

Nouvel aspect du sujet. — Dans l'étude de la démographie à laquelle le Livre II de cet ouvrage est consacré, les chiffres dominaient et s'imposaient en quelque sorte. Le rôle de l'écrivain consistait, en premier lieu, à les enregistrer et à en apprécier la valeur ; en second lieu, à en mettre les rapports en évidence : il faisait œuvre de statisticien.

Dans le présent livre, quoique nous continuions à nous appuyer sur les faits qui seuls fournissent une base solide à la plupart de nos conclusions, notre marche sera plus dégagée du bagage des nombres ; nous nous appliquerons principalement à établir des lois et à déduire les conséquences économiques ou politiques de l'état des choses, tel que nous l'avons constaté déjà ou que nous le constaterons dans la suite de cette étude.

Malthus et son ouvrage. — On ne saurait traiter des lois de la population sans discuter la théorie à laquelle Malthus a attaché son nom. On cite plus souvent le nom de cet auteur qu'on ne lit son ouvrage. Nous nous proposons de le discuter, mais d'abord pour le juger lui et son œuvre, il faut placer l'un et l'autre dans leur temps et dans leur pays.

Malthus était un pasteur. Il avait trente-deux ans (1), lorsqu'en

______

(1) Malthus est né en 1766 ; la première édition de son ouvrage parut en 1798.

1798 il écrivit son premier essai sur la population pour répondre à un article dans lequel Godwin accusait les riches d'aggraver par leur égoïsme la misère des pauvres (1). Convaincu de la vérité et de l'importance du principe qu'il avait posé, il s'attacha à le fortifier par des preuves ; pour cela il entreprit de patientes recherches de statistique et donna, cinq ans plus tard, un volume in-4°, dont son premier travail constituait le noyau (2). L'ouvrage, qui avait eu déjà du succès, en eut un plus complet sous sa nouvelle forme, et l'auteur eut la satisfaction d'en publier en 1817 la cinquième édition, ajoutant chaque fois des notes, des dissertations, des appendices et grossissant le volume sans se préoccuper de fondre dans un ensemble proportionné ces pièces de rapport. Aussi son ouvrage n'a-t-il pas le mérite d'une composition bien ordonnée et d'une lecture facile.

Les deux progressions de Malthus. — On peut dire que le premier chapitre de l'ouvrage contient toute la doctrine de l'auteur et que le reste n'est qu'un long appendice composé de commentaires et de conséquences.

Au nombre des causes qui ont arrêté les progrès de la population ou l'accroissement du bonheur des hommes, Malthus place, dès le début, « la tendance constante qui se manifeste dans tous les êtres vivants à accroître leur espèce plus que ne comporte la quantité de nourriture qui est à leur portée » (3). De l'exemple de l'Amérique du Nord, il se croit en droit de tirer la proposition suivante : « Nous pouvons tenir pour certain que lorsque la population n'est arrêtée par aucun obstacle, elle

---

(1) Godwin avait publié dans l'*Inquirer*, qu'il dirigeait, un « Essai sur l'avarice et la prodigalité. »

(2) « La première édition de cet ouvrage parut en 1798. Ce fut un écrit de M. Godwin qui me mit la plume à la main... Je suivis l'impulsion du moment et j'employai les matériaux que j'avais à ma portée à la campagne... — Plus je considérai mon sujet sous ce point de vue (celui de l'inutilité des efforts faits par les classes supérieures pour soulager les souffrances des pauvres), plus il me parut acquérir d'importance. Ce sentiment m'engagea à me livrer à quelques recherches historiques pour reconnaître l'influence du principe de population... En me livrant à ces recherches, je m'aperçus qu'on avait fait beaucoup plus que je ne l'imaginais... Il restait beaucoup à faire... On avait bien établi que la population doit être maintenue au niveau des moyens de subsistance, mais on s'était peu occupé des moyens par lesquels ce niveau peut être maintenu. » Préface de l'édition de 1803.

(3) Les citations sont tirées de la traduction de MM. Prevost.

va doublant tous les vingt-cinq ans et croît de période en période selon une progression géométrique. »

Tout en déclarant qu'il est « moins aisé de déterminer la mesure de l'accroissement des productions de la terre, » il affirme que les moyens de subsistance, dans les circonstances les plus favorables à l'industrie, ne peuvent jamais augmenter plus rapidement que dans une progression arithmétique ».

Il termine en rapprochant ces deux propositions. « Portons à mille millions le nombre des habitants de la Terre ; la race humaine croîtrait comme les nombres 1, 2, 4, 8, 16, 32, 64, 128, 256 ; tandis que les subsistances croîtraient comme ceux-ci : 1, 2, 3, 4, 5, 6, 7, 8, 9. Au bout de deux siècles, la population serait aux moyens de subsistance comme 256 est à 9 ; au bout de trois siècles, comme 4,096 est à 13, et après deux mille ans, la différence serait immense et comme incalculable (1) ».

Il ne croit même pas que l'augmentation des subsistances puisse se produire indéfiniment, et conclut qu'en admettant même cette hypothèse, il faut, pour maintenir le niveau, qu'à chaque instant une loi supérieure fasse obstacle aux progrès de la population, et que « la dure nécessité la soumette à son empire » (2).

Le second chapitre est consacré à l'étude de l'obstacle que l'auteur divise en préventif et positif « preventif check, positive check ». Le premier est volontaire et procède du sentiment de la prévoyance qui distingue l'homme de la brute ; il est excellent quand il s'appelle chasteté, « moral restraint », et qu'il empêche l'homme de céder au désir de fonder une famille tant qu'il n'a pas les moyens de la faire vivre ; il est détestable quand il a sa source dans le vice et le libertinage. L'obstacle positif ou des-

---

(1) Malthus revient sur ce principe en maint passage de son livre. (Voir édition Guillaumin, pages 10, 11, 20, 190, 234, 315, 329, 331, 333, 334, 355, 457, etc.)

(2) Dans l'édition de 1803, il avait été plus brutal dans l'expression. Car il avait écrit quelque part : « Un homme qui naît dans un monde déjà occupé, si sa famille ne peut plus le nourrir, ou si la société ne peut utiliser son travail, n'a pas le moindre droit à réclamer une portion quelconque de nourriture, et il est réellement de trop sur la terre. Au grand banquet de la nature, il n'y a point de couvert mis pour lui. La nature lui commande de s'en aller et elle ne tarde pas à mettre elle-même cet ordre à exécution. » Ses adversaires lui ayant reproché cette phrase, il la retrancha des éditions suivantes ; ce qui n'a pas empêché d'autres adversaires de la lui reprocher encore.

tructif, qu'il s'appelle famine, épidémie, guerre ou misère, est toujours un malheur pour l'humanité (1).

Malthus résume ainsi, en les complétant, ses conclusions :

1. La population est nécessairement limitée par les moyens de subsistance.

2. La population croît invariablement partout où croissent les moyens de subsistance, à moins que des obstacles puissants et manifestes ne l'arrêtent.

3. Ces obstacles particuliers et tous ceux qui, arrêtant le pouvoir prépondérant, forcent la population à se réduire au niveau des moyens de subsistance, peuvent tous se rapporter à ces trois chefs, la contrainte morale, le vice et le malheur.

Le reste du premier livre et le second contiennent des exemples tendant à montrer la manière dont la nature ou les hommes ont fait obstacle à ce progrès « dans les parties du monde les moins civilisées et dans le passé » et « dans les différents États de l'Europe moderne ». Ce sont les preuves de la thèse, mais à l'époque où Malthus écrivait, l'économie sociale des peuples sauvages était moins bien connue que de nos jours et la statistique de la population commençait à peine chez les peuples civilisés.

Les voyages de Cook en Océanie et les relations sur les Peaux-Rouges de l'Amérique lui ont fourni des exemples de la vie misérable que mènent les races sauvages, incapables de cultiver la terre ; mais ils ne lui ont pas donné la mesure de leur mortalité (2).

En Europe il n'y avait guère, lorsqu'il entreprit d'écrire, que les États scandinaves dont la statistique contint des séries de faits démographiques : il s'en est servi ; il s'est servi aussi de Süssmilch et de Necker ; mais il ne paraît pas avoir eu connaissance des ouvrages de Deparcieux et de Moheau, et, dans les éditions successives de son livre, il n'a jamais fait usage du recensement

---

(1) Malthus suppose trois phases successives : 1º équilibre de la population et des subsistances ; 2º excès de population et par suite salaires abaissés et misère du pauvre ; 3º mortalité considérable par l'influence des obstacles positifs, diminution des mariages, effort plus grand pour cultiver la terre et, par suite, rétablissement de l'équilibre. Il s'en faut de beaucoup que les choses se passent ainsi.

(2) Chez tous les peuples sauvages (Amérique, Océanie, Afrique), Malthus montre que la chasse et la pêche ne procurent pas d'aliments, que la population est limitée par les disettes, les guerres presque perpétuelles, la condition misérable des femmes, l'immoralité, les épidémies, l'anthropophagie, l'esclavage, — chez les Musulmans il signale la polygamie, — au Thibet la polyandrie.

de la population de la France en 1806. Certains faits qu'il cite comme des arguments et qui appartiennent au xviiie siècle ne se produisent plus de nos jours et étaient déjà hasardés en l'an 1800 (1).

Malthus prend même parfois, sur des témoignages insuffisants (2), des conclusions qui sont en contradiction avec les faits actuels (3).

Le lecteur est cependant en droit d'exiger de lui des preuves précises et concluantes, puisque ce n'est pas seulement une tendance de la race humaine à multiplier qu'il indique, mais un rapport mathématique qu'il veut fixer. Il revient à maintes reprises sur cette question : « c'est la base de toute sa doctrine », dit-il (4). S'il a avoué avoir exagéré parfois le mal afin de mieux faire voir le danger, il n'a jamais renoncé à l'antithèse des deux progressions dans laquelle il avait une foi entière. Ce sont des commentateurs qui ont plus tard atténué l'expression de la formule en vue de désarmer la critique.

L'insuffisance des remèdes proposés contre l'excès de population, d'après Malthus. — Fort de son principe, Malthus démontre l'inanité des systèmes égalitaires, tels que celui d'Owen qui se flattait de supprimer la misère en partageant les fortunes ou en assurant à tout membre de la communauté des aliments. Il a complètement raison sur ce point. Les institutions sociales

---

(1) Il dit par exemple : « En France, la tendance à peupler est si forte et le défaut de prévoyance parmi les classes inférieures si frappant... (p. 521). » « Les mariages, en Angleterre, sont plus tardifs qu'en France (p. 593) ».

(2) La population de la Suède ayant augmenté de 2,219,000, en 1751, à 3,043,000, en 1799, et son état n'ayant pas empiré, Malthus conclut à une augmentation des subsistances. Il constate aussi une certaine augmentation en Norvège et il regarde le service militaire et le grand nombre de domestiques comme des obstacles à un accroissement plus rapide.

(3) C'est ainsi qu'il dit qu'il y a eu de tout temps en France une faible proportion d'adultes (p. 220, édition Guillaumin), que les mariages sont tardifs en Angleterre (p. 236 et 267).

(4) Il dit cependant : « Rien de plus difficile que de poser là-dessus des règles sans exception. On peut dire en général que lorsque la faculté de gagner sa vie augmente, elle tend à produire un rapport plus grand des mariages à la population. » L'observation est vraie dans certaines limites que nous avons indiquées dans le livre précédent. Malthus ajoute avec raison qu'une accélération de bien-être peut donner plus de fierté à la population et, dans ce cas, n'accroître le nombre ni des mariages, ni des naissances, mais diminuer celui des décès.

qui dispensent l'homme de la prévoyance risquent d'aggraver la misère à laquelle elles prétendent remédier ; car, sans augmenter la somme totale des richesses, elles invitent un nombre indéfini d'individus à en prendre gratuitement une part et elles suppriment l'aiguillon de la nécessité qui force la foule des paresseux à travailler pour l'accroître.

Des utopies égalitaires à la taxe des pauvres, il n'y a pour Malthus qu'une différence de degré : l'erreur au fond est, suivant lui, la même. C'est surtout pour la combattre qu'il a écrit. Il ne déconseille pas la charité privée ; mais il lui semble que toute charité faite sans discernement, surtout la charité légale (1), est préjudiciable à la prospérité d'une nation, parce qu'elle entretient et multiplie les indigents, et qu'en encourageant les naissances dans les classes dénuées de toutes ressources, elle condamne fatalement la suite de leurs générations à vivre dans le même sentiment et la société à s'appauvrir pour la faire subsister (2). « Presque tout

---

(1) Voir *opere citato*, p. 269, 320, 337, 354, 357, 365, 367 et suiv., etc. Voici comment il s'exprime à ce sujet (p. 516) : « Lorsque le système des lois sur les pauvres aurait été aboli pour la génération naissante, si quelque homme jugeait à propos de se marier sans avoir l'espérance de pouvoir nourrir sa famille, je pense qu'il devrait être laissé à lui-même et jouir à cet égard de la plus entière liberté. Bien que, à mon avis, un tel mariage soit une action manifestement immorale, elle n'est pas du nombre de celles que la société doit se charger de punir ou de prévenir d'une manière directe... Livrons donc cet homme coupable à la peine prononcée par la nature, Il a agi contre la voix de la raison, qui lui a été clairement manifestée ; il ne peut accuser personne et doit s'en prendre à lui-même si l'action qu'il a commise a pour lui de fâcheuses suites. » Malthus, dans ce passage, semble ne songer qu'à l'Angleterre et à la loi des pauvres, telle qu'elle était appliquée de son temps et il parle avec une certaine dureté — laquelle n'est cependant pas sans élévation philosophique, puisqu'elle part d'un vif sentiment de la responsabilité individuelle — des pauvres assistés.

On peut répondre à Malthus que, si l'on considère les lois générales de la population, la diminution du nombre des mariages pauvres de cette catégorie ne réduirait que d'une faible quantité la croissance d'une population telle que celle de la France et risquerait d'augmenter le nombre des naissances illégitimes ; que presque tous les maris ont l'espérance de pouvoir nourrir leur famille, mais que cette espérance est parfois trompée par les accidents de la vie, d'où résulte une part considérable de l'indigence. Nous reviendrons sur cette question dans le chapitre IV du Livre IV.

(2) Il blâme les encouragements au mariage ; mais il déclare, d'autre part (p. 380), qu'il n'a jamais voulu aucune loi qui défendît le mariage aux pauvres ; ce qu'il désire, c'est l'abolition graduelle des lois sur les pauvres. « Je suis persuadé que si les lois des pauvres n'avaient jamais existé en Angleterre, bien qu'il y eût peut-être un petit nombre de cas ajoutés à ceux où se fait sentir la plus dure détresse, la somme totale du bonheur eût été plus grande chez le peuple qu'elle ne l'est à présent (p. 367) ». Plus loin il ajoute : « Pendant la guerre, les salaires se sont beaucoup plus élevés, là où il y avait le moins d'assistance ».

ce qu'on a fait jusqu'ici pour soulager les pauvres, dit-il, a tendu à jeter sur ce sujet un voile d'obscurité et à cacher aux malheureux la vraie cause de leur misère. Tandis que le salaire du travail est à peine suffisant pour nourrir deux enfants, un homme se marie et en a cinq ou six à sa charge (p. 484)... Puisque nous avons reconnu qu'en augmentant le nombre des ouvriers nous n'avons fait qu'aggraver les symptômes de cette funeste maladie, *je souhaiterais qu'on essayât maintenant d'en diminuer le nombre* (p. 486) ».

Il veut avertir l'Angleterre du péril qui la menace de ce côté. Il ne la croit pas gravement compromise, car le sentiment de l'orgueil national lui fait dire à plusieurs reprises que son pays est dans une situation meilleure que les États du continent. Mais, comme il éprouve une vive sollicitude pour les ouvriers et pour les pauvres — c'est bien à tort que des critiques malveillants lui ont prêté des sentiments contraires, — il leur souhaite des salaires élevés ; c'est pourquoi il les engage à ne pas se faire entre eux une concurrence désastreuse par une multiplication trop rapide (1).

Il ne blâme pas l'émigration. Cependant il la regarde comme un palliatif de médiocre effet et de peu de durée, parce que, si l'imprévoyance subsiste, les naissances ne tardent pas à combler le vide (2).

---

(1) Il croit, avec l'école anglaise de son temps, que le salaire est déterminé par le rapport qui existe entre le nombre des ouvriers et le fonds des salaires, c'est-à-dire le capital destiné à payer les ouvriers. Il pense que, si le capital est employé tout entier ou en très grande partie à la production des subsistances, la situation de l'ouvrier est bonne pour un temps ; que, si ce capital au contraire est appliqué tout aux manufactures, il y a une augmentation du salaire nominal à laquelle ne correspond pas un accroissement réel, à cause du renchérissement des vivres, et la situation de l'ouvrier est mauvaise ; que d'ailleurs l'abondance des vivres n'a qu'un effet temporaire, parce que la population ne tarde pas à augmenter dans la même proportion et qu'il n'y a d'amélioration sérieuse que lorsqu'il s'est produit un changement définitif dans le goût de la classe ouvrière pour le bien-être (V. chap. 13).

(2) Cependant il ne veut pas qu'on l'interdise : « C'est une injustice à un Gouvernement de l'empêcher, car c'est maintenir pour toute la classe ouvrière les bas salaires. » En parlant de l'émigration dans les colonies d'Amérique avant la révolte, il ajoute : « Mais pendant le cours de ces années d'émigration, je demanderai si, en Angleterre, le peuple a cessé d'être en proie au besoin ; si tout homme a pu s'y marier en pleine sécurité avec l'assurance de pouvoir élever une nombreuse famille sans recourir à l'assistance légale. J'ai le droit de penser que la réponse ne sera pas affirmative. » (p. 450). Et plus loin, résumant sa pensée, il ajoute : « Il est donc certain *que l'émigration est absolument insuffisante pour faire place à une population sans limite.* Mais envisagée comme expédient *partiel* et à temps, propre à étendre la civi-

Il ne marque pas une vive sympathie pour les colonies dont il montre les débuts toujours pénibles (1).

Il ne blâme pas l'importation des blés : c'est une conséquence légitime de la liberté du travail. Mais il la croit aussi d'une médiocre importance pour l'alimentation publique. Il aurait sans doute parlé autrement s'il avait été témoin des progrès de la navigation à vapeur. Il considère même comme dangereux l'état économique d'une population, telle que celle de Venise ou d'Amsterdam, qui tirant sa subsistance de l'étranger, est exposée à déchoir quand les courants commerciaux changent (2) : en quoi il n'a pas complètement tort ; mais il ne faut pas juger d'un pays tel que l'Angleterre comme d'une ville (3).

Il n'est pas enthousiaste de la petite propriété dans laquelle il croit apercevoir un encouragement à l'accroissement inconsidéré de la population (4). Aujourd'hui, au contraire, une école de philanthropes dénonce le morcellement de la propriété comme un obstacle au progrès de la population de la France : ces deux opinions contradictoires ne sont pas l'une plus que l'autre démontrées par les faits.

Devant l'insuffisance de ces remèdes et dans l'état des choses de son temps, Malthus déclare que les épidémies sont nécessaires (5). Il croirait volontiers, comme Proudhon, que la guerre est sainte, parce qu'il entre dans les desseins de la Providence que les hommes s'entretuent pour ne pas encombrer la terre.

C'est pour échapper à cette fatalité qu'il recommande le « moral restraint, » la contrainte morale. Il veut que l'homme ne se laisse pas emporter comme la goutte d'eau dans le courant, qu'il réagisse par la volonté et la vertu, qu'il se marie tard tant qu'il n'a pas les moyens d'élever des enfants, et qu'il reste chaste tant qu'il n'est pas marié : « *tarda Venus* ». Il est juste de louer le sentiment de dignité humaine et de responsabilité qui l'inspire, mais il est permis de douter de l'efficacité du moyen qu'il propose.

---

lisation et la culture sur la face de la terre, *l'émigration paraît utile et convenable.* » (Voir *opere citato*, p. 274, 352, etc.).

(1) Voir *opere citato*, p. 246 et suiv.

(2) Voir le chapitre suivant.

(3) Voir *opere citato*, p. 434, 436, 437, 440, 441, 148, etc.

(4) Voir *opere citato*, p. 216, 233, 265, 305, etc.

(5) Voir *opere citato*, p. 307, 310, 312, etc.

Les antécédents de la loi de Malthus. — Si Malthus s'était contenté de dire qu'il faut des aliments pour que les hommes vivent et que toute population est nécessairement limitée par les subsistances que produit la culture ou que procure le commerce, il aurait affirmé une vérité incontestable, mais souvent proclamée, qui n'aurait eu, ni le piquant ni probablement le succès retentissant de l'antithèse malthusienne. L'idée n'était pas neuve. Dans les républiques grecques de l'antiquité dont le territoire était très restreint, des philosophes s'étaient préoccupés de l'excès de population.

Platon, dans les *Lois* comme dans la *République*, s'est déclaré pour l'état stationnaire.

Dans la *République*, où il proclame la communauté des femmes qu'il soumet aux mêmes exercices militaires que les hommes, il n'autorise l'union des sexes qu'entre 25 et 55 ans pour ceux-ci, et entre 20 et 40 pour celles-là ; il n'accepte pour le recrutement de la cité que « les enfants des sujets d'élite » et il relègue « les enfants des sujets inférieurs en quelque endroit secret qu'il sera interdit de révéler ». Socrate ajoute : « Lorsque l'un et l'autre sexe aura passé l'âge fixé par les lois pour donner des enfants à la Patrie, nous laisserons aux hommes la liberté d'avoir commerce avec telles femmes qu'ils jugeront à propos. Les femmes auront la même liberté. Mais on ne la leur permettra qu'après leur avoir enjoint expressément de ne mettre au jour aucun fruit conçu dans un tel commerce et de l'exposer si, malgré leurs précautions, il en naissait un, parce que l'État ne se charge point de le nourrir. — « Rien de plus raisonnable que cette défense » (1), répond son interlocuteur que ce plan n'étonne ni n'effarouche.

Aussi Platon, dans les *Lois* qu'il considère comme plus accommodées aux mœurs de son temps et où il semble renoncer provisoirement à la communauté des femmes, n'est pas moins explicite sur la limitation du nombre des enfants. Il trace l'esquisse d'une cité modèle qu'il compose de 5,040 parts. « Le nombre des foyers sera toujours le même et on ne souffrira pas qu'il soit augmenté ou diminué. Et, pour que ce règlement soit constamment observé dans toute la cité, chaque père de famille n'instituera héritier de la portion qui lui sera échue qu'un seul

---

(1) La *République*, livre V. Traduction Grou.

de ses enfants, celui qu'il jugera à propos... Il y a plusieurs moyens d'obtenir cette uniformité. On peut, d'une part, interdire la génération quand elle est trop abondante ; et, d'autre part, favoriser l'accroissement de la population par toutes sortes de soins et d'efforts. Et, s'il était impossible de s'en tenir au nombre toujours égal de 5,040 familles et que l'union entre les deux sexes produisît une trop grande affluence de citoyens, dans cet embarras il sera toujours libre d'envoyer l'excédent des citoyens s'établir en quelque autre lieu (1) ».

Aristote n'est pas moins déterminé à arrêter toute exubérance de la population.

« Il ne faut pas oublier, dit-il (2), qu'en fixant la quotité des fortunes, il faut aussi fixer la quantité des enfants. Si le nombre des enfants n'est plus en rapport avec la propriété, il faudra bientôt enfreindre la loi et même, sans en venir là, il est dangereux que tant de citoyens passent de l'aisance à la misère, parce que ce sera chose difficile, dans ce cas, de leur ôter le désir des révolutions. » Il dit ailleurs que la faculté génératrice étant limitée à 70 ans au plus pour les hommes et à 50 pour les femmes, il faut interdire aux hommes l'usage du sexe pendant leur croissance, prendre garde que les femmes jeunes meurent plus souvent en couches et fixer le mariage à 18 ans pour les femmes, à 37 pour les hommes (3).

A Rome, vers la fin de la République et sous l'Empire, la disposition des esprits, ou du moins celle du Gouvernement, fut tout autre ; des lois encouragèrent le mariage et frappèrent de peines diverses les célibataires et les ménages sans enfants, jusqu'au temps où le christianisme triomphant réhabilita le célibat.

Beaucoup plus tard, après la longue durée du moyen âge, lorsque se posa, au XVIe siècle, la question de l'équilibre européen, des politiques recommandèrent de nouveau le progrès de la population comme un moyen d'accroître la puissance des États (4). Bodin admirait les lois Julia et Pappia Poppea.

---

(2) *Les Lois*, livre IV, traduction de Grou.
(2) Aristote, *Pol.*, II, 4, § 3.
(3) *Pol.*, IV, 14, § 3 à 6.
(4) Botero, écrivain italien du XVIe siècle, vantait les avantages d'une population nombreuse, mais en faisant observer que la puissance prolifique de l'homme reste toujours la même, tandis que la puissance d'alimentation est un obstacle à la multi-

Dans un édit de Henri IV, sur le desséchement des marais, du 8 avril 1599, on lit : « La force et la richesse des roys et princes souverains consistent en l'opulence et nombre de leurs sujets » (1). Locke, Vauban, Mirabeau et d'autres, professaient cette opinion au xviie et au xviiie siècle (2).

En même temps qu'ils comprenaient la nécessité de préparer plus d'aliments pour un nombre plus considérable de bouches, ils sentaient que dans la plupart des cas, chaque adulte était une force capable de créer par son travail la richesse qui devait le faire vivre. « Partout où il se trouve une place où deux personnes peuvent vivre commodément, disait Montesquieu dans un chapitre de l'*Esprit des lois* (3), il se fait un mariage. La nature y porte assez lorsqu'elle n'est point arrêtée par la difficulté de la subsistance. » Six ans après, Mirabeau écrivait dans l'*Ami des hommes* (4) : « La mesure de la subsistance est celle de la population... Les hommes multiplient comme des rats s'ils ont les moyens de subsister. » Le sentencieux docteur Quesnay, le fondateur de la première école d'économistes, formulait à peu près la même pensée dans une de ses *Maximes* (Maxime XXVI) : « Qu'on soit moins attentif à l'augmentation de la population qu'à l'accroissement des revenus (5) ». Enfin un contemporain de

---

plication du genre humain. Il opposait la « virtù generativa degli uomini » et la « virtù nutritiva della città ». Voir pour les prédécesseurs de Malthus *Die Geschichte und Litteratur der Staatswissenschaften*, par Robert de Mohl, tome III, p. 468 et suiv.

(1) Bodin, De repub., VI, 2.

(2) The number of people is both, means and motives to industry (Berkeley). Voir aussi : *Du principe de population* par J. Garnier, *Les progrès de la science économique depuis Adam Smith*, ch. XX, par M. Block ; *Principes d'économie politique*, livre V, ch. III, par M. Roscher.

(3) Livre XXIII, ch. XX.

(4) Mirabeau, *L'Ami des hommes*, t. I, p. 40 et 52.

(5) La maxime tout entière est ainsi conçue :

XXVI. SONGER AUX REVENUS PLUS QU'A LA POPULATION.

Qu'on soit moins attentif à l'augmentation de la population qu'à l'accroissement des revenus; car plus d'aisance que procurent les grands revenus est préférable à plus de besoins pressants de subsistance qu'exige une population qui excède les revenus, et il y a plus de ressources pour les besoins de l'État quand le peuple est dans l'aisance, et aussi plus de moyens pour faire prospérer l'agriculture.

La note qui, dans l'édition de Dupont de Nemours accompagne cette maxime, se préoccupe surtout du « produit net » et porte que « tant qu'on a des richesses pour bien payer les hommes, on n'en manque pas pour réparer les armées ». Cette remarque n'est pas applicable dans le même sens à la plupart des armées européennes de la fin du xixe siècle.

Malthus, Herrenschwand, qui a vécu solitaire et obscur, écrivait douze ans avant lui : « La production de l'espèce humaine paraît être sans bornes ; sa nourriture au contraire a des limites. »

J. Stewart, dans ses *Recherches sur les principes de l'économie politique,* livre publié dès 1767, mais qui a eu peu de retentissement, s'exprime à peu près dans les mêmes termes : « Un peuple ne peut pas plus s'empêcher de peupler qu'un arbre de pousser. Mais pour vivre il faut se nourrir et, comme tout accroissement a un terme, c'est là que la population s'arrête. »

Le père de l'économie politique moderne, Adam Smith n'a pas abordé de front le problème de la population. Il s'est borné à dire, en traitant du salaire : « Naturellement, toutes les espèces d'animaux multiplient à proportion de leurs moyens de subsistance et aucune espèce ne peut jamais multiplier au delà. Mais, dans les sociétés civilisées, ce n'est que parmi les classes inférieures du peuple que la disette de subsistances peut mettre des bornes à la propagation de l'espèce humaine ; et cela ne peut arriver que d'une seule manière, en détruisant une grande partie des enfants que produisent les mariages féconds de ces classes du peuple (1). »

Malthus, qui ne méconnaissait pas avoir eu des devanciers (2), a le mérite d'avoir attiré l'attention de la science sur ce problème et d'en avoir fait définitivement une des questions fondamentales de l'économie politique. C'est un mérite très réel.

Le libéralisme de Malthus. — Ce n'est pas le seul dont l'économie politique lui soit reconnaissante. Il trouvait l'opinion publique, malgré quelques protestations, favorable à l'accroissement de la population et aux mesures que l'on croyait propres à la stimuler. Il réagit fortement et il est parvenu à détourner pour un temps, ou du moins à diviser le courant. Il avait pris la plume pour répondre à Godwin, qui imputait aux riches et à l'organisation sociale les misères de l'humanité. Il s'étend avec

---

(1) Livre I, ch. VIII. L'annotateur de l'édition Guillaumin, Auguste Blanqui, ajoute en note que « Malthus a été plus loin » et qu'il appartient à « l'économie politique de nos jours », de réagir contre les rigueurs malthusiennes.

(2) C'est surtout en travaillant à la seconde édition, qu'il apprit à connaître ses devanciers. « En me livrant à ces recherches, je m'aperçus qu'on avait beaucoup plus fait en ce genre que je ne l'imaginais. » Préface, p. 2.

raison contre cette doctrine, en revendiquant pour l'homme la responsabilité de ses actes. « La grande erreur de M. Godwin et qui domine dans tout le cours de son ouvrage, est d'attribuer aux institutions humaines tous les vices et toutes les calamités qui troublent la société. Le fait est que les maux causés par les institutions humaines, dont quelques-uns ne sont que trop réels, peuvent être envisagés comme légers et superficiels, en comparaison de ceux qui ont leur source dans les lois de la nature et dans les passions des hommes (1) ». Éclairé par Adam Smith, Malthus repoussa les abus de l'intervention de l'État, comme dans la loi des pauvres, et les chimères des systèmes égalitaires, comme ceux de Godwin lui-même et d'Owen. Convaincu que l'homme fait lui-même sa destinée, il était fermement libéral et il s'appliquait à montrer l'inanité ou le danger des systèmes qui ne le sont pas.

C'est par là particulièrement qu'il a plu aux économistes et déplu aux socialistes. Ni les uns ni les autres ne se sont trompés en le reconnaissant comme un maître ou en le signalant comme un dangereux adversaire, et ils ont accepté ou combattu la loi de Malthus, plus par sentiment peut-être qu'à la suite d'une critique raisonnée de ses propositions. Quoique ces conseils puissent être excellents pour éclairer les inconvénients d'une charité inconsidérée ou d'une trop grande affluence de misérables, ils ne constituent pas une loi scientifique.

Critique des deux propositions de Malthus et de la contrainte morale. — La loi de Malthus et l'originalité principale de l'auteur résident dans l'antithèse des deux progressions du nombre des hommes, et de la quantité des subsistances : or, c'est précisément ce que l'expérience des temps modernes n'a pas justifié.

Examinons successivement ces deux propositions.

D'abord il convient de remarquer que la loi générale des germes dans la nature ne correspond pas à la loi de Malthus. Sans doute, la race humaine possède virtuellement une puissance de multiplication qui dépasse de beaucoup le nombre des humains que la Terre pourrait nourrir ; il y a des mères qui ont eu vingt enfants et plus, et il n'est peut-être pas téméraire de supposer, quoique cette assertion soit une pure hypothèse, qu'une femme pourrait

---

(1) *Opere citato*, p. **329**.

en moyenne avoir une dizaine de rejetons. Mais les animaux dont l'homme se nourrit sont tous plus prolifiques que lui, et les plantes produisent en général beaucoup plus de graines que les animaux ne font de petits. On peut dire que la Providence a multiplié, en vue de la conservation de l'espèce, les moyens de reproduction des êtres d'autant plus libéralement que l'espèce était d'une organisation inférieure et que les germes étaient exposés à plus de causes de destruction, ou, en retournant les termes de la proposition, dire que les espèces inférieures n'ont triomphé de ces obstacles qu'autant que leurs germes étaient très nombreux. Le poisson, qui ne couve pas ses œufs et dont le frai est la proie d'ennemis voraces, en pond infiniment plus que la poule qui soigne ses petits, et la poule à son tour pond beaucoup plus d'œufs et élève plus de poussins dans l'année que la brebis ne nourrit d'agneaux ou la vache de veaux. Les glands d'un chêne peupleraient en quelques années une forêt, si la plupart n'étaient dévorés par les bêtes ou ne pourrissaient à terre. Ce ne sont pas les germes qui manquent dans la nature ; ce sont les moyens de les utiliser.

Malthus n'ignorait pas cette loi. Il aurait répondu que, puisque ce sont les moyens qui manquent et que beaucoup de germes sont condamnés à la destruction, il importe que l'humanité sache, par sa prévoyance, se soustraire à cette dure loi de la nature.

Mais où Malthus a-t-il vu que la race humaine multipliait en progression géométrique ? Il cite les États-Unis. Nous pourrions aujourd'hui lui suggérer quelques autres exemples ; mais ils seraient tous empruntés, comme celui des États-Unis, à des pays dans lesquels les colons sont venus, armés de toutes les ressources d'une vieille civilisation, dans des pays neufs faire valoir d'immenses territoires, et où l'accroissement de la population est le résultat combiné de l'immigration et de la fécondité. La population d'Europe, s'étant élevée depuis le commencement du XIXᵉ siècle jusqu'en 1889 de 175 à 360 millions, a doublé : voilà le fait. Il semble que, d'après Malthus, cette population, suivant en trois générations la progression de 1, 2, 4, devrait être aujourd'hui de 700 millions. Le fait n'a donc pas justifié l'hypothèse (1).

____

(1) Malthus d'ailleurs reconnaissait que le fait ne fournissait pas la preuve de sa théorie.

« Je sais fort bien que les millions excédants dont j'ai parlé n'auraient jamais existé. »

Pour qu'il y ait doublement d'une génération à l'autre, c'est-à-dire dans l'espace de 33 ans, il faut supposer que tous les adultes sans exception se marient et que chaque couple donne en moyenne naissance à 7 enfants (1). Or, la démographie nous a appris que les adultes ne se marient pas tous et que dans les pays où la natalité est la plus forte, elle est loin d'atteindre la proportion de 7 enfants par mariage (2), ce qui supposerait un taux exorbitant d'une soixantaine de naissances par 1,000 habitants. L'expérience de l'Europe, qui depuis une trentaine d'années indique une natalité d'environ 38 p. 1,000 et un accroissement annuel d'environ 1 p. 100, ne confirme donc pas non plus, sous ce rapport, l'hypothèse de Malthus.

C'est que les Européens pratiquent la contrainte morale que je recommande, objecterait celui-ci. Mais quelle preuve en fournirait-il ? Car c'est sans un effort extraordinaire, par le simple effet des lois naturelles et des lois sociales, que chaque population conserve, pendant une certaine période de temps, à peu près la même allure démographique, malgré les troubles accidentels que les événements y apportent parfois. Les Slaves ont aujourd'hui une natalité supérieure aux Français, quoiqu'ils soient moins riches ; leur pauvreté ne les empêche pas de s'accroître rapidement. On trouve bien dans leur histoire, comme dans la nôtre

---

C'est une observation parfaitement juste de M. Godwin « qu'il y a dans la société humaine un principe par lequel la population est perpétuellement maintenue au niveau des moyens de subsistance. » La seule question qui reste à résoudre est celle-ci : Quel est ce principe ? Est-ce une cause obscure et cachée ? Est-ce une intervention mystérieuse du ciel qui, à certaines époques réglées, vient frapper les hommes d'impuissance et les femmes de stérilité ? Ou est-ce une cause à notre portée, ouverte à nos recherches ?... N'est-ce pas le malheur, ou la crainte du malheur, inévitables résultats des lois de la nature, que les institutions humaines adoucissent, loin de les aggraver, bien qu'elles n'aient pas réussi à les prévenir ? » Livre III, ch. II, *Des systèmes d'égalité.*

Pourquoi Malthus cherche-t-il dans « le malheur ou la crainte du malheur » l'explication d'un fait que les lois mêmes de la nature et les convenances sociales suffisent à expliquer ? D'autant plus que ce n'est pas dans les classes les plus malheureuses que le nombre des enfants est le moindre : tout au contraire.

(1) En effet, en prenant la France pour exemple, la table de survie de la Statistique générale de France pour 1877-1881 porte que, sur 1,000 naissances de chaque sexe, les survivants à l'âge de 30 ans sont 602 hommes et 626 femmes ; d'où il résulte que 7 naissances fournissent à 30 ans 4,3 survivants environ, nombre qui serait nécessaire pour doubler la population en une génération.

(2) Avec une nuptialité de 8 mariages par 1,000 habitants, 7 naissances par mariage feraient 56 naissances par 1,000 habitants.

des années malheureuses ; mais on y cherche en vain la troisième phase de Malthus, celle où la misère, retranchant violemment l'excédent, rétablit l'équilibre par une réduction du nombre des habitants. Ce phénomène ne s'est produit qu'en Irlande ; dans ce pays, on peut attribuer en partie à la contrainte morale, mais en plus grande partie peut-être à l'émigration, le petit nombre des mariages.

Y a-t-il plus de contrainte morale en France que dans les autres pays qui ont plus de naissances ? On n'oserait pas le soutenir. On ne pourrait pas soutenir davantage qu'il y ait plus de vices, puisque la nuptialité n'y est pas sensiblement inférieure à la moyenne européenne. Les Français sont-ils plus vertueux qu'au XVIIIᵉ siècle parce qu'ils ont moins d'enfants ? Sont-ils plus misérables et moins capables de soutenir une nombreuse postérité ? Non, car la mortalité est faible en France. Mais les Français ont un bien-être plus grand, comme nous le montrerons dans les chapitres suivants et ils ont le goût de l'accroître encore en limitant leurs charges.

La seconde proposition de Malthus ne soutient pas le contrôle des faits ; il faut regarder comme un rêve de théoricien cette fatalité d'une multiplication de la race humaine qui ne serait réfrénée que par le malheur ou prévenue que par un effort de vertu. Ce qui ne veut pas dire que ces propositions ne reposent aucunement sur un fonds de vérité ; nous connaissons l'influence des famines, des guerres, des épidémies, des crises ; mais, d'autre part, nous avons montré que la population, loin de se débarrasser par ces fléaux d'un excédent impossible à conserver, avait au contraire une tendance à combler promptement, dans les années suivantes et en vertu de la loi de compensation, les vides qu'ils avaient faits.

La progression arithmétique des subsistances n'est pas plus solidement fondée que la progression géométrique de la population et son refoulement. On s'aperçoit même, quand on examine de près cette proposition, qu'elle n'a pas de sens précis. Dans quel temps la production qui était 1, devient-elle 2, puis 3, puis 4 ? Est-ce dans le même temps que la population devient 2, 4, 8 ? Mais il n'existe pas de population et il ne saurait en exister qui fournisse l'exemple de la discordance de 8 habitants pour 4 rations. Une telle rupture d'équilibre pourrait peut-être se produire pendant une année de terrible famine, mais elle n'est nulle part à l'état permanent. En France, 32 millions d'habitants récoltaient vers 1820 une cinquantaine de millions d'hectolitres de froment et aujourd'hui 38 millions 1/4 en récoltent plus de 100 (109 moyenne annuelle de la période 1880-1889).

Malthus admettait comme une loi fatale la divergence réelle ou virtuelle des deux progressions, l'une rapide, l'autre lente.

Cette fatalité n'est pas réelle, puisque les peuples ont des taux très divers d'accroissement, que ceux qui ont doublé dans l'espace d'une génération sont en petit nombre, qu'ils doivent cet avantage à des conditions particulières et temporaires et que, dans le même temps, leur richesse a précisément plus que doublé.

Nous avons peine à comprendre ce qu'on entend dans l'ordre moral par fatalité virtuelle. Si le phénomène ne s'est pas manifesté, c'est qu'il n'était pas fatal. L'instinct de la reproduction y poussait ; mais l'instinct de la conservation et du bien être retenait ; le second n'est pas moins naturel à l'homme que le premier. L'être libre choisit sa voie et demeure responsable de sa destinée : proposition d'ailleurs à laquelle Malthus aurait donné son assentiment.

Une population surabondante. — Il y a cependant un pays sur la population duquel Malthus pourrait encore essayer d'appuyer sa thèse : c'est Java. On évaluait la population de cette île et de Madoura, qui en est la dépendance, à 4,615,000 âmes en 1816, à l'époque où les Anglais durent rendre cette colonie aux Hollandais ; à 6,838,000 en 1830 ; à 9,584,000 en 1849, et à 15,573,000 en 1869. Le premier dénombrement complet qui ait été fait, celui de 1880, a accusé 19,540,000 habitants et une estimation de 1886 en porte 21,997,560. Java n'ayant pas eu d'immigration notable, le progrès est dû tout entier au croît naturel des habitants et, quoique le taux d'accroissement puisse être quelque peu exagéré par une insuffisance des premières évaluations, on peut dire que cette population a à peu près doublé deux fois dans une période de trente-cinq ans.

On ne connaît pas l'état civil des indigènes ; mais on sait que dans la population européenne (y compris les personnes assimilées aux européens, lesquelles sont surtout des femmes indigènes), qui comprenait, en 1887, 50,792 personnes, presque tous hollandais nés dans les Indes orientales (40,074), il y a beaucoup de mariages, de naissances et de décès et souvent un excédent considérable de celles-là sur ceux-ci (1) : la proportion dépasse très sensiblement celle que nous avons constatée dans les États d'Europe et d'Amérique. Mais, autant qu'on peut en juger par les données imparfaites de la statistique, certaines productions n'auraient pas moins progressé, et l'ensemble du commerce extérieur a à peu près quadruplé depuis l'année 1850. L'antithèse malthusienne ne s'est pas produite. Mais, par suite de l'organisation sociale, la production du riz, qui nourrit les habitants, paraît n'avoir pas augmenté autant que celle des denrées d'exportation ; les procédés de culture ne se sont pas perfectionnés et, une grande partie des profits passant à la métropole, le capital national ne s'est pas accru comme en Europe : l'île a souffert du mal de l'absentéisme.

C'est pourquoi les Javanais peuvent se plaindre, avec raison peut-être, d'un excès de population et d'une gêne qui en serait la conséquence. Mais on n'a pas vu pour cela la famine, la peste et la guerre les décimer, puisqu'au contraire la sécurité dont ils jouissent sous le gouvernement hollandais est une des causes de leur multiplication : autre prévision malthusienne qui ne s'est pas réalisée. S'il y a réellement un trop plein et que l'émigration ne lui procure pas un écoulement, la population, par une série de convenances individuelles qui réduiront le nombre des mariages, deviendra moins prolifique et tendra d'elle-même vers un équilibre meilleur, sans qu'il soit nécessaire qu'une secousse violente l'y précipite.

Malthus pourrait trouver encore quelques autres exemples dans des populations à demi-sauvages, semblables à celles qu'il se plaît à citer dans son ouvrage. Un administrateur français des établissements de la côte de Guinée racontait dernièrement

---

(1) Voici pour Java et Madoura le nombre de mariages, naissances et décès et l'excédent sur 1.000 habitants, durant la période 1881-1886.

ANNÉES.	MARIAGES.	NAISSANCES.	DÉCÈS.	EXCÉDENT des naissances.	EXCÉDENT des décès.
1881.............	10.7	57.2	62.1	» »	4.9
1882.............	10.4	57.8	50.6	7.2	»
1883.............	11.4	56.1	49.9	6.2	»
1884.............	10.8	56.4	36.4	20.0	»
1885.............	9.5	54.1	36.6	17.5	»
1886.............	9.3	53.6	32.8	20.8	»

qu'au Dahomey il est d'usage de tuer à leur naissance les enfants des femmes qui en ont déjà eu neuf (1). Mais de pareilles mœurs ne règlent pas l'état démographique des nations civilisées.

Les disciples et les adversaires de Malthus. — L'expression de « loi de Malthus » devint, à la suite de la publication de son ouvrage, synonyme de loi de la population pour beaucoup d'économistes qui l'acceptèrent comme un principe fondamental et désormais indiscutable.

L'accord ne fut pourtant pas unanime.

J.-B. Say avait écrit dès 1803, dans son *Traité d'économie politique*, à une époque où il ne connaissait pas encore l'ouvrage de Malthus : « Si les besoins d'une nation sont grands, la même quantité de produits n'y fera pas subsister autant de monde que dans la supposition contraire. Toujours est-il vrai que, toutes choses étant égales d'ailleurs, le nombre des hommes se proportionnera à la quantité des produits. » Plus tard, dans son *Cours*, il a fait une large place à cette question. « La tendance des hommes à se reproduire et leurs moyens de multiplier sont pour ainsi dire infinis, mais leurs moyens de subsister sont finis, et il est incontestable qu'on ne saurait exister par delà. » Et il ajoute : « Malthus a confirmé, par de savantes recherches, ces mêmes principes qui n'ont été contestés et vivement attaqués que depuis qu'ils ont été mis hors de doute (2). » Mais ce ne sont pas les subsistances, c'est la richesse qu'il regarde comme la mesure du nombre des habitants, et il démontre que « la production est proportionnée au degré de civilisation et de lumière des nations. »

Hegewisch, qui a traduit Malthus en allemand, déclare que l'*Essai* est une révélation des lois de l'ordre moral, comparable à la découverte des lois de l'ordre physique de l'univers par Newton.

Il n'y a pas que des économistes qui aient accepté le livre de Malthus comme une sorte d'oracle. Voici ce qu'on lit dans Joseph de Maistre : « Cette force cachée qui se joue dans l'univers s'est servie d'une plume protestante pour nous présenter la démons-

---

(1) Voir *Bulletin de la Société de géographie de Paris*, année 1890.
(2) Cours, VIe partie, ch. x.

tration d'une vérité contestée. Je veux parler de M. Malthus dont le profond ouvrage sur la population est un de ces livres rares après lesquels tout le monde est dispensé de revenir sur le même sujet » (1).

Rossi, qui a consacré quatre leçons à l'examen de la question, sans insister sur l'antithèse des deux progressions et sans vouloir pénétrer dans le détail des statistiques, rend hommage aux recherches profondes de Malthus, qu'il qualifie, avec raison, de vrai philanthrope, reconnait qu'on peut opposer des faits à des faits, la population exubérante ou la richesse accumulée plus vite que ne se multipliaient les consommateurs. « Il est donc certain, conclut-il, que si l'on ne doit pas affirmer que les adversaires de Malthus ont tout à fait tort, il serait encore plus loin de la vérité de dire que Malthus n'avait pas raison. Même au sein de nos brillantes civilisations, la cause qu'il a signalée ne cesse d'exercer ses ravages » (2).

John Stuart Mil traite brièvement de la population, parce que, dit-il, les propositions de Malthus « avaient exigé de nombreuses preuves à l'appui, il y a vingt ans ou trente ans, mais leur évidence est tellement frappante et tellement incontestable qu'elles ont fait leur chemin à travers tous les genres d'opposition et qu'elles peuvent être considérées maintenant comme des axiomes. » Néanmoins il reconnait que le bien-être a augmenté, qu'en France particulièrement et en Angleterre, la statistique constate un accroissement de la population inférieur à celui de la richesse, mais il n'est pas bien convaincu que les classes inférieures aient la sagesse de conserver longtemps cet avantage (3).

M. J. Garnier, disciple fidèle du maître, a consacré un volume à exposer d'une manière très complète sa doctrine et à la défendre contre les critiques de toute espèce (4) ; il croit que la population a une « tendance organique et virtuelle » à s'accroître plus rapidement que les moyens d'existence ; cependant il n'insiste pas

---

(1) *Le Pape*, livre III, chap. 3.

(2) **XX**ᵉ leçon, Cours de 1836-1837. Dans la **XXI**ᵉ leçon, il loue la Normandie dont « la population ne s'accroît qu'avec une grande et sage lenteur. » Dans la xviiiᵉ leçon, il dit : « Le nom de Malthus est lié à la théorie de la population comme celui de Galilée au mouvement de la terre. »

(3) *Principes d'économie politique*. Livre I, ch. x, § 3.

(4) *Du Principe de population*, 1857.

sur les deux progressions, et il conclut que « la théorie de Malthus est vraie, sinon exactement dans sa formule, au moins dans son sens général (1). »

« Il n'est pas exact de dire que les richesses croissent en raison arithmétique, tandis que la population croîtrait en raison géométrique, écrit M. Courcelle-Seneuil dans son *Traité d'économie politique*, ni d'assigner à l'un ou à l'autre une loi rigoureusement mathématique ; mais les deux mouvements sont liés l'un à l'autre par des rapports intimes » (2). Et l'auteur cherchant à déterminer ce rapport, propose la formule suivante qui correspond mieux aux faits que l'antithèse de Malthus : « Le chiffre nécessaire de la population est égal à la somme des revenus de la société diminué de la somme des inégalités de consommation et divisé par le minimum de consommation. »

G. Roscher adopte en général le principe de Malthus ; cependant il ajoute que, par une bonne économie et un art intelligent, les produits bruts peuvent croître plus rapidement que la progression arithmétique (3) : ce qui supprime la fatalité du rapport.

M. M. Block, qui dans les *Progrès de la science économique*, a résumé la doctrine des principaux économistes et donné son opinion sur tous les grands problèmes de cette science, croit à « l'évidence de la théorie que Malthus a mise en lumière » ; « s'il n'a pas eu le mérite, dit-il, de découvrir le principe qui existe entre la population et les subsistances, il a su tirer de ce principe les conséquences qu'il comporte, et s'il n'a pas convaincu tout le monde, il a fait une impression profonde et durable » (4). Cette dernière proposition est incontestable.

Sauf quelques exceptions, les économistes qui ont adopté la loi de Malthus se sont contentés d'écrire que la population avait une tendance naturelle à croître plus rapidement que la richesse, sans s'attacher aux termes précis de l'antithèse. La plupart des adversaires ne se sont pas non plus arrêtés à les discuter. On inventa l'expression de Malthusianisme pour désigner une doctrine qui, d'une part, conseillait à la population de ne contracter mariage qu'après mûre réflexion et de n'avoir qu'un nombre

---

(1) *Dictionnaire de l'économie politique*, art. Population.
(2) *Traité d'économie politique*, livre I, ch. V, § 1er.
(3) Voir Roscher, livre V. *La Population*.
(4) Chapitre XX.

d'enfants, en proportion avec ses moyens d'existence et son désir de bien-être et qui, d'autre part, menaçait ceux qui ne suivraient pas ces préceptes, de pertes d'enfants, de misère, de morts prématurées et leur déclarait que la société n'était pas responsable de leur imprévoyance, qu'elle restait même indiffférente à leur malheur : ce qui pouvait peut-être être déduit comme conséquence de la loi de Malthus, mais ce qui n'était pas la loi. On conçoit que le malthusianisme ainsi compris ait soulevé contre lui beaucoup d'écrivains catholiques qui l'ont considéré comme une école d'immoralité et de défiance de la Providence et presque tous les socialistes qui lui ont reproché de proclamer la fatalité de la misère, l'impuissance de l'Etat à assurer une équitable répartition des biens et qui l'ont dénoncé comme la formule la plus odieuse de l'égoïsme individuel.

Les lois expérimentales de la population. — Les lois de la population ne sauraient être renfermées dans une simple formule. Nous essayons d'exprimer les plus importantes dans les propositions suivantes :

1° En tout temps et en tout lieu, les subsistances, produites sur le sol national ou acquises par échange, limitent la population.

Cette formule n'est pas contestable. Elle renferme une part de vérité — vérité un peu banale, — qu'on tire de la loi de Malthus, en ajoutant qu'il est impossible de lui donner la rigueur d'une formule mathématique.

Il est possible cependant de préciser davantage.

2° La limite varie considérablement suivant la quantité de richesse produite par la population et suivant le niveau moyen des consommations individuelles, c'est-à-dire que lorsque la population produit plus en aliments ou en objets d'échange, elle peut nourrir plus d'individus sur le même sol et que, lorsque chacun consomme davantage, le nombre d'individus qu'elle peut nourrir avec la même production est moindre.

3° La population a une tendance à s'accroître par les naissances comme elle a une tendance à produire de la richesse ; mais on ne saurait dire laquelle l'emporte naturellement. Quand la première prédomine, la population s'appauvrit et ce sont surtout les plus pauvres qui souffrent. Quand la seconde est plus forte, le bien-être s'améliore.

4° Dans un pays dont la terre est fertile ou qui possède des avantages particuliers, tels qu'une mine de houille, un bon port, la population peut être plus nombreuse que sur un sol ingrat. C'est ainsi que nous avons signalé (Livre II, chap. vi, *La densité et ses variations*), les vallées, les plaines fertiles, les bassins houillers, les côtes, la force motrice des chutes d'eau comme des conditions favorables à la densité.

5° Dans un pays où l'exploitation de la richesse exige plus de bras qu'ailleurs, par exemple dans un pays de vignobles comparé à un pays de pâturages, la population doit être plus nombreuse.

6° Dans un pays où les hommes sont laborieux et intelligents, la production de la richesse étant plus grande que dans un pays où ils ne le sont pas, la population peut être plus nombreuse.

7° Dans un pays où la somme des capitaux est plus considérable et peut payer plus de travail qu'ailleurs, la population peut être plus nombreuse.

8° Dans un pays où la science a armé l'industrie de procédés perfectionnés pour créer la richesse en plus grande quantité et avec moins d'efforts, la population peut être plus nombreuse que dans les pays où la civilisation est moins avancée.

9° Dans un pays où s'élèvent le niveau du bien-être et, par suite, la moyenne des consommations individuelles, le progrès de la population doit se ralentir si la production de la richesse est stationnaire.

10° Dans les pays neufs où le sol à défricher est pour ainsi dire illimité, la population peut croître très rapidement : la production des céréales aux États-Unis, celle des moutons et du froment en Australie et à La Plata prouvent que les subsistances s'y multiplient parfois bien plus rapidement encore que cette population, puisque, tout en se nourrissant, les habitants trouvent matière à une exportation considérable.

11° Dans les contrées anciennement cultivées, on n'obtient un rendement supérieur qu'en dépensant plus de capital et de travail que dans les pays neufs. Mais la production des produits manufacturés ne rencontre pas les mêmes obstacles que celle des fruits de la terre, et les habitants peuvent, comme en Angleterre et dans les autres États de l'Europe occidentale et centrale, se procurer par l'échange les moyens de vivre dans l'aisance, tout en augmentant en nombre.

12° Une organisation sociale défectueuse et une politique vexatoire peuvent entraver le progrès de la population. Un mauvais gouvernement exerce plus d'influence pour retarder le développement de la population qu'un bon pour le hâter. C'est ainsi que les naissances, les mariages et les décès sont affectés par les crises économiques ou politiques (voir Livre II, chap. VII, X, XIII).

13° L'inégalité des conditions peut être un obstacle au progrès de la population, parce qu'elle peut être un obstacle à la culture des plantes alimentaires. C'est ce qui arrive lorsque de grands propriétaires se réservent pour le plaisir de la chasse de vastes étendues de bois ou de landes. C'est ce qui arrive aussi lorsqu'ils exportent le blé produit sur leurs terres.

14° Une population augmente (abstraction faite de l'immigration) par l'excédent des naissances sur les décès. Cet excédent peut se produire de trois manières : par une augmentation du nombre des naissances, par la diminution du nombre des décès ou par les deux à la fois. L'âge moyen de la population s'abaisse quand la cause est dans la natalité ; il s'élève quand elle est dans la mortalité. La seconde condition est bien préférable à la première ; la troisième peut être encore plus avantageuse si le niveau de la richesse monte parallèlement.

15° Dans l'état actuel du monde, la population de tous les États civilisés a, tous les ans (sauf un petit nombre d'années néfastes), plus de naissances que de décès et, par suite elle augmente. Le taux d'accroissement varie dans la proportion de 1 à 10 et plus suivant les États ; ces différences ont pour cause non-seulement les qualités naturelles du sol et le degré de richesse des habitants, mais aussi l'état particulier des mœurs.

16° La natalité et la mortalité sont d'ordinaire plus fortes dans les couches inférieures de la société que dans les couches moyennes et supérieures. C'est aux premières que songeait surtout Malthus en écrivant son *Essai*, et c'est à elles qu'on peut adresser, comme lui, le sage conseil de ne pas donner inconsidérément le jour à un trop grand nombre d'enfants, afin d'en perdre moins et de ne pas aggraver leur misère.

17° L'émigration et l'immigration contribuent, surtout depuis que les communications sont devenues faciles, à rétablir l'équi-

---

(1) C'est dans ce sens que Mirabeau disait (III, 495) : « Diminuer la consommation et augmenter le travail, moyen d'accroître la richesse » et qu'il s'élevait contre la taxe. Toutefois il s'en faut de beaucoup que la thèse de Mirabeau soit solidement établie.

libre des populations, en faisant sortir d'un pays l'excédent que son état de richesse ne lui permet pas d'entretenir convenablement et en le portant dans les pays qui manquent de bras, pour faire valoir leurs richesses ou leurs capitaux. Cet équilibre est comparable à celui des liquides dans les vases communiquants.

Ces lois de la population ou, plus exactement, ces règles et ces observations dérivent de l'observation des faits que nous avons étudiés dans le livre II ou que nous exposerons plus complètement dans la suite du livre IV. Nous pouvons les résumer en disant que l'accroissement d'une population est subordonné à la somme de ses moyens d'existence et à la somme de ses besoins, et que, par conséquent, entre les trois termes, *population, production, consommation*, il existe un rapport étroit.

Si ce rapport était constant, chaque homme produisant, recevant et consommant toujours dans le même temps la même quantité de richesse, l'équilibre ne se déplacerait pas ; la condition de l'humanité serait uniforme et immuable. On pourrait s'inquiéter de la population au point de vue politique ; on ne songerait pas à soulever la question économique.

Mais il n'est pas constant. C'est une des raisons pour lesquelles, dans chaque population, il se rencontre des gens riches et des gens pauvres. C'est pourquoi des populations entières sont les unes riches et les autres pauvres ; pourquoi aussi les populations et les individus peuvent s'enrichir ou s'appauvrir, et pourquoi, par suite, le nombre des habitants d'un pays peut augmenter avec rapidité ou avec lenteur, rester stationnaire ou décroître.

En résumé, le nombre des habitants qu'un territoire comporte dépend :

1° Des *qualités naturelles du sol et du climat :* c'est pourquoi les régions polaires sont inhabitées.

2° De la quantité des *capitaux,* de l'état de la *science industrielle* et de l'*activité laborieuse* de la population qui augmentent la productivité du travail : c'est pourquoi l'Europe occidentale est plus peuplée que l'Afrique tropicale.

3° De l'étendue des *débouchés* qui permettent l'échange de produits manufacturés du pays contre des denrées alimentaires de l'étranger : c'est pourquoi l'Angleterre et la Belgique peuvent avoir une population plus dense que l'Espagne.

4° De la *moyenne des consommations individuelles* qui permet de nourrir d'autant plus d'hommes avec une quantité déterminée de richesses qu'elle est plus faible : c'est pourquoi la population de la vallée du Gange peut être plus dense que celle de la France. C'est pourquoi aussi l'accroissement du bien-être dans les masses — qui est une des formes les plus désirables du progrès économique — peut avoir pour effet de ralentir l'accroissement d'une population et, en tout cas, exige une somme de richesse plus grande pour entretenir un même nombre d'hommes.

CHAPITRE II

LA POPULATION ET LES SUBSISTANCES.

La mesure de la richesse. — Les dénombrements fournissent une base certaine pour calculer le progrès de la population ; quand on dit qu'entre 1801 et 188. ce progrès a été de 10,874,000 habitants, soit de près de 40 p. 100, on a une notion suffisamment exacte (1).

Il est beaucoup moins facile de mesurer le progrès de la richesse. Le problème n'est pas aussi simple que celui de la population. La richesse se manifeste sous des formes innombrables et très diverses dont il serait impossible de faire un recensement complet et dont plusieurs échappent aux investigations de la statistique. C'est en choisissant avec discernement un certain nombre de points particuliers dans ce vaste ensemble qu'on parvient à se faire une idée du mouvement général ; il faut interroger l'agriculture, l'industrie, les transports, le commerce, les transmissions de propriété, les impôts même. Si les renseignements fournis par chacune des formes de la richesse s'accordent, nous ne disons pas dans les mêmes proportions, mais dans une tendance uniforme, on peut en tirer avec confiance une conclusion.

Le présent chapitre est consacré aux subsistances. Le suivant le sera à la richesse en général. Voici de quelle manière nous

---

(1) $38,219,000 - 27,345,000 = 10,874,000$; $\dfrac{10,874,000 \times 100}{27,345,000} = 39,6.$

avons procédé. Lorsque la statistique fournissait sur un fait économique qui nous a paru propre à éclairer notre sujet une série de chiffres annuels, nous avons pris la valeur moyenne des trois années voisines de chaque dénombrement de la population, voulant ainsi éviter, d'une part, l'influence des causes accidentelles qui, dans certaines années, auraient faussé la mesure et, d'autre part, de longues périodes qui auraient moins bien marqué les étapes. En ramenant à 100 dans chaque tableau le nombre des habitants de la France et la valeur de la richesse à la date initiale, nous avons dressé le tableau du progrès de l'une et de l'autre par période quinquennale, et, afin de rendre le rapport plus sensible, nous l'avons traduit sous forme graphique (1).

Nous savons que ce mode de comparaison n'est pas à l'abri de la critique. D'abord, les données relatives à la richesse manquent souvent de précision. Ensuite l'accroissement p. 100 est loin d'avoir dans tous les cas la même signification. En effet, s'il s'agit du blé qui formait, il y a quatre-vingt-dix ans comme aujourd'hui, le fonds principal de l'alimentation des Français, la comparaison de l'accroissement de la production qui a été de plus de 200 p. 100 pendant que celui de la population était de 40, mesure à peu près le bénéfice ; mais, s'il s'agit des voies ferrées qui n'existaient pas au siècle dernier, l'augmentation de 0 à 35,000 kilomètres (y compris les chemins d'intérêt local) exprimée en tant pour cent et comparée à celui de la population donnerait une idée très exagérée des avantages qu'elles lui ont procurés. Il suffit de mettre le lecteur en garde contre une pareille erreur de jugement et de lui rappeler que, si les détails sont imparfaits, nous les lui présentons en vue de l'ensemble qui est concluant.

La consommation des céréales et des pommes de terre. — Dans le premier tableau nous avons réuni les céréales, froment, avoine, bas grains, et la pomme de terre, dont la série des récoltes est connue depuis l'année 1815 (2). Le froment et la pomme de

----

(1) C'est un procédé analogue à celui que les statisticiens désignent par les mots anglais d'index numbers. Nous avions, pour la première fois, employé ce procédé en 1858 dans notre ouvrage sur *La Question de l'or.*

(2) Il ne manque à cette série que les années 1819 et 1870 et pour la pomme de terre les années 1824 à 1828.

terre sont les substances végétales qui contribuent le plus à la nourriture de notre population.

Voici, par moyennes décennales, la superficie emblavée, la récolte du froment et l'excédent de l'importation de cette céréale sur l'exportation et le total de la consommation :

PÉRIODES.	SUPERFICIE emblavée en millions d'hectares.	PRODUCTION moyenne annuelle en millions d'hectolitres.	EXCÉDENT de l'importation en millions d'hectolitres (1).	QUANTITÉ consommée en millions d'hectolitres.
1821-30............	4.9	53.3	0.4	58.7
1831-41............	5.3	68.4	0.5	68 9
1842-51............	5.8	81.0	0.6	81.6
1852-61............	6.5	89.0	1.9	90.9
1862-71............	6.9	98.3	3.3	101.6
1872-81............	6.9	100.2	10.7	110.9
1882-90............	7.0	109.0	9.6	118.6

Le rendement moyen à l'hectare, qui était de 11 hectolitres 9 dans la première période (1821-1830), s'est élevé à 15 hectolitres 6 dans la dernière (1882-1890).

Il y a donc eu progrès dans l'étendue des surfaces emblavées, progrès dans l'intensité de la culture, progrès dans la quantité récoltée. Ce troisième résultat, conséquence des deux premiers, est précisément dans le rapport du simple au double de la première à la dernière période décennale.

On fait, il est vrai, moins de méteil qu'autrefois, surtout depuis 1851 (11 millions d'hectolitres en 1821-1830, et à peine 6 en 1882-1888) et moins de seigle (28 environ en 1821-1830, et 25 en 1882-1888), parce que les paysans ont préféré manger du pain de froment. On fait presqu'autant d'orge et un peu plus de sarrasin et de maïs. En somme, la consommation des céréales d'ordre inférieur est à peu près aujourd'hui ce qu'elle était sous la Restauration.

Pour le froment, la quantité transformée en farine a plus que doublé, parce que les progrès de la mouture ont sensiblement augmenté le rendement depuis le commencement du siècle, en même temps qu'ils amélioraient la qualité du produit.

Qu'il y ait eu de mauvaises années, qu'il y ait des régions où la culture a fléchi devant la concurrence d'autres régions plus favorisées par les circonstances, que, de 1878 à 1886, le prix de

---

(1) Sans compter les farines dont l'excédent est à peine de 200,000 quintaux.

vente n'ait pas satisfait les cultivateurs, que la valeur des terres
à blé ait diminué dans certaines parties du territoire, ce sont là
d'importantes questions économiques, mais, de quelque manière
qu'on les envisage, il n'en demeure pas moins certain que la
production du blé en France a doublé en soixante ans, et que
ce progrès se mesure par 8 ou 10 millions d'hectolitres gagnés
dans chaque décade ; à ce progrès il n'y a qu'une exception, celle
de la période qui a suivi la perte de l'Alsace-Lorraine.

Les variations du prix du blé donnent une idée des changements qui se sont produits dans les besoins des consommateurs.

De 1821 à 1830, le prix baissait quand la récolte dépassait
60 millions d'hectolitres, parce qu'il y avait surabondance eu
égard à la manière de vivre de la population et à sa puissance
d'achat ; cependant la consommation moyenne (récolte et importation réunies) par tête était seulement de 2 hectolitres et 2/10e.

D'autre part, dans les deux dernières périodes, ces prix avaient
une tendance à s'élever et l'importation à augmenter quand la
récolte était inférieure à 100 millions, parce qu'il y avait rareté ;
en 1878 et en 1879, des récoltes de 95 millions et de 79 millions
d'hectolitres ont été considérées l'une comme médiocre et l'autre
comme désastreuse. C'est que la consommation moyenne, de
1882 à 1888, a été de 3 hectolitres 3/10e. Dans cette quantité sont
compris les semences et les grains employés par l'industrie ; mais,
en 1830 comme en 1888, il fallait des semences.

Ce qui s'appelait excès sous la Restauration est donc considéré
comme pénurie sous la troisième République. Pourquoi ? Parce
que la France est plus riche et que la population mangeait
autrefois moins de pain et surtout moins de pain blanc qu'aujourd'hui. Moheau remarquait, en 1778, qu'il y avait déjà eu,
pendant le cours du XVIIIe siècle, un certain progrès dans l'alimentation du peuple, et cependant Arthur Young, observateur
sagace, parcourant la France à la fin du règne de Louis XVI,
constatait que la moitié du peuple ne connaissait pas le froment
et se nourrissait de châtaignes, de maïs, de haricots et de sarrasin. Grâce au progrès des temps, la condition était sans doute
déjà meilleure sous la Restauration ; bien loin cependant de ce
que, grâce au développement de l'industrie, au progrès des voies
de communication et de la culture, à l'accroissement de la richesse
en général et des salaires en particulier, elle est devenue de
nos jours.

Dans cet accroissement des récoltes nationales qui ont passé de 58 millions d'hectolitres (période 1821-1830) à 109 (période 1882-1890), la population française n'a pas trouvé sa suffisance : les exigences de la consommation croissaient avec la richesse des consommateurs. Elles croîtront encore ; quoique le pain soit un aliment de première nécessité, si ordinaire que la consommation n'en paraisse pas susceptible d'une grande extension, cependant le peuple en achète davantage à mesure qu'il a plus d'argent. Nous devrions dire : le peuple des campagnes ; car celui des grandes villes (1) en a depuis longtemps assez (ce qui ne veut pas dire qu'il n'y ait pas dans les villes des gens qui souffrent de la faim), et c'est à d'autres consommations alimentaires qu'il emploie son supplément de ressources (2). On importait peu de 1821 à 1830 (400,000 hectolitres, excédent moyen annuel des importations sur les exportations); le régime douanier mettait obstacle au commerce et les besoins de la population le sollicitaient peu. On a importé beaucoup depuis quinze ans, jusqu'à 29 millions d'hectolitres en l'année 1879, et l'on a importé encore en moyenne annuelle 9 millions 1/2 d'hectolitres dans la dernière période (1882-1890) malgré le droit d'entrée de 3, puis de 5 francs par quintal (3).

Grâce à l'abondance de ces deux sources d'approvisionnement qui, abstraction faite des variations dues à une récolte trop faible ou trop forte, ont constamment élevé l'offre au niveau de la

---

(1) Voir plus loin, ch. iv.

(2) La consommation annuelle du pain par tête à Paris était évaluée :

	kilog.
En 1791, par Lavoisier, d'après un document de 1775, à........	168.7
En 1816, par M. de Montalivet, à..................................	168.9
En 1820, par M. Benoiston de Châteauneuf, à..................	182.8
En 1854, par M. Husson, à.......... ·	180
En 1888, par l'administration, à.... .... ·	147

Ces évaluations ne sont d'ailleurs que des moyennes approximatives.

(3) De 1810 à la fin de l'Empire, l'exportation des grains était entièrement prohibée. En 1814, elle avait été rendue libre, et en 1816 (loi du 22 avril) un léger impôt de 50 centimes par quintal avait été mis à l'importation. La loi du 17 juillet 1819 créa le régime douanier connu sous le nom d'échelle mobile que la loi du 4 juillet modifia en le renforçant. Sous ce régime qui gênait le commerce extérieur, l'excédent des importations sur les exportations n'a été que de 100,000 hectolitres en moyenne par an de 1820 à 1827 (chiffre inférieur à celui de la période triennale du tableau suivant, à cause de l'importation relativement forte de 1821), et la moyenne générale de toute la période 1821-1860, pendant laquelle ce régime a été en vigueur, a été de 540,000 hectolitres par an.

T. III.　　　　　　　　　　　　　　　　　　　3

demande, le blé ne coûte pas plus qu'au commencement du siècle (1), et, de 1861 à 1885, durant la période où il entrait presque en franchise, les variations accidentelles ont été beaucoup moins sensibles : double avantage pour les familles dont l'achat du pain constitue la principale dépense.

Il nous reste à comparer la première et la dernière des périodes triennales correspondant aux recensements de 1821 et de 1886 qui figurent dans le tableau suivant.

En tenant compte de l'importation et de l'exportation, nous constatons que la consommation du froment qui était (avec le

Millions d'hectol.

Total des importations de blé (froment, épeautre, méteil) de 1821 à 1860..	55.4
Total des exportations..	23.4
DIFFÉRENCE...	32.0
D'où moyenne annuelle....................................	0.84

A retrancher de cette moyenne celle des exportations de farine évaluée en hectolitres de blé à.. 0.30

RESTE.	0.54

Sous le régime de la liberté commerciale, l'importation s'est développée depuis 1867. Elle a pris une grande extension surtout de 1878 à 1884, à la suite de deux mauvaises récoltes, années pendant lesquelles la moyenne annuelle de l'excédent des importations s'est élevée à 18 millions d'hectolitres. Pour toute la période 1861-1884 la moyenne a été de 7,240,000 hectolitres.

Millions d'hectol.

Total des importations de blé (froment, épeautre, méteil) de 1861 à 1884..	195.5
Total des exportations...	21.2
DIFFÉRENCE...	174.3
D'où moyenne annuelle...............................	7.24

Les importations de farine ont presque balancé les exportations.

La loi du 28 mars 1885 et celle du 29 mars 1887, en imposant un droit d'entrée de 3 fr. d'abord, de 5 fr. ensuite, a réduit l'importation qui, de 18 millions, est tombée, comme moyenne annuelle de 1885-1889, à 14,600,000 hectolitres.

Millions d'hectol.

Total des importations de blé (froment, épeautre, méteil) de 1885 à 1889.	73.3
Total des exportations..	0.4
DIFFÉRENCE...	72.9
D'où une moyenne annuelle.............................	14.6

Les importations de farine ont plus que balancé les exportations.

(1) Prix moyen de l'hectolitre de blé en France :

1801-1805...............	21 fr. 76	1861-1865...............	20 fr. 31
1821-1825...............	16 45	1881-1885...............	19 50
1841-1845...............	19 61	1886-1889...............	18 10

Cependant le droit de 5 fr. a augmenté le prix du blé en France. On a payé en moyenne de 1877 à 1890 le quintal de froment 6 fr. 85 plus cher à Paris qu'à Bruxelles et dans les grandes villes d'Angleterre.

méteil) d'environ 61 millions d'hectolitres en 1820-1822 (1) lorsque le recensement de 1821 portait 30,4 millions d'habitants, s'élevait à 121 millions en 1885-1887, lorsque le recensement de 1889 enregistrait 38,2 millions d'habitants.

La consommation du froment dans le cours de cette période de 66 ans a augmenté de 97 p. 100 et celle du nombre des consommateurs de 27 p. 100.

Ajoutons que le méteil, mélange de qualité inférieure, tient moitié moins de place aujourd'hui dans le total (2).

La pomme de terre, qui était encore en 1815 une culture relativement récente (3), a fait pour cette raison des progrès encore plus rapides ; de 41 millions de quintaux en 1820 (4), la récolte s'est élevée à 120 millions et plus (5). Elle était de 114 en 1885-1887 ; l'augmentation est de 174 pour 100.

Nous insérons dans le même tableau l'avoine, quoiqu'elle serve rarement en France aujourd'hui à l'alimentation de l'homme ; il n'en était pas de même autrefois. Mais elle est la céréale la plus

---

(1) La récolte du froment (sans le méteil) a été de 39,4 millions d'hectolitres en 1815, de 43,3 en 1816 et de 48 en 1817. Les récoltes de 1815 et de 1816 ont été très mauvaises. Celles des années 1820, 1821 et 1822 ont été de 54,3, 58,2, 50,8 : moyenne = 54,4. La récolte moyenne du méteil (1820-1822) a été de 10,3 millions d'hectolitres. L'excédent de l'importation sur l'exportation a été en moyenne (1820-1822) de 300,000 hectolitres. D'où la moyenne générale de la consommation du blé et du méteil a été de 61,4 millions.

Les *Archives statistiques du ministère des Travaux publics, de l'Agriculture et du Commerce* (année 1837) où ces chiffres ont été publiés pour la première fois (p. 131), évaluent pour l'année 1821 la quantité de froment et de méteil nécessaire pour la consommation à 68,1 millions d'hectolitres, dont 56,2 pour la nourriture des hommes, 0,2 pour les animaux, la brasserie, etc., et 11,7 pour les semences ; nombre supérieur à celui des ressources.

En 1885, 1886 et 1887 la récolte du froment a été de 109,8, 107,3, 112,4 millions d'hectolitres ; moyenne = 109,8. Il est vrai que la récolte de 1888 n'a donné que 98,7, mais celle de 1889 s'est élevée à 108,3 et celle de 1890 à 119,4. La moyenne annuelle des dix années 1881-1890 est de 109. En 1885, 1886 et 1887, le méteil, 5,2 millions d'hectolitres, 5,2 et 5,1 ; l'excédent annuel de l'importation sur l'exportation a été de 6 2 millions d'hectolitres. D'où la moyenne générale de la consommation du blé et du méteil a été de 121,2 millions d'hectolitres.

La plus faible récolte qui ait été enregistrée est celle de 1815 (39,4 millions d'hectolitres), récolte qui suivait l'invasion et la plus forte celle de 1874 (133 millions).

(2) 10,3 millions d'hectolitres en 1820-1822, 5,2 en 1885-1887.

(3) Ou du moins encore peu répandue. Car on cultivait déjà la pomme de terre en Alsace au xviie siècle.

(4) Elle n'avait même été que de 21 millions de quintaux en 1815.

(5) A 149 millions de quintaux en 1884, c'est la plus forte récolte que la France ait eue jusqu'ici.

CONSOMMATION DES CÉRÉALES ET DES POMMES DE TERRE.

ANNÉES. (Moyenne de trois années).	POPULATION.		FROMENT ET MÉTEIL.		AVOINE.		BAS GRAINS.		POMMES DE TERRE.	
	Millions d'habitants	Accroissement, la polulation initiale étant de 100.	Millions d'hectolitres.	Accroissement pour chaque période, la consommation initiale étant 100.	Millions d'hectolitres.	Accroissement pour chaque période, la consommation initiale étant 100.	Millions d'hectolitres.	Accroissement pour chaque période, la consommation initiale étant 100.	Millions de quintaux.	Accroissement pour chaque période, la consommation initiale étant 100.
1820-1822...............	30.4	100	(1) 61.4	100	(1) 40.2	100	(1) 58.3	100	(1) 41.6	100
1825-1827...............	»	»	70.4	114.6	37.9	94.3	56.8	97.4	41.6	100
1830-1832...............	32.5	108.5	76.2	124.1	50.8	126.3	63.7	109.2	56.9	136.7
1835-1837...............	33.5	111.8	79.4	129.3	46.7	116.1	62.7	107.5	78.6	188.8
1840-1842...............	34.2	114.1	87.2	142.0	52.5	130.6	67.2	115.6	104.2	250.4
1845-1847...............	35.4	118.0	92.2	150.1	54.4	134 8	66.7	114.4	85.4	205.2
1850-1852...............	35.7	119.2	96.4	157.0	62.4	154.4	72.0	123.5	69.3	166.6
1855-1857...............	36.2	120.7	102.4	166.7	70.7	175.8	65.0	111.5	92.2	221.6
1860-1862...............	37.4	124.8	103.6	168.7	75.0	186.5	66.0	114.2	99.3	238.9
1865-1867...............	38.1	127.3	95.3	155.2	62.0	154.2	65.7	112.7	106.2	255.2
1871-1873...............	36.1	120.3	102.5	166.7	81.2	201.9	67.7	116.1	114.7	275.7
1875-1877...............	36.9	123.0	107.2	174.6	77.3	192.2	62.1	106.5	121.1	291.1
1880-1882...............	37.6	125.5	130.7	212.8	83.5	207.7	63.6	109.1	127.9	307.4
1885-1887...............	38.2	127.4	121.2	197.4	84.9	211.1	59.2	101.5	114.1	274.2

(1) Ces chiffres représentent la moyenne de 3 années.

Nota. — Pour le froment, il est tenu compte des quantités du commerce extérieur qui sont ajoutées aux récoltes ou qui en sont retranchées, suivant qu'il y a eu excès d'importation ou d'exportation. Quant à l'avoine et aux bas grains, les importations et exportations, outre qu'elles ne sont pas indiquées séparément sur les tableaux des douanes, n'ont pas une importance assez grande pour être mentionnées : elles ne dépassent pas en moyenne 2 ou 3 millions d'hectolitres, année ordinaire. Il en est de même pour les pommes de terre dont l'importation et l'exportation peuvent être négligées.

importante après le froment ; elle a suivi à peu près la même progression et elle est un indice de l'accroissement du nombre des animaux de ferme et des chevaux employés dans les villes. (Voir le tableau et la figure n° 148).

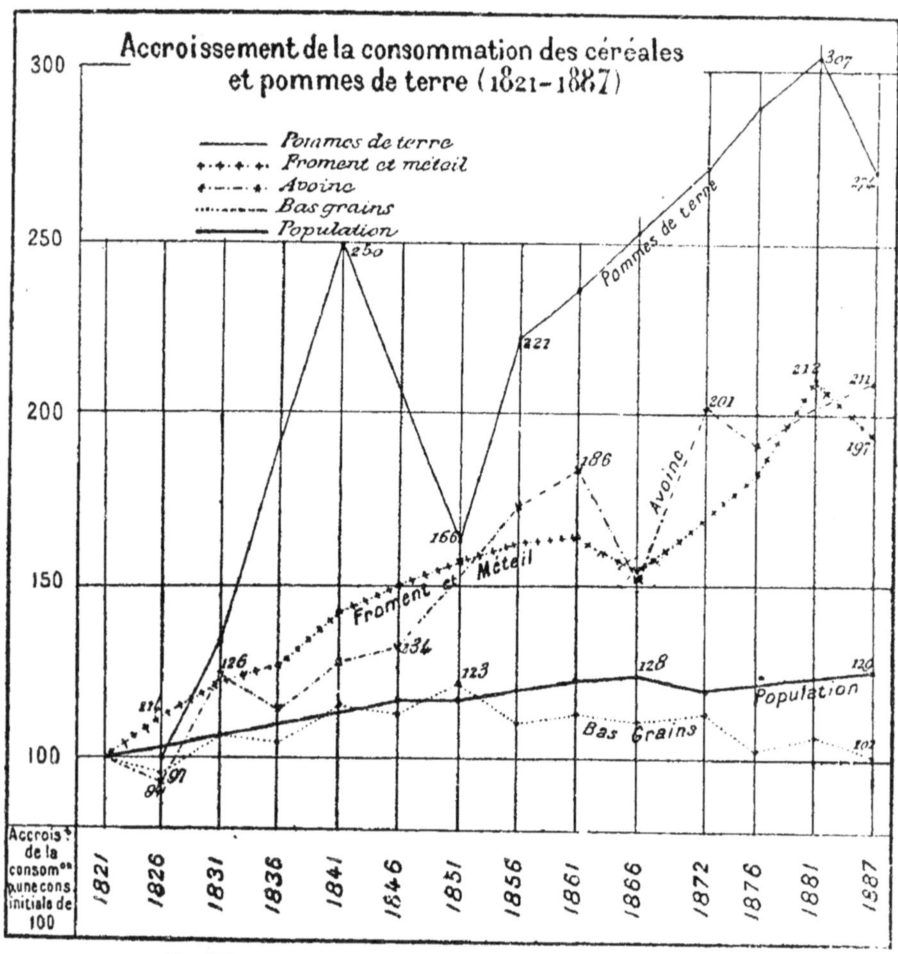

Fig. 148. — Consommation des céréales et des pommes de terre.

La consommation de la viande. — Il est plus facile de calculer la consommation du blé que celle de la viande. Les données que la statistique fournit sur celle-ci sont beaucoup plus imparfaites, parce qu'en premier lieu elles ne forment pas une longue série de chiffres annuels se contrôlant les uns les autres, et qu'en second lieu le nombre des animaux, fût-il exactement connu (1),

(1) Il ne l'est pas assez exactement pour que les comparaisons puissent être faites

ne suffirait pas pour déterminer la quantité d'aliments qu'on en tire. Il faut tenir compte du poids et de l'âge; si les porcs, par exemple, pesaient en moyenne 90 kil. et étaient tués à 2 ans, il y a cinquante ans et qu'ils le soient aujourd'hui à 1 an avec un poids de 120, le même nombre de têtes procurerait à la consommation plus de deux fois et demie autant de viande (1).

L'enquête décennale de 1882, dirigée par M. Tisserand, fournit les meilleurs renseignements que cette matière comporte (2); l'importance de cette statistique et la compétence du savant agronome qui l'a conduite nous dispensent de faire sur ce point des recherches personnelles ; nous reproduisons les chiffres qu'il a donnés d'après les enquêtes de 1840, 1862 et 1882 en y ajoutant ceux que le Gouvernement avait publiés en 1812.

---

avec précision depuis le commencement du siècle. Voici cependant des chiffres officiels depuis 1812 (Voir *La France et ses colonies* par E. Levasseur, tome II, p. 122).

NOMBRES EXPRIMÉS PAR MILLIONS D'UNITÉS.

ANNÉES.	BŒUFS.	MOUTONS.	PORCS.
1820..........................	9.7	28.9	4.9
1840..........................	11.7	32.1	4.9
1862..........................	12.8	29.5	6.0
1882..........................	12.9	23.8	7.1
1887..........................	13.4	22.8	5.9

(1) La statistique décennale agricole donne comme poids moyen brut des porcs 91 kil. en 1840 et 120 kil. en 1882. En calculant sur 90 (le poids net relativement au poids brut étant aujourd'hui plus considérable), on trouve que le même nombre de porcs qui donnait en 1840 3 kil. de viande en donne 8 en 1882.

Voici le poids moyen, brut en kilogrammes, des animaux de ferme existant à l'époque des première (1840) et dernière (1882) statistique décennale :

	1840	1882
Bœufs......	413	460
Vaches......................	240	321
Veaux...................... ..	48	69
Moutons.....................	24	33
Agneaux.................	10	15
Porcs à l'engrais.............	91	120

Il faut remarquer, en outre, que le nombre des bœufs durham augmente, et qu'un bon durham-manceau pèse 800 à 1.000 kil. à l'âge de quatre ans.

C'est grâce à la précocité de l'engraissement que, malgré la diminution du nombre total des moutons en France, il y a eu, d'après les enquêtes décennales, 6,466,000 moutons, brebis, agneaux et chevreaux abattus ou exportés en 1862 et 7,560,000, en 1882.

(2) *Statistique agricole de la France publiée par le Ministère de l'agriculture. Résultats généraux de l'enquête générale de* 1882. 1 vol. gr. in-8, Nancy. 1887.

ESPÈCES.	QUANTITÉ de viande produite par les animaux abattus (en millions de kilog.)				ACCROISSEMENT pour 100, relativement à l'année 1840.		
	en 1812	en 1840	en 1862	en 1882	1840	1862	1882
Bovine.........	197	310	480	685	100	155	221
Ovine et caprine....... ..	66	82	115	168	100	142	205
Porcine............... ..	241	290	377	387	100	130	133
Totaux.........	504	682	972	1.240	100	143	182

Cette statistique accuse depuis 1840 un progrès de 82 p. 100. La proportion réelle est vraisemblablement supérieure, ainsi que le fait remarquer M. Tisserand (1), parce que les améliorations introduites dans l'élevage du porc, qui permettent de tuer à un an environ l'animal engraissé, ont dû donner pour cette espèce un accroissement supérieur à celui qui est indiqué ; mais les porcs abattus dans les petits ménages et dans les fermes isolées échappent à l'enregistrement statistique beaucoup plus souvent que le mouton et surtout que le bœuf. Quant à ces deux espèces, les changements survenus dans l'élevage de ces animaux (et nous pouvons ajouter dans l'alimentation du paysan), expliquent pourquoi le progrès a été plus marqué pour la viande de bœuf que pour celle de mouton.

Du recensement de 1841 à celui de 1886, l'accroissement de la population a été de 11 p. 100 ; la différence entre ce nombre et celui de 82 p. 100 est considérable. D'après les enquêtes décennales, la moyenne de la consommation annuelle par habitant était d'environ 20 kilogrammes en 1840, 26 en 1862 et 33 en 1882 (2).

L'importation du bétail étranger, qui contribue à l'approvisionnement, a subi des fortunes diverses, suivant la production et la demande et suivant le tarif des douanes. En somme, il y a eu, depuis 1821 et surtout depuis 1840, une augmentation très considérable aussi de ce côté, ainsi que le montrent le tableau et le graphique (voir fig. n° 149) suivants.

En tenant compte des viandes fraiches importées de l'étranger, commerce qui était à peu près nul en 1840 et qui a pris un remarquable essor, M. Tisserand calcule que la consommation individuelle est en tout d'environ 33 kilogrammes.

---

(1) Voir Introduction, p. 260 et 249.
(2) 19 kilog. 98 en 1840, 25 kilog. 90 en 1862, 32 kilog. 92 (dont 18 kilog. 19 de bœuf, 4 kilog. 45 de mouton et chèvre, 10 kilog. 28 de porc) en 1882.

CONSOMMATION DE LA VIANDE (Commerce d'Importation).

ANNÉES. (Moyenne de trois années).	BŒUFS Vaches, Taureaux, Bouvillons et Génisses. IMPORTATION. MILLIERS DE TÊTES. Imp.	Exp.	Accroiss. p. 100. Imp.	Exp.	VEAUX. IMPORTATION. MILLIERS DE TÊTES. Imp.	Accr. p. 100. Imp.	Béliers, Moutons, Agneaux, Boucs et Chevreaux. IMPORTATION. MILLIERS DE TÊTES. Imp.	Accr. p. 100. Imp.	PORCS. IMPORTATION. MILLIERS DE TÊTES. Imp.	Exp.	Accroiss. p. 100. Imp.	Exp.	COCHONS DE LAIT. IMPORTATION. MILLIERS DE TÊTES Imp.	Accr. p. 100. Imp.
1820-1822.	21		100		8	100	134	100	22		100		29	100
1825-1827.	34		162		10	125	106	79	22		100		83	286
1830-1832.	21		100		10	125	108	80	1		5		119	410
1835-1837.	6		28		7	87	124	92		21		95	115	396
1840-1842.	24		113		12	150	96	71		9		36	137	472
1845-1847.	11		52		13	162	74	55		18		81	53	182
1850-1852.		3	»	19	11	137	50	37		29		131	64	221
1855-1857.	96		457		26	325	299	223	20		90		71	245
1860-1862.	75		357		33	412	482	359	37		168		74	255
1865-1867.	81		386		23	287	761	567	10		45		42	145
1870-1872.	116		552		36	450	1169	872	118		536		52	179
1875-1877.	73		348		27	337	1407	1050	20		90		68	234
1880-1882.	66		314		40	500	1960	1462	99		450		62	243
1885-1887.	34		161		27	344	1492	1113	8		36		74	255

Toutes ces quantités représentent l'excédent de l'importation sur l'exportation ; pour les Bœufs en 1850-52 et pour les Porcs à quatre époques, l'exportation ayant été plus forte que l'importation, il y a eu excédent de l'exportation sur l'importation.

On sait que cette moyenne n'est pas la même à la campagne

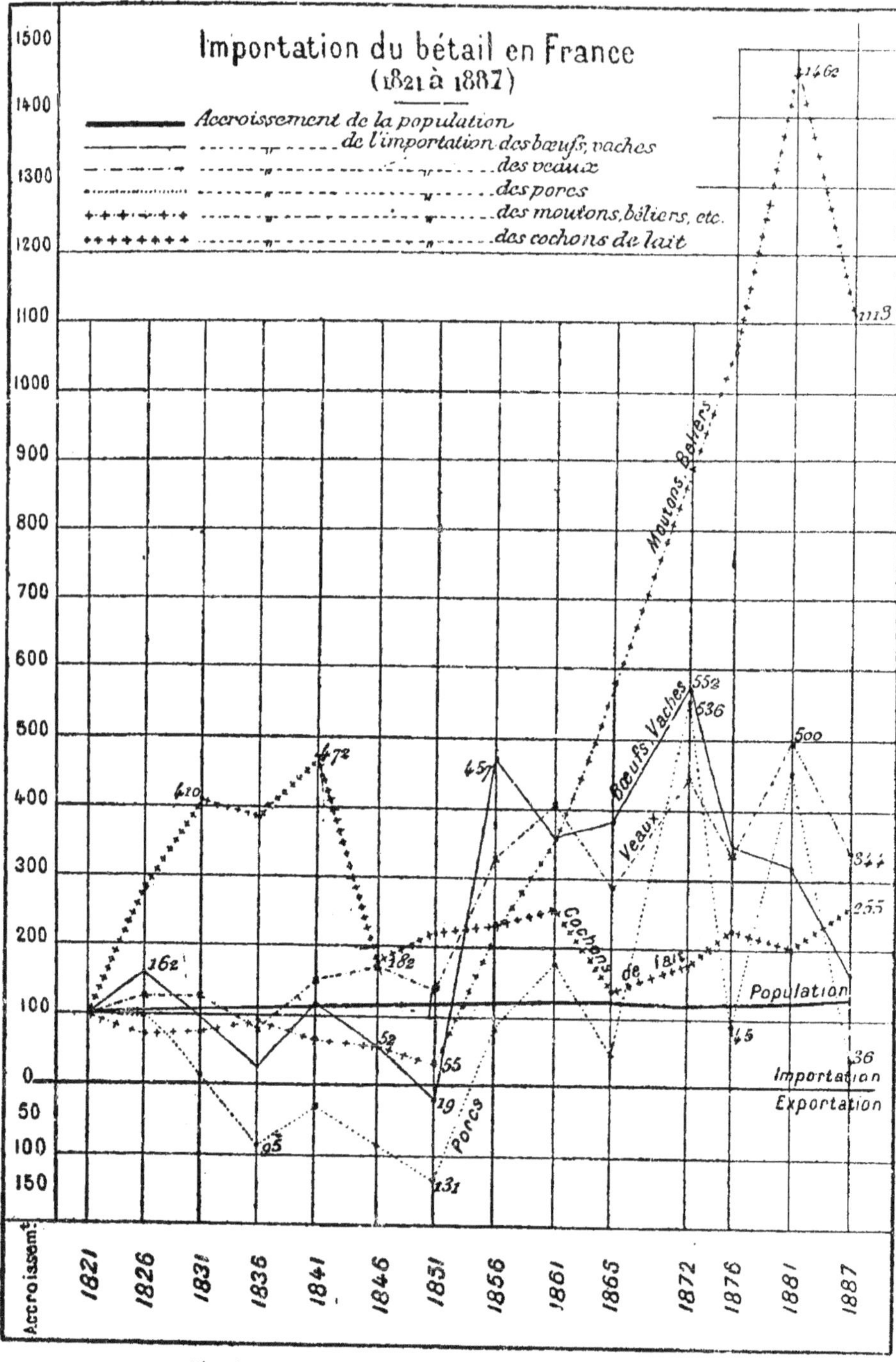

Fig. 149. — Importation du bétail en France (1821-1886).

qu'à la ville. Le tableau suivant indique les différences entre 1862 et 1882 :

	1840.	1862.	1882.	Augmentation.	
				de 1862 à 1882.	de 1840 à 1882.
Paris (1)................	52^k ?	66^k 6	79^k 3	12^k 7	27^k 3
Villes de plus de 10.000 hab..	48 9	50	58 9	8 9	10
Population du reste de la France................	14 9	18 6	21 9	3 3	7
Moyenne générale....	19^k 9	25^k 9	33^k 1	7^k 13	13^k 2

Les citadins ont toujours mangé plus de viande que les campagnards ; ils ont en général plus d'argent pour en acheter et ils contractent des habitudes qui leur en font éprouver le besoin même lorsque leurs ressources sont très médiocres ; c'est précisément pourquoi ils consomment moins de pain par tête. Le changement qui s'est opéré dans le rapport de la population rurale et de la population urbaine est une des causes de l'accroissement général de la consommation de la viande en France.

On peut se faire, par le produit des octrois, quelque idée du progrès de la consommation des citadins. Le produit brut des

---

(1) La consommation de la viande à Paris a été diversement appréciée par les statisticiens. D'après M. Husson (jusqu'en 1854), d'après l'enquête décennale de 1882 (de 1860 à 1879) et d'après le Bulletin du Ministère de l'Agriculture (depuis 1882), la consommation moyenne par tête et par an de la viande aurait été :

	Kilogr.
De 1771 à 1780, de........................	60.4
De 1809 à 1818, de........................	60.1
De 1831 à 1840, de........................	51.4
De 1851 à 1854, de	59.5
En 1860........................	66.8
En 1879........................	74.8
En 1882........................	77.1
En 1885........................	76.9
En 1888........................	77.0

L'abaissement de la moyenne sous le règne de Louis-Philippe paraît avoir pour cause principale un changement dans la composition de la population parisienne dans laquelle la proportion du nombre des ouvriers a commencé à devenir plus considérable. Il ne faut pas oublier que la boucherie ne fournit qu'une partie de la consommation en viande ; le porc et la charcuterie contribuaient, en 1887, d'après le *Rapport sur les consommations de Paris* (page 11), pour 11 kil. 4, la volaille et le gibier, pour 11 kil. 8. D'après la statistique de la ville de Paris, le total serait de 94 kil. 5 en tout, avec la viande de boucherie qui n'était comptée que pour 71 kil. 2, chiffre inférieur à celui qu'a donné, pour 1885, M. Tisserand. D'après le *Bulletin du ministère de l'agriculture* (décembre 1890), la consommation de Paris était de 170 millions de kilog. (147 de viande de boucherie et 23 de viande de porc) en 1880 et de 186 (boucherie, 162 ; porc, 26) en 1888. L'année 1889 (année d'exposition universelle) a donné 193 millions.

octrois en France était : 1° pour les comestibles, de 16,7 millions de francs en 1831, de 29,3 en 1850, de 82,2 en 1889 ; 2° pour les liquides, de 22 en 1831, de 42 en 1850 et de 125 en 1887 (1).

Le progrès de la consommation de la viande est un signe de l'aisance des populations plus manifeste encore que celle du froment. Car le prix du pain n'a presque pas changé et, pour en manger deux fois plus, il a suffi de dépenser deux fois plus d'argent. Celui de la viande a doublé sur les marchés (2) et il a beaucoup plus que doublé au détail ; il faut donc que la population consacre à cette partie de son budget trois ou quatre fois plus d'argent pour acheter deux fois plus de viande.

Les lapins, la volaille et le gibier fournissent à l'alimentation un contingent considérable de viande. La statistique n'est pas assez précise sur cette matière pour autoriser un calcul portant sur la France entière ; mais nous pouvons nous faire quelque idée de l'accroissement en remarquant qu'à Paris la consommation de la volaille et du gibier, évaluée par M. Husson à 6 kilog. 8 par tête et par an en 1846, s'est élevée à 11 kilog. en 1886 (3).

---

(1) Le produit brut total des recettes des octrois a été de :

54	millions en	1831.
76.9	Id.	1840.
94.3	Id.	1850.
145	Id.	1860.
201	Id.	1869.
275	Id.	1880.
290	Id	1882 (maximum).
284	Id	1887.
287	Id.	1888.

(2) D'après l'enquête décennale agricole, le prix moyen de la viande (bœuf, mouton, porc) était de 0 fr. 79 le kilog. en 1840 et de 1 fr. 58 en 1882.

(3) Et à 11 kilog. 8 en 1889. Voir la note plus loin. — Le mouvement du commerce extérieur de gibier et volaille a beaucoup augmenté, mais à l'exportation comme à l'importation.

		1827-1836.	1857-1866.	1889.
Gibier, volaille et tortues, valeur en milliers de francs des animaux vivants.	Import..	76	713	4022
	Export..	333	1407	5041
Gibier, volaille et tortues, poids en milliers de kilog. de la viande (animaux tués).	Import..	73	774	3407
	Export..	103	874	3545

Aliments divers. — Le poisson est plus abondant qu'autrefois sur les marchés de l'intérieur de la France (1). La consommation des huîtres, objet de luxe, semble avoir augmenté, grâce à la facilité des transports, dans les villes de province plus encore qu'à Paris.

Si la culture de l'œillette et de la navette est en décadence (2), l'huile d'olive et de graines exotiques a largement comblé le vide.

La production du miel a diminué, d'après la statistique agricole, parce qu'il y a moins de landes et de friches, où les abeilles puissent butiner leur nourriture et parce que le prix du sucre a considérablement baissé. Mais ce dernier a très amplement remplacé le premier : on consommait en France 42 millions de kil. de sucre en 1821 et 437 en 1886 (432 en 1888) (3), c'est-à-dire dix fois plus, pendant que la population augmentait seulement de 27 p. 100.

Tout porte à croire que les marchés sont plus grandement approvisionnés aujourd'hui qu'autrefois en beurre, fromage, œufs, lait, légumes frais ou secs, fruits (4).

Il y a un progrès, quelle qu'en soit la mesure, sur toutes les denrées accessoires de l'alimentation, comme sur le pain et la viande.

---

(1) La statistique des pêches n'est pas assez complète pour qu'on suive avec précision le progrès de la consommation. Si on en jugeait par les armements, la pêche de la morue serait stationnaire ou même rétrograde ; car elle occupait de 10 à 11,000 hommes de 1833 à 1835, 12 à 14,000 de 1867 à 1869 et 12,000 seulement en moyenne de 1885 à 1887 ; mais il ne faut pas oublier que l'accroissement du tonnage a permis de faire une certaine économie sur le personnel. La pêche du hareng est en progrès ; elle produisait 13,180 tonnes de poissons en 1857 et 46,465 en 1887. La pêche côtière a gagné aussi ; elle employait une marine de 50,589 tonneaux et 35,360 hommes d'équipage en 1853, de 69,240 tonneaux et 40,100 hommes en 1869, 87,992 tonneaux et 46,337 hommes en 1887. L'étranger fournit un appoint d'environ 24,000 tonnes de poisson (excédent de l'importation sur l'exportation pour les années 1885-1887) ; cette quantité est à l'excédent de la période 1820-1822, comme 160 est à 100.

(2) L'enquête décennale de 1882 indique une réduction de plus de moitié dans la production de l'œillette, de la navette et de la cameline.

(3) En 1888, l'importation des sucres était de 209 millions de kilogrammes (126 des colonies françaises et 83 de l'étranger) ; la production du sucre indigène était de 369 millions de kilogr. L'exportation en sucre raffiné représentait 146 millions de kilogr. de sucre brut.

(4) La statistique de l'octroi et des halles de Paris permet de comparer la consommation d'un grand nombre de denrées à diverses époques. Sans doute Paris n'est pas la France et consomme relativement plus que le reste du pays. Mais c'est un exemple ; on peut d'autant mieux l'invoquer que la capitale a eu de tout temps des moyens d'approvisionnement qui manquaient à la plupart des villes de province et que les chemins de fer ont facilité la consommation de certains articles, particulièrement de la marée, dans toutes les villes. Le tableau suivant (extrait pour les années

On peut le mesurer avec certitude non-seulement pour le sucre, à cause de l'impôt, mais pour toutes les denrées coloniales, telles que thé, café, cacao, qui sont des produits exotiques soumis à un droit de douane et on constate que les quantités introduites sont de six fois à dix-sept fois plus considérables aujourd'hui qu'en 1821.

Nous manquons de renseignements pour calculer le progrès de la consommation des légumes et des fruits : il est considérable. La rapidité des transports par voie ferrée a procuré des débouchés aux régions dont le climat favorisait les cultures maraîchères, mais qui étaient autrefois trop éloignées des grands marchés pour profiter de leurs avantages naturels. L'art du maraîcher s'est beaucoup perfectionné (1) ; les populations urbaines consomment une plus grande variété de légumes frais et la durée de la saison pour chaque espèce n'est pas aussi limitée qu'autrefois.

1840 et 1869 d'un travail publié par M. Juglar dans le *Journal des Économistes*, en 1870 et calculé par nous pour 1886) donne la consommation par habitant à trois époques, exprimée en quantité pour les six premiers articles et en valeur pour les six derniers ; cette dernière expression est moins concluante.

	1840.	1837.	1886.
Vin	92 litres.	192 litres.	186 litres.
Alcool	4 litres 8.	6 litres 6.	6 litres 8.
Bière	13 litres 5.	19 litres.	11 litres 6.
Huile d'olives	0 litre 5.	0 litres 5.	0 litre 5.
Viande	50 kil. 50.	67 kil. 5.	75 kil. 1 (*).
Sel gris	5 kil.	7 k. 14.	6 kil. 6.
Volaille et gibier	8 fr.	16 fr. 20.	31 fr. (**) (10 kil. 3).
Beurre	12 fr. 20.	16 fr. 20.	16 fr. (7 kil. 6).
OEufs	5 fr. 60.	9 fr. 30.	12 fr. 80 (***) (176).
Poisson	5 fr. 90.	9 fr. 80.	10 f. 80 (****) (10 kil. 5)
Huîtres	1 fr. 20.	1 fr. 02.	2 fr. (*****) (3 kil. 4).

(*) En 1886, la consommation de Paris a été de 152 millions de kilogr. de viande de boucherie (provenant 122 des abattoirs et 30 de l'extérieur), de 22 millions de kilog. de viande de porc, de 2,125,000 kilog. de charcuterie, d'environ 4 millions 1/2 de kilog. de viande de cheval et d'environ 4 millions de triperie.

(**) Paris consommait (d'après T. Husson, *les Consommations de Paris*), environ 4 kilogr. de volaille et gibier par habitant et par an en 1788 et 5 kil. 8 en 1846 ; il en a consommé 11 kil. par habitant et par an en 1886.

(***) Paris consommait, en 1846, 6,950,000 kilogr. d'œufs, soit 139 millions d'œufs et, en 1886, 20,721,000 kilog., soit 414 millions d'œufs.

(****) En 1846, la consommation de poisson de toute espèce (y compris le poisson mariné) à Paris, a été de 13,444,000 kilog. et en 1886 de 24,624,000 kilogr. (sans les moules).

(*****) Le poids des huîtres consommées à Paris était de 5,393,000 kilog. en 1846 et de 8,115,000 en 1886).

(1) L'enquête décennale de 1882 établit que la superficie des terrains utilisés pour les cultures potagères et maraîchères a augmenté de 1,294 hect. en 1862 à 2,100 hect. en 1882 ; celui de terres cultivées en légumes secs, de 278 hect. à 420 hect.

CONSOMMATION DE DENRÉES ALIMENTAIRES ET BOISSONS DIVERSES.

ANNÉES. (Moyenne de 3 années).	SUCRE (1). CONSOMMATION.		CAFÉ (2). CONSOMMATION.		CACAO (2). IMPORTATION.		THÉ (2). IMPORTATION.	
	Quantités.	Acc. p. 100.	Quantités.	Acc. p. 100.	Quantités.	Acc. p. 100.	Quantités.	Acc. p. 100
	Milliers de tonn.		Milliers de tonn.		Tonnes.		Tonnes.	
1820-1822..................	42.0	100	8.1	100	688	100	78	100
1825-1827..................	53.0	126	8.6	106	754	109	115	147
1830-1832..................	72.0	171	9.5	117	605	87	110	141
1835-1837..................	101.0	240	10.7	137	1.573	228	120	153
1840-1842..................	107.0	254	14.0	173	1.700	247	128	161
1845-1847..................	126.0	300	16.0	185	2.100	305	140	179
1850-1852..................	120.0	285	18.7	230	3.300	479	150	192
1855-1857..................	165.0	392	26.0	320	4.000	581	205	275
1860-1862..................	246.0	585	36.6	451	4.900	712	326	417
1865-1867..................	258.0	614	45.3	559	6.500	944	348	446
1870-1872..................	238.0	566	44.0	543	7.800	1.133	305	391
1875-1877..................	263.0	626	49.6	612	9.300	1.351	345	442
1880-1882..................	362.0	861	59.6	735	11.100	1.613	443	567
1885-1887..................	432.0	1028	53.0	662	12.300	1.789	530	677

(1) La consommation du sucre a été calculée sur le chiffre moyen annuel de l'excédent de la production indigène et de l'importation, déduction faite de l'exportation, pour chaque période triennale.

(2) Consommation calculée sur le chiffre moyen annuel des importations de la période triennale, déduction faite des exportations.

La culture des fruits indigènes n'a probablement pas fait moins de progrès (1). Les fruits exotiques entrent peu à peu dans les habitudes de l'alimentation. Les oranges et citrons, par exemple, figuraient au commerce spécial pour 21,6 millions de kilog. valant

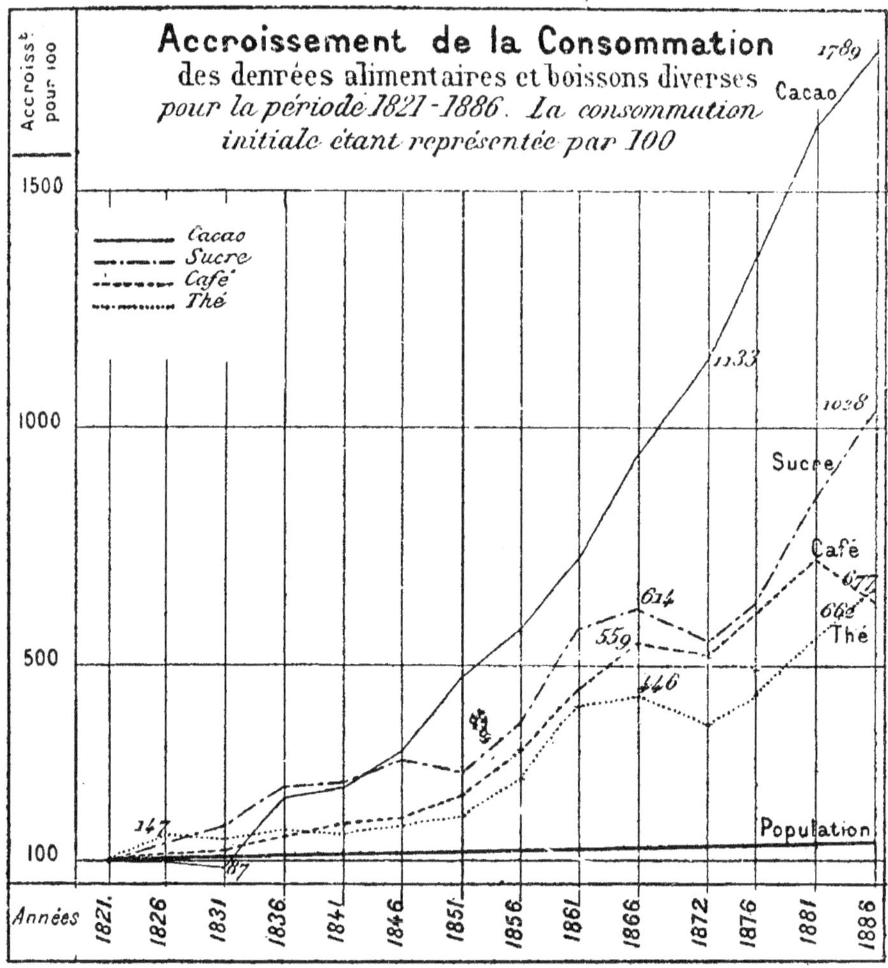

Fig. 150. — Accroissement de la consommation de denrées alimentaires et boissons diverses (1821-1886).

6,4 millions de francs en 1869 et pour 48,2 millions de kilog. valant 9,6 millions de fr. en 1889. La quantité a plus que doublé depuis vingt-deux ans et le prix n'a augmenté que de 50 p. 100. Aussi les oranges, qui étaient un luxe au commencement du siècle, sont-elles devenues d'un usage commun.

---

(1) La statistique agricole de 1873 évaluait à 76 millions la production des fruits à pépins et à 39 celle des fruits à noyau ; l'enquête décennale de 1882 l'a évalué à 93 et à 56 millions.

Les boissons. — La consommation des boissons alcooliques n'est pas demeurée en arrière ; on se plaint même que celle de l'alcool ait fait trop de progrès. C'est ainsi que, de 1830 à 1836, elle s'est élevée de 100 à 292 pour l'alcool et les liqueurs ; malgré l'oïdium, celle du vin, a passé de 100 à 382 dans le cours de la période 1830-1876 et le phylloxera ne l'a pas empêchée d'être encore en 1885-1887 deux fois et demi celle de 1830 ; celle de la bière a presque triplé. Le cidre seul, dont la récolte varie beaucoup d'une année à l'autre et dont l'importation ne complète pas l'approvisionnement, n'a augmenté que de 73 p. 100. Dans le même temps, la population augmentait à peine de 18 p. 100.

L'importation et l'exportation. — L'administration des douanes fait des objets d'alimentation un des grands groupes de la statistique du commerce extérieur ; mais les cadres de cette statistique ont été modifiés en 1876 (1) et ne fournissent qu'une indication sur l'état des importations de ce genre :

COMMERCE SPÉCIAL :	NOMBRES EXPRIMÉS EN MILLIONS DE FRANCS.		
	1827.	1855.	1887.
Importation des objets de consommation naturels en 1827 et en 1855 et des objets d'alimentation en 1887.	276	436	1.423
Exportation des produits naturels en 1827 et en 1855 et des objets d'alimentation en 1887..............	158	477	703
Excédent des importations sur les exportations........	118	9	720

Mais, en 1827 et en 1855 la catégorie des produits naturels comprenait à l'exportation, les matières premières et les objets d'alimentation, tandis qu'en 1887 le nombre 703 ne s'applique qu'à ces derniers ; les premières figuraient dans une catégorie spéciale pour 805 millions.

---

(1) A partir de 1876, les importations, qui étaient divisées en matières nécessaires à l'industrie, objets de consommation naturels et objets de consommation fabriqués l'ont été en matières nécessaires à l'industrie, objets d'alimentation et objets fabriqués (ce qui a peu changé le groupement) et les exportations, qui étaient divisées en produits naturels et en produits manufacturés, l'ont été en matières nécessaires à l'industrie, objets d'alimentation et objets manufacturés.

CONSOMMATION DES BOISSONS.

ANNÉES. (Moyenne de trois années).	VINS (1). — CONSOMMATION.		CIDRES (1). — CONSOMMATION.		BIÈRES (1). — CONSOMMATION.		ALCOOLS ET LIQUEURS. — CONSOMMATION.	
	Millions d'hectolitres	Accroissement pour 100.	Millions d'hectolitres.	Accroissement pour 100.	Millions d'hectolitres.	Accroissement pour 100.	Milliers d'hectolitres.	Accroissement pour 100.
1830-1832	14.1	100	7.9	100	2.8	100	603	100
1835-1837	21.3	151	8.9	112	3.6	128	633	105
1840-1842	23.9	169	8.5	107	4.3	153	1.032	171
1845-1847	20.2	143	9.8	124	4.7	167	730	121
1850-1852	27.6	195	12.3	155	4.6	164	905	150
1855-1857	13.9	98	3.2	40	6.5	232	775	128
1860-1862	26.2	185	13.4	169	6.8	242	970	160
1865-1867	42 0	297	9.6	121	7.5	267	1.330	220
1870-1872	38.7	274	8.5	107	6.4	228	1.530	253
1875-1877	53.9	382	12.8	162	7.5	267	1.630	270
1880-1882	36.3	257	10.3	130	8.4	300	1.723	285
1885-1887	35.4	251	13.7	173	8.3	296	1.766	292

(1) Les chiffres relatifs à la consommation du vin, des cidres et bières sont tirés de l'enquête sur les boissons publiée par le *Bulletin de statistique et de législation comparée* du ministère des finances (T. IX) et du même bulletin (n° de Mai 1887). La moyenne annuelle de la consommation pour la dernière période (1885-1887), a été obtenue en ajoutant à la production l'importation et en déduisant l'exportation. Exemple : (En 1885. production, 2.853.600 hectol., vins fabriqués avec des raisins secs, 4.967.000 hect., importation, 8.183.000 hect. ; à déduire pour l'exportation, 2,602,000 hect.) ; il reste pour la consommation, 38,084,000 hect.

La balance en France et à l'étranger. — Pain, viande, den-

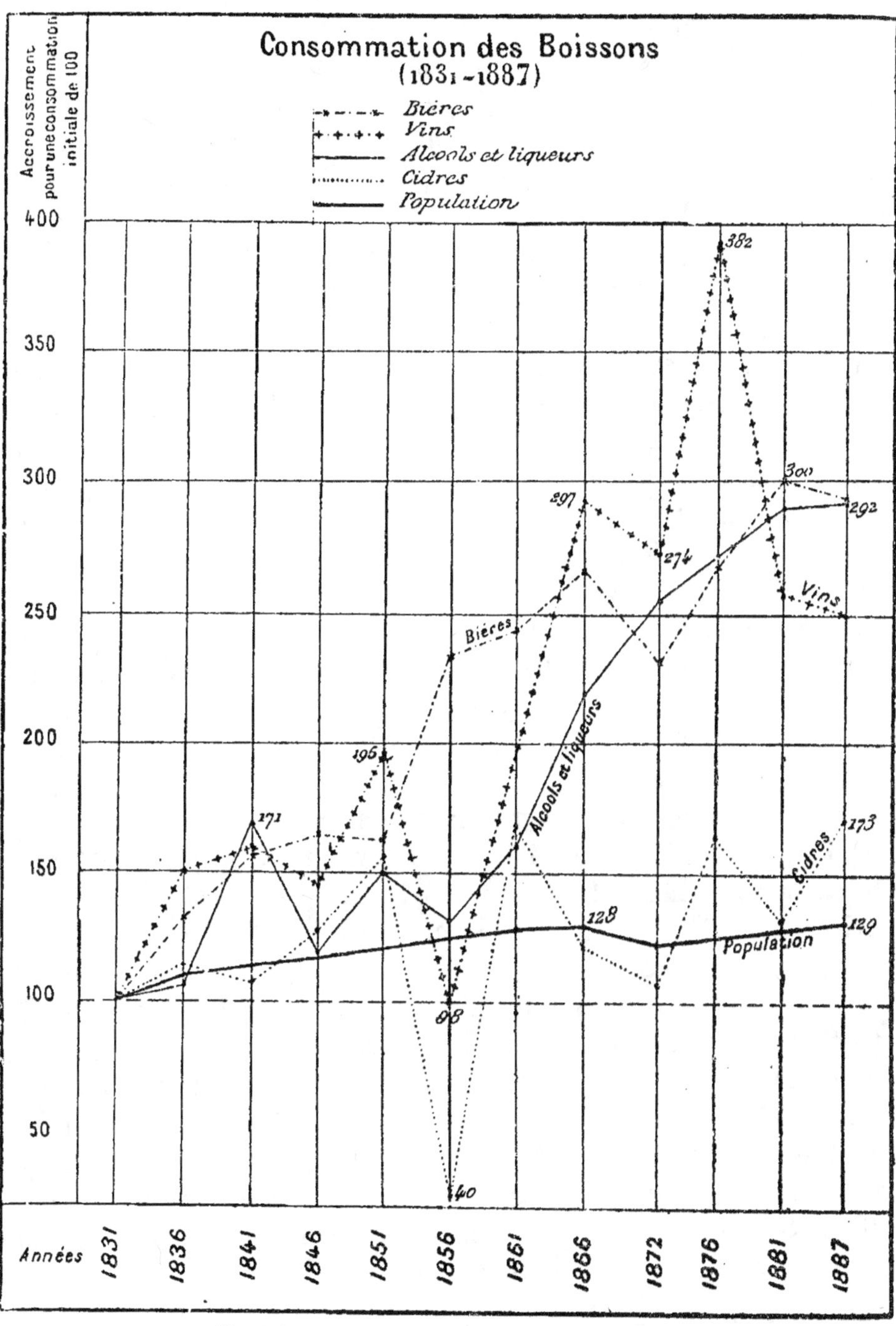

Fig. 151. — Consommation des boissons (1831-1887).

rées accessoires, boissons, tous ou presque tous les aliments ont
donc augmenté dans une progression beaucoup plus rapide que

la population. Nous n'oserions pas fixer d'une manière précise les termes du rapport ; mais nous croyons ne pas exagérer en disant qu'ils ont au moins doublé pendant que le nombre des consommateurs s'accroissait à peine d'un tiers ou d'un quart et que, par conséquent, les Français consomment environ une fois et demie autant d'aliments qu'en consommaient leurs grands-pères sous la Restauration.

Loin donc que la fatale divergence prédite par Malthus se soit produite, ce sont, au contraire, les subsistances dont le progrès a été le plus rapide dans notre pays, grâce à l'amélioration de la culture du sol et à l'extension du commerce : conclusion consolante, qui d'ailleurs n'est pas particulière à la France.

En Angleterre, où la population est plus dense et s'accroît plus vite qu'en France, la quantité totale des subsistances produites dans le pays ou importées a eu cependant aussi une progression plus rapide que le nombre des habitants. Dans son ouvrage *The progress of the nation*, Porter, tout en se plaignant de ne pouvoir pas dresser un tableau général des consommations faute de documents suffisants, constatait cependant que la consommation du sucre par tête était (dans le Royaume-Uni) de 19 livres 9 onces en 1830 et de 24 livres 1 once en 1849 ; elle est aujourd'hui (année 1884) de 76 livres. Celle du café, qui était, en Grande-Bretagne, de 1 once par tête en 1801, de 6 en 1821, de 10 1/2 en 1841, s'est élevée à 1 livre environ en 1880 ; celle de la bière, estimée à environ 24,7 millions de gallons en 1801, à 20,5 en 1821 (1), l'a été à 28 en 1884

Le sol du Royaume-Uni est loin de produire tous les aliments que sa population consomme. Depuis vingt ans, la production du froment a varié entre 35 millions (en 1868) et 19 millions de quintaux (en 1888) ; elle est en décroissance. Celle de la viande était évaluée par des statisticiens (2) à 12.700.000 quintaux en 1868 et à 13 millions en 1888. Mais l'importation supplée largement à l'insuffisance de la production nationale. Dans la période 1852-1859, la consommation moyenne de froment par an et par tête dans le Royaume-Uni était de 5,1 boisseaux (184 litres),

---

(1) La bière fabriquée par les brasseurs était seule imposée et comptée ; la bière fabriquée par les particuliers ne l'était pas.

(2) Voir notamment une lecture sur la consommation de la viande dans le Royaume-Uni, faite par le major Craigie à l'Association britannique pour l'avancement des sciences.

dont 3,7 fournis par la production nationale et 1,3 par l'importation ; en 1881-1884, elle était de 7,5 boisseaux (272 litres), dont 2,2 par la production indigène et 4,4 par l'importation (1).

La consommation de la viande s'est élevée de 100 livres 1/2 par tête et par an en 1868 à 111 livres 1/2 en 1883, moins par la production nationale qui, malgré son accroissement, fournissait par tête 93,2 livres en 1868 et 82,2 en 1883, que par l'importation qui donnait 7 liv. 3 par tête en 1868 et 29,4 en 1883.

C'est grâce à une importation considérable de denrées alimentaires apportées de tous les points du globe, blé, riz, farine, pommes de terre, animaux vivants et viande, beurre, œufs, fromage, thé, café, cacao, vins et spiritueux, que les Iles Britanniques nourrissent la population pressée sur leur territoire (2).

---

(1)   PRODUCTION ET IMPORTATION DE FROMENT DANS LE ROYAUME-UNI.

ANNÉES.	PRODUCTION NATIONALE (d'après l'estimation des statisticiens). En millions de quarters (1 quarter = 290 litres).	EXCÉDENT de l'importation sur l'exportation	TOTAL.	CONSOMMATION par tête en boisseaux.
1852-1859	13.2	4.6	17.8	5.1
1861-1867	12.2	8.1	20.3	5.5
1868-1875	11.6	10.7	22 3	5.6
1876-1880	9.1	14.7	23.8	5.8
1881-1884	9.1	17.6	26.7	7.5

(2)   QUANTITÉS DE PRODUITS ALIMENTAIRES IMPORTÉS DANS LE ROYAUME-UNI.
(Sans défalcation des quantités réexportées).

		1848.	1858.	1888.
Par millions de kilogramm.	Froment............	565	920	2863
	Farine de froment	90	193	845
	Riz...............	50	183	310
	Pomme de terre...	47	86	119
	Beurre...........	15	19	84
	Fromage..........	22	18	95
	Jambon...........	?	10	180
	Viande de bœuf...	?	8	53
	Poisson..........	?	10	95
	Café.............	28	30	47
	Cacao............	3	5	14
Par milliers de têtes.	Bœufs...........	?	89	377
	Moutons..........	?	184	956
Par millions d'unités.	OEufs...........	77	134	1.126
Par millions de kilog.	Thé.............	27	37	111
Par milliers d'hectolitres	Vins.............	33	232	661
	Spiritueux........	40	42	460
Par millions de kilog.	Sucre.............	410	460	1.250

L'Angleterre paie chaque année à l'étranger plus de 2 milliards de francs pour se procurer le complément de sa subsistance. Aucun État ne dépense autant.

Toutefois l'Angleterre n'est pas le seul État qui ait besoin d'importer des aliments. La France, ainsi que nous l'avons vu et, comme elle, la Belgique, la Suisse, même les Pays-Bas et l'Allemagne l'éprouvent aussi à des degrés divers (1). Ce sont des pays où la densité est très forte. Ils ont beau tirer d'une même superficie plus de produits que les autres par une culture intense, ils ne suffisent pas à leur population croissante. Cette insuffisance semble être un argument en faveur de la thèse de Malthus.

Mais il faut remarquer que, si l'insuffisance est réelle en Angleterre où le rapport de la production nationale à la population est en effet devenu moindre, elle n'est que relative en France où ce rapport est devenu plus fort. Le progrès de la consommation y a été plus rapide encore que celui de la production : conséquence du progrès général de la richesse. Si presque toute l'Europe occidentale et centrale importe des subsistances, c'est surtout parce que ses habitants se nourrissent mieux qu'autrefois et, s'ils les achètent, c'est parce qu'ils produisent dans leurs champs ou dans leurs manufactures de quoi payer leur bien-être. Quand on fait entrer en compte le commerce extérieur, l'argument se retourne contre Malthus.

---

(1) Pays d'Europe importateurs de denrées alimentaires (excédent de l'importation sur l'exportation pour l'année 1884, d'après M. de Neumann-Spallart).

	CÉRÉALES. — Céréales et Farines. — (Millions de fr.)	VIANDE. — Animaux vivants et Viande — (Millions de fr.).
Royaume-Uni de Grande-Bretagne et d'Irlande	1.175	634
Empire allemand..............	425	Exporte.
France	316	128
Belgique......................	159	53
Pays-Bas.....................	120	Exporte.
Suisse........................	92	21
Italie........................	66	Exporte
Norvège	44	5
Portugal.......	33	?
Finlande......................	25	?
Espagne......................	24	?
Grèce.......	24 ?	?
Danemarck....................	14	Exporte.
Suède........................	22	Exporte.

Une pareille situation est-elle anormale ? Du point de vue général de la science, on voit l'humanité vivant dans une plus grande abondance de biens, puisque, s'il y a des pays qui importent, il y a, d'autre part, des pays qui exportent une partie de leur superflu et qui trouvent profit à ce commerce (1). Du point de vue particulier de la politique, on peut s'inquiéter de l'avenir d'une nation que la suppression du commerce affamerait. Mais, en réfléchissant, on considère que le monde est grand ; que les nations exportatrices de denrées alimentaires sont nombreuses et ont des intérêts divers ; qu'à moins d'un blocus maritime, toutes les voies ne sauraient être fermées et tous les courants commerciaux interrompus à la fois ; que les récoltes nationales, qu'il faut s'appliquer à accroître comme un fonds de richesse et de garantie nécessaire, permettraient de traverser une période de crise moins douloureusement peut-être que celle qu'a subie l'Angleterre, lorsque la guerre de sécession a arrêté l'exportation du

---

(1) Les principaux pays exportateurs de blé sont : les États-Unis, la Russie, les Indes, l'Autriche-Hongrie, l'Australasie britannique, la Roumanie, l'Algérie, l'Egypte, le Chili, la République argentine ; exportateurs de bétail et de viande, les États-Unis, la République argentine, l'Uruguay, l'Australasie britannique, le Canada, l'Empire allemand, le Danemark, l'Italie, la Russie, les Pays-Bas, la Roumanie, la Suède.

Malgré l'accroissement rapide de leur population, les Etats-Unis ont développé plus rapidement encore (à en juger par l'ensemble) leur production en céréales et leur superflu a augmenté dans presque toutes les périodes. Voici, pour les cinq derniers recensements le nombre de boisseaux (1 boisseau = 36 litres) récoltés par habitant :

ANNÉES OU PÉRIODES.	MAÏS. Millions de boisseaux.	FROMENT. Millions de boisseaux.	TOUTES LES CÉRÉALES (maïs, froment, seigle, avoine, etc.) réunies. Millions de boisseaux.
1850	25	4.3	37
1860	27	5.6	39
1869-1871	25	5.8	39
1879-1881	29	8.8	48
1889-1890	29	7.0	?

Pour 1850 et 1860, la récolte est celle que donnent les recensements. Depuis 1862, la récolte annuelle est insérée dans le *Statistical abstract of the United states* ; nous avons donc pu calculer la moyenne triennale pour 1870 et 1880 et la moyenne biennale pour 1890, d'après la méthode que nous avons adoptée pour la France.

Les deux documents américains ne concordent pas toujours ; ainsi, en 1870, la récolte du maïs est portée pour 761 millions d'hectolitres dans le recensement et pour 1,094 dans le *Statistical abstract*.

coton aux États-Unis. Quelques barrières de douanes que les États songent aujourd'hui à élever à l'envi les uns des autres contre l'importation étrangère, ils ne peuvent méconnaître la solidarité d'intérêts qui les unit et la dépendance dans laquelle les besoins multiples de leur civilisation économique les ont placés. Si la laine, le coton, la soie, le fer, la houille, le bois et mainte autre matière cessaient tout-à-coup de sortir des territoires qui les produisent, il y aurait, dans cette même Europe occidentale et centrale, un bouleversement économique plus terrible et une misère plus profonde que si tous les États du monde interdisaient l'exportation de leur blé.

Mais un pareil cataclysme ne paraît pas à craindre ; les phénomènes n'ont pas, dans la pratique, la rigueur absolue que la spéculation peut imaginer en vue d'une thèse. En tout cas, les politiques qui se plaignent du faible accroissement de la population française, devraient, s'ils étaient conséquents, désirer une forte importation de denrées alimentaires et s'appliquer à enlever tous les obstacles à leur libre entrée ; car, s'ils veulent que le nombre des hommes augmente sur le territoire français qui ne suffit pas à les nourrir dans l'état présent, il faut éviter d'exagérer le prix des aliments étrangers qui seraient indispensables à de nouvelles recrues.

CHAPITRE III

LA POPULATION ET LA RICHESSE.

Sommaire. — L'accroissement des produits manufacturés — Le vêtement — Le logement — La consommation de la houille, des métaux, des matières grasses et des produits chimiques — Les machines à vapeur et les brevets d'invention — Les transports et la circulation — Les caisses d'épargne, l'escompte et le commerce — L'inventaire général de la richesse — Les salaires — L'amélioration du bien-être dans la classe ouvrière — Le progrès de la richesse en Angleterre et aux Etats-Unis — L'accroissement comparé du commerce et de la population dans les pays étrangers — Le passé, le présent et l'avenir — Conclusion sur le rapport entre la richesse et la population.

L'accroissement des produits manufacturés. — La plupart des aliments sont produits par l'agriculture. Or, l'accroissement de la production agricole rencontre un obstacle dans l'étendue du sol. Quelque grand que soit le territoire d'un État, il est limité ; la plupart des parcelles qui le composent, dans les pays anciennement civilisés, sont en exploitation de temps immémorial ; le progrès consiste surtout à transformer l'exploitation et à appliquer plus de capitaux, de travail et de science à la terre afin de lui faire rendre davantage, c'est-à-dire à la mieux utiliser ; mais il ajoute relativement très peu à la superficie même des terres. On sait d'ailleurs combien coûte la transition d'une exploitation extensive à une exploitation intensive et avec quelle prudence il convient de conduire une opération de ce genre pour y trouver avantage.

L'industrie n'a pas les mêmes entraves. Elle doit sans doute, dans certains cas, subordonner sa production à la quantité de matières que l'agriculture lui fournit ; mais, le plus souvent, elle peut l'étendre par l'importation ; elle concentre aussi plus facilement que l'agriculture des groupes considérables d'ouvriers, et elle a reçu jusqu'ici de la mécanique et de la chimie beaucoup plus de perfectionnements qu'elle.

Si donc la quantité des aliments a plus augmenté que le nombre des habitants sur la terre, il n'est pas étonnant que les produits de l'industrie se soient multipliés avec plus de rapidité et que le mouvement général de la richesse ait très sensiblement devancé celui de la population. Les nombres que la statistique recueille confirment cette opinion. Nous citerons quelques-uns des plus probants pour la France, en nous attachant tout d'abord au vêtement et au logement.

Après la nourriture, le vêtement et le logement sont au nombre des besoins les plus impérieux de l'homme dans notre état social.

Le vêtement. — Les vêtements sont fabriqués avec des fibres textiles sur la consommation desquelles les relevés du commerce extérieur nous fournissent des renseignements.

Ils les fournissent complets pour le coton dont tout notre approvisionnement vient de l'étranger. Or, cette importation est aujourd'hui (1885-1887) sept fois plus considérable (en poids) qu'au commencement de la Restauration, et la population n'a pendant ce temps augmenté que de 27 p. 100. Nous réexportons peu de coton (1), et, si nous exportons une certaine quantité de cotonnades, l'étranger nous en apporte au moins autant (2), malgré les obstacles que le tarif des douanes n'a cessé d'opposer à l'importation de cette marchandise. Il est à remarquer, d'une part, que l'industrie cotonnière est loin d'être aujourd'hui une des plus florissantes de notre pays, qu'elle a rétrogradé surtout depuis qu'elle a obtenu, il y a dix ans, un renforcement de protection douanière ; d'autre part, que les tissus de coton sont ceux que consomment en plus grande quantité les classes peu aisées, que, par conséquent, l'accroissement qui a eu lieu dans la proportion de 1 à 6 est non le résultat d'une vogue momentanée, mais la marque d'un progrès général dans l'usage du linge.

---

(1) 23,726,000 kilogrammes en 1885 exportés (commerce spécial) contre une importation de 141,932,000 kilogrammes au commerce général. La plus forte réexportation de coton (en 1878) a été de 54,386,000 kilogrammes. L'importation en 1889 a été de 155,288,000 kilogrammes.

(2) En 1885, la valeur des fils de coton importés a été de 38.8 millions de francs et celle des tissus de coton importés de 66.8 ; total : 105.6 millions de fr.; l'exportation a été de 104.3 millions de fr. (2.1 de fils et 102.2 de tissus).

ANNÉES. (Moyenne de trois années).	SOIE. IMPORTATION.		COTON. IMPORTATION.		LAINE. IMPORTATION.		LIN, CHANVRE, JUTE. IMPORTATION.		PEAUX BRUTES. IMPORTATION.	
	Tonnes.	Accr. pour 100.	Milliers de tonnes.	Accr. pour 100.	Milliers de tonnes.	Accr. pour 100.	Tonnes.	Accr. pour 100.	Tonnes.	Accr. pour 100.
1820-1822.............	540	100	24.3	100	7.0	100	8.7	100	3.5	100
1825-1827.............	670	124	29.6	138	7.3	105	7.0	80	4.3	122
1830-1832.............	700	129	31.0	145	5.1	73	3.3	37	4.3	122
1835-1837.............	900	166	42.0	197	16.0	227	8.6	91	7.2	205
1840-1842.............	960	179	55.3	259	20.0	284	9.6	109	7.2	205
1845-1847.............	1.170	216	56.6	265	18.6	264	16.6	190	10.7	305
1850-1852.............	2.330	431	63.3	297	25.3	359	24.3	278	14.0	400
1855-1857.............	4.400	814	78.6	369	37.3		25.6	293	19.3	530
1860-1862.............	5.560	1.029	94.6	443	50.7		36.0	412	29.3	857
1865-1867.............	6.460	1.196	101.0	474	65.3		65.6	571	49.6	1.417
1870-1872.............	8.300	1.537	106.6	500	99.3	1.412	97.0	1.110	47.6	1.360
1875-1877.............	9.960	1.844	146.6	664	128.0	1.820	109.3	1.251	69.6	1.988
1880-1882.............	11.430	2.116	141.3	663	144.3	2.052	132.6	1.518	66.3	1.608
1885-1887.............	11.525	2.134	141.4	662	179.2	2.560	132.7	1.525	78.3	2.237

Nota. — Ces importations sont celles du commerce spécial ; l'exportation n'est pas déduite de l'importation.

La statistique a depuis longtemps calculé le rapport entre la

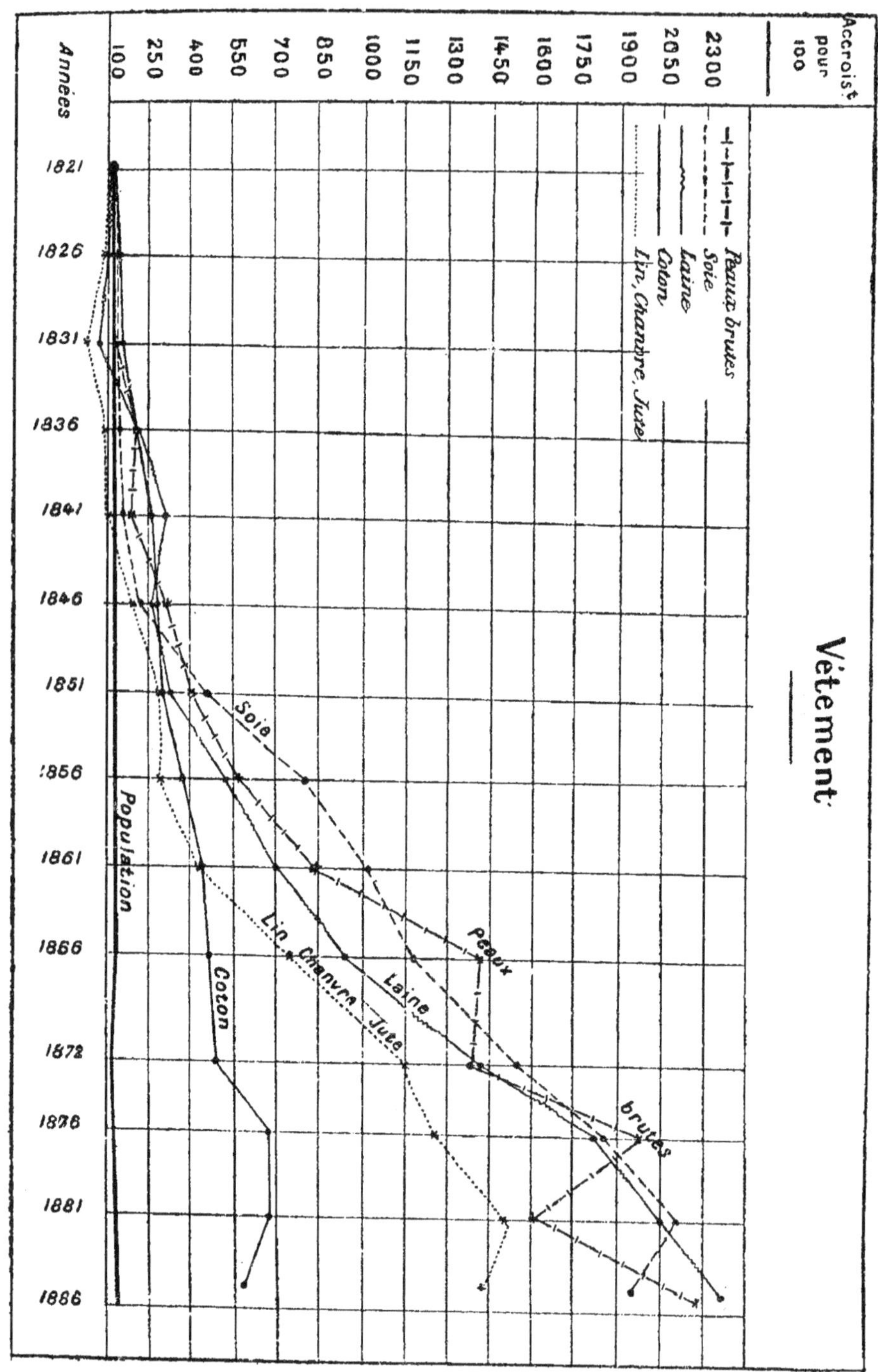

Fig. 152. — Vêtement.

quantité de coton consommée et le nombre des habitants. Voici
sommairement le résultat qu'elle constate pour la France :

CONSOMMATION DE COTON PAR HABITANT.

Vers 1789	0k5	1867-1869	2k05
1812-1815	0.35	1880-1885	2.85
1826-1830	0.97	1886-1889	3.00
1841-1845	1.70		

Il est inutile de serrer davantage ces rapports qui ne sont qu'approximatifs ; ils suffisent pour montrer que dans l'espace de moins d'un siècle, depuis la fin du premier Empire, la consommation de ce textile par tête a presque décuplé ; et que, depuis la fin de la période de la Restauration, elle a pour le moins triplé (1).

Le linge, il y a un siècle, était fabriqué presque exclusivement avec le lin, comme le nom l'indique, et avec le chanvre. La production de ces deux plantes par l'agriculture française n'est pas en progrès. Elle était restée à peu près stationnaire de 1840

---

(1) La consommation moyenne de coton en France était évaluée par la Commission des valeurs de douanes à 115 millions de kilogrammes pour 1886-1889 ; celle de 1889 à 133 millions.

La France est loin d'être le pays où le développement de l'industrie cotonnière ait été le plus remarquable.

La production du coton dans le monde (pour les pays dont on connaît la production ou l'exportation), était évaluée à 290 millions de kilogrammes (dont 160 pour les États-Unis, 85 pour l'Inde, etc) en 1830 ; à 1,076 millions en 1860, à 1,815 en 1880, et à 2,000 millions en 1889 (dont 1,200 pour les Etats-Unis, 200 pour l'Inde, etc).

En Angleterre la consommation a suivi la progression suivante :

ANNÉES.	MILLIONS de kilogrammes consommés.	PROVENANCE POUR 100 DU TOTAL des importations de coton en Angleterre.		
		ÉTATS-UNIS.	INDE.	AUTRES PAYS
1801	21.9	32.3	5.3	62.4
1810	35.7	44.0	14.0	42.0
1820	54.5	53.1	10.1	36.8
1830	112.3	70.9	4.0	25.1
1840	207.9	77.4	13.5	9.1
1850	266.1	67.7	17.0	15.3
1860	491.3	76.6	16.0	7.4
1870	489.0	48.1	30.7	21.2
1880	617.0	72 3	15.6	12.1
1888	691.3	74.6	10.7	14.7

L'Angleterre est l'Etat du monde qui consomme le plus de coton. Il n'est pourtant pas celui qui depuis vingt ans a fait le plus de progrès. De 1870 à 1889, la production et la consommation du coton ont augmenté de 85 p. 100 (6,200,000 balles de 400 livres anglaises en moyenne la balle en 1870 ; 11,400,000 en 1889) ; or la consommation de l'Angleterre a augmenté de 25 p. 100 (3,013,000 balles en 1870 ; 3,770,000 en 1889) ; celle de l'Europe continentale de 110 p. 100 (1,962,000 balles ; 4,069,000) ; celle des États-Unis de 140 p. 100 (1,116,000 balles ; 2,692,000) ; celle de l'Inde de 1,015 p. 100 (87,000 balles ; 891,000).

à 1862, pendant que l'importation augmentait. La superficie qui leur est consacrée a diminué environ de moitié de 1862 à 1882, ainsi que le constatent les enquêtes décennales de l'agriculture (1), et, de 1882 à 1888, celle du chanvre a diminué encore de 5 p. 100. La production était de 109 millions de kilog. en 1862 et de 75 millions en 1882 (2). Une des causes de cette diminution est l'importation qui a comblé et bien au-delà le déficit et fait baisser les prix : 20 millions de kil. de lin et 6 millions 1/2 de kil. de chanvre, valant en tout 42 millions de francs en 1862 ; 68 millions de kil. de lin et 19 millions de kil. de chanvre, valant 86 millions de francs en 1882 (3). D'autres causes du peu de développement de l'industrie linière (4) sont la substitution de la vapeur à la voile, la concurrence que le coton fait à la toile et le progrès de l'industrie du jute qui se substitue dans maint emploi au chanvre (5).

La laine est, avec le coton, la principale matière dont on fait les vêtements. En 1789, les habitants de la France consommaient une vingtaine de millions de kilogrammes (6), (production indigène et importation réunies), soit environ 0 k. 77 par tête. Chaptal, en 1812, évaluait la consommation à 46 millions 1/2 de kil., soit 1 k. 5 par tête. En 1850, cette consommation s'élevait à 89 millions de kil., soit 2 k. 5 par tête ; en 1860, elle atteignait

---

(1) 205,500 hectares en 1862 et 107,600 en 1882.

(2) 45 pour le chanvre et 30 pour le lin.

(3) En 1888, l'importation a été de 85 millions de kil. de lin et 19 de chanvre.

(4) Le commerce extérieur des produits fabriqués avec le lin et le chanvre a été :

	1862.	1885.
IMPORTATION :		
De fils	5.6	6.4
De tissus	13.5	5.6
EXPORTATION :		
De fils	3.1	8.8
De tissus	14.7	12.9

(5) Importation du jute (millions de kilogrammes) :

1839	2k4	1889	497k6
1859	69.4	(Et en outre	86.2

d'autres végétaux filamenteux, phormium, abaca, etc).

(6) La consommation en 1789 était évaluée (trop bas probablement, suivant la remarque de M. Block, *Statistique de la France*, II, 421) à 10 millions 1/2 de kil. et l'importation était de 7 millions.

130 millions de kil. (80 de laine indigène, 50 de laine étrangère), soit 3 k. 6 par tête.

Aujourd'hui, suivant l'enquête agricole de 1882, la tonte fournit environ 43 millions de kil. (1) et l'importation, qui a distancé de beaucoup la production nationale, y ajoute en moyenne environ 160 à 170 millions ; en nombre rond, 210 millions de kilogrammes, soit par tête 5 k. 4.

La consommation n'est pas en réalité aussi forte ; cependant si l'on défalque de ce total les exportations de filés et de tissus (2), on trouve que depuis le premier Empire, elle a à peu près quadruplé et que la cote-part individuelle s'étant élevée à 4 k. 3, a triplé.

La soie est une consommation de luxe ; elle peut d'autant mieux accuser certain progrès du bien-être. Dans les cinq dernières années du premier Empire, la production de la soie grége a varié de 311,000 à 465,000 kilog. (3). Vers la fin de la Restauration, elle s'élevait à plus de 660,000 kil. auxquels l'importation ajoutait environ 800,000 kil. ; au commencement du second Empire, elle dépassait 1 million 1/2 de kilogrammes, et l'importation faisait monter l'approvisionnement total de la France à près de

---

(1) 40,600,000 kil. pour la laine de mouton et environ 2 millions 1/2 pour la laine d'agneau. La statistique ne peut fournir à cet égard qu'une évaluation approximative. *La Situation économique de la France* (*Annales du commerce extérieur*) n'évalue cette production en 1882 qu'à 36 millions 1/2 de kilogr. et le total de l'approvisionnement de la France à 177 millions 1/2 ; mais, pour l'année 1885, le même document évalue la production nationale à 47 millions 1/2 et le total de l'approvisionnement à à 216,812,000 kilogr. La Commission des valeurs de douanes évalue cette même production à 51 millions pour 1889 et le total de l'approvisionnement à 190 millions en 1887, à 205 en 1888 et à 220 en 1889, à savoir :

Excédent de l'importation des laines sur l'exportation.............	147.2
Laine de peaux et de moutons importés.........................	22.7
Production de la laine française...............................	50.7
Total de la laine brut en suint.......................	220.6
Correspondant à...................................	90.5

de laine lavée à fond, dont 12 millions réexportés et 78,5 consommés en France.

(2) En 1885, le total des importations de laine, bourre, déchets et objets fabriqués en laine (y compris les mélangés) a été d'environ 185 millions de kil. Le total des exportations de même espèce a été de plus de 62 milllions. La différence est donc d'environ 123 millions, qui, avec 50 millions de production indigène, représentent une consommation de 173 millions. Ce nombre n'est qu'une approximation ; car il contient des unités de valeur très différente, de la laine en suint et des tissus de laine.

(3) Vers 1789, la production des cocons était évaluée à 6 ou 7 millions de kilogr., tandis qu'elle n'était que de 5 à 5 1/2 vers la fin de l'Empire.

5 millions de kilog. de soie grége. En 1854, l'élevage ayant été très éprouvé par la maladie des vers à soie, la production, qui s'était élevée à 3,600,000 kilog. en 1852, tomba tout à coup ; elle ne s'est jamais relevée jusqu'au niveau qu'elle avait atteint. Cependant, M. Natalis Rondot évalue à 4 millions de kilogrammes en moyenne la consommation annuelle de la soie en France de 1878 à 1883, dont un septième environ vient de l'élevage français et les six autres septièmes sont importés (1).

Cette industrie souffre aujourd'hui beaucoup plus que celle du coton ; elle est atteinte dans sa matière première qu'elle est obligée d'acheter au dehors, dans la consommation totale de cette matière qui a diminué et dans les prix de vente qui ont baissé (2). L'étranger fait une rude concurrence à la fabrique de Lyon qui défend énergiquement ses positions en modifiant ses procédés et ses types pour s'accommoder aux exigences du bon marché, mais qui cependant a décru de 7,5 p. 100 en douze ans (1874-1885) (3). La France ne vend plus (sinon en poids, du moins en valeur sur les marchés étrangers) autant de soieries que vers la fin du second Empire où l'exportation de tissus de soie et fleuret s'était élevée à 485 millions de francs en 1870 ; elle est retombée à 223 en 1888 (4). En même temps, les produits étrangers pénètrent plus que par le passé sur notre propre marché : de 3 millions de francs vers 1830 l'importation s'est

---

(1) CONSOMMATION DES SOIES EN FRANCE :

	FRANÇAISES.	ÉTRANGÈRES.	TOTAL.
De 1874 à 1877	622.250	3.872.000	4.495.000
De 1878 à 1880...........	503.000	3.612.000	4.125.000
De 1881 à 1883...........	711.000	3.270.000	3.981.000
En 1889.............	595.000	3.532.000	4.127.000

L'importation des soies étrangères en 1889 a été en réalité de 5,804,000 kilogr. (5,378,000 kil. de soies gréges et 426,000 kil. de soies moulinées) ; mais l'exportation a été de 2,271,000 kilogr.

(2) Soies moulinées écrues :

1826...................... 70 fr.   1866.......................... 95 fr.
1847...................... 60   1885.......................... 49

(3) Le droit de 1 fr. par kil. de soies grèges et de 2 fr. par kil. de soies ouvrées sur les importations italiennes a, en outre, détourné du marché de Lyon une partie des soies de l'Italie ; les fabriques de Milan sont devenues plus actives et l'exportation italienne s'est détournée surtout vers la Suisse et l'Allemagne.

(5) Cependant le poids des soiries exportées qui était de 3,317,000 kilog. en 1857, était d'environ 4 millions en 1889.

élevée, surtout depuis 1870, et a monté jusqu'à 33 millions (commerce spécial) en 1887. Quelques réflexions que cette situation suggère sur l'état économique de la France, ce qui demeure constant pour le sujet que nous traitons, c'est qu'il y a eu accroissement dans la consommation française pour cet article de luxe comme pour les articles d'usage plus commun fournis par le coton et la laine.

Nous n'avons pas la prétention de donner la mesure de ce progrès dans les chiffres qui suivent et dans la figure qui les traduit (Voir fig. n° 152), puisque la série en est tirée seulement du commerce extérieur et que ce commerce ne représente qu'une portion, laquelle n'est pas la même à toutes les époques de la consommation ; mais nous pensons qu'ils fournissent un indice instructif.

Le logement. — Le nombre des maisons est relevé par le ministère des finances qui compte, à propos de la perception de l'impôt, les maisons d'habitation et les usines, sans comprendre les constructions non imposables, édifices publics, manufactures, bâtiments ruraux, et par le ministère du commerce qui, depuis 1851, fait le recensement des maisons d'habitation en même temps que celui de la population, mais qui a compté d'abord toutes les maisons sans distinction, puis les maisons habitées et inhabitées, et en dernier lieu les maisons habitées seulement (voir la fin du chap. IV du livre II). Les deux statistiques dressées par des procédés divers et portant sur une chose « la maison », dont la définition n'est pas précise, ne concordent pas parfaitement. Celle du ministère des finances fournit seule une série régulière ; cette série présente un accroissement constant et un progrès de 42 p. 100 de 1821 à 1886, pendant que le progrès de la population était de 27 p. 100.

Nous avons constaté ailleurs (1) que la population urbaine avait augmenté pendant que la population rurale diminuait. Or, les maisons des villes sont en général plus grandes que celles de la campagne (2) et, si l'augmentation a eu lieu surtout au profit

---

(1) Livre II, chap. IV et XVII.

(2) D'après le *Rapport sur les résultats de l'évaluation des propriétés bâties prescrite par la loi de* 1885, le revenu net moyen des propriétés bâties était de 76 fr. dans les communes de 2,000 hab. et au-dessous, de 141 fr. dans les communes de 2,001 à

des premières, le nombre des maisons ne donne qu'une idée affaiblie du progrès. Le nombre des portes et fenêtres a, sous ce rapport, une signification plus précise ; que l'accroissement de ce dernier ait pour cause la construction de nouvelles maisons contenant plus de logements ou la substitution de maisonnettes saines à des chaumières autrefois privées d'air et de lumière, il est, dans un cas comme dans l'autre, un signe de bien-être. Or, le principal de la contribution des portes et fenêtres a triplé depuis l'application de la loi de 1835 qui a soumis les ouvertures nouvelles à l'impôt ; les maisons imposées avaient en moyenne 5,4 ouvertures en 1822, et 7,2 en 1886 (1), et le nombre total de ces ouvertures a augmenté de 90 p. 100, pendant que la population augmentait de 27.

Tels sont les renseignements numériques que la statistique fournit sur cette question. On peut les prendre comme un essai de mesure approximative. Mais la sécheresse d'un nombre ne donne qu'une notion imparfaite du changement accompli. On n'est pas loin de la réalité lorsqu'on déclare que, depuis 1851, la valeur de la propriété bâtie a augmenté en France dans le rapport de 1 à 2 1/2 (2). Nous avons vu qu'à la fin de l'ancien régime,

---

5,000 hab. et de 231 fr. dans les communes de plus de 5,000 hab. Ces dernières ne formaient que 16,56 p. 100 du nombre total des propriétés, tandis que les premières formaient 65,41.

(1) Nombre moyen d'ouvertures imposées par maison :

En 1822	5.4	En 1866	6.5
1835	5.5	1872	6.0
1846	5.9	1876	6.7
1856	6.0	1886	7.2

(2) L'enquête de 1851 avait porté à 19,279 millions de francs la valeur des propriétés bâties soumises à l'impôt. La nouvelle évaluation faite en vertu de la loi du 8 août 1885 la porte à 48,563 millions, à savoir :

	NOMBRE de Propriétés.	VALEUR VÉNALE en 1887-1889 (en millions de francs).	ACCROISSEMENT de la valeur vénale de 1851-1853 à 1887-1889.
Maisons ordinaires (maisons d'habitation, magasins, etc.)	8.869.888	44 204	149 p. 100
Châteaux et maisons exceptionnelles	44.635	1.933	261 p. 100
Manufactures et usines	137.019	3.184	147 p. 100
Locaux occupés dans les bâtiments publics par les instituteurs, curés, fonctionnaires, etc.)	95.639	?	»
Propriétés de toute nature (non compris les bâtiments publics)	9.051.542	49.321	152 p. 100

Le revenu des maisons ordinaires a même augmenté plus encore que leur valeur

des témoins impartiaux s'applaudissaient des progrès accomplis de leur temps; Moheau, par exemple, pensait que les maisons de torchis étaient en moins grand nombre que dans les siècles précédents. Elles sont devenues de nos jours l'exception dans la plupart des départements français. Le mobilier des chaumières s'est amélioré comme le vêtement des habitants. La demeure du paysan fait encore souvent une impression pénible au citadin qui y pénètre aujourd'hui pour la première fois; mais celui qui l'a connue il y a un demi-siècle juge que, s'il reste une large place pour les progrès de l'avenir, celui qui a été réalisé dans notre siècle est déjà très sensible (1).

Les chiffres du tableau suivant et les courbes qui l'accompagnent fournissent des témoignages irrécusables du progrès du logement, mais n'en sont pas, ainsi que nous venons de le dire, l'expression complète.

Ce progrès a été moindre, en général, dans les petites villes, restées en dehors des courants d'activité économique, que dans les villages ; mais il l'est peut-être plus que partout ailleurs dans les grandes villes où de vieux quartiers ont été démolis et de nouveaux construits, où l'on voit moins de ruelles obscures et de logements infects, où les demeures mêmes de la bourgeoisie ont gagné, sinon toujours par l'étendue et la commodité, du moins sous le rapport de la distribution des pièces, de l'élégance et de lhygiène. Il suffit de comparer l'aménagement des cabinets d'aisances dans les maisons vieilles et dans les maisons neuves à Paris pour se faire une idée des changements accomplis. Riches ou pauvres, les habitants ont un mobilier à divers égards plus confortable et d'un luxe plus apparent que celui de leurs pères ; probablement moins de linge dans les armoires, moins de provisions dans les buffets et dans les caves, parce que les approvisionnements du commerce dispensent la ménagère d'une prévoyance autrefois recommandable. Mais le parquet a remplacé le

---

vénale, probablement parce que le grand nombre de valeurs mobilières créées depuis 1851 et vers lesquelles s'est portée l'épargne a eu pour résultat de faire moins rechercher la propriété foncière. Ce revenu était en moyenne de 3,65 pour 100 en 1851-1853 et de 4,27 en 1887-1889.

Parmi les maisons, le tiers (33,27 p. °/o) avait une valeur locative de 50 fr. au plus, près de la moitié (48,46 p. °/o) une valeur de 50 à 500 fr., et moins d'un dixième (8,27 p. °/o) une valeur supérieure à 500 fr.

(1) On en trouvera un exemple dans *Un heureux coin de terre*, par le comte de Montalivet, 1878.

MAISONS ET CONTRIBUTIONS.

ANNÉES.	NOMBRE DE MAISONS d'après le Ministère des Finances. (MAISONS ET USINES).		ANNÉES (Moyenne de trois années).	CONTRIBUTION PERSONNELLE ET MOBILIÈRE. (Principal et Centimes additionnels).		CONTRIBUTION DES PORTES ET FENÊTRES.			
						(Principal et centimes additionnels).		Nombre total de portes et fenêtres (d'après le Ministere des finances.	
	Milliers de maisons.	Accroiss. pour 100.		Millions de francs.	Accroiss. pour 100.	Millions de francs.	Accroiss. pour 100.	Par millions.	Accroiss. pour 100.
1821........	6.341	100	1820-1822..........	46	100	21	100	33.9	100
1826........	6.484	102	1825-1827..........	44	95	21	100		
1831........	6.677	105	1830-1832	51	110	17	81		
1836........	6.805	107	1835-1837..........	54	118	27	129		
1842........	7.142	112	1840-1842	57	124	32	152	4.48	132
1846........	7.462	118	1845-1847..........	58	126	34	162		
1851........	7.519	119	1850-1852..........	62	135	37	176		
1856........	7.623	120	1855-1857..........	66	145	41	195		
1861........	8.233	129	1860-1862..........	73	158	45	214		
1866........	8.473	133	1865-1867..........	81	176	51	243		
1872........	8.477	133	1870-1872..........	94	204	58	276	56.3	166
1876........	8.630	136	1875-1877	107	233	65	310	58.5	172
1881........	8.812	138	1880-1882..........	118	256	71	338	61.3	180
1886........	9.017	142	1885-1887..........	133	289	78	371	65.0	191

carreau, les pièces sont plus meublées, les tuyaux de la ville rem-

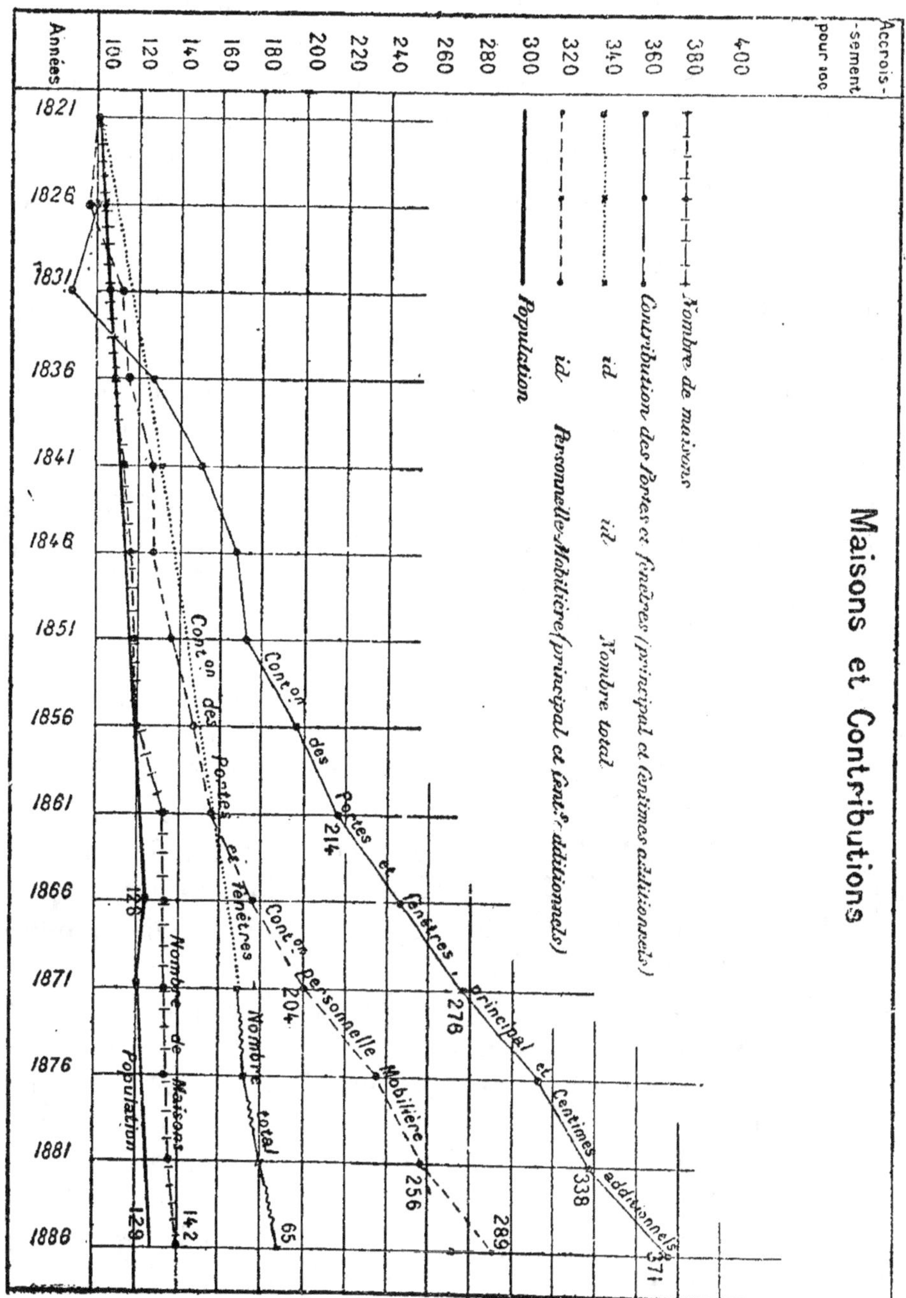

Fig. 153. — Maisons et contributions.

placent avantageusement le porteur d'eau ; le gaz est dans les ateliers et une lampe éclaire les petits ménages qui se contentaient autrefois de chandelle.

A Paris et dans beaucoup d'autres villes, la rue est un exemple frappant des transformations accomplies dans la voirie. Elle s'est élargie ; elle n'est plus envahie par le ruisseau qui la coupait en deux et l'inondait les jours de pluie ; elle est plus régulièrement balayée ; elle a des trottoirs ; le pavé est meilleur et quelquefois la chaussée est de bitume ou de bois ; le gaz a pris la place des lanternes et sur certains points l'électricité fait concurrence au gaz. Les boutiques, même celles du boulanger et du boucher qui étaient autrefois grillées comme des prisons, ont des devantures élégantes et les lumières les égaient (1).

Paris a des halles bien aérées, des abattoirs sains, des hôpitaux d'une architecture monumentale, des places ornées avec luxe, des fontaines, des jardins, créations de notre siècle. Beaucoup de villes de France se sont embellies à l'exemple de Paris. Ces changements, qui ont profité aux habitants, doivent être considérés non seulement comme un indice, mais comme une des formes du progrès de l'habitation pour les citadins.

La consommation de la houille, des métaux, des matières grasses et des produits chimiques. — Il y a des milliers de marchandises consommées par la population française qui contribuent à son bien-être, mais dont il serait impossible de dresser l'inventaire comparé. Nous essayons de donner indirectement quelque idée du progrès de cette consommation en plaçant dans deux tableaux accompagnés de graphiques, un certain nombre de faits qui témoignent de l'activité industrielle et qui peuvent être considérés comme des indices de son développement dans certaines branches de la production.

La houille et le fer sont pour ainsi dire l'âme et les muscles de la grande industrie : ils fournissent une expression de sa puissance. Or, de 1820-1822 à 1885-1887, la consommation de la houille a augmenté dans la proportion de 1 à 17, celle de la fonte dans la proportion de 1 à 20 et celle de l'acier dans la proportion d'environ 1 à 81 (2). N'oublions pas que dans le même temps la

---

population a augmenté de 27 p. 100, soit de 1 à 1,27 et que, par conséquent, si chaque français consommait en 1821 une unité de ces substances, il a consommé en 1885, 13 unités de houille, 15 unités de fer et plus de 70 unités d'acier.

Sans doute l'expression est exagérée. Toute la houille consommée en France ne l'est pas pour la production industrielle ; mais elle l'est d'une manière quelconque pour la satisfaction des besoins de l'homme et c'est là ce qui nous intéresse. On peut en dire autant de la fonte et de l'acier. Si la consommation de ce dernier a presque décuplé, c'est que, coûtant peu aujourd'hui, il est d'un usage général, tandis qu'il était très cher et, par suite, très rarement employé dans l'outillage en 1830 ; précisément ce bon marché et cette abondance ont profité à la population.

A côté du fer, nous citons, comme témoignage secondaire, l'accroissement de la consommation des autres métaux usuels : de 1 à 6 1/2 pour le plomb, de 1 à 14 pour le cuivre, de 1 à 35 pour le zinc qui est relativement un nouveau venu sur le marché. Nous citons aussi l'accroissement, plus significatif peut-être, des peaux et des matières grasses dont l'importation, favorisée par les progrès de la navigation, est venue ajouter un contingent considérable à la production française (1).

Les produits chimiques, qui jouent un grand rôle dans l'industrie comme matières premières ou comme réactifs, ont fait des progrès merveilleux depuis un siècle, grâce à la science qui a pris la direction des fabriques. On estime, vaguement il est vrai, que la France consommait en 1830 environ 14,000 tonnes

---

pris ce nombre de 108 pour représenter la quantité d'acier consommée en 1830 et nous obtenons pour 1885-1887 un rapport suffisamment approximatif eu égard au but que nous cherchons à atteindre.

(1) Voici la valeur moyenne (exprimée en millions de francs) de l'importation du commerce spécial de ces marchandises :

	MOYENNE DE LA PÉRIODE DÉCENNALE.	
	1827-1836.	1877-1886.
	Millions.	Millions.
Peaux brutes..................	16	171
Peaux préparées.............	0.2	32
Bois communs................	23	208
Bois exotiques...............	3	23
Graisses.....................	2	48
Graines oléagineuses.........	10	153

INDUSTRIE : MATIÈRES PREMIÈRES.

ANNÉES (Moyenne de trois années).	HOUILLE. Production et Importation.		FONTE. Production et Importation.		ACIER. Production et Importation.		PLOMB. Production et Importation.		CUIVRE. Production et Importation.		ZINC. Production et Importation.		SUIFS ET GRAISSES. Importation.		GRAINES OLÉAGINEUSES. Importation.	
	Millions de tonnes.	Accroissement p. 100.	Milliers de tonnes.	Accroissement p. 100.	Milliers de tonnes.	Accroissement p. 100.	Milliers de tonnes.	Accroissement p. 100.	Milliers de tonnes.	Accroissement p. 100.	Milliers de tonnes.	Accroissement p. 100.	Milliers de tonnes.	Accroissement p. 100.	Milliers de tonnes.	Accroissement p. 100.
1820-1822......	1.8	100	131	100			8	100	2	100	2	100	1 8	100		
1825-1827......	2.1	116	219	167			12	150	4	200	2.5	125	1.9	105		
1830-1832......	2.4	133	262	200	5.6	108	13	162	4	200	2.5	125	3.4	188	6	108
1835-1837......	3.8	211	351	267	6.0	107	16	200	6	300	7.5	375	3.9	216	21	350
1840-1842......	4.8	266	454	346	8.0	142	18	225	9	450	7.5	375	7.8	433	62	1 933
1845-1847......	6.8	337	702	535	12.6	225	20	250	10	500	12.0	600	7.8	433	42	700
1850-1852......	7.6	422	931	710	14.1	251	21	262	10	500	14.6	730	3.5	194	27	450
1855-1857......	12.7	705	1.128	861	22.0	383	23	287	16	800	23.0	1.450	9.2	511	61	1.016
1860-1862......	15.4	855	1.209	922	39.0	696	54	675	22	1.100	30.7	1.535	11.9	661	97	1.616
1865-1867......	19.6	1.088	1.382	1.054	41.0	732	42	525	32	1.600	31.7	1 585	19.6	1.088	99	1.650
1870-1872......	20.0	1.111	1.143	872	110.0	1.964	46	575	33	1.650	35.4	1.770	28.3	1.572	161	2.683
1875-1877......	24.1	1.339	1.607	1.226	256.0	4.570	60	750	41	2.050	56.0	2.800	17.6	977	258	4.300
1880-1882......	29.6	1.644	2.179	1.662	443.0	7.910	55	687	27	1.350	78.0	3.900	22.3	1.238	318	5.300
1885-1887......	30.3	1.694	2.577	1.990	464 (1)	8.285	51.9	648	29.6	1.480	69.7	3.485	26.6	1.477	367	6.117

NOTA. — Pour établir ces quantités, on a ajouté l'importation à la production métallurgique de la France et on a déduit les exportations.
Quant aux Suifs et Graisses et aux Graines oléagineuses, il n'a été tenu compte dans ce tableau que des importations, déduction faite des exportations
(1) Pour l'acier, la moyenne des exportations l'emporte de 13,000 tonnes sur celle des importations pendant la période 1885-1887.

d'acide sulfurique et qu'elle en consomme aujourd'hui plus de

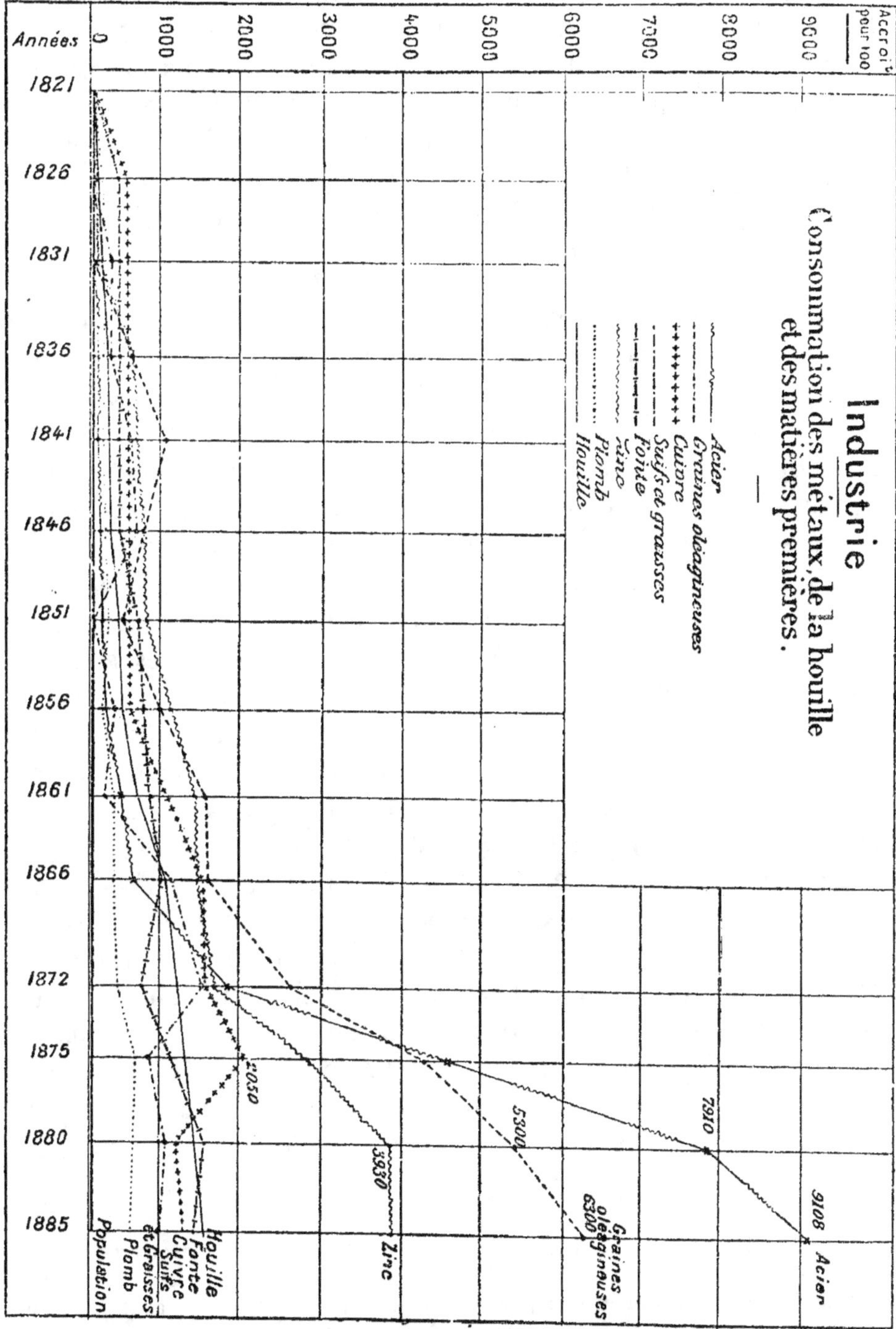

Fig. 134. — Industrie : Matières premières.

200,000 ; la seule région de Lille qui, vers 1789, produisait 45 tonnes de cet acide au prix de 20 sous le kilogramme, en a produit en 1888 près de 50,000 au prix de 5 à 6 centimes le kilogramme. Ce genre de produit est vraisemblablement celui dont les perfectionnements scientifiques ont le plus abaissé les prix et facilité, par suite, la consommation ; en dix ans, de 1878 à 1888, la substitution d'un nouveau procédé (la réaction de l'ammoniaque et du bicarbonate d'ammoniaque sur le chlorure de sodium) au procédé Leblanc a fait tomber de 60 fr. à 14 fr. le prix du quintal de soude.

Les machines à vapeur et les brevets d'invention. — La puissance de la grande industrie se mesure peut-être plus exactement par les machines à vapeur que par le fer et la houille qui servent à leur construction et à leur mouvement. La statistique du ministère des travaux publics en fournit l'état annuel depuis 1839. La force des 2,783 machines de toute sorte enregistrées en 1840, était de 56,422 chevaux-vapeur ; les chemins de fer étaient alors à leur début et ne possédaient que 142 locomotives ; les bateaux à vapeur n'étaient qu'au nombre de 211 et la machine avait peu pénétré jusque-là dans les usines et fabriques. Or, en 1887, le nombre des machines était de 70,390 et leur force de 4,728,836 chevaux-vapeur. Quoique le mode d'évaluation de la force adopté pour la statistique ne soit plus le même (1), on peut dire que l'accroissement a été dans le rapport de 1 à 25 pour les machines et approche de 1 à 80 pour les chevaux-vapeur (2).

La vapeur a aujourd'hui, pour certains usages, une rivale dans l'électricité. Il est vrai que le plus souvent jusqu'ici, c'est la vapeur qui fournit l'électricité ; mais les moteurs hydrauliques ont déjà leur part qui augmentera probablement dans l'avenir. C'est une force nouvelle mise à la disposition de l'industrie humaine par la science, qui ne figure pas dans le précédent calcul.

Le progrès de la force motrice (3) est assurément un des plus considérables et des plus caractéristiques de notre temps et un

---

(1) Avant 1876, l'administration comptait invariablement 100 chevaux-vapeur par locomotive ; depuis 1876, elle donne la force réelle qui est beaucoup plus considérable. On évaluait aussi trop bas, avant cette époque, la force des bateaux à vapeur.

(2) Le rapport est celui de 114 (nombre représentant en 1840 la population, 100 étant la population de 1821), à 2,850 et à 8,984.

(3) Ce progrès n'est que celui de la force motrice. Il faudrait pouvoir mesurer celui de l'outillage entier des usines, manufactures et ateliers. La mesure nous manque

de ceux qui expliquent le mieux la diffusion et le développement général du bien-être. En effet, si, conformément à l'évaluation de l'administration des mines, on estime le travail d'un cheval-vapeur comme équivalant à celui de 21 manœuvres, on voit, d'une part, qu'en 1840 l'industrie et le commerce disposaient de 1,185,000 manœuvres de cette espèce dont le travail ne coûtait que de la houille et en a coûté, depuis ce temps, d'autant moins que la mécanique s'est perfectionnée davantage, qui ne réclamaient aucune part dans les bénéfices et dans les jouissances de la vie, qui étaient de véritables esclaves, les plus sobres, les plus dociles, les plus infatigables que l'imagination puisse rêver ; d'autre part, qu'en 1885-1887 leur nombre s'était élevé à près de 98 millions : deux esclaves et demi par habitant de la France. Or, comme il s'en faut de beaucoup que le nombre des citoyens actifs d'un pays, entrepreneurs ou salariés, soit égal à celui des habitants, on peut se faire une idée de l'immensité du service que la mécanique a rendu à l'homme pour la production des richesses et pour la commodité de l'existence.

Le nombre des producteurs de l'industrie a augmenté, depuis 1820, comme on peut s'en rendre compte par le nombre des patentes qui a doublé (955,000 en 1820-1822 et 1,955,000 en 1885-1887), mais beaucoup moins augmenté que la force productive et que la quantité des produits. Il n'y a pas lieu de s'étonner qu'il en soit ainsi (1).

Dans une société active où la science a transformé et transforme chaque jour les procédés industriels en accroissant cette force productive et en créant de nouveaux produits, il est rationnel

---

et l'importation dont nous insérons ici les chiffres n'en donnent qu'une idée bien insuffisante.

	IMPORTATIONS (COMMERCE SPÉCIAL). Moyenne de la période décennale.	
	En millions de fr.	En millions de fr.
	1827-1836.	1877-1886.
Machines et mécaniques....	1	55
Outils et ouvrages en métal..	2	22

(1) La comparaison porte sur le nombre des articles des rôles des patentes. Le nombre des cotes était un peu moins élevé : 1,750,000. Les changements qui ont été introduits dans la législation des patentes ne permettent pas d'établir une comparaison rigoureusement exacte.

ANNÉES. (Moyenne de trois années).	BREVETS d'invention.		PATENTES. (Nombre des articles du rôle des patentes).		MACHINES A VAPEUR de toute sorte, y compris les locomotives et les bateaux à vapeur.		Force en CHEVAUX-VAPEUR des mach. de toute sorte employés par l'industrie privée, y compris les locomotives et les bateaux à vapeur.		Force en CHEVAUX-VAPEUR des machines spécialement employés par l'industrie privée (sans les locomotives et les bateaux à vapeur).	
	Nombre des brevets (sans les certific. d'addition).	Accroiss. p. 100.	Nombre en milliers d'unités.	Accroiss. p. 100.	Nombre.	Accroiss. p. 100.	Nombre en milliers d'unités.	Accroiss. p. 100.	Nombre en milliers d'unités.	Accroiss. p. 100.
1820-1822.........................	168	100	955	100						
1825-1827.........................	226	134	1.125	117						
1830-1832.........................	273	163	1.150	120						
1835-1837.........................	660	395	1.252	131						
1840-1842.........................	1.630	964	1.425	148	2.882	114	58	114	50	114
1845-1847.........................	2.100	1.250	1.382	144	5.690	197	118	232	58	116
1850-1852.........................	1.900	1.130	1.432	149	7.281	252	218	429	80	160
1855-1857.........................	4.300	2.559	1.683	176	12.766	443	398	765	125	250
1860-1862.........................	4.530	2.696	1.729	181	20.133	698	559	1.098	175	350
1865-1867.........................	4.360	2.595	1.721	181	27.500	954	750	1.474	340	620
1870-1872.........................	3.030	1.803	1.730	181	34.100	1.184	955	1.877	365	730
1875-1877.........................	5.200	3.101	1.800	188	42.000	1.458	2.200	4.324	420	840
1880-1882.........................	6.170	3.630	1.870	195	55.013	1.910	3.662	7.198	570	1.140
1885-1887.........................	7.230	4.303	1.955	204	68.405	2.373	4.616	7.958	720	1.440

que l'invention ait pris un rapide essor ; la statistique des brevets,

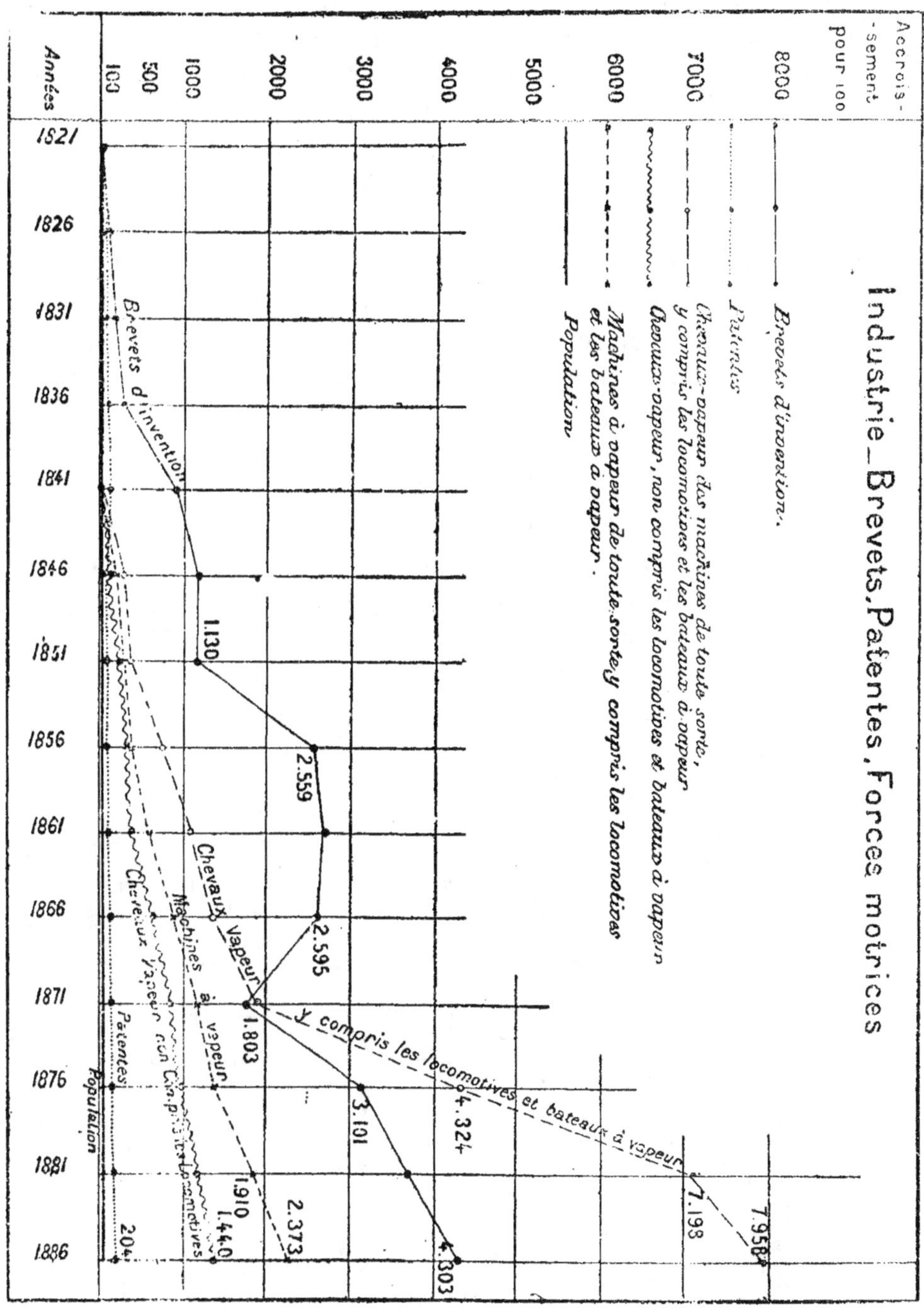

Fig 155. — Industrie : brevets d'invention, patentes, machines.

qui ont secondés il est vrai par les facilités de la loi de 1844, constate une augmentation de 1 à 43 en soixante-cinq ans.

Les transports et la circulation. — Sans vouloir entasser trop de preuves pour démontrer l'évidence, nous invoquerons encore quelques témoignages empruntés à la circulation. Depuis 1850, le transport des lettres par la poste a plus que quadruplé, celui des imprimés a décuplé, il y a dix fois plus de kilomètres de chemins de fer, lesquels ont transporté dix fois plus de voyageurs et trente fois plus de marchandises en 1888 qu'en 1850 (1), et, si leur recette totale a seulement sextuplé, c'est que les premiers desservaient les régions les plus riches, tandis qu'ils rayonnent aujourd'hui sur tout le territoire. La navigation dans les ports de France, dont on déplore parfois l'état stationnaire, est à peu près huit fois plus considérable aujourd'hui qu'elle n'était en 1830. (Voir le tableau à la page suivante).

Les caisses d'épargne, l'escompte et le commerce. — Si nous interrogeons le commerce, il répond dans le même sens.

L'escompte des effets de commerce à la Banque de France est seize fois plus considérable qu'en 1820, et cependant on sait que, si la Banque de France a attiré par ses succursales une grande quantité d'effets de commerce des départements qui ne venaient pas auparavant jusqu'à elle, il s'est créé à Paris depuis une trentaine d'années des banques qui lui enlèvent en temps ordinaire une notable partie des affaires (2).

---

(1) Voici de cinq en cinq ans le progrès des transports par chemins de fer exprimé en millions de voyageurs kilométriques et de tonnes kilométriques, c'est-à-dire de parcours de kilomètres faits par des voyageurs ou par des tonnes de marchandises :

ANNÉES.	MILLIONS DE	
	Voyageurs kilométriques.	Tonnes kilométriques.
1845	247	97
1850	739	314
1855	1.822	1.517
1860	2.521	3.119
1865	3.226	5.172
1870	4.272	5.057
1875	4.787	8.136
1880	5.863	10.350
1885	7.025	9.791
1888	7.345	10.409

En même temps le prix moyen réel du transport a baissé (à cause surtout des billets de faveur, billets à prix réduits, etc.), de 6 centimes 4 pour les voyageurs et 11 cent. 6 pour les marchandises par kilomètre en 1845 à 4 cent. 54 et 5 cent. 8 en 1887.

(2) En 1876, les quatre principales sociétés de crédit de Paris avaient en dépôt 560 millions; en 1888, les mêmes sociétés avaient en dépôt 910 millions. En 1877, la

CIRCULATION.

(Télégraphe, Postes, Chemins de fer et Navigation).

ANNÉES (Moyenne de trois années).	TÉLÉGRAPHE.		POSTES.		IMPRIMÉS.		CHEMINS DE FER.		RECETTES BRUTES DES CHEMINS DE FER.		TONNAGE TOTAL DE LA NAVIGATION DANS LES PORTS DE FRANCE. (Entrée et sortie réunies des navires chargés français et étrangers.)	
	Milliers de dépêches.	Accr. pour 100.	Millions de lettres.	Accr. pour 100.	Millions d'imprimés.	Accr. pour 100.	Nombre de kilomètres construits.	Accr. pour 100.	Millions de francs.	Accr. pour 100.	Millions de tonnes.	Accr. pour 100.
1820-1822												
1825-1827												
1830-1832											1.9	107
1835-1837											2.6	111
1840-1842											3.0	115
1845-1847											3.9	150
1850-1852			140	119	70	119	3.010	119	170	119	4.2	161
1855-1857	500	120	245	175	131	187	5.535	183	281	165	5.9	227
1860-1862	800	160	273	195	189	270	9.440	313	458	269	7.3	281
1865-1867	2.630	526	326	232	290	414	13.563	450	620	364	9.4	361
1870-1872	5.500	1.100	308	220	332	474	18.536	616	673	396	10.9	449
1875-1877	8.000	1.600	378	270	435	621	21.546	715	856	503	13.8	531
1880-1882	19.700	3.940	557	397	736	1.051	25.920	861	1.066	627	19.4	746
1885-1887	27.090	5.418	640	457	857	1.224	32.491	1.079	1.040	612	21.3	819

Les versements aux Caisses d'épargne ont plus que décuplé. Il est vrai qu'une grande part de cet accroissement est due à la loi qui, en 1881, a porté de 1,000 à 2,000 fr. le montant du livret individuel et autorisé le versement intégral de cette somme en une fois. Néanmoins la part réelle des petites épargnes réalisées

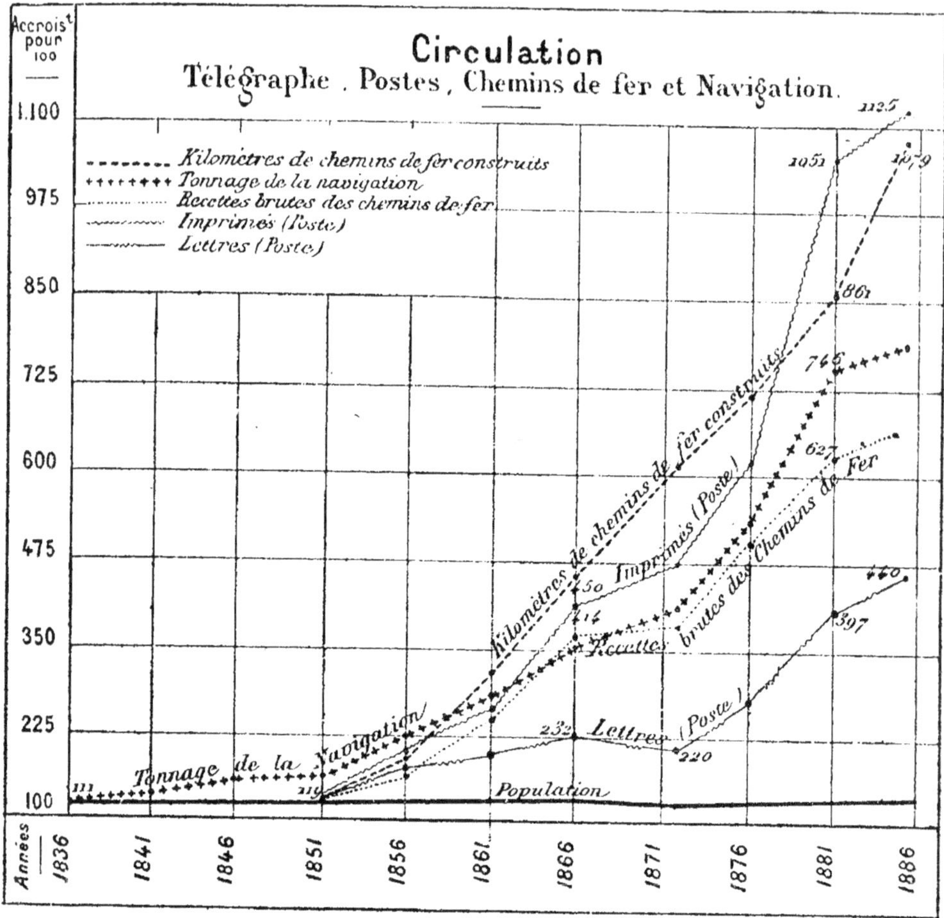

Fig. 156. — Circulation : Télégraphes, Postes, Chemins de fer, Navigation (1836-1885).

par des ouvriers, des domestiques, des employés, des artisans ou des bourgeois s'est considérablement accrue.

Quelque extension qu'aient pris — hors des limites rationnelles de l'institution — les dépôts aux Caisses d'épargne, ils ne représentent que la moindre partie des épargnes qui, chaque année,

Chambre de compensation des banquiers de Paris avait un mouvement d'affaires de 2,200 millions; en 1888, un mouvement de 5,418 millions. Voir le discours du Ministre des finances, M. Rouvier, à la séance de la Chambre des députés du 21 mai 1889.

CIRCULATION DE LA RICHESSE.

(Escompte, Caisses d'Epargne, Commerce extérieur, Budgets).

ANNÉES (Moyenne de trois années).	ESCOMPTE des effets de commerce par la Banque de France.		CAISSES D'ÉPARGNE (versements annuels y compris depuis 1882 ceux de la Caisse postale).		COMMERCE spécial.		BUDGET des dépenses.	
	Millions de francs.	Accroiss.	Millions de francs.	Accroiss.	Millions de francs.	Accroiss.	Millions de francs.	Accroiss.
1820-1822	600	100	»	»	800	100	921	100
1825-1827	630	105	»	»	850	106	981	107
1830-1832	433	71	»	»	910	113	1.160	126
1835-1837	600	100	50	111	1.176	147	1.063	115
1840-1842	1.083	180	125	230	1.400	175	1.409	153
1845-1847	1.316	219	140	280	1.676	209	1.650	179
1850-1852	1.100	183	118	236	1.933	241	1.482	161
1855-1857	4.593	765	123	246	3.463	432	2.162	234
1860-1862	6.860	1.143	154	308	4.300	537	2.122	230
1865-1867	6.100	1 016	199	398	5.463	682	2.173	236
1870-1872	6.350	1.058	138	276	6.446	805	3.254	353
1875-1877	6.260	1.043	286	572	7.276	909	3.050	331
1880-1882	10.300	1.716	558	1.080	8.380	1.047	4.018	436
1885-1887	8.609	1.435	802	1.604	7.300	912	3.700	402

grossissent le capital de la France. Bon an, mal an, on évalue en

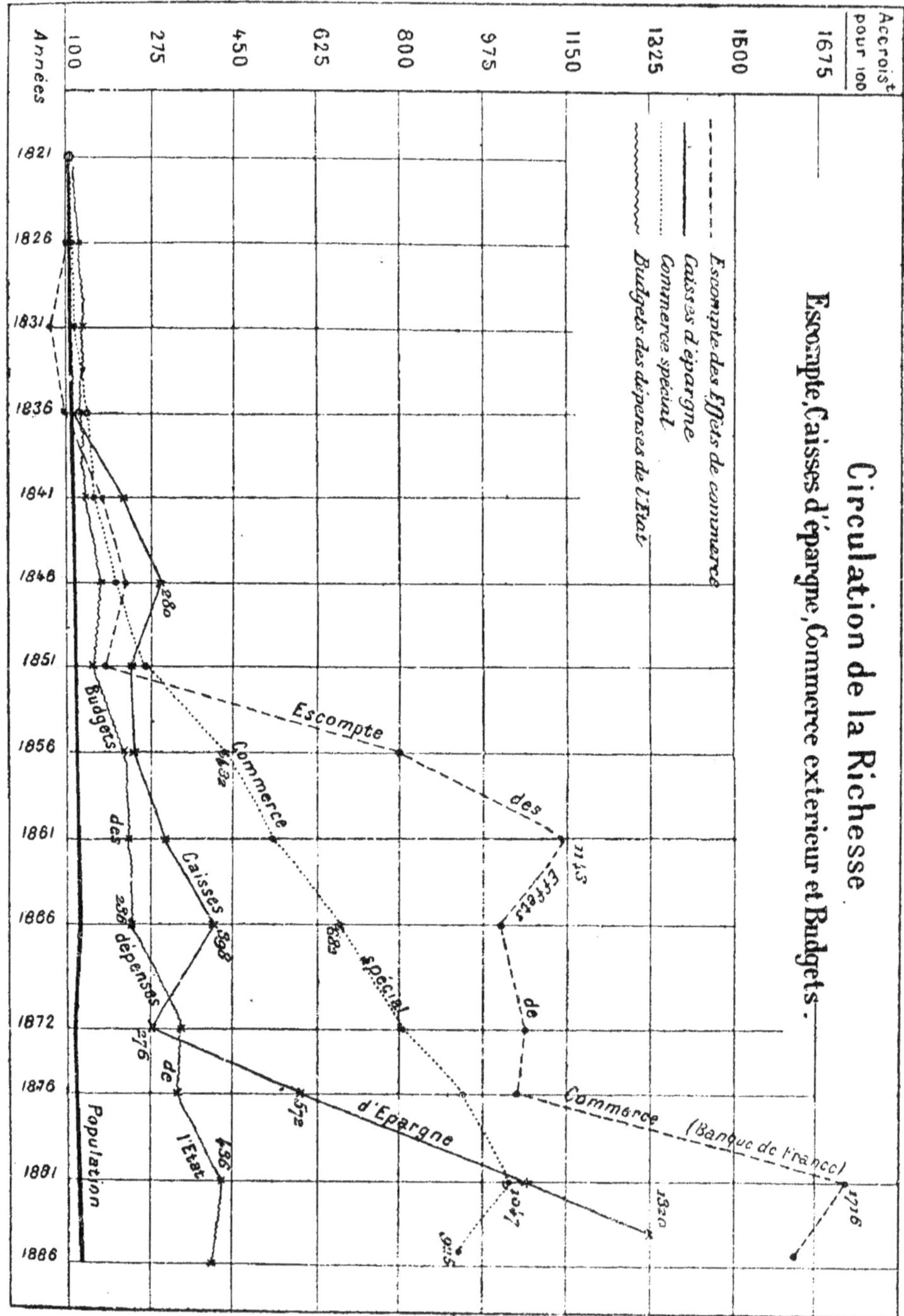

Fig. 157. — Circulation de la richesse (Escompte, caisses d'épargne, commerce extérieur, budgets).

moyenne cette épargne à un milliard et demi de francs, depuis
une quinzaine d'années au moins. Les entreprises qui se cons-

tituent sous forme de sociétés et dont le capital est représenté par des titres mobiliers en absorbent la plus grande partie. En 1871, M. Wolowski évaluait à 55 milliards la valeur totale des titres mobiliers en France et, il y a soixante ans, ces titres qui commençaient à peine à avoir un marché en dehors des fonds d'État ne représentaient certainement pas la dixième partie de cette somme. En 1888, deux statisticiens très compétents sur la matière, MM. Coste et Neymarck, estimaient la valeur des titres mobiliers l'un à 70, l'autre à 80 milliards (1).

Le commerce extérieur, favorisé par le progrès des voies de communication non moins que par celui de la richesse, a presque décuplé depuis 1821.

Nous ne citons que pour mémoire l'accroissement des dépenses de l'État : le grossissement des budgets publics n'est pas toujours réglé sur celui de la fortune des contribuables ; toutefois, il est certain qu'une nation qui supporte sans révolte un impôt quadruplé est une nation dont les ressources ont dû s'accroître.

L'inventaire général de la richesse. — Quelque objection qu'on puisse faire au choix de chacun des articles de ce chapitre en arguant que, pris en particulier, il n'est pas probant ou qu'une part notable de son accroissement est due à certaines causes spéciales, voire même à une manière différente de dresser la statistique, l'ensemble montre d'une manière manifeste ce que nous voulions prouver : c'est que la richesse en France, depuis la Restauration, a progressé plus vite que la population. Si la quantité d'aliments a doublé, la somme des produits fabriqués a peut-être triplé et au delà, la circulation a augmenté beaucoup plus encore et, en général, comme nous l'avons déjà fait remarquer dans d'autres ouvrages (2), les produits manufacturés, plus faciles à multiplier que les produits agricoles, ont fait des progrès plus rapides ; parmi les produits manufacturés, ceux dont la matière première a pu être tirée en quantité illimitée de l'étranger, ceux dont la mécanique ou la chimie ont transformé la fabrication sont dans la catégorie la plus favorisée ; les transports, grâce à la

---

(1) Des statisticiens estiment que les Français ne possèdent pas aujourd'hui moins d'un demi-milliard de revenu provenant de placements ou titres mobiliers sur l'étranger.

(2) Notamment dans *La Question de l'or,* ouvrage publié en 1859.

vapeur, ont gagné en général plus que les marchandises et leur progrès est même une des grandes causes de la multiplication des marchandises.

Des statisticiens ont cherché à diverses reprises à dresser un inventaire général de la richesse et du revenu de la France. On n'a réussi qu'à esquisser des évaluations, toujours très critiquables. Néanmoins, quand on rapproche la suite de ces évaluations, totales ou partielles, faites à diverses époques par des contemporains, on voit qu'il y a une gradation et qu'elles sont beaucoup plus élevées aujourd'hui qu'il y a une soixantaine d'années. Si chacun de ces chiffres ne représente pas exactement la valeur des richesses nationales à une époque déterminée, la constance de la progression dans ces évaluations successives nous semble une démonstration du progrès. Nous donnons donc, dans le tableau suivant (pages 84 et 85), les estimations soit officielles, soit privées qui nous ont paru le plus dignes d'attention.

Ne voulant pas traiter à fond une question qui exigerait un long développement (1), nous nous contentons de les enregistrer en indiquant la source et sans discuter la valeur des chiffres. Nous faisons cependant remarquer que les revenus, revenu brut total, revenu brut agricole, revenu net agricole, revenu industriel, sont des quantités qu'il est impossible de déterminer avec quelque exactitude et que la comparaison de deux résultats de cette nature ne doit être faite qu'avec beaucoup de réserve, que la valeur de la propriété foncière est un élément un peu plus précis de connaissance, que celle des successions et donations annuelles dont la série, résultant de déclarations des contribuables, est la plus complète que nous possédions en ce genre, fournit, malgré les fraudes, l'indice le plus certain du progrès de la fortune immobilière et même mobilière en France, que l'augmentation du nombre des cotes foncières correspond probablement dans une certaine mesure à une augmentation du nombre des propriétaires et enfin que la valeur moyenne de l'hectare, provenant d'enquêtes du ministère des Finances ou du ministère de l'Agriculture, est un témoignage considérable de l'accroissement de la richesse agricole.

---

(1) Voir dans notre ouvrage LA FRANCE ET SES COLONIES, le dernier chapitre (la fortune publique de la France) du livre septième, *Le Commerce.*

DATES.	VALEUR EN CAPITAL DE LA FORTUNE DE LA FRANCE (En milliards de fr)	REVENU BRUT TOTAL. (En milliards de fr.)	VALEUR DE LA PROPRIÉTÉ FONCIÈRE. (En milliards de fr).	REVENU BRUT AGRICOLE. (En milliards de fr.)	REVENU NET AGRICOLE. (En milliards de fr.)	CAPITAL MOBILIER. (En milliards de fr.)	REVENU INDUSTRIEL. (En milliards de fr.)	VALEUR EN CAPITAL des successions (avec les donations) (En millions de fr.)	COMMERCE SPÉCIAL EXTÉRIEUR. (En milliards de fr.)	Cotes foncières Par millions d'unités.	VALEUR MOYENNE DE L'HECTARE (en francs).
1780....	38 (1) Estimation de Lavoisier et Tolosan, revue par Moreau de Jonnès et Lavergne. Capital : Foncier. {21 agric. 7 urbain. Mobilier 10. (1) Cité par M. Fournier de Flaix (Soc. de Stat. déc. 1885).	4.01		4.0 (Dupont de Nemours).	1.5 (Calonne)				0.9		
1789....			42 (Cap. engagé dans l'agricult.)	2.7 (Lavoisier)	2.4 (Young) 1.2 (Lavoisier). 1.05 [sans les animaux].		0.9 (Tolosan) (Qui comprend les : mat. prem 55 0/0 les salair. 45 0/0 les bénéf. 100 0/0]				
1790....		4.65									
1791....					1.44 (revenu net cadast.).						
1800....		5.40									
1810....		6.27			4.7 (Chaptal) (5).						
1812....	45 (1 d'ap. Chaptal.) Foncier. {26 agricol. 8 urbain. Mobilier 11. (1) Cité par M. Fournier de Flaix. 120 (J.-B. Say) [dont 60 mob. et 60 immob. (M. de Foville a critiqué avec raison cette évaluation comme étant trop forte).	(Cités par Schnitzler).	37 (Chaptal) [propriété agric.]				4.3 (Montalivet (8) 1.8 (Chaptal).				
1815....					1.62 (répartition de 1815). 1.34 (Chaptal.				0.621		
1818..											
1820....		7.86	40 (Block). 60(J.-B.Say)	5.2 (Dupin). 5.0 (Chateauvieux).	1.75 (Chateauvieux, vers 1820) 1.58 (Revenu net cadastral.	15 (Block). 60 (Say)?			0.8		
1821....										10.2	500
1825....			39.5 (évaluation officielle).					1.600			
1826....	71 (1) M. Fournier de Flaix en multipliant 1867 millions (valeurs successorales?) par 36.							1.786		10.3	
1830....		8.80						1.916	0.9		
1831...					1.9 (Dupin) 2.0 (Thiers)						
1835....			[Dutens] 36.8 (v. des terres) 4.3 (v. prop. bât.)	6.7 (Dutens).				2.059	1.0	10.9	1.000
1839....				Plus de {6.2 (Stat. de l'agric. de la France). 6.0 (Dombasle).		40 (Block).					
1840....					2.50 (Thiers)			2.216	1.4		
1843....			45	7.5 (Roger)	2.0 (Schnitzler)?		4.167 (En-...	2.444	1.7 (en 1845)	11.5	
		Plus de 100						2.055			

Année											
1847 ...			Plus de 100 (Block).					2.055			
1850 ...		16.5 (Moreau de Jonnès).		8.0 (M. Jonnès).		45 (Block).	8.5 (M. Jonnès). [arts et m. 4.5 manufact. 4]	2.684	1.8		
1851 ...			83.7 (éval. of.) 92 (Girardin). 19.3 [propr. bâtie, enquête offic.].	8.35 (St. of. de 1852 publ. en 1860).	2.64 (éval. of. rev. net cad.) 2.31 (enq. ag.) [Rev. gén. f. s. propr. bâtie].	33 (Girardin). 114 (Block).		3.133	2.8	12.4	1.276
1858 ...											
1860 ..				5.00 (Lavergne (6). 8.00 en 1860 (Foy). 9.7 vég., St. of. 1.9 anim.				3.526	4.1	13.6	
1862 ...					3.096 (Revenu net cadastral)		10 (Foy).	3.380	5.7 (en 1865)		1.850
1866 ...		18.0 (de Foville)									
1868 ...	143 (de Foville)										
1869 ...	157 (item).					150 (Block). [Titres mobil. 55 (Wolowski)			6.2		
1871	175 (Wolowski) (1).		120 (Wolowski).			95 (D d'Ayen)				13.8	
1872 ...	179 (item). 195 (duc d'Ayen).		100 (D. d'Ayen). Plus de 120 (Block).	16 {6 animaux {10 cultures (Statist. off.).							
1873 ...	159 (item).										2.000
1874 ...					3.959 (Revenu net cadastral)	100 (Mony).		5.777	7.4 (en 1875)		
1877 ...	200 Mony. 240 (Amelin).	25.0 (Leroy Beaulieu).	100 (Mony). 135 (Amelin) 196 (Vacher). 125 (Foville (4) 136 1/2 (Ministère des Finances) (5).			105 (Amelin). [Titres mobil. 44 (Vacher).					
1878	240 (Vacher) apr. correction (2).	26.0 (Vacher) (3)		13.5 (Vacher)	5.20 (Vacher). [Rev. net imp s. prop. b. (7)]		12.5 (Vacher) [dont 7.6 mat. prem. 2.2 salaires, 0.9 loyer, outillage. 1.7 bénéfices]		7.3 8.5 (en 1880)		
1879 ...	210 (de Foville) 243 (dont 136 1/2 foncier, 106 mob.					106 (d'ap. valeurs success.				14.29	1.830
1881 ...	216 (Mony).				2.6 (rente f., stat. agricole).	101 (Mony).		6.001 (en 1880).			
1882 ...	210 (de Foville			13.4 (Stat. agric.)		80 (de Foville)					1.785 (1884)
1885 ...	240 (F. de Flaix)		120 (de Foville)			100 (F. de Flaix).		6.429 6.386 (en 1886).	7.57 (en 1884)	14.27	
1888 ...			140 (F. de Flaix).			[Titres mobil. 70 (Coste)					
1889 ...			48.5 (prop. bâtie enquête of.)			80 (Neymarck]			8.02		

(1) Dit à la tribune de la Chambre des Députés 22 décemb. 1871), entre 150 et 200 milliards. (2) Donnait d'abord

(3) Dont 13 1/2 agric. 12 1/2 ind.

(4) Dont 100 non bâtie, 25 bâtie. (5) Dont 91.5, nouv. évaluat. 1879-81 p. prop. non-b. et 45 p. prop. bât. estim.

(5) Mais Chaptal ajoute 1400 m, p° valeur des sem. que Lavoisier n'av. pas compt. (6) En déd. les don. ad. et en aj. 1,04.

(7) En comp. le travail du cultivateur et sans compter le revenu de la propriété bâtie, soit 1,04.

(8) « Exposé de de la situation de l'Empire », 1812.

A la progression des nombres de ce tableau on peut objecter que l'argent n'a plus aujourd'hui autant de valeur qu'en 1820. L'objection est grave et il n'est pas douteux qu'il faille rabattre quelque chose du triplement et du quadruplement de la fortune des Français qu'indiquent la plupart des séries. Toutefois, il n'y a peut-être pas à réduire autant qu'on se l'imagine. Si dans presque toutes les conditions sociales nous dépensons plus d'argent que nos pères, il faut en rapporter la cause moins au renchérissement de chaque marchandise qu'à l'accroissement général des consommations. Nos besoins se sont multipliés ; ce changement même est une conséquence du progrès de la richesse en même temps qu'il est la manifestation du bien-être En réalité, la moyenne du prix de la majorité des objets de consommation s'est abaissée.

L'habitude de jouissances inconnues à nos pères ou rares pour eux est si profondément entrée dans nos mœurs que nous crions misère dès qu'il faut retrancher quelque chose de ce que les siècles passés auraient considéré comme un superflu ou comme un rêve irréalisable Sans doute, certains articles de l'alimentation, la viande et les légumes frais, par exemple, ont augmenté de prix ; cependant, comme on en produit davantage, il faut reconnaître que ce renchérissement est dû à ce que le nombre des consommateurs assez riches pour les acheter a augmenté plus rapidement encore que la marchandise offerte. La valeur des terres, qui est en baisse depuis 1880, s'était élevée en conséquence de l'augmentation de la quantité et de la valeur de leurs produits. Le loyer des maisons a augmenté aussi ; beaucoup moins cependant dans la plupart des petites villes que dans les grandes. Mais le blé ne coûte pas plus et coûte même moins qu'au commencement du siècle ; les cultivateurs s'en sont plaints amèrement. Beaucoup de denrées exotiques sont en baisse par suite de la facilité d'approvisionnement. Le plus grand nombre des produits manufacturés, tissus, meubles communs, faïences et verrerie, objets en métal, sont beaucoup moins chers qu'autrefois, grâce aux perfectionnements de l'industrie. L'argent, toute balance faite, a peut-être un peu moins, mais n'a certes pas beaucoup moins de puissance d'achat en 1890 qu'en 1820, et probablement qu'en 1789.

Les salaires. — Une dernière question se pose : le bienfait de cet accroissement de richesse s'est-il fait sentir jusque dans les classes pauvres? L'ouvrier en a-t-il profité comme les propriétaires d'immeubles dont la rente avait triplé en trois quarts de siècle (1)?

Le salaire agricole sous le premier Empire paraît avoir été en moyenne d'environ 1 fr. à 1 fr. 10; puis de 1 fr. 25 vers 1820, d'après Chaptal; d'après Moreau de Jonnès, de 1 fr. 30 en 1840; de 1 fr. 85 pour les hommes en 1862 et de 2 fr. 32 en 1881, d'après la statistique du ministère du Commerce. D'après ces renseignements, il aurait doublé de 1820 à 1880 (2). Dans une période moitié plus courte, de 1852 à 1882, les enquêtes décennales de l'agriculture constatent une augmentation de 57 et de 60 p. 100 pour les ouvriers agricoles.

SALAIRES AGRICOLES COMPARÉS

D'après les enquêtes décennales du Ministre de l'Agriculture

	1852.	1862.	1882.	Accroiss. pour 100 de 1852 à 1882.	
OUVRIER NON NOURRI :					
Homme : hiver (la journée).....	1 fr. 41	1 fr. 85	2 fr. 22	57	20
Id. été id............	»	2 77	3 11	»	12
Femme : hiver id..........	0 89	1 14	1 42	60	24
Id. été id..........	»	1 73	1 87	»	8
Enfant : hiver id..........	0 64	0 82	0 94	47	14
OUVRIER NOURRI :					
Homme : hiver (la journée)....	»	1 08	1 31	»	21
Laboureurs et charretiers (à l'an.)	»	256 fr.	324 fr.	»	»
Servants de ferme (à l'année)...	»	130	235	»	»

De 1862 à 1882, en vingt ans, l'augmentation a été de 65 centimes au moins (ouvrier non nourri en hiver) dans l'Aude, la Seine, l'Aveyron, les Pyrénées-Orientales, l'Orne, la Charente, l'Indre-et-Loire, la Manche, la Vienne; dans 18 départements le salaire des servantes a plus que doublé.

---

(1) Toutefois depuis plus de dix ans le revenu des propriétaires de fermes, dans le rayon d'approvisionnement de Paris surtout, a baissé sensiblement.

(2) Voir M. Beauregard, *Essai sur la théorie du salaire*, première partie. M. A. de Foville, cité par M. Chevallier (*Les salaires au xixe siècle*), donne comme revenu moyen d'une famille d'ouvriers agricoles 400 fr. en 1813 et 800 fr. en 1870-1875.

M. Risler, dans son rapport sur la situation de l'agriculture dans le département de l'Aisne, donne 0 fr. 60 en 1820-1830 et 2 fr. 10 en 1875-1884 comme représentant le salaire moyen en argent de l'ouvrier nourri par le fermier.

M. Chevallier cite l'accroissement des salaires dans le domaine de La Grange, propriété de M. de Montalivet, de 1825 à 1878; cet accroissement a varié, suivant les professions, de 100 à 160 p. 100. Dans la ferme de Trémonvilliers (Oise) il s'est élevé, entre 1834 et 1884, de 66 à 200 p. 100, suivant les professions. Dans une ferme de Marchiennes-Campagne (Nord), le journalier était payé 1 fr. en 1845 et 2 fr. 50 en 1883; l'accroissement était de 150 p. 100; il était de 200 p. 100 pour les moissonneurs et les servantes. Tous ces renseignements sont assez concordants pour autoriser à dire que les salaires ont pour le moins doublé dans l'espace de soixante ans.

Il en est à peu près de même dans les industries extractives (1), dans le bâtiment (2), dans les filatures et tissages (3). M. Beauregard, dans son *Essai sur la théorie du salaire*, évalue la moyenne des salaires des ouvriers de l'industrie à 1 fr. 60 au début du siècle et à 3 fr. 46 en 1880 (4) : augmentation de 116 p. 100.

Le Ministère du commerce a publié en 1853 et publie chaque année, depuis 1872, une statistique des salaires industriels. Le document établi dans chaque département par les préfets, sinon par des moyennes calculées sur des salaires certains, du moins d'après les renseignements des ingénieurs et d'après la notoriété publique fournit, précisément à cause de cette notoriété, une notion suffisante du progrès général. Or voici quel a été ce progrès :

SALAIRE MOYEN ORDINAIRE, CALCULÉ D'APRÈS LA MOYENNE DES SALAIRES DE CHAQUE PROFESSION.

		1853.	1872.	1880.	1887.	Rapport pour 100.			
						1853.	1872.	1880.	1887.
Ouvriers de la petite industrie à Paris.	hommes	3.81	4.98	5.59	5.99	100	130	147	157
	femmes.	2.12	2.80	2.92	2.90	100	132	137	136
Ouvriers de la petite industrie dans les autres chefs-lieux de département.	hommes	2.06	2.96	3.35	3.43	100	143	162	166
	femmes.	1.07	1.51	1.75	1.80	100	141	163	168
Ouvriers des industries textiles dans les départements autres que la Seine.	hommes	»	2.79	3.13	3.30	»	100	112	118
	femmes.	»	1.61	1.79	1.95	»	100	111	121

(1) 1 fr. 60 au début du siècle, 3 fr. 83 en 1883 et 3 fr. 87 en 1888.

(2) Dans les chefs-lieux de département, autres que Paris, le maçon recevait 2 fr. de 1824 à 1833, et 3 fr. 52 en 1880, 3 fr. 65 en 1887.

(3) Salaire moyen des hommes : 1 fr. 30 à 1 fr. 50 de 1789 à 1835, 3 fr. 13 en 1880, 3 fr. 25 à 3 fr. 35 en 1887.

(4) D'une enquête faite par la Chambre syndicale de la boulangerie, il résulte que le salaire des ouvriers boulangers, à Paris, était de 90 p. 100 plus élevé en 1879 qu'en 1830.

Le fileur de Reims, 2 fr. en 1830 et 5 fr. à partir de 1868 (d'après M. Poulain, manufacturier). A Fourmies, l'accroissement des salaires de 1844 à 1882 a varié, suivant les professions, de 40 à 220 p. 100 ; c'est celui des femmes qui a le plus augmenté. A Mulhouse et au Logelbach (Alsace), l'augmentation moyenne de 1832 à 1880 a été de 121 et de 124 p. 100. Les salaires d'une forge ont, de 1823 à 1880, augmenté, suivant les professions, de 112 à 248 p. 100 pour des ouvriers qui avaient en outre le chauffage et le logement avec un jardin. Ces chiffres, cités par M. Chevallier, dans son livre

SALAIRE DES OUVRIERS DU BATIMENT A PARIS.

(Journée de 11 heures dans la plupart des professions avant 1850 ; journées de 10 heures depuis 1850).

PROFESSIONS.	1789.	1806.	1820.	1840.	1850.	1860.	1870.	1880.	1890.
	liv. sols.	fr. c.	fr. c.	fr. c.	fr. c.	fr. c.	fr. c.	fr. c.	fr. c.
Terrassiers	»	»	»	3 00	3 00	3 50	4 00	5 50	5 50
Maçons	2 5	3 25	3 25	4 15	4 25	5 00	5 50	7 50	7 50
Tailleurs de pierre	2 5	3 25	3 50	4 20	4 25	5 25	5 50	7 50	7 50
Limousins	»	2 50	2 75	3 15	3 25	4 00	4 25	6 25	6 00
Charpentiers	2 5	3 00	3 25	4 00	5 00	5 00	6 00	8 00	8 00
Couvreurs	»	5 00	4 50	5 00	5 75	6 00	6 25	7 50	7 50
Menuisiers	2 10	3 50	3 25	3 50	3 65	4 00	5 00	7 00	7 00
Parqueteurs	»	»	»	5 00	5 00	5 25	5 50	8 00	8 50
Forgerons	»	»	»	5 00	5 00	6 50	6 50	7 75	8 50
Serruriers de ville	»	3 75	»	3 25	3 25	3 80	4 00	6 50	7 25
Fumistes	»	»	3 25	3 50	3 65	4 50	5 50	7 00	7 00
Peintres	»	4 00	3 25	3 50	3 65	4 50	5 50	7 50	7 50
Manœuvres { Aides-maçons	1 15	1 70	1 90	2 45	2 40	3 10	3 50	5 00	4 75
Couvreurs	»	1 70	2 50	3 30	3 75	4 00	4 25	5 00	5 00
Fumistes	»	1 70	1 50	2 20	2 20	2 60	2 75	4 00	4 50

Le tableau précédent fait connaître les principales variations du salaire dans les industries du bâtiment à Paris (1).

M. Beauregard, calculant le prix des consommations, a trouvé que, dans l'ensemble, le prix des objets nécessaires à la vie de l'ouvrier avait augmenté de 34,5 p. 100 depuis 1826 (2), tandis que le salaire s'élevait de près de 100 p. 100 et qu'il reste environ 60 p. 100 au bénéfice du bien-être. De pareils calculs ne sauraient en effet être l'expression rigoureuse de faits qui sont trop complexes pour se condenser dans une formule numérique ; mais ils sont, comme la plupart des chiffres cités dans ce chapitre, un indice du progrès.

M. E. Chevallier, dans son ouvrage sur *Les Salaires au XIXe siècle* (3), sans essayer d'établir la proportion entre deux termes, arrive à une conclusion du même genre.

Les renseignements fournis pour les industries du bâtiment à Paris par la Société centrale des architectes français (4) confirment

---

Les salaires au XIXe *siècle*, concordent dans l'ensemble avec les moyennes calculées par M. Beauregard.

(1) Les prix, depuis 1820, sont extraits d'un mémoire de la Société centrale des architectes français adressé au Comité des travaux historiques et scientifiques du Ministère de l'instruction publique. Ils diffèrent quelquefois, mais d'une quantité peu considérable, de ceux qui sont donnés par le tarif Morel, par le tarif de la ville de Paris et par la Statistique annuelle du Ministère du Commerce.

(2) Voici la proportion qu'indique M. Beauregard (p. 113) : résultat dont le degré d'approximation peut être discuté, mais qui est intéressant :

DÉPENSES DIVERSES.	DE 1826 A 1880.	
	Augmentation p. 100.	Diminution p. 100.
Pour le pain.................	5.13	»
Id. la viande..............	9.90	»
Id. l'épicerie.............	1.29	»
Id. poissons et légumes.....	»	0.3
Id. le lait, fromage et beurre.	3.11	»
Id. le vin.................	6.49	»
Id. le logement............	15.	»
Id. le vêtement............	»	6.4
Id. les dépenses diverses.....	»	»
Totaux...............	40.92	5.13
Augmentation totale.......	34.49	

(3) Voir particulièrement le chapitre XVI. Les ouvrages de MM. Beauregard et Chevallier, ainsi que de celui de M. Villey, ont été composés à l'occasion d'un concours ouvert à l'Institut.

(4) « Le cours des salaires, dit le rapporteur, s'est élevé d'une manière continue mais inégale ; les périodes prospères de la construction, pendant la monarchie de

à très peu près cette proportion pour l'augmentation du salaire qui a été de 138 p. 100 de 1820 à 1889, comme pour l'accroissement du bien-être le prix des choses nécessaires à la vie ayant dans le même temps augmenté de 30 p. 100 (1).

---

juillet, le second Empire et sous le régime actuel de 1875 à 1883, ont amené des accroissements rapides dans le prix des journées. » Cette progression des salaires se trouve, dans les périodes de stagnation, amoindrie par les chomages et par une certaine concurrence des ouvriers étrangers. Le rapport ajoute que, tandis que le salaire augmentait, le nombre des heures de travail diminuait (10 heures au lieu de 11) et « la qualité de la main-d'œuvre s'est plutôt amoindrie ».

(1) La Société, d'après l'enquête qu'elle a faite, pense que le prix des choses nécessaires à la vie de l'ouvrier a augmenté de 30 p. 100 de 1820 à 1889, mais que l'ouvrier en général n'économise pas plus parce qu'il consomme davantage. Elle a dressé un tableau comparatif des dépenses de l'ouvrier du bâtiment :

1840		1890	
Avant le travail, le coup du matin, 1/2 setier de vin ou petit verre.	0f15	0f15	
Déjeuner de l'ouvrier chez le marchand de vin : 1 ordinaire (bouillon et bœuf)....... 0f35		0f45	
Pain.................... 0 10		0 15	
1/2 setier de vin (pas toujours)............... 0 15	0f85	1 65 0 40	1/2 litre de vin.
Légume ou fromage.... 0 10		0 15	Fromage ou dessert.
Coup de 2 heures, avec le bœuf et le pain conservés du déjeuner ; plus 1/2 setier 0 15		0 30	Café (très souvent).
			Coup de 2 heures :
		0 25	Fromage, vin.
TOTAL pour la nourriture hors de chez lui par jour..............	1f »	2f	
Vêtements de travail de l'ouvrier pour l'année....	12f50	12f50	
		50 50	Vêtements de ville de l'ouvrier pour l'année (chapeau, complet en drap, bottines).
Dépenses de l'année :			
320 repas de l'ouvrier à 1 fr...	320f	60 f	300 repas de l'ouvrier à 2 fr.
365 jours de nourriture de la famille à 2 fr.....................	730	1.030	365 jours à 3 fr.
Par jour : Pain.... 0f33			0f30 à 0f40
Viande . 1 20			1 90 à 1 80
Vin..... 0 45			0 80
Logement pour l'année	120	350	Logement de 30 mètres carrés de superficie.
Divers..	100	150	Éclairage et chauffage.
		50	Tabac (souvent le cigare).
		50	Santé et divers.
Vêtements (y compris 12 fr. 50 pour les vêtements de travail) ..	100	150	Vêtements (y compris 63 fr. pour l'ouvrier),
	1.370f	2.380f	
Le salaire moyen étant : 1,430 fr.		Le salaire moyen étant : 2,400 fr.	

« Enquête délicate et complexe », dit le rapporteur. Il ajoute : « S'il reste beaucoup à réaliser, il faut reconnaître que les ménages ouvriers habitent actuellement dans

A côté du témoignage de l'industrie parisienne, nous en plaçons

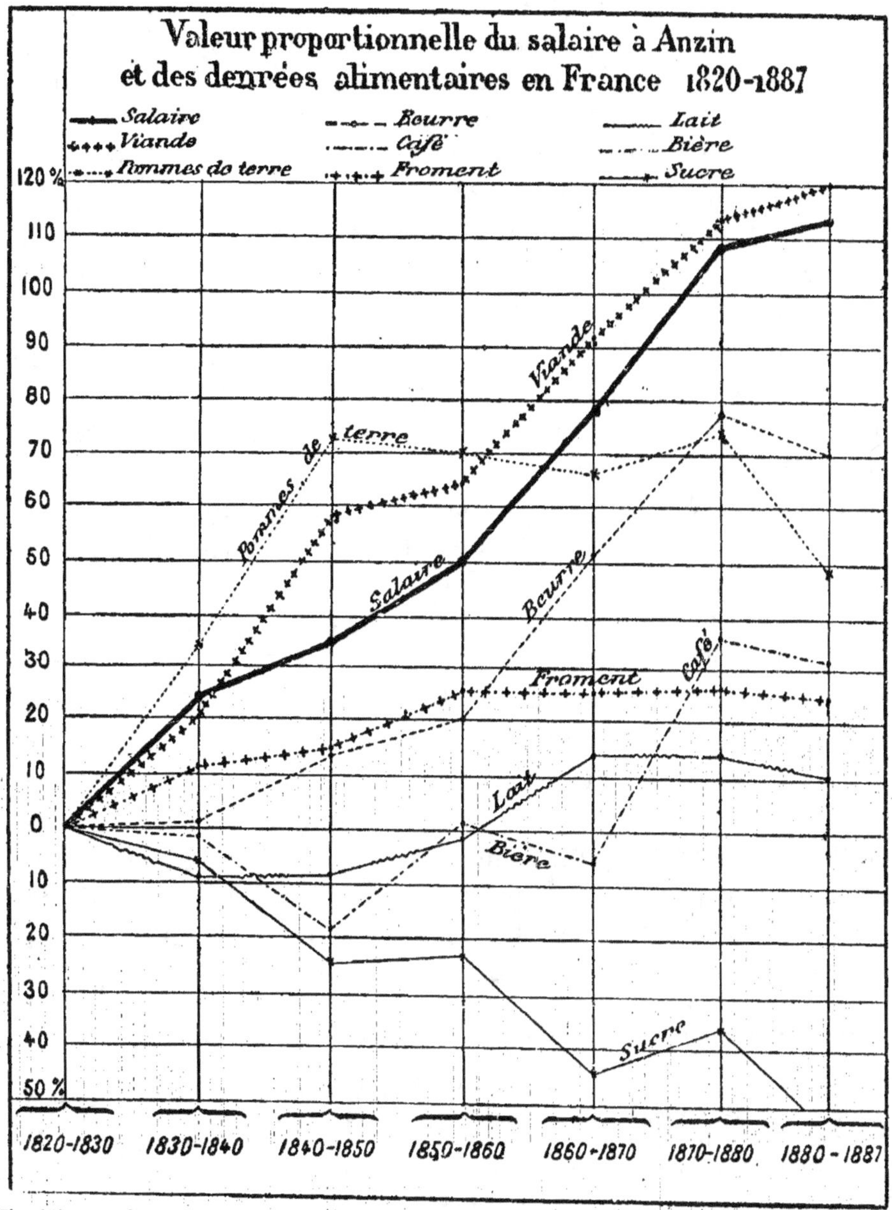

Fig. 158. — Valeur proportionnelle du salaire à Anzin et des denrées alimentaires en France (1820-1887).

nos faubourgs des locaux plus vastes, plus sains que jadis. « Le mobilier aussi a participé à ce progrès »... « L'intempérance est au premier rang des dépenses inutiles ; l'usage s'est répandu de la consommation immodérée de liqueurs et d'alcool. »

Le salaire moyen ne doit pas être calculé en multipliant le salaire journalier par 365 parce qu'il faut défalquer les jours de fête et les chômages qui sont fréquents dans le bâtiment.

trois autres : l'un du nord, le second du centre et le troisième du midi de la France. Le premier, qui a été produit à l'exposition de l'économie sociale (Exposition universelle de 1889) est relatif à la Compagnie des mines d'Anzin et appartient à l'industrie ; le second, qui a figuré à la même exposition, vient du département du Cher et a un caractère agricole ; le troisième qui a été adressé au ministère de l'Instruction publique (Comité des travaux historiques et scientifiques), provient du département de la Gironde (canton de Branne) et a un caractère agricole (1).

En 1820-1830, le salaire moyen annuel (moyenne du salaire des ouvriers de toute catégorie) à Anzin était de 400 fr. ; en 1880-1887, il s'est élevé à 1,070 fr. : augmentation de 167 p. 100.

Les rapporteurs de la Commission de l'économie sociale du département du Nord (MM. A. Renouard et L. Moy) ont rapproché, par période décennale, ce gain annuel de l'ouvrier d'Anzin des prix de marchandises consignés dans le rapport de M. Clémenceau à la Commission d'enquête parlementaire sur la situation des ouvriers. A travers la diversité des courbes, on voit que, la viande exceptée, le salaire a plus augmenté que le prix des denrées; plus même que le loyer du logement. D'après la comparaison des budgets aux deux périodes extrêmes, une famille n'achète pas plus de pain; mais elle mange tous les jours de la viande, laquelle figurait dans le passé seulement le dimanche sur sa table, elle consomme plus de lait, de beurre, d'œufs, de bière et une bière plus forte, plus d'huile, de café, de sucre, elle possède un mobilier et une garde-robe plus confortables (2) et, quand elle ne fait pas

---

(1) Nous ne nous dissimulons pas qu'il est très difficile d'évaluer avec quelque précision l'accroissement réel du revenu des salariés. Le prix de la journée payé en argent n'est qu'une des données du problème et, quoi qu'elle soit la plus simple, il n'est pas aisé d'en calculer exactement la moyenne pour la même profession à diverses époques, parce que les conditions du travail ne sont pas toujours restées les mêmes et que tous les salaires ne sont pas au même taux. En second lieu, il faut pouvoir tenir compte des chômages, réguliers ou accidentels, de chaque profession, pour connaître le revenu moyen annuel. En troisième lieu, il faut calculer le prix de chaque consommation et la qualité de chacune de ces consommations dans le budget de l'ouvrier pour connaître l'emploi de son revenu. Or la nature et la qualité de ces consommations sont variables et les besoins à satisfaire augmentent avec les ressources, souvent même plus rapidement que les ressources. En outre, le prix du travail, comme celui des marchandises, est soumis à de nombreuses causes de variation. Pendant que le plus grand nombre des salaires montent, il y a des industries qui languissent et dont les salaires restent stationnaires ; il y en a qui dépérissent ou se transforment et dont les salaires baissent : témoin le tissage de la soie à Lyon.

(2) « Tous ceux qui visitent les corons, dit le rapport, peuvent constater, les

d'épargne — cas malheureusement trop fréquent — elle prélève beaucoup plus qu'autrefois pour le cabaret (1).

Une vingtaine d'instituteurs du département du Cher avaient, à la demande du groupe d'économie sociale, envoyé des mémoires sur l'état économique de leur commune dans lesquels ils établissent que le salaire a doublé ou triplé au XIXᵉ siècle (2).

Le juge de paix du canton de Branne, pour répondre à une enquête ouverte par le Ministère de l'Instruction publique, a dressé, par période décennale, depuis 1790, le tableau des salaires dans sa circonscription et du prix des choses nécessaires à la vie. Le tableau et la figure suivante (voir fig. n° 159) montrent la progression qui, pour les salaires, a varié suivant le temps et les professions et qui a été plus rapide que pour le froment, le pain et le vin de qualité inférieure, à peu près égale à celle de la viande et moindre que celle du loyer.

---

dimanches et fêtes, la propreté et l'élégance même du vêtement, surtout chez les enfants, dans les ménages bien tenus. »

(1) Budget annuel d'une famille ouvrière d'Anzin, composée de 6 personnes : le père, la mère et 4 enfants dont l'aîné commence à travailler :

DÉSIGNATION DES ARTICLES.	PÉRIODE 1820-1830.			PÉRIODE 1880-1887.		
	Quantités.	Prix.	Valeur.	Quantités.	Prix.	Valeur.
ain.	1.060 kil.	0 f. 30	318 f. »	1.050 kil.	0 f. 34	335 f. »
oucherie.	30 kil.	0 70	21 »	115 kil.	1 90	220 »
eurre.	10 kil.	1 50	15 »	40 kil.	3 20	130 »
Eufs.	100	4 95 °/₀	5 »	270	7 50 °/₀	20 »
ait.	100 lit.	0 13	13 »	220 lit.	0 16	35 »
ruits et légumes achetés..	»	»	20 »	»	»	60 »
ière.	2 h.	6 »	12 »	12 h.	11 »	130 »
piritueux.	»	»	5 »	»	1 50	10 »
piceries. { Huile.	10 lit.	0 90	9 »	20 lit.	3 90	30 »
Café.	8 kil.	2 50	20 »	13 kil.	1 70	50 »
Sucre.	5 kil.	2 25	11 »	18 kil.	0 45	30 »
Savon.	45 kil.	0 62	28 »	60 kil.	»	27 »
Divers.	»	»	10 »	»	»	28 »
ercerie.	»	»	10 »	»	»	35 »
aisselle.	»	»	5 »	»	»	15 »
obilier.	»	»	8 »	»	»	20 »
ètements.	»	»	70 »	»	»	230 »
hapelier.	»	»	8 »	»	»	30 »
haussures.	»	»	12 »	»	»	60 »
oyer et culture du jardin.	»	»	60 »	»	»	85 »
ivers, cabaret.	»	»	10 »	»	»	200 »
pargne, etc.	»	»	» »	»	»	» »
Total des dépenses...	»	»	670 f. »	»	»	1.800 f. »

(2) Ainsi, à Vierzon, le faucheur recevait 15 sous en 1789, 3 fr. en 1880, 5 fr. en 1888; à Cuffy, 1 fr. 25 en 1820, 2 fr. en 1850, 3 fr. en 1880, 2 fr. 75 en 1888 ; à Savigny-en-Sacerre, le journalier en 17-8 0 fr. 60, en 1852 1 fr. 42, en 1882 2 fr. 50, en 1888 2 fr.

ACCROISSEMENT DU SALAIRE ET DU PRIX DES MARCHANDISES DANS LE CANTON DE BRANNE.

DÉSIGNATION.		1790 à 1800.	1800 à 1810.	1810 à 1820.	1820 à 1830.	1830 à 1840.	1840 à 1850.	1850 à 1860.	1860 à 1870.	1870 à 1880.	1880 à 1890.
Journée d'un cultivateur, outre la nourriture		100	125	166	166	166	208	208	250	250	250
Id. d'une cultivatrice, outre la nourriture		100	125	125	125	150	125	125	125	125	150
Id. d'un vigneron, outre la nourriture		100	100	100	100	100	120	120	120	160	160
Id d'une servante de ferme, outre quelques effets, par an		100	133	133	150	166	200	216	333	500	666
— d'un maçon, non nourri		100	80	80	100	100	110	110	110	120	160
Prix du pain ordinaire de froment, par kilog. (0,42)		100	»	»	83	76	81	77	71	71	59
Id. du porc, le kilog		100	»	»	»	»	87	87	150	162 -	250
Id. du bœuf, le kilog		100	»	»	»	»	125	125	175	187	250
Id. du froment, l'hectolitre	de	100	150	137	125	122	120	112	150	125	112
	à		63	110	79	73	92	92	63	58	58
Id. du 1/4 de tonneau de vin rouge, nouveau, sans le fût, prix variant	de	100	176	176	176	176	235	294	352	352	470
	à		93	56	56	59	62	75	100	100	125
Id. du loyer annuel d'une maison de paysan avec jardin	de	100	100	216	211	211	110	138	166	333	333
	à						416	166	222		

Le cultivateur, outre sa nourriture, recevait vers 1789 (1) 0 fr. 60 et, en 1890, 1 fr. 50 ; le vigneron, 1 fr. 25 et 2 fr.; la couturière en journée, 0 fr. 30 et 0 fr. 75. Le maçon qui n'était pas et n'est pas nourri, avait 2 fr. 50 ; il en a maintenant 4. Un valet de ferme que son maître nourrissait et auquel il donnait

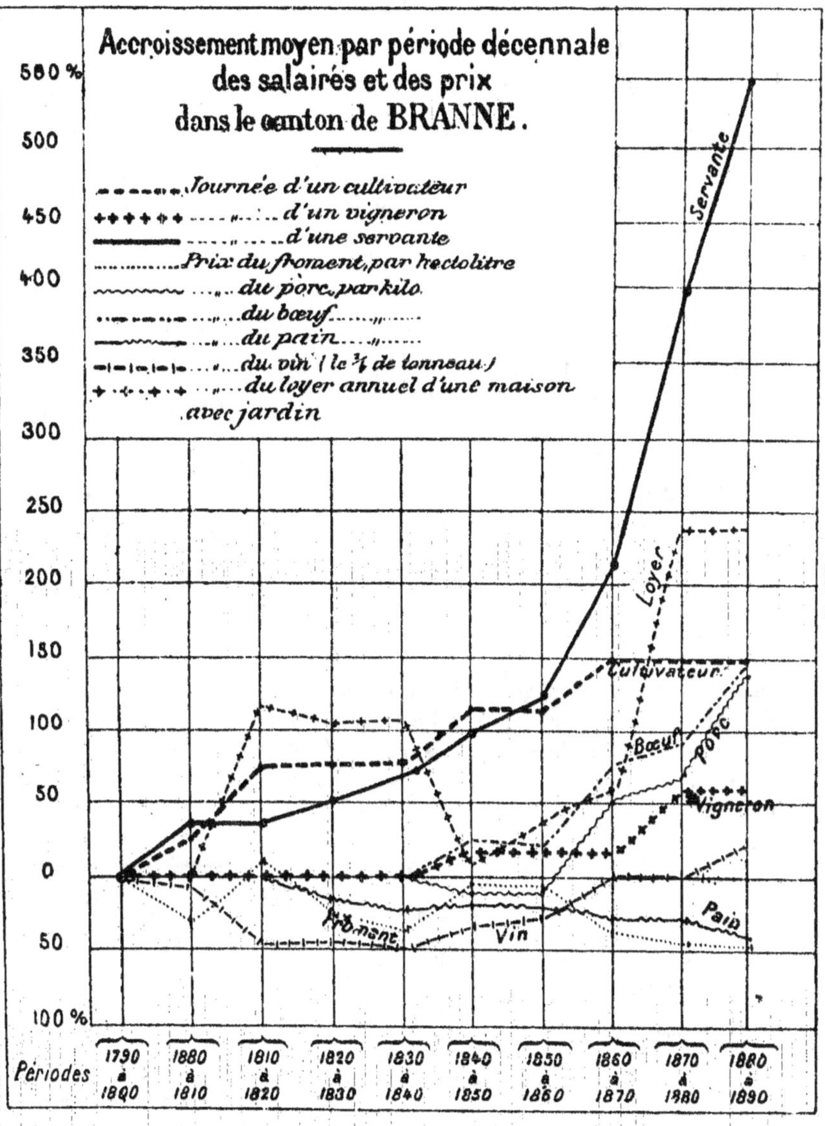

Fig. 159. — Accroissement du salaire et du prix des marchandises dans le canton de Branne (1750-1890).

(1) L'auteur de ce travail, M. Monjélous, juge de paix à Branne, pense que pendant la Révolution il y eut des exagérations dans les prétentions des ouvriers à un accroissement de salaire et que c'est là la raison pour laquelle la municipalité taxa le prix de la journée. Nous avons relaté des faits de même nature à Paris (Voir *Histoire des classes ouvrières en France depuis 1789*, t. I, p. 138). M. Monjélous ajoute : « Non seu-

quelques vêtements était payé 72 à 120 fr., il est payé 400 fr.; les gages d'une servante étaient de 6 fr. à 36 fr.; ils sont de 200 fr.

Le doublement du salaire en France depuis une soixantaine d'années est une moyenne qui résulte des chiffres que nous avons recueillis ; nous la croyons à peu près exacte. Comme la plupart des moyennes, elle peut être contestée. Il est facile de lui opposer des cas particuliers qui soient en désaccord avec elle, de citer dans les campagnes des ouvriers qu'on ne paie encore, à certaines époques, qu'un franc par jour ; des femmes, à Paris même, qui travaillent à la tâche du matin au soir pour gagner avec leur aiguille cette même somme ; des industries où l'introduction des machines — instrument pourtant très puissant de progrès pour la société et de bien-être pour l'ouvrier — a fait baisser le prix de la journée ; des métiers nouveaux dans lesquels la rareté de la main-d'œuvre obligeait les patrons à payer cher les ouvriers au début et qui les recrutent aujourd'hui facilement avec moins d'argent. Mais, à côté de ces exemples, on peut placer ceux d'ouvriers à qui leur journée vaut 15 fr. et plus. L'écart des extrêmes n'infirme pas la valeur d'une moyenne quand elle est fondée sur la majorité des cas. Le salaire n'est pas un cadeau du patron à

---

lement la condition de l'ouvrier s'est améliorée dans le canton de Branne, au point de vue du salaire, mais il est mieux logé, mieux nourri, mieux vêtu, plus instruit et mieux élevé qu'autrefois. Les mœurs sont plus douces et plus policées, il donne une meilleure éducation à ses enfants et il en a plus de soin. »

Il établit de la manière suivante le budget d'un ménage sans enfants aux deux époques extrêmes :

	1790-1800	1880-1890
300 journées du mari à 0 fr. 60, plus la nourriture..............................	180f »	450f »
250 journées de la femme a 0 fr. 40 plus la nourriture	100 »	150 »
RECETTE en argent	280f »	600f »
Loyer annuel............................	18 »	60 »
Impôts, environ	5 »	15 »
Nourriture du mari pour 65 jours	48 75	65 »
Id. de la femme pour 115 jours.	69 »	86 25
Vêtements et linge....................	80 »	150 »
DÉPENSE	220f 75	376f 25
Excédent du salaire sur les dépenses mentionnées	59f 25	223f 75

La famille a, en sus, les légumes de son jardin, ses poules et souvent un porc et des oies.

l'ouvrier ; c'est un contrat bilatéral qui varie suivant le temps, le lieu, la profession et la personne, dans lequel chacun des deux partis défend son intérêt et dont l'état du marché des capitaux et du travail détermine les conditions (1). Or aujourd'hui le capital est plus abondant et le travail, grâce à l'outillage dont la science l'a armé, est plus productif et, en outre, en vertu des changements de la politique et des mœurs, il est plus fort pour soutenir sa cause ; il doit donc et il peut obtenir davantage.

Les faits sur ce point contredisent la prévision de Malthus et la théorie de Ricardo, ou du moins les conclusions qu'il y a quatre-vingts ans des économistes se croyaient en droit de tirer de l'une et de l'autre.

Le prix du loyer et de certaines denrées a augmenté ; sous ce rapport, l'accroissement du salaire n'est qu'une compensation. Mais le vêtement coûte moins, à qualité égale (2) ; sous ce rapport, l'accroissement du salaire est doublement avantageux. Les prix, dans un état économique quelconque, forment un système dont les parties sont entre elles dans une certaine relation. Le salaire ne peut pas augmenter sans que les entrepreneurs augmentent le prix de leurs marchandises, lorsque le salaire constitue une fraction très importante du prix de revient : le bâtiment en fournit de nombreux exemples. Le salaire, en augmentant, détermine une plus grande demande et est une cause d'enchérissement de certaines denrées ; d'autre part, l'enchérissement des choses nécessaires à la vie devient souvent à son tour une cause déterminante de relèvement du salaire. Balance faite, il n'est pas douteux que, depuis cinquante ans, le salaire, en général, ait augmenté, non seulement en apparence par le prix payé à l'ouvrier, mais en réalité par la puissance d'achat que ce prix lui procure.

Il y a des moralistes qui, pour juger si l'ouvrier a réellement profité de l'augmentation du salaire, demandent s'il fait plus d'économies. Ils ont raison d'attacher une importance capitale à la prévoyance : elle est la sauvegarde de la vieillesse ; mais ils

---

(1) Voir la théorie du salaire, par E. Levasseur, dans le *Journal des économistes*, n° du 15 janvier 1888.

(2) On fait remarquer que beaucoup d'étoffes sont moins solides et que, si elles sont à meilleur marché, il faut les renouveler plus souvent : d'où en somme une dépense plus forte. La remarque est juste. Mais, comme le bourgeois, l'ouvrier, en renouvelant plus souvent ses vêtements, pense être mieux vêtu.

auraient tort de méconnaître la valeur du bien-être dans le temps présent. Que l'ouvrier fasse parfois usage du supplément de son revenu pour satisfaire des vices, le fait est très regrettable ; mais qu'il se nourrisse, se vête, se loge mieux, voilà de bons résultats de la richesse.

Les classes moyennes ont depuis un siècle changé leurs habitudes en accroissant leur bien-être. Pourquoi les classes ouvrières, pour lesquelles cet accroissement n'est souvent qu'un allégement de misère, ne le feraient-elles pas aussi ? Si on leur reproche de ne pas réserver, par l'épargne, une part assez large de leur supplément de salaire, ne peuvent-elles pas répondre que beaucoup de gens, jouissant d'un revenu très supérieur au leur, n'en réservent pas proportionnellement davantage ?

La plupart des ouvriers ont peine à croire que leur bien-être ait réellement augmenté parce que, comme tous les hommes, ils sentent vivement leurs privations actuelles sans se souvenir de celles qu'ont endurées leurs pères, parce qu'ils ont sous les yeux le luxe des classes aisées et qu'ils le comparent à leur situation précaire. Mais leur sentiment, qui peut indiquer des améliorations à réaliser dans l'avenir, ne saurait servir à mesurer les changements accomplis entre le passé et le présent.

La catégorie des salaires qui a le plus augmenté en province comme à Paris, est assurément celle des domestiques. Ceux-ci ne subissent pourtant pas les conséquences de la cherté des loyers et des aliments et jusqu'ici ils n'ont pas organisé de grèves. Le supplément de gages qu'ils reçoivent est tout bénéfice pour eux. N'est-il pas à la fois un signe de la richesse et un trait de mœurs ? N'est-ce pas parce que la richesse est plus répandue dans les classes moyennes que la demande de domestiques a augmenté et parce que les salariés sont moins qu'autrefois disposés à se mettre au service personnel d'autrui et, une fois placés, à rester, qu'ils exigent des gages plus forts ?

Les petits employés, dans les administrations particulières ou publiques, sont au nombre de ceux qui ont le moins participé au mouvement ascendant des salaires. N'est-ce pas précisément parce que l'offre est considérable, beaucoup de gens recherchant une position fixe, sûre, un travail moins long et moins rude que celui de l'atelier, une indépendance relative ?

Un fait qui est considérable au point de vue de l'équilibre des fortunes et du bien-être des masses et que les économistes ont souvent signalé, c'est que l'intérêt de l'argent diminuait en même temps que le salaire augmentait. Sans doute cette baisse n'est pas nécessairement définitive, puisque le taux de l'intérêt dépend du rapport entre le capital disponible et les entreprises qui demandent à l'employer ; mais il est probable qu'elle se maintiendra et, en tout cas, la hausse du salaire nous paraît définitive ; il faudrait un cataclysme pour en ramener le taux au niveau de celui de la Restauration.

Le directeur du *Board of trade*, M. Giffen, a fait pour l'Angleterre une démonstration analogue à celle dont nous avons réuni les éléments pour la France. Il a établi, par des estimations aussi précises que le comporte la matière, qu'en une cinquantaine d'années, de 1835 à 1888, le salaire moyen de l'ouvrier anglais avait au moins doublé (1) et cela, non seulement parce qu'il y a eu augmentation dans tous les métiers, mais aussi parce que la proportion du nombre des ouvriers dans les professions industrielles, qui sont les mieux rétribuées, est aujourd'hui plus considérable et que celle des ouvriers de l'agriculture et des autres professions, où le salaire est bas, est devenue moindre. « Si, ajoute l'auteur, le prix de toutes choses ne s'est pas élevé durant la même période, si ce prix a plutôt baissé, comme je le crois, sauf en ce qui concerne les loyers et la viande, une grande amélioration a dû se produire dans la condition des classes ouvrières (2). »

En Italie, le directeur général de la statistique, M. Bodio, a fait une enquête intéressante sur ce sujet. Il a relevé les salaires dans une cinquantaine de grandes industries du pays, de 1862 à 1885 ; il en a calculé la moyenne pour chaque année et, la comparant au prix du froment pendant la même année, il a déter-

---

(1)

TRAVAILLEURS MANUELS.	NOMBRES (en millions de personnes).	REVENUS annuels des travailleurs manuels (en millions de liv. st.).	REVENU par tête.
Il y a cinquante ans......	9.0	171	19
A l'époque actuelle	13.2	450	41 2/3

(2) Le mémoire de M. Giffen a été en partie reproduit dans le *Bulletin de statistique du Ministère des finances*, mai et juin 1886. Voir aussi *Wages and Earnings of the working classes* par Leone Levi. Un autre statisticien, M. Jeans, a évalué le salaire de l'ouvrier agricole en Angleterre, à 7 sch. 3 d. par semaine en 1776, à 9 sch. 7 en 1850 et à 14 sch. en 1878.

miné le nombre d'heures de travail qu'il fallait pour payer un quintal de cette céréale : 195 en 1862 et 95 en 1889 (1). Ce qui veut dire qu'avec son travail, l'ouvrier italien peut acheter aujourd'hui deux fois plus d'aliments.

Nous surchargerions inutilement ce chapitre en multipliant les exemples pris à l'étranger (2). Les deux que nous venons de citer, empruntés à des États dont la population a une croissance rapide, suffisent pour prouver qu'un état stationnaire ou presque stationnaire n'est pas la condition indispensable d'un accroissement de salaire.

---

(1) 195 heures en 1862   122 heures en 1881
     203   —   1867   95   —   1889
     183   —   1871

Voici quelques-uns des salaires (salaire à la journée, en francs), sur lesquels cette moyenne a été calculée :

		1862.	1871.	1881.	1889.
Une manufacture de coton de la province de Milan	fileur......	1.10	1.60	1.70	1.94
	tisserand..	1.35	1.85	»	1.65
Une manufacture de lainages de la province de Vicence	fileur......	?	3.52	4.62	5.50
	tisserand..		2.42	3.96	3.96
Une manufacture de soieries de la province de Coni.		0.83	0.98	1.08	1.30
Une fabrique de bougies de Turin.	hommes...	2.16	1.80	3.00	3.25
	femmes....	0.72	0.78	1.00	1.00
Une minière de Sardaigne		1.80	2.50	3.00	2.40
Une solfatare de Sicile		2.33	3.50	4.00	2.35

Pour la manufacture de la province de Vicence, le mémoire indique les changements de prix des vêtements :

	1855.	1885.	
Le mètre d'étoffe en laine grossière	7 fr. »	4 fr. »	durait deux
Le mètre de flanelle	5 »	2 70	saisons ;
Le mètre de toile de coton pour chemise. ...	0 75	0 50	en dure une.

Voir *Di alcuni indici misuratori del movimento economico in Italia*, par M. Bodio, p. 18.

(2) En Norvège, par exemple, le salaire des ouvriers des ponts et chaussées a augmenté dans les proportions suivantes (*Recueil des Rapports sur les conditions du travail dans les pays étrangers adressés au Ministère des affaires étrangères*, 1890).

SALAIRE EXPRIMÉ EN COURONNES.
(1 couronne : 1 fr. 33).

ANNÉES.	ÉTÉ.		HIVER.	
	Travail à la		Travail à la	
	Journée.	Tâche.	Journée.	Tâche.
1860-1865....................	1.39	1.70	1.30	1.49
1866-1870....................	1.41	1.80	1.31	1.59
1871-1875....................	1.72	2.23	1.53	1.88
1876-1880....................	1.86	2.35	1.74	2.06
1881-1883....................	1.93	2.40	1.75	2.00

L'amélioration du bien-être dans la classe ouvrière. — L'aisance de l'ouvrier est en général limitée par la quotité de ce salaire. Toutefois il s'ajoute aux salaires en argent des accessoires en nature ou des gains supplémentaires, et il semble que, sous ce rapport aussi, l'avantage soit au temps présent (1). Les paysans avaient peut-être avant 1789 plus de droits d'usage dans les forêts et dans les communaux ; l'ouvrier était plus souvent nourri et logé par le patron, l'apprenti l'était presque toujours. Mais les salaires en argent étaient d'autant plus bas ; les salariés avaient cessé de jouir de la plupart des avantages en nature depuis que la liberté de la propriété et du travail avait fait place à l'organisation féodale et aux corps de métiers ; peu à peu, dans le cours du XIXe siècle, l'apprenti s'est détaché de la maison du maître : changement dont il n'y a pas lieu de s'applaudir.

Mais il en est d'autres qu'on peut approuver. L'ouvrier, mieux payé, fait plus d'épargnes, quoiqu'il n'en fasse pas proportionnellement à l'accroissement de son salaire ; les caisses d'épargne, dont nous avons déjà parlé et dont la clientèle se compose en majorité de domestiques et d'ouvriers (2), attestent un progrès considérable ; si l'on connaissait la répartition des titres mobiliers, surtout celle des valeurs à lots, on serait étonné de l'importance des sommes dont les domestiques sont propriétaires ; les

---

(1) Les monographies de l'école de M. Le Play tiennent compte, avec raison, des ressources complémentaires de la famille ouvrière. Voir le résumé qui en a été donné par M. Cheysson sous le titre : *Les Budgets des cent monographies de famille*, 1890.

(2) Voici comment se répartissaient, sur un total de 100, les livrets nouveaux dans les deux dernières années dont les comptes ont été publiés (février 1891) :

PROFESSIONS.	CAISSES D'ÉPARGNE	
	Privées.	Nationale.
	1887	1889
Chefs d'établissement................	9.56	4.92
Ouvriers agricoles................	9.59	8.11
Ouvriers d'industrie................	16.59	15.70
Domestiques................	11.88	12.49
Militaires et marins................	1.57	2.73
Employés................	4.68	9.16
Professions libérales................	1.67	5.04
Rentiers et personnes sans profession.	14.64	14.34
Mineurs sans profession................	29.65	27.46
Associations................	0.20	» »
	100.00	100.00

sociétés de secours mutuels, dont il n'existait encore qu'un très petit nombre sous la Restauration, sont une autre preuve du progrès de leur prévoyance (1). La Caisse des retraites pour la vieillesse, qui n'existe que depuis trente-cinq ans, a déjà mis un grand nombre de salariés à l'abri du dénûment des derniers jours, soit par un effort personnel d'économie, soit plus souvent par la libéralité des patrons (2).

Depuis un demi-siècle et surtout depuis la Révolution de 1848, le patronage, c'est-à-dire l'assistance morale et matérielle des ouvriers par le patron, a pris un développement remarquable bien qu'encore insuffisant. La multiplication des caisses de secours, la création des sociétés de consommation et autres modes de fourniture à bon marché, la construction de logements gratuits ou à prix réduits, la participation aux bénéfices de l'entreprise ont profité à un grand nombre d'ouvriers. Pour se faire une idée du changement qui s'est opéré à cet égard, il faut lire le *Tableau de l'état physique et moral des ouvriers employés dans les manufactures de coton, de laine et de soie* qu'a tracé M. Villermé en 1836 et le comparer aux rapports du jury de l'économie sociale à l'Exposition universelle de 1889 (3).

La libéralité des communes et de l'État a contribué à donner à l'ouvrier plus d'aisance qu'autrefois. Malade, il trouve plus de

---

(1) On ne connaît que 45 sociétés de secours mutuels dont la fondation soit antérieure à 1800, et que 451 qui aient été fondées de 1801 à 1830. En 1852, époque à partir de laquelle il y a une statistique annuelle des sociétés de secours mutuels, il y avait (à la connaissance de l'administration) 2,438 sociétés de secours mutuels, comprenant 291,000 membres et possédant une fortune de 10,700,000 fr.; en 1887, il y en avait 8,427, comprenant 1,347,000 membres et possédant 146,900,000 francs.

(2) La Caisse de retraites pour la vieillesse recevait la première année de son existence (en 1851) 1,212,000 fr. de versements (6,459 versements) pour constituer des pensions; l'année suivante (1852), elle recevait 31 millions par suite de versements faits par de grandes compagnies; puis, jusqu'en 1874, les versements annuels ont varié entre 1 million 1/2 et 11 millions; ils ont monté jusqu'à la somme de 68 millions (en 571,000 versements) en 1881, sous l'influence de l'intérêt élevé que payait alors la Caisse; ils ont diminué en quotité mais non en nombre avec la réduction de cet intérêt. Ils représentaient une somme de 24,198,000 fr., déposée en 712,453 versements en 1887. La Caisse, en 1852, servait 1,776 pensions d'une valeur totale de 574,060 fr.; en 1887, elle a servi 156,501 pensions d'une valeur totale de 30,437,000 francs.

(3) Le *Tableau de l'état physique et moral des ouvriers*....., écrit par M. Villermé à la suite d'une enquête dont il a été chargé en 1835 et en 1836 par l'Académie des sciences morales et politiques, a été lu en partie devant cette académie et publié en deux volumes en 1840. Les rapports du jury d'économie sociale ont été terminés en 1891.

lits dans des hospices mieux aménagés ; père de famille, il envoie ses enfants à l'école primaire qui, depuis 1832, était gratuite pour les indigents, et qui, depuis 1881, l'est pour tous les élèves indistinctement ; cette gratuité s'étend souvent jusqu'à l'école primaire supérieure et l'accès de l'enseignement secondaire est rendu plus facile par l'augmentation du nombre des bourses. Dans certaines villes, la caisse des écoles pourvoit même en partie à la nourriture et à l'habillement des enfants ; la municipalité de Paris va jusqu'à payer une pension à certaines familles pour les indemniser du temps que les enfants en âge de gagner un salaire passent dans les cours supérieurs. Qu'il y ait, dans cette dernière mesure surtout, une exagération dangereuse et un affaiblissement des responsabilités individuelles, nous n'hésitons pas à le déclarer ; nous ne citons le fait que comme un témoignage de l'amélioration du bien-être dans la classe ouvrière.

Quelques-unes des transformations de l'économie sociale lui ont profité plus encore relativement qu'aux autres classes. Les chemins de fer en sont un exemple. Au commencement du siècle, le riche allait en chaise de poste, et le pauvre plus souvent à pied qu'en diligence ; aujourd'hui, l'un et l'autre sont voiturés avec la même vitesse dans le même train ; la différence ne réside que dans le moelleux des coussins. On distinguait autrefois le rang et la fortune des personnes par leur costume ; aujourd'hui, le bon marché des vêtements, un certain sentiment de vanité chez les ouvriers et le goût des hommes pour la simplicité et la commodité ont donné une apparence à peu près uniforme à l'habit de gens de condition très différente. Dans la rue on ne distingue plus guère par le costume l'ouvrier du patron ; l'ouvrière cherche à se modeler sur la bourgeoise ; on voit même à Paris des jeunes filles se rendre le matin à l'atelier en gants de peau ; le dimanche, des bonnes porter chapeau — ce qui eût fort étonné sous le règne de Louis-Philippe et ce qui paraît naturel aujourd'hui — et des femmes de chambre presque aussi élégantes que leur maîtresse.

L'accroissement comparé du commerce et de la population dans les pays étrangers. — La plupart des pays étrangers dont nous pouvons interroger la statistique répondent de la même manière : la richesse s'est accrue plus vite que la population et la classe ouvrière a largement participé à cet accroissement. Ne pouvant faire une étude détaillée de la question dans chaque pays, nous nous contentons de présenter comme preuve sommaire le commerce extérieur.

S'il est impossible de déterminer avec précision la richesse d'un pays, il l'est à plus forte raison de trouver une mesure de comparaison de la richesse entre plusieurs États. Le commerce est un des rares termes de comparaison internationale que nous puissions consulter avec quelque confiance. Sans doute, l'indice est imparfait ; car les nombres enregistrés sont souvent d'une exactitude médiocre et ne représentent pas partout la même nature de trafic ; les valeurs ne correspondent pas aux mêmes quantités dans tous les pays et dans tous les temps ; en outre, le commerce, pour les raisons que nous avons déjà dites, étant une des branches de l'économie sociale qui s'est le plus rapidement développée, son accroissement donnerait, si on le prenait à la lettre, une idée exagérée du progrès. Néanmoins, quand on constate que, dans les pays d'Europe où la croissance de la population a été le plus rapide, comme la Russie, les Pays-Bas et les États scandinaves, le commerce a augmenté de 450 à 950 p. 100 pendant que cette population augmentait de 69 à 124 p. 100, on ne peut s'empêcher de reconnaître que la richesse a distancé partout la population (1).

Hors d'Europe, les États-Unis sont le type d'une population à

(1) ÉTATS.	COMMERCE			POPULATION		
	par milliards de fr.		RAPPORT pour 100	par millions d'habitants.		RAPPORT pour 100
	1830	1885	de 1830 à 1885.	1830	1886	de 1830 à 1886.
Grande-Bretagne	2.2	14.6	664	24.4	37.2	152
Pays-Bas	0.4	4.2	1050	2.6	4.4	169
Belgique	0.3	2.5	833	3.8	5.9	155
France	0.9	7.1	789	32.5	38.3	117
Empire Allemand	0.8?	7.2	900	29.8(?)	47.2	158
Autriche-Hongrie	0.4	3.1	775	29.9(?)	39.9	133
Espagne et Portugal	0.3	2.8	600	14.2	21.3	150
Italie	0.3?	2.3	767	21.2	30.0	141
Russie	0.5	3.9	780	41.5	93.0	224
Suède et Norvège	0.2	1 1	550	3.9	6.7	171

Les chiffres du commerce sont empruntés au *Précis de la géographie physique, politique et économique de l'Europe*, par M. E. Levasseur (édition de 1886) pour 1830, et à *Uebersichten de Weltwirthschaft* par M. de Neumann-Spallart pour 1885 ; ceux de la population à la *Statistique de la superficie et de la population des contrées de la Terre* par E. Levasseur (*Bulletin de l'Institut international de statistique*).

croissance très rapide. Or, de 1830 à 1890, cette population a augmenté de 392 p. 100 et son commerce de 1,071 p. 100 (1).

La richesse en Angleterre et aux États-Unis. — Dans le mémoire que nous avons déjà cité (2), M. Giffen a comparé l'accroissement de la population et celui de la richesse générale, mobilière et immobilière dans le Royaume-Uni de Grande-Bretagne et d'Irlande. Les chiffres relatifs à la richesse ne représentent, comme sur le continent, que des quantités approximatives et discutables ; toutefois, depuis un demi-siècle, l'income-tax y fournit une base de calcul qui a une certaine solidité. Voici le tableau de ces évaluations depuis 1812 (2) : elles conduisent à une conclusion semblable à celle que nous avons prise d'après les statistiques françaises :

ACCROISSEMENT COMPARÉ DE LA POPULATION ET DE LA RICHESSE DANS LE ROYAUME-UNI.

DATES.	POPULATION (par millions d'hab.).	RICHESSE mobilière et immobilière (par millions de livres sterling).	MOYENNE par tête (en livres sterling).
1812.....................	17	2.700 (3)	160
1822.....................	21	2.500 (4)	120
1833.....................	25	3.600 (4)	144
1845.....................	28	4.000 (5)	143
1865.....................	30	6.000 (5)	200
1875.....................	33	8.500 (5)	260
1885.....................	37	10.000 (5)	270

(1) Le commerce extérieur des États-Unis en 1830 était de 723 millions de francs et en 1890 de 8,200 millions.

ANNÉES.	POPULATION.		COMMERCE.	
	(en millions d'habitants).	RAPPORT pour 100.	par milliards de francs.	PAPPORT pour 100.
1830...................	12.8	100	0.7	100
1840...................	17.0	133	1.2	171
1850...................	23.2	181	1.6	228
1860...................	31.4	245	3.8	543
1870...................	38.5	300	4.5	643
1880...................	50.4	394	8.0	1.143
1890...................	63.0	492	8.2	1.171
			(1889-90)	

(2) Voir le journal de la Société de statistique de Londres, mars 1890.

(3) M. Giffen donne aussi pour l'Angleterre la richesse de 1600 à 1800. D'après les autorités qu'il cite, l'accroissement par tête aurait été plus lent au xviie et aussi rapide au xviiie siècle qu'au xixe.

En 1720............... 57 liv. st. par tête.
— 1860............... 167 —

mais les documents ont moins de valeur.

(4) Évaluations de Colquhoun et autres auteurs.

(5) Valeurs calculées d'après l'income-tax.

Les États-Unis qui, depuis 1840, font un inventaire de leur richesse en même temps que le dénombrement de leur population, fournissent encore une preuve d'une progression de la richesse plus rapide que celle de la population, quoique cette population croisse plus rapidement qu'en aucun pays d'Europe.

ACCROISSEMENT COMPARÉ DE LA POPULATION ET DE LA RICHESSE AUX ÉTATS-UNIS.

DATES DES RECENSEMENTS.	POPULATION (par millions d'habitants).	RICHESSE (par millions de dollars).	MOYENNE par tête (en dollars).
1790....................	3.9	750 (1)	187
1800....................	5.3	1.072 (1)	202
1810....................	7.2	1.500 (1)	207
1820....................	9.6	1.888 (1)	195
1830....................	12.8	2.653 (1)	206
1840....................	17.0	3.764 (2)	220
1850....................	23.2	7.136 (2)	308
1860....................	31.5	16.159 (2)	510
1870....................	38.5	30.069 (2)	777
1880....................	50.1	43.642 (2)	870

Des indices du même genre autorisent à affirmer que pour d'autres pays la richesse a progressé aussi plus vite que la population (3). Nous citerons encore, comme dernier témoignage, les résultats d'une enquête sur le prix des terres que vient de publier le Ministère de l'agriculture de l'Empire russe. Le prix de la déciatine de terre dans 43 gouvernements de la Russie d'Europe (les provinces polonaises non comprises), a augmenté entre l'année 1860 et l'année 1889 de 153 p. 100 en moyenne, et cette élévation a dépassé dans deux gouvernements (Tauride et Novgorod) 400 p. 100 ; dans les 5 gouvernements des steppes du sud, elle a été en moyenne de 282 p. 100. Cet accroissement s'est

---

(1) Avant 1840, les nombres sont des évaluations faites par des statisticiens (Voir le journal de la Société de statistique, mars 1891).

(2) Depuis 1840, les nombres sont ceux que fournissent les recensements.

(3) M. Soetbeer dit que les revenus soumis à l'Einkommensteuer en Prusse (revenus de plus de 3,000 marcs) étaient de 1,382 millions de marcs, en 1876, et de 1,980, en 1888 : augmention de 43 p. 100 pendant que la population augmentait de 10 p. 100.

En Italie, les valeurs transmises par successions, usufruits et donations étaient, d'après M. Bodio (*Di alcuni indici misuratori del movimento economico in Italia*), de 1,024 millions de francs, en 1875, et de 1,266, en 1888 : augmentation de 22 p. 100, pendant que la population augmentait probablement de 11 p. 100.

L'année 1888-1889 n'a donné que 1,144 millions, sans doute à cause de la dépréciation des valeurs occasionnée par la crise. La consommation du charbon de terre, (lignite produit en Italie et houille importée) est un indice du progrès industriel : elle a été de 872,000 tonnes en 1871, de 2,205,000 en 1881 et de 4,249,000 en 1888.

produit surtout de 1870 à 1883 ; de 1883 à 1889 il a été très faible et le prix de la terre a même diminué dans 18 gouvernements. Durant la même période (ou à peu près la même, 1856-1885), la population des 50 gouvernements de la Russie d'Europe a augmenté de 24 p. 100 (1).

Conclusion sur le rapport entre la richesse et la population. — L'étude comparée du progrès général de la richesse et de la population au dix-neuvième siècle contredit donc la thèse de Malthus, comme la contredisait déjà l'étude de l'alimentation. La progression du nombre des consommateurs et celle de la quantité totale des choses consommables ont été sans doute inégales durant le XIXe siècle; mais cette inégalité s'est produite à l'inverse de ce que l'économiste anglais regardait comme la loi fatale de l'humanité. Ainsi s'évanouit sa sinistre prédiction. Les hommes n'ont pas été durant ce siècle plus cruellement décimés qu'auparavant par les fléaux qu'il qualifie d'obstacles répressifs ; ils l'ont même été moins que dans les siècles passés. Il n'y a pas de raison de penser qu'ils aient été plus vertueux ou plus vicieux. Si l'on regarde la suite des phénomènes démographiques de la France d'un point de vue très général, on voit que s'il y a eu

---

(1) Voici le progrès comparé de la population (population rurale seulement) et du prix de la déciatine pour quelques gouvernements où ce progrès a été le plus et le moins accentué (d'après l'*Économiste russe* du 1/13 mars 1891) :

GOUVERNEMENTS.	ACCROISSEMENT POUR 100	
	du prix de la déciatine de 1860 à 1889	de la population des campagnes.
RÉGION TCHERNOZÈME (terre noire).		
Tauride............................	400	58
Ekaterinoslav.....................	305	42
Don................................	266	78
Oufa...............................	260	76
Kherson...........................	224	66
Poltava............................	203	48
Bessarabie........................	200	46
RÉGION NON TCHERNOZÈME.		
Novgorod..........................	420	46
Pskow.............................	312	36
Kostroma..........................	275	23
Smolensk..........................	254	14
Tver...............................	214	10

un peu moins de mariages qu'autrefois et beaucoup moins de naissances, il y a eu, d'autre part, moins de décès d'enfants e[t] que, somme toute, la population de la France n'a pas augment[é] moins vite au XIXe siècle qu'au XVIIIe. Celle des autres États européens a augmenté plus rapidement, du moins dans les pay[s] où la statistique peut mesurer l'accroissement. C'est par une tendance naturelle, sans refoulement violent provenant d'une force extérieure comme sans contrainte pénible pour les volontés, que la population est demeurée fort en deçà de l'accroissement de la richesse et qu'elle a contribué ainsi à l'amélioration de son bien-être. La principale cause de ce phénomène, que Malthus pouvait à peine soupçonner de son temps, est l'énorme force productive dont les découvertes de la science ont doté l'industrie.

Ce n'est pas à dire que la quantité des richesses et surtout celle des subsistances n'influent pas sur la population. Nous avons montré dans plusieurs chapitres du livre précédent comment les crises et les disettes diminuaient la nuptialité et, par suite, la natalité et aggravaient la mortalité : c'est ce que Malthus avait vu.

Les troubles dans l'ordre économique ont pour contre-coup des troubles dans l'ordre démographique, surtout parce qu'ils dérangent les habitudes prises et qu'ils changent brusquement le niveau d'existence d'une population : c'est pourquoi les mauvaises influences ont un effet plus immédiatement sensible que les bonnes.

Mais, quand une population s'enrichit lentement par le travail, elle contracte peu à peu de nouvelles habitudes de bien-être et elle hausse au fur et à mesure sa consommation au niveau de sa production. Elle n'éprouve pas le besoin de multiplier plus rapidement, parce qu'elle ne trouve jamais qu'elle ait trop de jouissances. Il peut arriver même que, devenant plus exigeante pour sa postérité comme pour elle-même, elle restreigne le nombre des enfants qu'elle met au jour.

La densité de la population, ainsi que nous l'avons montré dans un autre chapitre, varie d'un lieu à un autre dans le même temps ; elle varie d'un temps à un autre dans le même lieu, comme nous l'avons constaté pour la France et, dans le même temps et le même lieu, elle diffère suivant les couches sociales. Ces différences de densité ne sont pas sans relation avec l'état de la richesse, mais la richesse n'en est pas la cause unique et n'en

est surtout pas la règle et la mesure ; car la densité est plus
grande en Sicile et dans la plaine du Gange qu'en France, quoique
la richesse y soit notablement moindre.

Si, en Sicile, la population augmente plus vite qu'en France,
quoique plus dense et moins riche, c'est qu'elle a moins de
besoins : quel que soit le niveau moyen de bien-être où une
population se trouve placée, elle y accommode son existence. Il y
a pourtant, au point de vue de l'accroissement, cette différence
que, si ce niveau est bas, une crise dépressive y fait tout à coup
un vide très apparent soit par la diminution des mariages et
des naissances, soit par l'aggravation de la mortalité ; s'il est
haut, elle exerce une influence beaucoup moins sensible : la population restreint son superflu, on vit sur ses réserves ; puis,
la crise passée, elle tend, par un ressort naturel que nous avons
nommé loi de compensation, à reprendre son niveau.

Le passé, le présent et l'avenir. — Le progrès de la richesse
et son accroissement plus rapide que celui de la population dans
les États civilisés depuis soixante ans et plus est un fait dont
l'évidence frappe les yeux de quiconque étudie et réfléchit. Les
économistes en connaissent les causes ; les statisticiens essaient
d'en mesurer l'intensité.

Comment se fait-il que la masse de la population n'en ait
qu'un sentiment confus et qu'elle prête même parfois l'oreille
à ceux qui, chagrins du présent, affirment que le passé valait
peut-être autant sous le rapport du bien-être et probablement
mieux à certains égards ? C'est à la psychologie qu'il faut demander la réponse. L'homme n'est jamais content de son sort ;
il ne l'a jamais été et ne le sera jamais. Quand on sait à combien de misères physiques et morales il se trouve en butte
quel que soit le degré de la hiérarchie sociale où la naissance
et son génie personnel l'aient placé, on ne s'en étonne pas ; les
satisfaits et les résignés sont des exceptions qui ne se rencontrent que parmi des esprits très apathiques et dans des âmes
fortement trempées par la religion ou la philosophie. L'homme
est donc porté à se plaindre des maux dont il souffre plus qu'à
se réjouir des biens qu'il possède. Il est oublieux ; l'habitude
émousse en lui le sentiment du bien-être plus qu'elle n'endort
celui de la douleur. L'enrichi est plus sensible au chagrin de
perdre tout à coup une centaine de mille francs qu'au plaisir

de posséder le million dont il n'avait pas le premier sou dans sa jeunesse. Lorsque l'homme souffre d'une privation, songe-t-il à s'en consoler en réfléchissant que ses pères en ont éprouvé bien d'autres ? La foule ignore l'histoire. Si elle la savait, elle ne se consolerait pas davantage. Il lui semble en effet que tous les biens dont elle jouit lui soient dus ; elle ne s'aperçoit d'ordinaire de la douceur de les posséder que lorsqu'ils viennent à lui manquer. Elle ressemble à un homme qui, ayant un bon estomac et de bons poumons, ne se sent digérer et respirer que lorsque la maladie a rendu pénible la fonction de ses organes

Lorsqu'on répète, en gémissant sur le temps présent : « La vie est si chère ! » On ne pense pas qu'il faudrait ajouter : « C'est que les besoins sont devenus si grands ! » L'homme éprouve à toute époque beaucoup plus de désirs qu'il n'en peut satisfaire ; son revenu limite sa consommation. A mesure que la richesse nationale et, par suite, le revenu individuel augmentent, la moyenne des consommations s'élève. C'est une conséquence légitime ; car la richesse est produite par l'homme pour servir à la satisfaction de ses besoins. Ce qui n'est pas sage, c'est de pousser les dépenses de sa consommation jusqu'à l'extrême limite de son revenu et surtout par delà cette limite. Dans toutes les conditions, il y a des gens qui agissent ainsi et se mettent par imprévoyance dans la gêne, se faisant une vie trop chère parce qu'ils se sont fait trop de besoins. Les gouvernements, quelque considérables que soient leurs revenus, donnent un exemple de ce genre lorsqu'ils clôturent leur budget par un déficit sans avoir eu l'excuse d'une calamité soudaine.

Qu'est devenu le temps où toute la famille d'un petit bourgeois de Paris se groupait le soir autour d'une unique chandelle, où l'ouvrier déjeunait dans l'atelier sur le coin de l'établi avec deux sous de pain et deux sous de pommes de terre frites, où de bons commerçants projetaient pour leur dimanche un déjeuner de gala au bois de Boulogne et, transportant dans des paniers la nappe, les assiettes et le menu, dressaient leur couvert sur l'herbe ? Il est bien loin derrière nous, à soixante ans et plus de distance, et la génération présente, qui a d'autres mœurs, ne nous le ramènera pas. Elle préfère les tramways et les chemins de fer aux coucous de la Porte Saint-Denis et elle a raison. Mais, si à Paris elle a fourni, en 1889, aux omnibus, tramways, petites voitures, bateaux de la Seine, plus de 330 millions de voyageurs (1), et si, en France, le nombre des billets délivrés par les chemins de fer a dépassé la même année 230 millions, il faut bien que, malgré la diminution du prix des transports, elle paie pour ce besoin de déplacement qu'elle satisfait si amplement plus que ne payaient ses aïeux qui n'avaient pas de chemins de fer, ne croyaient pas nécessaire à la santé de leurs enfants de les conduire aux bains de mer en été et n'envoyaient pas des élèves de l'école primaire passer leurs vacances dans les montagnes ou même visiter des pays étrangers.

On s'est demandé si cette génération était devenue par là plus heureuse que celles qui l'ont précédée. C'est une question de philosophie morale que la science économique est incapable de résoudre. Le bonheur de l'homme réside dans l'équilibre de l'âme plus qu'il ne se mesure à la quantité des biens extérieurs. Nous ne voulons pas traiter la question ; nous ferons cependant remarquer que, si l'abondance des richesses ne fait pas le bonheur, du moins il y a un certain minimum de biens nécessaire pour ne pas endurer les tortures de la faim et les angoisses de l'indigence. Or le résultat du progrès général de la richesse, dans un pays où le travail est libre et la propriété en sécurité, est non seulement d'enrichir davantage les uns, mais d'élever le niveau moyen de l'existence dans toutes les conditions sociales, d'améliorer l'état matériel de la masse des habitants, d'augmenter les petits salaires et de procurer un certain minimum de bien-être à beaucoup de ceux qui étaient auparavant impuissants à l'atteindre. A ce titre assurément le progrès de la richesse mérite la sympathie des amis de l'humanité et n'est pas sans influence sur le bonheur.

Si le dix-neuvième siècle a heureusement contredit les pré-

---

(1) Il est juste de remarquer que 1889 est l'année de l'Exposition universelle.

Omnibus...............	121	millions de voyageurs (chaque correspondance compte comme un voyageur).
Tramways.............	80	
Tramways nord et sud.	50	
Petites voitures.......	20	environ (sans compter les voyageurs des voitures qui n'appartiennent pas à l'administration des Petites voitures).
Bateaux...............	15	
Chemins de fer dans Paris et omnibus des chemins de fer.....	50	environ.
TOTAL...........	336	

visions de Malthus, le vingtième aura-t-il la même fortune ? La science, par la vapeur, la mécanique, la chimie, l'électricité, a prodigué ses faveurs à celui qui se termine. De là un accroissement de production qu'aucun siècle n'avait vu jusque-là : c'est en partie ce qui explique pourquoi la richesse a augmenté plus vite que la population.

Mais n'y aura-t-il pas un terme à ces inventions, ou du moins un ralentissement dans le progrès ? La houille ne deviendra-t-elle pas un jour plus rare ? L'accroissement de circulation, dû à la construction des chemins de fer, ne sera-t-il pas beaucoup moindre quand tous les chemins de fer auront été construits ? Le ralentissement dans le progrès de la richesse, en supposant qu'il se produise, n'aura-t-il pas pour conséquence un ralentissement dans le progrès de la population ou une rétrogradation du bien-être ? Il serait téméraire de prédire un avenir lointain et il est inutile de le tenter. Nous nous contentons de remarquer que les faits connus ne justifient pas de telles appréhensions. L'homme ne connaissait pas, ou connaissait à peine, il y a cent ans, l'usage des forces et des matériaux de la nature qui l'ont tant enrichi. Connaît-il aujourd'hui toutes celles que cette nature recèle dans son sein ? L'électricité ne fait que d'entrer sur la scène ; l'aluminium, que le sol contient en quantité incommensurable, n'attend qu'une fabrication moins coûteuse pour devenir un métal usuel de premier ordre ; la marée, dont la force chaque jour renouvelée est inépuisable, est prête à fournir des moteurs quand le charbon de terre sera jugé trop rare. Le passé et le présent semblent se porter garants pour l'avenir ; l'humanité n'a pas à s'arrêter sur la voie du progrès dans la pensée que cette voie, dont elle ne saurait apercevoir le terme, peut ne pas se prolonger à l'infini.

CHAPITRE IV

LE PAUPÉRISME ET L'ASSISTANCE.

Les formes de l'indigence. — Quelque riche que soit une nation, elle renferme des misérables : infirmité qu'il convient d'imputer à la nature humaine plus encore qu'à l'organisation sociale.

De tout temps en effet il y a eu et il y aura des êtres que le malheur vient frapper sans qu'il leur ait été possible de s'en garantir et d'autres qui l'attirent par leur faute. La mort enlève subitement un mari et une femme qui vivaient de leur salaire : voilà de jeunes enfants dans le dénûment, qui mourront s'ils ne sont assistés. Un ouvrier, sans famille, est atteint de paralysie ou de cécité ; ayant été impuissant à faire jusque-là des épargnes suffisantes et devenu incapable de travail, il ne peut vivre que par l'assistance. Un journalier a gagné péniblement pendant toute sa vie son pain quotidien et, septuagénaire, il n'a plus la force de continuer ; sans l'assistance, que deviendra-t-il ? Il se rencontre dans toute société des misérables qui, nés dans les bas-fonds, ne parviennent jamais à en sortir, parce qu'ils ont contracté dès l'enfance de mauvaises habitudes ; d'autres qui, placés par la naissance à un rang plus élevé, tombent peu à peu, entraînés par le poids de leurs vices ou qui, précipités par les circonstances, ne se relèvent plus. Aucune organisation sociale n'a la vertu d'empêcher que de tels faits ne se produisent, non plus qu'elle ne peut assurer à tous les hommes la même intelligence, la même probité, la même énergie laborieuse, la même réussite dans leurs entreprises. On aurait beau faire entre tous les membres de la société un partage égal de tous les biens existants ; si chaque nouveau propriétaire était libre de disposer de son lot, l'inégalité ne tarderait pas à reparaître comme la conséquence de l'inégale capacité des individus et de l'inégalité des chances de la vie. Les fortunes sont diverses, comme les facultés humaines.

L'accroissement général de la richesse et du bien-être ne supprime donc pas le problème de la misère, mais il procure plus de ressources pour la soulager. En effet, l'assistance corrige, dans une certaine mesure, cette inégalité en affectant une partie du revenu de ceux qui possèdent à soulager ceux qui, possédant trop peu, sont dans l'impuissance de suffire à des besoins impérieux. Il faut distinguer l'assistance qui a pour objet le développement des individus, comme l'instruction gratuite, et celle qui soulage leur misère. La dernière, la seule dont nous nous occupons ici, s'applique légitimement à plusieurs catégories d'indigents :

A ceux qui, étant par leur état physique incapables de vivre en travaillant, sont dans une complète indigence, comme les enfants abandonnés, les vieillards et les infirmes sans famille et sans ressources ;

A ceux qui, n'ayant par eux-mêmes que des moyens d'existence insuffisants pour leur famille, sont à l'état permanent dans une demi-indigence ;

A ceux qui, n'ayant que des ressources très limitées, sont exposés à tomber temporairement dans l'indigence quand surviennent des accidents tels que la maladie ou le chômage.

Il ne nous paraît pas rationnel d'ériger l'assistance en droit pour l'indigent puisque nul n'a le droit de s'approprier le bien d'autrui. Mais il est très rationnel de dire que la charité est un devoir social pour la communauté et un devoir moral pour quiconque possède les moyens de soulager l'infortune. Les particuliers, les associations privées et les administrations publiques concourent à donner l'assistance. Chacun a son rôle dans cette œuvre et on peut dire que les individus et les sociétés font de la richesse un usage généreux et conforme à l'intérêt public en y consacrant une portion de leur revenu, variable suivant leur fortune (1). C'est pourquoi les sociétés riches, comme les particuliers riches, peuvent prêter à leurs indigents une assistance plus efficace que les sociétés pauvres.

Il ne faut pas oublier, d'autre part, que certaines manières d'être de l'assistance ont une influence directe sur le progrès de la population, qui est une des questions importantes de cet ouvrage ; le patronage privé, la tutelle administrative, les secours qui préservent l'enfance de la mort contribuent à accroître le nombre des habitants.

On a dit avec raison que l'assistance attirait l'indigence. Les pauvres en effet viennent, quand ils le peuvent, là où ils espèrent trouver un soulagement. Ce sentiment de leur part est naturel ; mais l'attraction a le fâcheux effet de surcharger celui qui donne le secours et d'inviter à la paresse celui qui le reçoit en lui procurant des moyens de vivre sans travailler.

Aussi y a-t-il une catégorie d'indigents pour laquelle l'assistance, loin d'être légitime, est pernicieuse : c'est celle des individus valides qui font de la mendicité un métier. Elle est très nombreuse, car elle comprend la plupart des paresseux qui errent en mendiants dans les campagnes, qui établissent leur poste dans les rues et à la porte des églises ou qui s'introduisent en solliciteurs dans les maisons. Moins scrupuleuse et plus rusée que les autres, elle soutire une grande partie des fonds de la bienfaisance. Il importe de ne pas confondre ces frelons, véritables voleurs du bien des pauvres, avec les indigents qui méritent la pitié, de les punir ou du moins de leur rendre difficile l'exercice de ce métier. Pratiquer l'assistance, privée ou publique, dans la mesure du possible et de l'utile, est un art délicat qui exige du dévouement, du tact et de l'expérience.

Les pauvres et la charité à la fin de l'ancien régime. — Le sentiment qui inspire les actes charitables est inné chez l'homme ; dans tous les temps la misère et la souffrance ont rencontré des âmes compatissantes. Sous l'influence du christianisme qui avait exalté la charité comme une vertu, ce sentiment se développa. Au moyen âge, les pauvres recevaient l'aumône à la porte des couvents et des églises ; près des cathédrales, s'élevaient pour

---

(1) Voir le *Précis d'économie politique,* par E. Levasseur, p. 295 et suiv.

les malades indigents des hôpitaux que le chapitre administrait et qui étaient désignés ordinairement sous le nom d'Hôtel-Dieu (1). Quand la lèpre, mal qui paraît avoir été une conséquence de l'état misérable des populations, affligea l'Europe, de généreux donateurs fondèrent des léproseries ou maladreries ; le nombre de ces fondations a été considérable dans plusieurs régions de la France. Mais la charité était plus développée alors que la science de la bienfaisance ; l'aumône, distribuée sans discernement, entretenait la plaie de la mendicité (2) ; pour les lépreux en particulier, la crainte de la contagion, plus forte encore que la sympathie pour la souffrance, dictait des mesures tyranniques (3).

Leur hideuse maladie étant devenue beaucoup plus rare au XVIe et surtout au XVIIe siècle, les revenus des léproseries furent en partie détournés et beaucoup de maisons ne furent plus occupées que par des vagabonds qui s'y faisaient admettre en simulant des infirmités. Les rois de France combattirent longtemps par leurs édits ce double abus (4), si bien qu'à la fin du XVIIe siècle la plupart des léproseries avaient disparu.

Ils s'étaient appliqués aussi à enlever l'administration des hôpitaux ordinaires aux clercs auxquels on reprochait de dépenser parfois à leur profit une partie du revenu, de laisser périr les bâtiments et dissiper les biens (5) ; ils l'avaient fait passer entre les mains de commissions charitables composées de notables bourgeois. Depuis Henri IV, le grand aumônier de France eut la haute surveillance des établissements hospitaliers.

Les mendiants pullulaient au XVIe siècle. A Paris, les « truands », dont le nombre, dit-on, s'élevait à 10,000 au XVIIe siècle,

---

(1) L'Hôtel-Dieu de Paris a été fondé en l'an 800 par l'évêque saint Landry ; celui de Lyon en 542. D'autres paraissent aussi anciens.

(2) On en a encore des exemples dans quelques provinces, comme la Bretagne.

(3) Le lépreux était conduit à la maladrerie après une cérémonie qui rappelait l'office des morts et lorsqu'il entrait dans l'hôpital, situé toujours en un lieu écarté, le prêtre lui disait : « Je te défends d'entrer dans les églises, aux marchés... »

(4) Depuis François Ier des édits ont été rendus dans ce but. Sous Louis XIV, des édits (1664, 1672, 1674, 1675) donnèrent aux ordres de Saint-Lazare et du Mont-Carmel les biens des anciennes maladreries ; un édit de 1693 les transféra aux hôpitaux ordinaires. M. Lallemand a compté qu'il existait, en 1693, 214 maladreries et 64 hôpitaux et aumôneries dans 17 diocèses.

(5) Voir les ordonnances des 19 déc. 1543, 20 juin 1546, 12 février 1553, 23 juillet 1560 et les ordonnances de Moulins et de Blois. Le concile de Trente, dans sa xxve session, ch. vIII, a pris des mesures en vue de réprimer ce genre d'abus.

formaient une association de vagabonds et de malfaiteurs qui vivait aux dépens du public et s'en faisait redouter; la « Cour des Miracles » (1), ainsi dite à cause des miracles qui s'opéraient chaque fois que les aveugles, les manchots, les culs-de-jatte retrouvaient, en y rentrant le soir, la vue et l'usage de leurs membres, était leur principal repaire ; elle est restée fameuse jusqu'au règne de Louis XIV, où une police plus sévère et l'organisation de l'Hôpital général purgèrent pour un temps la capitale de ces immondices. Déjà auparavant, depuis François Ier, les rois avaient tenté de supprimer la mendicité par des mesures de protection ou de répression violente qui paraissent avoir été, les unes comme les autres, peu efficaces : obligation pour les paroisses de nourrir les pauvres domiciliés sur leur territoire (2), peine des travaux forcés, du fouet, du bannissement, des galères, de la chaîne, de la potence contre les mendiants vagabonds (3).

En 1607, on avait posté des agents aux portes de Paris pour empêcher les mendiants d'y entrer : peine perdue. Cependant la commission de bourgeois que le Parlement avait instituée, par arrêt du 2 mai 1505, pour distribuer les secours qu'avait administrés jusque-là le chapitre de Notre-Dame, avait accompli sa tâche ; changée en bureau des pauvres (4), elle est restée jusqu'en 1791 à l'Hôtel-Dieu où elle était connue sous le nom de « Grand bureau ».

Le règlement d'avril 1656, s'inspirant d'une œuvre de charité

---

(1) Elle était située entre la rue Montorgueil et la rue Saint-Denis; on y accédait par la rue Neuve-Saint-Sauveur.

(2) En 1536 (30 août), en 1551 (taxe des pauvres à Paris), en 1560 (taxe des pauvres étendue à tout le royaume), en 1561 (avril), en 1566 (ord. de Moulins), en 1586 (22 mai), en 1642 (22 juin), etc. L'ordonnance de Moulins (art. 73) porte : « Les pauvres de chacune ville, bourg ou village seront nourris et entretenus par ceux de la ville, bourg ou village dont ils sont natifs et habitans; il leur est défendu de vaguer ni demander l'aumône ailleurs qu'au lieu où ils sont. Et à ces fins seront tenus les habitans à contribuer à la nourriture desdits pauvres. »

(3) En 1532, en 1536, en 1545 (16 février), en 1547, en 1587, en 1596 (29 août), en 1629, en 1661, en 1669 (janvier), en 1686 (12 oct.), en 1687 (27 janvier), en 1693 (19 octobre); plus tard, en 1720 (23 mars), en 1724 (18 juillet), en 1764 et en 1767 (21 sept.), en 1777.

Dans le *Résumé des mémoires* qui ont concouru pour le prix accordé en l'an 1777 par l'Académie de Châlons-sur-Marne (1 vol. 1779), on lit : « Cependant, comme tout ce qui se fait avec violence ne saurait durer, ce moyen (l'enlèvement et le transport aux Antilles) n'eut que la durée d'un moment, et peu à peu la mendicité recommença. » (p. 78).

(4) Lettres-patentes du 7 novembre 1544.

privée que dirigeait le président de Bellièvre, fut plus efficace; il créa une administration dite Hôpital général, administré par un conseil de trente-trois personnes dont faisaient partie le premier président, le procureur général du Parlement, l'archevêque de Paris et auquel furent attribués les hôpitaux de la Pitié, de la Salpêtrière, de Bicêtre, et l'ancienne maison de l'italien Scipion Scapini transformée en boulangerie. L'Hôpital général était chargé de recevoir dans ses asiles les indigents et de distribuer des secours aux pauvres honteux et vivant en famille; la mendicité devait être sévèrement réprimée.

Le succès ne fut pas immédiat; car les mendiants, pour profiter des secours, affluèrent de la province. Il fallut que l'édit de 1662 généralisât la réforme en ordonnant qu'un hôpital général serait créé dans toutes les villes et gros bourgs qui n'en possédaient pas. En 1670, l'organisation fut complétée par la construction de l'Hôtel des Invalides, destiné aux soldats (commencé en 1670 et occupé dès 1674), et par l'attribution à l'Hôpital général de l'hôpital des enfants trouvés, fondé par S. Vincent de Paul en 1638 (1) et connu sous le nom de Maison de la couche.

L'ordre régna à peu près à Paris, tant que dura la prospérité. Mais la misère et la mendicité s'étalèrent de nouveau pendant les disettes et les calamités qui affligèrent les dernières années du grand règne (2).

Vers la fin de l'ancien régime, Paris renfermait encore beaucoup de mendiants : « J'ai été affligé, écrivait Louis XVI le 8 juin 1777, de la grande quantité de mendiants dont les rues de Paris et de Versailles sont remplies. »

Il y avait cependant des dépôts de mendicité en province; Necker nous apprend qu'il en existait 33 à l'époque où il était

---

(1) Avant S. Vincent de Paul, le Parlement avait imposé aux seigneurs hauts-justiciers de Paris et faubourgs une certaine somme pour l'entretien des enfants trouvés : c'était une charge féodale. Mais ces enfants, recueillis dans une maison près de Notre-Dame, mouraient presque tous. « Les deux servantes, dit M. Lallemand (*Hist. des enfants abandonnés et délaissés*, p. 135), les soignaient fort mal, leur donnant des narcotiques pour les faire dormir, les vendant même moyennant 20 sous à des mendiants et des bateleurs. »

(2) La misère a été grande surtout pendant les années de disette, comme 1694 et 1709. En 1694, l'Hôtel-Dieu de Paris a reçu 35,000 malades sur lesquels 12,000 sont morts. Il y a eu aussi beaucoup de mendiants vagabonds sous le règne de Louis XV. Necker rappelle (*Administration des finances*, t. III, p. 145) qu'il y a eu probablement 50,000 mendiants arrêtés en 1767.

ministre, qu'ils renfermaient six à sept mille mendiants qu'on essayait d'astreindre au travail et qu'on relâchait promptement quand ils voulaient bien travailler. Il y avait beaucoup d'hôpitaux : plus de 700, dit Necker, renfermant environ 25,000 malades, 40,000 infirmes ou vieillards indigents, 40,000 enfants trouvés, lesquels étaient la plupart placés à la campagne, et, en outre, une centaine de petits établissements de trois ou quatre lits (1). Il signalait, en outre, pour les soldats et les marins, un nombre d'environ 76 hôpitaux contenant 6,000 malades.

La statistique de Necker est bien au-dessous de la réalité ; car une enquête administrative de 1869 (2) a constaté l'existence de 1,224 hôpitaux ou hospices fondés avant 1790. La Rochefoucauld, en 1791, portait à 2,185 le nombre des fondations.

Les revenus des hôpitaux provenaient surtout de donations auxquelles s'ajoutaient le produit du droit sur certaines consommations, les aumônes des particuliers, les secours de la caisse du roi. « On n'a que des notions éparses sur plusieurs de ces objets », disait Necker qui estimait le total à 18 ou 20 millions de livres (3). En 1790, ces mêmes revenus étaient évalués plus exactement à 38 millions.

Sur le total des établissements hospitaliers, 47 étaient situés à Paris (4) et le nombre des personnes qui s'y trouvaient re-

---

(1) *Administration des finances*, t. III, p. 154.

(2) *Situation administrative et financière des hôpitaux et hospices de l'Empire.*

(3) Peuchet (*Statistique élémentaire de la France*, p. 257) pense que Necker n'a parlé que des biens propres et n'a pas compris dans son calcul 17 millions provenant de l'octroi.

(4) Voici la liste, d'après Tenon (1er mémoire) qui donne le nombre de 48, parce qu'il compte deux fois la filature de Saint-Sulpice :

22 hôpitaux de malades : la Charité, les Convalescents, la Maison royale de Santé, l'hôpital de Charenton, l'hôpital des Gardes françaises, l'hôpital des Protestants pour les hommes ; les Hospitalières de la rue Mouffetard, de la rue de La Roquette, de la Place Royale et de Saint-Mandé pour les femmes ; l'hospice du Collège de chirurgie, l'hôpital de la paroisse Saint-Sulpice (Cochin), celui de Saint-Jacques du Haut-Pas, de Saint-Méry, de Saint-André-des-Arts et l'Hôtel-Dieu pour les deux sexes ; les hôpitaux Saint-Louis, Sainte-Anne, Sainte-Reine (teigneux), des Quinze-Vingts, des Incurables, de Vaugirard pour certaines maladies ;

6 hôpitaux pour les pauvres malades ou valides : les Petites-Maisons, la Pitié, la Salpêtrière, Bicêtre, les Invalides ;

19 hôpitaux pour les pauvres valides : Hôpital de la Trinité, de N.-D. de la Miséricorde (100 filles), Maison de la Mère de Dieu (orphelins), filature de la paroisse Saint-Sulpice, orphelines du Saint-Enfant Jésus et de la Mère de pureté, hospice de M. de Beaujon, hospice du Saint-Esprit, des Enfants-Trouvés (la Couche), des Enfants-

cueillies comme malades, pensionnaires, apprentis ou nourrissons élevés à Paris et à la campagne, montait à 35,000 (1) : ce qui correspond à peu près à 1 personne secourue sur 18 habitants.

La charité du xviiie siècle avait été active et éclairée par la philanthropie, surtout depuis l'avènement de Louis XVI. Trois hôpitaux avaient été fondés (2) ; des ateliers de charité qui, à Paris, occupaient 12,000 personnes en 1789, avaient été ouverts pendant les hivers rigoureux de la fin du règne. La Société philanthropique avait été fondée en 1780, des congrégations entretenaient des hôpitaux et hospices (3) ; des sociétés de charité maternelle (1786 à Lyon, 1788 à Paris) assistaient les mères qui nourrissaient leurs enfants. D'autres, en grand nombre, fonctionnant sous l'autorité des curés et avec l'aide des sœurs grises, visitaient les malades et les pauvres ; des maisons religieuses distribuaient du pain et de la soupe.

La gestion des établissements hospitaliers était très diverse suivant les localités. En général, les conditions d'une assistance rationnelle et d'une bonne hygiène étaient encore mal connues et peu observées. Le principal hôpital de Paris, l'Hôtel-Dieu, devenu trop petit à mesure qu'avait augmenté la population et regorgeant de malades (4), présentait un spectacle lamentable. Au xviie siècle, Sauval écrivait déjà dans son *Histoire de Paris* : « On voudrait bien que les malades ne fussent pas tous ensemble et jusqu'à six dans le même lit (5). » Ce même vœu avait été

Trouvés du faubourg Saint-Antoine, maison de l'Enfant-Jésus, école d'orphelins ; spécialement pour les vieillards, Communauté des prêtres de Saint-François de Sales, hôpital du Saint-Nom de Jésus ; pour les passants, hôpital Sainte-Catherine, hôpital Sainte-Anastasie et Saint-Gervais ; 3 maisons de veuves ; outre la filature de Saint-Sulpice, maison de la dentelle Noire, maison des filles séculières de Sainte-Agnès qui faisaient travailler des enfants pauvres.

(1) A savoir 6,236 malades dans 28 (22 + 6) hôpitaux ; 14,105 pauvres valides ou invalides dans 25 (6 + 19) établissements ; 15,000 enfants en nourrice ou en pension hors de Paris.

(2) Hôpital Necker en 1778, hôpital Cochin en 1780, hôpital Beaujon en 1784. La maison de charité de Montrouge date de 1781.

(3) Par exemple, les frères de la Charité possédaient 32 hôpitaux en France. (Voir *Mémoires sur les hôpitaux de Paris*, par Tenon, p. 36.

(4) *Histoire et recherches des antiquités de la ville de Paris.*

(5) Le mal datait de plus loin, car M. Maxime du Camp (*Paris, ses organes, ses fonctions et sa vie*, t. IV, p. 170) cite un manuscrit du xve siècle composé par ordre d'un proviseur de l'Hôtel-Dieu, dont une enluminure représente une salle d'hôpital

bien des fois répété au XVIIIe siècle. On avait même espéré, après le grand incendie de 1772, que l'Hôtel-Dieu serait reconstruit en un autre lieu, sur un plan plus hygiénique. Il n'en fut rien. Louis XVI saisit de cette affaire l'Académie des sciences qui nomma une commission : c'est l'origine des célèbres mémoires de Tenon.

Ces mémoires nous apprennent que l'Hôtel-Dieu, sur un terrain de quatre arpents (1), renfermait 1,219 lits et 3,418 malades (2). Dans les grands lits (de 52 pouces de largeur) on mettait quatre à six malades ; dans les petits, deux. Grands et petits étaient confusément pressés sur trois ou quatre rangs dans des salles insuffisamment aérées ; l'une d'elles contenait 818 malades (3). Les affections les plus diverses s'y trouvaient confondues dans le même lit : on pouvait rencontrer, à côté d'un mort dont les domestiques n'avaient pas encore eu le temps d'enlever le corps, un moribond, un fiévreux, un blessé qu'on allait amputer. Les femmes en couches (4) et les fous se trouvaient rassemblés dans le même local que les malades.

Dans un de ses rapports à la Constituante, La Rochefoucauld-Liancourt porte la population souffrante de la France à un total de 3,248,691 personnes. Mais ce nombre, dont les éléments avaient été fournis d'une manière très diverse par les administrations départementales, était certainement bien supérieur à celui de la population qui recevait et sans doute aussi qui méritait des secours (5) ; il ne fournit pas une notion précise sur l'état réel de l'indigence.

Les plans de la Révolution. — La Révolution fut sympathique aux misérables ; elle rédigea des projets généreux pour soulager

---

carrelée, contenant quatre lits qui se touchent presque et dans chaque lit deux malades nus.

(1) Il s'agit de la partie située sur les deux rives du petit bras de la Seine où étaient les malades. Des bâtiments dispersés sur divers points de Paris étaient affectés aux services administratifs de l'Hôtel-Dieu.

(2) La moyenne des malades de l'Hôtel-Dieu était inférieure à ce nombre : elle était d'environ 2,600 malades de 1721 à 1775. Voir *Rapport fait au Conseil général des hospices de 1804 à 1814.*

(3) Tenon (p. XX) ajoute il est vrai : « On n'a point d'exemple en aucun hôpital d'une telle surcharge. » Voir aussi page 140.

(4) Les femmes en couches étaient jusqu'à quatre dans le même lit. Il en mourait 1 sur 15 2/3 d'après Tenon, 1 sur 13 d'après La Rochefoucauld-Liancourt.

(5) Il y avait des départements, comme Seine-et-Marne, qui accusaient 1 pauvre

leur infortune et elle eut l'illusion de croire que des lois avaient la puissance de supprimer la misère. Le comité pour l'extinction de la mendicité (1) proposa un premier plan à l'Assemblée constituante, et la Constitution de 1791, conformément à ses idées, consacra l'assistance publique comme un devoir de l'Etat : « Il sera créé et organisé un établissement général de secours publics pour élever les enfants abandonnés, soulager les pauvres infirmes et fournir du travail aux pauvres valides qui n'auront pas pu s'en procurer. » La promesse contenue dans le dernier membre de phrase était à la fois irréalisable et dangereuse.

La Convention alla plus loin. La déclaration des droits dans la Constitution de 1793 porte que « les secours publics sont une dette sacrée ». Les lois du 19 mars 1793, du 28 juin 1793, du 24 vendémiaire an II et du 22 floréal an II (16 mai 1794) tentèrent d'appliquer ce principe. « Plus d'aumône ! Plus d'hôpitaux ! tel est le but vers lequel la Convention doit marcher », disait Barère, rapporteur du dernier projet de loi, lequel instituait le « Livre de la Bienfaisance nationale » à côté du Grand livre de la dette publique. Tous les décadis, lecture des noms inscrits sur ce livre devait solennellement être faite dans chaque chef-lieu de district et le payement de la rente avoir lieu par semestre le jour de la fête du Malheur : 160 fr. aux cultivateurs indigents à partir de leur soixantième année, 120 fr. aux artisans après 25 ans d'exercice, 60 fr. aux mères ayant plus de trois enfants au-dessous de dix ans et aux veuves ; tous avaient droit aux soins gratuits du médecin et à une indemnité journalière en cas de maladie.

---

valide sur 4 habitants et d'autres qui n'en portaient que 1 sur 30, comme la Côte-d'Or. Le total se composait de quatre catégories :

Infirmes et vieillards	804.775
Pauvres valides	515.362
Enfants de pauvres de moins de 14 ans	1.886.035
Malades	42.519
	3.248.691

Voir, pour la critique de cette statistique : *De la bienfaisance publique*, par le baron de Gérando, t. I, p. 109.

(1) Le principal membre de ce comité, homme tout dévoué au bien, La Rochefoucauld-Liancourt, dans ses rapports, proclame, par un excès regrettable de tendresse pour les indigents, le droit à l'assistance. V. *Histoire des classes ouvrières depuis 1789*, par E. Levasseur, livre I, ch. III.

Devant cette perspective d'organisation qui rappelait celle de la République de Platon, la Convention avait cru pouvoir décréter l'aliénation des biens hospitaliers, interdire, sous peine d'amende, aux particuliers « toutes distributions de pain ou d'argent » et décider que les mendiants seraient mis en prison (1).

Le résultat fut de jeter le trouble dans les administrations hospitalières (2). La Convention, après Thermidor, et ensuite le Directoire réparèrent une partie du mal en rendant aux hospices ceux de leurs biens qui n'avaient pas été vendus, en leur attribuant certaines ressources sur les domaines nationaux et sur les contributions et en créant les bureaux de bienfaisance par la loi du 7 frimaire an v (27 novembre 1796). Chaque municipalité dut avoir au moins un bureau (3) ; Paris en eut 48, un par quartier, sous la direction d'un comité central.

La mendicité et la police sous le Consulat et l'Empire. — Le Consulat acheva de rétablir l'ordre dans l'administration (4).

En l'an x, le nombre des pauvres inscrits dans les 48 bureaux de bienfaisance de Paris (5) était de 111,626 (6), un peu inférieur probablement à celui des pauvres qu'en 1791 la commission de

---

(1) Voir *Histoire des classes ouvrières depuis* 1789, par E. Levasseur, livre I, ch. vi, Éducation et bienfaisance nationales.

(2) Cependant il ne faut pas oublier que d'utiles créations datent de cette période : la Commission municipale de bienfaisance, à Paris, fut instituée le 5 avril 1791 ; plusieurs hôpitaux furent fondés.

(3) *Histoire des classes ouvrières depuis* 1789, liv. I, ch. vii.

(4) L'administration des hôpitaux de Paris avait été donnée à l'entreprise par arrêté du Ministre de l'intérieur, du 27 février 1799. Frochot, préfet de la Seine, soumit en 1801 au premier consul un projet de reconstitution administrative qui fut adopté et complété par l'arrêté du 19 avril 1801.

Le conseil des hospices fut installé en février 1801. L'arrêté consulaire du 29 germinal an ix mit une certaine unité dans l'administration de l'Assistance, à Paris, en confiant au Conseil général des hospices la surveillance des secours à domicile et du bureau des nourrices. En 1801, un bureau central par arrondissement fut institué. Un arrêté du Ministre de l'intérieur du 24 août 1803 réunit complètement l'administration des hospices et celle des secours à domicile sous la même autorité.

(5) Les bureaux de bienfaisance possédaient dans Paris 22 maisons de bienfaisance où l'on distribuait du bouillon, du pain, des médicaments ; ils avaient ouvert des écoles de charité.

(6) 43,562 ménages comprenant 29,059 hommes, 38,880 femmes et 43,687 enfants ; dans ce nombre, 911 octogénaires, 1,881 personnes de plus de 75 ans, 354 aveugles, 4,704 femmes en couches ou nourrices. Voir le *Rapport sur les secours à domicile,* an xi, qui donne le détail par quartier des pauvres secourus.

bienfaisance avait assistés (1), et la dépense en secours s'élevait à 1,305,000 fr. (2).

En 1804, ce nombre était de 86,936 ; en 1813, de 102,806 (3). Le pain, les soupes économiques, les secours en argent (4) et l'entretien des écoles de charité (5) formaient les principaux articles de la dépense des bureaux.

Le nombre des admissions dans les hôpitaux de Paris avait été, en l'an x, de 16,017 (6).

Pendant l'Empire, l'aménagement des salles de l'Hôtel-Dieu fut remanié (7), des promenoirs furent construits. On n'admettait qu'une personne par lit, réforme qui date de la période révolutionnaire, et on ne voyait plus un mélange de malades, d'enfants, de femmes en couches et de fous.

Un rapport présenté en 1816 au Conseil général des hospices sur l'histoire des établissements hospitaliers de Paris pendant

---

(1) Au nombre de 120,000 d'après le rapport de l'an xi ; en réalité, 118,784 assistés en 1791.

(2) Parmi les dépenses figurait l'établissement de filature fondé en 1773 et installé aux Minimes, près de la place des Vosges, où travaillaient 2,000 à 2,500 femmes indigentes et l'Ecole de charité du passage Saint-Paul.

(3) En 1863, le 3ᵉ arrondissement n'en comptait que 1,485, tandis que le 8ᵉ en avait 17,241 et le 12ᵉ 17,414. Sur les 102,806, 60,173 étaient français (dont 20,863 nés dans le département de la Seine, 2,187 dans Seine-et-Oise, 2,002 dans le Puy-de-Dôme, moins de 2,000 dans les autres départements), 42,000 environ sans désignation de lieu de naissance et 400 étrangers.

(4) 6 fr. par mois aux octogénaires ; 3 fr. aux aveugles et aux vieillards de 75 ans.

(5) Les écoles de charité, qui étaient alors les seules écoles primaires publiques de Paris, relevaient des bureaux de bienfaisance et étaient souvent installées dans leurs maisons de bienfaisance. Il y en avait, en 1804, 19, et en 1813, 50, recevant environ 6,800 élèves (moitié garçons et moitié filles) et coûtant 114,000 fr. (Voir *Rapport sur les secours à domicile*, an xi.)

(6) Les hôpitaux étaient alors l'Hôtel-Dieu, la Charité, Saint-Antoine, l'hôpital Necker, l'hôpital Beaujon, l'hôpital Cochin, l'hôpital Saint-Louis, les Vénériens, la Maison de Santé, l'Enfant-Jésus (hôpital des enfants malades). Les hospices étaient Bicêtre, la Salpêtrière, Charenton, la Maison des Ménages, les Incurables de la rue de Sèvres, les Incurables de la rue Saint-Martin, la Maison de retraite de Montrouge, les Quinze-Vingts. Les asiles d'orphelins étaient les Elèves de la Patrie et les Orphelines de la rue Saint-Antoine. La Maison de la maternité comprenait la section des femmes en couches et celle des enfants trouvés.

(7) En l'an x, l'Hôtel-Dieu avait reçu 13,712 malades et il y en avait 1,628 au commencement de l'année. 2,542 sont morts dans l'année. La journée de malade revenait à 1 fr. 41. (Voir le *Rapport au Conseil général des hospices sur les hôpitaux et hospices*, par Camus, en l'an xi.) De 1804 à 1814, l'Hôtel-Dieu a reçu 102,429 malades, soit en moyenne 10,242 par an, et la mortalité moyenne a été de 1 sur 5. Le nombre des lits y était sous l'Empire de 1,262, sans compter 600 lits à la Pitié, annexe de l'Hôtel-Dieu.

cette période fait connaître que, du 1er janvier 1804 au 1er janvier 1814, en dix ans, les hôpitaux ont reçu 352,913 malades, soit en moyenne (y compris ceux qui existaient au 1er janvier 1804) 35,566 par an, dont 1 sur 7 1/2 était mort, et les hospices 59,032 personnes, soit 5,903 en moyenne par an, avec 1 décès sur 7 hospitalisés environ (1). La durée moyenne du séjour des malades dans les hôpitaux avait été de 40 jours.

Pour la France entière, on estimait, en l'an X, à 2,000 le nombre des établissements hospitaliers, et on savait que l'État leur allouait 4 millions par an (2), mais on manquait de renseignements pour en dresser une statistique générale (3). L'Empire facilita les donations, appela les sœurs de charité (4), autorisa leurs congrégations à acquérir des biens et à faire des novices.

Il proscrivit, comme l'avait fait la Révolution, la mendicité errante (5). Il multiplia les dépôts de mendicité qui avaient été presque abandonnés pendant la période révolutionnaire (6). Soixante-dix-sept furent successivement établis dans autant de départements sur le modèle de celui de Villers-Cotterets (7).

---

(1)
HÔPITAUX.

Traités	{	Existant au 1er janvier 1804...	2.749	355.662
	{	Entrés dans les 10 années...............	352.913	
Sortis	{	Guéris pendant les 10 années..	303.608	351.469
	}	Morts pendant les 10 années	47.861	
		Reste le 31 décembre 1813..........		4.193

HOSPICES.

Existant le 1er janvier 1804.....................	8.568	50.032
Entrés pendant les 10 années.....................	50.464	
Sortis définitivement par congé ou avec pension	37.182	49.759
Morts...	12.577	
Reste le 31 décembre 1813..........		9.273

(*Rapport fait au Conseil général des hospices,* en 1816, p. 305.)

(2) En l'an x. En 1806, l'empereur donna aux hôpitaux 15,600,000 fr. pour remplacer leurs biens aliénés. En 1807 (décret du 12 juillet), il donna aux bureaux de bienfaisance les biens qui, avant la Révolution, avaient appartenu à des établissements de charité.

(3) Peuchet se plaint de n'avoir pas pu, malgré ses efforts, compléter son travail sur ce point. *Stat. élémentaire de la France,* p. 260.

(4) Déc. du 18 fév. 1809.

(5) La mendicité fut punie, suivant les cas, de 3 mois à 2 ans de prison. Loi du 5 juillet 1808.

(6) Décret du 5 juillet 1808. Il paraît même qu'il y eut 91 décrets de création de dépôts de mendicité, mais qu'il n'y en eut jamais plus de 37 en activité. (Rapport de M. Lainé, au roi, le 23 nov. 1818.)

(7) Dont 65 subsistaient dans les limites de 1814.

Napoléon attachait « une grande importance et une grande idée de gloire à détruire la mendicité », et il fit une rude guerre au vagabondage (1). Une police sévère peut débarrasser les routes de la cohue des vagabonds en les enfermant; mais les dépôts de mendicité cachent aux yeux du public la plaie sans y appliquer de remède. Sous le Consulat, un rapport fait au Conseil général des hospices exprimait déjà cette opinion, qui était encore vraie sous l'Empire : « Les dépôts de mendicité sont les réceptacles de tous les vices, l'expérience n'en prouve que trop l'inutilité; les hommes déjà corrompus en sortent mille fois plus méchans encore (2). »

Les secours pendant la Restauration et le règne de Louis-Philippe et la misère dans les villes de fabrique. — La Restauration, s'inspirant du sentiment religieux, fut charitable. Moins rigide que l'Empire, elle supprima, sur la demande des Conseils généraux, la plupart des dépôts de mendicité (3); elle simplifia le système des secours à domicile et réorganisa à Paris les bureaux de bienfaisance par arrondissement; elle multiplia les quêtes, les fêtes de bienfaisance; des princesses allèrent solennellement visiter les malades (4).

Cependant le nombre des indigents secourus, variable suivant les années, diminua à Paris. Ce résultat est dû probablement à la concentration des secours à l'arrondissement, mesure qui diminuait les doubles emplois, peut-être aussi à une réelle diminution du nombre des nécessiteux. Il y a eu 86,415 personnes secourues en 1818, 66,205 en 1826 (5), 62,705 en 1829. Les dix-huit hôpitaux de Paris ont reçu, cette dernière année, 49,228 malades,

---

(1) Voir *Histoire des classes ouvrières depuis* 1789, liv. II, ch. VII, La Condition des personnes.

(2) *Rapport sur les secours à domicile,* an IX, p. 7. (Voir aussi le Rapport de M. Lainé, au roi, 25 nov. 1818).

(3) Plus tard on rétablit des dépôts de mendicité ; mais les conditions du séjour se sont améliorées. En 1889, il y en avait 46, institués par décret; 30, dont 2 seulement ont été fondés sous le premier Empire, fonctionnaient en réalité pour 51 départements ; ils renfermaient 2,365 reclus et 7,076 hospitalisés. D'après une statistique présentée au Conseil supérieur de l'Assistance publique, il y en avait 30, dont 5 n'étaient pas des établissements départementaux.

(4) Voir *Histoire des classes ouvrières en France depuis* 1789, liv. III, ch. V.

(5) Duchâtel, *De la Charité.* p. 425. La dépense de l'Assistance publique en 1826 s'est élevée à 11 millions 1/2 de francs, dont 2,976,000 pour les secours à domicile, le reste pour les hôpitaux, les hospices, le service des nourrices, etc.

avec une moyenne de 4,393 lits occupés (1), et les hospices (2) ont renfermé environ 10,000 vieillards, infirmes ou enfants (3).

Les budgets des hospices ayant plus de 100,000 fr. de revenu étaient réglés alors par le Ministre de l'intérieur ; on sait qu'ils étaient (Paris non compris) situés dans 58 villes, que le total de leurs revenus ordinaires s'élevait à 16 millions et qu'ils renfermaient environ 26,000 personnes. On ne possédait pas de renseignements statistiques sur les hôpitaux qui avaient un revenu moindre et dont le nombre était beaucoup plus considérable.

Durant la période 1814-1848 la grande industrie, naissante sous l'Empire, s'était développée. L'appât d'un salaire meilleur avait attiré dans les manufactures un grand nombre d'hommes et de femmes qui, en quittant le village natal, perdaient en quelque sorte le point d'appui de leur moralité. Ces nouveaux venus s'entassaient dans les quartiers malsains et dans les faubourgs avoisinant les fabriques. L'introduction des machines laissait sans ouvrage ceux qui continuaient à pratiquer le travail à la main ; de jeunes ouvrières se croyaient obligées de compléter le salaire insuffisant de l'atelier par les gains de la prostitution. Le mal que Villermé signalait à Reims en 1837, n'a pas entièrement disparu, malgré les progrès accomplis sur d'autres points. « A Reims, disait le préfet de la Marne en 1881, le nombre des souteneurs est considérable et leur ignoble métier est facilité par la grande quantité de jeunes filles qui travaillent dans les usines (4) ». On signalait ces maux surtout dans les villes du nord de la France et dans les régions manufacturières : en général, de cette coïncidence on croyait pouvoir induire la relation de cause à effet. Le paupérisme, avec son cortège de vices et de misères, semblait ainsi se développer dans la classe ouvrière en proportion de la prospérité industrielle pour jeter un défi au progrès (5).

Des écrivains dévoilaient cette plaie, les uns avec le calme de

---

(1) La mortalité a été de 1 sur 8 3/4. La durée moyenne des maladies a été de 32 jours.

(2) La mortalité moyenne y a été d'environ 1 sur 5.

(3) En 1826, la dépense à Paris a été d'environ 6 millions de francs pour les hôpitaux et hospices et de 1,709,000 francs pour les bureaux de bienfaisance. Les écoles de charité, qui étaient 50 en 1813, s'étaient élevées au nombre de 80 en 1826 et contenaient 12,125 élèves.

(4) Rapport de M. Roussel au Sénat en 1882, t. II, p. CL.

(5) Voir *Histoire des classes ouvrières depuis* 1789, liv. IV, chap. VII.

la science, comme Villermé (1), les autres avec passion, comme Buret (2). « Prenons garde, disait avec bon sens le baron de Gérando, on est vivement frappé des désordres et des vices qui affligent nos regards dans les temps présents. La destinée des classes ouvrières est devenue l'objet d'une attention sérieuse et investigatrice. L'objet, sans être changé, grossit aux yeux quand il est plus rapproché (3). »

L'économie politique enseignait que les secours distribués « au hasard et sans connaissance suffisante » (4), encouragent la mendicité et étendent la plaie du paupérisme ; ses publicistes citaient l'exemple de l'Angleterre qui, après avoir longtemps souffert de l'abus, venait en 1834 de réformer sa loi sur les pauvres (5). L'Administration s'inspira de cette doctrine ; elle supprima la plus grande partie des tours dans les hospices d'enfants trouvés (6) ; elle se montra plus réservée dans l'octroi des secours à domicile ; elle resta charitable en évitant d'ériger l'assistance en droit et sans s'imaginer que la Société inclinât vers sa ruine parce que les manufactures augmentaient en nombre, ou parce que des secours publics soulageaient des misères. « Amis de l'humanité ! disait encore le baron de Gérando, rassurez-vous. La Société humaine ne marche pas vers cet abîme de maux dont on l'a un instant menacée (7). »

---

(1) *Tableau de l'état physique et moral des ouvriers*, par Villermé, 2 vol., 1840.

(2) *La misère des classes laborieuses en France et en Angleterre*, par E. Buret, 2 vol., 1840. M. de Villeneuve de Bargemont, qui avait administré comme préfet plusieurs départements, appartient à cette catégorie d'écrivains. Dans son *Économie politique chrétienne* (t. II, p. 15), il calcule, non sans beaucoup d'exagération, qu'il y a en moyenne en France 1 indigent sur 21 habitants et 1 mendiant sur 166 et que dans les départements manufacturiers et riches du Nord, dans le Rhône et les Bouches-du-Rhône, départements qui ont le même caractère, et dans le Finistère, il se rencontre 1 indigent sur 15 habitants. Voir aussi sur cette question *Des classes dangereuses de la population dans les grandes villes et des moyens de les rendre meilleures*, par Fregier, chef de bureau à la préfecture de police, 2 vol., 1840.

(3) Voir *Histoire des classes ouvrières en France*, liv. IV, ch. VII.

(4) *De la bienfaisance publique*, par le baron de Gérando, t. I, p. 441. « Si l'excès des libéralités fait surgir de faux indigents, il fait aussi germer une indigence réelle ; il propage celle qui existe ; il fait de l'état de l'indigent une situation digne d'envie ; ceux que la misère menace, n'y voyant plus un danger, ne cherchent plus à s'en défendre. » T. I, p. 144.

(5) Voir, entre autres ouvrages, celui de M. Duchâtel, *De la charité dans ses rapports avec l'état moral et le bien-être des classes inférieures*, qui date de 1829.

(6) Voir livre II, ch. IX. Celui de Paris a été fermé en 1861.

(7) *De la bienf. publique*, t. I, p. 460.

T. III.

Il s'était produit toutefois une forme nouvelle de l'indigence, plus aigüe peut-être, plus concentrée assurément, qu'on désignait sous le nom de paupérisme, et les institutions propres à la soulager n'étaient pas encore fondées.

Des rapports, l'un de M. de Gasparin étant ministre (1), les autres du baron de Watteville (2), font connaître, au commencement et à la fin du règne de Louis-Philippe, la situation de l'assistance publique.

En 1833, 1,329 hôpitaux ou hospices, jouissant d'un revenu de 51 millions, ont reçu 425,049 personnes ; en 1847, 1,270 en ont reçu 575,223 (3).

En 1833, les 6,275 bureaux de bienfaisance qui existaient alors ont dépensé 10,315,000 fr. pour secourir 695,932 indigents ; en 1847, 9,336 bureaux ont assisté 1,329,659 personnes avec une dépense de 16,866,000 francs.

A Paris (4), en 1835, le nombre des personnes reçues dans les hôpitaux s'est élevé à 70,452, et celui des personnes secourues par les bureaux de bienfaisance à 62,539 (5), soit 1 sur 12 habitants. En 1847, ces nombres s'élevaient à 88,080 et à 73,901 (6).

On peut dresser une statistique de l'assistance publique ; l'administration l'a fait à diverses époques. On n'en possède pas les éléments pour la charité privée qui, plus variée dans ses moyens, ne dépensait peut-être pas moins que l'assistance publique : telle était l'opinion du moins de M. de Girardin et si, en 1844, le budget de la première atteignait 100 millions (7), les deux réunis pouvaient former un total d'environ 200 millions.

---

(1) *Rapport au roi sur les hôpitaux, les hospices et les services de bienfaisance*, 1837. Les documents se rapportent à l'année 1833.

(2) *Statistique des établissements de bienfaisance. Rapport à M. le Ministre de l'Intérieur sur les hôpitaux et les hospices*, 1851.

(3) A savoir 486,083 malades, 77,053 hospitalisés dans les hospices et 12,087 aliénés admis dans les hospices. L'année 1847 ayant été une année de disette, le nombre a été plus fort que les années précédentes. Il n'avait été que de 559,000 en 1845.

(4) A Lyon, à la même époque, M. de Gérando estimait à 2,300 le nombre des lits d'hôpital et à 10,000 ou à 11,000 le nombre des indigents secourus à domicile, soit 1 par 16 habitants.

(5) En 1832, année de choléra, ces nombres s'étaient élevés à 68,986 et à 72,632.

(6) Pour l'histoire de l'assistance en France jusqu'au règne de Louis-Philippe, consulter : *De la Bienfaisance publique*, par le baron de Gérando, 5 vol., 1840, *Du problème de la misère*, par Moreau Christophe, 3 vol.

(7) 89,879 pour le département de la Seine. Voir *Rapport à S. E. le Ministre de*

Depuis la Révolution de 1848. — Le préambule de la Constitution de 1848 porte : « La République doit assurer l'existence des citoyens nécessiteux, soit en leur procurant du travail dans les limites de ses ressources, soit en donnant, à défaut de la famille, des secours à ceux qui sont hors d'état de travailler. » L'article 13 déclare, en termes plus atténués (1), que « la Société fournit l'assistance aux enfants abandonnés, aux infirmes et aux vieillards sans ressources et que leurs familles ne peuvent soutenir ». La République de 1848 érigeait, comme les Assemblées de la Révolution, l'assistance en devoir pour l'Etat et en droit pour l'indigent.

Les mesures administratives répondirent très imparfaitement à ce programme. La loi du 10 janvier 1849 donna une forte organisation à Paris en instituant la Direction de l'assistance publique qui, depuis ce temps, administre les hospices et hôpitaux, les bureaux de bienfaisance et en général tous les services de la bienfaisance publique dans le département de la Seine. Celle du 7 août 1851 régla le service des hôpitaux et hospices. La République créa la Caisse nationale de retraites pour la vieillesse (2), fit une loi sur les sociétés de secours mutuels (3), une autre sur les logements insalubres (4) et discuta divers projets qui n'aboutirent pas.

Le second Empire se garda de l'obligation (5). « Nul n'a droit à l'assistance ; l'assistance est un devoir pour la société », répétaient en 1869, dans un rapport au ministre, les inspecteurs généraux des établissements de bienfaisance (6).

Cependant l'assistance publique était devenue l'objet d'une

---

l'intérieur sur les bureaux de bienfaisance et sur la situation du paupérisme en France, par le baron de Watteville, 1854.

(1) M. de Watteville, pour l'année 1844, donnait 119 millions 1/2, dont 53 pour les hôpitaux et hospices, 13 1/2 pour les bureaux de bienfaisance. Il est vrai qu'il comprenait dans ce total 42 millions de prêts faits par les monts-de-piété, quoiqu'ils ne représentassent pas une dépense de bienfaisance équivalente.

(2) Loi du 18 juin 1850. Voir *Hist. des classes ouvrières depuis* 1789, liv. V, ch. IX.

(3) Loi du 15 juillet 1850.

(4) Loi du 13 avril 1850.

(5) L'obligation n'existe aujourd'hui que pour les communes dont le contingent dans la dépense des enfants assistés et des aliénés est obligatoire en vertu de la loi du 5 avril 1884, à condition toutefois qu'il y ait dans le département un crédit voté pour cet objet par le Conseil général du département.

(6) Rapport au Ministre de l'intérieur, 15 mai 1869.

sollicitude plus démonstrative (1) sous le régime du suffrage universel. Un grand nombre d'hôpitaux furent fondés pendant la période impériale ; les secours à domicile furent développés (2) ; des maisons ouvrières furent construites dont certains types, il est vrai, n'ont que très imparfaitement atteint le but visé ; trois asiles furent ouverts aux convalescents sortis des hôpitaux, deux pour Paris, un pour Lyon ; deux hospices furent installés sur le bord de la mer et dans la campagne pour les enfants assistés ; l'institution des prêts d'honneur fut tentée.

Au 1er janvier 1869, il y avait en France 1,557 hôpitaux ou hospices (3) (y compris les hôpitaux militaires) contenant 141,576

---

(1) Et plus effective avec le progrès de la richesse. Les dons et legs de bienfaisance qui avaient été de 35 millions de francs sous la Restauration, de 47 sous le règne de Louis-Philippe, s'élevèrent à 81 durant la période 1852-1868. Il existait (d'après l'enquête des inspecteurs généraux des établissements de bienfaisance, faite de 1866 à 1869) :

    1,224 hôpitaux antérieurs à 1790.
      10 fondés sous la première République.
      16   Id.   le premier Empire.
      53   Id.   la Restauration.
      71   Id.   le règne de Louis-Philippe.
      11   Id.   la seconde République.
    172   Id.   le second Empire.

Les hôpitaux et hospices ne sont qu'une des formes de l'assistance et il ne faut pas prendre ces nombres comme la mesure de la bienfaisance à chaque période. Ainsi, le rapport de M. Roussel au Sénat en 1882 (T. II, p. xxvi) nous apprend que, sur 623 orphelinats dont l'enquête a pu constater la date de la fondation, 525 appartenaient au xixe siècle, 13 au premier Empire, 41 à la Restauration, 133 au règne de Louis-Philippe, 273 à la seconde République et au second Empire, 94 à la période 1871-1881.

(2) Les secours à domicile, recommandés sous le règne de Louis-Philippe par des philanthropes éclairés et particulièrement par une circulaire de M. de Rémusat, ministre de l'intérieur (1840), ont pris depuis ce temps un notable développement (circulaires du ministre de l'intérieur du 15 août 1854 et du 22 août 1855). La loi du 21 mai 1873 (art. 7) a autorisé les commissions administratives des hôpitaux et hospices à se concerter avec les bureaux de bienfaisance pour assister à domicile les malades indigents et à disposer pour cela d'une partie de leur revenu. Le traitement à domicile a préservé beaucoup de malades de la contagion d'hôpital. L'assistance publique a calculé que la mortalité des malades à domicile a été de 8,7 p. 100 et celle des malades des hôpitaux de 11,8.

(3) A savoir :

    Hôpitaux... 415
    Hospices.. 290
    Hospices-hôpitaux 851

Tous les chefs-lieux de département et les chefs-lieux d'arrondissement en possédaient ; il y en avait, en outre, dans 755 chefs-lieux de canton et dans 281 communes

lits. Ces hôpitaux avaient traité ou entretenu, en l'an 1864, 553,000 malades ou pensionnaires (avec une moyenne de 1 décès sur 12 personnes). Leur revenu avait été de 62 millions de francs (1) et leur dépense de 58 (2).

En 1864, 13,298 bureaux de bienfaisance avaient une recette ordinaire de 19 millions.

Pour Paris, en 1864, indépendamment des 98,824 malades traités dans les hôpitaux et des 19,029 pensionnaires reçus dans les hospices, l'Assistance publique avait traité à domicile 55,581 malades, donné 287,330 consultations (3) et faisait remarquer que les décès étaient moins nombreux à domicile qu'à l'hôpital.

Au commencement de la troisième République, une enquête sur les bureaux de bienfaisance constata que leur nombre en 1871 (année mal choisie pour mesurer l'état normal) était de 13,367, que leurs ressources s'étaient élevées à près de 32 millions et qu'ils avaient assisté 1,608,129 personnes (4).

La *Statistique annuelle de la France* fait connaître que, la même année, le nombre des hôpitaux et hospices était de 1,460, celui des lits de 161,370, celui des malades traités de 584,000 (5), celui des pensionnaires reçus dans les hospices de 71,000 et que les dépenses totales de l'année s'élevaient à 85 millions de francs.

Sous la troisième République, presque toutes les questions d'assistance ont été soulevées par la presse et ont été maintes fois discutées devant les Chambres et par des conseils municipaux, principalement par celui de Paris ; cette préoccupation est légitime sous un gouvernement démocratique (6). Au nombre des mesures les plus importantes qui ont été proposées sur cette

---

rurales. Sur ce total, Paris en possédait 32 avec 18,785 lits ; Lyon 7 avec 4,176 lits ; Lille, Bordeaux, Valenciennes, chacun 5.

Le nombre des lits, de 1847 à 1869, avait augmenté de 15,434 ; nous ne possédons pas la statistique du nombre des malades en 1869.

(1) L'Assistance publique du département de la Seine figurait dans ce total pour 20 millions. En 1804, les revenus n'étaient que de 8 millions,

(2) La dépense réellement affectée aux services hospitaliers a été de 43 millions.

(3) Ces mêmes nombres n'étaient que de 29,661 et 102,472 en 1854. L'agrandissement de Paris en 1860 avait augmenté la clientèle.

(4) Nombre considérable à cause des calamités de l'année 1871.

(5) Dont 418,000 hommes, 126,000 femmes et 40,000 enfants ; l'excédent des hommes marque l'influence de la guerre.

(6) Toutes les questions d'assistance publique ont été traitées tout d'abord en 1872 par une commission parlementaire qui a procédé à une grande enquête et rédigé un

matière, il convient de placer celle qui, après huit années d'une laborieuse préparation, est devenue la loi du 24 juillet 1889 qui enlève aux parents indignes l'éducation des enfants maltraités ou moralement abandonnés (1).

Le budget des recettes de la bienfaisance publique s'est élevé de 117 millions en 1871 à 156 millions en 1887 et à 159 en 1889 (2).

La statistique de 1887 et celle de 1889 (3) donnent, sur l'état actuel de l'assistance publique, les renseignements suivants :

	En 1887.	En 1889.	
1º Nombre d'établissements hospitaliers...........	1.664 fr.	1.639 fr.	(4)
Nombre de lits dans ces établissements.........	174 705	180.473	(5)
Budget des recettes de l'année........	118.402.610	119.733 368	(6)
Budget des dépenses de l'année...........	111.739.562	114.718 221	(7)
Nombre de malades admis durant l'année dans les hôpitaux....................................	421.497	492.707	(8)
Nombre de malades dans les hôpitaux le 31 décembre............................	50.686	54.419	(9)
Nombre de malades traités à domicile, environ.	320.000	»	

projet de loi. D'autres projets ont été présentés aux Chambres en 1876, 1877, 1886, etc. De 1878 à 1888, il a été créé 99 hospices ou hôpitaux, et de notables améliorations ont été introduites dans la construction et l'aménagement de ces établissements.

(1) La loi du 23 décembre 1874, relative à la protection des enfants du premier âge et en particulier des nourrissons, dite loi Roussel, doit être citée parmi les lois d'assistance, quoiqu'elle n'ait pas pour objet de soulager l'indigence. Quoiqu'en 1888, 80 départements aient voté 1,627,817 fr. pour l'application de cette loi, elle n'est encore sérieusement appliquée que dans un très petit nombre : elle pourrait préserver de la mort un nombre notable d'enfants.

(2) Dans les 156 et les 159 millions, les reliquats des années précédentes ne sont pas comptés. D'ailleurs, toutes les dépenses que font l'État, les départements et les communes pour l'assistance n'y sont pas comprises. Voir la note plus loin, p. 137.

(3) *Statistique annuelle de la France.* Treizième année 1890 et tome XIX.

(4) Dont 449 hôpitaux, 882 hôpitaux-hospices et 308 hospices.

(5) Dont 78,497 (13,253 lits militaires, 65,244 lits non militaires), pour les malades, 61,801 pour les infirmes, vieillards et incurables, 14,521 pour les enfants assistés, le reste pour le personnel. En 1887, 40 p. 100 des lits d'hôpital et 10 p. 100 des lits d'hospice ont été inoccupés en France.

(6) Sans compter 20 millions 1/2, reliquat des années précédentes. Les principales recettes consistaient dans le revenu propre, immeubles, rentes, etc., des établissements (46 millions), dans les subventions (26 millions), le remboursement des malades ou infirmes payants, etc. (22 millions), le droit des pauvres, les dons et legs. Sur les 119 millions, Paris figure pour 46.

(7) Sur le total des dépenses, 5 p. 100 sont affectés à l'administration, 60 1/2 aux services hospitaliers, 10 aux secours à domicile, le reste aux enfants assistés et aux dépenses diverses.

(8) La durée moyenne du séjour à l'hôpital a été de 36 jours. Parmi ceux qui sont sortis (440,288) durant l'année, 387,946, soit environ 87 p. 100, ont été portés comme guéris ; les autres, soit 43,211, sont morts ; 9,131 sont sortis pour des causes diverses.

(9) Ce nombre se compose des 88,881 malades traités à domicile par l'assistance

	En 1887.	En 1889.	
Nombre d'infirmes, de vieillards et d'incurables admis dans les hospices durant l'année.......	15.556	18.728	(1)
Nombre d'infirmes, de vieillards et d'incurables présents dans les hospices le 31 décembre...	50.953	56.395	(2)
Nombre d'enfants assistés admis durant l'année	12.777	13.762	(3)
Nombre d'enfants assistés élèves { à l'hospice...	1.730	2.233	(4)
de l'hospice au 1er janvier 1879 } à la campagne	54.609	64.680	(4)
Nombre d'enfants assistés secourus à domicile..	49.997 (5)	»	
Nombre d'asiles d'aliénés ou de quartiers d'aliénés	75	74	(5)
Nombre d'aliénés admis dans l'année..........	15.308	16.247	
Nombre d'aliénés dans les asiles le 31 décembre	54.381	57.418	(6)
2° Nombre de bureaux ou de commissions de bienfaisance durant l'année.....................	14.948	15.308	(7)

---

publique du département de la Seine et de 233,102 malades indigents secourus en 1887, d'après le *Rapport au Conseil supérieur de l'assistance publique sur la médecine gratuite.*

(1) Ce nombre est approximatif. Le département de la Seine a eu, en 1887, 83,681 malades soignés à domicile, et, d'autre part, un rapport de novembre 1888, fait au Conseil supérieur de l'assistance publique sur la médecine gratuite, constate que ce service, recommandé aux Conseils généraux par des circulaires ministérielles de 1852 et de 1854, a procuré en 1887, dans les départements autres que celui de la Seine, des secours médicaux à 233,102 indigents, sur un total de 623,479 indigents inscrits sur les listes de la gratuité et a coûté, en frais de médecins et de médicaments, 1,441,932 fr. (dont 865,840 fr., provenant des subventions des bureaux de bienfaisance, 751,815 fr. payés par les communes, 365,594 fr. par les départements, etc.)

(2) Sur les 76,615 personnes existant au 1er janvier dans les hospices ou entrées dans l'année, il y a eu 18 décès par 100 hommes ou femmes et 3 par 100 enfants.

(3) Parmi les 77,835 enfants des hospices, il y avait environ 62,953 enfants abandonnés, 12,907 orphelins et 1,975 enfants trouvés.

Le nombre des enfants trouvés qui était de 42,194 en 1861, a considérablement diminué ; celui des enfants abandonnés et des orphelins a augmenté, mais dans une moindre proportion. D'après une statistique présentée au Conseil supérieur de l'assistance publique, le nombre des enfants assistés à la fin de l'année 1887 était de :

Enfants de moins de 12 ans........................	50.028
Assistés de 12 à 21 ans...........................	33.995
Secourus temporairement.........	41.839
Total........................	125.862

(4) Le nombre des enfants secourus à domicile a plus que doublé depuis 1861 ; l'augmentation a eu lieu dans les départements plus qu'à Paris.

(5) Sur ce total, il y avait 1 asile national à Charenton, 48 asiles départementaux, 17 asiles privés faisant fonction d'asiles publics, 25 asiles privés.

(6) Le nombre des aliénés indigents varie beaucoup suivant les asiles. A Charenton on n'en compte que 13 p. 100 qui ne soient pas entretenus par leur famille ; dans les asiles privés on en compte 94 p. 100.

(7) Ce chiffre est celui des bureaux ayant fonctionné dans l'année. Un rapport au Conseil supérieur de l'assistance publique donne un nombre différent pour l'année 1887 : 15,250 bureaux de bienfaisance et, en outre, 1760 commissions de charité dans des communes n'ayant pas de bureau.

	En 1887.	En 1889.
Recette des bureaux de bienfaisance........ ..	37.843.331 fr.	39.734.575 fr. (1)
Dépense id....................	34.639.380 fr.	36.321.865 fr. (2)
Nombre de personnes secourues durant l'année par les bureaux de bienfaisance...	1.440.666	1.672.352

A ces totaux Paris a contribué, en 1887, pour les quantités suivantes :

Dépenses de l'Assistance publique....................	52.658.000 fr. (3).
1° Hôpitaux, hospices et maison de santé..........................	38 (4)
Nombre de malades traités dans les établissements................	124.181
Nombre de malades dans les hôpitaux le 31 décembre..............	10.529

Toutes les villes de plus de 20,000 habitants avaient un bureau de bienfaisance. 70 p. 100 des communes de plus de 1,000 habitants en avaient un. Le tiers seulement (33 p. 100) des communes de moins de 500 habitants avaient un bureau ou une commission de charité.

(1) Aux recettes de l'année s'ajoutent dans le compte général les fonds libres reportés de l'exercice précédent : 13,275,172 fr. ; dans les recettes de l'année, les revenus propres aux bureaux figuraient à raison de 41 p. 100 ; les subventions communales, à raison de 32 ; la charité privée (quêtes, etc.), de 7 ; les dons et legs, de 5 1/2 ; le droit des pauvres, de 3 1/3, etc.

(2) Voici, pour 1887, la comparaison pour le département de la Seine et pour les autres départements de la quotité des sommes dépensées pour secours :

	SEINE.	AUTRES DÉPARTEMENTS.
Aliments................................	16.5	55.5
Vêtements............................	2.7	3.2
Chauffage............................	1.5	8.0
Médicaments (médecin, pharmacien, sage-femmes, garde-malades, bandages, envoi aux eaux, secours aux convalescents, etc.)	14.2	9.8
Autres secours en nature..........	2.4	8.5
Secours en argent....................	62.7	15.0
TOTAL....................	100	100

Par personne secourue, la moyenne du secours a été de 32 fr. par an dans le département de la Seine et de 11 fr. 50 dans les autres départements.

(3) Ce compte n'est qu'approximatif ; il comprend 39,3 millions pour les dépenses des établissements hospitaliers de Paris, 5,5 pour les enfants assistés du département de la Seine et 7,8 pour les bureaux de bienfaisance.

(4) 14 hôpitaux généraux (Hôtel-Dieu, Pitié, Charité, Saint-Antoine, Necker, Cochin, Beaujon, Lariboisière, Tenon, Laennec, Bichat, Audral, Broussais, hôpital temporaire) ; 6 hôpitaux spéciaux pour adultes (Saint-Louis, Midi, Lourcine, Accouchement, cliniques, Aubervilliers) ; 5 hôpitaux d'enfants (Enfants malades, Berk-sur-Mer, Forges, la Roche-Guyon) ; 1 maison de santé ; 13 hospices (Bicêtre et Salpêtrière pour aliénés, pour vieillards et infirmes, pour service temporaire des malades ; Incurables et Brevannes pour vieillards et infirmes ; les Ménages, La Rochefoucauld et Pérné pour vieillards et infirmes retraités ; Boulard, Brezin, Devillas, Chardon-Lagache, Lenoir-Jousseraud, Rebouté-Vitalis, pour enfants et vieillards).

Malades traités à domicile.................................... 88.881 (1)
Nombre de personnes admises dans les hospices durant l'année...... 3.003 (2)
Nombre de pensionnaires des hospices le 31 décembre............. 10.975 (3)
2° Bureaux de bienfaisance...................................... 20
Nombre de personnes secourues durant l'année.................. 94.248 (4)

La proportion des indigents à la population et les ressources de l'assistance publique. — L'histoire de l'assistance publique, dont nous venons de présenter un résumé succinct, indique la mesure des ressources appliquées aux secours, et elle montre le mode d'application et l'esprit qui a inspiré le législateur et l'administration. Mais la statistique en est trop imparfaite pour mesurer l'intensité du paupérisme par le rapport du nombre des personnes secourues au total de la population.

Nous venons de voir en effet que ce nombre dépend moins du besoin de ceux qui reçoivent que de la libéralité de ceux qui donnent. Les demandes de secours excèdent d'ordinaire les secours distribués (5) et l'augmentation de ces derniers a naturellement pour conséquence l'augmentation des premières.

Ces réserves faites, voici le rapport entre le nombre des indigents inscrits et celui des habitants de Paris depuis la Révolution :

---

(1) Sur ces malades, il y en a eu 93,146 dans le service de médecine (64,030 dans les hôpitaux généraux, 18,821 dans les hôpitaux spéciaux, 9,041 dans les hôpitaux d'enfants, 1,254 dans la Maison municipale de santé) et 31,035 dans le service de chirurgie. Plus des 9/10 étaient domiciliés à Paris ; les autres l'étaient dans le département de la Seine. La durée de séjour a été en moyenne de moins de 32 jours. La mortalité moyenne, de 7,5 p. 100 dans le service de médecine et de 17,6 dans le service de chirurgie.

(2) Sur ce nombre, il y avait 21,6 indigents et 78,4 p. 100 nécessiteux, 56 adultes et 44 enfants. La durée moyenne des maladies a été de 10 jours. 4,849 sont morts ; 3,689 ont été envoyés à l'hôpital, 32,338 ont été guéris, les autres étaient encore en traitement le 31 décembre.

Outre le traitement à domicile, il y a eu dans les hôpitaux, hospices, bureaux de bienfaisance et à l'Académie de médecine 37,302 vaccinations et 39,167 revaccinations.

(3) Il y a eu dans les hospices 1,796 décès en 1887.

(4) Dont 51,227 indigents et 43,021 nécessiteux.

(5) A cette assertion on peut objecter qu'en province une grande partie des lits d'hôpital reste vide : la proportion en effet était de 40 p. 100 en 1887. Mais beaucoup de paysans, qui accepteraient avec empressement un secours à domicile, répugnent à l'idée d'aller à l'hôpital ; d'ailleurs cet hôpital est trop loin du village et les administrations hospitalières cherchent souvent plutôt à l'en dégoûter qu'à l'y attirer. Il y a des hôpitaux à moitié vides, pendant que d'autres (dans les grandes villes surtout) sont toujours pleins.

1791...............	— 1 indigent sur	5.1	habitants, soit	19.6	p. 100
An X.............	— 1	id.	4.9	id.	20.3 p. 100
1804.............	— 1	id.	6.2	id.	15.8 p. 100
1813.............	— 1	id.	6	id.	16.5 p. 100
1818.............	— 1	id.	8.3	id.	12.1 p. 100
1829.............	— 1	id.	12.5	id.	7.9 p. 100
1835.............	— 1	id.	14.3	id.	6.9 p. 100
1847.............	— 1	id.	13.8	id.	7.9 p. 100
1850.............	— 1	id.	16.4	id.	6.1 p. 100
1861.............	— 1	id.	18.8	id.	5.3 p. 100
1869.............	— 1	id.	16.4	id.	6.1 p. 100
1872.............	— 1	id.	18.3	id.	5.4 p. 100
1880.............	— 1	id.	18	id.	5.5 p. 100
1886.............	— 1	id.	16.9	id.	5.9 p. 100 (1)
1887.............	— 1	id.	24	id.	4.1 p. 100 (2)

De ces rapports, médiocrement concordant d'ailleurs, on ne saurait conclure que l'indigence ait augmenté à Paris : au contraire (3). Cette conclusion est celle qui intéresse principalement la présente étude : le progrès de la population, l'affluence des émigrants de la campagne, l'attraction que la grande ville exerce sur les misérables n'a pas, comme l'avaient supposé certains publicistes, eu pour conséquence l'aggravation du paupérisme.

Le service des hôpitaux s'est largement développé ; le 31 décembre 1804, il y avait dans ceux de Paris 4,193 malades ; il y en avait 10,529 le 31 décembre 1887. Dans le même temps la population a quadruplé; le rapport a, par conséquent, diminué (4).

La différence est plus marquée encore pour les hospices de

---

(1) La différence entre ces deux nombres provient de la manière de compter.

(2) L'*Annuaire statistique* donne pour 1886 le nombre des indigents dans la population de Paris et pour 1887 le nombre des indigents secourus par les bureaux de bienfaisance.

(3) Le Mont-de-Piété de Paris peut servir d'indice. De 1860 à 1889 le nombre annuel des engagements a varié entre 1,236,006 (en 1871) et 1,789,590 (en 1877) sans progression réelle ; il était de 1,558,188 en 1860 et de 1,471,556 en 1889. Toutefois la valeur des objets engagés a augmenté : 28 millions 1/2 en 1860 et 35,3 en 1889 (40 1/2 en 1882, année de crise) et le nombre des renouvellements a doublé (397,371 en 1860 et 798,933 en 1889). Pour la France entière il y a eu, en 1889, 3,185,422 engagements pour la somme de 59,883,588 fr. et 1,388,887 renouvellements ; Paris figure à peu près pour la moitié dans ces totaux. Les mois de terme (janvier, avril, juillet et octobre) sont ceux où il y a le plus d'engagements.

(4) Si les hôpitaux des départements, principalement ceux des campagnes, ont des lits vides (40 p. 100 en 1878 et en 1886 ; 26 à 30 p. 100 seulement dans la saison d'hiver en 1890) d'après la statistique présentée au Conseil supérieur de l'assistance publique, il n'en est pas de même dans les grandes villes et surtout à Paris, où le Bureau central a, faute de place, ajourné en 1887, 18,402 personnes qui demandaient à être admises.

Paris qui avaient 9,273 pensionnaires à la première date et 10,975 à la seconde.

Ce qui a surtout augmenté, c'est le budget. En 1804, les revenus afférents aux hôpitaux, hospices, secours à domicile et enfants trouvés, étaient de 8,465,000 fr. à Paris ; en 1887, la direction de l'Assistance publique dépensait 52,658,000 francs. Plus de richesse a permis à la capitale de donner des secours plus efficaces, de les étendre à domicile en cas de maladie, de créer des asiles de nuit (1), de procurer plus de bien-être dans les hôpitaux, d'imposer des mesures d'hygiène qui ont diminué la mortalité, de veiller avec plus de sollicitude à l'éducation des enfants assistés, d'adoucir le régime des hospices pour faire une existence plus douce à ses vieillards et à ses infirmes. Sans entrer dans des détails d'administration, nous pouvons dire qu'elle a eu raison de concentrer son assistance plutôt que de la diluer.

En 1804, comme sous l'ancien régime, les écoles primaires publiques étaient à Paris des écoles de charité placées sous l'administration du Conseil général des hospices. L'instruction est aujourd'hui un des grands services publics auquel la ville de Paris consacre plus de 20 millions (2).

On peut appliquer la même conclusion à la France entière (3) : le progrès de la richesse n'y a pas aggravé le paupérisme (4).

---

(1) Il y a à Paris des asiles de nuit fondés par la charité privée et depuis deux ans des asiles de nuit municipaux. Ces asiles rendent incontestablement service à la population indigente ; mais ils peuvent être accusés d'entretenir l'indigence. « Vous alimentez le vagabondage, disait un conseiller municipal (M. Després, séance du conseil municipal du 8 nov. 1887), à l'occasion d'un projet de ce genre, et vous attirez à Paris tous les vagabonds de France et de l'étranger. »

(2) Non seulement toutes les écoles primaires publiques de Paris sont gratuites, mais presque toutes les écoles primaires congréganistes le sont aussi. En outre, la ville de Paris a établi aussi dans les écoles d'enseignement primaire supérieur (excepté au Collège Chaptal et à l'internat de l'Ecole J.-B. Say) la gratuité absolue pour tous les élèves (ce qui nous paraît un excès de libéralité au point de vue financier et un inconvénient au point de vue pédagogique) et elle entretient des pupilles qui ont occasionné, en 1887, une dépense de 452,000 fr.; les mairies ont institué des caisses des écoles qui fournissent aux enfants des aliments par la cantine des écoles, des vêtements, etc.

(3) Quelques villes comme Lyon, Rouen, Le Havre, Bordeaux, Montpellier, Lille, etc., possèdent des établissements hospitaliers qui peuvent servir de modèles.

(4) S'il est très difficile de calculer pour Paris le rapport du nombre des indigents au total de la population, il est impossible de présenter pour la France entière des nombres comparables. Le baron de Gérando (1820) donnait 20 p. 100 dans les villes

La bienfaisance publique y disposait de 61 millions de francs (51 pour les établissements hospitaliers, 10 pour les bureaux de bienfaisance) en 1833 et de 170 (118 1/2 pour les établissements hospitaliers et 51 1/2 pour les bureaux de bienfaisance) en 1887 (1) : accroissement de 278 p. 100. La population française a augmenté dans le même temps de 15,5 p. 100.

---

et 2 p. 100 dans les campagnes ; le baron de Watteville (1844), 3 p. 100 ; M. Bucquet (enquête de 1871), 7,7 ; M. Talon (1874), 4 p. 100, surtout pour les campagnes ; M. Monod (1885), 6,4.

(1) Cette somme même ne comprend pas toutes les dépenses faites par l'Etat, les départements ou les communes ou données par les particuliers aux administrations publiques pour l'Assistance. En 1885, M Monod, directeur de l'Assistance publique, a fait dresser une statistique détaillée des dépenses de cette administration d'après les comptes de 1885. Elle comprend les dépenses faites directement par les services de l'Assistance publique, les subventions aux œuvres pies et les opérations des établissements publics de bienfaisance. Le total était de 184 millions, à savoir :

Etat	7.5
Départements	29.9
Communes (Paris non compris)	28.3
Etablissements publics (non compris l'Assistance publique de Paris)	75.4
Fondations	0.4
Paris	42.5

Sur ce total, les contribuables ont fourni 89,2 (dont 31,7 pour Paris) ; le reste provient du revenu des établissements et du concours des particuliers.

Dans les dépenses de l'Etat figurent 2 millions et demi distribués par le Ministre de l'agriculture à la suite de sinistres.

La dépense totale était de 13 fr. 54 par habitant pour Paris, où les dépenses hospitalières constituent 45 p. 100 du budget, et de 1 fr. 60 pour le reste de la France. En Angleterre, elle était de 13 fr. 60 pour Londres et de 6 fr. 77 pour le reste du pays.

Les principales dépenses de l'Etat, des départements et des communes se répartissaient ainsi (Paris non compris) :

	Etat.	Départements.	Communes.
Enfants assistés	1	11.8	1.9
Aliénés	»	12.2	3.6
Etablissements nationaux (hospices et hôpitaux) (Subventions, frais de séjour, etc.)	1.1	1.0	12.7
Dépôts de mendicité	»	1.0	»
Subventions aux bureaux de bienfaisance	»	»	4 0
Enfants du premier âge	0.7	0.6	»
Sourds-muets et aveugles	»	0.9	»
Subventions à des œuvres de bienfaisance	»	1.2	»

Plusieurs ministères disposent, en outre, de fonds de secours : celui de l'instruction publique, par exemple, pour les gens de lettres. Une partie des bureaux de tabacs qui sont donnés annuellement peut être considérée comme une forme de l'Assistance ; d'autres places ou fonctions peuvent être considérées aussi comme telles. En outre, en cas de calamité publique, inondation, hiver très rigoureux, etc , la Chambre vote des secours extraordinaires.

La bienfaisance privée. — La charité privée a une part peut-être aussi importante que l'Assistance publique dans le soulagement de la misère. Elles se complètent l'une par l'autre et elles atteindraient plus sûrement le but si elles concertaient toujours leurs efforts ; il est regrettable qu'elles soient parfois suspectes l'une à l'autre.

La charité privée, qui a tout au moins sur l'autre l'avantage de ne devoir ses revenus qu'à la bonne volonté de ses bienfaiteurs, et qui, par suite, ne risque jamais de devenir la spoliation d'une classe de personnes au profit d'une autre classe, se présente sous des aspects très divers.

Les prêtres la pratiquent au profit de leurs paroissiens pauvres ; des congrégations religieuses, surtout de femmes, s'y vouent entièrement, soignent les malades ou visitent les pauvres et leur distribuent les aumônes ; des associations pieuses, comme celle de Saint-Vincent-de-Paul, fondent et entretiennent des œuvres : c'est la charité inspirée par la foi catholique. Les protestants et les israélites ont, de leur côté, des œuvres et des sociétés confessionnelles qui exercent une action d'autant plus efficace sur leurs coreligionnaires, qu'étant moins nombreux, ils peuvent mieux connaître leurs souffrances.

Les associations laïques, qui ont d'ordinaire moins de facilités pour se procurer des ressources, exercent néanmoins aussi une action considérable. Il suffit de citer la Société philanthropique, la plus ancienne de France. Les particuliers, de leur côté, accomplissent un nombre infini d'actes de charité en plaçant leurs secours en nature ou en argent dans leur voisinage ou dans le cercle de leurs connaissances.

A combien monte le budget de la charité privée ? On l'ignore. Nous ne serions pas étonné qu'il dépassât aujourd'hui celui de la charité publique (1). Si l'on admettait — par hypothèse — un

---

(1) En 1885, année qui correspond à peu près à la moyenne des quinze dernières années, les dons et legs régulièrement enregistrés se sont élevés à 26 millions (dont 14 faits à des établissements hospitaliers, 6,8 à des communes ou à des départements, 3,9 à des établissements religieux, etc.); presque tous ont pour objet l'assistance. Or, d'une part, beaucoup de dons échappent à l'enregistrement et, d'autre part, l'ensemble des dons ne constitue que la moindre dépense de la charité privée. En 1889, les dons et legs représentaient une somme totale de près de 54 millions, dont 46,1 faits à des établissements publics et 7,8 à des établissements reconnus d'utilité publique ; mais le rapport de ces deux sommes n'est pas celui de l'Assistance publique et de l'assistance privée.

total de 400 millions, on pourrait dire que la population française consacre à la bienfaisance environ 2 p. 100 de son revenu : cette proportion n'est pas excessive.

M. d'Haussonville et M. Maxime du Camp ont décrit plusieurs des nombreuses œuvres de la charité parisienne et montré combien, à côté de misères horribles, il y avait de dévouements employés à les soulager (1). La liste de ces œuvres, laïques ou religieuses, n'a jamais été établie exactement. Dans le livre des adresses de Paris, nous avons compté 169 sociétés ou établissements philanthropiques de toute espèce ayant leur siège dans la capitale et, dans le nombre, beaucoup ayant une importance considérable, comme les Petites-Sœurs des pauvres et la Société philanthropique.

Le directeur de l'Assistance publique, en réponse au questionnaire de l'enquête de 1882 sur les orphelinats et autres établissements de charité consacrés à l'enfance, a déclaré que le nombre des établissements de cette seule catégorie s'élevait probablement à 184 pour le département de la Seine, quoiqu'il n'eût obtenu de renseignements que pour 163 (2). Cette enquête qui ne portait que sur la garde et l'éducation de l'enfance, a relevé dans la France entière l'existence de 1,110 associations, œuvres ou établissements de charité consacrés à ce seul objet; sur 923 pour lesquels la distinction a pu être établie, 210 étaient des établissements publics et 713 des établissements privés (3). La plupart étaient situés dans la région des grandes villes et des manufactures, Seine, Seine-et-Oise, Bouches-du-Rhône, Nord, Gironde, Gard, Seine-Inférieure, Rhône (4).

---

(1) Voir les articles de M. le comte Oth. d'Haussonville et de M. Max. du Camp dans la *Revue des Deux-Mondes*; voir aussi les ouvrages publiés par M. Max. du Camp : *La Charité privée à Paris*, 1885 ; *Paris bienfaisant*, 1888, et le quatrième volume de *Paris, ses organes, ses fonctions et sa vie*.

(2) Dont 116 congréganistes et 47 laïques. Ils contenaient 12,740 mineurs. Le rapport au Sénat fait remarquer que la note fournie par la direction de l'Assistance publique n'est pas complète.

(3) Dont 613 congréganistes et 100 laïques ; 583 étaient des établissements de filles et 130 des établissements de garçons.

Sur 914 établissements dont la situation légale était connue, 103 étaient reconnus d'utilité publique, 292 étaient autorisés, 519 n'avaient pas de situation légale et étaient simplement tolérés par l'autorité publique.

(4) Ces 8 départements possédaient 233 établissements et ces établissements renfermaient en général plus d'enfants que ceux des départements agricoles. Relativement à leur population, les départements où il y avait dans les orphelinats, refuges,

M. Monod, directeur de l'Assistance et de l'hygiène publiques au ministère de l'intérieur, a fait dresser en 1886 la liste des établissements libres qui sont reconnus d'utilité publique. Le nombre s'élevait à 299, dont 162 établissements institués en faveur de l'enfance, 62 en faveur des indigents valides, 43 en faveur des vieillards ou des incurables et 32 œuvres diverses.

A l'Exposition universelle de 1889, le groupe d'économie sociale avait reçu d'importantes notices sur les institutions de bienfaisance publique et privée. Celle du département du Rhône, qui est d'un grand intérêt, comprend une liste des établissements et institutions de tout genre, consacrés à la bienfaisancepublique ou privée ; leur nombre dépasse 200. « La bienfaisance à Lyon, disait le rapporteur, est avant tout l'œuvre de l'initiative privée, procédant en majeure partie du sentiment religieux et de l'esprit libéral. Si l'on dégage des budgets de la ville et du département les crédits devant assurer l'assistance obligatoire des aliénés et des enfants, on verra — et il faut s'en féliciter — combien la libéralité des citoyens a pu réduire la part de la commune dans la bienfaisance, et combien est faible la contribution apportée par les deniers publics pour le soulagement de ceux qui souffrent, en regard des sommes considérables qui sont volontairement fournies. Et nous ne pouvons parler que de ce qui est apparent, la charité personnelle ne pouvant être calculée (1). »

Quelle que soit la somme dont l'assistance privée dispose, elle a une souplesse, une ingéniosité, une force de pénétration dans les mystères de l'indigence que ne sauraient avoir les bureaux

---

asiles, etc., le plus d'enfants, étaient Seine-et-Oise (1 sur 194), Seine (1 sur 215), Bouches-du-Rhône, Alpes-Maritimes, Gard, Eure, Hérault, Marne (1 sur 392) ; ceux qui en avaient le moins étaient : Creuse (1 sur 3,351), Corse, Indre, Deux-Sèvres, Vendée (1 sur 7,520). Voir les annexes au rapport de M. Th. Roussel au Sénat, en 1882, tome II. — Il n'entre pas dans notre plan d'examiner l'organisation de ces établissements et la nature des services qu'ils rendent. Beaucoup sont des ouvroirs qui subsistent en grande partie par le produit du travail de leurs pensionnaires : ce qui est légitime et n'empêche pas qu'un service soit rendu aux enfants indigents ainsi recueillis. Sorties de ces orphelinats, beaucoup de jeunes filles tournent mal : ce qui indique qu'il y a des réformes à introduire dans cette organisation. Mais les jeunes filles auraient-elles mieux tourné si elles étaient restées dans le milieu d'où l'orphelinat les a tirées ?

(1) Rapport de M. Aynard, p. 307, *Exposition Universelle de* 1889. *Comité départemental du Rhône. Rapports, notes et documents de la section d'économie sociale et d'assistance.*

d'une administration publique. Sous ce rapport elle a une supériorité, et elle a aussi, quand elle est bien dirigée, le précieux
avantage de donner sa personne en même temps que son argent,
ses conseils et ses consolations avec ses secours et de pouvoir les
donner d'une main plus délicate. Son défaut est de se laisser
trop souvent tromper, soit par de vrais pauvres qui vivent d'aumônes en quémandant à plusieurs portes, soit par des chevaliers
d'industrie qui exploitent à domicile la charité sous les prétextes
et les déguisements les plus divers et qui tirent de la crédule
bonté de leurs dupes un revenu parfois plus élevé que ne serait
un salaire honnêtement gagné. C'est par dizaines de mille qu'on
compte les parasites de cette espèce à Paris. A ces mendiants de
profession un philanthrope éclairé a tenté d'offrir du travail ; il
n'y en a pas un 1 sur 40 qui l'ait accepté ou du moins qui y ait
persévéré plus d'une semaine (1).

S'il est désirable de voir augmenter pour certaines œuvres le
budget de la charité, il est plus nécessaire d'apprendre aux
Français à faire un usage vraiment charitable du budget existant.

Le patronage et la mutualité. — Si l'on connaissait le total
des sommes dépensées par l'assistance publique et privée, on
n'aurait encore qu'une idée imparfaite de l'amélioration que la
partie de la classe ouvrière exposée à des crises accidentelles de
misère doit aux progrès de la richesse et de l'organisation sociale.

Sous la Restauration et jusque pendant le règne de Louis-
Philippe, la manufacture avait encouru le reproche de développer
les germes du paupérisme.

Dans la seconde moitié du siècle, l'esprit de mutualité s'est
propagé parmi les ouvriers et le sentiment des devoirs des patrons
parmi les chefs de la grande industrie. Les sociétés de secours
mutuels ont enrôlé plus de 800,000 adhérents (2) ; des sociétés
coopératives de consommation ont été fondées, avec de moindres
succès, il est vrai, que dans d'autres pays ; beaucoup d'usines et

---

(1) En huit mois, il offrit du travail (à 4 fr. par jour) à 727 mendiants de Paris.
415 ne revinrent même pas prendre la lettre d'introduction pour l'atelier. 138 prirent
la lettre et ne se présentèrent pas à l'atelier. Les autres, ayant reçu le prix de la
première journée ou de la demi-journée, ne reparurent pas et, au bout de la troisième
journée, il n'en restait que 18 au travail.

(2) En 1852, on connaissait 2,138 sociétés et 270,000 membres ; en 1889, 8,427 sociétés et 1,105,000 membres.

de grandes fabriques ont, à l'exemple de Mulhouse, institué des caisses de secours, favorisé la création d'institutions de prévoyance et d'assistance, construit des logements sains pour leurs ouvriers et leur ont même facilité les moyens de devenir propriétaires de leur maison (1). La mutualité et le patronage, quoique insuffisamment développés encore, ont déjà contribué à préserver de la misère, dans certains cas déterminés, une partie de la classe ouvrière ; l'augmentation des salaires, dont nous avons parlé dans le chapitre précédent, a fait plus encore.

L'assistance dans les campagnes. — La richesse est en général moindre dans les campagnes que dans les villes ; mais, par compensation, la misère y est moins poignante et le paupérisme proprement dit s'y rencontre rarement.

Les secours aussi y sont beaucoup moins abondants (2). Il n'y a en France que le tiers des communes au-dessous de 500 habitants qui possèdent un bureau de bienfaisance, tandis qu'il y en a dans plus des deux tiers des communes de 1,000 habitants et au-dessus (3). C'est ainsi, par exemple, que, pour 100 communes, on comptait, en 1882, 95 bureaux dans le département manufacturier du Nord, et 13 seulement dans le département agricole de l'Allier. Pour en créer, les ressources et l'esprit d'organisation manquent dans la plupart des villages (4).

On a demandé un bureau par commune. Un aussi grand nombre n'est pas désirable (5) ; mais il serait désirable qu'il se formât, conformément à la loi de 1880, des syndicats de com-

---

(1) Voir les *Rapports du groupe d'économie sociale* à l'Exposition universelle de 1889. Voir aussi plusieurs notices particulières rédigées pour l'exposition du groupe d'économie sociale, notamment les *Institutions ouvrières et sociales du département du Nord,* les *Rapports, notes et documents de la section d'économie sociale et d'assistance du Comité départemental du Rhône.*

(2) Voir *De l'assistance dans les campagnes,* par E. Chevallier, 1889, et *De l'assistance des classes rurales au* xixe *siècle,* par L. Lallemand, 1889.

(3) Sur 100 communes, nombre de communes ayant eu un bureau de bienfaisance :

Communes de moins de 500 habitants............... 32.6
— de 501 à 1,000 habitants................. 54.5
— de plus de 1,000 habitants................. 70.4

(4) Dans un certain nombre de communes n'ayant pas de bureau de bienfaisance, les municipalités ont institué des Commissions charitables ; il y en avait 1,760 en 1887.

(5) Il y a d'ailleurs des conseils municipaux qui accordent, dans certaines circonstances, des secours sans que la commune possède un bureau de bienfaisance.

munes en vue de la distribution de secours à domicile ou de fondation d'hôpitaux.

Dans la plupart des villages, les malades indigents n'ont pas d'autre assistance que celle que leur prêtent des voisins charitables ; elle n'est pas la moins recommandable, mais elle est souvent insuffisante. En général, le paysan n'aime pas l'hôpital et l'hôpital est trop loin de lui. Il faut ajouter que, malgré la loi du 7 août 1851 autorisant les Conseils généraux à désigner un hôpital où les malades des communes rurales pourront être reçus, les maires consentent très rarement à subvenir aux frais des soins et de leur entretien.

La médecine gratuite pour les indigents, qui est offerte aujourd'hui à presque toute la population des villes de plus de 5,000 habitants, n'est encore organisée que pour le tiers à peu près de la population des bourgs et des campagnes (2) ; un projet de loi, qui fait revivre une disposition de la loi du 24 vendémiaire an II, la rend obligatoire pour toutes les communes ou syndicats de communes (3).

---

(1) Voir l'article de M. Crisenoy dans la *Revue générale d'administration*, de septembre à octobre 1886. Voir aussi le ch. xviii *De l'Assistance dans les Campagnes*, par E. Chevallier. M. Chevallier a cité à ce propos un passage du rapport de M. Baudrillart, à l'Académie des Sciences morales et politiques, sur la situation de la classe agricole dans l'Artois, que nous reproduisons : « On nous assure que l'assistance est beaucoup mieux organisée dans l'Artois qu'autrefois, quoique dans une proportion moindre, et nous le croyons sans peine. Mais cela suffit il ? Le Pas-de-Calais compte plus de 747,000 habitants ; il y a 6 arrondissements, 43 cantons, et on y trouve 903 communes ; combien pense-t-on qu'il y ait de ces communes qui aient des hospices ? Six, et ce sont des villes! Ces hospices reçoivent les gens de la campagne à condition que la commune rurale paiera les journées. Une partie trop faible des pauvres travailleurs agricoles en profite. Telle est la distribution de ces établissements : 191,000 habitants les ont à leur portée, le reste en est privé, et cependant ces hospices sont richement dotés ! Ils avaient ensemble, il y a une dizaine d'années, un revenu de 949,929 francs ; mais les administrations hospitalières mettent leur gloire, on le sait, à faire des économies. Ces économies, récemment, montaient annuellement à une somme de 113,300 francs, tandis que la partie malheureuse des campagnes ne peut se procurer les secours nécessaires ».

(2) D'une statistique de la médecine gratuite dressée en 1888 par le Conseil supérieur de l'assistance publique, il résulte que les villes de plus de 10,000 habitants et celles de 5,000 à 10,000 habitants ayant un caractère urbain ou industriel, qui renferment 10 millions d'habitants, fournissent presque toutes aux malades indigents des soins gratuits, soit par l'hôpital, soit par le traitement à domicile, tandis que sur les 28 millions de français des petites villes et des campagnes, il n'y en a que 10 millions environ, habitant 12,701 communes et répartis entre 44 départements, qui possèdent un service médical à domicile.

(3) Le premier article du projet est ainsi conçu : « Art. 1er. — Tout Français ma-

Il y aurait de notables améliorations à introduire dans le service de l'assistance rurale ou urbaine (1) ; nous sortirions des limites de notre sujet en les examinant. Nous nous bornons à deux remarques : en premier lieu, l'insuffisance signalée n'est pas plus notable aujourd'hui qu'il y a cent ans ; au contraire, les salaires ayant augmenté à la campagne comme à la ville, l'indigence ne saurait y occuper plus de place et, dans l'une comme dans l'autre, on ne saurait prétendre que l'extension du paupérisme ait été la conséquence des changements survenus depuis un siècle dans le total de la population française ; en second lieu, des améliorations apportées à l'assistance rurale dans la mesure des ressources budgétaires et de l'état social pourraient contribuer à retenir les paysans à la campagne où les conditions démographiques sont plus favorables à l'accroissement général de la population.

---

lade, privé de ressources, reçoit gratuitement, de la commune ou du département où il a son domicile de secours, l'assistance médicale à domicile, où s'il ne peut être utilement soigné à domicile, dans un établissement hospitalier… » L'avantage qu'il y aurait à procurer à tous les véritables indigents le secours médical n'est pas douteux ; le devoir d'assistance étant limité par les ressources, la question est de savoir si les revenus communaux seraient suffisants. En Angleterre, les unions de paroisses autorisées par la loi de 1834 ont eu un bon effet sur l'administration des secours aux pauvres.

(1) Les améliorations faites ou désirées sont exposées sous une forme humoristique dans une brochure de M. H. Napias, intitulée : *L'assistance publique dans le département de Sambre-et-Loire.*

CHAPITRE V.

LA FÉCONDITÉ DE LA POPULATION FRANÇAISE COMPARÉE A CELLE DES AUTRES POPULATIONS.

Sommaire. — L'importance du nombre — L'accroissement de la population française au xixe siècle — Le nombre d'enfants vivants par famille en 1886 — La fécondité par département — Les causes de la fécondité — La fécondité légitime et illégitime — L'âge des parents — Le célibat — La religion — Le code civil — La richesse et les budgets — Les mœurs — La comparaison de la fécondité de la France avec celle des pays étrangers — La période de doublement — Les lois anciennes sur la fécondité — Les plaintes contre l'infécondité et les encouragements de la loi dans le présent — Le bien et le mal — L'inefficacité des remèdes.

L'importance du nombre. — « La puissance d'un État se mesure au nombre de ses habitants, » disait-on au xvie siècle (1). Des écrivains et des hommes politiques l'ont répété maintes fois depuis Bodin et Henri IV. On tient encore aujourd'hui, et non sans raison, le même langage.

Le nombre n'est pas tout assurément. La qualité importe davantage à beaucoup d'égards. Sous le rapport moral, cette qualité se mesure à l'intelligence naturelle de la population, à son degré d'instruction, à son énergie, à son application au travail, à sa moralité en général. Sous le rapport économique, elle se mesure, en outre, à la fertilité du territoire que cette population habite, à la quantité de richesses immobilières et mobilières qu'elle possède, à la puissance de ses instruments de

---

(1) Déjà dans les Remontrances adressées à Louis XI par le Parlement de Paris au sujet de la Pragmatique sanction, on lit (art. 62) : « In multitudine populi dignitas regis est et in paucitate plebis ignominia principis. » — « La gloire du Roi est en la multitude du peuple. » Budé, *De l'institution du prince* (1548), p. 19. Frédéric-le-Grand, plus tard, répéta la même pensée dans ses œuvres (t. VII, p. 82, édit. de Berlin) : « Cet axiome est certain que le nombre des peuples fait la richesse de l'État. »

production ; sous le rapport politique, à son organisation sociale qui facilite ou gêne l'essor des forces individuelles, à son gouvernement qui administre les affaires publiques au dedans et qui représente la nation au dehors ; sous le rapport démographique, enfin, à la vigueur physique et à la composition par âge de la population. L'âge a une importance qu'on ne saurait méconnaître, car une nation qui a relativement peu d'enfants et beaucoup d'adultes se trouve dans une situation présentement plus avantageuse qu'une nation ayant beaucoup d'enfants et peu d'adultes ; mais, d'autre part, cette dernière a des chances de s'élever, plus tard, à une situation supérieure lorsque ses enfants seront devenus des hommes.

Si l'on suppose la qualité égale de part et d'autre, le nombre devient incontestablement une mesure qui détermine à peu près la force relative des nations. C'est lui qui permet de lever de grandes armées ; or, dans l'état actuel de l'Europe, les armées sont une condition de puissance et même de sécurité. C'est lui qui fournit, grâce au travail et à l'épargne de chacun, les éléments des gros capitaux nécessaires pour l'exécution de grandes œuvres d'utilité publique. C'est lui qui, en groupant beaucoup de travailleurs sur un territoire, favorise la division du travail, stimule l'esprit d'invention et excite à tirer du sol plus de richesse.

Nous avons déjà signalé (1) le rapport qui, à considérer l'ensemble des choses, existe entre la densité de la population et l'intensité de la production, et nous avons fait connaître (2) les lois d'accroissement de la population : il suffit de le rappeler ici.

L'accroissement de la population française au XIXe siècle.
— Nous savons qu'une population augmente par deux causes : l'excédent des naissances sur les décès et l'excédent de l'immigration sur l'émigration. La première est pour ainsi dire interne ; la seconde externe. Même avec un excédent de naissances une population diminue si, comme l'Irlande à certaines époques, elle a une émigration supérieure à cet excédent. Dans le présent chapitre nous ne nous occuperons que de la première cause.

Nous savons aussi qu'en France les naissances sont moins

---

(1) Voir livre II, ch. vi.
(2) Voir livre IV, ch. i.

nombreuses que dans les autres États européens et que la natalité y a sensiblement diminué dans le cours du XIXᵉ siècle (1).

Vers la fin de l'ancien régime, le nombre des naissances par mariage était de 4,2 ; l'excédent des naissances sur les décès, de 6 par 1,000 habitants environ (2).

Au commencement du XIXᵉ siècle, les relevés de l'état civil accusent encore 4,2 naissances légitimes pour 1 mariage. Depuis 1830, ce rapport a toujours été inférieur à 3,5 et il a peu varié ; il n'est guère aujourd'hui (moyenne de 1881 à 1886) que de 3 (ou 2,9). Résultat qui ne doit pas surprendre, puisque nous avons constaté qu'un des deux termes, la nuptialité (3), avait peu varié (quoiqu'elle ait une tendance à diminuer depuis une dizaine d'années) et que la natalité, qui est l'autre terme, avait décru (4).

Les naissances illégitimes figurant pour moins de 8 p. 100 dans le total des naissances (5) et le mariage étant de beaucoup la source principale du recrutement de la population, la fécondité légitime, c'est-à-dire le nombre annuel des enfants légitimes rapproché de celui des mariages, fournit sur la matière une notion qui, sans être tout à fait suffisante, est instructive. Le tableau suivant fait connaître cette fécondité par période quinquennale :

NOMBRE DE NAISSANCES LÉGITIMES PAR MARIAGE.

1800-1805	4.24		1846-1850	3.23
1806-1810	3.84		1851-1855	3.11
1811-1815	3.49		1856-1860	3.04
1816-1820	4.08		1861-1865	3.07
1821-1825	3.84		1866-1870	3.15
1826-1830	3.58		1871-1875	2.80
1831-1835	3.48		1876-1880	3.09
1836-1840	3.26		1881-1885	3.03
1841-1845	3.24		1886-1889	2.96

Comme la natalité, la fécondité a été en décroissance rapide

---

(1) Voir liv. II, ch. x.

(2) D'après un calcul de M. Legoyt, le nombre des naissances (naissances légitimes et illégitimes, qu'on ne distinguait pas à cette époque) par mariage, aurait été de 4,79 de 1770 à 1774, de 4,25 de 1775 à 1779, de 4,17 de 1780 à 1784. Mais les documents, ainsi que nous l'avons montré (liv. I, ch. xII), n'autorisent pas une telle précision.

(3) Liv. II, ch. vII.

(4) Liv. II, ch. vIII.

(5) Ce rapport ne peut pas être suspecté d'exagération dans la première moitié du

de 1800, ou plus exactement de 1820, à 1840 (1) ; contrairement à une opinion très répandue, la décroissance a été plus lente depuis 1840 (2). Les guerres du premier Empire et celle de 1870-1871 lui ont été particulièrement défavorables. (Voir fig. n° 160).

La mortalité a diminué aussi (3). L'excédent de celle-ci sur la natalité est-il devenu plus considérable ? Depuis 1801, la mort

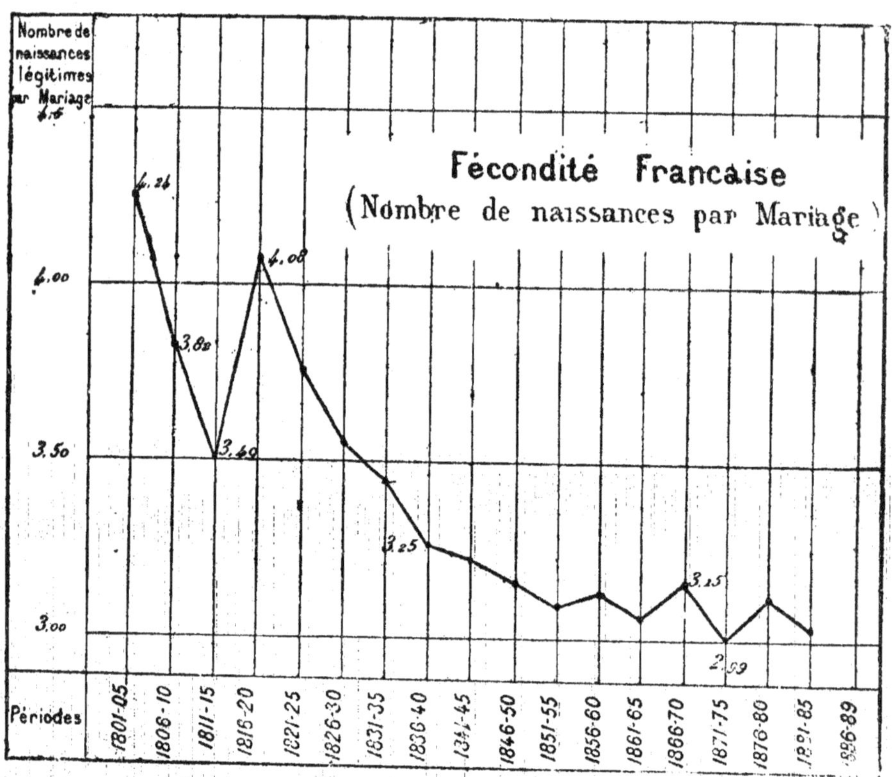

Fig. 160. — Fécondité française par période (1801-1889).

ne l'a emporté que quatre fois : en 1854 et 1855, années où la guerre, la disette et le choléra ont conspiré contre la population française ; en 1870 et 1871, « années terribles. » L'excédent des décès sur les naissances a été de 105,000 dans la première de

siècle, comme celui de la natalité, parce que les deux termes à l'aide desquels il es calculé sont précis, tandis que le nombre des habitants donné par les recensements peut avoir été inférieur à la réalité.

(1) Voir livre II, ch. VII.
(2) Nous l'avons déjà fait remarquer à propos de la natalité. — Voir livre II, ch. V
(3) Liv. II, ch. VIII.

ces deux périodes et de 548,000 dans la seconde (1). Toutes les autres années présentent un excédent des naissances, qui a varié de 245,000 en 1816, après le rétablissement de la paix européenne, à 3,654 en 1832, première apparition du choléra. L'excédent moyen annuel a été par période décennale :

PÉRIODES.	Excédent moyen annuel du total des naissances sur le total des décès.	Accroissement du nombre annuel de la population résultant de cet excédent par 1,000 habitants.
1801-1810	121.800	4.2 (2)
1811 1820	169.300	5.7
1821-1830	183.300	5.8
1831-1840	138.700	4.2
1841-1850	145.000	4.1
1851-1860	86.800	2.4
1861-1870	101.700	2 7
1871-1880	63.500	1.7
1881-1885	93.000	2.4
1886-1889	59.700	1.7

Accroissement faible dans la première moitié du siècle ; très faible dans la seconde et décroissant, surtout depuis 1871. En 1888, en pleine paix, l'excédent des naissances sur les décès n'a été que de 44,772, soit 1,2 pour 1,000 habitants ; le moindre accident épidémique le tournerait en déficit.

De 1831 à 1886 d'après les recensements (2), la population

---

(1)

ANNÉES.	Excédent des décès sur les naissances.	Perte par 1,000 hab. de la France.
1854	69.318	1.9
1855	35.606	0.9
1870	103.394	2.8
1871	444.889	12.2

(2) L'accroissement calculé sur les recensements est supérieur à cause de l'immigration qui fournit en France un apport notable. Ainsi, l'accroissement aurait été par 1,000 habitants :

PÉRIODES.	D'après l'excédent des naissances.	D'après les recensements (environ).
1821-1830	5.8	6.7
1831-1840	4.2	5.6
1841-1850	4.1	4.5
1851-1860	2.4	2.6
1861-1870	2.7	?
1871-1880	1.7	4.2
1881-1889	2.0	3.3

française a augmenté de 5,650,000 âmes (1), accroissement dans lequel figure l'immigration (2). Si la natalité était restée constamment au taux où elle se trouvait en 1831, cet accroissement (sans compter l'immigration), aurait dépassé le chiffre de 8 millions (3).

Le nombre d'enfants vivants par famille en 1886. — Nous avons constaté (4) que sur 10,425,321 familles en 1886, 2,073,206, soit 20 p. 100, n'avaient pas d'enfants légitimes vivants.

Mais il ne faut pas perdre de vue qu'il y a aujourd'hui par an environ 280,000 mariages et qu'il est, par conséquent, assez naturel qu'un demi-million à peu près de ménages n'aient pas encore de postérité ; ce serait une erreur de les classer parmi les mariages stériles. On se tromperait aussi si l'on considérait comme volontairement et définitivement monopares des ménages qui, après quatre ou cinq ans d'union, n'ont encore qu'un enfant vivant : peut-être en ont-ils perdu ; peut-être la femme a-t-elle fait des fausses couches ; peut-être a-t-elle allaité longtemps son premier né.

En effet, si toutes les familles françaises étaient condamnées à ne posséder réellement que 2 enfants (2,07) vivants à un moment donné, la population diminuerait infailliblement ; car, tous les français ne se mariant pas, si chaque ménage ne rendait strictement en moyenne que 2 personnes à la société, c'est-à-dire leur propre équivalent, le niveau s'abaisserait nécessairement. Elles ne rendraient même pas cet équivalent, puisque les enfants vivants à l'époque d'un dénombrement ne parviennent pas tous à l'âge du mariage.

On se fait une idée plus voisine de la réalité en divisant le total des enfants recensés par le nombre des familles qui avaient alors des enfants (8,352,116 familles) l'on trouve ainsi 2,6 environ par famille (5). Ce dernier résultat correspond à peu près au

---

(1) Voir *la Population française*, t. I, p. 312.

(2) L'excédent des naissances annuelles sur les décès de 1831 (inclusivement) à 1886 (exclusivement) a cependant fourni 5,947,000, nombre plus fort, quoique l'immigration n'y soit pas comprise , différence qui témoigne de l'imperfection des documents.

(3) De 1831 à 1886, il y aurait eu 54,461,000 naissances au lieu de 52,744,000, différence : 1,687,000. La majeure partie de ces naissances aurait fourni des adultes dont beaucoup auraient eu des enfants.

(4) *La Population française*, liv. II, ch. IV.

(5) C'est le rapport que nous avons donné dans le ch. IV du livre II. Ce calcul

nombre des naissances par ménage, déduction faite de la mortalité enfantine.

La fécondité par département. — Une carte de la fécondité par département ressemble beaucoup à une carte de la natalité.

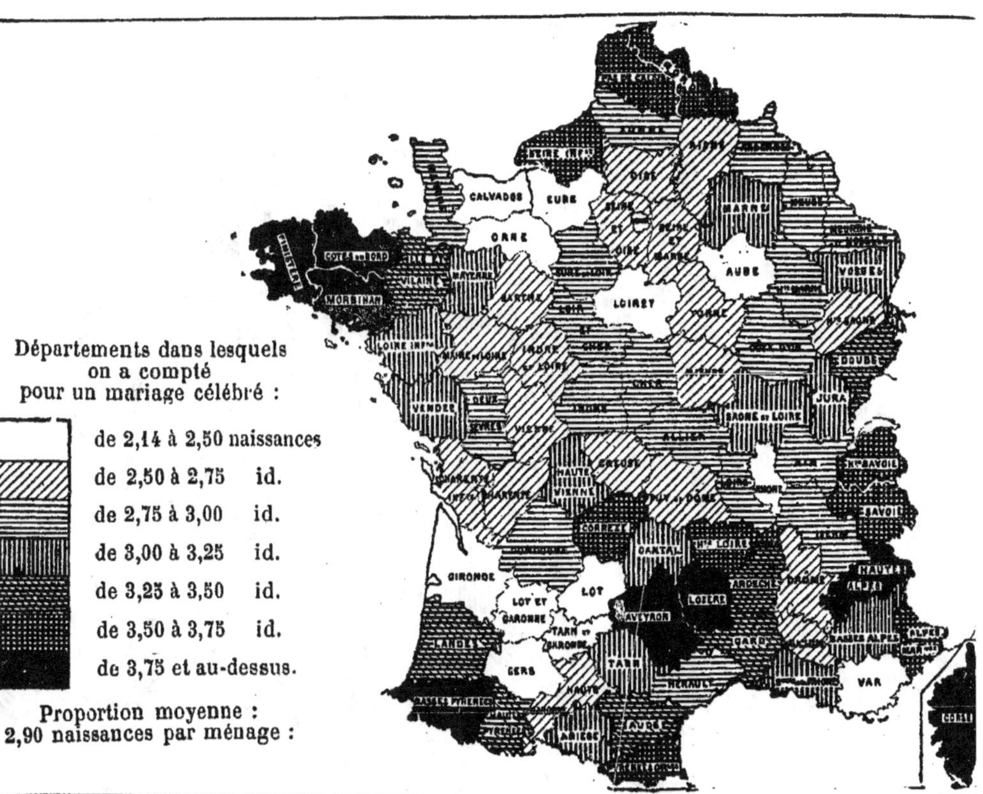

Fig. 161. — Carte du nombre de naissances pour un mariage en 1887 (dressée par M. Turquan).

d'ailleurs n'est qu'approximatif, M. Turquan a déjà fait remarquer que le nombre de 21,610,000 enfants est un minimum, puisque les familles qui ont plus de 7 enfants ne comptent qu'à raison de 7. En additionnant les enfants (21,610,000) et les parents (17,897,534 parents, dont plus de 10 millions de chefs de famille, et de 7 millions de conjoints), on trouve un total de plus de 39 millions, supérieur à celui de la population française, d'après le recensement de 1886, quoique ce total ne comprenne pas les célibataires orphelins qui n'ont été comptés ni comme chefs de famille, ni comme enfants d'une famille. Néanmoins ce résultat n'est pas absurde parce qu'il y a eu probablement des doubles emplois, la même personne ayant pu être déclarée, d'une part, comme enfant par ses parents et, d'autre part, comme mariée dans son ménage, mais il indique qu'il faut user avec circonspection de ce document,

M. Turquan a calculé d'une part, pour l'année 1887, le nombre de naissances par mariage, et, d'autre part, le nombre des femmes mariées de 15 à 50 ans correspondant à une naissance. C'est dans la Bretagne, la Lozère, l'Aveyron que le premier rapport est le plus fort ; c'est dans la Bretagne et la Lozère que le second est le plus faible ; l'un et l'autre signifient que ces

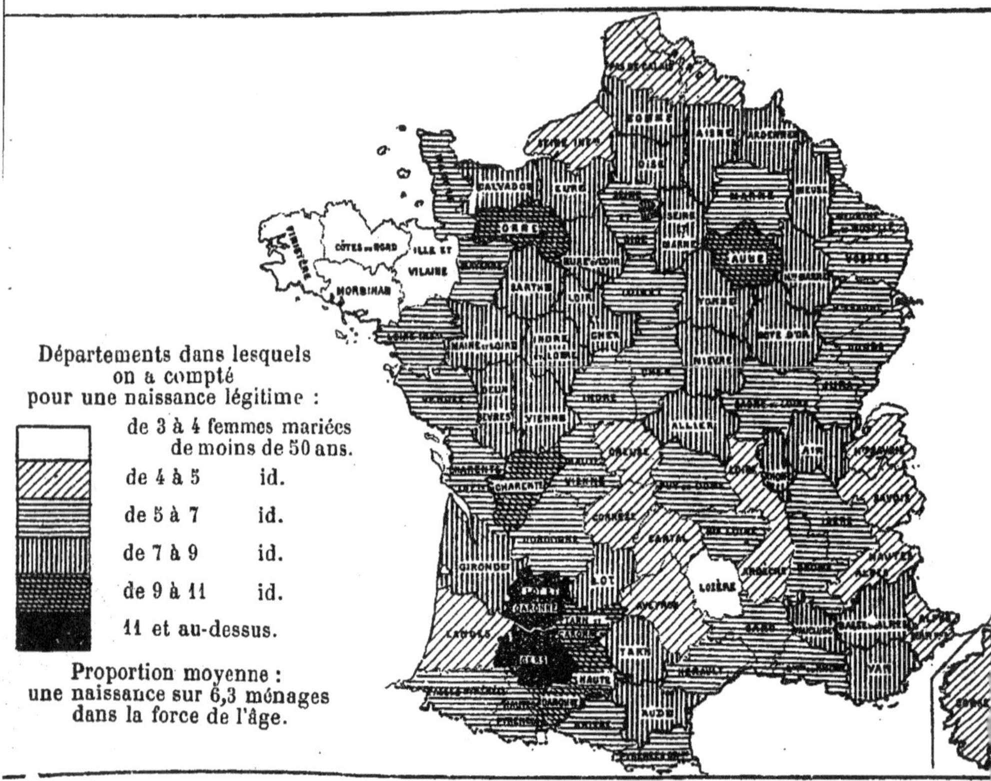

Fig. 162. — Carte du nombre des femmes mariées de moins de 50 ans pour une naissance (dressée par M. Turquan).

contrées ont plus d'enfants par ménage que les autres. Presque tout le Massif central, les Alpes, les Landes, la Corse et quelques départements manufacturiers du Nord (Seine-Inférieure, Pas-de-Calais et Nord), se rapprochent de la Bretagne et comptent au moins 1 naissance annuelle par 5 mariages. A l'autre extrémité se placent l'Orne, l'Aube et surtout la vallée de la Garonne où 9 ménages fournissent à peine une naissance annuelle. (Voir fig. nᵒˢ 161 et 162).

Le dénombrement de 1886 publié par le ministère du commerce, de l'industrie et des colonies contient trois cartes qui représentent le nombre moyen d'enfants par famille ayant des enfants, et la proportion sur 100 familles du nombre de celles qui n'ont pas d'enfants et du nombre de celles qui ont 7 enfants et plus.

La Bretagne, la Corse, une grande partie de la région alpestre et une partie du Massif central, le Nord et le Pas-de-Calais, les

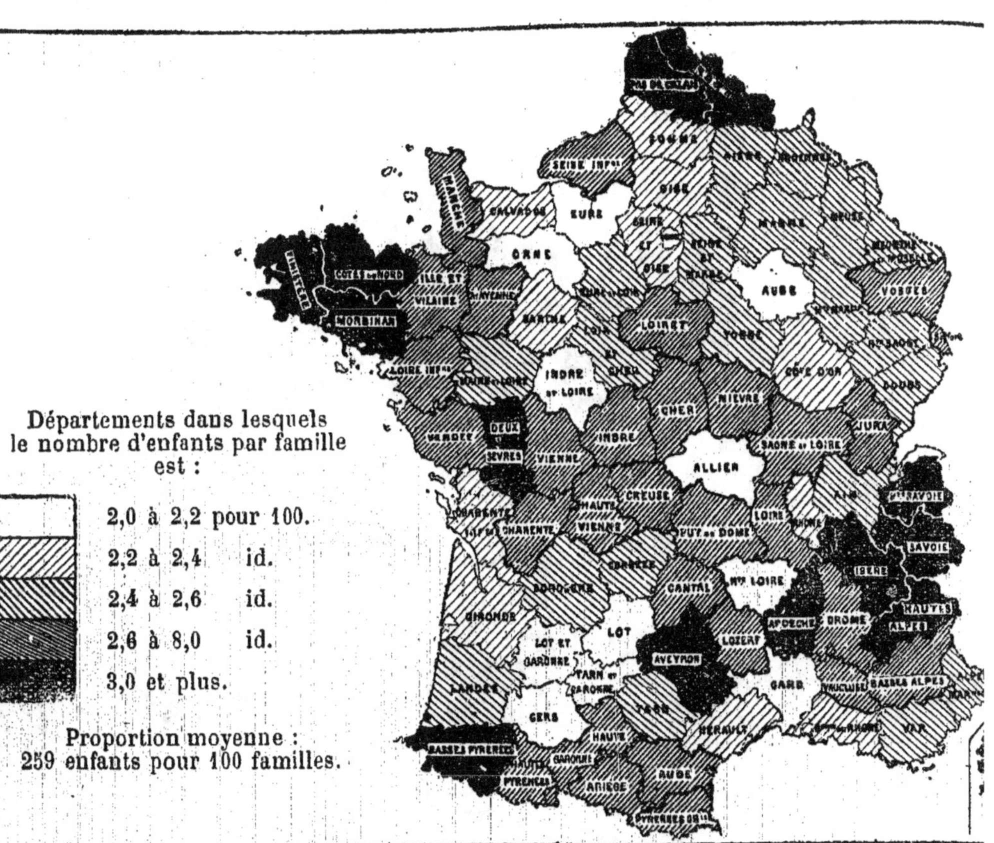

Fig. 163. — Carte du nombre moyen d'enfants par famille ayant des enfants (dressée par M. Turquan).

Deux-Sèvres occupent la tête sur la première carte avec 3 enfants et plus par famille. (Voir fig. n° 163).

Sur la seconde, les familles qui n'ont pas d'enfants se trouvent en plus grand nombre qu'ailleurs dans la Normandie, la Champagne et quelques autres départements de l'est, dans le Lyonnais, la Gironde, la Dordogne et la Haute-Vienne. (Voir fig. n° 164).

Sur la troisième, on voit que les familles ayant 7 enfants et plus, qui sont rares partout (2,2 sur 100 familles), se rencontrent principalement dans la Corse, la Bretagne et le Poitou, les Basses-Pyrénées, le Massif central, la région alpestre et dans trois départements du nord (Seine-Inférieure, Pas-de-Calais, Nord). (Voir fig. n° 165).

Dans la Statistique de l'enseignement primaire de 1881-1882 se trouve une carte qui représente le nombre des enfants d'âge scolaire (ayant par conséquent de 6 à 13 ans révolus) par 1,000 habitants dans chaque département (1). C'est, déduction faite des

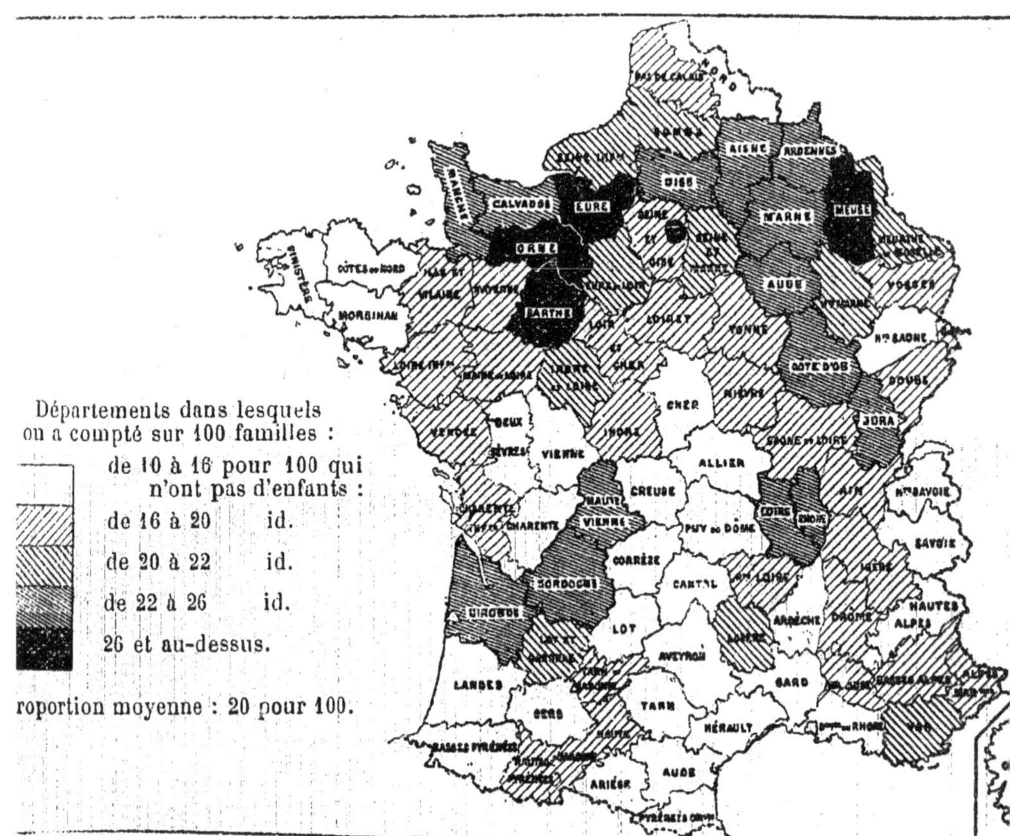

Fig. 164 — Carte du nombre de familles n'ayant pas d'enfants sur 100 familles (dressée par M. Turquan)

pertes de la première enfance, le contingent de la jeune génération qui parvient en très grande majorité à l'âge adulte.

Douze départements : Finistère, Morbihan et Côtes-du-Nord, Savoie et Haute-Savoie, Ardèche, Loire, Haute-Loire et Aveyron, Haute-Vienne, et le Territoire de Belfort y figurent en tête avec plus de 140 enfants par 1,000 habitants.

(1) *Statistique de l'enseignement primaire*, tome III, p. xx.

Le reste du Massif central et une partie de la plaine adjacente (Lozère, Cantal, Corrèze, Dordogne, Creuse, Indre, Cher, Allier, Saône-et-Loire), la Charente-Inférieure, un troisième département alpestre (Hautes-Alpes), un département pyrénéen (Basses-Pyrénées), deux autres départements de l'ouest (Ille-et-

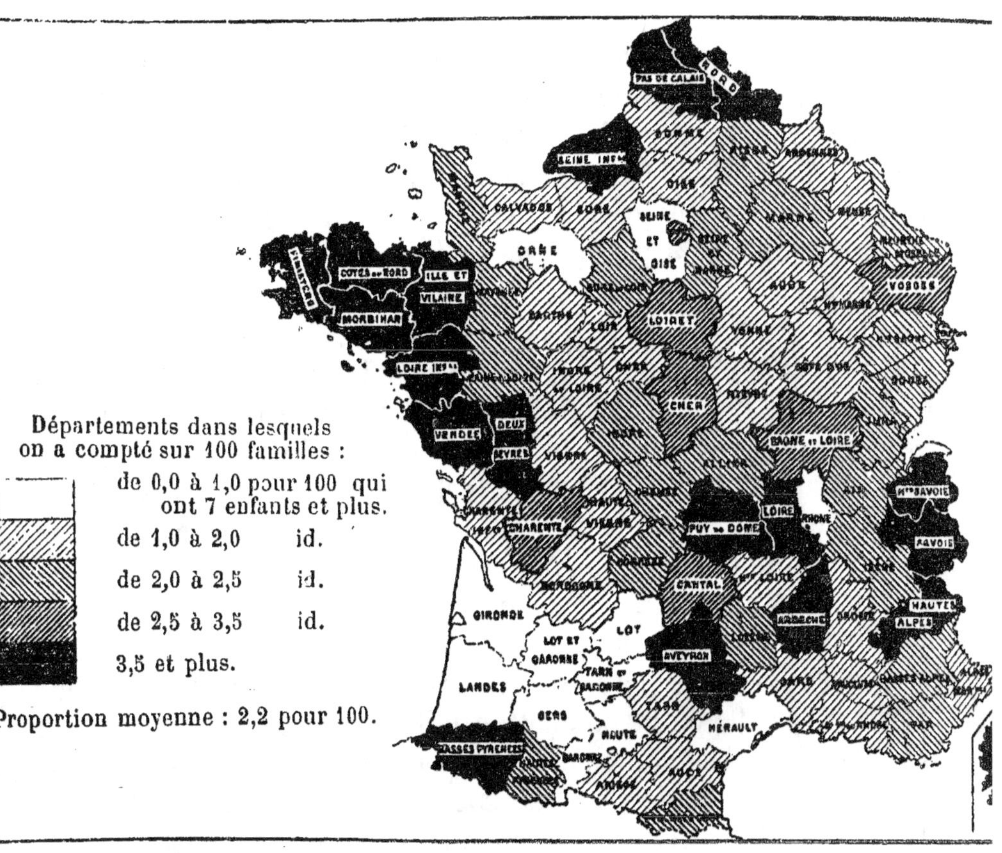

Fig. 165. — Carte du nombre des familles ayant 7 enfants et plus sur 100 familles (dressée par M. Turquan).

Vilaine et Mayenne), un second département du nord (Pas-de-Calais) en ont de 140 à 130.

Au bas de l'échelle, 12 départements en comptent moins de 105 : l'Eure, la Seine, l'Aube et la Haute-Marne dans le bassin de la Seine ; le Rhône, les Bouches-du-Rhône et le Var dans le bassin du Rhône ; le Lot, le Lot-et-Garonne, la Gironde, le Gers, la Haute-Garonne dans le bassin de la Garonne.

Les régions montagneuses, ainsi que la Bretagne et la Flandre, se font remarquer, à une extrémité de l'échelle, par le grand nombre de leurs enfants ; à l'autre extrémité, une partie de la vallée de la Seine, la vallée de la Garonne tout entière et une partie de la côte méditerranéenne se distinguent par leur petit nombre.

Les autres départements se rapprochaient davantage de la moyenne générale de la France, laquelle était en 1881 de 122.

Durant la période 1887-1889, trente départements (1), renfermant en tout 12,344,000 habitants en 1886, ont eu un excédent de décès sur les naissances ; il en est résulté une perte totale de 283,900 habitants et une perte moyenne de 2,3 par 1,000 habitants. Dans l'Orne, le plus maltraité des trente, cette perte s'est élevée à 5,9 p. 100. Ces départements appartiennent en général aux régions de faible natalité, et la majorité (18) avaient en 1886 un nombre d'enfants par famille inférieur à la moyenne générale de la France.

Voici un dernier terme de comparaison. M. Turquan a additionné le nombre total des naissances de chaque département pendant les quatre-vingt-six premières années du siècle (1801-1886) ; il en a retranché le nombre total des décès, et il a obtenu ainsi une mesure de la fécondité réelle des diverses parties de la France au XIXᵉ siècle, qui serait exacte s'il n'y avait eu ni émigration ni immigration. Or, ce calcul montre que quatre départements, l'Eure, le Calvados, le Var et le Tarn-et-Garonne ont eu plus de décès que de naissances et que tous les autres ont eu un excédent de naissances dont la moyenne pour la France entière est de 38 p. 100 de la population initiale en 1801 (2). Le Nord et le Pas-de-Calais, la Seine et Seine-et-Oise, l'Aube, les Vosges, trois départements de la Bretagne, le Poitou, presque tout le Massif central, les Landes, deux départements pyrénéens et la Corse sont au-dessus de cette moyenne (surtout le Nord, la Vendée, le Cher, la Loire, les Pyrénées-Orientales et la Corse). La Normandie et la région avoisinante, la vallée de la Garonne, le bassin du Rhône et les bords de la Méditerranée se trouvent au-dessous (Voir fig. n° 166).

---

(1) Ces départements sont : l'Aube, les Basses-Alpes, les Bouches-du-Rhône, le Calvados, la Charente, la Charente-Inférieure, la Côte-d'Or, la Drôme, l'Eure, le Gard, le Gers, la Gironde, l'Hérault, le Lot, le Lot-et-Garonne, le Maine-et-Loire, la Manche, la Haute-Marne, la Meuse, l'Oise, l'Orne, le Puy-de-Dôme, les Basses-Pyrénées, le Rhône, la Sarthe, la Seine-et-Oise, la Somme, le Tarn-et-Garonne, le Vaucluse et l'Yonne. Voir le *Mémoire n° 10 du concours de l'Académie des sciences morales et politiques en 1891 sur la population.*

(2) Moyenne des recensements de 1801 et de 1806.

Les causes de la fécondité. — Le degré de fécondité d'un peuple dépend de causes diverses. En première ligne, il convient de placer le mariage, parce que chez tous les peuples civilisés,

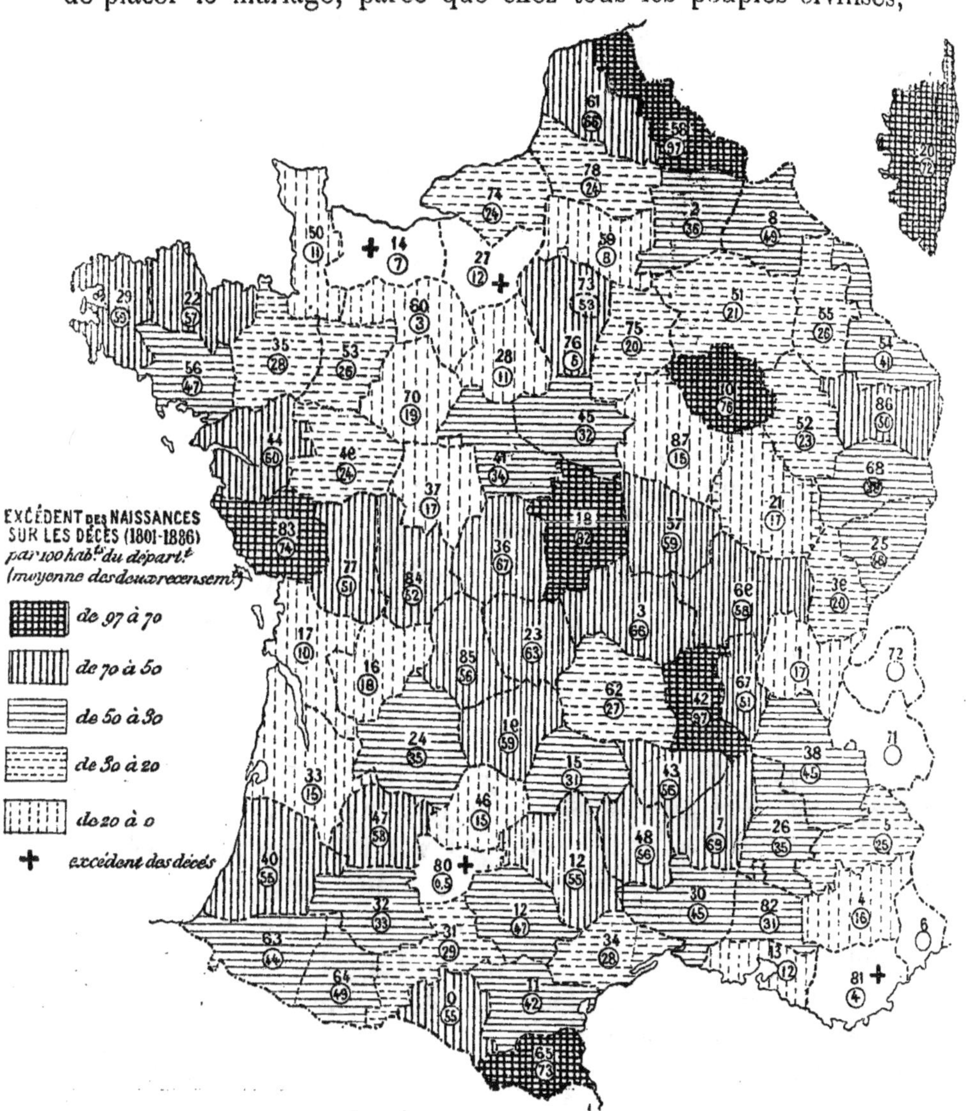

Fig. 166. — Carte de la balance des naissances et des décès en France au xixᵉ siècle (1801-1886), par département (1).

quelle que soit la diversité des religions, le ménage est la source

---

(1) Cette carte, dressée par M. Turquan, ne fait pas double emploi avec la carte Nᵒ 133 (tome II, p. 423) qui ne représente l'excédent que pour la période 1877-1881.

principale de la natalité. Donc les causes qui favorisent les mariages, surtout ceux des jeunes gens (1) sont favorables à la fécondité ; nous ne reviendrons pas sur ce que nous avons dit à ce sujet dans le chapitre des mariages (2).

Quelques démographes mettent au nombre de ces causes l'aptitude particulière de chaque race à la procréation. Il se peut qu'il existe à cet égard certaines différences physiologiques, mais aucun recueil de faits ne les établit d'une manière scientifique ; on trouve des populations prolifiques parmi les Flamands et les Wallons, comme parmi les Serbes et les Roumains, et on sait avec quelle fécondité s'est multipliée la race française au Canada (3). Jusqu'à preuve contraire, on doit penser que ces différences n'existent pas.

Il n'est pas démontré que les mariages mixtes entre un époux d'une race et une épouse d'une autre soient moins féconds que les unions de deux personnes de la même race (4). Le monde est en grande partie peuplé de races mélangées.

Le climat paraît avoir une certaine influence. Mais c'est surtout sur les immigrants qu'il agit jusqu'à leur complet acclimatement et cette influence se manifeste moins par la stérilité des femmes que par la mortalité de l'enfance.

La condition sociale dont nous parlerons plus loin en exerce une beaucoup plus sensible. Mais, dans ce cas, la cause réside dans la volonté et non dans l'état physiologique des parents. Que les préoccupations professionnelles rendent certains mariages tardifs, que les gens aisés songent plus que les prolétaires à éviter la charge d'une trop nombreuse famille, que certaines personnes restent dans le célibat par esprit d'économie ou par caprice, qu'elles y vouent leur existence par esprit religieux, la cause est toujours volontaire.

On peut poser comme règle générale que, si dans une condition

---

(1) Voir plus loin : « L'âge des parents. »

(2) Voir liv. II, ch. x.

(3) Dans un recensement fait au Massachusetts en 1885, on a constaté que les Canadiens français avaient 4,27 enfants par famille, tandis que les Allemands en avaient 3,34 et les Anglais 3,10. En Algérie la natalité des Français (35,2 par 1,000 habitants, période 1873-1884) est à peu près la même que celle des Espagnols (36,8) et des Maltais (34,8) et est supérieure à celle des Italiens (31,8) et des Allemands (31,6).

(4) M. de Quatrefages les croit tout aussi féconds que les autres.

sociale telle que celle des Français du XIXᵉ siècle, le nombre des enfants est restreint, c'est que la volonté de la majorité des parents est de le restreindre. Il est inutile de chercher des raisons subtiles ; le fait dominant est simple : les familles en France n'ont pas beaucoup d'enfants parce qu'elles ne veulent pas en avoir beaucoup. Si l'on avait besoin de témoignages, il ne manquerait pas de médecins, confidents des secrets de la classe aisée, pour attester le fait.

La fécondité légitime et illégitime. — La fécondité illégitime n'est pas relativement très considérable en France, puisqu'elle ne compte pas à raison de 8 p. 100 dans le total des naissances vivantes (1).

Si la moitié environ des femmes nubiles ne sont pas mariées, faut-il regretter, avec certains partisans à outrance de la multiplication, qu'elles fournissent à la natalité un contingent beaucoup moindre que leurs contemporaines unies à un époux ? Faut-il aussi déplorer que la France se place, sous le rapport de la natalité illégitime comparée au nombre des filles nubiles, dans les derniers rangs parmi les États européens ? (2) Faut-il conseiller comme remède à la pénurie des naissances françaises l'exemple de la Bavière, et traiter le sexe féminin comme une terre arable dont un bon cultivateur se garde de laisser une partie en jachère ?

N'oublions pas que l'illégitimité est un mal (3) et que la qualité de la population n'importe pas moins que le nombre. Ces deux considérations tranchent la question : nous devons désirer que la natalité illégitime soit, autant que possible, restreinte. Mais, quand une fois l'enfant est né hors mariage, si l'abandon met son existence en péril, l'assistance privée ou publique accomplit une bonne œuvre en le préservant de la mort ou du vice.

L'âge des parents. — M. Kiær a fait, en Norvège, des recherches pour déterminer l'influence de l'âge des parents sur la fécondité. Sans le suivre dans les détails de son calcul,

---

(1) Voir liv. II, ch. VIII.
(2) Voir plus loin, dans le même chapitre, la comparaison de la fécondité de la France avec celle des autres pays.
(3) Voir liv. II, ch. VIII.

nous reproduisons le tableau intéressant qui en présente les résultats.

NOMBRE ANNUEL DE NAISSANCES LÉGITIMES PAR 100 MÉNAGES, EN NORVÈGE
(ANNÉES 1874-1876).

AGE DES ÉPOUX.	AGE DES ÉPOUSES								MOYENNE du nombre des naissances par 100 époux de l'âge indiq.
	15 à 19 ans.	20 à 24 ans.	25 à 29 ans.	30 à 34 ans.	35 à 39 ans.	40 à 44 ans.	45 à 49 ans.	50 à 54 ans.	
15 à 19 ans..									27.0
20 à 24 id...		53.4	48.9						49.5
25 à 29 id...		50.3	45.1	40.1					43.6
30 à 34 id ..		52.6	42.4	37.2	32.8	19.1			37.7
35 à 39 id...			44.3	34.6	31.7	19.7	4.6		30.3
40 à 44 id...			39.2	33.1	29.4	19.9	4.9	0.29	22.5
45 à 49 id...				32.0	27.5	17.1	4.6	0.36	12.8
50 à 54 id...							3.9	0.13	6.3
55 à 59 id...							2.6	0.09	2.6
60 à 64 id...								0.03	1.33
65 à 69 id...									0.66
70 à 74 id...									0.32
75 et au-dess.									0.20
Moyenne du nombre des naissances par 100 épouses de l'âge indiqué.	41.3	51.9	4.30	36.9	34.0	18.1	3.3	0.16	19.0

La moyenne générale étant de 19 naissances annuelles par 100 ménages, on voit que cette moyenne est d'autant plus forte que le mari et la femme sont plus jeunes, à condition toutefois qu'ils aient atteint leur vingtième année. Sur deux ménages dans lesquels la femme est âgée de 20 à 24 ans, il se produit au moins une naissance dans l'année (51,9 naissances par 100 ménages). Le maximum (53,4 naissances sur 100 ménages) se rencontre dans les ménages où le mari et la femme sont tous deux entre 20 et 24 ans ; ces ménages sont au début de leur union et, d'ordinaire, le premier enfant vient vite. Entre 30 et 35 ans, on voit encore une femme enceinte sur trois ; la fécondité persiste en s'affaiblissant jusqu'à 40 ans. A partir de 45, elle tombe tout à coup et devient presque nulle au-delà de 50 : l'âge critique commence.

Les hommes conservent plus longtemps le privilège de la paternité et leur âge influe beaucoup moins sur la natalité que celui de la femme. Ainsi, pendant qu'un mari de 45 à 49 ans a 27 chances sur 100 d'avoir un enfant avec une femme de 35 à 39 ans, une femme de 45 à 49 ans a 4 chances 1/2 seulement avec un mari de 35 à 39 ans. Quelques hommes, en très petit nombre il est vrai (2 sur 1,000), ont des enfants au-delà de 75 ans (paternité qui d'ailleurs pour être légale n'est pas nécessairement réelle), tandis que le fait est si rare pour les femmes que M. Kiær n'en a pas enregistré d'exemple.

L'auteur n'a présenté que comme provisoires ces résultats qui s'appliquent à une population de natalité moyenne et de puberté tardive (1). Néanmoins, comme une analyse de ce genre n'a été faite jusqu'ici, faute de renseignements, que dans un très petit nombre de pays (2), celle-ci peut servir d'indice sur la manière dont se distribue, dans les autres pays, la fécondité suivant l'âge des parents (3).

La règle norvégienne ne paraît pas d'ailleurs s'appliquer sans réserve à tous les pays. Ainsi, nous savons que l'âge moyen du mariage des femmes dans les départements de la Bretagne (de 24 ans à 25 ans 8 mois en 1889) est supérieur à la moyenne de la France (23 ans 5 mois), et cependant la Bretagne est une des régions où la natalité est la plus forte.

Le célibat. — Le célibat restreint le taux de la fécondité générale d'une population : plus il y a de célibataires, et moindre est le nombre probable de naissances par 1,000 habitants.

Le célibat est d'abord une nécessité physiologique : dans les pays civilisés, le mariage n'est autorisé, par les mœurs ou par la loi, qu'à l'âge de puberté. De deux populations douées d'une fécondité égale, c'est-à-dire ayant le même nombre de naissances par 1,000 personnes en âge de procréer, celle dans laquelle la proportion des enfants ou des vieillards serait très forte, compterait moins de naissances par 1,000 habitants que celle où ces mêmes proportions seraient plus faibles. C'est en effet seulement pendant une certaine période de la vie que s'accomplit le renouvellement des générations : c'est pourquoi, voulant avoir une idée de la fécondité réelle, nous comparons plus loin (4) le nombre des naissances à celui des femmes âgées de 15 à 45 ou à 50 ans.

---

(1) Le calcul repose sur 133,587 naissances des années 1874, 1875 et 1876 en Norvège, sur lesquelles les renseignements ont été fournis par les pasteurs à M. Kiær, directeur de la statistique. Le résultat a été communiqué par l'auteur dans la séance du 25e anniversaire de la Société de statistique de Paris.

(2) La Suède, la Finlande et le Danemark.

(3) Nous ferons remarquer que, si, en Norvège, il y a eu 19 naissances par 100 femmes mariées de 15 à 54 ans, en France, dans l'année 1887, il y en a eu 16 par 100 femmes mariées de 15 à 50 ans.

(4) Voir les deux tableaux des pages 180 et 183.

Le célibat des gens en âge de procréer des enfants tient à des causes diverses (1).

A l'état militaire. — Les années pendant lesquelles, d'après la loi militaire du 15 juillet 1889, chacune des trois classes de soldats, au nombre de 260,000 environ, sont appelées sous les drapeaux ou restent à la disposition du ministre de la guerre, empêchent ou retardent un certain nombre de mariages (2) ; toutefois, la grande jeunesse des soldats du contingent rendrait ce retard peu regrettable si la libération n'était ordinairement suivie de délais pendant lesquels le libéré cherche à se faire une place dans la société.

M. Le Fort a essayé de calculer (3) le retard que le service militaire apportait au mariage, en comparant le nombre des hommes de moins de 30 ans qui se sont mariés en 1869, sous le régime du service de sept ans, et en 1884 sous celui du service de cinq ans. Sur 1,000 mariages, il y en avait 645 en 1869 et 689 en 1884. Sous ce rapport, la situation ne se serait donc pas empirée sous le régime de la loi militaire de 1872. La nuptialité française a pourtant subi une diminution depuis 1873. Si la loi de 1872 n'en est pas la cause directe, nous sommes néanmoins convaincu que la caserne détourne un certain nombre de jeunes gens du mariage pendant et après leur service militaire : toutefois nous ne pouvons nous empêcher de croire que cette cause n'est pas souveraine, puisqu'en Allemagne une nombreuse armée est compatible avec une forte natalité.

---

(1) Le nombre des ménages de 1 personne, c'est-à-dire des personnes vivant seules qui sont la plupart des célibataires adultes, a augmenté depuis 1851, date du premier recensement qui ait donné ce renseignement : 914,788 en 1851 et 1,543,662 en 1886.

(2) La classe de 1888 comptait 295,707 conscrits, sur lesquels il y a eu 30,632 jeunes gens définitivement exemptés par les conseils de révision ; les autres ont été incorporés dans l'armée active (130,453), dispensés conditionnellement ou ajournés. La loi du 15 juillet 1889 n'accorde aucune exemption du service militaire aux jeunes gens mariés faisant partie de l'armée active. L'article 25 porte que les jeunes gens dispensés en vertu des articles 21, 22 et 23 « peuvent se marier sans autorisation », pour ceux qui ne sont ni dispensés ni exempts, l'article 58 porte que « les hommes de la disponibilité (c'est-à-dire ceux qui sont renvoyés dans leurs foyers après un an de service) et de la réserve de l'armée active peuvent se marier sans autorisation. Ils restent soumis néanmoins à toutes les obligations de service imposées à leur classe. Les réservistes qui sont pères de quatre enfants vivants passent de droit dans l'armée territoriale. »

(3) *Bulletin de l'Académie de médecine,* 27 janvier 1885.

A la *profession religieuse*. — Les 63,158 hommes (1) et les 63,985 femmes que le recensement de 1886 a enregistrés comme membres du clergé catholique, régulier et séculier, avaient renoncé au mariage pour se vouer à l'exercice du culte ou à des pratiques et à des œuvres inspirées par la religion. Leur vie se trouve, sans doute, bien employée ainsi pour eux-mêmes puisqu'elle l'est conformément à leur foi, et elle l'est probablement aussi pour la société puisqu'elle est consacrée à l'instruction, à la charité ou au culte ; mais, par leur retraite du monde ils diminuent le contingent actif de la fécondité (2).

On peut toutefois poser cette question : le célibat des prêtres et des religieuses diminue-t-il dans un pays la proportion des gens mariés ? — La réponse est moins facile qu'on ne le suppose de prime abord, parce que, si les vœux religieux n'empêchaient pas certaines personnes de se marier, il est probable que d'autres ne rencontreraient pas autant de circonstances favorables à leur propre mariage. La statistique ne fournit pas, à notre connaissance, de renseignements qui permettent de trancher la question (3) ; cependant elle n'accuse pas moins de couples mariés dans certains États catholiques que dans des États protestants, et la France n'a, sous ce rapport, rien à envier à la Suède luthérienne ; il est vrai qu'elle a beaucoup moins d'enfants que ces pays.

---

(1) Ce nombre comprenait 44,072 membres du clergé régulier et 19,086 du clergé séculier.

(2) Montesquieu, dans les *Lettres persanes* (lettre 128), juge avec une sévérité extrême les congrégations religieuses sous ce rapport. « On voit dans chaque maison religieuse une famille éternelle où il ne naît personne et qui s'entretient aux dépens de toutes les autres. Ces maisons sont toujours ouvertes comme autant de gouffres où s'ensevelissent les races futures. » Au contraire, le marquis de Mirabeau, grand partisan de l'accroissement de la population, pense que le célibat religieux ne fait pas obstacle à cet accroissement. — Le célibat qui est la règle générale de l'Église, souffre quelques exceptions : ainsi le mariage est permis aux prêtres des Grecs-Unis.

(3) Le nombre des personnes vouées au culte catholique, qu'on évaluait à 194,000 à la fin de l'ancien régime, était (d'après les recensements) de 82,371 en 1851 et de 127,143 (44,072 pour le clergé régulier, 19,086 hommes et 63,985 femmes pour le clergé régulier) en 1886. Il est vrai qu'un recensement spécial fait en 1877 (loi du 28 décembre 1876) a donné un total supérieur pour le seul clergé séculier, 158,040 personnes du sexe masculin ou féminin, faisant partie de congrégations autorisées ou non autorisées. Cependant le nombre des gens mariés (13,935,000) était plus faible en 1851 qu'en 1886 (14,959,000) ; aux deux époques, les membres du clergé représentaient moins de 1 p. 100 relativement aux gens mariés. Le nombre des ordinations varie peu, il est d'environ 4,400 par an.

PROPORTION DES GENS MARIÉS A LA POPULATION TOTALE DANS DIVERS ÉTATS.

DATE du recensement.	ÉTATS.	NOMBRES (exprimés en milliers d'unités).		NOMBRE de gens mariés par 100 habitants.
		Population totale.	Gens mariés.	
1870............	Suède............	4.167	1.361	32.6
1871............	Saxe............	2.555	903	35.4
1871............	Bavière............	4.863	1.586	32.6
1871............	Italie............	26.800	9.567	35.6
1872............	France............	36.102	14.661	40.6

A la *résidence* et à la *profession*. — Nous savons (1) que la population urbaine ne s'accroît en France et même souvent ne se soutient que par l'immigration des campagnes dans les villes : les villes ont en général une fécondité moindre que les campagnes ou du moins un excédent moindre dans la balance de la natalité et de la mortalité (2).

D'après le recensement de 1866, 100 familles de patrons comprenaient 353 personnes parmi les agriculteurs, 298 parmi les industriels, 273 parmi les commerçants, 174 seulement dans les professions dites libérales (3). Les familles d'agriculteurs se plaçaient donc au premier rang et les familles vivant de professions libérales au dernier. On peut en induire que les premières sont plus fécondes, sans prendre toutefois ces nombres pour la mesure de leur fécondité, parce qu'à la campagne les membres de la famille demeurent plus souvent réunis sous le même toit qu'à la ville (4), et que, dans les professions libérales, il y a beaucoup de célibataires.

(1) Voir livre II, ch. iv et vi et livre III, ch. ix.

(2) La *Statistique générale de France* a établi pour la période de 1861-1865 le calcul suivant :

	POPULATION	
	rurale	urbaine.
Naissances........................	100	100
Nombre d'habitants ayant fourni ces naissances	3.880	3.570
Nombre de décès correspondant................	83	93
Excédent résultant de la balance des décès et des naissances................	17	7

(3) Celui de 1886 ne fournit pas les éléments de ce rapport.

(4) Les familles ouvrières ont donné, au recensement de 1866 un résultat de même nature : 240 personnes par 100 familles d'ouvriers de l'agriculture et 186 par 100 familles d'ouvriers de l'industrie.

Ce ne sont donc là que des indications vagues. Les relevés de la statistique ne permettent pas, jusqu'ici, de dresser un état de la fécondité par profession en France ; ils éclairent un peu plus sur l'influence de la richesse qui est, jusqu'à un certain point, liée à la profession et dont nous parlerons plus loin.

Il est certain cependant qu'il y a des professions moins compatibles que d'autres avec le mariage : par exemple, la domesticité, dans laquelle les mariages sont en général rares et tardifs. La tendance qu'ont beaucoup de Français à préférer la condition d'employé au travail manuel n'est pas non plus favorable au peuplement.

Or, en France, la population urbaine augmente, pendant que la population rurale diminue, et le nombre des domestiques s'accroît avec la richesse et avec le nombre des citadins : deux causes de faible natalité dont l'influence ne paraît pas devoir s'amoindrir.

Aux *habitudes de migration*. — Dans les pays d'où les jeunes gens émigrent pour chercher du travail, les filles qui restent ont moins d'occasions de se marier. Dans les pays où ils immigrent, ils restent, la plupart, célibataires, attendant leur retour pour prendre femme et, jusque-là, ne contribuent pas à la fécondité légitime.

Toutefois, en France, les départements qui ont le plus de célibataires adultes ne sont pas nécessairement les moins féconds. Ainsi, d'après le recensement de 1886, les départements des Côtes-du-Nord (53 non mariés sur 100 adultes), d'Ille-et-Vilaine (55), du Morbihan (53), de la Haute-Savoie (51), et le Territoire de Belfort (53, surtout à cause de la garnison) avaient plus de la moitié de leurs adultes (hommes de plus de 18 ans et femmes de plus de 15 ans) non mariés (célibataires, veufs et veuves) ; ils ont cependant une forte natalité. Au contraire, une grande partie des départements du bassin de la Seine, du bassin moyen et inférieur de la Loire et de la vallée de la Garonne comptaient moins de 40 personnes non mariées par 100 adultes ; plusieurs ont cependant une natalité très faible.

Nous avons énuméré les principales causes qui retiennent les hommes et les femmes dans le célibat. Quelque influence qu'elles exercent, la France ne comptait pas une moindre proportion de gens mariés en 1886 (39,4 p. 100 de la population) qu'en 1851 (38,9 p. 100) ; mais elle avait moins d'enfants.

On peut dire d'une manière générale que le célibat prolongé

(abstraction faite du clergé) n'est pas favorable à la moralité d'une population.

Des médecins lui reprochent, non sans quelque exagération peut-être, mais avec un fonds incontestable de vérité, de grossir le nombre des alcooliques, des enfants illégitimes, des prostituées et de propager la syphilis.

Certains publicistes ont soutenu, dans un sens contraire, que le célibat d'une partie des adultes était le résultat d'une sélection naturelle qui améliorait la qualité de la population. « Ce sont les difformes, les rachitiques, les incapables en un mot, qui ne trouvent pas à se marier, » disent-ils. La thèse qui, comme beaucoup d'autres sur la même matière, renferme une parcelle de vérité diluée dans un paradoxe, ne tient compte ni des affections déçues, ni des jeunes filles saines de corps et d'esprit qui écartent les prétendants par des habitudes et des goûts disproportionnés à leur dot, ni des jeunes hommes qui reculent devant les charges de la famille parce qu'elles restreindraient leur propre bien-être, ni de bien d'autres cas.

La religion. — La religion, chrétienne, catholique, protestante ou juive recommande la continence dans le célibat et la fécondité dans le mariage ; elle enseigne que les familles nombreuses sont bénies de Dieu et condamne la limitation volontaire du nombre des enfants. La piété est donc assurément une cause de fécondité, puisqu'elle exerce une influence dans un sens déterminé sur le moral des époux. Toutefois, la religion n'est efficace que lorsque la foi est assez forte pour mettre les actes de la vie en conformité avec la croyance : c'est affaire de conscience et nous ne saurions pénétrer dans le secret des déterminations individuelles. Il est très vraisemblable qu'elle a exercé une action favorable à l'accroissement durant le moyen-âge, tandis que le sentiment égoïste du bien-être paraît avoir exercé une influence contraire sur la population de l'Italie dans le dernier siècle de la République romaine et sous les premiers empereurs. Il n'est pas moins probable que dans certaines familles et dans certaines contrées, le sentiment religieux ait encore la même puissance que dans les siècles passés. On en trouverait des exemples dans la bourgeoisie lyonnaise.

Mais, de notre temps, la statistique, qui ne saisit que des phénomènes extérieurs, ne confirme pas l'opinion que la fécondité française ait diminué précisément dans la mesure où le respect de la religion s'est affaibli.

Ainsi, à Paris, le VIe et le VIIe arrondissements, qui comprennent le faubourg Saint-Germain habité par un grand nombre de familles pieuses, compte 20 à 25 naissances par 1,000 habitants, tandis que le XIXe et le XIVe, peuplés principalement d'ouvriers et connus par certaines manifestations anti-religieuses, en comptent 31 et 39 (1). Le degré de richesse semble avoir, dans ces arrondissements, une influence plus énergique que la religion.

On cite volontiers les départements de la Bretagne, du Massif central, des Alpes et la Corse qui ont beaucoup d'enfants et qui ont conservé, à un haut degré, leurs habitudes religieuses. Mais on ne cite pas les départements de la vallée de la Garonne qui ne paraissent pas moins fidèles aux pratiques du culte et qui ont très peu d'enfants ; on ne dit pas que la Seine-Inférieure, le Pas-de-Calais et le Nord ont beaucoup d'enfants, quoique le sentiment religieux n'y soit pas plus fort que dans la Sarthe, l'Indre-et-Loire et Maine-et-Loire qui en ont peu, que le nombre des enfants est grand dans les Hautes-Alpes, département pauvre, tandis qu'il est faible dans la Drôme, département plus riche et tout voisin,

---

(1) Le nombre des enterrements civils fournit un indice sur l'esprit religieux. En 1887, sur 55,728 services funèbres, il y a eu 10,791 enterrements civils, soit 20 p. 100 en nombre rond. Le XVIe arrondissement (Passy) et le IXe (Opéra) n'en ont eu que 6 et 10 p. 100 ; le VIe en a eu 11 ; le VIIe, 12 ; le XIVe et le XVIIIe en ont eu 23, et le XXe, 41 ; le XIXe en a eu 20.

M. Fournier de Flaix (*Journal de la Société de statistique*, année 1890) a dressé, à l'aide des archives de l'archevêché, une statistique des baptêmes et mariages à Paris, par paroisses, en 1875 et en 1885. Il a constaté que dans tous les arrondissements le nombre des sacrements conférés par l'Église est considérable. Mais, d'une part, le baptême et le mariage à l'église fournissent un témoignage de foi catholique moins probant que ne serait le nombre de ceux qui reçoivent régulièrement la communion à Pâques ; d'autre part, les chiffres recueillis par M. Fournier de Flaix et rapprochés de ceux de l'état civil confirment la distinction que nous venons d'établir. Ainsi, en 1885, il a trouvé :

ARRONDISSEMENTS.	ÉTAT CIVIL.		ÉGLISE.	
	Naissances.	Mariages.	Baptêmes.	Mariages.
VIe	2.096	854	2.020	694
VIIe	1.719	717	1.809	901
XIVe	3.039	815	1.814	490
XIXe	3.764	1.087	3.271	843

Il paraît surprenant que, dans le VIIe arrondissement, on enregistre plus de baptêmes et de mariages à l'église qu'à la mairie.

que la même opposition se rencontre entre la Lozère et le Puy-de-Dôme, entre les Basses-Pyrénées et le Gers quoiqu'on n'aperçoive pas entre eux de différences sous le rapport religieux. De cette diversité de résultats il serait téméraire de tirer une conclusion sur l'influence de la foi.

La France est-elle, d'ailleurs, l'unique pays où la foi religieuse soit ébranlée par le mouvement des idées du siècle ? Et pourquoi attribuer à la faiblesse de sa natalité une cause qui n'empêche pas d'autres peuples d'avoir beaucoup d'enfants ?

Le Code civil. — M. Le Play, dans une des monographies de son remarquable ouvrage sur *Les ouvriers européens*, indique trois causes de fécondité :

1° Lorsque la partie du sol non appropriée à la culture offre encore une étendue considérable ;

2° Lorsque, les moyens d'alimentation étant désormais limités par le manque de terres disponibles, les chefs de famille, peu exercés au calcul de la prévoyance, s'abandonnent avec confiance à leur foi dans la bonté divine ;

3 Lorsque les paysans, établis sur un sol complètement occupé, mais dégagés de toute entrave en ce qui concerne l'usage de leurs biens, peuvent assurer la transmission intégrale de leur propriété à un de leurs enfants et établir successivement les autres dans l'industrie, l'armée, la flotte, les colonies, etc.

« D'un autre côté, ajoute-t-il, l'observation apprend que le nombre des enfants ne dépasse guère celui des parents (1), que parfois même il lui est inférieur et que la population est décidément décroissante chez les populations où la prévoyance étant développée à un haut degré, la loi autorise les enfants à se partager, en nature et par proportions égales, la succession paternelle (2).

---

(1) De nombreux témoins ont maintes fois attesté cette tendance à n'avoir qu'un héritier. Voici comme exemple la déposition de M. Hubert-Delisle dans l'enquête agricole de 1867 : « Une fois que les cultivateurs possèdent un petit bien, ils ne veulent pas que plus tard il soit divisé et ils cherchent à n'avoir qu'un enfant, parce qu'avec un enfant il n'y aura pas de partage ». Nous ne doutons pas d'ailleurs que la tendance à n'avoir qu'un seul enfant n'existe dans un certain nombre de ménages. M. Baudrillart, chargé d'une enquête agricole par l'Académie et cheminant sur une route du Poitou entendait son guide lui expliquer cette tendance « sans trop la blâmer par la crainte de diminuer l'aisance et de morceler l'héritage ». (*Comptes-rendus de l'Académie des Sciences morales et politiques*, 1887, t. I, p. 173).

(2) La loi française autorise, mais n'exige pas le partage en nature (voir les art.

Le père de famille, en effet, n'ayant plus le pouvoir de disposer de sa propriété, ni d'influer sur la direction que prennent ses enfants, ne peut désormais assurer le bonheur de ses descendants qu'en en limitant le nombre. C'est la solution qu'adoptent de plus en plus les paysans français qui sont réellement possesseurs du sol qu'ils cultivent (1) ».

M. Le Play qui a eu le mérite de vouloir faire reposer tout l'édifice social sur un fonds solide de moralité a peut-être donné trop d'importance à la « famille-souche » qu'il propose pour type : « Cette organisation associe aux parents un seul enfant marié ; elle établit tous les autres avec une dot » (2). Il a fait

---

832 et 833 du Code civil) ; mais la jurisprudence incline fortement à ce genre de partage par application de l'art. 826. Il semble, en effet, qu'il y ait une contradiction dans ces articles.

(1) *Les ouvriers européens* (Monographie xvi. Armurier de la famille demi-rurale collective de Solingen, p. 157 de l'édition in-folio). « Une conséquence directe de notre régime de partage, dit M. Le Play (*La Réforme sociale*, édit. de 1866, t. 275), est la stérilité systématique des mariages » (Voir aussi t. I, p. 285, t. VI, p. 367, 6e édition). « Les conséquences de la stérilité sont particulièrement funestes aux classes riches » (*Réf. soc.*, 6e édit., t. II, p. 52). Malthus pensait que l'art. 913 du Code civil aurait un effet tout autre que celui que lui attribue M. Le Play, lorsqu'il disait que « si aucun moyen de l'éluder n'est trouvé et si ses effets ne sont pas mitigés par une prudence excessive dans les mariages, prudence que la loi tend certainement à décourager, il y a lieu de croire que le pays, au bout d'un siècle, sera tout aussi remarquable par sa misère que par l'égalité extraordinaire des fortunes. Les possesseurs des petites fractions de fonds de terre se trouveront, comme cela se voit toujours, dans le dénûment et devront périr en grand nombre chaque année de disette. » (*Principes d'Ec. pol.*, livre II, ch. i, sect. 2). Soixante et onze ans se sont écoulés depuis la publication des Principes ; la France, loin d'être ruinée est, malgré les malheurs de la politique, beaucoup plus riche qu'en 1819, et les disettes sont beaucoup moins redoutables.

(2) M. Le Play (*La Réforme sociale*, édit. de 1867, I, 328). L'auteur (p. 332, édit. de 1866) a esquissé le type d'une famille-souche ; il la compose de 19 personnes, dont 2 domestiques. « Le nombre moyen des enfants de chaque mère, dit-il, est généralement réduit à 10 ». Il considère « les parents célibataires comme une seconde providence pour les familles auxquelles ils s'attachent » léguant souvent leur épargne au futur héritier et il pense que « les membres déclassés trouvent dans la famille-souche un appui qui n'a rien d'humiliant. » (*La Réf. soc.*, I, 323). Avec 38 millions d'habitants, dit-il, la France reposerait sur 2,100,000 familles solidement établies, capables de soutenir leurs jeunes enfants et leurs vieillards, livrant un essaim annuel de 410,000 jeunes gens, « dressés au travail et à la vertu ». Ce sont des hypothèses et la tendance actuelle des sociétés civilisées en Europe et en Amérique n'est pas dans ce sens.

L'auteur d'un mémoire adressé à l'Académie des Sciences morales et politiques, en 1890, fait de la famille-souche une sorte de République de Salente et pousse l'illusion jusqu'à écrire que « dans les pays voisins de la France où la natalité est si prospère règne la famille-souche »,

école. Ses disciples accusent le Code civil de stériliser la famille et en réclament la réforme (1). Quoique le maître eut admis une réserve de la moitié des biens, ils ne considèrent peut-être pas assez que la loi française la limite aux trois quarts, aux deux tiers ou à la moitié suivant le nombre des enfants, qu'il y a des régions de la France où l'on parvient à éluder en partie la loi et que, parmi ces dernières, il y en a, comme la vallée de la Garonne, qui sont précisément caractérisées par une natalité très faible.

La proposition de M. Le Play peut trouver, comme toutes les thèses, des arguments dans des monographies représentant des faits isolés (2), mais elle n'est pas fondée sur la connaissance générale des faits. Elle peut être défendue par des arguments théoriques ; elle ne peut pas invoquer l'expérience.

L'Angleterre est le seul État d'Europe qui admette la liberté absolue de tester. Or, l'Angleterre, quoique ayant une natalité

---

(1) Nous citons, comme exemple des doctrines de l'école, le passage suivant écrit par un de ses disciples (*La famille et la population à propos du dernier dénombrement*, par Urbain Guérin, 1883) : « Le problème de la population se pose donc en réalité dans des termes fort simples : il dépend de la constitution de la famille. La famille souche, laissant l'homme suivre ses penchants naturels, assure l'augmentation de la population, sans que cet accroissement présente jamais un danger. Elle produit une émigration régulière. Aucun de ces résultats ne se produit avec l'organisation de la famille instable. Tandis que les classes pauvres se multiplient, les classes aisées au contraire cherchent à échapper au partage que leur impose la loi par une stérilité intentionnelle. Les causes du mal sont connues. Elles résident dans l'organisation vicieuse de la famille, provoquée en grande partie par les lois de succession. Le remède est donc tout indiqué : modifier les lois qui ont amené le mal ». Pris dans un sens contraire à ces conclusions, on a fait remarquer que dans le midi de la France où prédomine le régime dotal et où le fils avantagé en vertu de l'art. 913 du Code civil, succède souvent à son père comme propriétaire du domaine patrimonial, les intérêts qu'il avait à payer à ses frères et sœurs pour leur part, garantie par hypothèque, amenait souvent des embarras et par suite des saisies mobilières et des évincements de propriétaires.

Rossi était opposé au droit d'aînesse (Voir *Cours d'économie politique*, 1836-1837, cinquième leçon, t. II, p. 123 et suiv.). « Dans les pays où le père de famille peut concentrer toute sa fortune sur une seule tête, dit-il, en songeant surtout à l'Angleterre, c'est la société qui est chargée de l'établissement des enfants déshérités. »

...« L'Église, l'armée, les colonies, l'administration, la magistrature sont leur apanage. Ils ne sont déshérités qu'en apparence. A l'aîné les biens matériels de la famille, aux autres son crédit, son influence et la fortune publique. C'est une charge que le testateur impose à la société, un impôt qu'il lève au profit de sa maison ».

(2) Nous avons parlé dans l'Introduction (t. I, p. 15) de l'importance de la monographie et de son rôle dans les sciences sociales ; nous ne disons ici qu'une chose, c'est qu'elle n'est pas apte à résoudre le problème des causes de la fécondité.

ÉTATS.	LÉGISLATION.	POPULATION par milliers d'âmes au dernier recensement qui avait eu lieu en 1881.	DENSITÉ. — Nombre probable d'habitants par kilomètre carré en 1881.	NATALITÉ. Nombre de naissances par 100 habitants (moyenne de 1865-1883).	Nombre moyen annuel de naissances légitimes vivantes par 1000 femmes mariées (période 1878-82)	TAUX MOYEN D'ACCROISSEMENT annuel par 1,000 habitants (moyenne de 1860-1883).
France	Art. 913 du Code civil : Réserve de 1/2, 2/3, 3/4, suivant le nombre des enfants.	37.672	72	25	166	2.5 sans compter l'Alsace-Lorraine
Italie	Art. 816 du Code civil : Réserve de moitié.	28.459	102	31	242	6.7
Belgique	Législation française.	5.520	202	31	263	8.4
Pays-Bas	Même réserve qu'en France.	4.012	124	35	292	10.2
Roumanie	Même réserve qu'en France.	5.376	41	30	»	9.6
Suède	Réserve des 5/6 dans les villes ; réserve des biens patrimoniaux dans les campagnes ; liberté pour les autres biens.	4.566	12	30	239	7.7
Norvège	Lois de 1860, 1811, 1825 : Réserve de moitié.	1.807	6	31	274	7.6
Danemark	Réserve des 3/4 ; réserve de 1/2 seulement pour les nobles.	1.981	50	31	210	10.1
Royaume de Prusse	Réserve de moitié.	27.279	79	30	271	9.4
Prusse rhénane	Législation française.	6.117	132	39	»	12.0
Alsace-Lorraine		1.567	110	34	255	0.4
Autriche	Art. 754 du Code civil : Réserve de moitié.	22.565	75	38	244	7.7

plus forte que la France, n'occupe pas, sous ce rapport, le premier rang et n'atteint pas même la moyenne générale de l'Europe ; d'ailleurs, en Angleterre on se plaint plus qu'ailleurs de la diminution de la population rurale relativement à la population urbaine, ce qui n'est pas l'idéal de l'école de M. Le Play.

Les pays d'Europe qui admettent au moins une réserve de moitié sont nombreux (9 États, sans compter la France, et 2 provinces). La densité y est très diverse, depuis la Norvège qui a 7 habitants par kilomètre carré jusqu'à la Belgique qui en avait 202 en 1881 (207 en 1889) (1). Les conditions économiques le sont aussi. Cependant tous ont une natalité supérieure à celle de la France ; quelques-uns même en ont une très forte, comme la Prusse rhénane, le royaume de Prusse (38,8) et l'Autriche (38,4) Les Pays-Bas et la Prusse ont un taux d'accroissement annuel qui est supérieur à 1 p. 100. Des prescriptions analogues à celles du Code civil français ne vouent donc pas nécessairement une population à la stérilité (2). Il n'est pas logique de tirer une telle conclusion de l'état particulier de la France, puisque, seule sur douze pays, elle présente la coïncidence d'une réserve légale et d'une natalité très restreinte.

Que l'absence de terres à défricher, que l'affaiblissement du sentiment religieux, que l'exagération de la prévoyance, que le désir d'augmenter son bien-être et celui de sa postérité exercent une influence restrictive, ce sont là des questions distinctes de de la réserve légale. Nous les examinerons.

Que, d'autre part, cette réserve légale puisse, dans certains cas, diminuer l'autorité du père de famille et porter préjudice, après sa mort, à la continuation de son œuvre économique, c'est une question distincte aussi de celle de la fécondité. Nous ne croyons pas devoir la traiter ici, parce qu'elle ne rentre pas direc-

---

(1) En Belgique où la natalité et la densité sont plus fortes qu'en France, on ne paraît pas se plaindre de la loi de partage et de la division de la propriété ; car un ministre, M. Bernaert, disait à la tribune en 1890 : « Nulle part la culture n'est plus divisée qu'en Belgique, nulle part la propriété foncière répartie entre un plus grand nombre de mains... C'est un fait notoire qu'elle va toujours en se morcellant davantage. »

(2) Au nombre de ces 9 pays, il y en a trois (Autriche, Italie, Prusse) qui n'admettent qu'une réserve de moitié, ce qui est précisément la quotité que M. Le Play réclame pour la France et à laquelle nous serions disposé à donner notre assentiment personnel, mais pour des raisons autres que celle de l'accroissement de la population.

tement dans notre sujet. Ce que nous voulons établir, c'est que, d'après les faits, la réserve n'est pas par elle-même une cause nécessaire d'infécondité.

Il n'est pas besoin de sortir de France pour le prouver ; car, si la natalité moyenne des départements a varié de 17,0 (Lot-et-Garonne) à 34,3 (Finistère) pour la période 1877-1886 et s'est élevée à 44 (Pyrénées-Orientales) pour la période 1801-1810) par 1,000 habitants, sous l'empire de la même législation (1), c'est évidemment qu'il existe des causes plus énergiques que la loi des partages.

La petite propriété et la petite culture ne paraissent guère apporter d'obstacle à la natalité, puisque les neufs départements qui, d'après la statistique décennale de l'agriculture de 1882, comptaient le plus de petites exploitations, avaient tous, d'après le recensement de 1886, un nombre d'enfants par famille supérieur à la moyenne de la France (2).

Un éminent disciple de M. Le Play, M. Cheysson, a fait remarquer que la passion, le devoir et l'intérêt étaient les grands mobiles des actions humaines et que, si les deux premiers étaient hors de cause dans la question du Code civil, le troisième devait être pris en sérieuse considération. Sans doute ; mais si le père croit, dans l'état actuel de notre législation, avoir un intérêt d'affection à restreindre le nombre de ses enfants afin de laisser

---

(1) Voir liv. II, ch. vii.

(2) Le nombre moyen des petites exploitations (moins de 10 hectares) était pour la France entière de 84,7 p. 100 en 1882 (dernière statistique décennale agricole). Le nombre moyen des enfants par famille en 1886 était de 2,6.

DÉPARTEMENTS.	NOMBRE	
	de petites exploitations sur 100.	d'enfants par famille.
Savoie	94.0	3.16
Belfort	93.4	2.71
Hautes-Pyrénées	92.7	2.80
Pyrénées-Orientales	92.7	2.62
Vosges	92.5	2.62
Haute-Savoie	92.2	3.18
Vaucluse	92.2	2.66
Ariège	91.7	2.73
Isère	91.2	3.10

Deux autres départements, le Rhône et la Seine, sont aussi dans les premiers rangs par le nombre des petites exploitations ; mais c'est à cause des cultures maraîchères. (Voir l'article de M. de Foville, *Économiste français*, du 27 octobre 1886).

à chacun une plus forte part de sa fortune, n'aurait-il pas, s'il pouvait et voulait léguer le tout à un seul, plus d'intérêt encore à ne pas laisser une nombreuse postérité soit dans le dénument, soit à la charge de l'héritier favorisé ; car celui-ci peut n'être pas enclin, malgré cette faveur, à se montrer généreux et, en tout cas, à jouer un rôle délicat, surtout s'il n'est pas l'aîné, à l'égard de ses frères et sœurs.

Au XVIIIe siècle, à une époque où l'on croyait à une diminution de la population, des publicistes, comme Montesquieu (1), imputaient ce mal au droit d'aînesse. Les hommes voyant ou croyant voir un phénomène, sont portés à l'attribuer aux institutions ; et, le phénomène persistant malgré le changement des institutions, les thèses contraires sont soutenues successivement.

La richesse et les budgets. — Le degré de richesse des familles exerce une influence sur leur fécondité.

On l'a remarqué depuis longtemps. « Il est constant, disait en 1839 M. H. Passy, que les familles riches, prises en masse, sont celles qui ont le moins d'enfants et que leurs rangs s'éclairciraient si les vides qui s'y forment n'étaient remplis successivement par de nouvelles familles » (2).

M. A. Bertillon s'était servi de la statistique agricole de 1862 pour essayer d'établir que la moindre natalité était celle des départements (à l'exclusion de 4 départements manufacturiers) qui comptaient le plus de propriétaires. Voici le résultat qu'il avait obtenu :

---

(1) Montesquieu, dans ses *Lettres persanes* (lettre CXV de l'édition d'Amsterdam, 1730) dit : « L'injuste droit d'aînesse, si défavorable à la propagation, en ce qu'il porte l'attention d'un père sur un seul de ses enfants et détourne ses yeux de tous les autres ; en ce qu'il l'oblige, pour rendre solide la fortune d'un seul, de s'opposer à l'établissement de plusieurs..... » A peu près à la même époque, l'anglais Wallace (*A dissertation on the number of mankind*, 1734), place le droit d'aînesse parmi les causes de dépopulation ; l'italien Filangieri accuse de cette dépopulation le petit nombre de propriétaires fonciers et demande l'abolition du droit d'aînesse et des substitutions. Bien avant qu'il ne fût question du Code civil, Polybe écrivait (*Excerpta* LXXVI-XXXVII, *Maii scriptorum veterum nova collectio*, t. II, p. 430-431, Rome 1827) : « Si par exception vous vous soumettez aux charges d'un ménage, vous vous arrangez de manière à n'avoir qu'un enfant ou deux, afin que, comme vous, il puisse vivre dans la richesse et le luxe. » Ce mal s'est propagé en cachette, mais avec une déplorable rapidité.

(2) Le mémoire tout entier mériterait d'être cité (*Mém. de l'Ac. des Sciences morales et pol.*, t. II, 3e série)

DÉPARTEMENTS.	NOMBRE.		
	de propriétaires par 1,000 habitants.	de mariages par 1,000 personnes en âge de mariage.	de naissances par 1,000 habitants.
30	285	25.3	24.7
31	240	25.6	25.7
21	177	25.9	28.1
82			

M. Tallqvist a dressé, de son côté, le tableau suivant pour montrer que la natalité dans les départements français était à peu près en raison inverse de la contribution personnelle-mobilière et du montant des valeurs successorales, deux indices de la richesse.

NOMBRE de départements.	MOYENNE des valeurs successorales par tête d'habitant (période 1876-1880).	NOMBRE d'enfants légitimes par 100 femmes mariées de 15 à 50 ans.
	fr. fr.	
10 (1)	48 à 57	23.0
9 (2)	62 à 68	21.7
11 (3)	73 à 82	18.9
19 (4)	85 à 102	16.1
10 (5)	109 à 122	14.3
9 (6)	124 à 129	18.1
7 (7)	134 à 154	16.3
9 (8)	170 à 250	14.9
Seine.	412	13.2

Que l'on classe les départements d'après la valeur vénale de la

---

(1) Creuse, Corrèze, Ariège, Morbihan, Aveyron, Hautes-Alpes, Lozère, Savoie, Haute-Savoie, Ardèche.

(2) Haute-Loire, Ille-et-Vilaine, Haute-Vienne, Lot, Basses-Pyrénées, Landes, Hautes-Pyrénées, Finistère, Vosges.

(3) Gard, Puy-de-Dôme, Côtes-du-Nord, Basses-Alpes, Dordogne, Tarn, Indre, Cantal, Loire, Drôme, Jura.

(4) Haute-Marne, Vaucluse, Charente-Inférieure, Haute-Saône, Saône-et-Loire, Ain, Nièvre, Tarn-et-Garonne, Isère, Vienne, Charente, Gers, Aude, Doubs, Deux-Sèvres, Meuse, Loire-Inférieure, Cher, Allier.

(5) Vendée, Yonne, Var, Lot-et-Garonne, Loir-et-Cher, Hérault, Haute-Garonne, Aube, Meurthe-et-Moselle, Ardennes.

(6) Maine-et-Loire, Orne, Nord, Pyrénées-Orientales, Indre-et-Loire, Sarthe, Alpes-Maritimes, Mayenne, Côte-d'Or.

(7) Manche, Pas-de-Calais, Loiret, Aisne, Somme, Bouches-du-Rhône, Gironde.

(8) Oise, Marne, Eure-et-Loire, Eure, Rhône, Seine-et-Marne, Calvados, Seine-Inférieure, Seine-et-Oise.

propriété foncière non bâtie, d'après le rapport du nombre des cotes foncières de la propriété bâtie avec le nombre des habitants (1), d'après le chiffre des contributions (2), on voit que la natalité et la richesse paraissent s'opposer l'une à l'autre dans le plus grand nombre. On ne saurait faire de cette opposition une loi rigoureuse ni en calculer le rapport ; mais elle est manifeste dans l'ensemble (3).

La différence considérable qui existe entre les arrondissements de Paris sous le rapport de la natalité est aussi un indice de cette influence (4). Le recensement de 1886 a fourni à M. J. Bertillon les moyens d'y compter le nombre d'enfants par famille ; c'est entre le VIIIe et le XIXe arrondissement que l'opposition est le plus accentuée.

	Nombre de familles de chaque catégorie sur 1,000 familles.	
	VIIIe arrondiss.	XIXe arrondiss.
0 enfant...............	333	358
1 id...............	290	216
2 id...............	216	191
3 id...............	91	113
4 id...............	42	64
5 id...............	18	31
6 id...............	6	16
7 enfants et plus	4	11
	1.000	1.000

Famille ayant

Ce n'est pas par le nombre des familles sans enfants, c'est par

---

(1) Voir la *Nouvelle évaluation du revenu foncier des propriétés non bâties*, carte n° 66, et l'*Évaluation de la propriété bâtie* (publications du Ministère des Finances).

(2) L'échelle des rapports calculés d'après la contribution personnelle-mobilière varie de 23,6 enfants légitimes par 100 femmes de 15 à 50 ans pour les départements où cette contribution est de 0 fr. 75 à 1 fr. 21 par tête, à 14,7 enfants légitimes pour ceux où elle est de 3 fr. 98 à 4 fr. 34 et à 13,2 enfants légitimes pour la Seine. Voir diverses comparaisons de ce genre dans *La France et ses colonies*, par E. Levasseur, t. II, p. 499 et suiv. — M. J. Bertillon s'est servi des contrats de mariage (période 1874-1883) pour étudier ce rapport. Mais, sur 15 départements où il a constaté plus de 6 contrats par 10 mariages, 13 sont situés au sud de la Loire dans l'ancien pays de droit écrit où les contrats de mariage sont restés plus en usage que dans l'ancien pays coutumier ; il n'y a pas là une véritable mesure de la richesse.

(3) Il n'y a pas lieu de consacrer un examen à certaines autres causes auxquelles on a attribué le peu de fécondité de la population française, telles que l'usage du tabac et de l'alcool.

(4) Voir livre II, ch. XVII.

celui des familles ayant plus de 3 enfants que la différence entre les deux arrondissements se marque, et elle est d'autant plus accusée que ces familles en ont davantage. Ce n'est là qu'un exemple (1), mais qui mérite d'être cité parce qu'il nous parait correspondre à un état à peu près général en France.

Une augmentation de richesse produit d'ailleurs, suivant les cas, des effets différents. On cite quelquefois le département des Landes, où avant l'année 1850, lorsque le sol n'avait pas encore été assaini par les plantations de pins et par l'écoulement des eaux stagnantes, la natalité moyenne (période 1845-1849) était de 30,5, la mortalité de 25,4 et l'excédent annuel de 5,1 par 1,000 habitants et où la statistique accuse aujourd'hui (période 1881-1885) un excédent de 7,7 par 1,000, avec une natalité et une mortalité très diminuées (natalité 24,4, mortalité 16,7). S'il n'était pas quelque peu suspect (2), cet exemple confirmerait la coïncidence d'un accroissement de la richesse et de la population et d'un amoindrissement de la natalité.

Si les classes aisées sont moins prolifiques que les classes pauvres, c'est qu'elles sont plus prévoyantes : nous l'avons dit, il

---

(1) Les proportions du XIXe arrondissement en 1886 correspondent assez bien avec celles que Moheau donnait en 1773 pour la France entière : ce qui est logique.

0 enfant	273
1 id	256
2 id	211
2 id	127
4 id	69
5 id	39
6 id	16
7 enfants et plus	9
	1.000

M. H. Passy, dans une communication faite à l'Académie des Sciences morales et politiques, arrivait à la même conclusion en constatant que dans les 2e, 10e et 1er arrondissements, qui étaient riches, le nombre moyen des naissances par mariage était de 1,97, tandis que dans les arrondissements, 6e, 8e, 5e, 12e, relativement pauvres, il s'élevait à 2,86.

(2) Dans la première moitié du siècle, la statistique du département des Landes accuse huit fois (1802, 1803, 1809, 1811, 1812, 1813, 1837, 1847) un excédent de décès ; dans la seconde moitié, quatre fois (1855, 1859, 1870, 1871). Si la population n'a pas augmenté de 1851 à 1886 dans le département, c'est, dit-on, parce qu'il fournit un fort contingent d'émigration. Mais, quand on étudie de près les documents, on découvre dans la statistique de ce département des lacunes qui ôtent toute confiance dans les résultats généraux. Ainsi, jusqu'en 1888, les préfectures n'envoyaient au ministère que des feuilles récapitulatives par département pour servir à l'établissement de la statistique du mouvement de la population. Depuis l'année 1888, elles sont tenues d'envoyer

y a des raisons qui expliquent cette prévoyance restrictive sans la justifier entièrement. Un fils qu'il faut élever, instruire jusqu'à vingt ans, puis établir, coûte souvent plus au bourgeois que le fils de l'ouvrier agricole qui vit de peu comme sa famille et gagne son pain dès l'âge de douze ans. On prend plus de peine pour amasser une dot à une fille que pour en faire une servante.

La prévoyance, sentiment louable, n'est pas l'unique mobile. L'amour du luxe, souvent d'un luxe frivole, pousse un grand nombre de familles aisées à dépenser jusqu'à l'extrême limite et même par-delà la limite de leur revenu. Ce revenu a beau s'étendre, si les besoins se développent plus largement encore, l'équilibre est rompu. Pour jouir et paraître, on se met dans la gêne et au lieu de faire les retranchements sur le superflu, on est porté à les faire sur le nombre des enfants. Les fils et les filles nourries dans ce milieu portent plus tard des goûts semblables dans leur propre ménage ou s'abstiennent pour ne pas être exposés à la privation.

Nous avons vu (1) que le nombre moyen des enfants vivants par famille était d'environ 2,6. D'une recherche faite dans l'*Almanach de Gotha,* il y a une quinzaine d'années, il résultait que les familles nobles de France avaient chacune en moyenne 2,7

---

les états par arrondissement, canton et commune ; par suite de cette obligation, on a constaté un relèvement subit et considérable dans la mortalité, sans que rien dans la natalité ou dans l'état social ait motivé ce changement :

ANNÉES.	NAISSANCES. Total.	DÉCÈS de 0 à 1 an. Total.	RAPPORT des naissances à la mortalité p. 100.
1880...................	7.556	448	5.9
1881...................	7 940	626	7.9
1882...................	7 210	496	6.8
1883...................	7 244	517	7.1
1884...................	7.119	541	7.4
1885...................	7.409	155	2.0
1886...................	7.572	171	2.3
1887...................	8 135	182	2.2
1888...................	6 301	940	14.8
1889...................	6.742	874	12.6

Le rapport serait un peu plus précis s'il était calculé entre les décès et la demi-somme des naissances de l'année et de l'année précédente ; mais le résultat, c'est-à-dire la démonstration de l'inexactitude des chiffres d'où il résulte une si faible mortalité enfantine, serait le même.

(1) Voir plus haut, même chapitre, « Le nombre d'enfants par famille en 1886. »

enfants (1). Nous avons refait le même calcul pour l'année 1890, et, quoique les chiffres que nous avons trouvés ne concordent pas tous avec ceux du travail précédent, nous avons encore pour la noblesse française une moyenne de 2,6 enfants par famille. La proportion est donc à peu près la même que celle qu'a fournie le recensement de 1886, et on peut s'étonner que la grande richesse de ces familles et leur désir de perpétuer un nom historique n'aient pas eu pour conséquence une fécondité plus grande que celle de la masse des habitants. On peut remarquer aussi que la noblesse française a moins d'enfants que celle des autres pays : on retrouve dans les rangs les plus élevés la même différence entre les nations que dans le peuple.

---

(1)

FÉCONDITÉ DES FAMILLES NOBLES

D'après l'*Almanach de Gotha* de 1876 (calcul de M. Vacher).

PAYS.	Nombre de familles nobles	Nombre total d'enfants vivants.	Nombre d'enfants par famille.
France....................	74	201	2.7
Empire allemand..........	166	786	4.8
Angleterre...............	28	137	4.9
Italie...................	56	176	3.0
Russie...................	13	67	5.1

FÉCONDITÉ DES FAMILLES NOBLES

D'après l'*Almanach de Gotha de* 1890. (Les calculs ont été faits par M. Escuyer.)

	NOMBRE TOTAL D'ENFANTS.			FÉCONDITÉ ou nombre d'enfants par famille.		
	SEXES.		TOTAL.	Garçons.	Filles.	TOTAL.
	Masculin	Féminin.				
Total pour la *Noblesse européenne* inscrite dans l'*Almanach de Gotha* de 1890 ; 1.135 unions ont produit	2.180	1.844	4.024	1.92	1.62	3.54
Maisons souveraines régnantes ou dépossédées ; 221 unions ont produit	461	353	814	2.08	1.59	3.67
Familles médiatisées d'Allemagne : 226 unions ont produit.........	567	492	1.059	2.14	1.85	3.99
Noblesse allemande inscrite dans le *Gotha* (non compris les familles régnantes ou médiatisées) ; 61 unions ont produit	110	88	198	1.64	1.33	2.97
Angleterre ; 107 unions ont produit	224	203	427	2.10	1.9	4.0
Allemagne ; 445 unions, id....	907	764	1.671	2.03	1.72	3.75
Autriche ; 167 unions, id....	311	302	613	1.86	1.85	3.71
Italie ; 117 unions, id....	218	196	414	1.86	1.67	3.54
Belgique ; 25 unions, id....	37	31	68	1.50	1.2	2.7
Russie ; 49 unions, id....	78	56	134	1.5	1.1	2.6
(Y compris la famille impériale); 58 unions ont produit..........	105	65	170	1.81	1.1	2.92
France ; 145 unions ont produit..	224	166	390	1.5	1.1	2.6

Le poids des impôts est, dans beaucoup de cas, une aggravation des charges de la vie et un obstacle au mariage et à l'accroissement de la population. Quoique nous ne puissions pas fournir directement des preuves statistiques de cette influence, nous sommes convaincu que le poids des impôts de consommation, octroi et douane, pèsent surtout sur les familles nombreuses.

Il ne faudrait pourtant pas s'arrêter à l'opinion que la richesse en général est un obstacle à la population ; car c'est le contraire qui est vrai : l'homme vit de richesse et, plus il y a de richesse, plus il y a de subsistance pour entretenir une nombreuse population. Les progrès énormes de la production manufacturière au XIXe siècle sont une des causes principales de l'accroissement du nombre des habitants de l'Europe et, si la Belgique en porte vingt fois plus par kilomètre carré que la Suède, c'est qu'elle tire de son sol et de ses ateliers de quoi les faire vivre. Mais, dans une population, ce ne sont pas en général les classes aisées qui fournissent le plus fort contingent à l'accroissement.

Les mœurs. — Les mœurs ont une influence considérable sur la fécondité. Nous sommes convaincu que l'état des esprits, qui dérive lui-même en grande partie de la condition sociale et économique d'un peuple ou d'un groupe de personnes, est plus puissant à cet égard que l'état physiologique. C'est pourquoi, d'une part, la foi religieuse, quand elle est sincère et sans réserve, est une cause de fécondité, et, d'autre part, l'aisance, quand elle inspire le désir de jouir d'un plus grand bien-être et de le conserver à ses enfants, tend à limiter, dans certains pays, la fécondité, de même que la crainte de s'appauvrir retient une partie de la jeunesse dans le célibat. Beaucoup de ménages ont ainsi un nombre d'enfants inférieur à celui que la nature leur aurait donné s'ils s'abandonnaient à elle sans réserve.

Il faut bien se garder toutefois d'attribuer exclusivement à la volonté le petit nombre de naissances. Que de ménages regrettent de n'avoir pas d'enfants !

Parmi les obstacles que les mœurs apportent au mariage, des moralistes ont signalé la complication des formalités administratives (1), les frais exagérés de la noce, la recherche des grosses

---

(1) Un projet de loi tendant à simplifier les formalités relatives au mariage des

dots. Le premier est une création de la loi ; les deux autres sont
un effet des mœurs.

Le mariage étant une des grandes solennités de la vie,
les fêtes qui l'accompagnent sont légitimes. La dot, donnant
à la femme une certaine indépendance dans le ménage, peut être
défendue par de bons arguments. Cependant il faut reconnaître
qu'en cela, comme en bien d'autres choses, l'excès devient un
défaut ; que les noces coûteuses et prolongées, comme elles le
sont dans certaines campagnes de France, ont plus d'inconvénients
que les mariages contractés, comme aux États-Unis, avec peu
d'apparat ; que la préoccupation dominante, chez beaucoup de
pères, d'équilibrer des fortunes ou la recherche par certains
jeunes gens d'un « beau mariage » risquent de produire des
unions mal assorties et sont une cause de retard, parfois même
d'empêchement absolu au mariage. Les Américains du nord,
quoique très ardents à la poursuite de la fortune, sont loin
d'être asservis autant que la bourgeoisie française à cette considération.

*La comparaison de la fécondité de la France avec celle
des pays étrangers.* — Puisque la France est au dernier rang
sous le rapport de la natalité parmi les nations européennes et
qu'elle occupe un rang moyen dans la mortalité, elle est nécessairement placée très bas sur l'échelle de la fécondité européenne.

Déjà, en 1823, Humboldt remarquait (1) que, si on y comptait
125 naissances pour 100 décès, on en comptait 137 en Angleterre, 166 en Russie (chiffre incertain assurément), 180 dans
la Prusse occidentale, 300 dans l'État de New Jersey aux États-
Unis. Le rapport a bien changé pour ce dernier État.

Le docteur A. Bertillon était très préoccupé de la faible fécondité de la population française ; il l'a signalée à plusieurs reprises
comme un danger grave. Il a dressé, avec des éléments empruntés à la période 1855-1874, un tableau intéressant que nous
reproduisons, en le complétant à l'aide d'un tableau du même
genre dressé récemment par son fils, J. Bertillon.

---

indigents a été déposé le 19 juin 1890 à la Chambre des députés. Les simplifications
administratives nous paraissent utiles ; des modifications qui diminueraient l'autorité paternelle nous paraîtraient dangereuses.

(1) *Nouvelle Espagne*, t. I.

FÉCONDITÉ COMPARÉE, PAR LE DOCTEUR A. BERTILLON ET PAR SON FILS J. BERTILLON.

(*Extrait de l'article* NATALITÉ, *du Dictionnaire encyclopédique des Sciences médicales et de l'Encyclopédie de l'hygiène générale.*)

ÉTATS.	Nombre de naissances vivantes sur 1,000 habitants par an.	Rapport avec la France représentée par 100.	Nombre de naissances vivantes sur 1,000 femmes de 15 à 50 ans.	Rapport pour 100 avec la France.	Nombre de naissances vivantes légitimes comparé à 1,000 femmes mariées de 15 à 50 ans.	Rapport pour 100 avec la France.	Nombre de naissances vivantes illégitimes comparé à 1,000 femmes nubiles non mariées.	Rapport pour 100 avec la France.	Nombre, sur 1,000 habitants — de femmes de 15 à 50 ans.	Rapport p. 100 avec la France.	Nombre, sur 1,000 habitants — d'épouses de 15 à 50 ans.	Rapport p. 100 avec la France.	Sur 1,000 femmes de 15 à 50 ans nombre d'épouses de 15 à 50 ans.	Rapport pour 100 avec la France.
France (1856-65).	26.3	100	102	100	173	100	16.8	100	235	100	140	100	595	100
(1878-82)	24.8		99		166		16.1							
Anglet. (1861-70).	34.7	132	136	134	248	142	17.2	102	257	99	133	95	518	95
(1878-82)	34.0		»		»		»							
Bavière (1861-70).	40.0	152	156	153	305	163	41.7	248	256	99	116	83	455	84
(1878-82)	38.7		158		276		41.7							
Belgique (1855-66)	31.6	121	127	125	278	160	16.3	97	249	96	105	75	425	78
(1878-82)	29.9		132		263		18.9							
Danemark (1866-70)	31.0	118	128	125	221	127	29.3	174	241	93	124	88	515	96
(1878-82)	32.5		131		240		25.9							
Espagne (1861-65)	38.0	145	141	138	»	»	»	»	267	103	»	»	»	»
(1878-82)	31.0		»		»		»							
Italie (1868-71)	36.7	140	141	138	244	141	20.4	121	253	99	136	95	540	99
(1878-82)	36.3		144		242		23.7							
Prusse (1868-74).	38.0	144	150	147	275	158	23.1	141	252	97	127	91	506	93
(1878-82)	37.8		152		271		24.4							
Suède (1867-71)..	31.9	121	123	121	244	140	21.8	129	258	100	118	84	457	84
(1878-82)	29.6		118		239		21.3							

Ce tableau montre : 1° Que la natalité française était alors plus faible que celle des autres États d'Europe et qu'elle l'est encore, quoiqu'elle ait faibli depuis une dizaine d'années (1875-1889) dans presque tous ces États : nous le savons déjà (1).

2° Que, sur 1,000 habitants, la France ne compte pas moins de femmes de 15 à 50 ans (période que le docteur Bertillon considérait comme étant celle de la fécondité) que les autres États, puisqu'elle en avait 258, que l'Espagne seule en accusait davantage (267), et que la Prusse, qui en comptait le moins, en avait 252. Il n'y avait donc sous ce rapport qu'une différence minime entre les États (de 103 à 97, la France étant représentée par 100).

3° Que, si l'on calcule seulement le rapport des femmes mariées âgées de 15 à 50 ans à la population totale, la France se trouvait au premier rang (140 sur 1,000 habitants) avec une supériorité marquée, puisque les États qui viennent immédiatement après (Angleterre et Italie) restent de 5 0/0 au-dessous d'elle, et que le dernier (Belgique) lui est inférieur de 25 p. 100.

4° Que la conséquence de ces deux premiers faits est qu'en France, sur 1,000 femmes de 15 à 50 ans, il s'en trouvait un plus grand nombre mariées qu'ailleurs. Elles étaient 542, tandis que trois autres États figurant dans ce tableau ne comptaient même pas la moitié du total (425 en Belgique).

5° Que, si la France avait proportionnellement un peu plus de femmes nubiles que les autres États et moins de naissances, c'est que la fécondité y était faible : en effet, elle comptait 102 naissances par 1,000 femmes en âge de fécondité, tandis que la Prusse en comptait 150 et la Bavière 156.

6° Que, si elle avait beaucoup plus de femmes mariées que les autres États et beaucoup moins de naissances légitimes, c'est que la fécondité était très faible dans le mariage. En effet, sur 1,000 femmes mariées en âge de fécondité, elle n'enregistrait que 173 naissances légitimes (166 seulement, période 1878-1882), tandis que la proportion dépassait 200 pour les autres États et s'élevait à 305 pour la Bavière. Cette natalité légitime étant représentée par 100 pour la France, elle l'était par 141 pour l'Italie, par 142 pour l'Angleterre, par 158 pour la Prusse, par 160 pour la Belgique et par 163 pour la Bavière.

---

(1) Voir liv. II, ch. XIX.

7° Que la France occupait, avec la Belgique, le dernier rang dans la natalité illégitime, c'est-à-dire dans le rapport du nombre des femmes en âge de fécondité non mariées au nombre des naissances illégitimes. Si l'on réproche à la France son infériorité dans le cas précédent, il convient, comme nous l'avons déjà dit, de l'en féliciter dans celui-ci.

Avec des éléments datant à peu près de la même période, le baron de Œttingen a dressé, dans son ouvrage intitulé *Moralstatistik*, un tableau comparatif de la fécondité de la France et de quelques autres pays de langue teutonique, avec distinction des villes et des campagnes et déduction de la mortalité enfantine. Il a calculé, d'une part, que la natalité illégitime, surtout celle des campagnes, était moindre en France que dans les autres pays, mais que la fécondité vraie du mariage, dans les villes comme dans les campagnes, y était au-dessous du niveau des autres États : ce qui n'est pas douteux. Toutefois, comme la mortalité enfantine qu'il assigne à la France est notablement supérieure à l'état actuel des choses, nous n'insistons pas sur les proportions qu'il a établies (1).

M. Loua, travaillant sur des données statistiques qui se rapportent à la période 1872-1875 (excepté pour la Russie), a dressé de son côté, un tableau (voir page 189) dont les proportions diffèrent quelque peu de celles qu'avait calculées M. A. Bertillon, mais dont l'ensemble conduit aux mêmes conclusions. L'auteur a trouvé par 100 habitants un nombre de femmes de 15 à 45 ans (c'est la période qu'il a adoptée comme étant celle de la fécondité probable) qui est presque le même dans tous les pays : résultat qui paraît singulier, puisque la proportion des vieillards et surtout celle des enfants n'est pas partout la même. La moitié environ des femmes de cet âge sont mariées, un peu moins de la moitié dans la majorité des pays, un peu plus dans les autres ; la France notamment occupe, sous ce rapport, le premier rang dans le tableau de M. Loua comme dans celui de M. Bertillon. Par 1,000 femmes mariées de 15 à 50 ans, M. Bertillon donnait 173 naissances ; par 1,000 femmes mariées de 15 à 45 ans, M. Loua en donne 203. Ces deux nombres ne se contredisent pas ; car les femmes de 45 à 50 ans fournissent un nombre relativement faible de nais-

---

(1) V. le tableau, page 188.

FÉCONDITÉ DANS LE MARIAGE ET HORS DU MARIAGE, COMPARÉE DANS DIFFÉRENTS PAYS.

(D'après le baron de OEttingen.)

PAYS.	FÉCONDITÉ APPARENTE DANS LE MARIAGE. — (Nombre de naissances par mariage).		MORTALITÉ DES ENFANTS (sur 100 enfants de 0 à 1 an).		FÉCONDITÉ VRAIE DANS LE MARIAGE. — (Nombre d'enfants survivants après 1 an par mariage).		PROPORTION d'es enfants illégitimes sur un total de 100 naissances.	
	Villes.	Campagnes.	Villes.	Campagnes.	Villes.	Campagnes	Villes.	Campagnes.
France..............	3.16	3.28	35.69	28.56	2.03	2.34	15.13	4.24
Pays-Bas............	3.91	4.32	36.25	28.90	2.49	3.07	7.71	2.84
Danemark...........	3.04	3.34	29.66	22.68	2.14	2.58	16.05	10.06
Schleswig...........	3.50	3.69	27.42	23.42	2.34	2.83	8.38	6 37
Holstein............	3.37	3.88	29.92	25.20	2.36	2.90	15.50	8.74
Saxe...............	4.60	4.13	39.88	36.22	2.77	2.64	15.59	14.64
Hanovre............	2.92	3.65	28.70	26.47	2.08	2.68	17.42	9.06
Prusse.............	4.00	4.44	36.02	29.47	2.56	3.13	9.80	6.60

FÉCONDITÉ COMPARÉE DANS LES ÉTATS D'EUROPE (d'après M. Loua).

ÉTATS	NOMBRE DE FEMMES de 15 à 45 ans.			Nais-sances.	Mariages.	Décès.	NOMBRE DE NAISSANCES par 1,000 habitants.	NOMBRE DE FEMMES de 15 à 45 ans par 100 habitants.			NOMBRE de naissances par 100 femmes.	
(Période 1872-1875).	Mariées.	non mariées.	Total.					Non mariées.	Mariées.	Total.	Mariées ou non de 15 à 45 ans.	Mariées de 15 à 45 ans.
	(Nombres exprimés en milliers d'unités).			(Nombres exprimés en milliers d'unités).								
France..............	4.359	3 846	8.205	954	319	816	26.3	10.6	12.0	22.6	11.6	20.3
Angleterre et Galles......	2.685	2.724	5.409	840	202	514	31.8	11.6	11.4	23.0	15.5	29.7
Ecosse..............	340	427	767	121	26	78	35.3	12.4	9.9	22.3	15.8	32.8
Irlande..............	470	703	1.173	143	25	96	26.9	13.2	8.8	22.0	12.3	29.8
Belgique............	474	654	1.158	171	40	116	32.5	12.9	9.0	21.9	14.8	33.7
Pays-Bas............	369	472	841	135	31	91	36 0	12.6	9.9	22.5	16.1	25.3
Suisse..............	266	367	633	82	22	64	30.4	13.5	9.8	23.3	13.1	29.7
Empire allemand.........	4.380	5.082	9.462	1.670	406	1.165	39.7	12.1	10.4	22.5	17.7	34.8
Danemark (1875).........	188	228	416	59	15	39	31.2	12.1	10.0	22 1	14.4	28.5
Suède..............	405	559	964	131	30	79	30.5	12.9	9.4	22.3	13.7	»
Norvège (1875).........	175	226	401	56	14	33	30.0	12.5	9.6	22.1	14.0	29.5
Finlande (1875).........	»	»	449	69	15	43	36.3	»	»	»	15.8	»
Russie (1870).........	»	»	»	3.101	659	2.239	47.2	»	»	»	20.5	»
Autriche............	»	»	5.058	827	189	692	39.3	»	»	»	16.4	»
Hongrie (1872-74).........	»	»	3.179	567	148	663	41.4	»	»	»	17.8	»
Roumanie............	»	»	»	148	31	132	31.2	»	»	»	13.5	»
Italie..............	»	»	6.201	998	213	827	36.7	11.0	11.8	22.8	16.1	28.8
Grèce (1875).........	»	»	336	44	10	30	29.6	»	»	»	13.2	»

sances. Avec ces 203 naissances, la France se trouve, comme dans le tableau de M. Bertillon, au dernier rang ; les Pays-Bas, qui la précèdent immédiatement, en ont 253 ; la Belgique et l'Empire allemand, 337 et 348.

Sur la figure n° 167 qui exprime la fécondité du mariage dans

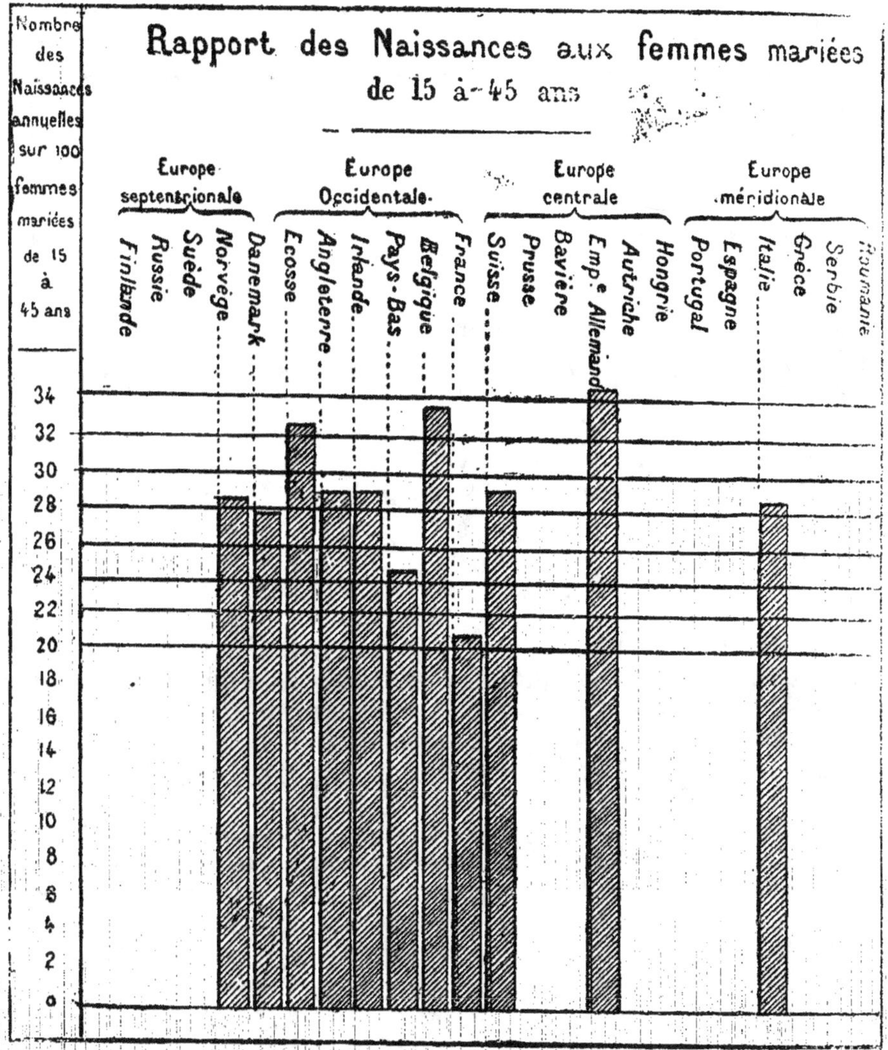

Fig. 167. — Fécondité du mariage dans divers États d'Europe.

les divers États, telle qu'elle a été calculée par M. Loua, l'infériorité de la France est très sensible.

Les rapports de fécondité légitime (nombre annuel d'enfants légitimes nés vivants par mariage) ont d'ailleurs peu changé dans la seconde moitié du XIXᵉ siècle, comme on le constate en rapprochant les résultats calculés par deux chefs de la Statistique générale de France à vingt ans de distance et en mettant à côté les résultats calculés d'après une méthode différente et moins précise par le baron de Œttingen (1).

ÉTATS.	D'APRÈS		
	le baron DE OETTINGEN. (Période 1850-1868)	M. LEGOYT. (Calcul fait en 1867)	M. TURQUAN. (Calcul fait en 1888)
Irlande	»	»	4.8
Grèce	4.7	»	4.7
Russie	4.4	»	4.7
Italie	4.5	»	4.5
Espagne	»	»	4.5
Wurtemberg	»	»	4.4
Écosse	4.6	»	4.4
Portugal	4.6	»	»
Hongrie	»	»	4.3
Norvège	4.0	4.7	4.3
Suède	3.9	4.5	4.3
Prusse	4.3	4.6	4.1
Pays-Bas	4.0	4.9	4.1
Autriche	3.8	»	3.9
Belgique	3.6	4.2	3.9
Angleterre	4.0	»	3.9
Saxe	4.0	4.3	3.8
Danemark	»	4.3	3.7
Bavière	3.6	4.5	3.3
France	3.1	3.4	3.0

Dans le plus grand nombre des États européens, la natalité a une tendance à diminuer (2). Ce résultat apparaît clairement dans le tableau suivant qui donne la natalité moyenne de deux périodes triennales, distantes d'une vingtaine d'années.

NAISSANCES VIVANTES PAR 1,000 HABITANTS.

ÉTATS.	PÉRIODES		DIFFÉRENCE	
	1865-1867.	1886-1888.	en moins.	en plus.
Irlande	26 2	23.1	3.1	»
Ecosse	35.3	31.3	4.0	»
Angleterre et pays de Galles	35.3	31.4	3.9	»
Pays-Bas	38.8	34.04	4.4	»
Belgique	32.0	29.3	2.7	»
France	26.4	23.5	2.9	»
Prusse	38.4	37.7	0.7	»
Suisse	32.0	27.8	4.2	»
Autriche	37.4	38.0	»	0.6
Hongrie	39.9	44.5	»	4.6
Italie	37.8	37.1	0.7	»
Suède	32.0	29.7	2.3	»
Norvège	34.4	30.8	3.6	»
Danemark	31.1	32.1	»	1.0

(1) Voir page 188.
(2) *Voir la note à la page suivante.*

L'excédent de la mortalité sur la natalité mesure le taux d'accroissement. Le tableau suivant, dressé par le *General Registrar* d'Angleterre présente ces trois termes (période 1861-1880). Sur la figure n° 168, les États sont classés d'après ce taux.

ÉTATS. (Période 1861-1880).	NATALITÉ. — Nombre de naissances par 1,000 habitants.	MORTALITÉ. — Nombre de décès par 1,000 habitants.	EXCÉDENT. ou Taux d'accroissement moyen annuel par 1,000 habit.
Norvège	30.8	16.9	13.9
Angleterre	35 3	21.9	13.4
Empire allemand	39.1	26.8	12.3
Suède	30.9	19.2	11.7
Pays-Bas	36.2	24.6	11.6
Danemark	31.2	19 7	11.5
Espagne	39.3	29.7	9.6
Belgique	31.8	22.8	9.0
Autriche	39.7	31 1	8.6
Italie	37.1	30 0	7.1
Suisse	30.6	23.6	7.0
Hongrie	42.8	38.7	4.1
France	25.9	23.6	2.3

La France est au dernier rang, bien loin derrière les autres États et, par conséquent, bien au-dessous de la moyenne de l'Europe qui est d'environ 8 pour 1,000. L'affaiblissement de sa natalité l'a fait descendre encore au-dessous de ce niveau ; aujourd'hui (1880-1888), elle n'a qu'un excédent annuel de 1,3 pour 1,000.

Ce n'est pas que la mort y fasse de grands ravages ; car, sur les treize États, la mortalité de cinq seulement est inférieure à la sienne et celle des six autres est supérieure (il est vrai qu'ayant moins d'enfants, elle a bien moins de chances de décès).

Il ne suffit pas assurément de donner le jour à des enfants pour assurer l'accroissement d'une nation ; la Hongrie, qui, étant au premier rang de la natalité (42,8 p. 1,000), n'est qu'à l'avant-dernier sous le rapport de l'accroissement parce qu'elle a eu dans cette période une mortalité considérable (38,7 p. 1,000), fournit

(2) (*Note se rapportant à la page précédente*). — Voici comme renseignement complémentaire de la diminution de natalité signalée au chapitre xiv du livre II et aux pages 186 et 191 du présent chapitre, le tableau de la natalité dans les principaux États d'Europe en 1875, 1882 et 1889 :

ÉTATS.	1875	1882	1889	ÉTATS.	1875	1882	1889
Angleterre	35.4	33.7	30.5	France	26.0	24.8	22.9
Écosse	35.2	33.3	30.1	Empire allemand	40.6	37.2	36 5
Irlande	26.1	24.1	22.8	Autriche	39.9	39.1	37.9
Pays-Bas	36.5	35.3	33.2	Italie	37.8	37.1	37.3
Belgique	32 2	31.2	29.1				

une preuve de cette vérité. Un tel état démographique n'est pas enviable. Excellente au contraire est, sous ce rapport, la constitution du peuple norvégien qui, avec une natalité au-dessous de

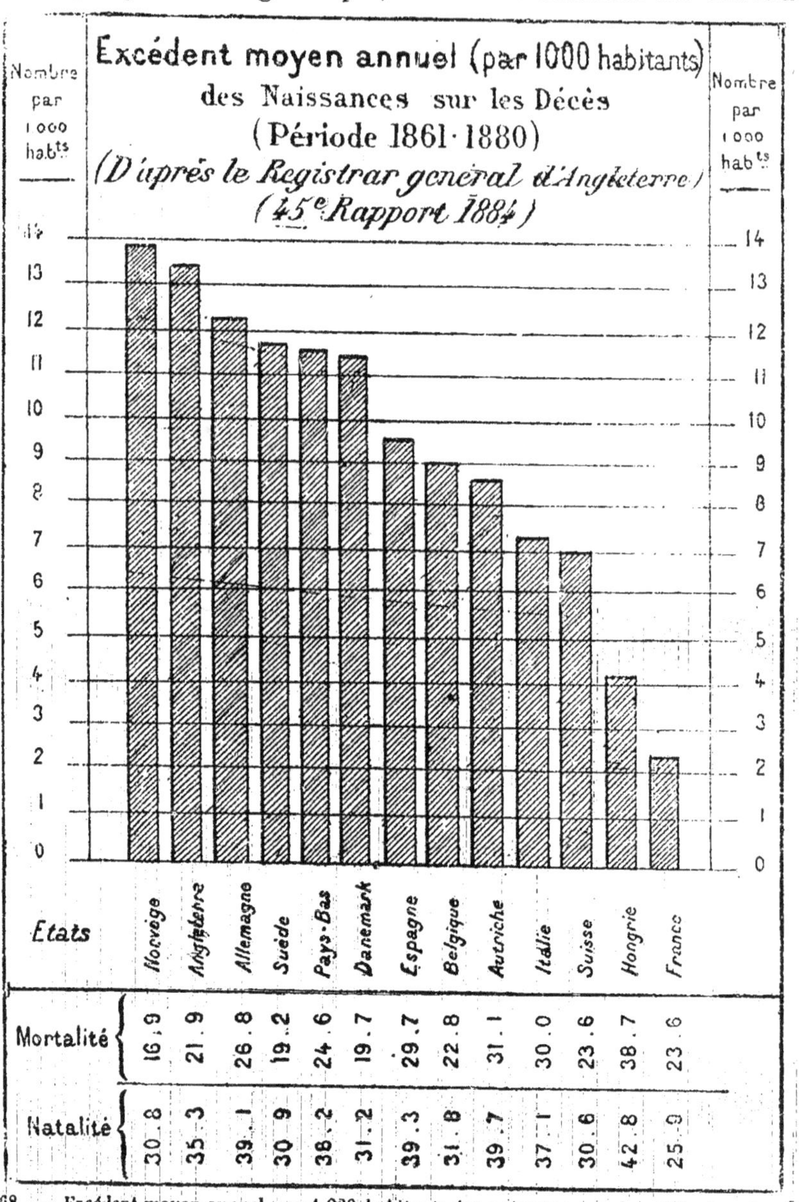

Etats	Norvège	Angleterre	Allemagne	Suède	Pays-Bas	Danemark	Espagne	Belgique	Autriche	Italie	Suisse	Hongrie	France
Mortalité	16.9	21.9	26.8	19.2	24.6	19.7	29.7	22.8	31.1	30.0	23.6	38.7	23.6
Natalité	30.8	35.3	39.1	30.9	38.2	31.2	39.3	31.8	39.7	37.1	30.6	42.8	25.9

Fig. 168. — Excédent moyen annuel par 1,000 habitants des naissances sur les décès dans les États d'Europe, période 1861-1880 (d'après le General Registrar d'Angleterre).

la moyenne (30,8 p. 1,000), s'élève au premier rang dans l'ordre de l'accroissement parce qu'il a la plus faible mortalité de l'Europe (16,9 p. 1,000).

L'excédent des naissances sur les décès est un fait très réel qui donnerait, si on le connaissait, la mesure de l'accroissement du nombre des hommes sur la terre, mais qui ne représente pas exactement l'accroissement du nombre des habitants d'un pays, puisque l'émigration peut en retrancher et l'immigration en ajouter. A défaut de renseignements suffisants sur le contingent de l'émigration et de l'immigration, dont nous traiterons plus loin (1), on peut mesurer par la suite des recensements le taux réel d'accroissement des habitants d'un pays. C'est le résultat consigné dans le tableau précédent (2), qui donne le taux correspondant 1° à la première partie du siècle (1801-1860) (3), 2° à la période actuelle (1860-1883) (4) et sur la figure qui l'accompagne (Voir fig. n° 169).

RÉGIONS.	ÉTATS.	TAUX D'ACCROISSEMENT (Augmentation géométrique moyenne de la population par 1,000 habitants).	
		Période 1801-1860.	Période 1861-1883.
Europe occidentale......	Angleterre..............	12.6	13.2 ?
	Ecosse.................	10.5	19.2
	Irlande	1.7	6.8
	Royaume-Uni (moyenne générale)...............	9.9	9.3
	Pays-Bas...............	7.1	10.2
	Belgique...............	7.6	8.4
	France.................	4.8	2.5
Id. centrale.........	Prusse.................	12.1	9.4 (5)
	Saxe...................	14.1	14.9
	Bavière................	5.5	7.1
	Wurttemberg	3.4	6.9
	Empire allemand (moyenne générale (1).............	»	8.4
	Suisse.................	5.9	6.2
	Autriche...............	6.4	7.7
	Hongrie	2.7	4.7
Id. méridionale......	Portugal...............	3.9	7.0 ?
	Espagne................	6.6	3.3
	Italie.................	6.1	6.7
	Grèce..................	12.2	12.6
	Serbie.................	19.2 ?	14.7
Id. orientale........	Russie (sans la Pologne)...	13.2	12.9 ?
	Provinces polonaises......	7.2	18.4 ?
	Finlande	12.2	8.9
Id. septentrionale..	Danemark................	9.3	10.1
	Suède	8.2	7.7
	Norvège................	9.9	7.6

(1) Livre III, ch. ix et x.

(2) Ce tableau est emprunté aux *Confronti internazionali* de la statistique italienne.

(3) Pour quelques États, Empire russe, Austro-Hongrie, États allemands, Grèce, Serbie, la période commence plus tard (de 1848 à 1851).

(4) La période commence suivant les États en 1860 ou en 1861, pour la Pologne en 1858, pour l'Empire allemand en 1871.

(5) Sans les annexions de 1866.

Dans ce tableau et sur la figure, la Norvége, la Suéde et l'Empire allemand occupent un rang un peu moins élevé que dans celui de l'excédent des naissances, parce que l'émigration leur enléve une partie de cet excédent (5,3 par 1,000 habitants pour

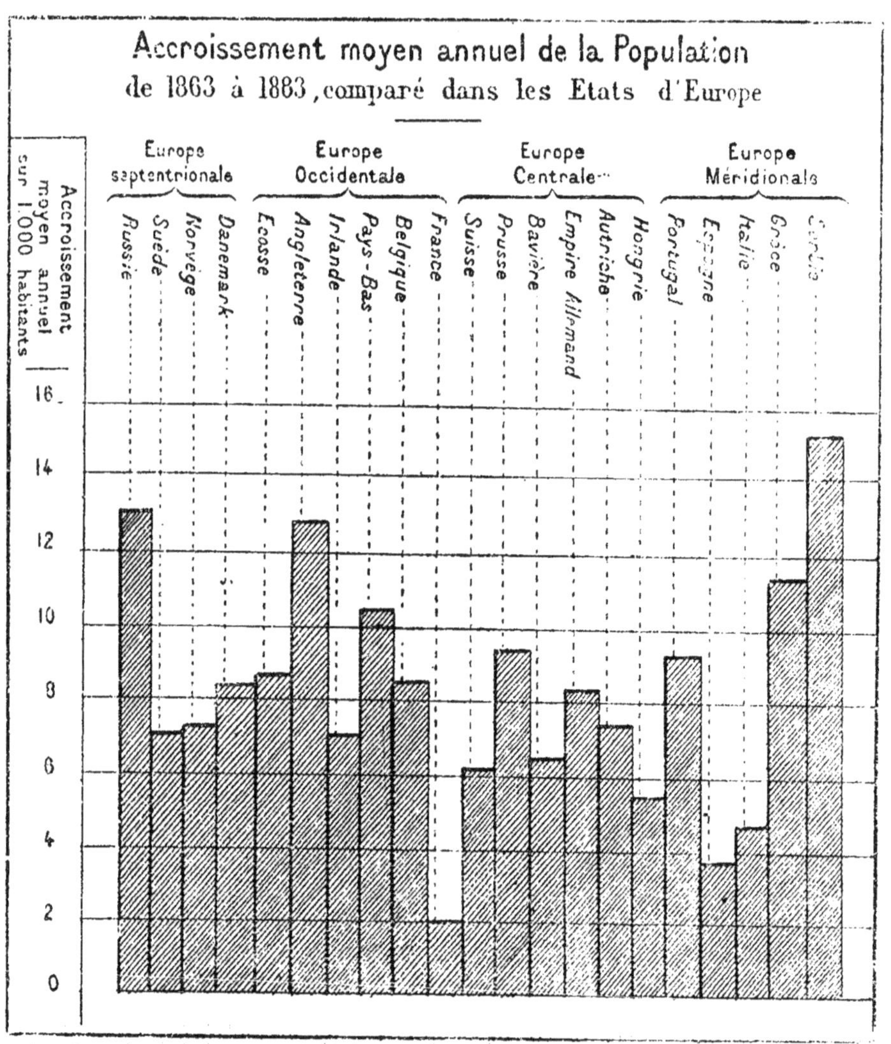

Fig. 169. — Accroissement moyen annuel de la population dans les États d'Europe; période 1860-1883.

la Norvége, 0,2 pour la Suéde, 1,7 pour l'Allemagne). La France reste au dernier, malgré l'immigration qui y est considérable.

L'accroissement de l'Angleterre est un des plus remarquables en Europe, et il est fondé sur une connaissance plus précise des faits que celui de la Russie (1), de la Serbie ou de la Grèce.

____

(1) D'après l'*Annuaire statistique de la Russie*, l'excédent moyen annuel des nais-

La fécondité anglaise, que Malthus pensait être plus forte au commencement du XIXᵉ siècle qu'au milieu du XVIIIᵉ, aurait peu varié, d'après le *General Registrar*, durant les cinquante dernières années :

PÉRIODES.	Nombre annuel des naissances par mariage d'après le *Registrar office.*		Nombre de mariages annuels par 1,000 habitants.
	légitimes et illégitimes.	légitimes seulement.	
1841-1850...............	4.0	»	8.0
1851-1860...............	4.0	3.7	8.4
1861-1870...............	4.2	3.9	8.3
1871-1880...............	4.4	4.1	8.1
1881-1889...............	4.4 (1)	4.1	7.4

L'état est presque stationnaire. Ce qui a diminué en Angleterre depuis quinze ans, ce n'est pas la fécondité, évaluée par le rapport des naissances aux mariages, c'est la nuptialité et la natalité, autrement dit le rapport du nombre des mariages et des naissances au total de la population (2).

Il en est de même en Belgique.

PÉRIODES.	NOMBRE de naissances pour 1 mariage.
1841-1850..........................	4.5
1851-1860..........................	4.1
1861-1870..........................	4.3
1871-1880..........................	4.4
1881-1889..........................	4.4 (3)

Dans les États scandinaves, on peut suivre d'un peu plus loin les variations de la fécondité.

---

sances sur les décès a été de 923,000 dans la période 1867-1881. En supposant une population moyenne de 85 millions d'âmes, l'accroissement annuel est de 10 p. 1,000. Pendant cette période, la moyenne des naissances a été de 3,419,900 et celle des mariages de 657,790 ; d'où 5,2 naissances par mariage.

(1) Comme les naissances sont pour une notable partie le résultat des mariages de l'année précédente, il arrive, quand le nombre des mariages annuels s'accroît, comme de 1851 à 1860, que le nombre des naissances par mariage est moindre, et au contraire qu'il devient plus fort quand le nombre des mariages diminue, comme de 1881 à 1889, sans que le changement du rapport corresponde à un changement réel dans la fécondité.

(2) Pour l'année 1888, nous avons donné 3,9.

(3) Voir la note précédente et le livre II, ch. XIV (tome II, p. 192).

Ainsi, par 1,000 femmes mariées de tout âge, le nombre des naissances vivantes légitimes était, en Suède (2) :

De 1771 à 1780............de	171	De 1831 à 1840...........de	174
1781 à 1790...............	169	1841 à 1850..............	173
1791 à 1800...............	177	1851 à 1860..............	186
1801 à 1810...............	164	1861 à 1870..............	176
1811 à 1820...............	175	1871 à 1880..............	164
1821 à 1830...............	186	1881 à 1887..............	161

Par 1,000 femmes mariées de 20 à 45 ans, période de la plus grande fécondité, le nombre des naissances (naissances vivantes et mort-nés) légitimes était en Norvège :

De 1796 à 1805............de	291	De 1861 à 1865...........de	316
1806 à 1845...............	323	1866 à 1870..............	296
1846 à 1850...............	326	1871 à 1875..............	323
1851 à 1855...............	327	1876 à 1880..............	333
1856 à 1860...............	332	1881 à 1886..............	322

Les variations sont en somme très faibles pour la Norvège ; la diminution n'est prononcée pour la Suède que depuis 1871. Si la fécondité a été affaiblie de 1801 à 1818, la guerre avec la Russie en est peut-être la cause. Pourquoi le même taux reparaît-il depuis 1870 ? Nous savons que la natalité suédoise a fléchi depuis le XVIII° siècle (3), et, par conséquent, si jusqu'en 1870 la fécondité légitime s'est maintenue, c'est que la nuptialité a un peu diminué. Mais cette nuptialité s'est maintenue à peu près au même niveau depuis 1870, et la diminution de fécondité, correspondant à une diminution de natalité, dépend d'autres causes, peut-être de mariages plus tardifs (4).

Hors d'Europe, il n'est pas sans intérêt de comparer, sous le rapport de l'accroissement, un pays musulman avec les pays chrétiens. L'Égypte est à peu près le seul de ce genre où l'on puisse trouver quelques éléments de cette comparaison. Depuis le commencement du siècle, quatre évaluations officielles ou recensements de sa population ont donné :

En 1800..........	2.460.000 âmes.	En 1846.........	4.476.000 âmes.
1821...........	2.536.000 —	1882.........	6.582.000 —

---

(2) Voir *Recherches statistiques sur la tendance à une moindre fécondité de mariages*, par Tallqvist. Helsingfors, 1886.

(3) Livre II, ch. XIV ; tome II, p. 191.

(4) Ainsi, sur 1,000 mariages de 1831 (la statistique ne remonte pas au delà) à 1835, le nombre des mariés au-dessous de 25 ans était de 35, et celui des mariées de 46 ; de 1871 à 1880 il n'a été que de 22 et de 37.

L'accroissement est si considérable (20 p. 1,000 en moyenne par an, de 1800 à 1882) qu'on ne peut s'empêcher de croire qu'il y ait eu de nombreuses omissions dans les premiers dénombrements. Toutefois les documents indiquent un accroissement beaucoup plus fort dans la Basse que dans la Haute-Égypte : ce qui est vraisemblable puisque la richesse attire les travailleurs.

Les pays chrétiens hors d'Europe dont on peut suivre le progrès avec le plus de certitude et durant la plus longue période sont les États-Unis et le Canada.

Les habitants des États-Unis (dont le territoire, il est vrai, s'est agrandi, mais aux dépens de contrées alors presque désertes) sont aujourd'hui seize fois plus nombreux qu'ils n'étaient il y a cent ans. Nous chercherons dans un autre chapitre quelle est, dans ce total, la part de l'immigration (1) ; mais celle-ci n'a commencé à avoir une grande importance qu'à partir de 1820, époque à laquelle les États-Unis comptaient 9,658,000 habitants. Or, leur population, de 1790 à 1820, avait augmenté d'un tiers environ tous les dix ans et dans le rapport de 1 à 2,7 dans l'espace de trente ans ; cet accroissement était alors presque exclusivement dû à la fécondité.

Les mœurs ont changé dans certains États de la grande République. Dans la Nouvelle-Angleterre, les mariages sont fréquents, il est vrai, mais les époux ont en général peu d'enfants, moins qu'en France, si on en juge par les quatre seuls États (Vermont, Massachusetts, Connecticut, Rhode-Island) qui recueillent et publient le mouvement annuel de leur population ; car le nombre des enfants par mariage n'y est guère que de 2,7, tandis que la statistique française en accuse 3 (moyenne de la période 1881-1889). Cette population n'est pourtant pas encore extrêmement pressée sur le sol ; la superficie totale des quatre États n'est que de 63,000 kilomètres carrés, à peu près celle de dix départements français, et la densité y varie de 13 habitants par kilomètre carré (Vermont, qui est montagneux) à 106 (Rhode-Island, dont la grandeur est à peu près celle de la moitié d'un département français). Mais c'est une population qui a contracté l'habitude de vivre à l'aise. Quoique les aliments y coûtent moins qu'en France, il faut à l'ouvrier pour se suffire un salaire

---

(1) Livre IV, ch. x.

TABLEAU DE LA POPULATION DES ÉTATS-UNIS DE 1750 à 1900

avec la superficie et la densité pour la totalité du territoire et pour la partie habitée et avec le taux d'accroissement.

DATES.	SUPERFICIE TOTALE du territoire des États-Unis. en milliers de milles carrés (1).	SUPERFICIE TOTALE du territoire des États-Unis. en kilomètres carrés.	POPULATION recensée (ou calculée).	ACCROISSEMENT de la population d'un recensement au recensement précédent.	Densité générale ou nomb. moyen d'hab. par kil. carré du territoire total.	SUPERFICIE de la région habitée (13) en kilom. carrés.	Densité de la région habitée.	Accroissement. total d'un recensement à l'autre par 100 hab. (14).	Accroissement. par période trentenaire, la population au commencement de chaque période étant 1.	Progression depuis 1790, la population de 1790 étant 1.
(1750)........	»	»	(1.046.000) (9)	»	»	»	»	»	»	»
(1780)........	»	»	(3.000.000) (9)	»	»	»	»	»	»	»
1790........	827.8	2.144.115	3.929.214	»	1.8	621.423	6.5	»	»	1 (1790)
1800........	»	»	5.308.483	1.379.269	2.4	791.783	6.9	35	»	»
1810........	1.999.7 (2)	5.179.426	7.239.881	1.931.398	1.3	1.063.577	7.1	36	2.7	»
1820........	2.059.0 (3)	5.332.921	9.658.453	2.418.572	1.8	1.317.577	7.6	32	»	2.6 (1820)
1830........	»	»	12.866.020	3.207.567	2.4	1.638.737	8.2	33	»	»
1840........	»	»	17.067.453	4.203.433	3.2	2.090.886	8.6	32	2.4	»
1850........	2.980.9 (4)	7.720.683	23.192.876	6.122.423	3.0	2.536.254	9.5	35	»	5.9 (1850)
1860........	3.026.4 (5)	7.838.619	31.443.321	8.251.445	4.9	3.094.412	10.6	35	»	»
1870........	3.603.8 (6)	9.334.060	39.818.449	8.365.128	4.4	3.297.099	11 4	28	2.1	»
1880........	3.602.9 (7)	9.332.000 (8)	50.155.783	10.337.334	5.3	4.065.186	13	28	»	12.7 (1880)
1890........	3.602.9	9.332.000	63.000.000 (11)	12.844.217	6.7	»	»	26	»	15.9 (1890)
(1900)........	?	»	(80.000.000) (12)	»	»	»	»	»	»	»

(1) Ces chiffres sont ceux qui ont été calculés par le surintendant du census de 1870, M. Fr. Walker (*Statistical atlas*). On donnait auparavant des chiffres quelque peu différents.

(2) Territoire agrandi par la cession de la Louisiane

(3) Territoire agrandi par la cession de la Floride.

(4) Territoire agrandi par l'annexion du Texas et la cession du Nouveau-Mexique.

(5) Territoire agrandi par la seconde cession faite par le Mexique.

(6) Territoire agrandi par la cession de l'Alaska.

(7) Ce nombre résulte du calcul rectifié pour le census de 1880, par MM. Gannett et Carpenter. Il comprend le nombre de 577.390 milles carrés pour l'Alaska déjà donné en 1870 et le nombre de 3.025.600 milles pour la grande surface (gross area) des États-Unis, à savoir : 2.970.000 milles carrés (7,772,000 kil. c.) pour la surface des terres, et 55.600 milles mètres carrés (144,500 kil. c) pour la surface des eaux, dont 17.200 pour les baies, golfes côtiers et détroits compris dans la superficie, 14.500 pour les rivières, 23.900 pour les lacs intérieurs. Les cinq Grands lacs ne sont pas compris dans cette superficie.

(8) En ajoutant les 133.000 kilomètres carrés pour la part des Grands lacs, qui 9,465,000 kilomètres carrés, qui diffère peu des 9,463,000 kilomètres carrés trouvés par un autre mode de calcul.

(9) La population avant 1790 est imparfaitement connue. L'historien Brancoft donne 1,385,000 blancs et 310,000 noirs pour l'année 1760, et 2,383,000 blancs et 562,000 noirs pour 1770.

(10) Nombre rectifié par le surintendant du XIe census ; une partie de la population noire avait été omise au IXe census (1870) qui portait 38.558.371 habitants.

(11) Le résultat provisoire du recensement de 1890 est de 62,622,250 non compris les blancs du Territoire indien, les Indiens des réserves et les habitants de l'Alaska dont le total est d'environ 400,000. En 1880, on avait calculé que la population serait de 64 millions en 1890.

(12) Cette population entre parenthèses a été calculée à l'époque des recensements de 1870 et de 1880.

(13) Cette superficie se compose du groupe principal dont la frontière orientale est la côte de l'Atlantique et la frontière occidentale s'étend par delà le Mississipi et de groupes isolés de moindre importance.

(14) L'accroissement total par 100 habitants en 10 ans peut être considéré comme

de 2 dollars (10 fr.) par jour et la classe moyenne a de plus grandes exigences de confort qu'en Europe.

ÉTATS. Période 1870-1883.	DENSITÉ de la population.		NOMBRE (1)				EXCÉDENT des naissances sur les décès.
	en 1880	en 1890.	de mariages par 1,000 hab.	de naissances par 1,000 hab.	de naissances par mariage.	de décès par 1,000 hab.	
Massachusetts...	81	104	9.4	25.7	2.7	19.2	6.5
Vermont.........	13	13	8.4	21.0	2.5	14.3	6.7
Connecticut.....	48	57	8.3	23.6	2.8	16.0	7.6
Rhode Island....	92	106	9.8	23.3	2.4	17.0	6 3

L'éducation américaine ne paraît en général pas préparer les femmes pour les menus travaux de l'intérieur ; il n'est pas rare de rencontrer des ménages installés dans des « boarding houses » où ils vivent comme dans une hôtellerie, en vue d'épargner à l'épouse la tenue d'une maison ; on comprend que ceux qui accommodent ainsi leur vie soient portés aussi à s'épargner les ennuis d'une trop nombreuse lignée.

Cette population, grâce à son bien-être même et à sa faible natalité, oppose une forte résistance à la mort. Quoique la Nouvelle-Angleterre soit à peu près au niveau de la France par sa natalité (environ 23,5 naissances par 1,000 habitants), elle présente un excédent bien supérieur (plus de 6,5 par 1,000 habitants), parce qu'elle a une mortalité extrêmement faible (environ 17 décès par 1,000 habitants).

Il n'en est sans doute pas ainsi sur tout le territoire. Quelques États du Nord-central et la plupart de ceux de l'Ouest ont une croissance plus rapide (2) : on le constate à l'époque du recense-

(1) Période 1870-1881 pour le Massachusetts, 1873-1876 pour le Vermont, 1879-1882 pour le Connecticut.

(2) L'accroissement pour 100 par région a suivi depuis trente ans la progression suivante :

ÉTATS ET TERRITOIRES.	De 1860 à 1870.	De 1870 à 1880.	De 1880 à 1890.
Du Nord-Atlantique.........	16	18	20
Du Sud-Atlantique.........	9	30	17
Du Nord-central.........	43	34	29
Du Sud-central.........	44	39	23
De l'Ouest.........	60	78	71

Voici les chiffres relatifs au territoire du Dakota qui a été érigé en deux États (Dakota-nord et Dakota-sud) en 1889 et qui fait partie de la région du Nord-central :

ment qui fournit, tous les dix ans, quelques renseignements sur la composition des familles. Pendant qu'en France (recensement de 1886), la moyenne était de 3,9 personnes par famille, aux États-Unis, elle était de 5,04 et, si les quatre États de la Nouvelle-Angleterre étaient au-dessous de cette moyenne (2), ils se trouvaient au-dessus de celle de la France. La fécondité a encore une forte part dans l'accroissement général de la population américaine. La progression cependant se ralentit, puisque dans les trente premières années, la population a augmenté dans le rapport de 1 à 2,7 sans immigration notable, et que, dans les deux autres périodes trentenaires, ce rapport a été de 1 à 2,4, puis à 2,1, quoique l'immigration ait joué un rôle important dans la seconde et considérable dans la troisième. L'accroissement n'a même été que de 25 0/0 de 1880 à 1890 : c'est un résultat inférieur à celui des périodes antérieures. Il est juste d'ajouter qu'il faut moins d'efforts pour doubler une population lorsqu'elle compte 3,929,000 âmes comme en 1790, que lorsqu'elle en a 23,192,000 comme en 1850.

Au Canada, l'accroissement a été plus remarquable encore à certains égards. Un état de population dressé en 1765, après la

---

En 1870 —   14,181 blancs (recensement général des États-Unis).
  1880 — 135,177 habitants dont 1,400 Indiens taxés (recensement général).
  1885 — 415,000   —   (recensement particulier).
  1889 — 650,000   —   (recensement particulier et vraisemblablement exagéré
                             en vue de l'érection en État).
  1890 — 328,808   —   Dakota-sud   }
     — — 182,719   —   Dakota-nord } Recensement général de 1890.

Dans l'Ouest, les États ou territoires qui ont le plus rapidement augmenté depuis vingt ans sont :

	ACCROISSEMENT POUR 100 DE		
	1860 à 1870.	1870 à 1880.	1880 à 1890.
Montana	»	90	237
Wyoming	»	128	192
Colorado	1.6	387	112
Idaho	»	318	47
Washington	106	213	365

Le territoire de Washington avait 23,955 hab. en 1870 et 349,390 en 1890.

(2) NOMBRE DE PERSONNES PAR FAMILLE (recensement de 1880).

Massachusetts	4.70
Vermont	4.55
Connecticut	4.55
Rhode Island	4.59

perte de cette colonie par la France, portait 69,810 habitants au Canada et 19,939 (dont 10,150 Français et 9,780 Anglais) dans la Nouvelle-Écosse (ancienne Acadie). A la suite de la guerre de l'indépendance des États-Unis, des « loyalistes » vinrent chercher, au nombre de près de 40,000, un refuge dans le Haut-Canada, qu'ils commencèrent à peupler, et dans la Nouvelle-Écosse. En 1790, le Canada possédait 161,311 habitants et la Nouvelle-Écosse près de 60,000 (sans compter les sauvages). En 1806, on évaluait déjà à 456,000 la population de toute la région, y compris Terre-Neuve. Ces mêmes territoires avaient, à l'époque du recensement de 1881, 4,324,810 habitants : la population avait presque décuplé en trois quarts de siècle.

L'immigration, qui a eu aussi une part considérable dans cet accroissement, n'a pas porté (jusqu'à ces derniers temps du moins) sur la population de langue française. Or, cette population, qui, depuis 1763, date du traité de Paris, n'avait reçu presque aucun apport de l'émigration française et qui a été longtemps contrariée dans son libre développement par la politique anglaise, a passé néanmoins de 80,000 environ à 1,298,929 en 1881. Ce nombre, qui est celui des personnes de langue française enregistrées par le dernier recensement, est inférieur au nombre réel des Français de la région ; car, en comprenant les Canadiens fixés aux États-Unis, on trouve aujourd'hui plus de un million et demi (1). Cet énorme accroissement prouve que la race française n'est pas condamnée, par son état physiologique, à la stérilité.

On pourrait citer d'autres exemples de régions dans lesquelles la population s'est non moins rapidement accrue, avec ou sans le concours de l'immigration. Il ne faudrait pourtant pas les accepter toutes sans examen ; certains auteurs portés à l'exagération, peuvent s'y abandonner sans crainte d'être réfutés dans les pays où il n'existe pas de statistique régulière.

---

(1) La population du Bas-Canada ou province de Québec, qui est presque exclusivement française, était :

En 1806, de............	250.000 âmes.	En 1861, de	1.111.566 âmes.
1831	553.134 —	1871	1.191.576 —
1851	890.261 —	1881	1.359.027 —
			(dont 1,073,829 de langue française)

Soit un accroissement de :

1 à 2.2 p. 100 de 1806 à 1831
1 à 2.0 — de 1831 à 1861
1 à 1.3 — de 1861 à 1881

La période de doublement. — Le taux d'accroissement annuel peut être employé pour calculer la population probable d'un pays dans un temps donné ; c'est ainsi que les Américains ont fait des calculs de prévision que leurs recensements ont ensuite à peu près confirmés. Cependant, les chances d'erreur augmentent à mesure qu'on embrasse une période plus longue et les calculs par lesquels des statisticiens ont essayé de déterminer la période de doublement, peuvent être considérés comme des curiosités intéressantes plutôt que comme des mesures précises. Nous donnons, sous toutes réserves, dans le tableau suivant, cette période pour chacun des États, d'après trois calculs faits par MM. Loua (1), Legoyt (2) et Ant. Rouillet (3). Les différences qui, suivant les auteurs et les méthodes, se produisent entre les nombres calculés pour un même État, avertissent le lecteur du peu de précision de tels résultats (4).

M. Loua a calculé d'après les recensements de 1831 à 1871 dont les résultats sont consignés dans la publication de statistique internationale du D' Berg ; il s'est produit durant cette période, des changements qui ont modifié l'état démographique des peuples et l'allure de leur accroissement ; il s'en produirait bien plus dans une période qui embrasserait un ou deux siècles.

Ce qui est certain, c'est que chaque nation a son allure propre : il y a des croissances rapides ; il y en a de lentes , il y en a de très lentes. Ce dernier cas est celui de la France.

M. Loua assigne à la période de doublement de la population européenne 77 ou 87 ans d'après la méthode géométrique (qui est

---

(1) Les tableaux dressés par M. Loua ont été publiés dans le *Journal de la Société de Statistique de Paris*. Dans le premier (année 1876, voir aussi année 1886), l'auteur expose une théorie nouvelle du doublement qui consiste à calculer une moyenne arithmétique et dresse le tableau du doublement des États européens d'après cette méthode et d'après la méthode géométrique. Dans le second (numéro de novembre 1876), il donne un tableau du doublement dressé d'après cette méthode, qui diffère du premier.

(2) Le calcul de M. Legoyt porte seulement sur l'intervalle de deux recensements, de 1856 à 1861 en général. (Voir le *Journal de la Société de Statistique de Paris*, 1re série, 8e volume, n° 7.)

(3) Le tableau de M. Rouillet, qui n'indique pas ses procédés de calcul, a été publié dans le *Journal officiel* du 13 janvier 1876.

(4) La période de doublement de la population de la France, calculée d'un recensement à l'autre, dépend de la différence entre les deux recensements. Calculée d'après les recensements de 1821 et de 1831, elle a été trouvée par M. Legoyt de 101 ans ; calculée d'après ceux de 1851 et de 1856, elle a été de 347 ans, etc.

celle du calcul de l'intérêt composé), et 111 ans d'après la méthode arithmétique. Il remarque que, si cette population était représentée par 100 en 1831, elle serait devenue 109 en 1841, 117 en 1851, 126 en 1861, 136 en 1871, et que, par conséquent, l'augmentation d'une période à l'autre est :

```
1831-1841.. .......... .. ................. 9 p. 0/0
1841-1851.............................. 8   —
1851-1861........... ................. 9   —
1861-1871.......................... .. 10   —
```

« Ce qui permet de dire, ajoute-t-il, que les augmentations périodiques de la population européenne sont à peu près constantes et que, par conséquent, la population tend à s'accroître en proportion arithmétique et non, comme on l'avait cru jusqu'ici, en progression géométrique. »

ESSAIS DE DÉTERMINATION DE LA PÉRIODE DE DOUBLEMENT DE LA POPULATION DES ÉTATS EUROPÉENS.

ÉTATS classés d'après la durée de la période.	NOMBRE D'ANNÉES DE LA PÉRIODE				
	D'APRÈS M. TOUSSAINT LOUA			d'après M. ANT. ROUILLET.	d'après M. LEGOYT (1860-1866).
	Méthode géométrique.	Méthode arithmétique (1er calcul).	Méthode arithmétique (2e calcul).		
Serbie....................	29	42	»	»	»
Saxe (Royaume de), ...	34	49	»	55	39
Angleterre et Galles......	44	63	72	64	59
Russie (avec les provinces caucasiennes)...........	44	63	76	78	56
Grèce............	48	68	112	94	68
Norvège...	52	75	81	51	56
Espagne............ ...	55	79	»	92	165
Provinces polonaises	56	80	»	»	»
Danemark...............	56	80	93	73	63
Prusse..................	57	81	»	77	48
Pays-Bas...............	58	83	86	75	90
Suède.................	62	89	83	88	57
Écosse.................	66	95	81	53	120
Empire allemand.........	68	98	83	98	»
Belgique...............	79	114	95	97	77
Portugal...............	84	121	»	92	69
Finlande...............	90	130	73	»	»
Autriche.....,.........	95	135	155	180	110
Wurttemberg......	131	188	»	74	118
Suisse.................	99	199	148	324	141
Italie.................	165	202	160	99	136
Bavière................	158	227	»	113	129
France................	165	236	263	185	165
Hongrie.	294	423	»	57	»
Irlande................	»	»	113	74	»
Roumanie.....	»	»	288	150	»

Les lois anciennes sur la fécondité. — Les Chinois, dont les traditions et les mœurs ont leurs racines dans une antiquité très reculée, considèrent comme un déshonneur pour un mari de n'avoir pas d'enfants qui perpétuent sa famille et la tradition du culte des ancêtres ; ils se marient jeunes ; beaucoup même, outre leur femme légitime, ont une concubine, « la petite femme », dont les enfants font partie de la famille.

Les anciens Égyptiens encourageaient les nombreuses familles en autorisant les hommes à prendre autant de concubines qu'ils voulaient, à condition d'élever les enfants (1).

D'après les lois de Manou, une femme stérile devait être remplacée la huitième année ; celle dont les enfants étaient morts, la dixième ; celle qui ne mettait au monde que des filles, la onzième.

D'après le Zend-avesta, la jeune fille de plus de 18 ans qui mourait vierge allait en enfer ; les époux qui n'avaient pas d'enfants devaient en adopter un ; une femme pouvait autoriser son mari à s'unir à une autre femme pour avoir des enfants. Hérodote dit des Perses : « Montrer beaucoup de fils est chez eux, après la valeur guerrière, la meilleure marque de virilité. »

A Sparte, dont nous ne connaissons d'ailleurs pas exactement la législation sur cette matière, le célibat et même les mariages tardifs étaient réprouvés. Plutarque nous apprend dans la vie de Lycurgue, que les célibataires étaient exclus de certains honneurs, et nous savons que les pères étaient dispensés de monter la garde quand ils avaient trois fils et qu'ils étaient affranchis de l'impôt quand ils en avaient quatre.

Nous avons vu (2) que Platon et Aristote, au contraire, redoutaient une trop grande fécondité comme une cause de rupture d'équilibre entre les citoyens et de révolution dans l'État. Ils regardaient cependant le peuplement et, par suite, le mariage comme un devoir social. « C'est un crime, dit Platon, de se refuser à prendre femme. Quiconque négligera ce soin payera chaque année une amende, afin qu'il ne s'imagine pas que le célibat soit un état commode et avantageux, et il n'aura non plus aucune part aux honneurs que la jeunesse rend à ceux d'un âge avancé (3). »

La République romaine avait besoin de citoyens et de soldats ;

---

(1) Diod. de Sic., I, 80.
(2) Voir livre IV, chap. I, *La Critique de Malthus*.
(3) Les lois, p. 721.

comme les cités grecques, elle prit des mesures en vue d'encourager le mariage et la procréation des enfants.

L'an 451 avant J.-C., les censeurs Camille et Posthumius obligèrent les hommes qui avaient vieilli dans le célibat à verser une somme d'argent dans le trésor public à titre d'amende. « La nature en vous donnant l'existence, dirent-ils, vous a fait une loi de la transmettre à d'autres ; vos parents, en prenant soin de votre enfance, vous ont imposé une obligation que l'honneur vous commandait de remplir, celle d'élever une postérité. La fortune même vous a laissé le temps d'acquitter cette dette, et cependant vous avez passé vos jours sans porter les noms d'époux et de père. Allez-donc et payez l'amende que vous devez au profit de la grande famille (1). »

César, durant son premier triumvirat, donna des terres en Campanie à 20,000 citoyens ayant au moins trois enfants (2), défendit aux femmes de moins de 45 ans, qui n'avaient ni enfants ni mari, d'aller en litière (3). Dictateur, il fit inscrire le premier sur la liste du Sénat le sénateur qui avait le plus d'enfants ; aux candidats aspirant à certains honneurs pour lesquels un minimum d'âge était déterminé, il accorda autant d'années de dispense qu'ils avaient d'enfants ; il autorisa les époux qui avaient des enfants à se donner tout leur bien par testament, tandis que ceux qui n'en avaient pas ne pouvaient se léguer que le dixième de ce qu'ils possédaient. Par la loi Julia, il interdit aux célibataires (y compris les veufs et les divorcés) de recevoir des héritages et des legs d'un étranger ; il donna aux magistrats le droit de contraindre les parents à marier leurs enfants ou à doter leurs filles. Auguste, continuateur de cette politique, autorisa, par la loi *Julia de maritandis ordinibus*, la fille nubile à exiger de son père une dot en rapport avec sa fortune et fit voter, cinq ans après, (l'an 762 de Rome) la loi *Papia Poppea* (proposée par les consuls Papius et Poppœus) qui, complétant certaines dispositions des lois antérieures, frappait les époux *orbi*, c'est-à-dire sans enfants d'une interdiction du même genre que celle que César avait portée contre les célibataires : ils n'eurent désormais

----

(1) Denys d'Halic, ix, II, 9.
(2) Suet., *César*, 20.
(3) Eusèbe, *Hist. ecclés.*

droit qu'à la moitié du legs qui leur était laissé par testament et à la moitié de leur part légale dans les successions. Il augmenta les amendes portées contre les célibataires, hommes et femmes, et donna aux dénonciateurs le quart des biens de ceux qui enfreignaient cette loi ; d'autre part, il établit des prix en faveur du mariage et des nombreuses familles (1).

« Il est impossible que l'État subsiste si les vides de la population ne sont pas remplis par des naissances continuelles », fait dire à Auguste Dion Cassius (2) dans un discours où il gourmande sévèrement les chevaliers célibataires dont le nombre était plus considérable que celui des chevaliers mariés. Suétone ajoute qu'il cherchait à encourager partout la propagation dans les familles ; quand il faisait la revue des sections, il donnait à ceux des plébéiens qui avaient plusieurs enfants de l'un et de l'autre sexe mille sesterces pour chacun d'eux (3).

Cette législation matrimoniale dont nous ne citons que les principaux actes fut toujours impopulaire et beaucoup de Romains continuèrent à éviter la paternité, même dans le mariage. Juvenal, dans la satire contre les femmes, parle de l'avortement comme d'une pratique très ordinaire (4). Les recommandations, les privilèges (5) et les interdictions (6) restèrent sans effet, s'il faut en croire Tacite, qui nous apprend qu'elles ne firent pas contracter plus de mariages ni élever plus d'enfants (7). Aussi Septime

---

(1) Dion Cassius, LIV, 16.

(2) Dion Cassius, LIV, 1. C'est ce qui fait dire à Plutarque dans le traité de *L'Amour des pères*, qu'on se mariait non pour avoir des héritiers, mais des héritages.

(3) Suétone, *Vie d'Auguste.*

(4) Satire VI, v, 565.

(5) Au nombre des privilèges était la préférence accordée aux pères de plusieurs enfants pour l'obtention de certaines charges (Lettres de Pline le jeune, VII, 16). On cherchait à obtenir les avantages de la loi par des adoptions simulées. Un sénatus-consulte fût nécessaire pour arrêter ce genre de fraude. (Tacite, ann. XV, 19).

(6) Parmi les interdictions, il faut citer celle de recevoir un legs d'un étranger quand on était célibataire, celle qui réduisait de moitié les libéralités faites à des époux sans enfants, la limitation de 1/10 des legs que se faisaient réciproquement les époux stériles.

(7) Tacite, *Annales,* livre III, chap. XXV. Quelques-unes des causes de cet état stationnaire de la population furent probablement plus puissantes que les rescrits impériaux. « La population des esclaves dans les campagnes fit beaucoup de progrès, tandis que celle des hommes libres allait en décadence par l'effet des difficultés de vivre, des contributions et du service militaire. Car les terres étant toutes entre les mains des riches et ceux-ci employant de préférence des esclaves, les hommes libres ne trouvaient plus à s'occuper. (Appien, *De bello civili*, t. I).

Sévère abrogea-t-il la loi *Papia Poppea* (1). Plus tard, Constantin abolit toutes les peines contre le célibat que le christianisme avait réhabilité (2), tout en maintenant les avantages accordés aux pères de plusieurs enfants, et Justinien fit disparaître les derniers vestiges de cette législation.

En effet, l'Église, en plaçant la perfection dans l'amour en Dieu et dans la mortification de la chair et en exaltant la chasteté, avait proposé à l'humanité un idéal tout autre que celui de fournir des citoyens à l'État (3). Le monde chrétien resta, pendant tout le moyen âge, partagé sur ce sujet entre deux sentiments : le détachement de la terre qui poussait les âmes d'élite vers l'autel et le monastère, et la soumission aux décrets de la Providence qui devait faire accepter docilement aux familles les enfants que Dieu leur envoyait. La religion dominait alors la politique et, dans la seconde moitié du xviᵉ siècle, le Concile de Trente, répondant aux nouveautés du protestantisme, affirmait encore que le célibat ecclésiastique était un état supérieur au mariage (4).

Dans les temps modernes, la politique a dominé la religion sur cette question. La formation des États et des armées modernes et les luttes pour l'équilibre européen ont inspiré aux souverains le désir d'avoir beaucoup de sujets pour avoir une grande puissance. Des publicistes ont vanté l'accroissement du nombre des hommes comme une des fins de la civilisation et ont proposé des mesures pour en hâter la multiplication.

---

(1) Auguste en avait adouci les rigueurs à la fin de sa vie. Voir Plutarque, *Vie d'Auguste.*

(2) « Ces lois, dit Sozome, écrivain ecclésiastique, avaient été établies comme si la multiplication de l'espèce humaine pouvait être un effet de nos soins : au lieu de voir que ce nombre croît et décroît selon l'ordre de la Providence. » Voir pour toutes les mesures législatives des Romains sur le mariage, Montesquieu, *Esprit des lois,* livre XXIII, chap. xx. *Que les Romains furent dans la nécessité de faire des lois pour la propagation de l'espèce.*

(3) Saint Paul dans la *première épître aux Corinthiens,* consacre un chapitre (chap. vii) à comparer le mariage et le célibat et s'exprime ainsi dans le verset 38 : *Igitur et qui matrimonio jungit virginem suam, bene facit ; et qui non jungit, melius facit.* On voit dans les premiers siècles du christianisme, des sectes comme le manichéisme condamner le mariage.

(4) *Si quis dixerit statum conjugalem anteponendum esse statui virginitatis vel cœlibatus, et non esse melius ac beatius manere in virginitate aut cœlibatu quam jungi in matrimonio, anathema sit. Conc. trid.* Sess. xxiv, can. x.

Louis XIV s'inquiétait de savoir si le nombre de ses sujets était augmenté... « La curiosité de S. M. ne consistait pas seulement à être informée de l'augmentation, mais même à avoir une connaissance de sa puissance par cette augmentation (1) ». Colbert, qui parlait ainsi au nom de son maître, encouragea les nombreuses familles ; par l'édit de novembre 1666 (2), inspiré par un usage bourguignon, il exempta de la taille et des charges de tout genre, d'une part, pendant un temps les hommes qui se mariaient avant vingt ans, d'autre part, pour toute leur vie les pères de dix enfants vivants, non prêtres ou religieux, ou ayant donné le jour à douze enfants ; aux nobles il accorda une pension de 1,000 livres quand ils avaient dix enfants et de 2,000 quand ils en avaient douze. Un second édit de juillet 1667 étendit à tous les sujets, sans distinction, la faveur des pensions. Mais le clergé réclama contre la limitation des vœux ; les deux édits servirent parfois de prétexte à des faveurs mal justifiées et coûteuses, si bien qu'une déclaration du 13 juin 1683 révoqua l'édit (3). Cependant des exceptions et des gratifications, sur la demande des intendants, continuèrent à être accordées dans certains cas.

Les mesures prises par Louis XIV et renouvelées sous Louis XV, prêtaient à des abus sans paraître avoir eu quelque efficacité ; elles furent encore rapportées.

La population française avait alors, comme nous l'avons vu (4), une croissance médiocrement rapide. Un contemporain, l'abbé Nonotte, écrivait : « On travaille à la population avec une économie qui est aussi funeste aux mœurs qu'à l'État. On se contente d'un héritier. On a plus de goût pour une volupté libertine. On voit un grand nombre des premières maisons de Paris n'être appuyées que sur la tête d'un seul enfant. Les familles se soutenaient mieux autrefois, parce qu'on était assez sage pour ne pas craindre d'avoir un grand nombre d'enfants et assez réglé pour

---

(1) Il avait tracé de sa main le plan et le but de cet édit destiné à accroître la population, à faciliter les mariages et rendre plus difficiles les vœux de religion. *Lettres, instructions et mémoires de Colbert*, t. VI, p. 13.

(2) *Lettres, instructions et mémoires de Colbert*, t. VI, 16 juin 1671.

(3) Mais l'édit de 1666 avait été appliqué en 1669 au Canada et il a continué à l'être en Angleterre, les célibataires ont été, jusqu'au commencement du XIVe siècle, soumis à une taxe spéciale.

(4) Livre I, ch. XII.

trouver le moyen d'en établir plusieurs » (1). Moheau, plus savant et plus circonspect sur la comparaison du présent avec un passé que ni lui ni l'abbé ne connaissaient, juge aussi que de son temps les familles sont peu prolifiques. La fécondité limitée par la volonté des parents dans les classes aisées existait donc au XVIIIᵉ siècle comme aujourd'hui, mais avec une différence de degré. Ce qui se rencontrait aussi comme aujourd'hui, c'était l'anathème contre le temps présent qu'on voyait, et la glorification par antithèse du passé qu'on ne voyait pas.

La Révolution française voulut à son tour encourager la propagation de l'espèce. Le décret du 13 janvier 1791 (art. 26) plaça, pour le paiement de la contribution mobilière, les célibataires dans la classe immédiatement supérieure à celle où ils auraient été s'ils avaient été mariés, et diminua la taxe de loyer des pères de plus de trois enfants. Le décret du 20 février 1793 réduisit de moitié le secours à leur accorder en cas de sinistre. La loi du 7 thermidor an III surchargea d'un quart les contributions des célibataires âgés de plus de trente ans. Celle du 3 nivôse an VII augmenta de moitié la valeur imposable de leur loyer (2).

La loi du 3 brumaire an IV (25 octobre 1795) concernant l'inscription maritime distribua les marins en quatre classes, celle des célibataires, celle des veufs sans enfants, celle des hommes mariés n'ayant pas d'enfants et celle des pères de famille, et décida qu'une classe ne serait mise en réquisition qu'après épuisement des hommes de la précédente. On reconnut plus tard que cette gradation avait l'inconvénient de provoquer des mariages prématurés, et une circulaire du 9 avril 1835 supprima entièrement cette distinction.

Napoléon avait besoin de soldats. Par la loi du 29 nivôse an XIII, confirmant une mesure antérieure déjà prise sous le Consulat, il accorda au père de plus de sept enfants mâles, le droit d'en désigner un qui serait élevé aux frais de l'État. Par un décret rendu en 1806, il décida que le sixième enfant des familles pauvres serait élevé aux frais de l'État.

Les plaintes contre l'infécondité et les encouragements de la

---

(1) Erreurs de Voltaire, ch. I.

(2) L'adoption avait été interdite. C'est dans le même esprit que la loi du 28 juin 1793 (titre I) avait accordé des récompenses aux filles-mères.

loi dans le présent. — De notre temps, deux courants d'opinion contraires se sont formés sur cette question et ont successivement prévalu suivant l'état de la politique.

Entre les guerres du premier Empire et celles du second, la paix régnait et les esprits étaient tournés vers les œuvres pacifiques. La plupart des économistes professaient la doctrine de Malthus (1) sans trop l'approfondir et sans avoir encore assez de données statistiques pour la contrôler ; ils proclamaient qu'il convient d'abord de multiplier les richesses et que les hommes multiplient ensuite d'eux-mêmes, qu'en attendant, il est imprudent de donner le jour à des êtres que leurs parents seraient incapables de nourrir. En conséquence, ils conseillaient à la classe ouvrière la prévoyance dans le mariage comme un moyen de vivre plus à l'aise dans le présent et de ne pas préparer, dans l'avenir, l'avilissement des salaires par la concurrence des bras. Ces conseils contenaient assurément une forte dose de bon sens, et le baron d'Œttingen lui-même qui, dans son ouvrage de statistique, tend à démontrer que la France est immorale parce qu'elle a peu d'enfants, ne craint pas de qualifier de crime contre la société l'insouciance des parents qui mettent au monde des enfants sans pouvoir les élever (2).

Sous le règne de Louis-Philippe, les malthusiens les plus intransigeants ne parlaient pas plus nettement que lui. M. Dunoyer, étant préfet de la Somme, donnait alors aux ouvriers des conseils dont la naïveté parut déplacée dans une circulaire officielle et souleva toute la presse catholique (3). M. Hippolyte Passy constatait le fait avec la liberté qu'autorise le rôle du savant : « Dans tous les pays, c'est le prolétaire qui abandonne sa vie au hasard et hésite le moins à donner cours à ses appétits et à ses penchants du moment. Le paysan, en France, par cela même qu'il possède ou peut parvenir à posséder sa part du sol, n'est pas seulement laborieux, il est économe et prévoyant. Sur lui opèrent à la fois la crainte de s'appauvrir en se donnant une

---

(1) Voir livre IV, ch. I.

(2) *Moralstatistik*, p. 264.

(3) « Les classes les plus à plaindre de la société, disait-il, ne parviennent à s'affranchir de leur douloureux état qu'à force d'activité, de raison, de prudence, de prudence surtout dans l'union conjugale, et en mettant un soin extrême à éviter de rendre leur mariage plus prolifique que leur industrie ».

famille trop nombreuse et le désir de laisser à ses enfants un héritage agrandi (1) ».

Les moralistes chrétiens et la plupart des socialistes professaient des idées opposées. Cependant, parmi ces derniers, Fourier vantait la bonne chère qu'on devait faire dans le phalanstère et les plaisirs variés de la phanérogamie comme le meilleur préservatif contre l'excès de population parce qu'ils rendaient les femmes stériles ou peu fécondes.

L'orientation de l'opinion changea sous le second Empire. M. Lavergne saisit l'occasion du recensement de 1856 (qui avait été immédiatement précédé de la guerre de Crimée, d'une disette et du choléra), pour être désagréable à l'Empire en signalant dans un article de la *Revue des Deux-Mondes* (2) le redoublement de lenteur avec lequel la population française s'accroissait. L'article fit sensation et souleva un débat. L'auteur revint à la charge en 1876, après la publication du mouvement de la population de 1873 beaucoup moins favorable que celui de 1872 ; il ne connaissait pas la loi de compensation qui l'explique (3), et ses contradicteurs ne la remarquèrent pas plus que lui. « Il y va de l'existence même de notre nation, écrivait-il ; car il n'y a pas, comme le disait déjà Rousseau au xviiie siècle, de pire disette pour un État que celle des hommes. » « Un accroissement lent est préférable, répliquait M. Joseph Garnier, parce qu'il permet à l'aisance de s'accroître proportionnellement. »

C'est à la guerre surtout qu'on songe aujourd'hui quand on traite cette question (4). « Pendant que nous restons stationnaires

---

(1) H. Passy, *Des systèmes de culture*, p. 213. On n'ignorait pas sous le règne de Louis-Philippe que la population croissait lentement. Schnitzler, dans sa *Statistique générale de la France* (tome I, p. 278), dit que l'accroissement annuel de la France est d'un demi pour cent. « Cette proportion place notre pays dans l'infériorité vis-à-vis de quelques autres ; mais cette infériorité ne prouve qu'une chose, c'est que la marche progressive date chez nous de loin et ne peut, par conséquent, être assimilée à celle qui se remarque dans les pays jusqu'ici mal peuplés, comme elle ne peut l'être non plus à d'autres pays où la plus haute prospérité commerciale et d'immenses possessions au dehors permettent un accroissement hors de proportion avec la superficie territoriale ».

(2) Numéro du 1er avril 1857.

(3) Voir livre II, chap. vii.

(4) Après la guerre de 1866, le chef de la Statistique générale de France publia deux articles importants sur cette question dans le *Journal des Économistes*, juin et août 1867, dont le premier commence par ces mots : « Les événements militaires récemment accomplis en Allemagne et les accroissements de territoire et de population

ou que nous reculons, disait M. de Lavergne, l'Angleterre et l'Allemagne s'accroissent chacune de plus de 400,000 âmes par an, ce qui fait 4 millions en dix ans. » On a répété sur tous les tons depuis dix-sept ans la même pensée (1). Un publiciste éminent, M. Frary, reproduisant une prédiction de Prévost-Paradol sur laquelle nous reviendrons dans le chapitre suivant, a écrit : « La dépopulation en France est le plus grand de tous les périls... le péril de l'avenir. Nous perdrons, à la longue, la bataille de la vie si nous ne parvenons pas à déraciner le mal qui nous ronge. Nous serons un jour tout à fait désarmés contre l'invasion étrangère... De quelque prix qu'on achète la force, elle coûte moins que la faiblesse. »

Le docteur Alp. Bertillon, qui éclairait alors la démographie par ses savantes études, n'était pas un des moins ardents à dénoncer le progrès des voisins de la France et à supputer le nombre de millions que coûtaient aux Allemands l'éducation de leur nombreuse postérité et que les Français épargnaient ou dépensaient pour des satisfactions de bien-être personnel dans le présent (2).

Les catholiques accusaient le relâchement des sentiments religieux de causer le mal. Beaucoup d'économistes se sont laissés entraîner par le courant et les législateurs l'y ont été à leur tour.

En 1878 (séance du 14 mai), M. Laroche-Joubert déposa sur le bureau de la Chambre une proposition de loi portant que « tout Français (non ministre du culte ou infirme) serait, de 26 à 40 ans, déchu de tous ses droits électoraux jusqu'à ce qu'il eût contracté un mariage ».

En 1883, M. Vacher et trois autres députés présentèrent un

---

qui en ont été la conséquence pour un grand État voisin de la France, ont particulièrement appelé l'attention sur un phénomène assez grave qui se produit déjà depuis longtemps dans notre pays ; le faible, le très faible accroissement de sa population ».

(1) Nous avons nous-même, dans une communication faite à l'Académie des sciences morales et politiques en 1872, signalé le déplacement d'équilibre qui se produisait entre les grandes puissances de l'Europe par le fait des conquêtes et par la différence d'accroissement des populations ; mais nous n'avons pas conclu qu'il fallût prendre des mesures en vue d'accroître cette population.

(2) M. Bertillon raisonnait ainsi (en 1876) : Si la natalité allemande descendait de 40 à 26 (taux de la natalité française), elle aurait 1,040,000 naissances au lieu de 1,600,000. L'excédent de 560,000 naissances fournit, d'après les tables de mortalité, 350,000 adultes. Or, un adulte coûte et vaut en moyenne 4,000 fr., soit 1,400 millions que l'Allemagne dépense pour augmenter sa population plus que ne le fait la France.

autre projet ayant pour objet de porter du simple au double les droits d'enregistrement pour les célibataires, de donner aux pères de six enfants vivants le privilége d'en faire élever un aux frais de l'État, d'obliger les communes à fournir l'assistance aux filles-mères qui voudraient élever leurs enfants, etc.

En 1884, le ministère de l'instruction publique offrit, en effet, à propos d'une pétition et sur l'invitation de la Chambre, aux pères ayant sept enfants au moins, d'en élever un dans un établissement d'enseignement secondaire (1). Malgré le nombre restreint des grandes familles, les demandes furent telles que le fonds des bourses ne pût y suffire et que la mesure cessa bientôt d'être appliquée.

Une autre mesure fût prise par la loi du 17 juillet 1889 ; les parents ayant sept enfants vivants, légitimes ou reconnus, furent exemptés de la contribution personnelle mobilière. Mais la part des exempts, dont le nombre a été de près de 150,000, ayant été reportée sur les autres contribuables de la commune, doubla, dans certains cas, la charge de ceux-ci et dégréva parmi ceux-là des familles riches (2). C'est pourquoi la loi de finances du 8 août 1890 restreignit l'exemption aux « père et mère de sept enfants vivants, mineurs, légitimes ou reconnus, assujettis à une contribution personnelle-mobilière égale ou inférieure à 10 fr. en principal », et imputa les dégrèvements sur le fonds de non-valeurs.

---

(1) Le nombre des demandes qu'a reçues le ministère s'est élevé à 798, ce qui impliquait une dépense de près de 800,000 fr. pour l'État ; dans le nombre, 175 venaient d'ouvriers, 148 de propriétaires-cultivateurs et 75 d'instituteurs.

(2) Le dégrèvement des uns amena pour les autres contribuables un rehaussement qui a varié en général de 40 à 120 p. 100. Dans certaines communes trois ou quatre pères qui furent exemptés payaient de 58 à 90 p. 100 du montant total de la contribution personnelle-mobilière de la commune. Voici les résultats :

CONTRIBUABLES DÉGREVÉS.	NOMBRE.	MONTANT des dégrèvements en principal et centimes additionnels.	COTE MOYENNE en principal et centimes additionnels.
Très aisés...............	5.475	594.648	108.61
Aisés	29.697	679.222	22.87
Peu aisés	113.636	1.027.615	9.04
Totaux	148.808	2 301.485	

Les 2,301,485 fr. furent portés, par suite de réclamations ultérieures, à 2,549,254 fr. Le recensement de 1886 a trouvé 232,188 familles ayant au moins 7 enfants vivants.

De telles mesures sont impuissantes. On ne s'imagine guère un mari et une femme calculant d'avance, à chaque enfant qu'ils mettent au monde, que le septième leur vaudra 9 fr. par an de diminution d'impôt ou pourra devenir boursier. En attendant, ces bourses grèvent le budget et ces exemptions retombent en surcharge sur les autres contribuables. Si la famille est aisée, la bourse est une libéralité superflue ; si elle est pauvre, l'État rend un mauvais service à l'enfant qu'il introduit, sans qu'un concours ait fourni quelque gage de son aptitude, dans un établissement d'enseignement secondaire et qui risque d'y prendre des habitudes en désaccord avec sa capacité personnelle et avec sa condition sociale ; il aurait fallu le placer en apprentissage pour n'en pas faire un déclassé. La pensée qui inspire le dégrèvement est plus louable ; mais l'application de la mesure tourne en injustice quand elle est générale et elle devient une délicate affaire quand il faut choisir.

La dispense du service dans l'armée active, qui a été demandée pour les pères de famille, aurait très probablement plus d'effet, surtout lorsqu'une guerre serait imminente : on en a eu la preuve sous le premier Empire. Il faut souhaiter que la France ne revoie jamais des temps aussi durs que celui qui a forcé en 1813 environ 170,000 hommes à se marier pour échapper à un service considéré alors comme meurtrier (1). En outre, serait-il d'une sage poli-

____

(1) Le nombre total des hommes levés sous l'Empire paraît avoir dépassé 2 millions (2,356,000 d'après quelques statisticiens). De 1806 à 1810, 9 appels ont dû fournir environ 630,000. Du 1er septembre 1812 au 15 novembre 1813, en 14 mois 1/2, Napoléon, par huit sénatus-consultes, a appelé 1,277,000 hommes. (Voir *La Population française*, tome II, p. 68 ; la note ne porte que 960,000, parce que le dernier appel de 300,000 hommes fait le 15 novembre 1813 et un appel supplémentaire de 17,000 hommes pour les cohortes de septembre 1812 ne figurent pas dans le tableau). Antérieurement au mois de septembre, un sénatus-consulte du 12 mars 1812 avait divisé la garde nationale en deux bans et fait sur le premier ban un appel de 100 cohortes destinées, sans sortir des frontières, à garder les forteresses, etc. ; ces 100 cohortes devaient être formées avec des hommes appartenant aux classes de 1807 à 1812. Le sénatus-consulte portait : « les hommes appartenant aux classes de 1807, 8, 9, 10, 11 et 12 qui se seront mariés antérieurement à la publication du présent sénatus-consulte ne seront pas désignés pour faire partie du premier ban ». Le sénatus-consulte du 11 janvier 1813 qui mit 235,000 hommes à la disposition du ministre de la guerre, en premier lieu les 120,000 hommes des cent cohortes qui passèrent ainsi de la garde nationale dans l'armée active, en second lieu 100,000 hommes non appelés des classes 1809-1812, en troisième lieu des jeunes gens de la classe de 1814, portait (art. 2) : « les hommes qui seront mariés avant la publication du présent sénatus-consulte ne pourront être désignés pour faire partie de la levée prise sur les conscrits de 1809-1812 ». C'est cette exception et la crainte de levées nouvelles qui poussèrent tant de jeunes gens à con-

tique de pousser ainsi, par l'excitation d'un sentiment peu patriotique, les jeunes gens à déserter le régiment et à entrer en ménage avant vingt ans, afin d'être père à vingt et un ? Une pareille loi aurait d'autant plus d'efficacité que la patrie en danger réclamerait plus de défenseurs et que l'exemption lui serait plus préjudiciable : il conviendrait alors d'en suspendre l'application. D'autre part, les médecins et les statisticiens s'accordent à dire que les mariages prématurés ne sont favorables, ni aux parents ni aux enfants qui en naissent et les économistes craignent qu'un trop jeune ménage n'ait pas encore les qualités requises pour vivre de son travail.

La recherche de la paternité, certaines mesures protectrices de la jeune fille contre la séduction, l'entretien des enfants illégitimes au moyen d'un impôt spécial prélevé sur les célibataires, la création d'asiles pour recevoir les femmes en couche, mesures qui ont été proposées aussi en vue de ranimer notre fécondité allanguie, n'auraient pas, nous en sommes convaincu, la puissance qu'on leur suppose. C'est par d'autres raisons que nous considérons la recherche de la paternité comme une loi de justice, si cette loi peut être rédigée et appliquée avec discernement. Quant à la seconde mesure, elle nous paraît injuste et dangereuse et nous ne pourrions donner sans réserve notre assentiment à la troisième.

Un publiciste a proposé un système d'assurance par lequel, moyennant une prime annuelle payée pendant la première partie de la vie d'une jeune fille, elle recevrait une somme correspondante pour chacun des enfants qu'elle mettrait au monde ou qu'elle élèverait pendant plus d'une année. Une combinaison de ce genre peut être ingénieuse, mais le risque paraît très difficile à calculer et le moyen, s'il pouvait être appliqué, serait

---

tracter mariage dans des conditions qui n'étaient assurément pas désirables. Les sénatus-consultes suivants portèrent la même exception.

Sous la République, il paraît y avoir eu aussi un nombre excessif de mariages, suivi d'une forte natalité. Des statisticiens ont évalué à 2,200,000 le nombre des hommes appelés par les neufs levées de 1791 à l'an X ; la grande levée d'août 1793 a été de 1,030,000 hommes. La loi de l'an VI ayant exonéré les jeunes gens mariés, on a vu dans certains villages la moitié des mariages contractés par des hommes de moins de vingt ans. (Le mémoire n° 10 du concours de l'Académie des Sciences morales et politiques, en 1891, sur la population, donne un relevé de l'état civil de plusieurs communes du Limousin qui atteste le fait).

peu propre à procurer un accroissement sensible de la population.

Certains réformateurs proposent des remèdes beaucoup plus énergiques encore, tels que priver les célibataires et les époux sans enfant du droit de tester et d'attribuer leur succession à l'État à moins qu'elle ne soit réclamée par un collatéral ayant au moins cinq enfants ; de faire des biens du père mort trois parts au moins, et d'attribuer à l'État les parts vacantes si le nombre des enfants survivants était inférieur à trois, à moins qu'un de ces enfants n'eût lui-même cinq enfants ; d'accorder à l'époux survivant l'usufruit du cinquième des biens de l'époux décédé, lorsqu'ils auront au moins trois enfants. Il serait singulier de traiter les gens comme des coupables pour n'avoir pas eu d'enfants ou pour avoir eu le malheur de les perdre. Outre l'iniquité de cette espèce de confiscation, la diminution de l'épargne et l'augmentation des biens de main-morte, qui n'est assurément pas le moyen de multiplier les hommes, seraient le résultat le plus probable d'une pareille législation. Les lois romaines ont été inspirées par cet esprit ; elles ne paraissent pas avoir accru la population de l'Italie dans l'antiquité, pas plus que les faveurs de Louis XIV n'ont peuplé la France. La croissance des nations tient à des causes plus intimes ; des surexcitations factices peuvent faire du mal, mais elles ne peuvent atteindre le but visé (1).

Il s'est fait, sinon par des projets de loi, du moins dans des livres, des propositions plus radicales, comme celle d'attribuer à l'État, au district, la tutelle de tous les enfants et le droit de les

---

(1) Les moralistes qui se contentent de donner des conseils prêtent moins à la critique ; mais leurs conseils risquent de n'avoir pas plus d'influence que les lois. « Pour accroître la natalité, dit M. le docteur Lagneau, un des statisticiens qui ont le mieux étudié cette question, il faut chercher à multiplier les carrières plus ou moins accessibles à tous en favorisant la culture des terres improductives et la culture de plus en plus intensive des terres déjà cultivées, en développant des industries anciennes et important les nouvelles dans les meilleures conditions hygiéniques ; en s'efforçant d'ouvrir à l'initiative individuelle maintes voies nouvelles pouvant procurer des moyens d'existence, afin que les parents, sûrs de voir leurs enfants obtenir facilement une position heureuse ou tout au moins analogue à la leur, puissent ne pas redouter une nombreuse natalité. » *Du dépeuplement*, par M. Lagneau, 1883, extrait du *Compte-rendu de l'Académie des Sciences morales et politiques*.

En 1890, dans un Mémoire lu à l'Académie de médecine et intitulé : *Des mesures propres à rendre moins faible l'accroissement de la population de la France*, M. Lagneau a formulé avec précision les mesures qu'il croit propres à cet effet. Nous avons examiné les principales dans le présent chapitre.

enlever au besoin à leurs parents pour les élever aux frais de la communauté.

Le socialisme ne doute de rien ; il lui semble non-seulement qu'un parlement soit souverain pour transformer le droit par la loi, mais qu'une loi soit souveraine pour transformer l'état social. Or, s'il est possible à des législateurs de voter une loi quelconque, l'efficacité d'une loi, bonne ou mauvaise, rencontre des limites dans la nature des choses ; il est certain qu'une main-mise légale de l'Etat sur toutes les familles aurait de funestes conséquences, mais il n'est pas certain qu'elle augmenterait le nombre des naissances.

Le bien et le mal. — La question de l'accroissement de la population est matière à controverse puisqu'elle est agitée depuis l'antiquité. Les moralistes sont divisés aujourd'hui, comme ils l'étaient autrefois, et l'histoire ne montre pas que les législateurs aient eu la puissance de la résoudre. Comme beaucoup d'autres questions économiques, celle-ci est complexe et ne saurait être ni exprimée d'un mot, ni tranchée par une loi. Elle a un caractère à la fois moral, économique et politique, et elle doit être envisagée sous ces trois aspects. Sous le rapport moral, il semble que la question se pose entre la volonté de Dieu et la prévoyance de l'homme.

Par volonté de Dieu, on veut dire que l'homme étant doué de l'instinct et de la faculté de reproduction que Dieu a donnés à tous les êtres animés doit s'abandonner à cet instinct en s'unissant de bonne heure à une épouse et en élevant autant d'enfants que la mère est capable d'en mettre au monde. La Providence, pense-t-on, veille sur les grandes familles et l'homme n'a ni la prescience qui lui permette de savoir si une créature serait de trop sur la terre, ni le droit de se soustraire à l'obligation d'ouvrir à une âme les portes de la vie.

Par prévoyance, on entend la volonté de l'homme contenant ou dirigeant l'instinct reproducteur en vue de ne donner le jour à des enfants que dans le temps et dans la mesure où le père a l'espérance de pouvoir les nourrir et les préparer à une condition conforme à la sienne. La prévoyance est le propre de l'homme qui réfléchit et qui, ayant conscience de sa responsabilité, n'abandonne pas sa destinée au hasard. Cette vertu est le palladium de la liberté humaine. Le philosophe et l'économiste qui croient à l'existence de cette liberté doivent, en bons logiciens, la recommander ; ils sentent que, si elle est utile dans une foule d'actes, elle n'intervient nulle part avec plus d'opportunité que dans la grave question de l'accroissement de la famille et de l'éducation de l'enfant.

Comment s'exerce cette prévoyance ? En retardant le mariage, dans les classes inférieures, jusqu'à l'âge où l'homme possède des moyens probables d'existence par l'exercice d'une profession, et la femme, si elle ne doit compter que sur son travail personnel, a pu se faire un trousseau ou peut-être amasser un pécule ; dans les classes moyennes, à l'âge où l'homme se trouve placé par ses parents ou élevé par ses œuvres dans une situation qui lui permette de ne pas déchoir en constituant une famille ; dans les classes supérieures, à l'âge où la fougue des passions mobiles du jeune homme est un peu amortie. Aucune règle absolue d'ailleurs ; les circonstances sont souvent prépondérantes. Ni trop tôt, ni trop tard : voilà un précepte de sagesse vulgaire. Puis, quand viendront les premiers enfants, les parents, sauf de très rares exceptions, les accueilleront avec joie ; la naissance des enfants est une des fins du mariage, et l'amour de ces petits êtres est un sentiment si naturel qu'il n'est pas besoin d'en faire une obligation.

C'est avec la pluralité des enfants que la question commence. A chacun dans ce cas, d'agir suivant sa conscience avec la responsabilité de sa conduite. Nous regrettons que le nombre moyen des enfants par famille soit un peu trop faible en France ; mais nous ne reconnaissons ni au législateur, ni même au moraliste le droit d'en imposer beaucoup tant qu'il ne se charge pas de les nourrir lui-même ; et, d'autre part, comme citoyen et contribuable, nous protesterions contre un législateur qui chargerait l'État de cette obligation. Telle femme a eu cinq enfants ; blâmera-t-on le mari s'il ne s'abandonne pas aveuglément à l'instinct dans la crainte de compromettre la santé ébranlée de la mère ? Telle autre n'a qu'un enfant, mais le médecin a déclaré qu'une autre grossesse serait un danger de mort ; blâmera-t-on l'affection prévoyante du mari ? Telle a eu plusieurs fausses couches, et, le mari, désespérant d'avoir un héritier, épargne à sa femme, sur le conseil même du docteur, la douleur morale et le péril ; est-il blâmable ? Telle a sept enfants robustes et est elle-même bien portante ; n'a-t-elle pas payé sa dette à la société, et blâmera-t-on le ménage de borner, s'il lui convient, à ce nombre sa famille, afin de pouvoir mieux l'élever ? Chaque cas a sa casuistique particulière et la matière est trop délicate pour que nous insistions. Il suffit de rappeler comme règle générale que la raison doit dominer l'instinct. Prétendre qu'après avoir doué l'homme de cette raison, Dieu lui commande l'imprévoyance serait donner une singulière idée de la Providence.

Sans doute la prévoyance humaine est souvent en défaut. Un ménage n'a eu, n'a voulu avoir que deux enfants, qui sont chéris. Hélas ! ils meurent en pleine floraison d'adolescence ; il est trop tard pour réparer la perte et les parents sont condamnés à traîner le reste d'une existence désolée dans une maison vide. Ils avaient mal usé de leur liberté ; triste exemple qu'il est bon de divulguer pour apprendre à d'autres à en faire meilleur usage, mais sans qu'il soit nécessaire de faire apparaître le doigt de Dieu punissant une infraction à sa loi.

N'est-il pas presque aussi triste pour l'humanité et plus dangereux encore pour la société de voir des ménages de prolétaires où les enfants pullulent dans la misère, où le mari se débarrasse des conséquences de son imprévoyance en désertant, pour le cabaret, son logement bruyant et malpropre, où les petits, que la mère n'a pas le temps ou n'a plus le courage de soigner, vont déguenillés et quelquefois affamés par les rues, exposés à contracter des habitudes vicieuses ? Ces parents aussi, avaient mal usé de leur liberté.

On reproche à la prudence avant et pendant le mariage d'être une cause d'immoralité.

Avant, le jeune homme fréquente des maisons publiques ou entretient des maîtresses. Que de filles perverties et même de ménages débauchés, sans compter l'argent et la santé que les hommes perdent dans ce commerce ? Il y a évidemment là un mal. Dans un livre dont l'auteur respecte le lecteur, il convient de parler de ces choses avec réserve. Cependant on peut répondre que, si la prostitution et les maisons de tolérance n'existaient pas dans les contrées où la religion semble avoir le plus d'empire, l'objection serait plus forte. La nature humaine n'est pas parfaite ; il faut bien admettre que, quel que soit l'âge du mariage, il se forme des unions fortuites ou illégitimes et on peut ajouter que des gens mariés partagent, avec les célibataires, la responsabilité de tels désordres.

Pendant le mariage, nous ne croyons pas que la prudence

puisse être taxée d'immoralité. Des médecins ont essayé de démontrer même qu'elle occasionnait des maladies graves et la folie ; mais les faits qu'ils ont cités sont des cas exceptionnels qui ne prouvent rien pour la thèse. Des moralistes, moins téméraires, disent qu'elle est une injure pour la femme. Ne font-ils pas à leur tour quelque injure à la femme en supposant qu'elle n'est sur cette terre que pour produire indéfiniment des enfants. Sans doute leur éducation est la fonction la plus importante de la mère et celle où les qualités de la femme s'épanouissent le mieux ; mais, d'une part, dans cette éducation, celle-ci doit attacher plus de prix encore à la qualité qu'à la quantité et, d'autre part, dans le ménage, elle est épouse en même temps que mère et elle doit avoir des intérêts, des idées, des sentiments, des joies et des peines qu'elle partage avec son époux. La vie de la femme, comme celle du mari, appartient à la famille dans laquelle les enfants occupent légitimement une très large place, mais non toute la place. Les ménages sans enfants, pour être privés d'un bonheur, auraient-ils donc perdu toute raison d'être ? Il convient de placer plus haut l'esprit du mariage.

Une femme enceinte qui se livre à des pratiques abortives, est coupable ; les tribunaux la condamnent ainsi que ses complices, quand le fait vient à leur connaissance. Là, le mal est évident et la réprobation des honnêtes gens n'est pas douteuse. Mais il ne faut jamais confondre le crime et la prudence. Nous avons traité du premier dans un autre chapitre (1) ; nous parlons du second en ce moment. Un lien cependant les rapproche ; quand le sentiment de la prudence s'est développé au point de se transformer en égoïsme brutal, les natures perverses ou grossières ne discernent pas les moyens, et l'avortement risque de tourner en habitude et d'entretenir des industries infâmes.

On reproche à l'intérêt privé de n'être pas toujours en harmonie avec l'intérêt général. En effet, il peut convenir à un ménage de n'avoir qu'un enfant afin de concentrer sur lui toute l'affection et toute la fortune des deux époux ; mais il ne saurait convenir à la société que deux existences soient consommées pour en produire une ; si cette anomalie devenait la règle, la

---

(1) Livre III, ch. i.

population suivrait une progression arithmétique décroissante qui, en supposant même que tout le monde se mariât, réduirait à la septième génération le nombre des vivants de 100 à 1 1/2. L'économie politique répond avec raison que, bien avant que la société ne fut arrivée à cette extrémité, l'intérêt privé lui-même aurait poussé les familles à élever plusieurs enfants afin d'occuper les places vacantes. Néanmoins il n'est pas prouvé que la balance s'équilibrerait et que ce mobile personnel fournirait avec précision le nombre de recrues réclamé par l'intérêt général. Dans cette mesure, l'objection subsiste et elle est forte. Mais qui se chargera d'établir cet équilibre si l'intérêt privé n'y suffit pas? On fait appel à la religion et au patriotisme ; la première est certainement plus efficace que le second et cependant nous avons vu combien sa puissance était limitée aujourd'hui dans la société française.

On a attribué à des causes diverses la faible fécondité de la population française ; aux mariages tardifs, et ils le sont en effet plus qu'en Angleterre, en Italie, dans l'Europe orientale, mais moins qu'en Norvége ; à la cherté des loyers, quoique cette cherté n'atteigne guère que les habitants des villes et surtout ceux des grandes villes ; à l'habitude de doter les filles, mais cette observation, qui est juste, ne porte que sur les classes moyennes, les riches pouvant facilement constituer la dot et les pauvres n'en donnant pas ; à la recherche des carrières administratives, mais cette tendance n'est pas nouvelle en France ; au renchérissement général de la vie et au goût du luxe, aux habitudes sociales qui font reculer la jeune fille devant un mariage par lequel elle penserait déchoir et le jeune homme devant une union dont les charges lui paraissent supérieures aux avantages ; à bien d'autres causes encore. Dans toutes ces propositions il y a une part de vérité ; aucune ne la renferme tout entière. Nous répétons, en terminant ce chapitre, que les mœurs, expression vague sans doute, mais qui contient tout ce qui précède, sont la cause prépondérante. Les mœurs elles-mêmes, bonnes quand elles procèdent de la prévoyance, mauvaises quand elles ont leur source dans un égoïsme étroit, — lequel est une conception exagérée et mesquine de la prévoyance, — sont en partie la conséquence de la richesse.

Ceci nous conduit à envisager la question sous le rapport économique. Il est bon que la richesse précède la population :

conseil d'une prudence dont la nature donne à l'homme quelques exemples; car l'abeille garnit les alvéoles de miel avant l'éclosion des œufs. Il ne faut pas, s'attachant servilement à un exemple, en conclure que la conception d'un enfant doive être précédée de l'accumulation par l'épargne de tout ce qui sera nécessaire pour son éducation : ce qui serait absurde. Mais on a le droit de dire que, lorsque la quantité des richesses croît plus vite dans un pays que le nombre des habitants et que la diffusion de ces richesses s'y fait largement, chaque génération naît dans une condition meilleure que celle qui l'avait précédée, la somme des capitaux étant plus considérable, et que le niveau moyen du bien-être s'élève : ce qui est un des résultats les plus souhaitables de l'œuvre économique des sociétés. Nous avons constaté que ce résultat s'est produit en France (1).

On peut insister sur ce point capital, en ajoutant que, si au point de vue de l'intérêt général un supplément de bien-être importe médiocrement quand il échoit aux classes aisées, il est de la plus grande importance dans la classe pauvre, celle qui, pratiquant l'agriculture, l'industrie, le commerce ou louant son temps pour un salaire, vit d'un travail journalier et qui est de beaucoup la plus nombreuse. Ce supplément, s'il est bien employé par elle — et, quoiqu'il ne le soit pas toujours entièrement, il en revient cependant d'ordinaire une part aux besoins réels — signifie moins de privations et de misère.

Sur ce principe il n'y a pas de doute à concevoir. Il importe, au milieu des opinions contradictoires qui obscurcissent le problème en prétendant le résoudre, de l'affirmer hautement.

On ne saurait être aussi positif relativement au rapport le meilleur à établir entre la progression de la richesse et de la population.

Si l'on n'envisageait que la jouissance présente, on souhaiterait une richesse croissant très rapidement et une population presque stationnaire ; ce serait la progression de Malthus renversée. Quelques économistes ont été soupçonnés de se forger un idéal de ce genre.

Mais il faut songer à l'avenir et ne pas oublier que c'est l'homme qui, par son génie inventif, sa science et son travail, fait la

____

(1) Voir livre IV, ch. II et III.

richesse et que les enfants d'aujourd'hui deviendront les travailleurs de demain. Faire beaucoup de richesse est assurément une chose excellente ; mais ne préparer pour l'avenir qu'une armée insuffisante de producteurs afin de restreindre dans le présent le nombre des consommateurs est une prévoyance de myope. Elle consiste, comme le faisait remarquer le Dr Bertillon, à dépenser en jouissances personnelles une partie du capital de reproduction et elle porte préjudice à la richesse future ; l'économie politique la condamne.

Ce que cette science souhaite aux peuples c'est, d'une part, un développement rapide de la richesse (non toutefois un accroissement soudain et énorme qui risquerait de faire plus de mal au moral de la nation que de bien à son capital), et, d'autre part, un progrès sensiblement plus lent de la population, mais suffisant pour mettre en œuvre le capital accru et pour stimuler l'émulation par la concurrence. Au progrès de cette population, elle assigne pour limite le maximum de densité que comporte la nature du pays et l'état de puissance productive des habitants (1).

L'expérience montre que cette progression ne saurait être partout et toujours la même. Dans un pays neuf et presque vide d'habitants, elle peut être considérable, si des hommes civilisés viennent apporter leurs connaissances et leurs capitaux : c'est le cas des États-Unis. Dans un pays dont la densité est forte, elle est nécessairement bien moindre, surtout si le pays possède déjà beaucoup de richesse, si les propriétaires de cette richesse sont très nombreux, et si la masse de la population a le goût et l'habitude du bien-être : c'est le cas de la France.

Sous le rapport politique qui est le troisième aspect, la question est plus grave et la réponse plus simple. Si les chances dans la guerre sont pour les grosses armées, la très faible croissance de la population française, entourée de voisins qui croissent trois fois plus vite qu'elle, constitue une infériorité évidente et devient un péril national ; nous consacrons le chapitre suivant à l'examen de cette partie du problème. Disons immédiatement que cette différence intéresse aussi jusqu'à un certain point la puissance économique, puisque le peuple qui peut répandre son influence par l'émigration et défendre son commerce par de nombreux

---

(1) Voir livre IV, ch. XII.

représentants à l'étranger, possède un avantage sur celui qui reste claquemuré chez lui.

L'inefficacité des remèdes. — A la croissance de la population française, jugée faible par l'économie politique et insuffisante par la politique, y a-t-il un remède à apporter et peut-on espérer que cette situation se modifiera ? Depuis le XVII⁰ siècle, les remèdes imposés par la loi en France ont été impuissants. Ils continueront à l'être ; les mœurs sont plus fortes.

Il y a même des remèdes qui feraient du mal. Nous avons dit, par exemple, qu'élever dans un établissement public d'enseignement secondaire un des membres d'une famille pauvre de plus de sept enfants, était souvent lui donner, à son détriment, une éducation supérieure à sa destinée et à son talent.

Encourager les pauvres à avoir sept enfants est trois fois une erreur : erreur, parce qu'il n'est pas vraisemblable que la perspective d'une faveur fiscale détermine une famille à mettre successivement sept enfants au monde ; erreur, parce que, si elle avait cette puissance, le nombre des très grandes familles est trop restreint (1) pour que le septième enfant apporte un appoint important à la population ; erreur, parce que ce ne sont pas les familles de sept enfants, mais de quatre, qui sont surtout désirables.

En effet, il suffirait que chacune des familles formées par les mariages annuels fournît en moyenne trois adultes à la société, pour que la population française augmentât de plus de 700,000 individus par an : résultat supérieur peut-être aux emplois que le capital peut fournir.

Certains remèdes sont plus recommandables. Si, par exemple, le service militaire asservissait moins les jeunes gens, les mariages deviendraient peut-être un peu plus nombreux ; mais comment réduire l'armée dans l'état actuel de la politique européenne ?

Pour l'accroissement de la population, nous fondons un peu plus d'espérance sur les mesures d'hygiène publique qui peuvent, en prévenant ou en atténuant les épidémies et en préservant l'enfance, y contribuer par une diminution de la mortalité. Quand l'administration établit, là où elle le peut, une surveillance des

---

(1) En 1886, le recensement a enregistré 212,188 familles ayant sept enfants ou plus.

enfants placés chez des nourrices ou accueille les femmes pauvres
en couches, elle accomplit un acte d'humanité qui peut profiter
à la population ; toutefois, quand elle paye trop largement aux
filles-mères la nourriture de leurs nouveau-nés, elle assure une
prime à l'immoralité et elle risque d'accroître la somme des éléments impurs dans le corps social.

Entre la natalité et la richesse nous savons qu'il existe une relation, sans pouvoir établir numériquement que l'une soit fonction
de l'autre. Le bien-être est certainement une des causes principales
de la faible natalité de la France. Comme il est probable que la
richesse et le désir du bien-être, conformément à ce qui s'est
passé depuis un siècle, continueront à augmenter plus vite que
la population dans notre pays, nous ne croyons pas que cette natalité ait chance de se relever d'une manière constante. Nous le
regrettons en nous plaçant au point de vue de la politique, parce
que nous reconnaissons, avec beaucoup de publicistes, que cette
tendance apparaît comme un « péril national. » Mais nos regrets
ne nous empêchent pas de voir ce qui est et de dire les conséquences probables de la situation.

Or, les remèdes imaginés par les législateurs seront aussi
impuissants que les conseils des moralistes, et, à en juger par
la tendance actuelle et par les changements qui se produisent
dans l'état moral et économique de la population, non seulement
il y a peu de probabilité de relèvement de la natalité française,
mais il ne serait pas surprenant qu'elle fléchît encore. Ira-t-elle
jusqu'à un amoindrissement du nombre des habitants de la France?
Peut-être. Mais, si ce cas se produisait, l'immigration, pourvu
qu'on ne l'entravât pas, comblerait promptement les vides, et la
natalité elle-même, après un certain temps, se relèverait d'un
mouvement spontané pour régler le nombre des travailleurs sur
la demande de travail. Ce qui est certain, c'est que la France ne
sera ni dépeuplée, ni laissée en friche. Ce qui est à craindre,
c'est que sa puissance militaire ne s'amoindrisse relativement à
celle des autres États.

D'après les vraisemblances on peut augurer que ces États eux-
mêmes n'auront pas toujours un aussi fort excédent. Quoique la
statistique soit loin de nous montrer partout la diminution de la
natalité comme une conséquence nécessaire de l'accroissement
de la richesse, il est à présumer qu'à mesure que le bien-être
pénétrera plus profondément dans les couches inférieures de leur

population, leur natalité et peut-être aussi leur nuptialité diminueront ; il y a déjà des symptômes de ce ralentissement. Toutefois, ils conserveront très longtemps encore, sans doute, un taux supérieur à celui de la France, parce que ce n'est pas en quelques années que se modifient sous ce rapport, les dispositions morales (1) et les moyennes démographiques d'un peuple.

---

(1) A Paris, il arrive parfois que des propriétaires refusent de louer à des parents qui ont beaucoup d'enfants. Trait de mœurs auquel on peut opposer les proverbes allemands suivants : Beaucoup d'enfants, beaucoup de bénédictions. — Plus on a d'enfants, plus il y a de bonheur. — Celui qui n'a pas d'enfants ne sait pas pourquoi il vit.

DEUXIÈME PARTIE

ÉQUILIBRE DES NATIONS ET DES RACES

CHAPITRE VI

L'ÉQUILIBRE DES ÉTATS EUROPÉENS

L'accroissement de la population sur le territoire des États d'Europe de 1800 à 1890. — Puisque le nombre des habitants est un des principaux facteurs de la puissance des États, la fécondité a une grande importance politique. Le présent chapitre fait connaître l'influence que l'accroissement de la population, quelle qu'en soit la cause, natalité, conquête ou annexion pacifique, a exercé sur l'équilibre européen.

La carte d'Europe a été maintes fois remaniée depuis un siècle et la force respective des États a changé, plus encore que les limites de leur territoire.

Au milieu du XVIIIᵉ siècle, l'abbé Expilly évaluait à 130 millions la population de l'Europe. Vers le commencement du règne de Louis XVI, Moheau la portait à 150 millions ; elle était vraisemblablement de 160 à 165 millions en 1789. La population de la France (26 millions) figurait alors à raison de 16 p. 100 dans le total de l'Europe.

L'Europe comptait environ 175 millions d'habitants au commencement du siècle ; 250 en 1840, 349 en 1886 et vraisemblablement 361 en 1890. La progression depuis 1801 est donc représentée par les nombres 100, 143, 198 et 208.

Elle ne saurait être la même pour chacune des portions du territoire européen, puisqu'elle est une fonction de la natalité et de la mortalité d'une part, de l'émigration et de l'immigration d'autre part, lesquelles ne sont pas les mêmes dans tous les pays. Ainsi, en comparant à diverses époques la population habitant le territoire actuel des États européens, on constate que la population de la France (celle, bien entendu, du territoire actuel) présente le rapport de 100 à 133 pour les deux dates extrêmes de 1801 et de 1886, que le rapport pour le Royaume-Uni est de 100 à 228, pour l'Autriche de 100 à 159, pour l'Empire allemand de 100 à 188, pour la Russie de 100 à 237. Le tableau suivant fait connaître ces rapports en 1801, en 1840 et en 1886 pour les États d'Europe sur lesquels la statistique fournit des éléments suffisants (1).

| | 1801. | | 1840. | | 1886. | |
ÉTATS.	POPULATION (exprimée en millions d'hab.)	RAPPORT.	POPULATION (exprimée en millions d'hab.)	RAPPORT avec la pop. en 1801.	POPULATION (exprimée en millions d'hab.)	RAPPORT avec la pop. en 1801.
Royaume-Uni................	16.3	100	27.1	166	37.2	228
Pays-Bas...................	2.0	100	2.9	138	4.4	210 ?
Belgique...................	2.9	100	4.1	141	5.9	203
France....................	26.8 (2)	100	33.3	124	38.3	133
Allemagne.................	(25.0) (3)	100	(40.5) (3)	162.	47.0	188
Prusse	(13.0) (3)	100	(16.8) (3)	129	(28.5 (4)	219
Autriche-Hongrie...........	(25.0) (3)	100	(30.4) (3)	121	39.9	159
Suisse....................	1.8	100	2.2	122	2.9	161
Portugal..................	2.9	100	3.4	117	4.4	151
Espagne...................	11.0	100	12.0	109	16.9	156
Italie....................	17.5	100	23.0	131	29.5	168
Empire russe..............	40 ?	100	54.0	135	95.0	237
Suède....................	2.3	100	3.1	135	4.7	204
Norvège	0.7	100	1.2	133	1.9	211
Danemark.................	0.9	100	1.3	144	2.1	233
EUROPE entière (avec les États non mentionnés dans le tableau).	175	100	250	143	349	198

(1) Ce tableau est en grande partie extrait de la *Statistique de la superficie et de la population de la Terre* (tableaux n°s 30 et 32), qui a paru dans le *Bulletin international de Statistique*. Quelques modifications ont été cependant introduites ; ainsi, pour l'établissement de la population de la France en 1800 et en 1840, nous avons défalqué l'Alsace-Lorraine et tenu compte de Nice et de la Savoie.

(2) Nombre inférieur à celui du recensement de 1801, parce que la population de la Savoie et de Nice est ajoutée et celle de l'Alsace-Lorraine est retranchée.

(3) Les trois nombres relatifs à l'Empire d'Allemagne en 1801 ou à la Confédération germanique en 1840, à la Prusse et à l'Autriche ne doivent pas être additionnés parce que le territoire de la Confédération germanique comprenait une partie de l'Autriche et la plus grande partie de la Prusse ; les trois États réunis avaient 67,3 millions d'habitants en 1840.

(4) En 1886, la Prusse est comprise tout entière dans l'Empire allemand.

La politique européenne et les changements de territoire et de population des États européens au XIXe siècle. — Le territoire actuel de presque tous les États d'Europe diffère beaucoup de ce qu'il était à la fin du siècle dernier. Il n'y a que le Portugal et l'Espagne dont les limites n'aient pas varié depuis ce temps, quoique les guerres du premier Empire aient renversé leur gouvernement. Bien que le territoire de la Grande-Bretagne et celui de la Norvège soient les mêmes, cependant la première a ajouté Malte à ses possessions et détenu pendant un temps les îles Ioniennes et Heligoland; la seconde, en changeant de souverain, a passé de la maison de Danemark à celle de Suède. Tous les autres territoires ont été remaniés et jamais dans l'histoire ils ne l'avaient été autant que durant les vingt années qui se sont écoulées de 1795 à 1815. Les traités de Bâle, le traité de Campo-Formio, le traité de Lunéville, le traité d'Amiens, le traité de Presbourg, le traité de Tilsit, le traité de Vienne, les deux traités de Paris, l'acte final du congrès de Vienne, pour ne citer que les principaux, ont été les instruments diplomatiques de ces changements que des guerres avaient chaque fois préparés et qui se sont succédé pour ainsi dire d'année en année.

De tous ces traités aucun n'a fait la France aussi réellement grande, et d'une grandeur qui probablement aurait alors pu être durable, que celui de Lunéville qui clôt en quelque sorte, avec celui d'Amiens, la période républicaine. La France pouvait-elle s'arrêter définitivement et maintenir dans une paix continue ce qu'elle venait d'acquérir par la guerre? Il y a des politiques et des historiens très autorisés qui ne pensent pas que l'Europe et particulièrement l'Angleterre eussent jamais consenti à la laisser jouir paisiblement d'une grandeur qui rompait l'équilibre européen. Elle eût du au moins le tenter et ce n'était pas à elle à compromettre une si belle situation.

A Bonaparte, qui avait préparé les traités par ses victoires et qui en a dicté les articles par sa diplomatie, revient le principal mérite de cette situation. Il est profondément regrettable que, cédant à l'emportement de son esprit dominateur qui ne souffrait ni résistance ni contradiction, il ait déchiré ces traités pour courir de nouvelles aventures de conquêtes en faisant le jeu de la politique anglaise.

La période des guerres de la République et de l'Empire a laissé de grands et glorieux souvenirs qui ont exalté l'amour-propre national et qui ont contribué à répandre à l'étranger la gloire du nom français. Nous avons le droit de les rappeler encore avec fierté ; l'histoire de son côté a le devoir de dire que nous n'avons pas su en profiter en sachant nous borner. Les victoires de Napoléon, éclatantes au début, ont enivré la France ; mais le maître qu'elle s'était donné a été, par son caractère ambitieux et despotique, un politique aussi peu prudent qu'il était grand capitaine et administrateur clairvoyant. Son obstination à ne rien céder à l'Angleterre, sa tentative de l'exclure du commerce européen le poussèrent à concevoir le blocus continental, à envahir l'Espagne et le Portugal, à porter jusqu'à la Baltique les limites de son empire et à conduire la grande armée à Moscou. Les succès, plus chèrement achetés à mesure que les campagnes se succédaient, ont fini par se tourner en revers et la coalition des haines qu'avait soulevées la domination de Napoléon a définitivement accablé la France. Celle-ci n'a plus au XIXe siècle et ne retrouvera peut-être pas au XXe une occasion de fortune semblable à celle que lui offrait les traités de Lunéville et d'Amiens.

Les Français, durant les premières années du règne de Napoléon et même après 1815, ont été longtemps éblouis par le prestige de la gloire militaire sans apercevoir le danger de cette glorification de la guerre et sans songer assez aux rancunes que suscite l'oppression des vaincus par les vainqueurs. Il a fallu la chute du second Empire pour leur faire comprendre combien la politique belliqueuse des deux Napoléon, bien inégaux d'ailleurs par leur valeur personnelle, avait été funeste à la véritable grandeur de leur patrie.

Les bouleversements opérés par les guerres de la République, du Consulat et de l'Empire avaient considérablement affaibli dans la diplomatie européenne le respect des traditions ; il est vrai que les ambitieux s'en sont de tout temps affranchis. Les traités de 1815 affichèrent pourtant la prétention de rétablir l'ancien ordre de choses et de consacrer partout la légitimité ; mais les vainqueurs s'arrangèrent de manière à refouler la France, mise en suspicion, dans ses anciennes limites, pendant qu'ils se taillaient à eux-mêmes, sous divers prétextes, une large part dans les dépouilles ; unis par la Sainte-Alliance, ils maintinrent pendant quinze ans l'Europe sous leur autorité et les peuples dans l'obéissance. Cependant, sous la Restauration, l'insurrection de la Grèce commença à troubler cet ordre ; la Révolution de 1830 en France et le soulévement de la Belgique s'érigeant en royaume l'altérèrent davantage ; la question d'Orient faillit le compromettre en 1840 et mit quelques mois la France au ban de la diplomatie européenne. La Révolution de 1848 ébranla les trônes et fit passer sur les peuples un souffle d'indépendance ; elle marque la fin de la politique à laquelle avait présidé l'esprit de la Sainte-Alliance. Des idées nouvelles sur la nationalité s'étaient répandues dans la génération présente et soulevaient des espérances et des ambitions, à l'orient comme à l'occident de l'Europe.

Le second Empire, croyant profiter de ce changement, brouilla tout. L'Empereur qui, à son avénement au pouvoir, avait promis la paix pour se concilier les intérêts économiques, désirait en réalité une guerre afin de donner à son règne le prestige des victoires napoléoniennes et de contraster avec le système obstinément pacifique que l'opposition avait reproché à Louis-Philippe. Lié à l'Angleterre dont le premier ministre avait prêté un appui moral au coup d'État, il entreprit celle de Crimée qui, quoiqu'elle parut inspirée par la politique classique d'équilibre européen et méditerranéen, ne lui rapporta que de la gloire, resserra les liens de la Russie et de la Prusse et fournit au comte de Cavour l'occasion de préparer la grandeur de la maison de Savoie en gagnant les bonnes grâces de Napoléon. Celui-ci, détestant les traités de 1815 qu'il se croyait appelé à déchirer pour l'honneur de son nom, alla imprudemment le proclamer dans un comice agricole. Puis, ému par l'attentat d'Orsini, sollicité par d'anciennes amitiés italiennes, inquiet d'un commencement d'opposition, animé pour la libération du peuple italien d'un sentiment généreux qui était populaire en France, impatient d'écarter de la vallée du Pô les Autrichiens, partisan de la doctrine des nationalités, il entreprit la guerre d'Italie sans en prévoir toutes les conséquences (1).

---

(1) Pendant que je corrigeais les épreuves de ce chapitre, j'ai eu par un journal (*Figaro* du 29 juin 1891) connaissance d'une lettre écrite par Napoléon à son ministre des affaires étrangères, le 9 mars 1859, au moment de partir pour l'armée. Elle montre trop bien à la fois la volonté généreuse et l'esprit chimérique du souverain pour que nous ne résistions pas au désir d'en citer un passage. « Vraiment, j'ai bien besoin de trouver quelqu'un qui me comprenne et qui, en jetant sur mes soucis le baume d'une amitié intelligente, adoucisse l'irritation naturelle que me causent tous les obstacles qu'on jette sous mes pas, car je le sens, mon calme finirait par s'évanouir et, fort de mon amour pour ce qui est grand et noble, je foulerais aux pieds la raison même si la raison prenait le manteau de la pusillanimité.

» Quoique je dise le contraire, j'ai profondément gravés dans le cœur les tortures

Peu s'en fallut que cette guerre, au bruit de laquelle la lourde machine politique qu'on nommait Confédération germanique commençait à se mettre en branle, ne devînt la cause d'une conflagration européenne ; devant cette menace l'Empereur eut le bon sens de s'arrêter à Villafranca.

Le pacte de 1815, qui pendant près de quarante ans avait servi dans les chancelleries à contenir quelques ambitions, ayant été ainsi violé, l'Europe se trouva livrée aux entreprises du plus fort ou du plus fin. La maladresse de l'Empereur, qui, en excitant les Polonais contre la Russie par des paroles sans être en état de les soutenir par les armes, faillit provoquer une guerre européenne, fournit à la Prusse une occasion d'être agréable au Czar. Sur ces entrefaites, la mort du roi de Danemark et l'invasion de ce pays abandonné à la convoitise de la Prusse et de l'Autriche par le mauvais vouloir de l'Angleterre et l'impuissance de la France, distraite par la guerre du Mexique, devint le prélude de la grande lutte de la Prusse contre l'Autriche. En 1866, Napoléon laissa faire, un peu peut être par mollesse et indécision de caractère, beaucoup par un calcul de finesse qui lui faisait penser que la Prusse écrasée lui demanderait assistance ou tout au moins que les deux adversaires épuisés le rendraient maître de la situation en réclamant son intervention. Cette politique expectante manquait de franchise et l'événement trompa le calcul.

D'un coup soudain, la journée de Sadowa déplaça l'équilibre européen. Napoléon III en fut atterré. Lorsqu'on envisage aujourd'hui, — vingt-cinq ans après l'événement, — les conséquences de cette guerre, on peut affirmer que, s'il y a eu alors une lourde faute commise par le gouvernement français, il y a eu aussi un manque de perspicacité de la part de l'Angleterre et de la Russie. La Prusse y gagna la suprématie sur l'Allemagne ; l'Italie reçut de l'Autriche une province, par la main de Napoléon.

La politique extérieure du second Empire n'a manqué ni d'éclat, ni de générosité ; elle a manqué de clairvoyance. La guerre de Crimée et le congrès de Paris qui l'avait terminée avaient donné à la France une voix prépondérante dans le concert

---

de Sainte-Hélène et les désastres de Waterloo. Voilà 30 ans que ces souvenirs me rongent le cœur ; ils m'ont fait affronter sans regrets la mort et la captivité ; ils me feraient affronter, ce qui est plus encore, l'avenir de mon pays. » Il l'affronta.

européen. Jamais peut-être celle-ci n'avait eu depuis 1802 une autorité morale aussi grande que pendant ce congrès. La prise de Sébastopol, puis les victoires de Magenta et de Solférino, dues à la valeur des soldats plus qu'à la tactique des chefs, l'achèvement de la conquête de l'Algérie, l'expédition de Syrie rehaussaient sa gloire militaire. La paix de Villafranca avait montré que son souverain n'était pas incapable de modération ; mais l'expédition du Mexique prouva, d'autre part, que l'esprit de chimères hantait toujours les Tuileries, et l'affaiblissement de la volonté de l'Empereur depuis Sadowa n'était pas fait pour l'en bannir.

Celui-ci avait indisposé l'Angleterre, malgré les relations commerciales que le traité de 1860 avait heureusement multipliées. Il avait indisposé la Russie dans l'affaire de Pologne. Lorsque, surexcité par les taquineries de la Prusse à propos du Luxembourg et de l'Espagne et convaincu, comme on l'était de l'autre côté du Rhin, qu'il fallait terminer par les armes la rivalité des deux États, il se laissa entraîner par son entourage à une guerre que son adversaire avait eu perfidement l'art de lui faire déclarer, l'Italie et l'Autriche sur lesquelles il pensait pouvoir compter se dérobèrent. Il resta seul : ce fut un duel. L'Europe regarda ; parmi les spectateurs, plusieurs, froissés dans leur amour-propre par l'humeur belliqueuse et la jactance de la presse française, formaient même des vœux secrets pour l'Allemagne. Par delà l'Atlantique, la politique de Napoléon pendant les guerres de sécession et du Mexique avait, non moins peut-être que le grand nombre des colons d'origine germanique, tourné contre la France la majorité des politiciens aux États-Unis.

L'armée française, déconcertée par une invasion au moment même où elle se préparait à l'attaque, fut écrasée sous le nombre. Si Sadowa avait détruit l'ancien équilibre, Sedan en constitua un nouveau dans lequel l'Empire allemand, solennellement proclamé à Versailles dans le palais même de Louis XIV, devenait la puissance prépondérante de l'Europe.

La forte organisation de l'armée allemande, l'énorme supériorité du nombre de ses combattants, le talent du maréchal de Moltke, ont été d'un côté les principales causes du succès. L'histoire, que les contemporains ont commencé à éclairer, dira plus tard sur quelle tête pèse la plus lourde responsabilité des malheurs de la France.

Grâce à l'attitude de l'empereur Guillaume Ier, à l'habileté de son ministre et à la faveur des circonstances, cet empire a conservé depuis plus de vingt ans cette position éminente, maintenant et fortifiant à l'intérieur son unité aux dépens des États particuliers, renforçant son armée et agitant de temps à autre le spectre de la guerre pour obtenir des subsides militaires, manœuvrant à l'extérieur entre les Grandes puissances de manière à les attirer successivement, selon les besoins du moment, dans l'orbite de sa politique et à isoler la France, ayant en dernier lieu, constitué, par la triple alliance, une formidable machine de guerre à son profit.

La retraite du prince de Bismarck n'a pas changé à cet égard la situation de l'Empire. La triple alliance subsiste, quoiqu'elle ait été fort discutée en Italie, et Berlin la dirige en déclarant hautement qu'elle n'est faite qu'en vue de la paix européenne.

Le jeune souverain qui tient aujourd'hui le sceptre impérial paraît préoccupé d'accomplir tout d'abord à l'intérieur une grande mission sociale et il a pris dans la politique extérieure une attitude moins menaçante. Cette attitude, qu'on ne prévoyait pas avant son avènement, peut avoir une influence déterminante sur les destinées de l'Europe ; les événements de l'histoire sont à la fois le résultat logique de la situation générale des peuples et le résultat accidentel de la volonté des hommes qui les gouvernent.

Après les événements de 1870-1871, la Russie crut avoir le droit de se payer du service considérable qu'elle avait rendu à la Prusse par le seul fait d'une neutralité qui n'était pas exempte de sympathie pour l'Allemagne. Elle s'affranchit dès 1871 des obligations du traité de 1856 ; puis, encouragée par les conseils de l'empereur d'Allemagne, elle provoqua en 1877, les armes à la main, l'ouverture, depuis longtemps attendue, de la succession du sultan. L'Angleterre protesta. Par le traité de Berlin (1878), l'Autriche, se flattant de recouvrer dans la péninsule Pélasgique les avantages qu'elle avait perdus en Allemagne et se sentant appuyée par la chancellerie allemande, entra, trop complaisamment, dans une politique qui, en divisant ses forces, l'affaiblit du côté de l'Elbe et qui la met nécessairement en conflit avec la Russie. La Grèce réclama une part des dépouilles et obtint moins qu'elle ne souhaitait. Les rivalités des États nouveaux et anciens de cette péninsule n'étaient pas pour déplaire au chancelier allemand qui, en jouant le rôle de médiateur, profitait en réalité des divisions de ses voisins, mais qui n'a peut-être pas vu toutes les conséquences futures de cette politique relativement à la paix de l'Europe. Ce qu'il a vu avec plaisir, c'est que les Allemands comme les Autrichiens, ont étendu leurs affaires commerciales dans la mer Égée, à la faveur de la politique. Dans la péninsule Italique, il a su déployer non moins d'habileté pour attacher le gouvernement à sa fortune ; il y est parvenu en facilitant, d'une part, le commerce de l'Italie avec la Germanie, en excitant, d'autre part, les Italiens contre la France par le dépit que leur a causé l'occupation de la Tunisie, accomplie avec son secret assentiment, et en leur laissant espérer des conquêtes pour prix de leur alliance dans une guerre contre la France.

Dans la seconde moitié du xixe siècle, en trente ans (1854-1884), plus de vingt États d'Europe, la Russie, l'Autriche, les États de l'Italie, le Danemark, la Turquie, la Grèce, les États du Danube, la Prusse et les autres États de l'Allemagne du nord ont éprouvé des modifications de territoire par des agrandissements ou par des diminutions et plusieurs par une suppression totale. La carte politique de trois péninsules (Danoise, Pélasgique et Italique) et celle de l'Europe centrale ont été complétement refondues. Deux grands États nouveaux, l'Empire allemand et le royaume d'Italie, et plusieurs petits États sont nés de ces révolutions.

Le tableau suivant (pages 240 et 241) fait connaître la superficie du territoire et le nombre des habitants des principaux États d'Europe, tels qu'ils étaient en 1801, en 1840, en 1886 et en 1890 (1). Le précédent (page 232) marquait la fécondité des populations ; celui-ci est un indice de la puissance comparative des États aux quatre époques.

La France paraît dans ce second tableau sous un jour plus désavantageux que dans le premier, parce que, non-seulement la population de son territoire actuel a eu une faible croissance, mais parce que son territoire est moindre aujourd'hui qu'au commencement du siècle, au lendemain des traités qui marquent l'apogée de sa véritable grandeur. En effet, ce territoire, représenté par 100 en 1801, l'est par 98 en 1890 (comme en 1886, date portée au tableau pour la superficie), tandis que ceux de la Prusse et de la Russie se sont élevés à 116. Sa population est

---

(1) Voir la *Statistique de la superficie et de la population des contrées de la Terre* (Bulletin de l'Institut international de statistique, tableau N° 31), où se trouve la liste des changements survenus en Europe depuis 1829 dans le territoire des États.

ÉTATS.	1801 (2).				1840.				1886.				POPULATION probable en 1890 d'après les derniers recens. ou calcul. d'après le taux d'ac. de chaq. État.	
	SUPERFICIE probable.		POPULATION probable.		SUPERFICIE.		POPULATION.		SUPERFICIE.		POPULATION.			
	Milliers de kil. c.	Rapport.	Millions d'hab.	Rapport.	Milliers de kil. c.	Rapp. avec l'année 1801.	Millions d'hab.	Rapport avec l'année 1801.	Milliers de Kil. c.	Rapport avec l'année 1801.	Millions d'hab.	Rapp. avec l'année 1801.	Millions d'hab.	Rapp. avec l'année 1801 repr. par 100.
Europe occidentale :														
Royaume-Uni de Grande-Bretagne et d'Irlande	312.9	100	16.3	100	312.9	100	27.1	166	312.9	100	37.2	228	38.6	235
Pays-Bas	34	100	2.0	100	33	97	2.9	140	33	97	4.4	220	4.5	225
Belgique	(à la France)				295	»	4.1	»	29.5	»	5 9	»	6.1	210
Grand-Duché de Luxembourg	»	»	»	»	2.6	»	0.1	»	2.6	»	0.2	»	0.2	149?
France	630	100	33 1	100	530.3	84	34.1	106.1	528.4	98	38.3	119	38.5	116
Europe occidentale (en ajoutant Monaco et en forçant pour les dizaines de mille omises)	»	»	51.4	»	»	»	68.4	»	906.4	»	86.0	»	87.9	»
Europe centrale :														
Allemagne (3)	660	100	28.0	100	632	95	39.5	138	540.5	82	47	189	49.5	177
(Prusse)	(307)	100	(8.7)	100	(278)(4)	92	(15.1)	153	348	113	(28.5)	328	(29.9)	343
Autriche-Hongrie (sans la Bosnie et l'Herzégovine)	(643)	100	(25.8)	100	(681)(4)	106	(35.8)	124.1	677	105	39.6	153	41.0	158
Suisse	42	100	1.8	100	41	98	2.2	122 1	41	98	2.9	161	2.9	161
Europe centrale (en ajoutant le Liechtenstein)	»	»	43 ? (4)	»	»	»	69.5	»	1258.6	»	89.5	•	93.4	»
Europe méridionale :														
Portugal	89	100	2.9	100	89	100	3.4	113.1	89	100	4.4	151	4.5	155
Espagne	497.2	100	11.0	100	497.2	100	12.0	109	497.2	100	16.9	153	17.2	156
Italie (divisée en plusieurs États (5))									286.6	»	29.5	»	30.2	180
Grèce (à la Turquie)					39.6	»	0.7	»						

États														
Italie (divisée en plusieurs États (5))									286.6	»	29.5	»	30.2	180
Grèce	(à la Turquie)				39.6	»	0.1	»	54.4	»	2.0	»	2.2	311
Turquie	544	100	9.5	100	525.8	»	13	»	182.2	»	5.3	»	5.5	»
Bosnie, Herzégovine et Novi-Bazar (à l'Autriche)	(à la Turquie)								(61)	»	1.5	»	1.5	»
Bulgarie (avec la Roumanie Or.)	Id.								100	»	3.0	»	3.1	»
Serbie	Id.								48.6	»	2.0	»	2.1	»
Montenegro	Id.								9	»	0.2	»	0.2	»
Roumanie	Id.								131.4	»	5.4	»	5.4	»
Europe méridionale en ajoutant l'Italie pour les 2 prem^{res} périodes (avec Malte, Andorre, Gibraltar)	»	»	41 ?	»	[illisible]	»	52.1	»	1408.8	»	70.3	»	72.0	»
Europe orientale :														
Empire Russe (partie européenne)	4730	100	33.0	100	5477	116	54 (6)	160	5477.1	116	95.0	265	98.6	281 ?
Europe septentrionale :														
Suède	786.0	100	2.8	100	450	57	3.1	110.7	450.6	56	4.7	168	4.8	171
Norvège	323	100	0.7	»	323	100	1.2	174.1	325.4	100	1.9	271	2.0	285
Danemark	165	100	1.1	»	165	100	2.3	181.7	142.1	86	2.1	191	2.2	200
Europe septentrionale (avec Spitzberg)	»	»	4.6	»	»	»	6.6	»	978.1	»	8.7	»	9.0	»
Total de l'Europe (y compris les États non énumérés dans le tableau)	»	»	175	»	»	»	250.6	»	10.029.0	»	349.6	»	369.9	208

(1) Il importe de remarquer que les chiffres donnés pour la population dans ce tableau et, par suite, les tableaux diffèrent de ceux du tableau de la page 232 pour tous les États dont le territoire a varié au XIXe siècle. Comparer, en outre, ce tableau avec celui du tome I, p. 318.

(2) Quelques-uns des chiffres de ce tableau diffèrent de ceux de la *Statistique de la superficie et de la population des contrées de la Terre*, soit parce que nous avons pris la superficie telle qu'elle résulte des documents les plus récents et non telle qu'elle était donnée dans les documents du temps, soit parce que nous avons modifié les chiffres pour certaines populations. Pour la Russie, nous n'avons compté ni le royaume de Pologne, ni la Finlande occidentale, ni les provinces Caucassiennes.

(3) Empire germanique en 1801, Confédération germanique en 1840, Empire allemand en 1886 et 1890. La superficie de l'Empire d'Allemagne peut être très diversement évaluée. Dans la *Statistique de la superficie...* nous avons donné 742,000 kil. c., d'après l'*Almanach de Gotha* qui comptait le comté de Bourgogne. M. Himly (*Hist. de la formation territoriale des États de l'Europe centrale*) donne 660,000 kil. c.

(4) La Prusse et l'Autriche sont entre parenthèses parce qu'une notable partie de leur territoire et de leur population se trouve déjà comptée dans l'Empire germanique ou dans la Confédération germanique. C'est ainsi qu'en 1801 nous ne donnons que 43 millions pour toute l'Europe centrale. En 1840, sur les 39,5 millions d'habitants de la Confédération germanique 11,7 appartenaient à l'Autriche (sur un total de 35,8, ou d'après l'*Almanach de Gotha* de 1844, de 36,9) et 11,4 à la Prusse (sur un total de 15,1 ou d'après l'*Almanach de Gotha*, de 1844, de 14,9).

(5) Les États indépendants d'Italie qui, en 1840, avaient plus d'un million d'hab. étaient le Royaume des Deux-Siciles (8,2), le royaume de Sardaigne (4,0), les États de l'Église (2,8), le grand-duché de Toscane (1,5). La population totale de l'Italie était, en 1801, d'environ 17 millions 1/2 d'habitants et, en 1840, d'environ 23 millions.

(6) D'après l'*Almanach de Gotha* de 1844, la Russie aurait eu 59 millions d'habitants. En 1840, d'après le Dr Berg (*État de la population : Statistique internatio-*

ACCROISSEMENT MOYEN ANNUEL GÉOMÉTRIQUE DES ÉTATS D'EUROPE.

ÉTATS.	ACCROISSEMENT pendant la première partie du XIXᵉ siècle.	
	Périodes.	Taux d'accroissement par 1,000 hab.
Royaume de Saxe	1820-61	14.1
Russie d'Europe	1851-63	13.2
Angleterre et Galles	1801-61	12.6
Finlande	1800-60	12.2
Grèce	1821-61	12.2
Prusse	1820-61	12.1
Ecosse	1801-61	10.5
Norvège	1800-60	9.9
Danemarck	1801-60	9.3
Suède	1800-60	8.2
Belgique	1831-60	7.6
Bade	1807-61	7.3
Pologne russe	1813-58	7.2
Pays-Bas	1795-1859	7.1
Espagne	1800-60	6.6
Autriche	1830-60	6.4
Italie	1800-61	6.1
Suisse	1837-60	5.9
Bavière	1818-61	5.5
France	1801-61	4.9
Portugal	1801-61	3.9
Württemberg	1834-61	3.4
Hongrie	1839-60	2.7
Irlande	1821-1860	1.7

ÉTATS.	1871-1890. PÉRIODE DE 19 ANS.		
	POPULATION (en millions d'habitants).		Taux d'accroissement moyen annuel par 1,000 hab.
	En 1871.	En 1890.	
Grèce (sans la Thessalie)	1.3	1.8	19.8
Finlande	1.8	2.3	13.7
Empire Russe (en Europe avec la Finlande)	75.2	98.6	15.1
Angleterre et Galles	22.7	29.4	14.5
Ecosse	3.3	4.1	12.1
Irlande	5.4	4.7	0.8
Royaume-Uni	31.8	38.6	10.8
Pays-Bas	3.6	4.5	12.5
Danemarck	1.8	2.2	11.2
Prusse	24.6	29.9	10.9
Bavière	4.8	5.5	7.4
Württemberg	1.8	2.0	5.9
Saxe	2.5	3.3	15.5
Empire Allemand	41.0	49.5	10.3
Belgique	5.1	6.1	10
Norvège	1.7	2.0	9.1
Suède	4.2	4.8	8.6
Italie	26.8	30.2	8.1
Autriche	20.5	23.4	7.3
Hongrie	15.5	17.4	6.8
Autriche-Hongrie (sans la Bosnie et l'Herzégovine)	36.0	40.9	5.9
Portugal	4.0	4.5	6.6
Suisse	2.7	2.9	4
France	36.0	38.5	3.8
Espagne	16.8	17.1	4
Europe	29.3	36.4	11.8

représentée par 100 en 1801 et par 116 en 1890, tandis que celle du Royaume-Uni a été portée à 236, celle de la Prusse à 343, celle de l'Autriche-Hongrie à 158 (sans la Bosnie et l'Herzégovine), celle de la Russie à environ 280.

La population de la France s'est accrue pendant la première moitié du siècle moins vite que la plupart des populations européennes. Elle s'accroit encore moins vite depuis 1871 (après les pertes de la guerre) ; l'Espagne et l'Irlande ont seules depuis cette époque un taux d'accroissement moindre qu'elle. Pendant qu'elle gagne à peine par an 4 habitants par 1,000, l'Empire allemand et le Royaume-Uni en gagnent plus de 10, la Russie en gagne 15. Le lecteur peut constater ces différences en consultant le tableau inséré page 242.

Les Grandes puissances et les petits États. — La situation de la France ne se dégage même pas encore nettement de cette comparaison des territoires et des populations de l'Europe.

De tout temps, il n'y a eu qu'un petit nombre d'États qui aient véritablement dirigé la politique générale : on les désigne par le nom caractéristique de *Grandes puissances*. Leur nombre a varié. Leur influence aussi ; elle dépend, à chaque époque, non seulement de leur position territoriale, de leur population et de leur richesse, mais aussi de leur organisation politique, du talent et de l'ambition de leurs chefs.

Les autres États jouent un rôle secondaire. Leur politique intérieure et leur économie sociale sont souvent aussi bonnes, peut-être meilleures que celles des Grandes puissances ; la richesse y fait autant et quelquefois même plus de progrès. Chaque particulier peut se féliciter d'en être citoyen et avoir un vif et légitime sentiment de fierté nationale. Mais la nation ne saurait prétendre à peser d'un poids décisif dans les destinées du monde. Il y a des économistes qui, considérant l'importance de l'individu dans la production de la richesse sans remarquer en même temps combien le faisceau ajoute de force à chaque unité, ne se préoccupent pas de la grandeur de l'Etat. Nous sommes du nombre de ceux qui sentent, comme la foule, qu'il vaut mieux, à beaucoup d'égards, faire partie d'une société forte que d'une société faible, non pour donner satisfaction à une vanité frivole, mais parce que les grandes entreprises sont plus faciles à former dans un grand État, parce que chaque citoyen peut mieux se faire respecter au dehors et que l'autorité économique et même morale des individus se mesure quelque peu, dans certains cas, à l'autorité politique de l'État.

L'équilibre des Grandes puissances européennes au XVIII *et au XIXe siècle.* — La France a été sous Louis XIV le plus puissant État de l'Europe. Elle avait conquis cette situation par la politique de Richelieu et de son continuateur Mazarin durant la guerre de Trente ans et par les deux premières guerres de Louis XIV. Le traité de Nimègue (1678) marque l'apogée de la grandeur politique de l'ancienne monarchie. L'ambition du roi qui motiva la ligue d'Augsbourg et la guerre qui en a été la conséquence ont été inutiles à cette grandeur ; la France n'était pas plus forte après le traité de Ryswick (sinon toutefois par la possession de Strasbourg) et elle était moins prospère. Cependant elle avait eu jusque là à compter avec trois adversaires sérieux, l'Empire, l'Angleterre et l'Espagne, qu'appuyaient ou même qu'excitaient la Hollande et quelques autres petits États, comme la Savoie. En 1700, lorsqu'à la mort de Charles II l'Espagne, qui avait été la puissance prépondérante du xvie siècle, devint une proie disputée entre l'Autriche et la France et lorsque la Hollande ne fut plus, suivant l'expression pittoresque de Michelet, qu'une barque à la remorque de l'Angleterre, il y eut un temps court, il est vrai, où il ne resta, en face de la France, que deux puissances capables de rivaliser avec elle, l'Angleterre et le Saint Empire germanique placé sous l'autorité de la maison de Habsbourg. La population de ces trois États était alors d'une cinquantaine de millions d'âmes (1) dont 19, soit 38 p. 100, appartenaient à la France. Le traité d'Utrecht, malgré les sacrifices qu'il imposait à la France, la laissait grande, forte et respectée ; la Cour de Versailles continuait à donner le ton en Europe et la littérature française éclairait le monde. L'équilibre

---

(1) La population de l'Angleterre (avec le pays de Galles), est estimée par les statisticiens anglais (voir entre autres documents un article de Price Williams dans le Bulletin de la Société de statistique de Londres, sept. 1880) :

En 1700 à............	5.475.000	En 1750 à............	6.467 000
1710............	5.240.000	1801............	8.892.000

L'accroissement de la population anglaise au xviiie siècle a été plus rapide que celui de la population française ; mais cet accroissement est inférieur à celui de la population anglaise au xixe siècle.

établi par ce traité subsista jusqu'à l'avénement de Frédéric II au trône de Prusse.

La politique versatile ou timorée des ministres de Louis XV profita peu de cette situation favorable. Il ne faut pas oublier toutefois que, sous l'administration du cardinal de Fleury, la France fit définitivement l'acquisition, très importante, de la Lorraine.

La guerre de la succession d'Autriche ajouta un nouveau lustre aux armes françaises, mais ne valut au pays aucun avantage territorial. La guerre de Sept ans, qui acheva de rompre l'équilibre constitué en 1713, l'humilia et lui fit perdre ses colonies dont elle ne recouvra, avec l'honneur de sa marine, qu'une faible partie vingt ans plus tard, par la guerre d'Amérique.

En 1789, la France avait ajouté à son territoire, depuis l'an 1700, la vallée de Barcelonnette, la Lorraine et la Corse et elle comptait 26 millions d'habitants. Mais deux autres Grandes puissances étaient entrées en ligne : la Russie, avec Catherine II, continuatrice de Pierre le Grand, et la Prusse, émancipée par Frédéric II. Les Grandes puissances, alors au nombre de cinq, avaient une population totale d'environ 98 millions d'âmes, dans laquelle la France figurait à raison de 25 p. 100.

Les victoires de la République firent de la France l'État le plus redoutable de l'Europe. Nous avons déjà dit que jamais la France n'a eu un territoire plus avantageusement délimité et plus compact qu'après les traités de Campo-Formio et de Lunéville, lorsqu'elle s'étendait jusqu'au Rhin et qu'elle comptait 33 millions d'habitants sur les 175 que possédait alors l'Europe, c'est-à-dire 18 p. 100 du total européen et que les victoires de l'Empire lui avaient donné une étendue beaucoup trop vaste, sans unité géographique comme sans cohésion morale.

En 1816, lorsque ce territoire eût été ramené dans les limites de 1792 et que les vainqueurs se furent agrandis, sur les 139 millions de sujets que comptaient, après l'acte de Vienne, les cinq Grandes puissances, la France, avec ses 29 millions 1/2 d'habitants, ne figurait qu'à raison de 20 p. 100.

La guerre d'Italie lui valut, en 1860, l'acquisition de la Savoie et d'une partie du comté de Nice. Mais la guerre contre l'Allemagne lui a coûté, en 1871, presque toute l'Alsace et une partie de la Lorraine. Dans l'intervalle de ces deux guerres, la Prusse avait détruit la Confédération germanique et établi son hégémonie

militaire sur l'Allemagne ; l'Italie était devenue une Grande puissance, maîtresse de toute la Péninsule, et prenait possession de
Rome ; la Russie s'était étendue en Asie et avait supprimé les
derniers restes d'autonomie de ses provinces polonaises. L'Autriche seule se trouvait, comme la France, amoindrie. Les grandes
puissances étaient au nombre de six et, sur le total de 244 millions
d'âmes qu'elles possédaient en 1872, la France, avec 36 millions
d'habitants, ne comptait pas tout à fait à raison de 15 p. 100.

Depuis 1872, la Russie a porté sa frontière aux bouches du
Danube ; l'Autriche s'est enfoncée dans la péninsule Pélasgique
en s'annexant deux provinces sur le chemin de Salonique ;
la France, l'Empire allemand, le Royaume-Uni de Grande-
Bretagne et d'Irlande, l'Italie ont conservé les mêmes limites
en Europe et n'ont progressé que par l'excédent des naissances
ou par l'immigration. Néanmoins le rapport s'est encore modifié ;
en 1890, sur 296 millions d'âmes, population totale des six Grandes
puissances, la France en possédait 38,5 millions, et comptait
à peine à raison de 13 p. 100. Le tableau ci-joint (voir le tableau
de la page 246 bis), montre la suite des changements qui ont eu
lieu dans le territoire et la population des grandes puissances de
1700 à 1890 (voir aussi, page 247, la figure n° 170 qui représente
la population comparée des Grandes puissances à cinq époques).

Dans la population totale de l'Europe en 1890, la France
compte pour 10,8 p. 100 ; elle comptait pour 16 en 1789, pour 18
en 1801.

Cette situation s'est trouvée considérablement aggravée par les
combinaisons politiques qui ont réuni trois Grandes puissances
dans une triple alliance. Les alliés proclament publiquement leur
intention de maintenir la paix et nous ne devons pas douter de
leur sincérité. Néanmoins, le faisceau inquiète par le seul fait de
sa puissance ; il enlève à la paix sa sécurité et, comme il a été
constitué principalement contre la France d'abord, il a rendu plus
dangereux son amoindrissement relatif, compliqué de l'isolement.
Pour rassurer les Français, il ne suffit pas de leur faire entendre
que cette alliance vise aussi la Russie ; ils n'en sont pas moins
menacés ; s'ils regardent avec plus de tranquillité le présent, c'est
qu'ils pensent que ce faisceau est moins étroitement serré et
moins menaçant en 1891 qu'en 1887.

L'image est plus saisissante encore lorsqu'on représente, comme
sur la fig. n° 171 (page 248) par des courbes l'accroissement des

principaux États de l'Europe. On y voit la population de la France, à chaque recensement, telle qu'elle était d'une part sur le territoire resté français après 1815 (ce sont les résultats donnés par les dénombrements, livre II, ch. II et par le tableau précédent, p. 240), et,

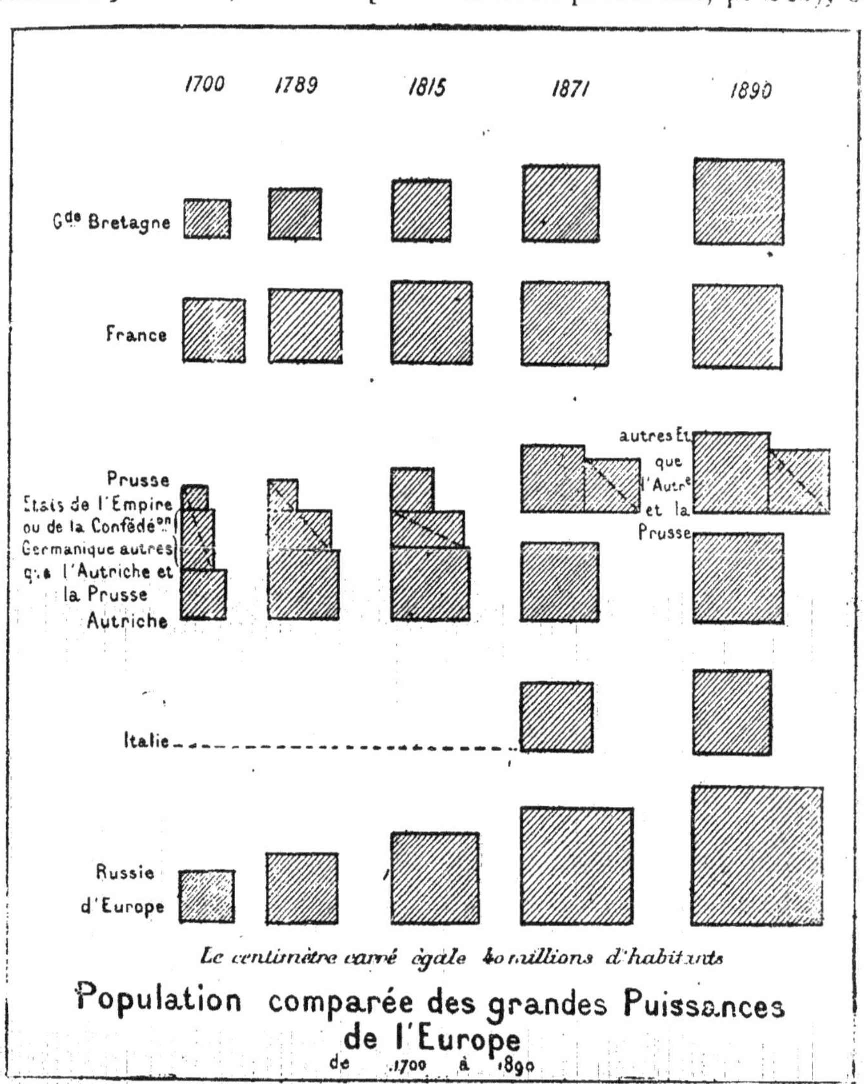

Fig. 170. — Population comparée des grandes puissances de l'Europe, 1700-1890.

d'autre part, sur tout le territoire de l'Empire français. La population de l'Autriche est celle qui par le nombre et la croissance se rapproche le plus de la France : elle la dépasse aujourd'hui. Celle de l'Empire allemand, qui est de date récente, et celle de la Prusse, que Napoléon avait mutilée, ont un essor beaucoup plus rapide. Il en est de même de celle du Royaume-Uni de

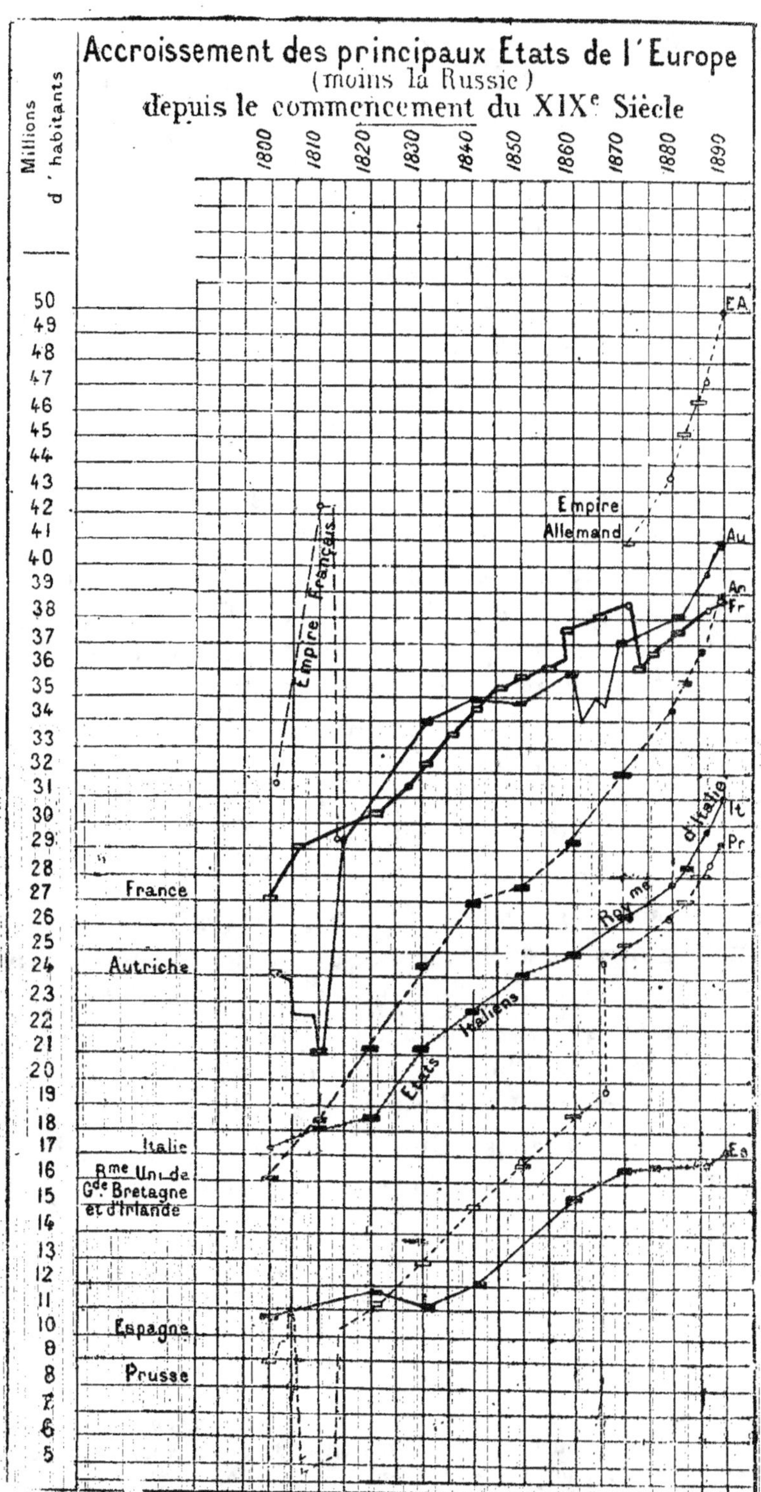

Fig. 171. — Accroissement de la population des principaux États d'Europe au xixe siècle.

Grande-Bretagne et d'Irlande qui égale la population française. Le progrès a été moindre en Italie ; mais il n'y a que l'Espagne où il soit plus lent qu'en France.

Les armées. — En vue de la conquête ou de la défense, les grands États européens ont fait en tout temps des efforts coûteux pour entretenir de nombreuses armées. Avant qu'il fût question d'équilibre européen, avant même que l'occupation d'une partie de la France par les Anglais justifiât, en les rendant nécessaires, les sacrifices énormes de la guerre de Cent ans, les rois de France s'endettaient pour solder des gens d'armes. Depuis les guerres d'Italie et la rivalité de François Ier et de Charles Quint, l'entretien des troupes a été une des causes principales des embarras du trésor et de l'augmentation de la dette royale.

Les autres souverains ont agi de la même manière. Cependant le fardeau de la paix armée, déjà très lourd dans les siècles passés, ne l'a jamais été autant qu'aujourd'hui par le nombre des hommes présents sous les drapeaux et par les dépenses de l'armement.

Les grands États du continent ont enregimenté tous leurs hommes valides dans les cadres de leur armée, de manière à pouvoir, en temps de guerre, mettre en quelque sorte la nation entière sur pied. Afin de les préparer au service, ils entretiennent dans les casernes ou dans les camps des millions d'hommes, dont le rassemblement présente le double inconvénient d'enlever à la production des richesses beaucoup de bras et de coûter beaucoup d'argent. Les petits États imitent les grands et sont atteints par la contagion de la fièvre d'armement qui mine l'Europe.

Cet effort est particulièrement onéreux pour la France dont la population est aujourd'hui inférieure à celle de l'Allemagne de plus d'une dizaine de millions d'âmes et où la dépense ordinaire par soldat est plus forte à cause du prix des subsistances et de l'équipement (1).

Autant qu'il est possible de comparer trois époques distinctes avec les documents que nous possédons, on peut dire qu'au

---

(1) Du tableau de la page 253 il résulte qu'en 1890 les dépenses militaires s'élevaient, matériel et personnel compris, à environ 1,300 fr. par homme sous les armes pour la France et 1,750 pour l'Empire allemand ; mais, en défalquant les dépenses extraordinaires, il reste 760 millions pour la France, soit 1,160 fr. par homme et 930 pour l'Empire allemand, soit un peu moins de 1,000 fr. par homme.

milieu du dix-huitiéme siècle, du temps de Frédéric-le-Grand, les cinq Grandes puissances et la Hollande, dont la population totale était de 63 millions, avaient 588,000 hommes sous les armes, soit 9 soldats par 1,000 habitants, et que l'effort et la charge étaient très inégalement répartis, la Prusse ayant une proportion de 34 p. 1,000, avec une armée composée en partie de recrues étrangères, et l'Autriche de 4 p. 1,000 seulement (1); qu'en 1840, les cinq Grandes puissances et les trois principaux États de l'Italie, dont la population était de 203 millions, avaient 2,037,000 hommes sous les armes, soit 10 soldats par 1,000 habitants (2); qu'aujourd'hui les six Grandes puissances, avec une

---

(1) Dans l'*Histoire de mon temps*, Frédéric II fait connaître, pour l'année 1740, la population, le revenu et l'armée des États. Nous omettons la Suède, le Danemark et l'Espagne qui avaient ensemble 136,000 hommes sous les armes et nous ajoutons la population de l'Autriche qu'il n'indique pas.

ÉTATS.	POPULATION par millions d'habitants.	ARMÉE.	PROPORTION du nombre des soldats par 1,000 habitants.
France	Plus de 19	166.000	8 (*)
Autriche	Id. 20	82.000	4
Angleterre	Id. 8	64.000 (**)	8
Hollande	Id. 2	30.000	15
Prusse	Id. 2.24	76.000	34
Russie	Id. 12	170.000	14

(*) Nous calculons sur 22 millions, chiffre vraisemblable de la population française en 1740.

(**) Dont 30,000 Anglais et 34,000 Hanovriens, etc.

(2) Voici, d'après l'*Almanach de Gotha de* 1844, le détail par État :

ÉTATS.	POPULATION en millions d'habitants en 1840 (***).	ARMÉE DE TERRE.	RAPPORT par 1,000 habit. du nombre des soldats à la population.
France (*)	34.2	433.000	12
Royaume-Uni	26.4	122.600	4.5
Confédération germanique, Autriche et Prusse (**)	68.3	720.000	10
Russie	59.6	706.800	12
Sardaigne, Toscane et Deux-Siciles	14.2	55.000	3.9

(*) La France avait 433,000 hommes sous les armes en 1840 à cause de la question d'Orient. L'ordonnance du 8 septembre 1841 réduisit l'effectif à 344,000 hommes, soit 10 p. 1,000 habitants.

(**) Le simple contingent de la Confédération germanique en 1840 était de 292,377 hommes, formant 10 corps, sans compter 11,116 hommes de la division d'infanterie de la Confédération. Trois corps étaient fournis par l'Autriche et comptaient 94,822 hommes sur un total de 460,000 à 500,000 hommes de l'armée autrichienne ; trois étaient fournis par la Prusse et comptaient 79,484 hommes sur un total de 121,916 de l'armée prussienne. Sur les 121,916 hommes de l'armée prussienne, un dixième n'était pas appelé et figurait dans la réserve. Cette réserve, avec la landwehr de 1re et de 2e levée, se composait de 430,000 hommes. Nous comptons en tout 720,000 hommes pour la Confédération, l'Autriche et la Prusse.

(***) Nous avons conservé la population telle qu'elle est donnée par l'*Almanach de Gotha* de 1844, quoiqu'elle diffère un peu de celle que nous donnons dans les tableaux précédents.

population d'environ 300 millions, ont des armées de terre de 2,402,000 hommes, (8 soldats par 1,000 habitants), et 197,000 hommes sur leurs flottes, soit en tout 2,600,000 hommes consacrés à la guerre, ce qui correspond à peu près à 8,7 hommes armés par 1,000 habitants.

L'armement au XVIIIe siècle est si considérable pour quelques États qu'il paraît monstrueux et qu'il serait invraisemblable si le chiffre pour la Prusse n'était donné par le souverain même et si on ne savait que le tiers seulement de son armée était recruté en Prusse, tandis que les deux autres tiers se composaient d'étrangers raccolés en Allemagne et ailleurs. Ce raccollement à l'étranger était à cette époque pratiqué dans toutes les armées européennes et facilitait l'accroissement ou la diminution de l'effectif, suivant les circonstances : ainsi, la France, qui n'avait que 166,000 hommes sous les armes en 1740, en eut pendant la guerre (1741-1747) 401,000 (1). « Il faudra bien que la mode de ces armées immenses et permanentes qui dévorent l'Europe ait enfin son terme », écrivait en 1780 un· auteur militaire (2). L'événement n'a pas justifié cette affirmation.

En 1840, l'équilibre est mieux établi ; parmi les Grandes puissances, l'Angleterre a seule une proportion très faible, parce que sa force principale réside dans sa flotte.

Le tableau suivant (p. 253) fait connaître, pour l'année 1890-1891, l'effectif sur le pied de paix des forces et des dépenses militaires des six Grandes puissances : 2,650,000 hommes pour l'armée de terre et 239,000 pour l'armée de mer, 2,889,000 en tout. Il indique aussi le nombre d'hommes qui, figurant sur les rôles, pourraient être appelés en temps de guerre : environ 15 millions d'hommes incorporés dans les cadres et au moins 29 millions mis à la disponibilité des gouvernements. A l'imitation de la Prusse, les États se sont ingéniés à enrôler tous les hommes valides dans les cadres pour le cas de guerre ; mais il serait bien difficile de mettre en mouvement des masses aussi considérables.

La population prussienne possède un esprit de hiérarchie, une

---

(1) Louis XIV en avait eu presqu'autant dans ses deux dernières guerres. Pendant la guerre de Sept ans, l'armée française a été de 330,000 hommes. En temps de paix, elle a varié, de 1716 à 1789, entre 127,000 et 194,000, sans compter la milice qui nominalement fournissait de 58,000 à 80,000 hommes. Babeau, *Les Soldats*, p. 14.

(2) Servan, *De l'esprit militaire*, cité par M. Babeau, p. 30.

instruction militaire, d'anciennes traditions qui lui donnent une grande force ; mais il y a des parties de l'Allemagne qui, tout en obéissant à la même discipline, n'ont pas autant de goût pour les armes.

L'Autriche a fait depuis quelques années de très sérieux efforts pour élargir et renforcer ses cadres et pour consolider la landsturm ; elle a de bons officiers, mais la diversité des nationalités nuirait peut-être à la force de cohésion de son armée.

L'Italie, depuis qu'elle est entrée dans la triple alliance, a fait de plus grands efforts encore qui ne paraissent pas être en proportion de sa fortune ; car, en sept ans, elle a augmenté de 58 p. 100 le budget du ministère de la guerre (193 millions en 1882, 308 en 1889).

Hors de la triple alliance, la Russie a commencé en 1881 la réorganisation de son armée et elle l'a aujourd'hui presque entièrement accomplie. Avec la milice et les réserves territoriales, elle dispose, dit-on, non de 6 millions, mais de 4 millions d'hommes. L'étendue de son territoire rend difficile une concentration rapide, mais la solidité du soldat russe serait une garantie pour une longue campagne.

La France a été entraînée depuis 1871 (1) dans le courant général des armements et elle a contribué à la renforcer. Toutefois, il serait injuste de prétendre que c'est elle qui, la première, y a poussé les autres gouvernements ; car, en réalité, sa position, depuis 1871, est celle de la défensive : le prince de Bismarck n'a pas hésité à déclarer, à plusieurs reprises, à la tribune, que l'Allemagne se sentait forte et qu'elle prétendait rester la plus forte des nations militaires. Par la loi, longuement débattue, du 15 juillet 1889, qu'avaient inspirée le sentiment d'égalité de tous devant les charges militaires et la nécessité d'un armement général, la France n'a pas craint de compromettre ou de restreindre la formation de son élite intellectuelle pour généraliser le service de trois ans, et elle a mis à la disposition du ministre de la guerre plus de 4 millions d'hommes en cas de guerre. Quelques regrets qu'à plusieurs égards cette loi inspire,

---

(1) Avant 1870 même on ne saurait dire que la France, malgré la politique belliqueuse du second Empire, ait donné l'exemple de l'armement à outrance, puisque c'est l'insuffisance des troupes disponibles qui a surtout empêché l'empereur d'agir en 1863 et en 1866 et l'infériorité du nombre qui a causé sa perte en 1870.

il est certain que la France ne pouvait rester sous le couteau sans se couvrir d'un bouclier.

Ce sentiment est à peu près celui de tous les Français. Il est vrai que ce n'est pas celui de tous les étrangers ; en Italie, en Autriche, en Angleterre, beaucoup de politiques pensent que c'est la France qui menace la paix européenne. Nous croyons qu'ils n'envisagent pas la situation avec assez d'impartialité. Assurément la France mutilée ne saurait oublier d'où lui vient sa blessure ; mais qui est le plus menaçant pour l'équilibre européen, du vaincu qui répare ses armes ou du vainqueur qui en forge de nouvelles ?

ÉTAT MILITAIRE DES GRANDES PUISSANCES EN 1890-1891 (1).

ÉTATS.	POPULATION par millions d'habitants.	PIED DE PAIX.				PIED DE GUERRE. ARMÉE DE TERRE (par millions d'hommes).		DÉPENSE	
		ARMÉE (par milliers d'hommes).			Rapport à 1000 habitants.			annuelle (pied de paix) par millions de f.en 1890-91	par habit.
		Terre.	Mer (2).	Total.		incorporés dans les cadres	totalité des hommes.		
1	2	3	4	5	6	7	8	9	10
France..........	38.5	591	64	655	17	2.0	4.2	884 (4)	23
Royaume-Uni. ...	38.6	226	95	321	8	0.8	?	780	20
Empire allemand	49.5	519	16	535	10.8	1.8	7.2	941 (5)	19
Italie	30.2	280	22	302	10	1.1	2.8	404	13
Autriche-Hongrie	40.9	279	12	291	7.1	1.8	2.5	320	8
Russie d'Europe.	98.6	755	30	785	8	?	11.7	780	7

(1) Les chiffres relatifs aux troupes de terre (colonnes 3, 7 et 8) sont empruntées au savant mémoire de M. Bodio (*Di alcuni indici mesuratori del movimento economico in Italia*), qui a eu la complaisance de nous communiquer les épreuves de la seconde édition. Les chiffres relatifs aux troupes de mer et aux dépenses sont extraits en grande partie de l'*Almanach de Gotha* pour 1891. Ces chiffres diffèrent de ceux qui sont donnés dans d'autres documents, parce qu'on peut compter de diverses manières l'effectif d'une armée, ainsi, en Angleterre, nous comptons dans les 95,000 hommes de la marine, la réserve et la totalité des troupes de la marine, quoiqu'elles ne soient de service que par moitié. Malgré ces différences, les rapports généraux qui résultent de la comparaison, sur le pied de paix, de ces nombres entre eux et avec l'ensemble de la population sont instructifs. Quant au pied de guerre, les données sont trop vagues pour que nous calculions pour chaque État le rapport à la population.

(2) Voici, d'après des documents présentés à la Chambre des Communes en Angleterre et à la Chambre des députés en France, l'état des flottes des six puissances en 1889 :

ÉTATS.	CUIRASSÉS.		Autres bâtiments cuirassés ou non (croiseurs, canonnières, cuirassés de croisières et de côtes, torpilleurs, etc.).	
	Construits.	En construct.	Construits.	En construct.
France...............	15	8	176	85
Royaume-Uni.........	38	7	345	31
Empire allemand.....	11	1	128	27
Italie (1)...........	7	6	145	44
Autriche-Hongrie	3	2	84	7
Russie	2	6	183	8

On prévoyait, en outre, en 1889 la mise prochaine sur le chantier de 74 autres

Le tableau précédent fournit le nombre en temps de paix et le nombre vraisemblable en temps de guerre des hommes astreints à un service militaire. Sur le pied de paix, les effectifs, diversement composés, sont difficiles à comparer et les nombres que les documents fournissent ne sont pas d'une exactitude rigoureuse (1). Pour le pied de guerre, le tableau ne donne qu'une vague idée du nombre total d'hommes qui pourraient être enlevés à leurs occupations ordinaires, et surtout une idée imparfaite des sacrifices que la paix armée coûte aux nations. Les hommes en effet travaillent plus que les femmes ; les adultes plus que les

---

bâtiments, dont 46 pour l'Angleterre, 9 pour la France, autant pour la Russie, 7 pour l'Italie, 2 pour l'Empire allemand, 1 pour l'Autriche. On estime qu'en 1892, la France aura en tout 299 bâtiments, l'Angleterre 402, l'Empire allemand 252, l'Italie 215, l'Autriche-Hongrie 89, la Russie 380. En 1891, l'Italie possédait 269 navires de guerre, dont 18 cuirassés. D'un état dressé par M. Bodio, il résulte que le nombre des navires et croiseurs cuirassés, en 1890, était de 75 pour la France (dont 28 en bois), de 72 pour l'Angleterre, de 44 pour la Russie, de 22 pour l'Empire allemand, de 20 pour l'Italie, de 12 pour l'Autriche. Il est d'ailleurs à peu près impossible, comme le fait remarquer M. Bodio dans son mémoire, de comparer la force navale des nations d'après le nombre de leurs bâtiments ou même de leurs canons, parce que la force réelle dépend de conditions complexes dont la statistique ne rend que très imparfaitement compte.

Les constructions navales sont très coûteuses et à peine les bâtiments sont-ils à flot qu'on constate que leur vitesse ou que leur armement est inférieur au type le plus perfectionné et on songe à en faire d'autres.

(3) *Note se rapportant à la page précédente.* — La loi du 15 juillet 1889 a mis, à partir de 1890, plus de 4 millions d'hommes à la disposition du ministre de la guerre en cas de guerre.

(4) *Idem.* — Les 884 millions se composent de 556 millions pour le budget ordinaire de la guerre, de 203 millions pour le budget ordinaire de la marine et le reste pour les dépenses extraordinaires de la guerre.

(5) *Idem.* — Les 941 millions de francs se composent de 386 millions de marks pour les dépenses permanentes de l'administration militaire et de 38 pour celles de la marine, de 296 pour les dépenses extraordinaires de la guerre et de 14 pour celles de la marine.

(1) Ainsi, en 1890, en France, la force militaire (pied de paix) était officiellement de 591,400 hommes ; mais à cause des congés, le budget ne prévoyait que 555,300 présents sous les drapeaux ; en Allemagne, au contraire, la force militaire était officiellement de 519,580 hommes et, comme on accorde de congé à un homme qu'en le remplaçant par un autre, les cadres sont toujours au complet et il y avait 521,730 hommes sous les drapeaux. La gendarmerie n'est pas comprise dans l'effectif allemand ; elle l'est dans l'effectif français dans lequel figure aussi le corps d'armée de l'Algérie qui ne serait pas immédiatement disponible en cas de guerre. Dans les 7,2 millions d'hommes mis à la disposition du ministre de la guerre figurent 4 millions 1/2 d'hommes faisant partie de l'arrière-ban (3e ligne), tandis qu'en France cette 3e ligne ne compte que pour 1 million. Ce sont des hommes dont le plus grand nombre rendrait peu de services en campagne.

enfants et les vieillards. Or, si l'on compare le nombre des hommes faisant le service militaire (armée de terre et de mer) en temps ordinaire (année 1890) au nombre total des individus du sexe masculin âgés de 15 à 60 ans, on trouve (1) :

5.5 pour 100 pour la France.
4.1   —   l'Empire allemand.
3.4   —   le Royaume-Uni.
2.7   —   l'Autriche-Hongrie.
3.6   --   l'Italie.

C'est donc en mettant, si l'on veut, hors de cause l'Angleterre, à laquelle le recrutement par engagement volontaire fait une situation distincte, et sans compter la Russie, dont on ne connait pas la distribution de la population par âge, environ la trentième partie des travailleurs qui ne produisent rien, qui prennent même quelquefois au régiment le dégoût de leur métier, et qui tout au moins manquent à s'y perfectionner précisément dans l'âge où l'on apprend le mieux. Le service militaire peut avoir certains avantages pour former le citoyen ; il n'en a pas pour façonner l'ouvrier au travail. Il est une des causes de la désertion des campagnes, et la crainte de ce service devient parfois un stimulant factice de l'émigration. Le soldat, improductif, vit de l'argent des contribuables et vit chèrement, parce qu'il faut non seulement le nourrir, mais entretenir le matériel de guerre ; il contribue ainsi doublement à appauvrir son pays, parce qu'il ne produit pas de richesse et parce qu'il en consomme.

De quelque manière qu'on calcule la proportion, la France est bien relativement aux cinq autres États celui dont la population est la plus chargée par le service militaire. C'est qu'elle est un des deux plus riches, et que chaque pays est limité dans son effectif militaire par ses ressources financières. On a calculé que le budget de la guerre coûtait aux grandes puissances plus de 4 milliards de francs par an, dont 814 pour la France en 1890 (2), 941 pour l'Empire allemand, 780 pour l'Angleterre, 780 pour la Russie, 404 pour l'Italie, 320 pour l'Autriche, sans qu'on puisse affirmer

---

(1) Voir le livre II, chapitre, xv, La Population par âges en France et à l'étranger, t. II, p. 284.

(2) 884 en 1891. La valeur du matériel de la marine existant en 1889 était estimé par le ministre de la marine à 342 millions et avait coûté 800 millions à établir ; celui de la guerre était évalué, en 1876 à 1,242 millions et en 1883, à 2,079 millions. Leur réorganisation a coûté plus de 3 milliards depuis vingt ans.

que toutes les dépenses extraordinaires soient comprises dans ces totaux. Quand on compare ces conditions onéreuses à celles des États-Unis qui, avec une population de 63 millions d'âmes, n'ont qu'une armée d'environ 40,000 hommes (1), et n'allouent au budget de la guerre (guerre et marine), que 263 millions de francs (dépense que des Américains trouvent, non sans raison peut-être, très exagérée), on comprend le grand avantage de la république américaine sur les États de la vieille Europe, et on signale cette différence comme une des causes de la progression plus rapide de la fortune publique dans un monde que dans l'autre. L'Amérique tout entière jouit à peu près aujourd'hui du même privilége ; le Canada et les républiques latines qui sont sorties de la période des dissensions intestines en profitent et se développent.

Le mal est évident. Quel remède y apporter ? Malgré la généreuse prédication des hommes qui font appel à la concorde, qui conseillent l'arbitrage, qui forment des ligues de la paix, l'Europe reste et restera armée, parce qu'elle est profondément divisée : la triple alliance n'a fait que rendre cet armement plus nécessaire. Il ne se passe guère d'année sans qu'un des États n'y ajoute quelque chose en hommes, en canons, en fusils, en provisions, en fortifications, en navires blindés et le renforcement de l'un oblige les autres à se renforcer à leur tour (2).

---

(1) En 1888, 25,000 hommes et 2,174 officiers pour l'armée de terre et 12,163 hommes (officiers actifs et non actifs, matelots, mousses, etc.) pour la flotte.

(2) Cette émulation se traduit par des discours et par des actes dans tous les grands États. L'Angleterre a voté en 1889, 357 millions pour reconstituer sa flotte ; l'Empire allemand, 146 millions ; l'Italie en a demandé 85. En France, un vice-amiral se fondait sur ces exemples pour demander que la France ne restât pas en arrière : « Depuis la fin du XVIIIe siècle, époque où la France était la première puissance maritime ou, tout au moins, l'égale de l'Angleterre, cette dernière puissance a augmenté considérablement sa flotte, et la France est devenue la seconde puissance maritime. Croyez-vous qu'il soit prudent de laisser notre pays déchoir de ce rang? Ce n'est pas possible... Peut-on admettre que notre marine soit inférieure à celle de l'Allemagne et de l'Italie réunies ?... » Dans la même séance, le rapporteur du budget pressait la marine de renforcer la flotte en disant que la France possédait 376 bâtiments de guerre et les marines de la triple alliance 503, « soit une différence de 127 unités au profit de ces dernières ». (Séance de la Chambre des députés du 17 juin 1889). L'année précédente, le prince de Bismarck avait, dans un discours du 7 février 1888, appuyé le projet de loi militaire qui remaniait la landwehr et renforçait l'armée allemande : « Nous devons, disait-il, être aussi forts que nous le pouvons et nous pouvons être plus forts que toute autre nation. Ce serait un crime de ne pas utiliser cette force ». Il ajoutait : « Cette augmentation de nos forces nous disposera nécessairement à des sentiments pa-

Dans tous les pays d'Europe, il se rencontre une élite qui comprend l'importance de la paix et une masse très nombreuse qui la désire. Mais l'élite tient-elle toujours le gouvernail et la masse n'est-elle pas sujette à se laisser entraîner par des courants que les passions déterminent et qui sont changeants (1) ?

Notre siècle présente un singulier contraste qui ne fait pas honneur à la logique des gouvernements. Jamais les communications entre les peuples n'ont été aussi faciles, les relations d'affaires et les voyages aussi fréquents. Les réunions internationales auxquelles donnent lieu les congrès scientifiques et les expositions, ne datent guère que de 1851 et se sont multipliées. Les échanges d'idées entre les savants ont considérablement augmenté par le progrès des sciences, en même temps que par celui de la presse et de la poste. Pourtant les peuples n'ont jamais paru autant craindre leurs voisins, autant appréhender l'imminence d'une invasion, tout en préparant eux-mêmes leurs moyens d'attaque Dans le commerce même, sous l'influence de causes diverses, ils s'arment les uns contre les autres de tarifs restrictifs et rehaussent les barrières pour arrêter les marchandises, en même temps qu'ils construisent des chemins de fer et perfectionnent leurs navires pour les mieux transporter. Chacun veut développer son industrie nationale, ce qui est légitime. Mais chacun prétend se suffire à lui-même, ce qui est impossible et fort peu souhaitable avec les besoins de la consommation actuelle ; d'autre part, les grandes nations fondent à l'envi, en vue d'une production économique, de si vastes manufactures qu'elles ne peuvent vivre qu'à condition d'avoir pour débouché le monde entier : ce qui rend plus illogique encore la protection douanière par laquelle les mêmes industries veulent murer le territoire national. Mais il existe dans le sens de cette protection un courant puissant, que l'état général de la politique favorise.

La politique de Napoléon III, libérale en matière de douanes,

____

fiques. Ce n'est pas un paradoxe ». Il oubliait de dire que le sentiment de la force peut inspirer le désir de l'entreprise.

(1) D'un mémoire publié par M. Cerboni (*Statistica comparata dei bilanci dei principali stati di Europa*, 1889), il résulte que, de 1882 à 1887-88, les dépenses militaires pour l'Italie ont été augmentées de 36 p. 100 (celles de la marine, de 124 p. 100), pour l'Allemagne de 50 p. 100, pour l'Autriche-Hongrie de 44 p. 100, pour la Russie de 11 p. 100, pour l'Angleterre de 12 p. 100, pour la France de 3 p. 100.

a malheureusement contribué à engager les puissances dans la voie des grands armements; celle du prince de Bismarck les y a enfoncées beaucoup plus avant.

Ces deux hommes, inégaux par le succès de leurs entreprises, porteront en commun devant la postérité une lourde responsabilité ; l'histoire les désignera, surtout le dernier, comme les principaux auteurs de l'absorption d'une partie des forces de l'Europe par le militarisme, de la menace toujours pendante de guerre, de l'insécurité qui en est la conséquence, et enfin de l'infériorité économique dans laquelle cet état de choses place l'Europe en face des pays neufs de l'Amérique et de l'Australasie. En voulant dominer l'Europe, ils auront peut-être compromis sa tranquillité actuelle et sa suprématie future. Cette situation, nous la subissons surtout depuis 1871 et c'est pourquoi l'Allemagne a aujourd'hui une part plus grande que la France dans cette responsabilité.

On avait parlé vaguement, en 1888, d'un concert des souverains qui proposeraient et imposeraient peut-être le désarmement : ce concert n'a été qu'un rêve. On a parlé plus souvent de la guerre comme d'un moyen d'obtenir le désarmement forcé des vaincus, lequel permettrait ensuite le désarmement volontaire des vainqueurs et, en parlant ainsi, certains politiques entrevoyaient l'Allemagne imposant sa loi à la France, définitivement vaincue et dépecée comme une proie. Ils ne voyaient pas que, si jamais la France était anéantie, la Russie devrait s'armer jusqu'aux dents pour ne pas tomber à son tour sous le servage politique de l'Allemagne et que la fièvre des armements ne ferait que s'envenimer.

Sans doute un tel état de choses ne saurait être éternel ; rien ne l'est dans les combinaisons de la politique. Mais il faut attendre du temps ce que le présent n'a pas donné et conseiller à la génération actuelle de supporter avec quelque patience un mal inévitable, en s'efforçant toutefois de ne pas l'aggraver comme l'ont fait à l'envi certains gouvernements depuis vingt ans. Pour la France, le fardeau est extrêmement lourd et l'avenir est inquiétant, parce que la lente croissance de sa population ne lui fournit pas autant de facilités qu'à ses voisins pour augmenter le nombre de ses soldats.

Les prévisions de Prevost-Paradol. — Prevost-Paradol avait

vu le danger de la situation avant la guerre franco-allemande :
« Vaincrons-nous la Prusse, disait-il ? Le fait seul que cette
» question puisse être posée ne montre que trop clairement le
» changement accompli autour de nous depuis dix années. La
» seule question qui pût être débattue naguère, lorsqu'on parlait de
» la puissance militaire des États du continent, était de savoir si
» la France pouvait tenir tête à l'Europe coalisée : aujourd'hui, la
» question est de savoir si la France l'emporterait sur la Prusse ».

Le progrès de la population allemande l'alarmait : « Deman-
» dons-nous ce que peut être la France ayant à ses portes une
» puissance militaire de 51 millions d'hommes, population qui
» n'est point en arrière de la civilisation, ni clairsemée sur de
» vastes espaces comme en Russie, mais concentrée, disciplinée
» et armée de toutes les ressources de la science moderne ? Non
» seulement, avec le système de guerre en usage qui consiste à
» précipiter rapidement des masses énormes les unes sur les
» autres, la lutte serait disproportionnée entre nous et notre
» nouveau voisin..... De toute façon, quel est, dans cet avenir
» pacifique ou guerrier, la part de la France ? Si un grand
» changement politique et moral ne se produit point en elle, si
» notre population, obstinément attachée au sol natal, continue
» tantôt à s'y accroître avec une extrême lenteur, tantôt même
» (comme il nous est arrivé pendant dix années) à rester station-
» naire ou à décroître, nous pèserons, toutes proportions gardées,
» dans le monde anglo-saxon, autant qu'Athènes pesait jadis
» dans le monde romain (1). »

Un grand nombre de politiques et de statisticiens ont répété
depuis ce temps le cri d'alarme de Prevost-Paradol ; mais la
situation ne s'est pas améliorée. La France a augmenté ses possessions coloniales, avantage très notable dont nous traiterons
dans un autre chapitre (2) ; mais elle a acquis par là plus de territoires à défendre que de défenseurs, et sa population européenne
a continué à s'accroître lentement.

La politique extérieure depuis 1871. — La guerre de 1870
a creusé un abîme entre la France et l'Empire allemand. La

---

(1) *La France Nouvelle*, p. 409.
(2) Voir plus loin, ch. x.

première aurait pu, avec le temps, oublier ses défaites et sa
rançon ; il ne lui est pas possible d'oublier l'Alsace-Lorraine.
Aurait-elle eu ce désintéressement à l'égard d'elle-même, je
devrais dire cette ingratitude à l'égard de concitoyens qui se
souviennent d'elle, que sa frontière du nord-est entièrement
découverte et la présence de garnisons germaniques à peu de
distance de la vallée de la Seine lui rappelleraient sans cesse le
danger qui la menace. Privée de ses défenses naturelles par la
perte du fossé du Rhin et du rempart des Vosges, dont elle ne
possède plus qu'une partie presque insignifiante au point de vue
militaire, elle a dû, à grands frais, élever contre l'invasion une
digue artificielle de citadelles.

L'Empire allemand est devenu la puissance prépondérante de
l'Europe. Les Allemands, de quelque État particulier qu'ils
fussent les sujets, en ont conçu un légitime orgueil : un peuple
aime, comme un homme, à être fort. Guillaume I⁰ʳ, Bismarck,
Moltke resteront dans l'histoire des noms grands comme les
événements qu'ils personnifient et évoqueront des souvenirs qui,
pendant une longue suite de siècles, seront, comme le nom
d'Othon-le-Grand, chers aux Allemands. L'unité politique, fondée
en 1871 par la volonté du roi de Prusse victorieux et malgré
quelques résistances latentes, s'est fortifiée par le sentiment
national. Les princes et les peuples ont pu éprouver d'abord
une certaine répugnance à une union qu'ils considéraient comme
un amoindrissement de leur personnalité au profit d'un voisin
dont ils étaient jaloux. Ils pourront encore résister à l'absorption
administrative. Sous ce rapport, l'histoire du XXᵉ siècle peut
être riche en événements imprévus. L'Allemagne du sud, particulièrement la Bavière, qui est forte et dont la population a des
mœurs et même des tendances politiques différentes de celles
de la population prussienne façonnée au militarisme, ne pliera
pas volontiers sous le joug. Toutefois la comparaison que les
Allemands du nord et du sud continueront à faire entre l'ancienne
Confédération germanique, morcelée et impuissante, et le nouvel
État, respecté ou redouté, assure le maintien de l'unité. Les
uns et les autres y tiennent et ils s'y attacheraient d'autant plus
passionnément qu'une attaque leur paraîtrait imminente (1).

---

(1) Le prince de Bismarck excitait l'hilarité et obtenait l'assentiment du Reichstag

Dans ce faisceau il n'y a, en réalité, qu'un ferment énergique de dissolution : l'Alsace-Lorraine. La faute en est aux Allemands. Au temps, peu éloigné de nous, où les savants faisaient naïvement le jeu de quelques politiques en proclamant le principe des nationalités et où, des rives de la Seine à celles de la Volga, chacun s'en servait pour démontrer que sa patrie avait droit à des agrandissements aux dépens du territoire d'autrui, les Allemands réclamaient les Alsaciens comme des frères opprimés. Quand la victoire leur a donné le pouvoir de découper la frontière à leur guise, ils ont commencé par oublier le principe pour mettre, au nom de certains souvenirs historiques et surtout au nom d'intérêts militaires, la main sur Metz qui est un pays de langue française. Ayant ensuite appris par l'attitude de l'Alsace que la nationalité résulte de la communauté des sentiments plus que de celle de la langue, le gouvernement impérial, impatient d'une résistance à laquelle il ne s'attendait pas, a voulu imposer par la force ce qu'il désespérait d'obtenir d'une adhésion volontaire : la rigueur avec laquelle il a traité en pays conquis la province a tourné contre lui.

En Allemagne, comme en France, malgré les rodomontades de la presse et les aigreurs de la concurrence commerciale, la paix est désirée. On sait qu'une guerre européenne coûterait d'immenses sacrifices ; on comprend que la mise en mouvement des armées causerait une perturbation profonde, que chaque famille pour ainsi dire aurait à craindre pour la vie d'un parent ou d'un ami, et qu'il est impossible de prévoir l'issue définitive d'une lutte dans laquelle tous les grands États de l'Europe pourraient être entraînés, eussent-ils même au début l'intention de rester neutres.

Cependant l'existence seule de ces grandes armées est par elle-même un motif de craindre la guerre, car elles ont fait naître des intérêts nombreux et puissants ; des milliers d'hommes calculent aujourd'hui ce qu'une campagne leur rapporterait d'honneur, d'avancement, d'argent, et s'agitent pour réclamer, à leur manière, leur droit au travail. Le parti du militarisme, qui confond

---

lorsqu'il disait en 1888 que l'union était contraire à la nature intime des Allemands, mais que la presse, en France et en Russie, fortifierait la cohésion de l'Empire par ses attaques.

naïvement l'amour de la patrie avec l'exercice de sa profession, est peut-être plus ardent en Allemagne qu'ailleurs.

Ajoutez l'opinion de certains politiques ; les uns, croyant la guerre inévitable, ont professé pendant près de vingt ans qu'il convenait de la faire le plus tôt possible et de saisir la première occasion favorable ; d'autres, considérant que l'entretien des armées actuelles est une charge écrasante et que le fardeau va toujours en s'aggravant par la rivalité des puissances, dont chacune voudrait toujours avoir plus de soldats que ses voisins et dont aucune ne se résigne à en avoir moins, ont maintes fois déclaré qu'il fallait en finir et que mieux vaudrait la guerre que la continuation indéfinie des charges de la paix armée.

On peut croire que le prince de Bismarck, quand il était chancelier, a voulu plusieurs fois se servir de certains incidents pour déterminer l'explosion. Cependant il avait tant profité des succès de 1870 sans avoir eu depuis ce temps recours aux armes qu'il est permis aussi de croire qu'il n'aurait pas aimé à les hasarder dans une bataille et que son dessein a été plutôt de faire craindre la guerre que de la faire ; il a voulu surtout obtenir du Parlement l'argent et les hommes qu'il regardait comme la condition de sa puissance, et maintenir le faisceau d'alliances qu'il avait formé. Le grand chancelier actuel et le souverain qui l'a choisi paraissent non moins décidés à conserver la paix, tant qu'elle est possible, et jusqu'ici ils n'ont pas fait retentir la presse de menaces de guerre.

La France n'avait pas eu d'allié en 1870, quoiqu'un grand État eût été peut-être enclin à intervenir si les premiers coups n'avaient pas été si décisifs. Depuis 1870, elle n'en a pas gagné, malgré la chaleureuse sympathie que la grande nation slave lui témoigne. Les monarques ont eu longtemps contre la république une défiance que l'instabilité des ministères en France, rendant difficile le secret des négociations et la suite dans les desseins, n'a pas contribué à dissiper.

Le prince de Bismarck s'était servi de cette situation pour unir pendant plus de dix ans les Grandes puissances du continent dans une entente commune. Quelle part la crainte de la propagande révolutionnaire a-t-elle eue dans leur détermination ? C'est ce que l'histoire saura peut-être plus tard. Ce qui est certain, c'est que dans la triple alliance qu'elle a formée l'Allemagne a des satellites plutôt que des égaux et que seule elle a un territoire à garantir contre la France. Cette situation est précisément l'opposé d'un équilibre ou du moins d'une balance égale ; en France on en conclut que cette balance ne peut être rétablie aujourd'hui que par une alliance franco-russe flanquant le faisceau des trois États coalisés.

Ce qui paraît surprenant, c'est que le prince de Bismarck ait pu persuader à l'Italie, à l'Autriche et pendant un temps à la Russie que leurs intérêts dans cette affaire étaient les mêmes que les siens. Interprétée dans son sens le plus pacifique, la triple alliance signifie le maintien du *statu quo,* c'est-à-dire de l'Alsace-Lorraine à l'Empire allemand. Or, cette question ne touche pas aux intérêts vitaux de l'Italie ni de l'Autriche qui se sont engagées cependant à exposer à la mort des centaines de mille hommes pour garantir cette possession.

L'Italie tend la main à l'Autriche aux dépens de laquelle elle s'est constituée en royaume et à laquelle elle ne pardonne pas de tenir encore sous son autorité des populations italiennes ; entre l'Autriche et l'Italie il y a alliance plutôt que sympathie. Les Italiens peuvent assurément être fiers de la manière dont ils sont parvenus, en peu d'années, à former et à consolider leur unité et des progrès économiques et moraux qui, malgré les difficultés financières d'une politique aventureuse, ont été accomplis par leur pays. Ils ont la légitime ambition de jouer le rôle de grande puissance ; ils y réussiront d'autant mieux qu'ils sauront ménager leur crédit et leurs forces. Ils ont raison de chercher à développer leur commerce maritime dans la Méditerranée. Ils ont raison d'entretenir des relations amicales avec l'Allemagne dont les intérêts ne sont nulle part, en ce moment, opposés aux leurs, dont ils ont été les alliés en 1866 et avec laquelle leur commerce s'est largement développé depuis la construction du chemin de fer du Saint-Gothard et se développera encore, sans pourtant que cet accroissement compense de longtemps la perte que la rupture du traité de commerce avec la France leur a fait subir (1).

Mais, pour cela, il n'est pas nécessaire que les Italiens soient les ennemis de la France qui était leur alliée à l'époque la plus

---

(1) L'Italie importait en France une valeur de 400 millions de francs de marchandises (moyenne de 1880-1887) avant la dénonciation du traité de commerce ; elle a importé 133 millions en 1889. Elle a importé en Allemagne une valeur de 95 millions en 1889.

solennelle de leur histoire, dans une circonstance beaucoup plus décisive encore pour leur avenir que la guerre de 1866, de la main de laquelle ils ont reçu, à cette dernière date, la Vénétie, avec laquelle ils entretiennent, même depuis 1888, après la rupture du traité (qu'il serait désirable de rétablir), un commerce plus considérable qu'avec l'Allemagne, qui ne menace aucune de leurs possessions, dont ils n'ont pas à redouter l'agression et dont ils se feraient, sans aucun avantage appréciable pour leur propre puissance, un adversaire irréconciliable, s'ils tentaient de reprendre par la force les territoires cédés volontairement en 1859 comme prix d'un service et comme condition d'un nouvel équilibre des deux États sur les Alpes.

La maison de Savoie n'a pas besoin des agitations d'une politique belliqueuse pour consolider sa popularité. Sa grandeur et celle de l'Italie se sont faites, depuis 1848, l'une par l'autre ; c'est en assurant par des œuvres de paix la grandeur de son pays que le souverain assurera le maintien de l'une et de l'autre.

Les Italiens ont éprouvé un vif chagrin de l'occupation de la Tunisie qu'ils avaient rêvée pour eux-mêmes. Mais pourquoi n'ont-ils pas voulu voir, derrière la France, le chancelier qui l'encourageait sous main et pourquoi ont-ils réservé, pendant plusieurs années, toute leur déférence pour l'homme qui a cherché à fomenter des haines à leur détriment et toute leur rancune pour le peuple qui n'a fait que continuer une politique traditionnelle ? Pourquoi, n'étant menacés d'aucun côté, sont-ils entrés dans la triple alliance si ce n'est en vue d'un gain ? Cette alliance a imposé à l'Italie des charges qui pèsent lourdement sur ses finances sans lui assurer une compensation dans des profits aléatoires. Devant les difficultés qu'elle a créées, un ministère a sombré au commencement de l'année 1891, ou tout au moins est venu s'échouer, faute de trouver une issue pour conduire sa fortune dans le port à l'abri de la tempête. La tempête se calmera-t-elle ? Nous l'espérons, parce qu'entre les deux peuples il peut y avoir des blessures d'amour-propre dont la responsabilité incombe surtout à la presse, intempérante au-delà comme en deça des Alpes, mais il n'y a pas en réalité de sérieuses oppositions d'intérêt ; il y a même une affinité de race et de sentiment que les difficultés de l'heure présente ne sauraient détruire. Nous regrettons, pour ne parler que de la France, que nos écrivains et nos orateurs ne comprennent pas toujours les égards qu'ils doivent à la nation italienne et l'importance qu'il y aurait pour la France à faire oublier les griefs réciproques.

Si jamais la France venait à être accablée dans une guerre à laquelle les Italiens auraient pris part, l'Europe continentale n'aurait plus qu'un maître à l'ouest de la Vistule ; le jour ne tarderait pas à venir où l'Italie le sentirait peser sur elle du haut des Alpes et où, se remémorant trop tard le siècle d'Othon-le-Grand et celui de Charles-Quint, elle éprouverait les .regrets que La Fontaine prête au cheval qui a voulu se venger du cerf.

On ne saurait blâmer les Allemands et les Italiens de se réjouir de l'unité de l'Allemagne et de l'Italie. Cette unité, quoiqu'elle soit devenue à certains égards une cause d'inquiétude pour les intérêts de la France, est par elle-même une amélioration de la constitution générale de l'Europe. Mais elle deviendrait une source de conflits si les politiques pratiquaient la maxime fausse qu'un organisme ne peut vivre qu'à condition de continuer toujours à se développer territorialement.

L'Autriche a été jetée hors de l'Allemagne par la Prusse. Un siècle et demi auparavant, celle-ci n'était encore qu'une vassale dont le seigneur venait de recevoir un titre de roi de la gracieuseté de l'Empereur. De la guerre de Sept ans qui l'avait définitivement classée au rang des puissances européennes jusqu'à Sadowa, cent années ont été pour ainsi dire remplies de la sourde rivalité des deux États ; l'orage qui a éclaté sur la Bohème en 1866 a clos cette histoire en excluant les Habsbourg de la patrie allemande dont ils avaient été les souverains ou les tuteurs pendant six siècles. Les provinces autrichiennes ne pourraient rentrer maintenant dans le giron de cette patrie que par annexion à la Grande-Allemagne et le jour où cet événement s'accomplirait serait celui du démembrement de l'empire d'Autriche. Il se trouve dans les deux empires des Allemands que cette éventualité n'étonne pas ; en attendant l'avenir, ils sont partisans de la triple alliance parce qu'ils pensent que l'union des États de l'Europe centrale est nécessaire pour préserver la civilisation germanique (qu'ils confondent naïvement avec la civilisation même) contre le flot montant de la barbarie moscovite.

Ce qui est étonnant, c'est que le gouvernement autrichien ne s'en effraie pas davantage. Il a su gré au chancelier allemand de ne pas avoir démembré son territoire en 1866 comme d'autres politiques prussiens l'auraient désiré, et il s'est laissé persuader par lui, au congrès de Berlin de 1878, qu'il recouvrerait dans la péninsule Pelasgique la puissance dont il l'avait dépouillé en Allemagne. Nous pensons qu'il s'est fait illusion. Quelque sympathie que les Hongrois ressentent pour cette politique par antipathie contre les Russes et quelque espérance que l'Autriche puisse avoir de posséder quelque jour un port sur la mer Egée, elle compromet sa sécurité en se plaçant sur un terrain où elle se trouvera toujours en rivalité avec la Russie ; elle complique une situation rendue déjà très complexe par la diversité des races qui composent l'empire Austro-Hongrois ; elle perd pied dans les intérêts allemands à mesure qu'elle s'enfonce dans le monde slave et dans la péninsule Pélasgique. Les alliances qu'elle pourra y contracter seront pour elle une source de difficultés plus qu'une force. L'Empire Austro-Hongrois est un assemblage de pièces dont le gouvernement doit toujours surveiller les jointures. La force qui les tient unies ne provient pas d'un sentiment national, mais du respect qu'inspire à tous l'antique et noble famille de Habsbourg. Ces considérations n'étaient pas de nature à déplaire au chancelier qui prévoyait certainement le conflit de la Russie et de l'Autriche dans cette péninsule, et qui, malgré la sincérité de ses bonnes dispositions pour cette dernière, n'aurait pas hésité probablement à l'abandonner s'il avait pu s'assurer, par un tel sacrifice, l'amitié de la première. Mais pourquoi ces mêmes considérations n'ont-elles pas pesé davantage dans les déterminations du gouvernement autrichien à la perspicacité duquel elles n'ont assurément pas échappé ?

L'Autriche est, quoiqu'elle fasse, dans une situation délicate. Le prince de Bismarck a dit publiquement qu'elle était nécessaire à l'équilibre européen. Nous croyons fermement qu'elle l'est ; c'est pourquoi nous regrettons qu'elle soit trop intimement entrée dans des complications qui peuvent lui susciter des embarras et nous nous étonnons que les Autrichiens soient, comme ils le sont, sincèrement dévoués à la triple alliance conclue avant qu'il n'y eut de rapprochement entre la France et la Russie.

Dans le dualisme de la monarchie impériale et royale, l'influence des conseillers hongrois a-t-elle fait pencher la balance ? Les Hongrois sont un peuple généreux, fier et jaloux de sa nationalité ; attachés surtout au souverain qui porte la couronne de saint Etienne, ils se consoleraient peut-être de l'absorption des provinces allemandes par l'Allemagne si Budapest devenait le centre d'un nouveau groupement des pays du moyen Danube. Ils se sont inquiétés, comme les Français, de la faible croissance de leur population (1) qu'enveloppe la masse grossissante des Slaves, et ils n'aiment pas ces derniers, à l'exception peut-être des Polonais, parce qu'ils se souviennent de 1848. C'est ce souvenir qui les anime contre les Russes dont l'intervention a étouffé alors leur indépendance et qui sont les patrons déclarés de la race slave. Ils avaient en 1848 une vive sympathie pour la France et ils en ont sans doute encore par caractère pour les Français. Mais, la voyant incliner vers l'ennemi, ils se sont, depuis le traité de Berlin, rejetés entièrement du côté de l'Allemagne, et la France peut regretter encore, de ce côté, une amitié compromise par la politique. Au fond, cependant, ils ont peu de goût pour la race allemande, envahissante et dominatrice ; ils le montrent en écartant autant que possible sa langue.

Les Slaves ont senti beaucoup plus que les Hongrois la lourdeur du voisinage ou de l'autorité germanique : le grand duché de Posen en fournit un exemple. Dans cette province, en Bohême, en Galicie, dans certaines parties de la Silésie, peut-être même en Moravie dont les habitants paraissent plus indifférents aux questions politiques, il y a de nombreuses populations qui nourrissent contre les Prussiens une antipathie profonde et qui, par opposition, sont sympathiques à la France.

Les Polonais ne peuvent aimer aucun des trois maîtres qui les ont asservis ; ils sentent cependant que la main de l'Autriche est moins lourde que celle des deux autres. Troublés par les revirements récents de la politique, ils hésitent entre leur vieille amitié pour la France et leur légitime rancune contre la Russie. Cependant, beaucoup seraient peut-être disposés à s'entendre plutôt avec les Russes, dont ils ne sont séparés que par la religion, qu'avec les Prussiens qui appartiennent à une autre race et à une autre religion et qui sont absorbants (2). Ceux-ci ont

---

(1) Cette crainte s'est en partie dissipée à la suite du recensement de 1890 qui accuse un accroissement de 10 p. 100 sur le recensement de 1880. Il est vrai que, dans le même temps, la Croatie-Slavonie a augmenté de 17 p. 100.

(2) Il existe une commission pour la colonisation allemande de la Posnanie et de la Prusse occidentale qui dispose de cent millions de marcs et, qui, en cinq ans, a acheté environ 50,000 hectares à des seigneurs polonais pour les revendre à des paysans allemands.

opprimé les Slaves dans le grand duché de Posen, et cependant, malgré le poids de leur machine administrative, ils ne sont pas parvenus en un siècle à étouffer entièrement, même en Silésie, la langue polonaise.

Les Russes, de leur côté, agissent énergiquement contre la langue allemande dans les provinces baltiques depuis que des menaces de la presse ont signalé le danger et ils traitent cruellement les juifs dans l'Empire entier, en usant contre eux de toutes les armes que leur fournit l'arsenal de leur législation. Les questions de race, dont les publicistes et les politiques ont abusé, ne sont pas partout de vaines phrases ; mais c'est surtout sur les confins de l'Europe centrale et de l'Europe orientale qu'elles sont grosses de révolutions. Si elles doivent un jour compromettre l'existence d'un empire, le plus exposé est l'Autriche.

La Russie, dont le souverain avait été favorable à la Prusse en 1870, est restée toujours plus indépendante de l'influence germanique que l'Autriche. Elle l'a prouvé en 1875, lorsque des menaces de guerre grondaient sourdement contre la France et que l'Empereur Alexandre, de concert, dit-on, avec la reine Victoria, écarta l'orage. Elle se défend par la masse de son territoire qui forme plus de la moitié de l'Europe et par sa situation géographique à l'orient de cette partie du monde. Elle n'avait accepté l'union des trois empereurs que sous bénéfice d'inventaire ; elle a compté les profits qu'elle lui valait, d'abord la nullité de certaines clauses du traité de Paris qui lui étaient particulièrement désagréables, ensuite le partage éventuel des dépouilles de la Turquie. Mais elle a été mécontente quand elle a vu l'Allemagne, à qui sa neutralité avait valu un empire, lui marchander sa part et le chancelier, tout en protestant, pendant et après le congrès de Berlin, de son dévouement pour le Czar, prêter les mains à mutiler le traité de San-Stefano ; elle, qui avait compté, en créant par ce traité la Grande-Bulgarie, porter son influence politique jusqu'aux portes de Constantinople, ne pouvait pardonner cette félonie à son obligé. La guerre de Turquie lui a valu les bouches du Danube qu'elle a enlevées à la Roumanie malgré les protestations de cette dernière, et Kars, en Asie-Mineure, qu'elle a détaché de l'Empire ottoman : elle croyait avoir le droit d'obtenir davantage. La suite de la politique allemande dans la péninsule lui a été si pénible qu'elle a cru pouvoir taxer d'ingratitude ceux qui la dirigeaient. Depuis l'avénement de l'empereur Alexandre III, elle a entièrement séparé sa politique de celle de l'Empire allemand ; elle évite cependant de rompre ouvertement, parce qu'il n'y a pas au fond de raison suffisante de guerre et qu'elle comprend que, dans l'état de l'Europe, la responsabilité d'une rupture ne serait pas moins grave sur les bords de la Vistule que sur ceux de la Meuse. Le gouvernement allemand d'ailleurs et le prince de Bismarck en particulier ont fait des efforts sincères, quoique intermittents, pour ramener à eux la Russie.

Pendant que celle-ci attend du côté des Balkans sans dissimuler son mécontentement, elle agit en Asie. Par le chemin de fer de Samarcande, elle a assuré sa domination jusque sur le plateau de Pamir, et elle a ouvert à son commerce une nouvelle voie ; elle menace le flanc de l'Empire britannique des Indes en pesant sur l'Afghanistan et elle espère attirer plus tard à elle une partie du commerce de ces contrées. En Europe, elle poursuit sa propagande parmi les nations slaves qui l'avoisinent et chez lesquelles la France aussi est sûre de trouver des sympathies. La Russie, très forte en 1870, est plus forte encore en 1890 ; les mailles du réseau de ses chemins de fer sont plus serrées ; sa population a augmenté ; son territoire s'est étendu ; elle s'est rapprochée de Constantinople et de l'Indus.

Néanmoins, elle éprouve une certaine inquiétude : l'ombre de la Grande-Allemagne se projette sur sa route. C'est pourquoi elle tourne ses regards avec complaisance vers la France. Elle a déjà eu, depuis 1870, l'occasion de lui rendre des services dans des circonstances graves ; elle en a reçu à son tour, particulièrement lors de l'emprunt de 1888. Les Russes ont depuis longtemps un goût très marqué pour la société française ; ils l'ont prouvé même pendant l'expédition de Crimée.

Aujourd'hui ils le manifestent d'autant plus ostensiblement que les deux peuples ont certains intérêts communs malgré la différence profonde qui existe entre leur état social et leur régime administratif. La triple alliance rendrait nécessaire, si le cas de guerre se produisait, l'union de la France et de la Russie ; puisque l'Allemagne a fourni un si formidable bloc, il ne faudrait pas moins qu'un étau dont les mâchoires seraient la Russie et la France pour le contenir et l'empêcher d'écraser l'Europe : c'est la politique allemande qui a déterminé le rapprochement. Au renouvellement de cette alliance, en 1891, le czar a répondu par l'accueil chaleureux qu'il a fait à Cronstadt à la flotte française. Il se serait même peut-être rapproché plus tôt du gouvernement de la République, si les considérations de politique intérieure n'avaient gêné les combinaisons de la politique extérieure. Si ce rapprochement est purement défensif, qui aurait le droit de s'en plaindre ? S'il suscitait des convoitises d'agrandissement, c'est alors que l'Europe pourrait s'en inquiéter ; mais la France aussi aurait à réfléchir.

L'Angleterre n'a pas accru son territoire européen depuis 1870 (1) ; mais sa population a continué à augmenter. La concurrence des nations commerciales la serre de plus près qu'autrefois, et la protection élève en Europe et en Amérique des barrières contre son commerce. Son agriculture a été éprouvée par la baisse des prix et par la concurrence étrangère plus fortement que celle de la plupart des Etats du continent. L'Irlande continue à s'agiter et son opposition est devenue plus redoutable depuis qu'elle a un point d'appui dans la colonie d'émigrants fixée en Amérique et qu'elle a trouvé, au grand étonnement des politiques, des hommes éminents de l'Angleterre pour avocats devant le Parlement. La situation de l'île-sœur est très pénible et ses plaintes trouvent légitimement un écho en France ; cependant le problème redoutable qu'elle soulève nous paraît jusqu'ici insoluble : la création d'un parlement irlandais le compliquerait sans le résoudre.

Les colonies britanniques continuent à grandir, pour leur profit particulier, il est vrai, plus encore que pour celui de la métropole, quoique celle-ci fasse avec elles un commerce considérable et y trouve un lucratif débouché pour ses manufactures. L'étendue de ce domaine fait la grandeur imposante de l'Angleterre qui se vante de posséder plus de la cinquième partie des terres du globe ; toutefois elle en rendrait la défense difficile en cas de guerre maritime et la constitution d'un grand empire britannique dans lequel se confondraient la mère-patrie et les colonies est une conception grandiose de quelques patriotes qui ne paraît pas près d'être réalisée.

Enfermé dans ses îles, le Royaume-Uni de Grande-Bretagne et d'Irlande, n'envisage pas la politique européenne comme les puissances continentales. Sa souveraine peut avoir des sympathies

---

(1) Elle a même cédé Heligoland à l'Empire allemand en 1890.

de famille au-delà du Rhin, mais ses ministres n'ont pas pris parti dans les deux grandes luttes de 1866 et de 1870. Au début de cette dernière, le peuple anglais n'était guère disposé à soutenir une puissance qu'il soupçonnait d'avoir des vues ambitieuses sur la Belgique, et il est arrivé que, par une abstention qu'on ne saurait d'ailleurs lui reprocher, il a contribué à fonder la Grande-Allemagne qui est aujourd'hui une rivale redoutable pour son commerce ; il a généreusement témoigné sa commisération pour Paris à la fin du siège. Mais l'Angleterre ne semble pas avoir changé la direction de son gouvernail à la suite de la constitution du nouvel équilibre européen ; elle poursuit sa politique particulière, se fiant à son isolement insulaire. Elle n'a jamais vu avec satisfaction s'établir, se consolider et grandir l'influence française sur le littoral africain de la Méditerranée. En Égypte où la France a commis la faute de se laisser évincer, elle a mis la main sur le gouvernement, abandonnant à la barbarie les provinces du sud pour tenir à moins de frais celles du nord, et nul ne sait quand elle la retirera. De là, elle est prête à la porter au besoin sur le canal de Suez, qui est la clé de l'Inde ; elle le surveille de Chypre qu'elle s'est fait donner en 1878 par le sultan en vue surtout de barrer la route à une flotte russe qui tenterait de l'occuper, ou seulement d'y couler quelques navires. Elle s'est étendue dans le sud de l'Afrique, sans craindre de froisser les souvenirs du Portugal, et elle ne serait peut-être pas, en cas de guerre, éloignée de seconder dans le nord l'ambition de l'Italie pour amoindrir l'importance de la France dans la Méditerranée. Cependant la réception qu'en 1891 la Reine a faite à Portsmouth à la flotte française comme pour tempérer l'effet d'enthousiasme produit par les fêtes de Cronstadt, prouve qu'elle ne veut pas paraître inféodée à la triple alliance. « Nous sommes alliés de tout peuple qui veut vivre en paix, » disait à cette occasion un journal anglais.

La France, depuis 1870, a réparé à l'intérieur ses pertes. Durant les premières années qui ont suivi le traité de Francfort, elle a ramené à elle l'opinion du monde par la solidité de son crédit et par la rapidité avec laquelle elle se relevait de sa chute ; deux fois, par des expositions universelles (1878 et 1889), elle a solennellement attesté sa vitalité économique. Elle s'est refait une armée, nombreuse et solide. Elle ne s'est pas fait d'alliés. Entre elle et la Russie, la seule grande puissance sur laquelle elle puisse compter, il y a une communauté d'intérêts, mais il n'y a pas de contrat. Elle a des sympathies parmi les petits États, près d'elle elle a des voisins qui ne lui sont pas tous bienveillants ; ses frontières de l'est, malgré la ligne de forteresses dont elle les a couvertes, ne sont pas à l'abri d'une invasion et, sous ce rapport, elle ne jouit pas de la sécurité. Pour compenser l'amoindrissement de son territoire en Europe, relever son prestige et ouvrir des débouchés à son commerce, elle a inauguré une politique coloniale qui ne manquait pas de hardiesse et de perspicacité et elle a agrandi son domaine dans les quatre autres parties du monde (1)

La France n'a pas la velléité de provoquer une guerre européenne ; elle l'a montré ostensiblement à plusieurs reprises, notamment en 1887 à propos de l'affaire Schnæbelé. On parle bien de revanche dans les journaux et le moindre incident réveille les rancunes du peuple contre le nom allemand. Mais du désir à l'acte, il y a loin ; quand les politiques envisagent sérieusement les conséquences d'une lutte et quand les particuliers songent à leurs affaires, ils concluent, sur les bords de la Seine, comme sur ceux de la Sprée, que le maintien de la paix est le parti le plus sage.

Au temps de Louis-Philippe, beaucoup de gens répétaient que l'ère des grandes guerres et des bouleversements était close à jamais. L'évènement a singulièrement trompé leurs prévisions. De 1859, date à laquelle Napoléon III a eu la témérité de rompre ouvertement les traités de 1815, à 1890, l'Europe centrale et méridionale a été bouleversée par cinq guerres (Italie, Danemark, Bohême, France, Turquie), sans compter les mouvements secondaires (Italie, Bulgarie) ; de la Meuse au Dniester, presque toutes les frontières ont été déplacées et la guerre, qu'on la souhaite ou qu'on l'appréhende, tient aujourd'hui plus de place dans les entretiens politiques que la paix et le maintien de l'équilibre européen n'en occupaient il y a cinquante ans. En France, l'opinion publique blâmait alors la politique timide de Louis-Philippe et se plaisait à glorifier Napoléon. Cependant la France avait en 1847, malgré les déceptions de sa politique en Orient, une situation plus forte qu'aujourd'hui ; le second Empire l'a

---

1) Voir livre IV, chapitre II.

beaucoup plus affaiblie encore que le premier et il n'était pas possible que le Gouvernement républicain lui rendît l'autorité qu'elle avait auparavant dans le concert des puissances. Néanmoins la France demeure, dans le présent, comme elle l'a été dans le passé, une des Grandes puissances de l'Europe et, par son importance politique et commerciale, par son développement industriel, artistique, littéraire et scientifique, elle est toujours au nombre des nations qui occupent les premiers rangs dans le monde. Nous ne nous laissons pas abuser par l'amour-propre national en disant qu'il importe à la civilisation qu'elle reste une grande nation.

Mais, dans les circonstances actuelles, elle ne saurait prétendre à diriger la politique européenne. Elle conserve sa voix dans le concert; elle n'impose pas sa volonté. Le rapport des forces s'est profondément modifié et le rôle qu'elle a joué sous Louis XIV et sous Napoléon Ier ne lui conviendrait pas aujourd'hui.

Dans ces conditions, la France, sans jamais cesser de suivre avec une vigilante sollicitude les événements politiques qui intéressent le monde et particulièrement l'Europe, de soutenir ses intérêts et de protéger ses nationaux, de donner ses conseils quand ils lui sont demandés et de s'efforcer de faire prévaloir ses avis par la diplomatie, doit éviter de se compromettre dans des combinaisons aventureuses. Il faut, suivant une expression devenue historique, qu'elle se recueille, c'est-à-dire qu'elle se tienne dans une prudente réserve. Les aventures réussissent quelquefois aux audacieux; mais elles coûtent cher à une nation quand elles tournent mal. Nous savons que le langage de la modestie plaît moins d'ordinaire à la foule que les discours pompeux qui incitent à faire grand, et que la popularité est acquise à ceux qui entraînent plus qu'à ceux qui retiennent. Cependant n'y a-t-il pas plus de courage civique à donner un avertissement salutaire de prudence qu'à flatter un goût dangereux?

Il ne manque pas en France d'hommes d'État pour comprendre et pratiquer cette politique de recueillement. Se trouverait-il une majorité parlementaire pour la soutenir? Peut-être, si les journaux savaient la préparer. Pour nous, nous sommes convaincu qu'en la suivant avec persévérance, la France désarmerait les préventions que des adversaires ont propagées contre elle, que par le calme de son attitude elle achèverait de consolider à l'intérieur l'organisation républicaine et reconquerrait par la continuité de sa modération la plénitude de son autorité morale à l'étranger.

Au point de vue où nous nous sommes placé pour envisager l'histoire politique du XIXe siècle, nous pourrions résumer ce chapitre en disant que Iéna et Sedan ont fait plus de mal à la civilisation européenne que de bien aux vainqueurs. Quand et comment l'avenir résoudra-t-il cette antinomie ?

La politique douanière. — Quand on étudie l'histoire commerciale de la France au XIXe siècle, on voit que les théories libérales ont rarement prévalu en matière de douanes. L'Assemblée constituante, qui fondait la société nouvelle sur le double principe de la liberté et de l'égalité, avait repoussé un premier projet protectionniste préparé sous l'influence d'intérêts manufacturiers et n'avait admis que des taxes très modérées dans le tarif de 1791. Mais, la guerre ayant commencé l'année suivante, la Convention, en 1793, opposa son acte de navigation à celui de l'Angleterre ; puis Napoléon éleva les droits d'entrée par le tarif de 1806 et imagina le blocus continental qui a été la plus monstrueuse conception du génie prohibitif dans les temps modernes. Le blocus ayant été rompu par la paix de 1814, l'agriculture et l'industrie françaises s'effrayèrent d'être à découvert devant la concurrence étrangère et, comme les grands propriétaires et les grands manufacturiers étaient tout-puissants dans les Chambres de la Restauration, ils constituèrent par une suite de lois un système de droits protecteurs et de prohibitions qui a subsisté jusque par delà la moitié du siècle (1).

Cependant, sous le second Empire, la construction des chemins de fer européens, le progrès de la navigation à vapeur, l'extension du crédit, le développement de la grande industrie et le besoin de larges débouchés que celle-ci éprouvait pour fabriquer à bon marché, invitaient à abaisser les barrières qui faisaient obstacle au commerce international. Le gouvernement impérial, qui avait un grand souci des intérêts économiques et des intérêts populaires et qui n'était pas, comme les gouvernements précédents, tenu de subordonner sa politique à la volonté du Parlement, réduisit ou suspendit, de 1853 à 1860, un certain nombre de droits sur les bestiaux, les blés, les fers. A la suite d'une pre-

---

(1) Pour l'historique des tarifs douaniers, voir l'*Histoire des classes ouvrières en France depuis 1789*, par E. Levasseur, livre I, ch. I, livre II, ch. VI, livre III, ch. II, livre IV, ch. II.

mière tentative faite après l'Exposition universelle de 1855 pour supprimer les prohibitions, il signa avec l'Angleterre le traité de 1860 dont l'annonce soudaine fut considérée comme un coup d'État économique ; il inaugurait ainsi un système libéral qui supprima les prohibitions, admit en franchise les matières premières et taxa modérément (25 à 30 p. 100 de la valeur) les produits manufacturés. La plupart des États européens suivirent la France dans cette voie et, comme l'Angleterre, signèrent avec elle des traités (1).

La guerre franco-allemande a renversé le courant d'opinion libérale que le temps et le succès obtenu malgré de sinistres prédictions semblaient rendre définitif. Comme après 1815, les peuples entre lesquels cette guerre avait semé des ferments de haine ont voulu s'enfermer chez eux, suffire avec leurs propres fabriques à leur consommation, écarter l'étranger de leur marché et en même temps lui faire une plus vive concurrence sur les autres marchés ; acheter peu et vendre beaucoup, tel était la doctrine qu'ils rêvèrent d'appliquer et qui, pour être professée depuis des siècles, n'en est pas moins un contresens économique. Le protectionnisme donnait satisfaction à ce désir ; il triompha encore une fois.

Les États-Unis avaient montré l'exemple (2) ; les protectionnistes citaient l'accroissement rapide de leur fortune commerciale et manufacturière comme la justification de leur théorie. Ils ne réfléchissaient pas aux conditions particulières d'un pays qui fournit à ses habitants un marché presque aussi grand que l'Europe et qui, riche en charbon, en fer, en acier, en coton, en céréales, en bétail, produit la plupart des matières nécessaires à ses industries et ils omettaient de dire que, malgré ces avantages, la politique protectionniste imposée par la victoire des États du nord

---

(1) De 1860 à 1867, la France a conclu des traités de commerce avec l'Angleterre, la Turquie et la Belgique (1861), l'Italie (1864), la Suède et la Norvège, les villes hanséatiques, les Pays-Bas et l'Espagne (1865), le Portugal et l'Autriche (1866), les États pontificaux (1867).

(2) Depuis longtemps le parti protectionniste domine dans les États manufacturiers du Nord-Atlantique ; le parti libéral en matière de douane, dans les Etats cotonniers du sud. Pendant la guerre de sécession, les États du nord avaient déjà voté le tarif protectionniste de 1862 (14 juillet). Ils en avaient élevé les droits à plusieurs reprises et en avaient fait le tarif de 1874 dont les taxes ont été ensuite augmentées en 1875, en 1879 et en 1883, puis surtout en 1890 (bill Mac-Kinley).

pendant la guerre de sécession aux États esclavagistes, rencontrait des adversaires non seulement dans les vaincus du sud, mais dans les États agricoles de l'ouest.

Le gouvernement allemand, de son côté, a changé entièrement la direction de sa politique commerciale en 1879 (1) et s'est fait protectionniste, comptant par ce moyen fortifier son industrie à l'intérieur et la mettre en état de mieux disputer les marchés étrangers aux nations rivales. Il s'est enfoncé plus avant dans ce système par des remaniements de tarifs en 1885 et en 1887 (2). Les progrès de son industrie et de son commerce (3), qui sont dus en réalité à des causes diverses, principalement à la victoire, à l'unité, à la modicité des salaires, à l'émigration, ont fourni aussi un argument favorable à la théorie.

L'Italie, l'Autriche, la Russie surtout et même, dans une légère mesure, la Belgique, le Portugal, la Suède et la Suisse (4) ont obéi au même sentiment.

Dans le même temps, presque tous les États européens se sont efforcés de devenir manufacturiers ; des colonies même se sont ingéniées à mettre en œuvre sur place leurs matières premières; la grande industrie, grâce à la vulgarisation de la science, s'est installée dans des pays nouveaux et, par suite, certains débouchés

---

(1) Tarif du 15 juillet 1879.

(2) Tarifs du 22 mai 1885, du 24 juin et 24 décembre 1887.

(3) Nous donnons dans cette note, pour trois années, la production du charbon de terre qui peut être considérée comme un indice de l'activité de l'industrie et du commerce extérieur :

ANNÉES.	PRODUCTION (en millions de tonnes)		COMMERCE GÉNÉRAL (en milliards de marcs).	
	Houille.	Lignite.	Importation.	Exportation.
1872	33.3	9	»	»
1880	46.9	12.1	4.4	2.9
1889	67.3	17 5	5.6	3.5

(4) L'Italie, par le remaniement de tarif du 9 août 1883, par le tarif général du 14 juillet 1887 (qui relevait jusqu'à 45 p. 100 le droit sur certaines catégories de marchandises) et, après la dénonciation du traité de commerce avec la France, par le tarif du 28 février 1888 ; l'Autriche, par les tarifs du 25 mai 1882 et du 21 mai 1887 ; la Russie, par de nombreuses augmentations de droits depuis 1882 ; la Belgique, par la loi du 8 juin 1887 sur l'importation du bétail ; le Portugal, par quelques augmentations de taxes (22 septembre 1887) ; la Suède, par le tarif du 1er juillet 1888 ; la Suisse, par de légères augmentations de droits de 1882 à 1887.

de l'exportation se sont resserrés pour les pays anciens qui avaient eu jusque là le privilège de les approvisionner.

Il eût été étonnant que la France résistât à un entraînement qui, même en Angleterre, a ébranlé quelques esprits. Mais elle n'a pas attendu l'exemple des autres États européens ; elle le leur a donné. Le parti protectionniste, mécontent sous l'Empire, avait pris place au pouvoir en 1871. Il fallait tout d'abord de l'argent ; l'Assemblée nationale en demanda surtout aux contributions indirectes et fit légitimement supporter aux douanes leur part du fardeau. Elle voulut, avec moins de raison, dénoncer les traités de commerce (1), protéger la marine marchande, et elle songea à rédiger un tarif général des douanes (2).

Après de longs débats, ce tarif a été promulgué le 7 mai 1881 ; sans changer radicalement le régime de 1860, il augmentait un certain nombre de droits.

Les agriculteurs se plaignaient de la condition que ce régime leur avait faite en retirant le bénéfice de la protection aux produits naturels qu'ils vendaient et en continuant à faire peser la surcharge des droits protecteurs sur les produits manufacturés qu'ils achetaient ; jusque là cependant ils n'avaient réclamé, en vue d'obtenir l'égalité de traitement, que la diminution de ces derniers droits. En 1881, effrayés de l'importation croissante des blés américains et indiens et désespérés du bas prix de leurs denrées, ils venaient de changer de tactique et, unissant leur cause à celle des manufacturiers, ils réclamaient la protection pour leurs denrées comme pour les produits industriels. Le mouvement d'opinion qui s'est produit dans ce sens est plus profond que n'était celui de la Restauration. Ce ne sont pas seulement les grands propriétaires, ce sont des cultivateurs en masse qui ont été séduits par l'espérance de vendre leur blé et leur bétail plus cher et qui ont entraîné même leurs ouvriers convaincus que le salaire était intéressé dans la question : le suffrage universel a imposé sa volonté aux législateurs. C'est ainsi que les salaisons américaines ont été arrêtées à la frontière, qu'a été voté

----

(1) Le traité avec l'Angleterre a été dénoncé en 1872 ; mais un autre traité fut conclu le 13 juillet 1873.

(2) Sous l'Empire, dès 1865, le gouvernement avait songé à un remaniement général du tarif des douanes ; l'Empereur l'avait annoncé dans son discours d'ouverture des Chambres en 1869.

le droit de 3 fr. en 1885, puis de 5 fr. en 1887 (1) par quintal de froment importé, et que la dénonciation du traité de commerce par l'Italie a été suivie de sévères représailles. Depuis 1881, la politique douanière de la France s'est inspirée de l'esprit de restriction et a abouti à la grande manifestation protectionniste du tarif général de 1891.

Nous sortirions de notre sujet en traitant la question des tarifs douaniers. Nous devons nous borner à présenter les résultats généraux de la politique commerciale de la France au point de vue de son influence à l'étranger et de sa population à l'intérieur.

De quelque manière qu'on groupe les chiffres du commerce extérieur, par périodes décennales, par périodes historiques ou par périodes économiques (voir les trois tableaux placés à la fin de ce chapitre), on trouve toujours que l'époque pendant laquelle ce commerce s'est le plus développé est celle de 1850 à 1869 (laquelle est historiquement la fin de la seconde République et le second Empire). Cette période comprend elle-même deux périodes économiques, dont la première est caractérisée par quelques dégrèvements du tarif douanier et surtout par le développement des chemins de fer, de la navigation à vapeur, du crédit et des grandes entreprises et dont la seconde l'est par le régime douanier libéral ; d'une extrémité à l'autre, le commerce général s'est élevé de 2 milliards 1/2 en 1850 à 8 milliards en 1869. La première des deux périodes de cette époque a été la plus remarquable ; la seconde (1860-1869), grâce à la facilité des communications résultant de l'abaissement des barrières de douanes, a été encore très satisfaisante, malgré la guerre de sécession en Amérique et les événeme... politiques de l'Europe (2). Même après l'effondrement de 1871, le commerce s'est relevé tout à coup et a continué à progresser jusqu'en 1880 (3) : le système libéral présidait encore aux relations internationales.

---

(1) Lois du 28 mars 1885 et du 29 mars 1887.

(2) Dans la première période avait eu lieu la guerre de Crimée et celle d'Italie ; mais elles n'avaient pas, surtout la première, exercé d'influence dépressive sur les affaires.

(3) Si l'accroissement moyen annuel, mesuré par la différence entre la première et la dernière année de la période, est plus considérable pour la période 1815-1847, c'est parce que celle-ci comprend 32 ans, tandis que les deux autres (1860-1869 et 1871-1881) n'en comprennent que 10 chacune. Cependant, durant la première, le commerce général n'a augmenté que de 1,719 millions en 32 ans ; dans les deux autres il a augmenté de 2,859 et de 3,489 millions en 10 ans. Si l'on regarde des

Depuis 1881, quoique la paix ait régné en Europe, il y a eu, sous un régime un peu moins libéral, une diminution sensible des exportations. Sans doute, il serait injuste de rendre quelques aggravations du tarif responsables de cette infériorité : car la crise qui a déprimé les affaires jusqu'en 1888 est due à des causes complexes. Mais il serait plus injuste encore de l'imputer au régime de 1860 auquel on mettait alors des entraves.

On s'est plaint de l'accroissement des importations ; il eût été plus juste de s'en féliciter, puisque les Français se sont procuré ainsi plus de matières pour leur industrie, plus d'aliments pour leur subsistance (1), plus d'objets fabriqués utiles à leur consommation. En réalité, les importations s'étant élevées de 1,640 millions en 1859, année qui a précédé la réforme économique, à 5,033 en 1880 (c'est le chiffre le plus élevé que la France ait atteint jusqu'ici), l'augmentation a été de 207 p. 100 en vingt ans environ (2). Le chiffre a faibli ensuite jusqu'à 4,025 millions en 1887, année qui présente le minimum de la période de crise (3).

---

périodes de temps égales (périodes quinquennales), l'accroissement p. 100 est à peu près le même aux trois époques.

(1) La France ayant eu, de 1878 à 1881, une suite de récoltes insuffisantes, l'importation du blé (froment, épeautre et méteil) a été dans l'espace de sept ans (1878-1884) de 112 millions de quintaux, soit à peu près l'équivalent d'une très bonne récolte.

(2) Dans les vingt années qui avaient précédé cette réforme économique, l'importation avait augmenté de 650 millions en 1839 à 1,640 en 1859, soit de 152 p. 100.

(3) Voici la répartition en trois groupes de l'importation (cette classification actuelle du tableau du commerce extérieur, publiée chaque année par l'administration des douanes, ne date que de 1876) :

IMPORTATIONS (COMMERCE SPÉCIAL) (En millions de francs).

ANNÉES.	Objets d'alimentation.	Matières premières nécessaires à l'indust.	Objets fabriqués.
1876	926	2.476	586
1877	1.014	2.112	543
1878	1.463	2.146	565
1879	1.948	2.088	557
1880	2.017	2.416	599
1881	1.742	2.437	683
1882	1.670	2.376	775
1883	1.638	2.397	768
1884	1.438	2.208	696
1885	1.455	2.022	610
1886	1.540	2.082	585
1887	1.423	2.014	588
1888	1.507	2.921	578
1889	1.407	2.060	574

Au nombre des importations qui, avec celle des céréales, ont le plus augmenté,

Fortes ou faibles, ces importations ont été payées sans que jamais la France ait éprouvé de ce fait une pénurie de numéraire, et elles ont eu l'avantage de soulager sa détresse quand elles venaient remplacer des aliments que son sol n'avait pas produits en suffisance, ou d'augmenter sa richesse quand elles fournissaient des matières ou des outils à son industrie. C'est une erreur de croire qu'on s'appauvrit en important ; tout négociant cherche son profit et n'achète que parce qu'il croit avoir intérêt à le faire.

On regrette de ne pas vendre assez de marchandises à l'étranger. En effet, la valeur des exportations, dont le total avant 1875 différait peu de celui des importations, tantôt au-dessus et tantôt au-dessous (1), a diminué très sensiblement de 1875 à 1888 (2). Une telle réduction est très regrettable. Mais la France n'est pas le seul grand État qui en ait subi une, et ce n'est pas à son tarif douanier qu'il faut l'attribuer, c'est à l'état général de la politique, au phylloxera, à la concurrence des fabriques étrangères, à la baisse générale des prix de gros, aux obstacles que les tarifs de certaines autres nations ont élevés contre l'importation (3).

D'ailleurs de ce que la douane enregistre un total d'importa-

---

figurent les vins (617,000 hectolitres valant 25 millions en 1876, et 11,892,000 hectolitres valant 437 millions en 1888).

(1) De 1827 à 1838, il y a eu alternance ; de 1840 à 1846, excédent d'importation ; de 1847 à 1854, excédent d'exportation ; de 1855 à 1862, alternance ; de 1863 à 1865, excédent d'exportation ; de 1866 à 1871, excédent d'importation ; de 1871 à 1875, excédent d'exportation. Depuis 1876, les importations l'ont emporté avec une différence qui a dépassé 600 millions par an en moyenne (différence qui n'avait jamais été aussi grande) et qui a même atteint 1 milliard 1/2 en 1880, année de grande importation de céréales.

(2) En 1889, l'exportation s'est relevée (3,246 millions au commerce spécial en 1888 et 3,703 en 1889) presqu'au niveau qu'elle avait atteint en 1872-1875. Voici la liste des principaux pays avec lesquels le commerce de la France a diminué ou augmenté de 1875 à 1888. (Nous choisissons l'année 1888, parce que l'année 1889, la dernière dont les résultats définitifs soient connus, peut être considérée, à cause de l'exposition universelle, comme une année exceptionnelle. *Voir le tableau en note à la page suivante*).

(3) De 1875 à 1888, les exportations ont diminué de 626 millions (commerce spécial 3,872 millions en 1875 et 3,246 en 1888).

Dans ce total, les céréales et leurs farines que la France pouvait exporter quand elle avait de bonnes récoltes et qu'elle consommait elle-même en moins grande quantité qu'aujourd'hui, figuraient pour 202 millions en 1875 et pour 14 en 1888, différence 188 millions ; le sucre pour 204 et 65, différence 139 ; les tissus de soie et fleurs pour 415 et 308, différence 107 : diminution de 434 millions pour ces trois marchandises. Cependant le poids des articles en soie exportés n'a pas diminué (3,317,000 kil. en 1857 et environ 4 millions en 1889) ; c'est le prix qui a baissé. Il en est ainsi pour un grand nombre de produits fabriqués.

tions supérieur à celui des exportations (1), on n'est pas en droit de conclure que le pays importateur s'endette. En Angleterre et dans d'autres pays qui sont assez riches pour avoir placé beaucoup de capitaux à l'étranger, on constate, comme en France,

PAYS AVEC LESQUELS LE COMMERCE DE LA FRANCE A AUGMENTÉ OU DIMINUÉ DE 1874 A 1888

ÉTATS.	COMMERCE GÉNÉRAL.							
	DIMINUTION.				AUGMENTATION.			
	1874.		1888.		1874.		1888.	
	Import.	Export.	Import.	Export.	Import.	Export.	Import.	Export.
Angleterre	728	1.253	684	1.065	»	»	»	»
Russie	»	»	»	»	216	44	308	13
Suède	»	»	»	»	39	13	57	9
Norvège	31	12	32	5	»	»	»	»
Allemagne	429	454	441	363	»	»	»	»
Pays-Bas	»	»	»	»	33	41	40	48
Belgique	»	»	»	»	447	557	512	540
Suisse	354	388	334	315	»	»	»	»
Portugal	»	»	»	»	14	28	49	29
Espagne	»	»	»	»	159	222	445	287
Italie	358	334	260	180	»	»	»	»
Grèce	»	»	»	»	6	19	25	16
Roumanie	»	»	»	».	»	»	74	10
Turquie	186	127	115	74	»	»	»	»
Egypte	59	47	34	27	»	»	»	»
Côte occidentale d'Afrique	28	10	21	2	»	»	»	»
Inde britannique	»	»	»	»	116	15	214	23
Indes néerlandaises	»	»	»	»	11	5	47	6
Chine	»	»	»	»	84	4	122	18
Japon	86	28	49	15	»	»	»	»
Australie	»	»	»	»	0.6	3	42	14
Etats-Unis	»	»	»	»	250	397	269(*)	381
Mexique	»	»	»	»	7	22	8	44
Amérique centr.	»	»	»	»	2	2	5	1.5
Colombie	»	»	»	»	12	23	20	51
Venezuela	»	»	»	»	14	6	22	5.6
Brésil	»	»	»	»	83	83	100	80
Etats de La Plata	»	»	»	»	145	103	223	202
Amérique du sud (Côte du Pacifiq.)	82	79	72	27	»	»	»	»
Tahiti	»	»	»	»	35	15	77	8
Colonies Espagn. de l'Amérique	23	19	24	9	»	»	»	»
Colonies britann. de l'Amérique	5	13	7	7	»	»	»	»

(*) En 1880, année du maximum, l'augmentation a été de 272 millions et l'exportation de 490.

(1) On sait que, toutes autres choses égales d'ailleurs, la valeur des importations enregistrées par la douane serait supérieure à celle des exportations, parce que la première comprend le prix du transport entre le pays vendeur et le pays acheteur et que la seconde ne comprend pas ce transport. On sait aussi qu'en France les étrangers achètent et remportent des marchandises qui, à leur sortie, ne sont pas enregistrées par la douane et dont le montant total s'élève cependant à plusieurs centaines de millions.

un excédent d'importation. Des statisticiens portent à 700 ou 800 millions et même plus le montant annuel de la rente que des placements de ce genre valent à des Français et qui entre en France, pour la plus grande partie, sous forme de marchandises importées (1).

Le système de protection, qui séduit aujourd'hui beaucoup d'hommes d'État dans des pays très divers, aura pour effet, non peut-être de diminuer le total général du commerce extérieur dans le monde, mais assurément d'en gêner et d'en restreindre le développement. La France ne tardera pas à sentir les inconvénients du tarif de 1891. Si quelque jour elle se trouvait seule en face de nations unies, le double tarif maximum et minimum qui rendra difficile la conclusion de traités de commerce aurait eu pour résultat d'aggraver, par un isolement économique, l'isolement politique où elle se trouve. Il y a déjà un trop grand nombre de pays où son autorité morale a été amoindrie par sa défaite en 1870 et où ses exportations se trouvent aujourd'hui refoulées par la concurrence étrangère pour qu'un patriotisme prévoyant ne s'alarme pas de la voir se discréditer par ses propres lois et s'exposer à ce que les étrangers, prenant contre elle les mesures qu'elle prend à leur égard, lui ferment des marchés sur lesquels ses produits étaient jusqu'ici bien accueillis. Les relations d'affaires forment entre les nations des liens qui peuvent être brisés par la guerre, mais qui néanmoins les unissent en temps de paix et empêchent parfois la rupture. Relâcher ces liens est non seulement causer un dommage immédiat au revenu national, mais exposer la France elle-même à ne pas trouver d'appui le jour où elle en aurait besoin.

On se plaint de la lenteur avec laquelle augmente la population française ; restreindre le débouché de ses fabriques à l'étranger n'est pas le moyen d'accroître le nombre de ses ouvriers. D'autre part, détourner du marché français le courant commercial qui apportait des denrées, est-ce le moyen d'augmenter le nombre des habitants dans un pays qui ne suffit pas à sa subsistance ; régler tout le tarif des douanes de manière à surélever le prix de la plupart des marchandises, est-ce rendre la vie plus facile à cette

---

(1) L'importation n'est pas faite en général directement par le rentier, non plus que par le négociant exportateur ; mais le négociant importateur paye aux étrangers les marchandises qu'il lui achète avec des traites que les banquiers possèdent comme créanciers sur les mêmes étrangers et les remises se font dans des conditions d'autant plus avantageuses qu'un pays possède plus de traites de ce genre.

population qui déjà la trouve trop coûteuse pour supporter la charge d'une nombreuse famille ?

Les défenseurs du système protecteur pensent que la production nationale, encouragée par les droits, augmentera peu à peu et suffira pour ramener, par la seule concurrence intérieure, l'abondance et le bon marché. Il est possible que la prime stimule un certain nombre d'industriels à produire davantage ; mais, comme elle sera prélevée sur le revenu des Français, les uns se trouveront appauvris de tout ce que d'autres recevront en trop et, en somme, loin de s'être enrichie, la France aura en définitive moins de richesses à consommer pour la même somme. Si des cultivateurs font un bénéfice, le salaire de leurs journaliers s'élèvera-t-il dans la même proportion ? C'est une question à laquelle ne saurait répondre avec certitude l'économiste qui sait que le taux du salaire, tout en étant étroitement subordonné à la productivité du travail, dépend de causes très diverses.

COMMERCE DE LA FRANCE PAR PÉRIODES DÉCENNALES. (En millions de francs).

PÉRIODES DÉCENNALES.	Commerce général.	COMMERCE SPÉCIAL.			NUMÉRAIRE Excédent des importations sur les exportations.	Accroissement du commerce spécial p. 100 d'une période à l'autre.
		Importations.	Exportations.	TOTAL.		
1827-1836	1.366	480	521	1.001	111	48
1837-1846	2.112	776	713	1.489	96	54
1847-1856	3.175	1.077	1.224	2.301	139	101
1857-1866	6.280	2.200	2 430	4.631	185	45
1867-1876	8.464	3.408	3.307	6.714	347	16
1877-1886	9.832	4.460	3.347	7.808	102	

COMMERCE DE LA FRANCE PAR PÉRIODES HISTORIQUES.

PÉRIODES HISTORIQUES.	ANNÉES	Commerce général de la France (en millions de francs).	ACCROISSEMENT OU DIMINUTION pour 100.			Millions de f.		
			Pour toute la période.	Par année.				
Révolution	1789.	1.018 ?	— 46	— 4.6	La plus forte année :	1792.	1.732
(10 ans)	1799.	553 ?			Id. faible id.	1799.	553
Consulat et Empire)	1800.	595 ?	— 93	— 0.2	Id. forte id.	1806.	933
(14 ans)	1814.	585 ?			Id. faible id.	1814.	585
Restauration	1815.	621 ?	+ 95	+ 6.3	Id. faible id.	1815.	621
(15 ans)	1830.	1.211			Id. forte id.	1829.	1.224
Louis-Philippe	1830.	1.211	+ 93	+ 5.5	Id. faible id.	1831.	1.131
(17 ans)	1847.	2 340			Id. forte id.	1846.	2.437
Seconde République	1847.	2.340	+ 11	+ 2.7	Id. faible id.	1848.	1.645
(4 ans)	1851.	2.614			Id. forte id.	1851.	2.614
Second Empire	1851.	2.614	+206	+17.0	Id. faible id	1852.	3.072
(18 ans)	1869.	8.002			Id. forte id.	1866.	8.126
Troisième République	1869.	8.002	+ 26	+ 1.0	Id. faible id.	1871.	7.231
(18 ans, sans compter l'année 1870)..	1889.	10.124			Id. forte id.	1882.	10.726

COMMERCE DE LA FRANCE PAR PÉRIODES ÉCONOMIQUES.

PÉRIODES ÉCONOMIQUES.	COMMERCE GÉNÉRAL. (Années. Millions)	MOYENNE de chaque période. (Millions de francs).	ACCROISS. OU DIMINUT. (En millions de francs). — de la première à la dernière année de la période	moyen par an.	COMMERCE GÉNÉRAL par périodes quinquennales. (Moyenne de la période).	Accr. ou dim. p. 100 d'une période quinquennale à l'autre.	IMPORTATIONS. (Millions de francs).	Accr. ou dim. p. 100 d'une période à l'autre.	EXPORTATIONS. (Millions de francs).	Accr. ou dim. p. 100 d'une période à l'autre.	Importations d'objets fabriqués. (Millions de francs).	Accroissement p. 100 d'une période à l'autre.	Exportations d'objets fabriqués. (Millions de francs).	Accr. ou dim. p. 100 d'une période à l'autre.
Révolution et guerres (1789-1799).	1789. 1.018 / 1799. 553	859	— 465	— 46										
Réorganisation administrative de la France (1799-1806).	1799. 553 / 1806. 933	865	+ 380	+ 54										
Blocus continental (1806-1814).	1806. 933 / 1814. 585	777	— 348	— 43										
Tarif protecteur (1815-1847).	1815. 621 / 1847. 2.340	1.480	+ 1.719	+ 55	1815-1820. 760	»								
					1821-1825. 827	+ 18								
					1826-1830. 1.187	+ 43	438	»	505	»				
					1831-1835. 1.317	+ 10	473	+ 8	497	— 2				
					1836-1840. 1.765	+ 34	602	+ 27	651	+ 31	51	»	441	»
					1841-1845. 2.170	+ 23	822	+ 36	715	+ 16	54	+ 5	548	+ 24
					1846-1847. 2.401	+ 10	910	+ 10	807	+ 12	55	+ 1	611	+ 11
Crise politique et tarif protecteur (1847-1850).	1847. 2.340 / 1850. 2.553	2.288	+ 213	+ 71	1847-1851. 2.288	— 5	742	+ 5	915	+ 13	36	— 35	629	+ 3
Développement des chemins de fer et de la navigation à vapeur avec tarif protecteur atténué (1851-1859).	1850. 2.553 / 1859. 5.412	4.265	+ 2.859	+ 348	1851-1855. 3.631	+ 58	1.167	+ 57	1.386	+ 51	56	+ 55	930	+ 48
					1855-1859. 5.038	+ 39	1.732	+ 47	1.894	+ 36	71	+ 26	1.246	+ 34
Tarif libéral et conventionnel avec développement des voies de communication et annexion de la Savoie (1860-1869).	1859. 5.412 / 1869. 8.003	7.128	+ 2.591	+ 288	1860-1864. 6.318	+ 25	2.298	+ 33	2.402	+ 32	124	+ 74	1.433	+ 14
					1865-1869. 7.937	+ 25	3.980	+ 73	3.992	+ 66	223	+ 79	1.609	+ 12
Guerre franco-allemande (1870-1871).	1869. 8.003 / 1871. 7.231	7.092	— 772	— 386	1870-1871. 7.092	— 11	2.212	— 45	2.837	— 29	332	+ 49	1.484	— 8
France sans l'Alsace-Lorraine, tarif libéral et conventionnel (1871-1881).	1871. 7.231 / 1881. 10.720	8.516	+ 3.489	+ 349	1871-1875. 8.856	+ 24	3.547	+ 60	3.593	+ 27	403	+ 21	1.850	+ 24
					1876-1880. 9.634	+ 8	4.292	+ 21	3.378	— 6	525	+ 30	1.724	— 7
					1881-1885. 10.048	+ 4	4.583	+ 6	3.38[illegible]	»	667	+ 27	1.752	+ 1
Tarif de 1881 (1881-1889).	1881. 10.720 / 1889. 10.124	9.832	— 596	— 66	1886-1890. 9.600	— 5	4.215	— 8	3.432	+ 1	560	— 14	1.752	»

CHAPITRE VII.

LA POLITIQUE INTÉRIEURE DE LA FRANCE.

Le suffrage universel. — Dans cet ouvrage, il ne nous appartient pas de raconter les luttes des partis et d'examiner les actes du gouvernement français, mais nous devons compléter ce que nous avons dit dans le chapitre précédent en indiquant l'influence que la politique intérieure a pu exercer sur la puissance de la France et sur le rôle qu'il lui est donné de jouer dans les affaires du monde.

Le suffrage universel date en France de 1848. Deux partis opposés, les républicains et les légitimistes de la *Gazette de France*, n'avaient cessé de le réclamer depuis 1830, les uns par principe démocratique, les autres par opposition à la branche d'Orléans. La moyenne bourgeoisie, dont la fraction libérale avait demandé l'adjonction des capacités au corps électoral, s'effraya des conséquences du vote illimité et voulut l'endiguer par la loi du 31 mai 1850 qui n'empêcha pas Paris de faire une élection désagréable au gouvernement (1er déc. 1851) et fournit au prince-président un prétexte pour couvrir d'un vernis de popularité le coup d'État du 2 décembre.

L'Empire eut plus de succès dans l'entreprise qu'il forma de dominer le suffrage universel en lui imposant, par l'influence administrative, les candidats qu'il lui proposait et, pendant dix-huit ans, il crut avoir résolu le problème de gouverner la démocratie en paraissant gouverner par elle. Mais la monarchie, qu'elle soit impériale ou royale, n'avait plus en France de racines assez profondes pour résister à un choc aussi violent que celui qu'elle reçut à Sedan : l'Empire tomba et le suffrage universel que l'évolution tardive de Napoléon III vers le gouvernement parlementaire avait déjà commencé à émanciper, devint complètement maître des destinées du pays. Il l'est aujourd'hui et il le restera. Par ce fait seul il s'est opéré depuis un demi-siècle un changement radical dans l'orientation de la politique intérieure de la France.

En tout temps, sous le régime parlementaire, la politique intérieure a incliné dans le sens des intérêts de la majorité. Les gros censitaires ont fait voter les tarifs de la Restauration ; sous la royauté de Juillet, la moyenne bourgeoisie a rétabli la garde nationale, organisé l'administration communale et les Conseils généraux, doté les chemins vicinaux et créé les chemins de fer, maintenu la protection douanière ; elle témoignait en même temps par quelques lois, telles que celle de 1833 sur l'instruction primaire et celle de 1835 sur les caisses d'épargne, qu'elle n'oubliait pas que les masses populaires avaient contribué à son avènement.

Il était logique que le suffrage universel, devenu souverain à son tour, réclamât une large place, d'abord dans les discussions de la presse et de la tribune, ensuite dans les actes du gouvernement, surtout pour les questions d'assistance publique et d'organisation du travail qu'on désigne sous le nom de « questions sociales ». Le socialisme avait fait une première fois explosion dans la politique en 1848 ; la carrière lui est largement ouverte depuis 1871.

Le centre de gravité du corps électoral s'est déplacé et ce déplacement n'a pas été sans produire de bons effets : les intérêts des petits ont trouvé de nombreux avocats, inspirés les uns par une conviction sincère et les autres par le désir de plaire à la foule pour parvenir.

Mais on ne peut nier qu'en se déplaçant ce centre ne se soit aussi quelque peu abaissé. La majorité appartient aux masses. Or les masses sont plus capables d'élans de générosité et d'éclairs de bon sens que de sagesse et de modération continues. Leur intelligence est limitée en raison de l'instruction qu'elles ont reçue et du milieu social où elles vivent ; leurs passions politiques sont mobiles et ne sont pas suffisamment contenues par la réflexion ; elles se laissent facilement aller au mécontentement, parce que leur existence est précaire, et duper par l'espérance d'un changement, parce que, leur sort n'étant pas heureux, elles en rêvent un meilleur.

Sur le nouveau terrain politique s'est donc levée une moisson mêlée d'ivraie et de bon grain. Dans quelle proportion ? Il est bien difficile à des contemporains de voir et de juger avec sérénité l'ensemble d'un mouvement social qui est complexe, dont l'évolution n'est pas achevée et dont chacun profite ou souffre, selon le coin où se cantonnent ses intérêts et ses relations.

Jusqu'en 1848, les « questions sociales », reléguées dans l'ombre, occupaient plus les sociétés secrètes que les conseils du gouvernement, bien que quelques mesures, comme la loi de 1841 sur le travail des enfants dans les manufactures, et certaines institutions privées de patronage, comme celles de Mulhouse, témoignassent d'un premier éveil de l'opinion. Aujourd'hui, placées en pleine lumière, elles sont devenues une des parties les plus considérables de la politique. Elles ne sont pas toujours posées avec justesse ni résolues avec mesure ; cependant les solutions partielles — il n'y en a d'ailleurs pas d'autres à chercher et à espérer, parce qu'il n'existe pas de panacée sociale — qui ont été apportées par des lois et plus encore par des institutions privées, sont la marque d'une vive sollicitude pour la classe ouvrière.

D'ailleurs, le courant qui pousse l'opinion et entraîne la politique de ce côté n'est pas particulier à la France. Il se manifeste dans tous les pays civilisés et il est un des caractères de notre temps. Dans les démocraties, comme la Suisse et les États-Unis, dans les monarchies parlementaires les plus fières de leurs libertés, comme l'Angleterre, sous les gouvernements autoritaires, comme l'Empire allemand, les mêmes questions s'agitent. La papauté même les a tout récemment signalées à l'attention des fidèles. Le développement et la concentration de l'industrie, la diffusion des idées par la presse leur ont donné une importance qu'elles n'avaient jamais eue.

Les rapports entre le capital et le travail sont très tendus. Les ouvriers, ou du moins les groupes militants de la classe ouvrière se laissent endoctriner par le socialisme radical dont Carl Marx a donné la formule et qui leur enseigne que toute richesse est le produit exclusif de leur propre travail et que la part du capitaliste et de l'entrepreneur dans la valeur de ce produit est un prélèvement abusif fait sur le salaire : erreur manifeste, mais qu'ils sont portés, comme la plupart des humains, à prendre pour une vérité parce qu'elle flatte leur chimère. Ils ont pour armes la grève et le bulletin de vote ; la première, maniée avec plus d'habileté et de ressources qu'autrefois, prend les proportions d'un soulèvement international et rend aléatoires les entreprises industrielles ; grâce au second, ils envoient leurs orateurs au Parlement et ils dominent dans certains conseils municipaux qui donnent à leurs prétentions des encouragements et même des subsides. Leur force pour l'attaque comme pour la résistance est grande et est devenue inquiétante pour l'avenir de l'industrie. On dit qu'un « quatrième État » se lève. Le mot est ambitieux ; il n'est pas exact en France où depuis 1789 il n'y a plus d'États et où la moitié peut-être des patrons sont d'anciens ouvriers ou des fils d'ouvriers. Mais ce qui est incontestable, c'est que la démocratie monte. L'ouvrier veut se faire dans la société une place plus large. Quand il réclame des droits, il a raison. Le danger commence lorsqu'il se laisse entraîner à des violences ou lorsqu'il veut, comme il n'arrive que trop souvent aux partis qui se sentent assez puissants pour faire les lois, obtenir à son profit des privilèges contraires à la justice et à l'harmonie sociale et préjudiciables à la prospérité de la nation.

On ne tranche pas plus la question sociale que la question de la population par un vote des législateurs. Mais on peut essayer de résoudre, bien ou mal, par des mesures administratives ou par des lois, un certain nombre de questions particulières qui ont surgi ou surgiront successivement à propos de ce redoutable problème.

Dans celle du salariat en particulier, qui déterminera les conditions du contrat entre le capital et le travail ? La loi, dont on invoque trop souvent l'intervention, est le plus souvent impuissante ou oppressive en cette matière. La liberté peut seule, sous l'égide de la force publique, maintenir l'ordre, résoudre chaque cas particulier par un accord volontaire des ouvriers et des patrons. Il serait injuste et imprudent que le Gouvernement prît parti dans ces débats ; il le faisait à tort quand il interdisait tout concert entre ouvriers par la loi contre les coalitions ; il n'aurait pas moins tort de prêter son appui aux grévistes et de les aider à opprimer à la fois les patrons et les ouvriers réfractaires à la grève. Il convient de laisser agir la liberté sans se dissimuler que l'industrie traverse une crise pénible, qu'aucune puissance ne saurait ramener les choses et les esprits dans leur ancien état, et que cette question, une des plus graves assurément de notre temps, troublera longtemps encore la sécurité sociale avant que l'équilibre ne se rétablisse. L'explosion est bruyante dans notre pays à cause de sa constitution politique ; cependant la France, avec sa nombreuse population de petits propriétaires ruraux et ses salaires relativement élevés, est-elle le pays d'Europe le plus compromis ?

Pendant que les ouvriers s'agitent, ils remarquent à peine une révolution sociale beaucoup plus efficace pour leur bien-être que n'est la liberté des grèves, quoique les économistes l'aient maintes fois signalée : c'est le déplacement d'équilibre qui se produit lentement, par la seule force des choses, entre l'intérêt du capital qui diminue avec l'abondance et le salaire du travail qui augmente avec la productivité de la main-d'œuvre et la richesse générale de la société (1).

Les candidats et l'éducation du corps électoral. — La durée moyenne de la vie des Français à la naissance et à vingt ans étant d'environ quarante et quelques années (2), on peut dire que la génération actuelle a fait son éducation politique à l'école du suffrage universel. S'y est-elle suffisamment préparée au rôle prépondérant qu'elle a maintenant la mission de remplir ?

Les parties intéressées peuvent le proclamer ; mais un esprit impartial, quelque disposé qu'il soit à l'optimisme, a quelque peine à le croire. L'enseignement civique que les instituteurs donnent à leurs élèves, — et dont je me déclare partisan à condition qu'il soit simple, clair, propre à faire aimer la patrie en aidant à comprendre et en apprenant à respecter ses institutions fondamentales, — n'a qu'une influence bornée ; c'est dans le milieu social de la famille, de l'atelier et par la lecture des journaux que se forme le sens politique des masses ; or il arrive souvent que la famille est peu éclairée, que l'atelier se nourrit de préjugés et que la presse égare ses lecteurs.

Il faut avoir vu de près la foule pour apprécier l'étendue de sa crédulité en matière politique. A chaque élection, les classes dirigeantes ou du moins ceux qui aspirent au mandat législatif s'adressent au suffrage universel. La plupart cherchent alors moins à le diriger en lui enseignant la vérité qu'à le flatter afin d'obtenir

---

(1) Voir sur le dernier point le chapitre viii du livre IV.
(2) Voir tome II, p. 315 et le tableau de la page 319.

sa voix; ils savent que, les ignorants étant les plus nombreux et les violents étant les plus entreprenants, c'est pour eux qu'il importe de parler haut et d'ordinaire ils ne reculent pas devant les déclarations les plus compromettantes, sauf à abandonner ensuite dans leurs votes à la Chambre les principes qu'ils ont inculqués aux masses par leurs discours et leurs programmes (1) ; ils faussent ainsi le jugement du peuple. Les mœurs ne se sont pas améliorées sous ce rapport, si l'on en juge par les élections de 1890 : d'une part, des malédictions contre l'ordre social propres à démoraliser les masses et à obscurcir le sens du vrai et du faux, et des promesses de réformes inexécutables ; d'autre part, des accusations contre le gouvernement, destructives du respect de l'autorité; de presque tous les côtés, des violences de langage qui ne seraient pas tolérables dans une société polie. Le mandat impératif, dont la démagogie a fait un principe et qu'à l'exemple de la Suisse elle voudrait pousser jusqu'au referendum, est contraire au bon sens puisqu'en réalité les capacités, investies de la confiance de leurs commettants par un mandat à la fois général et limité, ont seules les qualités nécessaires pour discuter les affaires publiques et pour diriger la foule qui, par son éducation comme par ses occupations journalières, est incapable de connaître et de comprendre le détail de la politique.

Les conditions que le suffrage universel impose écartent de la politique beaucoup d'hommes modérés. Cette conséquence s'était produite aux États-Unis avant de se manifester en France, et ces deux pays ne sont pas les seuls où l'on ait fait la même remarque.

Le suffrage universel n'est pas toujours délicat dans ses choix. Il est exposé à adorer des idoles ; on a vu le vent de la popularité, habilement manœuvré, soulever un moment très haut un personnage qui n'avait pas de passé, que son présent ne rendait pas recommandable et dont l'avenir semblait menacer la France d'un grand péril. Le vent a changé et l'idole est tombée.

---

(1) En voici un exemple entre mille. Aux élections du 6 octobre 1889, un candidat qui a failli être élu écrivait dans son manifeste que « ..... tout citoyen a droit à l'existence, par le travail, s'il est valide ; et s'il est incapable de travailler, par les retraites et par l'assistance sociale réglée dans les cas suivants : pensions aux vieillards, aux familles nombreuses, aux veuves ayant charge de mineurs, aux enfants abandonnés, aux travailleurs, au chômage forcé, à tous ceux atteints de maladies ou infirmités ; obligation pour les communes d'y pourvoir..... »

Néanmoins, si le suffrage universel est venu trop brusquement en France, il est trop tard pour qu'on tente de retourner en arrière. Tout bon Français doit l'accepter sans arrière-pensée, tel qu'il est, avec ses qualités et ses défauts, et songer qu'il a tout au moins le mérite d'une sollicitude constante pour le sort des petits auxquels ses élus sont tenus de plaire et aux réclamations desquels il a élevé une tribune.

Il a un autre avantage ; c'est d'être un préservatif contre les révolutions par l'émeute ou le coup d'État. La garantie n'est sans doute pas absolue ; cependant on ne saurait nier que, malgré des excitations révolutionnaires et malgré les fâcheux symptômes qui se sont manifestés à l'occasion de la dernière élection du Président de la République, le peuple de Paris, sachant qu'il dispose de son bulletin de vote, n'a pas pris le fusil depuis le drame lugubre de la Commune, et que, depuis 1789, aucun gouvernement n'avait encore duré vingt ans. La Commune elle-même est un accident qu'explique, sans l'excuser, un concours de circonstances extraordinaires : les longues souffrances du siége, l'abattement chez les uns et l'irritation chez les autres après la défaite, l'armement de toute la population parisienne, les cadres préparés pour l'insurrection par la garde nationale et l'absence de troupes régulières.

Enlever par surprise ou autrement ce suffrage au peuple français serait exposer le gouvernement qui succéderait au régime présent à de continuelles émeutes qui aboutiraient, en définitive, à un renversement. Il est même inutile de chercher à y introduire certaines modifications dont quelques-unes sont ingénieuses, mais trop subtiles pour être pratiques et dont d'autres, comme l'élection à deux degrés, quelque rationnelles qu'elles soient, provoqueraient d'invincibles résistances. Il faut le conserver dans sa simplicité actuelle. Quoique mobile à certains degrés, il est essentiellement républicain : les républicains le savent et se sentent forts de cette connexion.

C'est par l'éducation des électeurs, toute difficile qu'elle paraisse, qu'il convient de poursuivre l'amélioration. Si la première génération n'a pas suffi, ne peut-on pas obtenir davantage de la seconde ou de la troisième ? Le dommage qui résulte des fautes commises instruit quelquefois mieux les peuples que les préceptes des moralistes ; nous aimons à croire que ce genre de leçon sera profitable.

Quand on considère le fonds de connaissances sur lequel se contente de vivre une grande partie des classes moyennes et même supérieures, on s'irrite moins des erreurs de la foule et on devient plus tolérant du présent, peut-être même plus confiant dans l'avenir.

Les élections par le suffrage universel inquiètent certains esprits, non seulement par ce qu'elles sont, mais par ce qu'elles peuvent devenir. Elles coûtent, en effet, beaucoup aujourd'hui à la plupart des candidats : on ne s'étonne pas d'entendre parler d'une dépense de 150,000 francs. De pareilles sommes imposent à la candidature une limite qui n'est peut-être pas très démocratique, puisqu'elle ne peut être franchie qu'avec une bourse bien garnie. On pourrait à la rigueur en prendre son parti, si cet état de choses n'accusait en même temps une corruption des mœurs politiques.

Le Parlement et les partis. — Dans une république parlementaire, le Parlement est nécessairement le centre du gouvernement ; émanation du suffrage universel, il est le régulateur suprême de la politique par l'élection du Président de la République, par le vote des lois et par la confiance qu'il accorde ou refuse aux ministres. Le Parlement français, quoiqu'il ne réunisse pas toute l'élite de la nation, possède certainement beaucoup d'hommes appartenant à cette élite ; il renferme une très grande majorité de membres sincèrement inspirés par l'amour du bien public, quoique trop préoccupés parfois d'intérêts locaux ou privés. Mais il n'a pas eu toujours depuis vingt ans la conscience ou le respect des conditions essentielles à un bon gouvernement. Les deux Chambres sont nécessaires à l'équilibre parlementaire. La pensée de supprimer le Sénat est une erreur de doctrine ; l'amoindrissement de son autorité a été un fait regrettable.

La fréquence des interpellations, la soudaineté des amendements qui troublent l'économie des projets de loi, l'insuffisance de préparation technique qui se manifeste dans quelques-uns de ces projets, l'immixtion trop intime des commissions de la Chambre dans les détails de l'administration, l'ingérence des députés et des sénateurs dans les bureaux des ministères et des préfectures marquent une tendance très fâcheuse. Il serait dangereux de laisser absorber le pouvoir exécutif par un corps qui, quelque haut qu'il soit placé, n'a ni l'aptitude ni la responsabilité requises pour administrer. A chacun sa fonction : le Parlement fait les lois, les ministères doivent faire les affaires publiques.

Il y a dans les partis extrêmes des orateurs dont le langage ne fait pas honneur à la politesse française. On ne saurait l'imputer à crime à la Chambre des députés qui n'est pas responsable de quelques écarts de ses membres. Toutefois, quand on est Français, on éprouve un sentiment pénible en entendant parfois porter à la tribune nationale des défis ou proférer des injures qu'on blâmerait même dans un club et en songeant que ce langage, répété par la presse, excite le peuple à mépriser l'autorité qu'il faudrait lui apprendre à respecter et autorise les étrangers à juger sévèrement la nation. On ne se trouve pas consolé en entendant dire que les mêmes inconvenances se produisent dans d'autres pays.

On a le droit d'imputer à la Chambre la fréquence des changements de ministère. Que telle fraction de l'extrême gauche n'ait pas encore le sens politique assez formé pour comprendre le mal qu'elle fait ainsi au gouvernement républicain, on l'admet ; que telle fraction de l'extrême droite ait la conviction que la République étant un gouvernement funeste dont on ne peut désabuser les électeurs que par l'excès même du mal, on le regrette. Mais que la majorité n'ait pas eu de bonne heure, après le triomphe définitif du parti républicain, une cohésion assez forte pour résister à des tentatives d'embauchement qui la divisaient et un patriotisme assez éclairé pour préférer la durée d'un ministère, même réputé médiocre, à l'avènement d'un ministère nouveau qu'elle espérait meilleur, c'est un mal grave dont le pays a souffert, qui en même temps a entravé à l'intérieur l'expédition des affaires, rompu la suite des entreprises, affaibli à l'extérieur l'action de la diplomatie française. La République aura beaucoup gagné lorsque le même cabinet aura duré pendant toute une législature.

On aurait pu concevoir un état des esprits tel qu'après l'échec de la tentative faite — et faite légitimement cette fois — par les partisans de la monarchie en 1873 pour opérer une fusion entre les deux branches de la maison de Bourbon, les modérés de toute nuance, reconnaissant que la République était, sinon la meilleure forme de gouvernement, du moins la plus compatible avec le suffrage universel, se seraient entendus en vue de la diriger. Malheureusement il n'en a pas été ainsi : en 1873, M. Thiers, « le libérateur du territoire » et le champion de « la République conservatrice » était écarté du pouvoir ; quatre ans après, une seconde tentative violente et impolitique, à laquelle la date du 16 mai a donné un nom, portait un coup funeste à l'esprit de conciliation. Le centre droit a incliné depuis ce temps vers la droite intransigeante ; le centre gauche s'est évanoui ; un abîme s'est creusé entre les partisans de la République et ses adversaires et les cabinets, à travers beaucoup de variations accidentelles, ont eu une tendance générale à chercher surtout à gauche leur point d'appui.

A une extrémité de la Chambre, le radicalisme et le socialisme pacifique, malgré les paroles par lesquelles on a flatté ce dernier et même les concessions réelles qu'on lui a faites, malgré la bienveillance ostensible de la Chambre pour les projets qui visent l'amélioration des ouvriers ou des paysans, ne sont pas satisfaits parce que, tout en sollicitant des mesures de détail, ils aspirent au fond à une transformation complète qu'il serait impossible d'accomplir et dont l'idée seule est antipathique à la grande majorité des députés, comme à la nation. Le socialisme révolutionnaire est resté défiant ou hostile, parce qu'il est par nature ennemi de tout défenseur de l'ordre social ; les libertés concédées par les lois ou tolérées par les mœurs n'ont servi qu'à rendre son langage plus audacieux par l'impunité.

Entre l'économie politique et le socialisme il y a incompatibilité fondamentale de méthode et de principes. La première est une science qui étudie les phénomènes relatifs à la richesse, en expose les lois et que l'observation et le raisonnement ont amenée à conclure que la liberté du travail et le respect de la propriété sont deux conditions essentielles du meilleur équilibre des valeurs et du progrès des richesses. Le mot socialisme est une expression vague qui désigne des systèmes très divers, parfois opposés, de transformation sociale. Ces systèmes ont toutefois un caractère commun par la sollicitude qu'ils affichent pour les classes pauvres et par leur aspiration vers un idéal autre que la société présente ; ils procèdent par la critique de cette société, déclarent la liberté impuissante à créer l'harmonie et invoquent la force de l'association et surtout l'intervention de l'État pour établir une répartition plus égale de la richesse et appliquer par voie autoritaire le capital de ceux qui possèdent au bénéfice de ceux qui ne possèdent pas. Il est naturel que le socialisme soit populaire et que l'économie politique ne le soit pas ; ce qui est regrettable, c'est que cette dernière soit suspecte même aux classes qui possèdent parce qu'en défendant l'intérêt général elle froisse parfois des intérêts privés qui ne le lui pardonnent pas.

En matière d'association volontaire, l'économie politique et le socialisme peuvent s'entendre. En matière de tutelle de l'État, l'économie politique accepte, après examen, les institutions qui sont bienfaisantes pour les uns sans être oppressives pour d'autres. C'est lorsque la liberté et la propriété sont menacées, lorsque le budget est surchargé — ce qui peut être une manière indirecte d'attenter à la propriété — qu'elle proteste au nom de l'intérêt social, comme au nom du droit individuel. Il est certain que la lutte entre l'école libérale et les systèmes autoritaires est devenue difficile dans un parlement où les mesures réputées populaires sont prônées à droite aussi bien qu'à gauche en vue de la clientèle électorale et où la théorie de la propriété et de la liberté ne plaît ni au socialisme ni au protectionnisme.

A l'autre extrémité de la Chambre, les impérialistes, quoique divisés en deux fractions durant les dernières années de la vie du prince Napoléon, s'entendaient pour opposer à la République le principe de l'appel au peuple. Ils rappelaient volontiers que la France devait au premier Empire son organisation administrative et l'éclat de la victoire et au second quinze années de prospérité économique; mais ils ne disaient pas qu'elle a payé les deux fois, par l'amoindrissement de son territoire et de sa puissance, la faute d'avoir remis sa destinée entre les mains d'un maître. Aujourd'hui leur parti est réduit au silence.

Les royalistes, qui formaient deux partis tellement opposés depuis 1830 qu'en 1848 les légitimistes ont applaudi au renversement du trône de Juillet par la République et que le clergé de Paris est sorti de ses églises pour bénir les arbres de la liberté, se sont rapprochés — plutôt que confondus — pour proclamer que le principe de la légitimité fournit seul la base fixe qui est nécessaire à l'assiette de la politique française et au développement pacifique de la nation ; mais ils oublient que la branche d'Orléans ne saurait renier le parlementarisme qui est en quelque sorte sa raison d'être dans l'histoire et ils ne démontrent pas qu'une monarchie parlementaire pourrait s'accommoder du suffrage universel ou se passer de lui.

Le clergé catholique a peine à rester neutre en politique et, quand il intervient, c'est trop souvent avec la conviction qu'il lui appartient de la dominer. Or on ne supporte plus en France la pensée de cette domination antipathique à l'esprit moderne : de là, l'antagonisme qui a conduit de part et d'autre à des excès dommageables à l'intérêt public. Bien avant la phrase que prononça Gambetta le 4 mai 1877 : « Le cléricalisme, voilà l'ennemi », le clergé catholique témoignait trop de ses préférences pour la droite ; ses chefs ont commis l'imprudence de l'engager dans la mêlée du 16 mai. Mais il nous semble que les républicains, restés maîtres du terrain, auraient fait preuve d'habileté en même temps que de modération en oubliant les griefs de la lutte et en ne poussant pas le clergé vers le côté où il penchait. Ils auraient dû attendre de leur durée au pouvoir une demi-réconciliation qui se serait faite peu à peu avec le temps, au lieu de demander la séparation de l'Église et de l'État et d'exclure absolument les congrégations religieuses de l'enseignement public. Sans doute en théorie la thèse de l'Église indépendante de l'État, et celle de l'école primaire exclusivement réservée à l'instruction sont justifiables par de bons arguments ; mais, en pratique, sachant que la moralité des masses est guidée par des sentiments plus qu'éclairée par la raison, il eût été prudent d'éviter l'antagonisme de l'instituteur et du prêtre et la surexcitation des passions religieuses ou antireligieuses. Tout récemment, un prélat a prêché la conciliation. Trouvera-t-il, d'une part et de l'autre, des esprits disposés à l'écouter ?

Le parti qui a pris le titre de « Conservateur » ne l'est que de nom, puisqu'il aspire à une révolution politique sous prétexte de conserver les bases de l'organisation sociale. Il n'a pas rougi de s'allier un jour aux ennemis les plus déclarés de cette organisation pour préparer, de concert avec eux, une révolution. L'entreprise a échoué aux élections générales de 1890. Le parti royaliste, qui formait avec les impérialistes le corps d'armée principal des Conservateurs, s'est discrédité doublement par l'inconvenance d'une alliance monstrueuse et par l'avortement de la coalition. Les personnes qui sont restées fidèles à la monarchie par tradition de famille ne forment aujourd'hui qu'une petite église où le peuple n'entre pas et dont il ne comprend même plus le culte.

Le titre de Conservateur est très digne de respect, car il représente une des conditions essentielles de tout gouvernement. Il manque encore à la République un véritable parti de conservateurs républicains méritant réellement ce titre, assez notoirement dévoué à l'ordre de choses actuel pour inspirer confiance et assez fort pour exercer dans les Chambres une influence modératrice.

Dans la bataille électorale où s'est jouée l'existence du gouvernement parlementaire et de la République, le suffrage universel a donné la victoire à la République et, comme il arrive parfois en politique, celle-ci s'est trouvée consolidée par l'impuissance même de ses adversaires. Depuis 1871, beaucoup d'esprits modérés étaient convaincus qu'après tant de révolutions la République était le seul gouvernement qui convînt à la France, et cette opinion s'étendait à mesure que durait ce gouvernement. Après les élections de 1890, il est manifeste qu'il est celui que la France veut conserver. La République n'a plus à craindre les partis qui voudraient la détruire ; elle ne peut être ébranlée que par des dissensions entre républicains et par ses propres fautes. Au nombre des plus graves qu'elle puisse commettre sont celles qui porteraient atteinte aux principes fondamentaux de 1789, la liberté et l'égalité. On parle beaucoup de liberté ; mais le vrai libéralisme exige un équilibre et une élévation d'esprit qui ne sont pas communs ; la pierre de touche consiste non dans les revendications personnelles, mais dans le respect de la liberté d'autrui.

L'esprit révolutionnaire. — La Révolution de 1789 a été une grande œuvre. L'Assemblée constituante, qui l'a faite, a sans doute commis des fautes et a cédé parfois à des entraînements regrettables. Mais le double principe dont elle a fait le fondement du nouvel ordre social et d'après lequel elle s'est appliquée à réédifier les institutions de la France était juste et a été fécond. La Convention, emportée par la violence des passions révolutionnaires, n'a eu, malgré ses idées généreuses et ses créations utiles, ni la sérénité de jugement ni la hauteur de vues de sa devancière. Placés loin de l'événement, des écrivains confondent aujourd'hui les deux assemblées et méconnaissent l'œuvre essentielle ou la calomnient ; ils ne voient pas que le mal dont souffre la France ne vient ni de la liberté ni de l'égalité : il vient de l'esprit révolutionnaire.

Sans doute, l'abolition du régime féodal a contribué à propager cet esprit ; mais la suite ininterrompue des coups de force, renversant, instituant, puis renversant encore les gouvernements, depuis le 10 août 1792, par des émeutes parisiennes sous la Convention et le Directoire, par l'entreprise du général Bonaparte en l'an VIII, par l'invasion des armées étrangères en 1814 et en 1815, par le retour aussi audacieux qu'égoïste de Napoléon en 1815, par un soulèvement populaire contre les ordonnances de juillet en 1830, par une échauffourée en 1848, par le coup d'État du 2 décembre, par l'effondrement du trône impérial après la funeste journée de Sedan, a démoralisé complétement sous ce rapport l'esprit français. Il y a un parti qui parle de légitimité; en réalité tous les partis ont montré autrefois ou montrent aujourd'hui qu'il n'ont plus foi que dans la révolution; chacun attend le rétablissement de son gouvernement de prédilection d'un hasard et d'une surprise, soit surprise légale par le vote d'une majorité, soit surprise insurrectionnelle par une émeute populaire ou une conspiration militaire. C'est là une infirmité morale qui sera longtemps une cause de faiblesse pour tout gouvernement en France. Quoique la troisième République ait, en fait, duré plus qu'aucun autre régime depuis 1789, il n'y a pas longtemps qu'à propos de l'élection du président de la République un souffle d'insurrection a passé sur les faubourgs de Paris, et, quoique l'assaut qu'elle a repoussé victorieusement en 1890 l'ait fortifiée, elle subit encore les inconvénients de cet état des esprits.

Heureux les peuples qui, ayant une longue tradition, monarchique ou républicaine, ne mettent pas sans cesse en question le principe même de leur gouvernement, qui peuvent discuter leurs affaires pour elles-mêmes sans que des prétendants fassent de chaque mesure prise ou de chaque solution proposée une arme pour saper les fondements de l'autorité nationale, qui supporte les luttes ministérielles et les victoires successives des partis apportant l'un après l'autre au pouvoir leurs idées et leur expérience, sans que leur constitution soit ébranlée !

Les dépenses publiques et la dette. — La majorité des hommes est avide de faveurs et de priviléges et ne se lasse pas de demander et de recevoir. Quand des représentants mettent leurs votes au service des intérêts particuliers de leurs électeurs, ils se chargent d'une besogne sans fin qui n'est pas toujours profitable à la nation; car les appétits de la foule ne sont pas la même chose que les intérêts de la démocratie et il est dangereux de les confondre. Par suite de cette disposition des esprits, le désir de faire de grandes choses et de satisfaire trop d'intérêts à la fois, les uns légitimes, les autres contestables, a beaucoup aggravé les charges du budget français.

La guerre franco-allemande et la Commune ont coûté plus de 12 milliards qui, comme les 700 millions d'indemnité de 1815, sont imputables au régime impérial. Le Gouvernement, que dirigeait alors M. Thiers, dut augmenter d'anciens impôts et en créer de nouveaux jusqu'à concurrence de près d'un milliard (1) ; la France n'a pas succombé sous le faix, et le monde financier a vu avec surprise, presque avec admiration, que ses finances avaient retrouvé leur équilibre et que son activité économique reprenait un vigoureux essor, malgré les frais de reconstitution de son matériel de guerre.

Cette prospérité a ébloui le Parlement et les ministres. D'une main, on a dégrevé certains impôts pour plaire aux contribuables ; de l'autre, on a engagé de coûteuses entreprises, et l'équilibre s'est trouvé rompu : de 1883 à 1888, c'est-à-dire à la suite de la crise commerciale de 1882 et pendant la longue atonie du marché qui l'a suivie, le rendement des impôts indirects a été moindre et cinq exercices ont été clos en déficit. Le budget ordinaire des dépenses s'est élevé jusqu'à 3 milliards 203 millions en 1885 et, avec le budget extraordinaire qui vient seulement de disparaître, on était monté jusqu'à 3 milliards 715 millions en 1883 (non compris le budget sur ressources spéciales). La dépense annuelle a augmenté de plus de 300 millions, de 1876 à 1890 (2). En se reportant à trente ans en arrière, on trouve que l'augmentation des dépenses ordinaires (de 1869 à 1889), a été de près de 1 milliard 400 millions, soit de 80 p. 100 ; la richesse nationale n'a certainement pas augmenté dans la même proportion (3).

La guerre et la marine, qui ensemble avaient un budget de 550 millions en 1869, en ont un de 884 millions en 1891 (pensions non comprises) et leur matériel a coûté près de 3 milliards à réorganiser (4).

Le chiffre des pensions a été exagéré soit par des mesures individuelles de mise à la retraite en vue d'éliminer des fonction-

---

(1) 219 millions de plus-value sur les impôts anciens et 740 millions d'augmentation sur les impôts anciens ou d'impôts nouveaux de 1869 à 1876.

(2) Le ministre des finances a établi (séance de la Chambre des députés, 21 mai 1889) que l'augmentation, de 1876 à 1890, était de 312 millions ; que, d'autre part, l'augmentation de 1862 à 1876 (période de 14 ans aussi) était de 947 millions, dont 700 pour la guerre de 1870-1871 et la Commune.

(3) Voir plus haut, liv. III, ch. III.

(4) Voir le chapitre précédent.

naires hostiles ou de faire place à de jeunes ambitions, soit par des régles générales abaissant l'âge de la retraite en faveur de certaines catégories de fonctionnaires (1).

La politique coloniale, que l'importance du résultat peut défendre victorieusement contre les attaques dont elle a été l'objet quoiqu'elle ait peut-être embrassé trop à la fois, a été très coûteuse (2).

L'amélioration des ports, qui aurait été plus à l'abri de la critique si, au lieu de disséminer l'argent sur un grand nombre de villes, le Gouvernement avait concentré son effort sur quelques places de premier ordre, a coûté beaucoup aussi (3). Les chemins de fer ont coûté davantage; les uns étaient nécessaires pour les opérations militaires ; d'autres étaient utiles pour fournir un débouché aux produits; d'autres, en trop grand nombre, étaient votés avec l'espérance qu'ils susciteraient dans l'avenir une production assez abondante pour alimenter leur trafic et avec la confiance qu'ils donneraient, dans le présent, satisfaction aux populations. L'État, après avoir émis 350 millions de rente amortissable 3 p. 100 pour faire face aux dépenses de construction, a trouvé la tâche trop lourde ; il a traité, en 1883, avec les grandes Compagnies, mais en prenant une part dans les dépenses de construction et en garantissant l'intérêt, double charge qui pèse sur le budget de 1890, la première pour 215 millions (4) et la seconde pour 58, et qui continuera à peser, la première tant que les travaux ne seront pas achevés, la seconde jusqu'à ce que le trafic soit devenu suffisamment rémunérateur : ce dont il est encore éloigné. Les canaux et les chemins vicinaux ont eu aussi leur part dans les largesses budgétaires à l'époque où la Chambre donnait très libéralement, s'imaginant que la richesse du pays était inépuisable.

Les écoles étaient en maint endroit insuffisantes ; il était na-

---

(1) Au projet de budget de 1892, les pensions civiles figurent pour plus de 63 millions et les pensions militaires (guerre et marine) pour près de 140 millions.

(2) Voir plus loin, livre IV, chapitre X.

(3) On a calculé que les dépenses afférentes aux travaux d'établissement et d'amélioration des ports avaient été en moyenne de 6,213,000 fr. par an, de 1814 à 1870; de 14,185,000 fr., de 1870 à 1878; et de 1879 à 1888 (369 millions depensés), de 36,900,000 francs.

(4) 160 millions pour travaux neufs, d'après les conventions, et 55 millions pour travaux complémentaires.

turel qu'un gouvernement démocratique, qui avait une grande sollicitude pour l'instruction du peuple, s'appliquât à les améliorer comme l'avait déjà fait la royauté de Juillet après la loi de 1833. Mais, au lieu de procéder avec une prudente lenteur à l'aide de ressources disponibles, le gouvernement forma tout d'abord un vaste plan ; pour l'exécuter, il créa une caisse spéciale à côté du budget et se laissa entraîner ou entraîna lui-même les communes, par la séduction du crédit, à une dépense extraordinaire de 527 millions en moins de dix ans.

Cette politique, trop peu ménagère des deniers publics, n'est pas spéciale à la République. On commençait à s'en inquiéter sous le règne de Louis-Philippe, depuis l'ère des grands travaux publics. On la reprochait durement au second Empire. Le gouvernement républicain n'a pas su échapper au même reproche ; les deux dernières législatures qui ont siégé pendant la période où les impôts n'avaient plus la même plus-value, n'ont pas su rester dans les limites des budgets votés et elles ont dépensé en crédits supplémentaires et extraordinaires, la première (1882-1885) 765 millions, la seconde (1886-1888, trois ans) 251 millions ; leurs dépenses totales ont excédé les recettes et, pour payer, elles ont dû autoriser le gouvernement à emprunter, sous diverses formes, la première 2 milliards 419 millions en quatre ans, la seconde 1 milliard 55 millions en trois ans, soit en tout 3 milliards 574 millions, c'est-à-dire plus d'une année d'anticipation sur sept (1). Quels que soient les précédents en France, quels que soient les exemples du même genre à l'étranger, quelque excuse que l'on allègue en faisant valoir la productivité des sommes employées en travaux publics, la raison ne saurait approuver une gestion financière qui aboutit à dépenser chaque année un demi-milliard de plus qu'on ne reçoit. Le déficit est une véritable maladie sociale. Un particulier qui, toute proportion gardée, se trouverait dans cet état, serait à juste titre taxé

---

(1) Voir le discours du ministre des finances du 21 mai 1889.

Dépenses ordinaires et extraordinaires (prévisions budgétaires) :

1883	3.715 millions.
1886	3.532 —
1890	3.526 —
1891	3.165 —
1892	3.218 —

de prodigalité et cheminreait plus ou moins vite vers la ruine. Un
État amoindrit ainsi son crédit dans le présent, compromet l'avenir
dont les hommes d'aujourd'hui escomptent les revenus au détriment de leur postérité quand ils ne lui laissent pas un capital
équivalent.

La situation est d'autant plus grave que la France avait déjà,
par suite des événements de 1870-1871, la plus grosse dette
qu'eut jamais eu à porter un État. De 1873 à 1888, le Trésor a
remboursé la Banque de France, converti le fonds 5 p. 100,
amorti divers emprunts. Cependant, comme il contractait en
même temps d'autres engagements et que la dotation de l'amor-
tissement était de plus en plus réduite, le passif de l'État qui se
compose de beaucoup d'éléments et qu'il est impossible de tota-
liser avec précision, augmentait au lieu de diminuer ; en 1889, il
était d'au moins 30 milliards. On ne songe pas sans inquiétude à
l'énormité d'un tel poids pesant sur la fortune nationale, vingt
ans après la guerre.

La dernière législature a compris le danger. Elle a fait de
louables efforts pour enrayer le mal : le budget de 1890 a été de
quelques millions au-dessous de celui de 1886 ; celui de 1891 lui
est inférieur de plus de 350 millions et le budget extraordinaire
a été fondu la même année dans le budget ordinaire. Il faut lui
savoir gré de ce succès ; car lorsque les services publics sont une
fois constitués sur un certain taux de dépense, il est très difficile
d'opérer des réductions ; il l'est même de résister aux demandes
d'augmentation que provoquent les besoins toujours croissants
de l'administration ou les exigences des administrés. Il importe
que le ministre des finances soit doué d'une grande énergie et qu'il
jouisse d'une grande autorité dans le conseil pour résister aux sollicitations. Il appartient à la commission du budget de l'y aider,
car, si les députés ne doivent pas s'ingérer dans les détails de
l'administration, il y a cependant sous le régime parlementaire
républicain un contrôle intime qui est nécessaire : celui des rapporteurs du budget, et un contrôle général qui doit être sévère :
celui des comptes de l'exercice.

Dans la commune aussi, les exigences de la vie sociale sont
plus considérables aujourd'hui qu'autrefois ; la composition des
conseils municipaux issus du suffrage universel et la suppression
du droit qu'avaient les plus imposés de prendre part aux délibé-
rations dans certains cas et qui servait de frein, ont contribué à

porter le total des dépenses communales de 970 millions en 1877 à 1 milliard 60 millions en 1885 et leur dette dépasse aujourd'hui 3 milliards (Paris compris).

Une politique modérée. — Si la politique intérieure de la France rencontre des difficultés qui inquiètent, sa vie économique conserve une activité qui rassure.

Pour nous, nous sommes convaincu non seulement qu'il y a plus de richesses et non moins de travail et de science en France que jadis, mais qu'il n'y a pas non plus moins de bonnes volontés pour servir le pays. Ce qui manque le plus à la puissance de la France, ce ne sont pas les énergies individuelles, c'est la concorde des esprits. Les crises pèseraient moins lourdement sur les transactions et dureraient moins longtemps, les industriels auraient moins à appréhender la fréquence et la durée des grèves, le commerce français inspirerait plus de confiance et aurait plus d'autorité à l'étranger si les partis avaient été moins irréconciliables et moins violents dans leur polémique et si la politique intérieure du gouvernement avait été toujours plus ferme et moins mobile.

Nous avons dit au début de ce chapitre et nous redisons à la fin que nous n'avons voulu traiter de la politique intérieure que dans la mesure où elle influe sur la puissance de la France, et pour mieux comparer cette puissance dans le présent et dans le passé à celle des autres États. Politique intérieure et politique extérieure, nous avons exposé l'une et l'autre avec sincérité de pensée et discrétion de langage. Il y a des éloges et des critiques qu'il faut laisser aux orateurs et aux pamphlétaires ; il y a aussi des regrets qu'il n'est pas décent à un Français d'étaler en public.

Politique de recueillement à l'extérieur et politique de conciliation à l'intérieur : un tel programme ne serait pas du goût de tous les publicistes et aurait peu de chance de plaire à un collège électoral. Il nous semble néanmoins conforme aux règles de la prudence, en harmonie avec l'état présent de la population française, avec la situation intérieure de la France et la politique générale de l'Europe. Dans un discours prononcé à l'inauguration de la statue de Thiers à Saint-Germain, Mignet caractérisait la politique de son ami par une phrase qui résume notre propre sentiment : « Il conseillait la République à la France et la sagesse à la République. »

CHAPITRE VIII.

LES MIGRATIONS EN FRANCE ET EN EUROPE.

Sommaire. — Déplacement des campagnes vers les villes — Comparaison de la population née dans la commune ou dans le département avec la population immigrée — Changements produits par l'émigration et l'immigration dans la population urbaine et dans la population rurale, d'un recensement à un autre — Les étrangers en France — La démographie des étrangers — La moralité des étrangers — Les étrangers dans les villes — Les avantages et les inconvénients — Les migrations en Angleterre, en Allemagne et dans d'autres États européens — Les Français hors de France en Europe et les étrangers dans les États européens — Le bien et le mal — La question de la population au point de vue légal.

Déplacement des campagnes vers les villes. — Les populations ne sont ni stationnaires en nombre, ni fixes dans leur domicile : les chapitres précédents en fournissent maintes preuves. Nous nous proposons d'étudier dans celui-ci les déplacements de population qui se produisent en France de département à département, en Europe d'État à État et même dans l'intérieur de quelques États.

Nous savons déjà qu'en France la population urbaine n'a cessé d'augmenter depuis 1846 (date à partir de laquelle la constatation de ce mouvement a été faite régulièrement) aux dépens de la population rurale (1), que la population a diminué dans certains départements (2) quoiqu'ils n'eussent pas excédent des décès sur les naissances (3) et que les villes s'accroissent d'ordinaire d'autant plus rapidement que leur population est plus considérable, bien que les habitants s'y trouvent dans de moins bonnes condi-

---

(1) Voir livre II, ch. iv.

(2) Voir livre II, ch. vi.

(3) Voir livre II, ch. vii et xiii. Il y a cependant en France 30 départements dans lesquels on constate, de 1887 à 1889, un excédent des décès sur les naissances. Voir livre IV, ch. v.

tions démographiques qu'à la campagne (1). En dix ans, de 1876 à 1886, l'émigration paraît avoir enlevé environ 1,276,000 habitants à la population rurale et l'immigration (dans laquelle est compris le contingent de l'étranger) paraît avoir fourni 1,700,000 habitants à la population urbaine (2).

Ce mouvement des campagnes vers les villes est le changement le plus considérable qui se soit produit depuis quarante ans dans la répartition de la population sur le sol français. Toutefois il n'est pas le seul. Il y a des mouvements temporaires que les recensements ne saisissent pas toujours et qui sont cependant caractéristiques. Ainsi, les travaux publics et la construction des chemins de fer attirent, pendant un temps et sur certains points, des groupes nombreux de travailleurs ; la construction des maisons dans les grandes villes a la même conséquence dans la saison propice à ce travail : on sait que la Creuse envoie chaque année à Paris des milliers de maçons. La récolte amène dans un grand nombre de départements une colonie de passage : c'est ainsi que des bandes de Belges et de Flamands vont louer leurs bras pour la moisson dans le bassin de la Seine et reviennent peu à peu vers leurs foyers, que des Bretons remontent la Loire jusque dans la plaine du centre et que des Italiens s'avancent par delà le Rhône.

Comparaison de la population née dans la commune ou dans le département avec la population immigrée. — La facilité des communications a beaucoup favorisé les migrations temporaires et les déplacements définitifs. Le tableau suivant donne surtout l'idée de ces derniers.

La première colonne de ce tableau fait connaître l'accroissement ou la diminution, entre les années 1881 et 1886, du nombre des

---

(1) Voir livre II, ch. XIII et XVII.

(2) Ces nombres ne correspondent pas précisément à l'accroissement résultant de déplacements de la population ; car un certain nombre de communes rurales ont passé, durant cette période, dans la catégorie des communes urbaines par suite de l'accroissement de leur population.

Ainsi, entre les deux recensements de 1876 et de 1881, la population rurale paraît avoir diminué de..................................... . 352.886 individus.
mais 74 communes rurales sont devenues urbaines avec 156,685 hab.
et 15 communes urbaines sont devenues rurales avec 26,505 hab.,
différence.. 130.180   »
donc les communes rurales ont perdu...... .... 222.706 habitants
en cinq ans, soit environ 44,500 par an.

individus habitant la commune où ils sont nés. Dans la majorité des départements (55 départements) ce nombre a diminué : on se déplace plus facilement qu'autrefois. La différence est très sensible dans la Sarthe, la Seine-Inférieure, la Drôme, les Alpes-Maritimes, le Tarn, le Gers, l'Ain, l'Aude, la Creuse, la Haute-Saône, le Var, la Haute-Savoie et les Bouches-du-Rhône.

Si, au lieu de la commune, on prend le département comme unité de lieu et si l'on cherche le nombre des personnes habitant le département où elles sont nées, les recensements fournissent les moyens d'étendre la comparaison à une période de vingt années. Ainsi, en 1866, on comptait par 100 habitants : 86,8 français nés dans le département; 11,7 français nés hors du département et 1,5 étrangers ; en 1886, les mêmes catégories étaient réprésentées par 81,6, 15,5 et 2,9 (1).

Les colonnes 3, 4, 5, 6, 7 et 8 du tableau présentent ces résultats par département : beaucoup de déplacements dans la région qui entoure Paris et en général dans le bassin de la Seine et sur la frontière du nord, dans les vallées de la Loire, du Rhône, de la Garonne et dans le voisinage des grandes villes ; peu de déplacements au contraire dans certaines régions exclusivement rurales, telles que la Bretagne, le Poitou, le Massif central, les Alpes, les Pyrénées et les Landes (2).

Comme les départements n'ont pas tous un taux uniforme de natalité et de mortalité, la différence du nombre des habitants classés d'après le lieu de leur naissance aux deux époques ne fournit qu'une mesure imparfaite du degré de stabilité des populations ; car tel département dont le nombre des habitants serait le même à la première et à la seconde pourrait cependant avoir fourni dans l'intervalle matière à l'émigration par un excédent des naissances sur les décès. On approche davantage de la solution du problème en tenant compte de cet excédent ; la dernière colonne (colonne 9) du tableau et la carte ci-jointe (voir fig. 172) présentent le résultat de ce calcul (3).

---

(1) D'autre part, dans le Gard, l'Hérault, les Pyrénées-Orientales, la Seine, le Cantal, les déplacements ont été relativement moins considérables. Le ralentissement de l'industrie vinicole dans les trois premiers départements et la crise commerciale pour la Seine sont probablement la principale cause de cette différence.

(2) Les colonnes 3, 4, 5, 6, 7 et 8 du tableau donnent les nombres absolus exprimés en milliers d'unités et non le rapport pour 100.

(3) Pour chaque département, nous avons pris le nombre des individus, français ou

RÉPARTITION COMPARÉE DE LA POPULATION DE LA FRANCE D'APRÈS LE LIEU D'ORIGINE (1).

DÉPARTEMENTS.	(—) Diminution ou (+) augmentation p. 100, entre les recensements de 1881 et de 1886, du nombre des personnes nées dans la commune où elles se trouvaient à l'époque du recensement.	NOMBRE DES INDIVIDUS NÉS DANS LE DÉPARTEMENT OU HORS DU DÉPARTEMENT (Exprim. en milliers d'unit.)						Excédent sur 100 habitants (en 1866) de l'émigration (—) ou de l'immigration (+) pendant la période 1866-1886.
		En 1866			En 1886.			
		FRANÇAIS		ÉTRANGERS.	DES FRANÇAIS		ÉTRANGERS.	
		nés dans le département.	hors du département.		nés dans le département.	hors du département.		
1	2	3	4	5	6	7	8	9
1. Ain	— 10	331	33	2.0	317	43	5	— 0.8
2. Aisne	— 5	512	43	6	463	78	13.5	— 1
3. Allier	— 2	338	37	0.5	372	52	1	— 2.3
4. Alpes (Basses-)	— 5	134	7	2 0	114	9	1.2	— 7
5. Alpes (Hautes-)	— 2	115	6	1.6	106	13	5	+ 1.6
6. Alpes-Maritimes	— 15	177	9	10.8	169	22	44	+ 1.6
7. Ardèche	— 1	368	18	0.9	346	25	0.7	— 9 5
8. Ardennes	+ 0.7	283	17	23.6	259	36	37	— 1.8
9. Ariège	— 1	242	8	0.1	216	11	0.4	— 9.2
10. Aube	— 2	237	23	1.7	206	46	5	+ 3.3
11. Aude	— 9	271	16	0.5	270	48	10.2	+ 11.6
12. Aveyron	+ 1.7	386	13	0.3	389	24	0.5	— 8.4
13. Bouch.-du-Rhône.	— 6	395	104	41.0	375	150	77.5	+ 10.5
14. Calvados	+ 5	417	55	1.7	373	69	1.9	+ 0.6
15. Cantal	+ 10.4	230	8	»	218	19	0.5	— 7.1
16. Charente	— 3	346	27	2.0	316	47	0.9	— 1.8
17. Charente-Infér	+ 3.8	436	37	0.6	428	32	1.1	— 3.9
18. Cher	— 0.8	308	26	0.5	313	43	0.6	— 7
19. Corrèze	— 2	307	3	0.0	303	14	0.4	— 7.2
20. Corse	+ 4.9	246	4	7.9	245	5	16.5	— 8.2
21. Côte-d'Or	— 1.5	344	36	0.7	316	62	4.5	— 3
22. Côtes-du-Nord	— 3	632	9	0.4	592	22	0.5	— 13.4
23. Creuse	— 9	264	9	0 7	244	17	0.2	— 15.8
24. Dordogne	— 6	478	23	0.7	444	43	1.2	— 9.8
25. Doubs	+ 1.7	259	27	6.5	254	41	15.5	+ 0.9
26. Drôme	— 15	290	32	0.5	267	44	2.6	— 1.5
27. Eure	— 6.5	339	52	1.2	286	70	3.6	— 0.1
28. Eure-et-Loir	»	257	32	0.8	256	48	2.0	+ 1.6
29. Finistère	+ 4	620	24	0.9	666	34	0.5	— 5.3
30. Gard	+ 36	379	47	2.7	391	22	1.9	— 1.9
31. Haute-Garonne	+ 1.4	440	46	2.0	395	72	4.8	— 1.8
32. Gers	— 11.1	277	18	0.5	235	32	6.1	— 1.2
33. Gironde	+ 8	576	108	13.0	555	203	11	+ 9.6
34. Hérault	+ 32	366	55	2.5	420	15	11	+ 6.8
35. Ille-et-Vilaine	— 1.6	554	33	0.4	558	59	1.6	— 1.7
36. Indre	+ 1.7	259	17	0.6	264	30	0.5	— 7
37. Indre-et-Loire	— 1.3	289	33	0.8	270	69	1.3	+ 5.1
38. Isère	+ 1	547	29	0.9	534	42	4	— 1.4
39. Jura	— 5	274	22	0.7	243	32	4.5	— 7.2
40. Landes	»	295	12	0.3	287	14	0.6	— 15.2
41. Loir-et-Cher	— 0.9	245	29	0.5	240	38	0.6	— 3.3
42. Loire	— 3.6	460	74	1.8	486	112	2.8	— 1.4
43. Loire (Haute-)	+ 1.7	301	11	0.3	296	20	0.3	— 8 9
44. Loire-Inférieure	+ 1.4	533	62	2.1	578	62	1.4	— 2.4
45. Loiret	— 1.2	318	37	0.5	314	64	1.6	— 0.4
46. Lot	— 2.4	281	7	0.6	268	2	0.3	— 5.3
47. Lot-et-Garonne	— 1.2	303	21	3.3	258	41	6.8	+ 2.6
48. Lozère	— 1.9	134	3	0.2	131	8	0.1	— 14.1
A reporter		16.372	1.382	150.5	15.828	2.104	319.7	

(1) M. le docteur Lagneau (L'Emigration de France, comptes rendus de l'Académie des Sciences morales et politiques, 1884) a dressé un tableau du même genre pour la période 1876-1881.

RÉPARTITION COMPARÉE DE LA POPULATION DE LA FRANCE D'APRÈS LE LIEU D'ORIGINE (*Suite*).

DÉPARTEMENTS.	(—) Diminution ou (+) augmentation pour 100, entre les recensements de 1881 et de 1886, du nombre des personnes nées dans la commune où elles se trouvaient à l'époque du recensement.	NOMBRE DES INDIVIDUS NÉS DANS LE DÉPARTEMENT OU HORS DU DÉPARTEMENT (Exprim. en milliers d'unit.)						Excédent sur 100 habitants (en 1866) de l'émigration (—) ou de l'immigration (+) pendant la période 1866-1886.
		En 1866.			En 1886.			
		FRANÇAIS			DES FRANÇAIS			
		nés dans le dépar-tement.	hors du dépar-tement.	ÉTRANGERS.	nés dans le dépar-tement.	hors du dépar-tement.	ÉTRANGERS.	
1	2	3	4	5	6	7	8	9
Report.........		16.372	1.382	150.5	15.828	2.104	319.7	
49. Maine-et-Loire ...	+ 0.4	482	47	0.7	447	78	0.9	+ 0.8
50. Manche.........	— 5.4	543	20	2.2	480	38	0.8	— 5.1
51. Marne	— 5.6	321	54	7.4	315	98	16.7	+ 7.3
52. Marne (Haute-) ...	— 2	224	34	0.6	202	39	4	— 4.1
53. Mayenne.........	— 5.2	338	29	0.2	302	38	0.3	— 7.1
54. Meurt.-et-Moselle	— 1.4	775	63	27.0	301	95	35.2	»
55. Meuse..........	— 5.7	273	22	3.4	235	46	9.5	— 4.8
56. Morbihan.........	+ 2.9	473	16	0.4	493	39	0.3	— 5.7
57. Nièvre..........	— 2.1	314	28	0.4	305	41	0.7	— 6.3
58. Nord...........	— 1.1	1.411	84	185	1.235	125	305	— 0.9
59. Oise	— 3 6	345	47	8.9	307	81	17.6	+ 3.6
60. Orne..........	— 2.4	374	41	0.1	322	46	0.5	— 3.1
61. Pas-de-Calais.....	+ 1.5	698	34	10.6	732	88	25	— 2.3
62. Puy-de-Dôme.....	— 3.1	552	17	0 9	525	31	1.2	— 3.1
63. Pyrénées (Basses-)	+ 8.9	408	13	11	381	29	19.9	— 8.3
64. Pyrénées (Hautes-)	+ 2.4	227	11	0.9	211	18	2.8	— 4.8
65. Pyrénées-Orient..	+ 20.3	174	8	4.0	192	7	10.9	+ 2.2
66. Belfort Rhin Haut. Rhin Bas..	— 2 2	1.024	45	37.0	49	22	8.1	»
67. Rhône.	+ 3.3	450	202	11.7	498	245	18	+ 14.4
68. Saône (Haute-). .	— 7.4	298	17	1.3	258	29	3.2	— 10.2
69. Saône-et-Loire....	— 5.9	553	44	1.6	563	58	2 1	— 8.9
70. Sarthe	— 35.5	425	37	0.5	384	56	0 8	+ 0.5
71. Savoie..........	— 0.9	257	10	2 7	239	19	9.3	— 5.4
72. Savoie (Haute-)...	— 6.6	261	7	4.7	251	14	8.5	— 7.5
73. Seine...........	+ 10.1	735	1.259	118.4	1.075	1.578	214.3	+ 26.9
74. Seine-Inférieure..	— 21.9	698	85	7.4	689	126	10.2	+ 1.4
75. Seine-et Marne...	+ 0.8	296	51	4	265	86	13.1	+ 4
76. Seine-et-Oise	+ 7.5	384	128	9 3	380	234	22.3	+ 2.4
77. Sèvres (Deux-) ...	+ 0.4	319	12	0.7	308	44	0.3	— 2.1
78. Somme..........	— 3.7	532	34	4.2	485	57	4.6	— 3.1
79. Tarn...........	— 12.1	344	11	0.6	329	26	0.4	— 4.6
80. Tarn-et-Garonne..	+ 1.3	213	15	0.4	188	24	0.8	— 1.2
81. Var.............	— 6.7	244	29	15 9	208	49	24.6	— 3.1
82. Vaucluse.........	— 3.3	238	24	1.2	209	30	1.9	— 6.5
83. Vendée..	— 3.6	386	18	0.4	408	27	0.2	— 3.7
84. Vienne..........	+ 1.3	300	22	0.3	303	40	0.6	— 2.4
85. Vienne (Haute-)..	+ 3.9	298	26	0.3	323	34	0.6	— 4.4
86. Vosges..........	— 1.9	394	22	2.4	353	48	9.2	— 6
87. Yonne..	— 1.8	338	31	2.2	306	44	2.5	— 2
TOTAUX (1).......		33.007	4.404	635.5	30.884	5.923	1.126.7	
							37.930.7	

(1) En 1886, l'armée a été comptée à part (304,738 hommes présents sous les drapeaux).

étrangers, nés dans le département en 1866, nous y avons ajouté l'excédent des naissances sur les décès du département de 1866 à 1886 et retranché l'excédent des

De quelque manière que soit fait le calcul, la répartition est

décès. Nous avons calculé le rapport pour 100 du nombre ainsi trouvé au nombre des individus, français ou étrangers, nés dans le département en 1886. C'est ce rapport qui est inséré dans la colonne 9 du tableau. Nous donnons ici en note les éléments de ce calcul qui ont par eux-mêmes un intérêt démographique ; on y voit que, de 1866 à 1886, 34 départements ont eu un excédent des décès sur les naissances et 53 un excédent des naissances sur les décès.

DÉPARTEMENTS.	EXCÉDENT		POPULATION telle qu'elle aurait dû être en 1886 s'il n'y avait eu ni émigration ni immigration. (Calculée en ajoutant au recensement de 1866 l'excédent des naissances ou en en retranchant l'excédent des décès).	DIFFÉRENCE avec la population telle qu'elle était d'après le recensement de 1886.
	Pendant la période 1866-1886 des			
	DÉCÈS sur les naissances.	NAISSANCES sur les décès.		
1. Ain	3.667	»	367.976	— 3.195
2. Aisne	»	3.996	561.021	— 5.991
3. Allier	»	57.106	433.2·0	— 8.689
4. Alpes (Basses-)	4.926	»	138.074	— 10.027
5. Alpes (Hautes-)	1.713	»	120.404	+ 2.048
6. Alpes-Maritimes	»	3.939	202.757	+ 31.983
7. Ardèche	»	20.660	407.834	— 36.905
8. Ardennes	»	11.645	338.509	— 6.150
9. Ariège	»	3.414	253.850	— 23.260
10. Aube	13.927	»	248.024	+ 8.989
11. Aude	»	6.411	295.037	+ 33.606
12. Aveyron	»	46.927	416.999	— 33.642
13. Bouch.-du-Rhône	2.314	»	545.589	+ 57.729
14. Calvados	38.941	»	435.968	+ 3.170
15. Cantal	»	15.604	253.598	— 16.969
16. Charente	7.346	»	370.872	— 6.859
17. Charente-Infér	»	397	479.926	— 18.766
18. Cher	»	43.209	379.822	— 23.869
19. Corrèze	»	31.733	342.576	— 22.441
20. Corse	»	28.772	288.633	— 21.484
21. Côte-d'Or	11.171	»	371.591	— 11.525
22. Côtes-du-Nord	»	59.521	700.731	— 85.894
23. Creuse	»	30.797	304.854	— 44.329
24. Dordogne	»	34.637	537.310	— 49.677
25. Doubs	»	8.675	306.747	+ 2.780
26. Drôme	5.432	»	318.799	— 4.493
27. Eure	34.832	»	359.635	— 602
28. Eure-et-Loir	9.951	»	280 802	+ 4.793
29. Finistère	»	72.843	735.328	— 35.370
30. Gard	»	6.371	423.376	— 8 471
31. Haute-Garonne	609	»	494.386	— 23.107
32. Gers	18.778	»	276.914	— 3.802
33. Gironde	1.048	»	700.807	+ 67 664
34. Hérault	10 115	»	417.130	+ 29.074
35. Ille-et-Vilaine	»	36.646	629.255	— 10.212
36. Indre	»	36.440	314 300	— 19.603
37. Indre-et-Loire	1.088	»	324.105	+ 16.884
38. Isère	»	5.785	587.171	— 8.331
39. Jura	»	2.951	301.428	— 21.556
40. Landes	»	41.235	347.923	— 46.846
41. Loir-et-Cher	»	12.674	288.431	— 9.213
42. Loire	»	71.503	608.611	— 7.590
43. Loire (Haute-)	»	31.733	344.394	— 27.861
44. Loire-Inférieure	»	57.222	655.820	— 14 806
45. Loiret	»	20.292	377.402	— 1.497

à peu près la même. On émigre des Alpes, du Massif central, de la plaine de la Loire, des Pyrénées et des Landes, de la Bretagne : ce sont des contrées tout agricoles et médiocrement

DÉPARTEMENTS.	EXCÉDENT Pendant la période 1866-1886 des		POPULATION telle qu'elle aurait dû être en 1886 s'il n'y avait eu ni émigration ni immigration. (Calculée en ajoutant au recensement de 1866 l'excédent des naissances ou en en retranchant l'excédent des décès).	DIFFÉRENCE avec la population telle qu'elle était d'après le recensement de 1886.
	DÉCÈS sur les naissances.	NAISSANCES sur les décès.		
46. Lot...............	4.670	»	284.249	— 15.485
47. Lot-et-Garonne...	31.148	»	296.814	+ 8.720
48. Lozère	»	20.830	158.093	— 19.427
49. Maine-et-Loire ...	11.674	»	520.651	+ 4.429
50. Manche.........	25.694	»	548.205	— 29.556
51. Marne.	»	7.954	393.763	+ 31.616
52. Marne (Haute-)...	3 277	»	255.819	— 10.645
53. Mayenne........ .	1.916	»	365.939	— 26.414
54. Meurt.-et-Moselle.	»	»	»	»
55. Meuse..........	5.535	»	296.118	— 5.503
56. Morbihan	»	59.208	560 292	— 28.707
57. Nièvre..........	»	24.974	367.747	— 21.839
58. Nord...........	»	286.322	1.678.363	— 13.184
59. Oise...........	9.672	»	391.602	+ 14.653
60. Orne...........	35.003	»	379.615	— 13.247
61. Pas-de-Calais.....	»	113.972	863.749	— 18.399
62. Puy-de-Dôme.....	»	3.106	574.796	— 17.768
63. Pyrénées (Basses-)	»	29.599	465.085	— 36.029
64. Pyrénées (Hautes-)	»	3.728	243.980	— 11.660
65. Pyrénées-Orient...	»	15.240	204.730	+ 4.192
66. Belfort Rhin Haut. Rhin Bas..	»	12.485	»	»
67. Rhône..........	7.286	»	671.362	+ 97.876
68. Haute-Saône.. ...	»	5.408	323.114	— 32.488
69 Saône-et-Loire...	»	76.317	676.323	— 53.419
70. Sarthe..........	28.292	»	435.327	+ 2.698
71. Savoie	»	10.174	281.837	— 14.765
72. Savoie (Haute-)...	»	20.111	293.879	— 20.628
73. Seine.	»	136.913	2.287.829	+580.497
74. Seine-Inférieure..	»	21.030	813.798	+ 11.192
75. Seine-et-Marne...	4.791	»	349.609	+ 14 441
76. Seine-et-Oise.....	26.000	»	507.727	+128.570
77. Sèvres (Deux-)...	»	25.047	358.202	— 7.060
78. Somme.........	8.872	»	563.768	— 17.794
79. Tarn...........	»	16.481	371 994	— 16.506
80. Tarn-et-Garonne..	13.568	»	215.401	— 2.954
81. Var...........	17.179	»	291.371	— 9.689
82. Vaucluse........	8.087	»	258.004	— 17.516
83. Vendée.........	»	45.819	450.292	— 15.076
84. Vienne.........	»	26.446	350.973	— 7.956
85. Vienne (Haute-)..	»	45.223	371.260	— 14.441
86. Vosges.........	»	15.920	434.924	— 25.465
87. Yonne....	11.493	»	361.396	— 7.787
FRANCE entière (excédent des naissances sur les décès)..........		1.419.950		

riches. On immigre dans toute la région de Paris qui ne comprend pas moins de cinq départements, dans celles de Reims, de Rouen et du Havre, de Lyon, de Bordeaux, de Marseille et dans presque toute la région méditerranéenne ; l'industrie, le commerce, la culture de la vigne ont beaucoup accru la richesse de ces régions depuis 1866 et la richesse a attiré l'immigration (1).

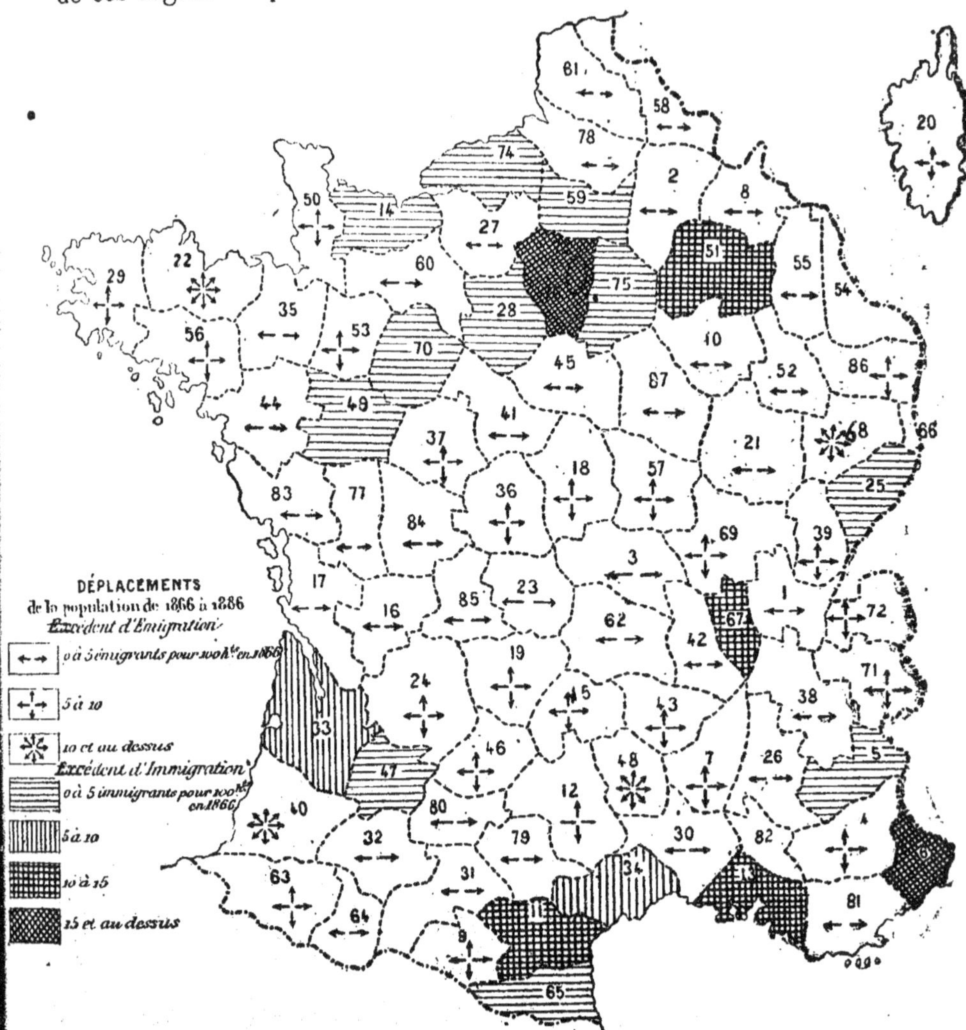

Fig. 172 — Déplacements de la population (émigration et immigraiton) dans les départements de 1866 à 1886.

(1) Le département des Alpes-Maritimes doit une grande partie de son accroissement à la villégiature. Cependant le recensement de mai 1886 n'a pas eu lieu à l'époque de la grande affluence des étrangers.

Les chiffres de cette statistique montrent toute l'étendue du mal de dépopulation dont la Normandie est atteinte. Les quatre départements de la Manche, du Calvados, de l'Orne et de l'Eure (1) ont eu, de 1866 à 1886, un excédent de 134,470 décès sur les naissances. Si néanmoins le Calvados accuse un léger excédent d'immigration et si le déficit des quatre départements réunis n'est que de 40,229 habitants, c'est que des personnes nées hors de ces départements sont venues y combler en partie les vides. Sans doute, on a eu besoin de moins de bras dans la Basse-Normandie à mesure que les herbages ont remplacé les cultures ; une preuve, c'est que malgré la diminution du nombre des ouvriers, les salaires n'y ont pas augmenté dans la même proportion que la richesse et que même, depuis six ans, sous l'influence d'une baisse du prix du bétail engraissé, ils ont sensiblement diminué. Cependant l'immigration montre que ce n'est pas tant le moyen d'employer des bras que la volonté de supporter les charges de la famille qui fait défaut à cette population habituée dans ses herbages au bien-être et à une certaine mollesse (2).

---

(1) Voir, pour la diminution de la population dans les arrondissements du département de l'Eure, la figure n° 46 (t. I, p. 453).

(2) **M.** Loua (*Grands faits économiques et sociaux*), a établi pour deux époques (1856 et 1876) autres que celles que nous donnons, la comparaison entre la Normandie où la natalité est faible et la Bretagne où la natalité est forte.

	POPULATION urbaine.	POPULATION rurale.	ENSEMBLE.
Bretagne.			
Population en 1856.............	509.574	2.329.377	2.838.951
Excédent des naissances........	»	318.433	296.348
Excédent des décès	22.085	»	»
Population naturelle (1876)......	487.489	2.647.810	3.135.299
Population réelle (1876).........	595.488	2.423.832	3.019.320
Immigration	107.999	»	»
Émigration....................	»	223.978	115.979
Normandie.			
Population en 1856.............	660.848	2.016.993	2.677.841
Excédent des naissances........	»	»	»
Excédent des décès...........	51.649	39.982	91.631
Population naturelle (1876).....	609.199	1.977.011	2.586.210
Population réelle (1876)...	736.701	1.817.998	2.554.699
Immigration	127.502	»	»
Émigration..	»	159.013	31.511

Changements produits par l'émigration et l'immigration dans la population urbaine et dans la population rurale, d'un recensement à l'autre. — Quoique la population rurale soit en général la plus stable, c'est pourtant dans son sein que se forment les principaux courants d'émigration. Nous connaissons déjà cette tendance pour l'ensemble de la population (1) ; nous pouvons la constater par département à l'aide du tableau suivant qui présente l'excédent de l'émigration sur l'immigration, ou inversement, dans l'intervalle de deux recensements, de 1872 à 1876, de 1876 à 1881 et de 1881 à 1886 (les nombres sont exprimés en milliers d'unités, avec les centaines d'unités comme expression fractionnaire) et la proportion par 1,000 habitants de cet excédent de 1881 à 1886 (2). Dans tous les départements il y a eu diminution de la population rurale, soit dans les trois intervalles, soit au moins dans un ou deux.

Sur 261 excédents qui figurent dans les trois colonnes de la population rurale, 228 sont en faveur de l'émigration (3). Dans les colonnes de la population urbaine, au contraire, sur les 261, on n'en compte, en faveur de l'émigration, que 36, qui s'appliquent pour la plupart à des départements comme les Basses-Alpes, l'Ariège, le Gers, le Var même et les Vosges, où domine le caractère rural.

---

(1) Nous rappelons (voir livre I, ch. XI) que ce mouvement d'émigration se produisait avant 1789. En voici une preuve nouvelle fournie par un mémoire (*Mémoire* n° 10) remis en 1891 à l'Académie des sciences morales et politiques pour un concours sur la population. En 1673, un relevé des décès de l'Hôtel-Dieu de Paris porte que, sur 501 malades, il y en avait 117 de Paris, 44 de l'Ile-de-France, 45 de la Normandie, 40 de l'Orléanais, 38 de la Champagne, 28 de la Bourgogne, 27 de la Picardie, etc.

(2) L'excédent en nombres absolus qui figure dans les colonnes 2, 3, 4, 6, 7 et 8 est la différence entre le chiffre de la population tel qu'il était au dernier recensement et le chiffre de la population tel qu'il était au recensement précédent, augmenté, s'il y a lieu, de l'excédent des naissances sur les décès dans l'intervalle des deux recensements. Cette différence se trouve pour les années 1872 et 1876 imprimée dans le volume du *Dénombrement* de 1876, p. 74 et 75 ; nous avons dû la calculer pour 1876-1881 et pour 1881-1886. La proportion (colonnes 5 et 9) par 1,000 habitants est établie par le rapport de la population recensée en 1886 avec la population recensée en 1881 et augmentée (s'il y a lieu) de l'excédent des naissances sur les décès de 1885 à 1886.

(3) Sur les 33 excédents en faveur de l'immigration figurent des départements comme le Rhône et la Seine-et-Oise, où une partie des petites communes est habitée par une population presque urbaine.

IMMIGRATION ET ÉMIGRATION.

Excédent : { + de l'immigration sur l'émigration.
{ — de l'émigration sur l'immigration.

(Nombres exprimés par milliers d'unités).

DÉPARTEMENTS.	POPULATION URBAINE				POPULATION RURALE			
	de 1872 à 1876.	de 1876 à 1881.	de 1881 à 1886.	Prop. p 1000 h. 1881-86*	de 1872 à 1876.	de 1876 à 1881.	de 1881 à 1886.	Prop. p 1000 h. 1881-86*
1	2	3	4	5	6	7	8	9
Ain..............	+13.1	+ 1.2	+ 5.3	+11.9	—10.4	— 4.8	— 5.6	— 1.7
Aisne............	+14.2	+ 9.8	+ 4.5	+ 3.0	—13.3	—17.3	— 6.1	— 1.5
Allier...........	+ 3.0	+12 7	— 0.9	— 0.9	— 5.4	—18.1	— 3.2	— 1.0
Alpes (Basses-).....	+ 0.3	— 0.8	— 2.4	—11.3	— 2.7	— 2.6	+ 2.1	+ 1.9
Alpes (Hautes-).....	+ 0.1	+ 1.3	+ 1.2	+ 8.7	— 1.2	+ 0.4	— 0.2	— 0.2
Alpes-Maritimes......	+ 5.1	+21.5	+11.1	+ 8.5	— 2.1	+0.06	— 0.3	— 0.4
Ardèche..........	— 1.8	+ 2.5	+ 2.3	+ 3.9	— 1.3	—14 3	— 8.7	— 2.7
Ardennes	+12.1	+ 9.2	+ 1.5	+ 1.6	—13.7	— 7.6	— 4.8	— 2.0
Ariège	— 0.2	+ 2 8	— 3.2	— 8.0	— 5 9	—10 5	— 2.6	— 1.3
Aube.............	+ 2.2	+ 7.1	+ 6.3	+ 8.5	— 4.3	— 3.0	— 1.2	— 0.6
Aude	+ 8.8	+20.1	+ 0.3	+ 0.2	+ 2.6	— 5.6	— 1.2	+ 0.3
Aveyron..........	+ 1.1	+ 3.8	+ 2.9	+ 3.6	— 3.3	—18.5	—10.8	— 3.2
Belfort (Territoire de)....	+ 4.8	+ 3.6	+ 4.8	+16.7	+ 0.2	»	»	»
Bouches-du-Rhône	+ 4.6	+40.0	+24.7	+ 5.0	— 5.8	— 3.6	— 0.3	— 0.3
Calvados..........	+ 6.5	+ 1.4	+ 8.9	+ 7.9	— 4.2	— 6.3	— 6.6	— 2 0
Cantal	+ 0.7	+ 2.6	+ 1.2	+ 4.7	— 6.1	— 2.4	+ 0.6	+ 0.3
Charente..........	— 1.8	+ 7.5	+ 3.9	+ 5.6	+ 3.0	—13.7	— 8.8	— 2.9
Charente-Inférieure......	— 8.3	+15.3	+ 5.5	+ 4.7	+ 6.1	—20.6	+15.0	— 4.2
Cher.............	— 1.3	+ 5.3	+ 2.3	+ 2.5	— 3.6	—14.1	— 8.6	— 3.3
Corrèze	+ 2.0	+10.0	— 0.8	— 1.5	— 1.9	—17.0	— 0.6	— 0.2
Corse	+ 1.1	+ 4.9	+ 7.3	+12.7	— 2 3	— 1.4	— 7.7	— 3.6
Côte-d'Or..........	+ 5.5	+ 9.4	+ 5.4	+ 5.2	— 3.1	— 3.1	— 5.4	— 1.9
Côtes-du-Nord..........	— 5.0	+15.9	+ 0.4	+ 0.7	— 9.0	—42.0	—13.1	— 2.3
Creuse..........	+ 1.1	+ 0.2	+ 0.2	+ 0.8	— 4.5	— 8.3	— 0.5	— 0.2
Dordogne........	+ 5.1	+ 7.0	+ 2 4	+ 3.7	— 9.6	—15.1	—19.8	— 4.6
Doubs..........	+ 5.9	+ 4.4	+10.1	+11.5	+ 0.4	— 5.0	—14.0	— 6.3
Drôme..........	+ 2.1	+ 4 3	— 7 8	— 8.8	— 3.0	—10.0	—11.0	+ 4.9
Eure............	— 3.7	+ 4.3	+ 3.5	+ 5.0	+ 4.3	— 5.3	— 2.8	— 0.9
Eure-et-Loir........	+ 5.3	+ 1.9	+ 9.7	+20.2	— 4.1	— 4.0	— 4.7	— 2.0
Finistère........	+ 3.7	+12.6	+15.4	+ 9.8	—10 0	—22 2	— 5.7	— 1.0
Gard..........	+ 4.1	— 4.6	+ 5.6	+ 2.8	— 3.3	— 6 4	— 4.6	— 2.1
Garonne (Haute-)........	+ 5.6	+10.5	+13.9	+ 7.7	—11.1	—10.7	— 9.5	— 3 3
Gers............	— 6.4	+ 5.4	— 1.6	— 3.4	+ 6.5	— 2.6	— 1.7	— 0.7
Gironde..........	+26.5	+19.8	+35.7	+10.8	— 0.2	— 7 2	— 8.2	— 1.9
Hérault..........	+10.4	+ 4.0	— 1 7	— 0.7	— 1.3	— 6.1	+ 4.2	+ 2.2
Ille-et-Vilaine..	+ 8.3	+16.0	+ 7.5	+ 5.2	— 8.8	—19.4	—11.7	— 2.5
Indre	+ 0.5	+ 8.5	+ 2.1	+ 2.6	— 5 1	—12.6	— 2.9	— 1.4
Indre-et-'oire..........	+ 3.2	+ 5 1	+13.6	+17.5	+ 2 2	— 1.4	— 3.6	— 1.4
Isère............	+ 7.6	+11.7	+ 4.3	+ 3.3	— 6 9	—14.9	— 7.9	— 1.7
Jura............	+ 2.4	+ 3.3	+ 1.2	+ 2.0	— 4.6	— 9.5	— 6.4	— 2.8
Landes..........	+ 1.0	+ 7.1	+ 1 9	+ 5.3	—10.1	—22.7	—10.9	— 4.1
Loir-et-Cher..........	+ 1.4	+ 1.9	+ 0.8	+ 1 4	— 3.5	— 3.7	— 2.0	— 0.9
Loire..........	+29.4	+12.3	+ 0.2	+ 0.9	— 9.2	—21.3	—13.5	— 4.4
Loire (Haute-)........	+ 4.0	— 0.4	+ 1.0	+ 1.9	— 9.9	— 5.8	— 3.6	— 1.4
Loire-Inférieure........	+12.1	+10.4	+ 4.0	+ 2.0	—20.1	—14.1	+ 1.0	+ 0.2
Loiret	+10.8	+ 7.5	+ 4 0	+ 3.8	—12.3	— 8.3	— 4.0	— 1.5
Lot............	— 0.1	+ 3.3	+ 0.5	+ 1.6	— 5.6	— 0.8	— 7.3	— 3.0
Lot-et-Garonne.......	+ 3.7	+ 4.8	+ 3.8	+ 5.3	— 0.8	— 2.5	— 2.5	— 1.0
Lozère..........	+ 1.4	+ 1.0	+ 0.5	+ 3.0	— 3.1	— 1.9	— 7.8	— 6.1
Maine-et-Loire..........	+ 4.8	+18.2	+ 7.4	+ 5.6	— 7.8	—10.2	— 3.8	— 0.9
Manche..........	+ 0.6	+ 1.3	+12.1	+11 6	—10.1	—13.3	—12.6	— 3.0
Marne............	+11 3	+21.2	+ 0.3	+ 0.1	— 1.0	—11.0	+ 5.7	+ 2.3
Marne (Haute-)	+ 1.8	+ 5.3	+ 1.5	+ 2.9	— 2.9	— 3 9	— 7.9	— 4.0
Mayenne..........	+ 3.2	+ 8.8	+ 3 1	+ 4.6	— 5.9	—18.5	— 8.3	— 3.0

(*) La proportion des émigrants ou immigrants, par 1,000 hab. de la catégorie, est calculée sur la population en 1881.

IMMIGRATION ET ÉMIGRATION (*Suite*).

DÉPARTEMENTS.	POPULATION URBAINE.				POPULATION RURALE.			
	de 1872 à 1876.	de 1876 à 1881.	de 1881 à 1886.	Prop. p' 1000 h. 1881-86	de 1872 à 1876.	de 1876 à 1881.	de 1881 à 1886.	Prop. p' 1000 h. 1881-86
1	2	3	4	5	6	7	8	9
Meurthe-et-Moselle	+20.1	+20.3	+13.9	+ 9.2	+ 1.7	— 8 4	— 4 4	— 1.6
Meuse	+ 2.6	+ 2.7	+ 3.5	+ 6.0	— 2.2	— 7.4	— 0.5	— 0.2
Morbihan	+ 1.4	+ 5.9	+ 6.9	+ 7.4	— 5.2	—15.0	—11.7	— 2.7
Nièvre	+ 0.7	— 2.9	+ 5.6	+ 8.1	— 4 8	— 5.1	— 9.6	— 3.4
Nord	+15.0	+56.4	— 4 1	— 0.4	—18.3	—47.1	+ 2.5	+ 0.4
Oise	+10.2	+ 6.7	+ 4.7	+ 5.1	— 6.2	— 2.7	— 3.9	— 1 2
Orne	+ 2.0	+ 3 8	+ 2.5	+ 3.3	— 1.3	—13.4	— 4.4	— 1.4
Pas-de-Calais	+25.7	+ 2.4	+32 2	+11.6	—23.3	— 8.1	—27.0	— 5 0
Puy-de-Dôme	— 1.6	+0.03	+10.4	+ 9.1	+ 0.2	— 6.5	— 5.7	— 1.2
Pyrénées (Basses-)	+ 3.8	+ 7.5	+ 4.9	+ 4.9	— 8.4	—14.7	—14.2	— 4.2
Pyrénées (Hautes-)	+ 4.8	+ 1.9	+ 2.0	+ 4.4	— 4.6	— 5.5	— 4.6	— 2.4
Pyrénées-Orientales	+ 6.5	+ 8.7	— 2.7	— 3.1	— 3.3	— 3 0	+ 1.6	+ 1.4
Rhône	+22.2	+54.6	+19.7	+ 4.0	+ 7.7	—16.3	+15.3	+ 6.1
Saône (Haute-)	+ 4.5	+ 1.9	— 1.3	— 2.7	— 8.4	—13.1	— 5.3	— 2 1
Saône-et-Loire	— 5.3	+18 3	+ 1.3	+ 0.9	+ 1.9	—28.4	—16.7	— 3.4
Sarthe	+ 7.8	+ 9.5	+ 9.0	+ 8.9	— 8 2	—11.9	— 8.3	— 2.4
Savoie	+ 1.0	+ 2.4	+ 2.9	+ 9.0	— 4.9	— 7.9	— 4.5	— 1.9
Savoie (Haute-)	— 0.1	+ 1.9	+ 2.3	+10.7	— 4.7	— 8.1	— 4.7	— 1.8
Seine	+163.4	+367.6	+146.6	+ 5.3	— 1 4	+ 2.4	—10.5	— 28.4
Seine-Inférieure	+16.0	+38.3	+23.6	+ 5.6	—19.8	—31.4	—14.0	— 3.5
Seine-et-Marne	+ 4.3	+ 5.6	+ 4.6	+ 5 8	— 0.4	— 4.0	+ 1.6	+ 0.6
Seine-et-Oise	+30.7	+20.0	+39.9	+18.9	— 4.4	+ 1.2	+ 5.5	+ 1.5
Sèvres (Deux-)	— 2.2	+ 6.1	+ 3.5	+ 7.7	+ 0.2	— 1.5	— 7.1	— 2.3
Somme	+10.7	+ 5.0	+ 8 7	+ 5.5	—14.4	—10.0	—10.3	— 2.6
Tarn	+10.3	— 2.2	+ 2.5	+ 2.4	—11.6	— 2.5	— 6.1	— 2.4
Tarn-et-Garonne	+ 3.0	+ 3.6	+ 3.7	+ 6.0	— 2.1	— 4.4	— 2.8	— 1.8
Var	+ 3.1	— 3.6	— 0.2	— 0.1	— 0.3	+0.07	+ 2.6	+ 2.1
Vaucluse	— 8.6	— 3 0	+ 3.4	+ 3.1	+ 1.3	— 4.1	— 1.9	— 1.4
Vendée	+ 4.9	— 6.1	+ 0.5	+ 1.0	— 7 8	+ 0 3	— 2.2	— 0.6
Vienne	+ 6 5	+ 3.0	— 0.5	— 0 7	— 4.5	—29.0	— 5.8	— 2.1
Vienne (Haute-)	+ 6.2	+ 4.3	+ 3.3	+ 3.3	— 8.7	— 6.9	— 3.4	— 1.4
Vosges	— 3.7	— 1.2	+16.6	+25.0	+ 6.6	— 3 9	—13.4	— 4.1
Yonne	+ 2.0	+ 3.6	+ 5.2	+ 8.1	— 4.6	— 4.0	— 5.2	— 1.7

L'émigration des campagnes vers les villes n'est pas une question nouvelle.

Nous avons vu qu'au XVIIIe siècle on s'en plaignait déjà. En 1848, à la suite de l'émeute du 15 mai, et sur la demande du Comité du travail, une enquête fut prescrite qui, entre autres questions, portait celle-ci : « Quels seraient les moyens d'arrêter l'émigration vers les villes des travailleurs des campagnes et d'appliquer aux travaux des champs les bras inoccupés de l'industrie ? » La question est restée sans réponse, et le mal, si c'en est un, sans remède. La plupart des moyens répressifs qui ont été proposés depuis cette époque sont en opposition avec la liberté individuelle et partant contraires à l'intérêt économique du pays ou inefficaces. Une société de géographie a mis récemment au concours la question de savoir si ce ne serait pas « l'œuvre d'une sage administration de nos forces vives de songer à repeupler les contrées presque incultes et improductives de notre territoire et à les coloniser plutôt que de favoriser le départ d'émigrants pour des pays outre-mer ». Elle sait pourtant que les terres presque incultes ont, comme les autres, des propriétaires et que, si ceux-ci n'en tirent pas un meilleur parti, c'est probablement parce qu'elles sont peu productives ou qu'ils manquent de capitaux, que l'État ferait une mauvaise affaire en les achetant et les colons qu'on y installerait une non moins mauvaise en cherchant à les exploiter sans argent.

Les étrangers en France. — D'autre part, les étrangers viennent en plus grand nombre qu'autrefois se fixer en France. Nous avons constaté qu'au recensement de 1851, le premier qui fasse mention de ce fait, leur nombre était de 380,831, représensant 1,06 p. 100 habitants de la France, et qu'en 1886 il s'élevait à 1,126,531 (population présente), représentant 2,97 p. 100 (1).

Il a triplé en moins d'un demi-siècle (2). Encore, pour être complet, faudrait-il ajouter à ce nombre les 103,886 individus d'origine étrangère qui étaient naturalisés français à l'époque du recensement (3). Les Belges, les Italiens (4), les Allemands (5), les Espagnols et les Suisses fournissent les plus forts contingents (43, 24, 9, 7 et 7 p. 100 des étrangers recensés en France) ; les groupes les plus compacts de chaque nationalité se trouvent en général dans le voisinage de sa frontière ou à Paris (6). Le tableau précédent confirme cette notion.

---

(1) Voir livre II, ch. IV, p. 343.

(2) A Paris, il a plus que triplé : 53,016 en 1851, 180,253 en 1886.

(3) La naturalisation a fait de rapides progrès. En 1872, lorsque le recensement constatait 740,668 étrangers, il n'enregistrait que 15,303 naturalisés.

(4) Le nombre des Italiens a augmenté depuis 1851 dans le rapport de 100 à 418 ; celui des Belges, de 376 ; celui des Suisses, de 307.

(5) La statistique comprend parmi les Allemands les Alsaciens-Lorrains qui sont en grand nombre à Belfort, dans Meurthe-et-Moselle et dans les Vosges.

(6) C'est pourquoi les départements dans lesquels le recensement de 1886 a constaté la plus forte proportion d'étrangers ont été les suivants : Alpes-Maritimes (19,1 p. 100 de la population totale), Nord (18,3), Bouches-du-Rhône (12,8), Ardennes (11,3), Belfort (10,5), Var (8,7), Meurthe-et-Moselle (7,6). Après ces départements se place la Seine (7,2). Les étrangers qui, comme les Anglais, les Américains et les Russes, viennent pour leur plaisir, habitent surtout à Paris.

Les voies de communications ne sont que le moyen qui facilite le déplacement. La cause qui détermine cette affluence est ailleurs : c'est la difficulté de vivre dans son pays natal ou l'espérance de mieux vivre ailleurs qui pousse l'homme à changer de résidence. L'immigrant passe d'une contrée à une autre suivant le niveau des salaires.

La grande majorité des immigrants se compose d'ouvriers ou d'employés ; les uns et les autres viennent beaucoup plus d'Allemagne, de Belgique, d'Italie où le travail est peu payé, que d'Angleterre où il est largement rémunéré. Les personnes que l'étude attire vers un grand centre littéraire, artistique ou scientifique, celles qui, cherchant les plaisirs, ne reculent pas devant la dépense pour se les procurer et celles qui désirent passer modestement une douce existence dans le loisir de la province, trouvent en France, mieux que dans maint autre pays, l'occasion de satisfaire leurs goûts. Cette catégorie, quoique bien moins nombreuse que les individus des deux premières, apporte un contingent à la colonie étrangère.

Sur le million que le dénombrement de 1886 a enregistré, combien y a-ait-il d'hôtes de passage qui dépensaient leur argent en France (1) ? Combien de voyageurs de commerce dont les opérations profitaient à nos importations et à nos exportations ? Combien de négociants qui contribuaient à notre richesse nationale ? Ils formaient une notable minorité dont on ne sait pas le nombre (2). Ce ne sont certainement pas ceux-là qu'on peut accuser de créer un péril ou de causer un dommage. Nous parlerons plus loin des salariés et de la concurrence qu'ils font aux français.

La démographie des étrangers. — Une grande partie de ces étrangers est définitivement fixée : le tiers de ceux que le recensement de 1886 a enregistrés étaient nés en France. Depuis 1888 la Statistique générale a fait connaître la part des étrangers dans le mouvement de la population en France. Leur condition démo-

---

(1) Au recensement de 1886, le nombre des étrangers recensés comme présents a été de 1,126,531 ; celui des étrangers recensés comme domiciliés, de 1,115,214 ; mais les relevés ne sont pas assez précis pour qu'on conclue de la différence de ces deux nombres qu'il y avait 12,000 étrangers de passage en France.

(2) Sur 180,253 étrangers recensés à Paris en 1886, il y en avait 16,735 qui vivaient de leur revenu ou qui étaient domestiques.

graphique n'est pas inférieure à celle de la population française ; car leur natalité a été de 25,8 p. 1,000, en 1888 et de 23,5 en 1889, tandis que celle de la France entière était de 23,9 ; cependant — ce qui est plus regrettable que surprenant — leurs naissances illégitimes figurent à raison de 15,4 p. 100 dans le total des naissances étrangères (1) ; leur mortalité est de 16 p. 1,000 contre 21,9 pour la France entière (2). L'excédent de leurs naissances sur leurs décès (11,134 en 1888, 7,360 en 1889) comptait alors pour un quart dans l'excédent total de la France (excédent total de 44,772) en 1888 et pour 8 1/2 p. 100 en 1889. En 1890, pendant que la population française enregistrait plus de décès que de naissances (excédent de 43,750 décès), la population étrangère présentait encore un excédent de 5,304 naissances (3). Ce qui fait dire, non sans exagération, à quelques publicistes que la population française ne se recruterait bientôt plus que parmi les étrangers.

Il faut se tenir en garde contre une illusion d'optimisme que la lecture de ces proportions peut produire de prime abord. Si elles paraissent favorables c'est en partie parce que l'immigration amène surtout des adultes dans la période de la fécondité et de la plus faible mortalité et parce que l'émigration emporte une partie des vieillards qui vont jouir de leurs épargnes dans leur pays natal et qui y meurent. En réalité, les mariages sont un peu moins fréquents parmi les étrangers que parmi les français de même âge (4), parce que leur situation les oblige souvent à rester céli-

---

(1) En 1888, la proportion des naissances illégitimes était de 8,5 sur 100 naissances pour la France entière. La proportion des naissances illégitimes chez les étrangers, qui n'était en 1888 que de 7 sur 100 naissances parmi les Espagnols, de 11 parmi les Italiens, s'élevait à 17 parmi les Suisses et à 24 parmi les Allemands (22 naissances illégitimes sur 100 naissances en 1889).

(2) La mortalité pour toutes les nationalités étrangères était inférieure à la moyenne française, excepté pour les Allemands qui comptaient 23 décès par 1,000 habitants en 1888 et 20,8 en 1889.

(3) En 1890, la natalité n'a été supérieure à la mortalité que parmi les Belges, les Espagnols, les Italiens et les Suisses.

(4) Dans la population française, en 1888, il y a eu 7,2 mariages, soit 14,4 époux par 1,000 habitants ; parmi les étrangers (1,128,000 environ en 1888), il y a eu 3,065 mariages entre étrangers, 3,403 mariages d'étrangères avec des français, 4,840 de françaises avec des étrangers, total 11,308 mariages, soit 10 mariages et 20 époux par 1,000 étrangers ; mais dans le nombre de ces époux figurent les français et françaises qui ont contracté des mariages mixtes. Il n'y a eu, en réalité, que 13,813 étrangers ou étrangères soit 12,2 par 1,000 étrangers. L'année 1889, sur 10,980 mariages d'étrangers fournit à peu près les mêmes proportions.

bataires. Si la fécondité des mariages étrangers (3,7 enfants par mariage) paraît supérieure à la nuptialité moyenne des Français, c'est peut-être parce qu'ils appartiennent en majorité aux classes inférieures.

Une partie des recrues étrangères se fond, plus ou moins complétement, dans la population française par le mariage ; car, sur 11,308 mariages, il y en a eu 3,065 entre étrangers et 8,243, c'est-à-dire sept dixièmes environ, entre français et étrangères ou étrangers et françaises (1).

La moralité des étrangers. — On aurait donc tort de citer la colonie étrangère comme un modèle de vertu, non moins que de lancer contre elle l'anathème, au nom de la moralité (2).

Mais on a raison de signaler les éléments impurs qui pénétrent sur le territoire français par l'immigration. Les malfaiteurs recherchent les pays étrangers : ils y sont plus inconnus et, comme les grandes villes les séduisent par le double attrait de la richesse à voler et de la foule pour se dissimuler, Paris est une des cités d'Europe qui en attirent le plus. La statistique judiciaire a constaté que, dans la période 1881-1885, il y avait eu environ 20 condamnations au criminel ou au correctionnel par 1,000 étrangers domiciliés en France (3), tandis qu'il n'y en a que 5 par 1,000 français.

Les misérables, dans la colonie étrangère, sont aussi en proportion beaucoup plus forte que dans la population indigène et l'hôpital est parfois pour eux l'antichambre de la prison (4).

Les étrangers dans les villes. — Si la population des départements qui renferment des grandes villes est particulièrement instable, c'est que les grandes villes sont les foyers d'attraction

---

(1) 3,403 entre français et étrangères et 4,840 entre françaises et étrangers.

(2) Un député, M. Pradon, dans une proposition de loi présentée en 1882, s'exprimait ainsi : « Notre territoire semble être devenu le refuge des gens louches de tout pays. Paris reçoit le rebut social des deux continents. Toute une société trouble d'aventuriers exotiques s'y donne rendez-vous. L'escroquerie et le vol sont leurs moyens ordinaires d'existence. »

(3) Ce sont les Italiens qui causent le plus de condamnations.

(4) En 1883, 3,167 chefs de famille étrangers étaient secourus à Paris par les bureaux de bienfaisance. En 1888, les asiles de nuit ont reçu 9,994 étrangers, dont 4,756 allemands et 2,689 belges.

les plus puissants. Nous le savons (1). Paris est probablement la ville de France (2) où le nombre des habitants nés dans la commune est relativement le moindre ; il n'était que de 779,418 en 1886. Paris, à cause de son importance et de la centralisation politique et économique de la France, est aussi au premier rang sous ce rapport parmi les capitales du continent qui participent cependant à un haut degré de cette mobilité. Le tableau suivant permet de dire que près de la moitié (3) et souvent plus de la moitié des habitants des grandes villes est recrutée par l'immigration.

VILLES.	DATE du recensement.	NOMBRE DE PERSONNES NÉES		POPULATION totale.	Par 100 habitants, nombre de personnes nées dans la ville.
		dans la ville.	hors de la ville.		
Paris.................	1881	721.421	1.518.507	2.239.928	32.2
Rome...............	1881	134.156	166.311	300.467	44.6
Milan..............	1881	155.714	166.125	321.839	48.4
Berlin.............	1880	505.329	651.065	1.156.394	43.7
Vienne (4).........	1880	271.429	433.327	704.756	38.5
Londres (dist. métr.)	1881	2.401.955	1.414.528	3.816.483	62.9

Les avantages et les inconvénients. — Que faut-il penser de l'affluence qui a introduit dans la population française près de 3 p. 100 d'élément étranger et qui augmente sans cesse par l'immigration et par les naissances ? Les opinions diffèrent selon le point de vue d'où l'on considère le phénomène.

Sous celui de la production de la richesse, le spectacle est satisfaisant. Un pays peut éprouver une pléthore de population et une gêne résultant d'un trop grand nombre d'enfants à élever. Tel n'est pas le cas de la France ; car les immigrants étrangers sont, à peu d'exception près, des rentiers capables de payer leur consommation ou des travailleurs mettant leur activité à la disposition du capital national qui les sollicite et qu'ils font fructifier : ce qui est un bien.

---

(1) Voir livre II, ch. XVII.

(2) Avec Nice peut-être.

(3) A Londres, en 1881, la proportion des individus nés dans la ville était plus forte que dans les autres villes ; c'est que Londres n'est pas au même degré que Paris une ville où le plaisir, l'étude et l'administration attirent les immigrants. 585,000 personnes nées à Londres se trouvaient en 1881 dans d'autres parties de l'Angleterre. Mais à Edimbourg, à Glasgow, à Perth, la proportion s'élevait à 50 p. 100 environ.

(4) Sans la population militaire.

On ne peut soutenir que ces travailleurs font descendre par leur concurrence les salaires au-dessous du taux des autres pays, puisque la supériorité de ce taux est la raison même de leur affluence. Mais ils l'empêchent, dans certains cas, de monter à un niveau hors de proportion avec celui de ces pays ; c'est ainsi que la consommation nationale ne paie pas les services trop cher et que, d'autre part, le commerce peut offrir les produits nationaux à des prix acceptables au dehors.

Il importe de marquer la mesure et la limite des divers intérêts en présence dans cette question. L'élévation progressive des salaires est assurément très désirable puisqu'elle contribue au bien-être de la classe la plus nombreuse ; elle est normale quand elle résulte d'un accroissement de la puissance productive des travailleurs ou de l'état général de la richesse du pays. Si l'équilibre se trouvait détruit par une élévation exagérée, les entreprises qui ne donneraient plus de profits finiraient par être abandonnées, et, d'autre part, la consommation de marchandises trop coûteuses se restreindrait ; tel groupe de travailleurs, pour avoir voulu trop exiger, verrait tarir la source même de son revenu. Nous parlons d'un groupe particulier ; car il est impossible que tous les salaires d'une nation s'élèvent et se maintiennent à un niveau supérieur à celui de la production de la richesse. En cette matière, comme en beaucoup d'autres, la politique la plus sage et la plus prévoyante est celle qui prend la liberté des contrats pour règle.

Au point de vue de la moralité, il est légitime de se préoccuper de l'affluence des étrangers. Beaucoup en effet sont célibataires ; que le travail ou le plaisir ait été le mobile de leur déplacement, ils ne contribuent assurément pas à rendre la population plus chaste. Beaucoup sont partis avec une pensée de retour qui les empêche de se fixer et de s'intéresser au pays dont ils se considèrent comme des hôtes temporaires. Beaucoup enfin se sont expatriés parce qu'ils avaient l'esprit inquiet, mobile, parce qu'ils étaient peu capables de gagner leur vie ou parce qu'ils n'étaient pas capables de se faire estimer dans leur patrie ; le trop plein du vase national qui déborde par l'émigration contient beaucoup de lie. Il y a là un danger qui exige dans tout pays des mesures spéciales de police, mais qu'il ne faut pas s'exagérer, puisque nous venons de constater que, sous le rapport de la nuptialité et de la natalité, les étrangers, en France, ne paraissaient pas se comporter plus mal que le reste de la population.

Au point de vue particulier des ouvriers envisageant, ainsi que font la plupart des hommes, le problème par le côté qui touche à leurs intérêts personnels et immédiats, l'immigration crée une concurrence d'autant plus pénible pour eux que la lutte s'engage le plus souvent dans la région des salaires inférieurs, parce que ce sont surtout des manouvriers qui se présentent ; elle est vive aussi parmi les commis de magasin et les employés de bureau (1).

Au conseil municipal de Paris, cette cause a été maintes fois plaidée par des orateurs qui ont répété que les ouvriers étrangers, « travaillant au-dessous des salaires réguliers font baisser les prix » au profit des entrepreneurs ; que, par exemple, dans le métier d'égoutier, les Italiens, qui composent au moins la moitié de l'effectif, causent aux Français un grand préjudice en acceptant des salaires très bas (2). Nous venons de répondre à cet argument. Mais, quoiqu'il ne soit pas fondé pour qui considère l'équité, la liberté et l'intérêt général, il tire néanmoins une grande force du nombre des personnes intéressées à le soutenir. Si jamais des agitateurs s'en emparent pour soulever les masses, ils auront en main un levier puissant (2) et la question, sortant du domaine économique pour passer dans la politique, pourra recevoir quelque jour une solution violente dans un pays gouverné par le suffrage universel.

---

(1) Voici à Paris, en 1886, et en 1891 le nombre des Français et celui des étrangers venant directement ou indirectement des professions suivantes :

	1886		1891	
	FRANÇAIS.	ÉTRANGERS.	FRANÇAIS.	ÉTRANGERS.
Négociants, employés, etc.	203.078	22.783	66.334	6.604
Ebénistes, etc.	25.812	6 731	30.797	5 474
Cordonniers	35.439	4.745	35.463	4.398
Peintres, plâtriers, etc..	23.161	3.980	20.792	3.816
Chapeliers.	9.923	2 215	11.033	2.634
Tanneurs, etc...	16.133	1 827	12.378	1.310

Les nombres entre parenthèses pour 1891 ne sont pas comparables à ceux de 1886, parce qu'ils ne comprennent pas exactement les mêmes personnes. En 1886, les journaliers, car il y a beaucoup de journaliers étrangers, surtout parmi les terrassiers et les balayeurs, avaient été compris dans la catégorie des employés ; ils ne l'ont pas été en 1891.

(2) Voir les *Etrangers en France*, par M. Laumone (1887), et le projet de loi de M. Lalou, (le 25 nov. 1889), dans lequel on lit : « L'étranger est partout ; il envahit la banque, la haute finance, même les professions libérales ; il accapare à son profit certains commerces, certaines industries qui jusqu'alors étaient entre les mains des Français... »

D'ailleurs, les agriculteurs et les industriels qui ont obtenu par la protection douanière une garantie de l'État pour leurs profits seraient impuissants à réfuter la thèse des ouvriers réclamant à leur tour protection pour leur travail contre l'invasion du travail étranger : leur exemple démentirait leur raisonnement.

Les ouvriers pourraient leur répondre que, si le profit est intéressant parce qu'il permet de développer la production, le salaire ne l'est pas moins parce qu'il fait vivre l'ouvrier qui produit ; que la prétendue nécessité de conserver un certain équilibre international dans un pays qui prétend sortir de ses frontières pour vendre, est un argument sans portée puisque les manufacturiers qui l'opposent à leurs ouvriers ne l'appliquent pas à eux-mêmes et qu'il est tout-à-fait inutile de niveler les salaires dès qu'on empêche le nivellement du prix des matières premières, même celui des denrées alimentaires (1).

La France n'est pas le seul pays où cette question puisse soulever des haines. Tous les États qui ont une forte immigration, une nombreuse population ouvrière et le suffrage universel y sont exposés. Les États-Unis, comme nous le verrons dans le chapitre suivant, n'y ont pas échappé. Les gouvernements qui n'ont pas à compter avec la foule ne sont pas pour cela exempts de ce genre de préoccupation ; l'antagonisme politique, qui est aujourd'hui la plaie de l'Europe, a poussé à des mesures vexatoires l'Allemagne contre les étrangers en Posnanie et en Alsace-Lorraine et la Russie contre les Allemands auxquels elle a interdit l'accès de la propriété foncière dans les provinces baltiques, et qu'elle accuse de s'infiltrer d'une manière lente, mais continue dans ses provinces du sud-ouest et de déposséder la race slave (2).

A un point de vue plus général, des écrivains appréhendent que la race française ne perde son originalité par une infusion

---

(1) Dans une lettre du 4 septembre 1887 publiée dans plusieurs journaux, M. Limousin disait : « Le protectionnisme contre les ouvriers étrangers est la conséquence naturelle du protectionnisme contre les marchandises étrangères. »

(2) Les Allemands achetaient des terres aux seigneurs et aux paysans, en partie même à l'aide d'avances faites par l'État (voir plus haut le chapitre de l'*Equilibre politique des nations*), et, s'ils sont forcés ensuite de les aliéner, ils ne les revendaient qu'à des compatriotes. En Russie, un oukase du 27 mai 1887 défend aux étrangers d'acquérir des biens-fonds et en a rendu la transmission par héritage plus difficile dans les gouvernements de l'Ouest.

prolongée et trop abondante de sang étranger (1). Si leur crainte était fondée, le mal serait assurément très grave. Ils se rassureraient peut-être quelque peu s'ils considéraient que les additions se font successivement et que le génie français a assez de puissance pour s'assimiler un élément étranger, qu'il peut y avoir même profit pour les œuvres économiques, comme pour les œuvres de l'esprit, à jeter quelques gouttes de personnalité étrangère dans le courant de nos idées et que les États-Unis sont la preuve qu'une nation qui possède un caractère accusé peut absorber beaucoup sans se laisser absorber elle-même.

Les migrations en Angleterre, en Allemagne et dans d'autres États européens.— Dans tous les pays, il se produit des courants de population et des migrations, soit définitives, soit temporaires, que déterminent des causes économiques. La Grande-Bretagne et l'Irlande peuvent être prises à cet égard comme termes de comparaison avec la France.

L'Angleterre est assurément un des pays où la population est le plus mobile, parce que les causes d'instabilité, facilité des communications, activité industrielle, commerciale et maritime, importance des villes, indépendance d'esprit des ouvriers, y sont très énergiques. Le dénombrement de 1881 porte que, sur 100 habitants du Royaume-Uni, 74,6 sont nés dans le comté où ils résident et 25,4 sont nés ailleurs (2). Dans tous les comtés occidentaux de l'Irlande, plus des neuf dixièmes des habitants se trouvaient dans le comté même de leur naissance : on immigre peu dans les contrées pauvres. Au contraire, dans les comtés de l'Ecosse méridionale et en Angleterre, dans le Northumberland et le Durham, autrement dit le « Border », dans les comtés du centre situés au sud de l'Humber et dans ceux du sud-est, plus du quart de la population était originaire d'un autre comté. C'est parce qu'en Écosse les Highlanders descendent pour chercher du travail dans les basses terres, comme les montagnards en France,

---

(1) M. Rochard, dans une communication à l'Académie de médecine (février 1883) en parle comme d'une menace pour l'avenir. « Un peuple qui se recrute à l'étranger perd vite dans ce commerce son caractère, ses mœurs, ses forces propres ; il y perd avec le temps ce qu'il a de plus précieux, sa nationalité. »

(2) La proportion s'élève à 30,2 pour l'Ecosse et n'est que de 22,4 pour l'Irlande, pays agricole. Voir The Law of migration by E.-G. Ravenstein. *Journal of the Statistical Society*, juin 1885.

parce qu'en Angleterre le même mouvement d'émigration se produit dans le pays de Galles (excepté dans les deux comtés miniers du sud), dans le Border écossais, dans la région purement agricole de l'est, dans celle du Cornouailles et comtés voisins. Cette émigration se porte sur les régions industrielles du Durham, du Yorkshire, du Lancashire, du Staffordshire, du Nottingham et des comtés du sud-est (1). Aussi y a-t-il en Angleterre, comme en France, des parties du territoire où la population diminue ; 9 comtés avaient moins d'habitants en 1881 qu'en 1871 ; dans Anglesea, Brecknock, Rutland et Huntingdon, la diminution a commencé en 1851 ; dans Montgomery, dès 1841.

De comté à comté pour l'Angleterre, comme d'État à État pour la France, les migrations se font d'ordinaire au plus proche, c'est-à-dire que les immigrants attirés par le travail viennent la plupart des comtés les plus voisins ou du moins de ceux avec lesquels les communications sont le plus faciles (2) ; toutefois, les grandes villes exercent au loin leur attraction. Une particularité de la démographie britannique qui tient non-seulement à la domesticité, mais à la manufacture, c'est qu'il se trouve plus de femmes que d'hommes résidant hors de leur comté natal (3).

Relativement à l'étranger, l'Angleterre ayant une natalité moyenne et une densité forte est, malgré le taux élevé de ses salaires, un pays d'émigration plutôt que d'immigration. En 1881, on y a compté seulement 145,860 personnes nées dans les colonies et possessions britanniques et 203,890 personnes nées dans des pays étrangers (4). L'ouvrier anglais se défend contre

---

(1) Le recensement fait connaître le comté dans lequel sont nés les habitants des trois royaumes. Il y a des comtés d'immigration où le nombre des habitants dépassait, en 1881, de plus de 25 p. 100 celui des individus nés dans le comté, quelle que fût leur résidence (Surrey, 30 p. 100 ; Glamorgan, 26 ; Selkirk, 37 ; Lanark, 29 ; Edimbourg, 29 ; Dumbarton, 26 ; Dublin, 32), et d'autres au contraire où le nombre total des habitants était, par suite de l'émigration, inférieur de plus de 25 p. 100 au nombre des personnes nées dans le comté (Radnor, 37 p. 100 ; Hunts, 33 ; Rutland, 33 ; Wilts 27 ; Salop, 26 ; Kinross, 26 ; Wichlow, 25).

(2) Le même phénomène se produit dans les migrations intérieures de la France. Jusqu'en 1891, nous ne possédions pas de données statistiques pour le constater. Mais le recensement de 1891 les fournira, déjà, des départements dont les états sont parvenus au Ministère, il résulte que dans presque tous les départements il se trouve des personnes originaires de tous les départements de France.

(3) 112 femmes pour 100 hommes en 1881.

(4) Cependant cette dernière catégorie de personnes a augmenté de 24,7 p 100 de 1871 à 1881.

la main-d'œuvre étrangère par son habileté professionnelle et par
la surveillance jalouse des trades-unions. Cependant on trouve,
à Londres particulièrement, beaucoup d'ouvriers russes et allemands, surtout parmi les tailleurs ; les ouvriers anglais s'en
plaignent. Depuis quelques années l'immigration, surtout celle des
Juifs expulsés de Russie, a augmenté ; on l'évaluait à 5,000 personnes environ pour l'année 1890.

En Allemagne les recensements constatent des mouvements
analogues. En 1885, onze provinces de Prusse avaient perdu une
partie de la population née sur leur territoire (1). Deux provinces
seulement, Rheinland et Westphalie, et la ville de Berlin en
avaient davantage ; il y concentration dans la capitale et dans la
région industrielle (2). Dans le reste de l'Allemagne, la Saxe, Bade,
Brunswick, Anhalt, l'Alsace-Lorraine et les trois villes de Brême,
Lubeck et Hambourg ont gagné des habitants ; Brême a 28 p. 100
de sa population qui est née hors de son territoire, et Hambourg
36 p. 100. Les autres États sont en perte ; cette perte s'élève à
18 p. 100 pour le Mecklenbourg-Strelitz et à 24 p. 100 pour la
principauté de Waldeck (3).

*Les Français hors de France en Europe et les étrangers
dans les Etats européens.* — La frontière est un obstacle, mais
n'est pas une limite infranchissable à l'émigration. Nous traiterons dans le chapitre suivant des émigrants hors d'Europe ; dans
celui-ci nous bornons notre étude à l'Europe.

Sous le régime du passeport obligatoire, 40,900 passeports ont
été délivrés en France, année moyenne, pendant la période
1854-1860 pour 53,800 personnes. Sur ce dernier nombre,
15,920 ont déclaré vouloir se fixer à l'étranger, dont 6,560

---

(1) Prusse orientale, 8 p. 100 ; Poméranie, 7,8 p. 100 ; Posen, 7 p. 100 ; province
de Saxe, 7 p. 100 ; Hohenzollern, 5,9 p. 100 ; Silésie, 5,5 p. 100 ; Brandebourg,
5 p. 100 ; Prusse occidentale, 4 p. 100.

(2) Berlin, 47,7 p. 100 ; Rheinland, 2,4 p. 100 ; Westphalie, 2,06 p. 100.

(3) Un article de M. Schumann (Die inneren Wanderungen in Deutschland) publié
dans *Allgemanès Statistisches Archiv* de M. G. von Mayr montre qu'en Allemagne les
causes d'émigration et d'immigration à l'intérieur sont à peu près les mêmes qu'en
France. Si l'émigration est forte dans les provinces orientales de la Prusse, c'est que
la grande propriété domine et qu'il y a très peu de petits propriétaires, que les
salaires sont bas et les paysans pauvres, que dans le nord-est la terre est peu fertile
et que le nombre des habitants y est trop considérable relativement à la productivité
du sol.

en Europe, à savoir : 1,950 en Espagne et en Portugal, 1,120 en Italie, 970 en Angleterre, 802 en Allemagne, 730 en Suisse, 485 en Russie, 480 en Belgique et aux Pays-Bas ; presque tous les autres quittaient l'Europe. Le D' Bertillon a fait remarquer que ce nombre était nécessairement inférieur à la réalité, parce que certains émigrants, particulièrement ceux qui habitaient près de la frontière, négligeaient de se munir d'un passeport et que d'autres, notamment les jeunes gens qui partaient avant la conscription (1), ne pouvaient pas en demander.

En 1861, les consuls, invités à dresser, à propos du recensement, la statistique des Français résidant à l'étranger, ont fourni des nombres dont le total s'élevait, pour l'Europe, à 127,436. Les Français étaient établis en Suisse (45,000), en Belgique (35,000), dans les Iles britanniques, Jersey compris (16,049), en Espagne (10,642), en Allemagne (6,429, renseignement incomplet pour cette contrée), en Italie (4,718), en Russie (2,479).

Une enquête du même genre faite par les consuls à l'occasion du recensement de 1886 a accusé 408,000 Français établis à l'étranger, dont 200,000 en Europe. La seconde est peut-être moins incomplète que la première ; d'autre part, il n'est pas étonnant qu'en un quart de siècle, le nombre des Français à l'étranger ait augmenté. De même que les populations voisines de la France pénètrent en plus grand nombre que les autres sur son territoire, de même c'est dans les pays limitrophes que la France a le plus de représentants en Europe : en Suisse (54,260), en Belgique (52,000), en Allemagne, d'après le recensement allemand de 1885, en Espagne (17,600), en Italie (10,900).

Ce sont aussi les départements frontières, et le département de la Seine, qui alimentent le plus l'émigration : en première ligne, le Nord dont les émigrants vont surtout en Belgique, le département de la Seine les Basses-Pyrénées dont les émigrants se dirigent principalement vers La Plata ; en seconde ligne, les Bouches-du-Rhône, la Haute-Garonne, la Corse, la Gironde, le Rhône (qui n'est pas sur la frontière), les Ardennes ; en troisième

---

(1) *Dictionnaire encyclopédique des Sciences médicales,* art. Migrations. Cette fraction n'est pas négligeable, puisque, dans le département des Basses-Pyrénées, un millier de conscrits, c'est-à-dire environ le quart de la classe, a manqué à l'appel en 1871 et en 1812.

ligne, les départements du bassin du Rhône, ceux de la Bretagne et ceux du nord-est (1).

Après la Suisse, la Belgique et le Danemark, la France est le pays d'Europe qui compte la plus forte proportion d'étrangers (22,9 pour 1,000 d'individus nés à l'étranger et 29,4 d'individus de nationalité étrangère).

PROPORTION DU NOMBRE DES ÉTRANGERS A LA POPULATION TOTALE DANS LES ÉTATS D'EUROPE.

(D'après les recensements qui ont eu lieu de 1875 à 1881).

ÉTATS.	RECENSEMENTS DE 1875 A 1881 (Extrait de l'Introduction du recensement de la population de l'Italie en 1881). SUR 1,000 INDIVIDUS RECENSÉS nombre d'individus	
	nés à l'étranger	de nationalité étrangère.
Angleterre	6.7 (2)	»
Ecosse	1.7 (2)	»
Irlande	3.8 (2)	»
Pays-Bas	16.9	»
Belgique	26	»
France	22.9	29.4
Allemagne	»	9
Prusse	7.8 (3)	3.6 (3)
Saxe	3.6 (3)	12.4
Bavière	11.7 (3)	10.6
Wurttemberg	5.5 (3)	5.7
Bade	9.2 (3)	8.5
Suisse	»	74.3
Autriche	»	7.5 (5)
Hongrie	1.7 (4)	1.0 (5)
Espagne	2.4	»
Italie	3.5	2.1
Grèce	»	19.2
Danemark	32.2	»
Norvège	20.6	»

(1) L'enquête faite en 1886 a permis de connaître le lieu de naissance de 25,286 Français résidant à l'étranger ; 3,381 étaient originaires du département du Nord ; 2,458 de la Seine ; 1,303 des Basses-Pyrénées ; 827 à 538 des départements de la seconde catégorie ; plus de 200 des départements de la troisième catégorie.

(2) Cette proportion est celle des individus nés hors du Royaume-Uni ; car le nombre des individus nés hors d'Angleterre et Galles et habitant l'Angleterre, était de 36 p. 1,000 ; il s'élevait en Écosse à 88,5 pour les individus nés hors d'Écosse et à 17,7 en Irlande pour les individus nés hors d'Irlande.

(3) Individus nés hors de l'Empire allemand ; car pour la Prusse le nombre des individus nés hors de Prusse était de 19,3 p. 1,000.

(4) En 1880.

(5) Individus nés hors de l'Autriche-Hongrie.

On voit par ce tableau que la statistique ne fournit pas dans tous les pays les mêmes moyens de calculer la population étrangère. Néanmoins nous avons dressé un état approximatif de la répartition des étrangers dans les principaux États d'Europe qui montre que les Italiens, les Belges, les Espagnols ne sont nulle part en aussi grand nombre qu'en France, que les Allemands émigrent beaucoup en France, en Suisse, en Autriche et qu'ils se portent volontiers aussi dans les Pays-Bas et en Belgique, sur le Bas-Danube et en Danemark, que les Austro-Hongrois pénètrent surtout en Allemagne et en Roumanie, qu'entre les tr..s peuples scandinaves les migrations sont fréquentes. Partout la proximité facilite l'immigration. Partout aussi la différence entre le taux des salaires dans le pays d'émigration et le pays d'immigration la provoque; c'est pourquoi les Anglais, malgré leur réputation de cosmopolitisme, ont peu de représentants dans les pays d'Europe, la France exceptée. (Voir le tableau de la page suivante).

Un petit pays est plus exposé relativement qu'un grand à se laisser pénétrer par l'immigration quand il lui offre des motifs d'attraction. Monaco, rendez-vous de plaisir, et le Grand duché de Luxembourg sont les exemples les plus saisissants en ce genre. La Suisse, où les fabriques se sont multipliées depuis quarante ans, est un exemple plus probant peut être; on y recensait 71,570 étrangers en 1850 et environ 238,300 en 1888, soit plus de 8 p. 100 de la population totale. Il y a des cantons (Saint-Gall, Zurich, Thurgovie, Zug) qui ont huit fois plus d'étrangers aujourd'hui qu'en 1850 ; ces étrangers viennent principalement d'Allemagne. Dans une république gouvernée par le suffrage universel, où toutes les fonctions sont électives et où le peuple vote directement les lois importantes, le fait d'avoir en moyenne sur 100 habitants d'une commune 32 suisses nés dans une autre commune, 15 suisses nés dans un autre canton et 8 étrangers, devient une grave question politique (1).

Les recensements ne donnent pas une notion complète des migrations européennes ; car, saisissant une population à un moment déterminé, ils ne tiennent pas compte des mutations qui se sont

---

(1) Dans les cantons de Zurich, de Thurgovie, de Neuchâtel, les étrangers forment environ la dixième partie de la population; dans ceux de Bâle ville et de Genève, ils forment le tiers ou les deux cinquièmes. Le Valais, qui a peu d'industrie, a peu d'étrangers (2,993 sur 101,837 habitants en 1888).

TABLEAU DES ÉTRANGERS RECENSÉS DANS LES ÉTATS EUROPÉENS.

ÉTATS avec la date du recensement de l'Etat.	Français — d'après l'enquête française de 1886 (1).	Français — d'après les recensements étrangers.	Anglais.	Hollandais et Luxembourgeois.	Belges.	Allemands.	Suisses.	Austro-Hongrois.	Espagnols.	Portugais.	Italiens — d'après l'enquête italienne de 1881 (1).	Italiens — d'après les recensements étrangers.	Grecs.	Turcs.	Roumains.	Russes.	États Scandinaves.	TOTAL des étrangers (européens ou autres, comptés ou non compt., dans les colonies précéd.) habitant le Pays.
Royaume-Uni	26.600	(3)1129	»	»	(3) 120	(3) 927	(3) 222	(3) 104	(3) 133	»	7.189	»	(3) 114	»	»	(3) 198	»	160.000 ?
Pays-Bas ....(1879)	1.800	»	1.614	»	18.816	42.026	»	»	»	»	253	»	»	»	»	»	»	76.575
Belgique. ... ...(1880)	52.000	51.089	3.789	49.156	»	34.186	»	»	»	»	1.153	»	»	»	»	»	»	143.261
Luxembourg ...(1885)	1.400	1.313	34	68	3.028	11.863	74	418	»	»	496	»	»	»	»	21	5	17.602
France ....(1886)	»	»	36.134	37.149	482.261	100.114	78.584	11.817	79.550	1.292	240.733	264.568	»	»	»	11.980	2.423	1.126.531
Monaco ....(1882)	3.163	3.314	338	x	200	288	200	»	18	»	3.437	»	»	»	»	82	»	7.787
Empire allemand(1885)	1.756	36.708	14.889	45.270	8.844	»	36.902	162.106	»	»	7.096	»	»	»	»	48.853	34.122	411.261
Suisse ....(1880)	54.260	53.653	2.812	438	500	95.262	»	13.194	242	26	41.645	41.645	58	»	96	1.285	382	209.924
Autriche-Hongrie(1880)	3.100	»	1.947	»	»	93.472	2.287	»	»	»	43.875	»	977	2.347	»	11.654	»	154.265
Portugal.............	400	»	»	»	»	»	»	»	»	»	599	»	»	»	»	»	»	?
Espagne	17.600	17.657	4.771	82	360	952	454	271	»	7.941	8.825	3.497	44	50	»	51	466	41.138 ?
Italie ....(1881)	10.900	10.781	7.302	204	583	5.234	12.104	16.092	922	76	»	»	1.212	601	75	1.387	609	57.182
Grèce ....(1879)	534	534	2.187	»	»	314	»	364	»	»	3.273	»	»	23.133	71	101	»	31.960 ?
Turquie d'Europe....	2.000	»	»	»	»	»	»	»	»	»	12.268	3.104	»	»	»	»	»	?
Roumanie......(1877)	915	2.000	1.000	»	»	30.000	»	29.500	»	»	»	»	5.000	»	»	»	»	?
Bulgarie........(1887)	»	544	»	»	»	2.245	»	»	»	»	3.491	500	58.338	607.319	»	1.069	»	?
Russie......	5.760	»	»	»	»	»	»	»	»	»	2.938	»	»	»	»	»	»	(9)1242000
Suède.........(1880)	(2) (40)	60	506	»	»	3.289	»	(voir allemands)	»	»	224	»	»	»	»	(5)1039	6) 9008	18.587
Norvège ....(1875)	(2) (69)	»	518	»	»	1.532	»	»	»	»	6.627	»	»	»	»	(5)2709	7)31545	42.000 ?
Danemark.....(1880)	(2) (56)	138	454	»	..	(4)33152	»	182	»	»	»	»	»	..	»	(5) 384	8)26971	64.289
Totaux........	184750	178860	78.296	132357	514.712	454.856	130827	234.048	80.865	9.335	383.822	313.314	65.743	633.450	242	80.813	105531	3.804.362

(1) Les résultats de ces enquêtes ne sont donnés ici que sous toute réserve, les consuls ne connaissant pas toujours tous leurs nationaux établis définitivement ou momentanément dans le pays. — (2) Résultats déclarés comme étant très incomplets. — (3) Résultats pour l'Irlande seulement en 1881. — (4) dont 22 pour le Schleswig. — (5) La plupart étaient des Finlandais. — (6) A savoir 4,575 Danois et 4,433 Norvégiens. — (7) A savoir 20,340 Suédois et 2,205 Danois. — (8) Norvégiens et Suédois. — (9) En Russie, 8,767,605 étrangers sont entrés de 1871 à 1885 et 7,525,360 sont sortis : différence 1,242,254 qui sont restés, dont 563,345 Allemands, 417,736 Autrichiens, 9,395 Anglais, 100.000 Persans ; d'après la différence des entrées et des sorties de 1877 à 1886, il y aurait en Russie 4,767 Français.

produites à d'autres moments. Il y a des pays où les stations balnéaires attirent pendant la saison favorable une foule d'étrangers. Il y en a qui fournissent à d'autres pays un contingent de bras pour des travaux temporaires. L'Italie, où ce dernier genre d'émigration est très pratiqué et où la statistique en tient registre, peut être citée comme exemple (1); chaque année, près de cent mille Italiens, agriculteurs, terrassiers, maçons, etc., (2) partent, la plupart de la Vénétie, du Piémont, de la Lombardie et de la Toscane, surtout au printemps, (3) et reviennent quelques mois après, rapportant souvent une partie de leur gain à leur famille; sur dix émigrants de cette espèce on ne compte guère qu'une femme.

---

(1) De 1876 à 1889, le nombre des émigrants temporaires a varié entre 77,733 (en 1878) et 105,319 (en 1889) ; la moyenne a été d'environ 85,000.

(2) En 1889, les agriculteurs figuraient dans le total à raison de 50 p. 100, les terrassiers à raison de 26, les maçons et charpentiers à raison de 12.

(3) En 1885, par exemple, 44 p. 100 des départs ont eu lieu en mars et en avril.

CHAPITRE IX

L'ÉMIGRATION HORS D'EUROPE ET L'IMMIGRATION DANS LES AUTRES PARTIES DU MONDE.

Sommaire. — L'immigration d'Asie en Europe — L'émigration européenne du XVIe au XIXe siècle — Les représentants de la race européenne hors d'Europe en 1800 — La population d'origine européenne hors d'Europe en 1890 — La statistique de l'émigration européenne — L'émigration française hors d'Europe — Le tableau général de l'émigration européenne — La statistique de l'immigration dans les principaux pays hors d'Europe — Le reflux — Le nombre des Européens habitant hors d'Europe — L'impulsion et l'attraction — Les causes et les effets de l'émigration — Les causes et les effets de l'immigration — La politique de l'émigration et de l'immigration — La naturalisation.

L'immigration d'Asie en Europe. — L'Europe peut être considérée comme un appendice de l'Asie et comme l'extrémité occidentale de la masse continentale qui comprend ces deux parties du monde et dont elle ne forme, par sa superficie, que le cinquième. Dans l'antiquité et jusqu'au milieu du moyen-âge, de grands courants de migration se sont portés de la seconde vers la première. L'Europe doit-elle à l'Asie ses premiers habitants ? Malgré les textes sacrés ou profanes et malgré les systèmes d'ethnographie fondés sur des recherches scientifiques, nous ne pensons pas qu'on puisse encore répondre avec certitude à cette question ; mais on a le droit de dire qu'il existe une parenté, prouvée par le langage, entre les peuples de l'Asie occidentale et de la vallée du Gange et ceux de l'Europe, et que l'archéologie s'accorde avec l'histoire pour constater l'existence de mouvements migratoires d'Orient en Occident dès les temps les plus reculés.

La population s'est consolidée sur le sol européen à mesure qu'elle s'y civilisait. Les Hongrois sont les derniers envahisseurs qui aient fait une trouée jusque dans l'Europe centrale. Lorsque les Russes eurent commencé à devenir une nation organisée et puissante, les Asiatiques, qui s'étaient mêlés en grand nombre, par des migrations successives et par des conquêtes, aux premiers habitants de la plaine moscovite, furent vaincus ou refoulés et cette vaste plaine, qui forme la moitié de l'Europe, fut fermée définitivement aux invasions.

Aujourd'hui l'Europe renferme une population trop nombreuse, trop dense, trop civilisée et trop forte à tous les égards pour avoir à craindre désormais une invasion étrangère. Ce n'est que par des dissensions intestines qu'elle peut s'affaiblir. Les rôles sont changés : c'est elle qui, depuis huit cents ans par les croisades d'abord, et surtout depuis trois cents ans par les voyages maritimes, déborde sur le reste du monde.

L'émigration européenne du xvie *au* xixe *siècle.* — Au xvie siècle, elle a franchi l'Oural avec les Cosaques.

Dans le même siècle, Charles-Quint prenait, en Afrique, la première revanche de la chrétienté sur les pirates barbaresques.

Depuis la découverte de Christophe Colomb à la fin du xve siècle jusqu'en 1880, l'Amérique a fourni à la race européenne un champ de colonisation immense. Les Espagnols d'abord et les Portugais ensuite, puis les Anglais, les Français et quelques peuples du nord y fondèrent des colonies, qui devinrent une des grandes préoccupations de la politique européenne durant les guerres du xviie et du xviiie siècle.

Depuis que Barthélemy Diaz a révélé la route maritime des Indes et que Vasco de Gama y a conduit une flotte, les côtes de l'Orient, d'Aden à la Nouvelle-Guinée, ont été semées de comptoirs européens et les nations maritimes se sont efforcées à l'envi de dominer sur les pays habités par les races indienne et malaise.

Les deux peuples qui avaient brillé au premier rang durant le premier siècle de cette période de colonisation étaient en décadence à la fin du xviiie siècle.

Les découvertes des Portugais avaient fait de Lisbonne, au xvie siècle, le principal entrepôt des produits de l'Orient et un marché dont l'importance et le cosmopolitisme rappelaient Venise au temps de sa prospérité. Mais le Portugal était resté faible à l'intérieur et s'était même épuisé d'hommes en se répandant au dehors. Il était devenu facilement la proie de l'ambitieux roi d'Espagne Philippe II et, pendant soixante ans (1580-1640), il resta sous la domination espagnole. Comme celle-ci était antipathique aux Portugais, leurs colonies, où germait déjà la division, s'abandonnèrent pour la plupart sans résistance aux Hollandais, hardis navigateurs, qui s'étaient empressés, par haine des Espagnols et par esprit de lucre, de venir recueillir l'héritage des Albuquerque et des Almeida et qui se gardèrent bien de restituer au Portugal ses domaines quand il eut recouvré son indépendance. Cependant le Portugal possédait encore, à la fin du XVIIIe siècle, une belle colonie, le Brésil, et une partie de ses comptoirs d'Afrique.

La fortune de l'Espagne avait été plus éclatante encore. Si sa voisine avait eu dans son lot le pays des épices, le sien comprenait ceux de l'argent et de l'or. Elle tenait presque toute l'Amérique du sud, le Brésil excepté, l'Amérique centrale et une partie des Antilles. Pour administrer ces contrées, plus de vingt fois grandes comme la métropole, pour en occuper les terres, en exploiter les mines, y faire le commerce, elle avait envoyé une partie de sa propre population. M. Rosseeuw-Saint-Hilaire a évalué à 3 millions le nombre des Espagnols qui allèrent, au cours du XVIe siècle, se fixer dans le Nouveau-Monde (1). La saignée était trop forte ; la perspective d'un enrichissement rapide enleva aux champs de la mère-patrie leurs agriculteurs et leur noblesse, à ses ateliers leurs industriels. Quand les métaux précieux, qui avaient séduit les « conquestadores », se furent écoulés par le commerce dans d'autres pays, quand le grand projet de domination universelle que Charles-Quint et Philippe II, enivrés de leurs richesses, avaient conçu et dont la poursuite leur coûta beaucoup d'hommes et d'argent, eut avorté, l'Espagne se trouva appauvrie, laissant à l'histoire un mémorable exemple du danger d'une émigration excessive (2).

Cependant les Hollandais, plus avisés, exploitant plutôt que peuplant leurs colonies, s'étaient élevés rapidement à une grande prospérité au XVIIe siècle. Ils avaient de bonne heure pris pied

---

(1) Rosseeuw-Saint-Hilaire, *Histoire d'Espagne*, t. X.

(2) L'Espagne avait encore près de 10 millions d'habitants à l'avènement de Charles-Quint. En 1594, elle n'en possédait que 8,207,000 ; sur ce nombre, il y avait 160,000 étrangers, surtout des Italiens et des Français pratiquant de petits métiers ; les hauts salaires les avaient attirés. Rosseeuw-Saint-Hilaire, *Histoire d'Espagne*, t. X, p. 354, 356.

au Cap, sur la route des Indes, et, en 1619, ils avaient fondé Batavia dans l'île de Java. Ils étaient tout puissants en Malaisie vers la fin du XVIIIᵉ siècle.

L'Angleterre primait, depuis le XVIIIᵉ siècle, tous les autres États par son empire colonial comme par sa puissance maritime. Maîtresse d'une partie de l'Inde d'où elle avait expulsé les Français à la faveur de la guerre de Sept ans, elle y continuait à son profit la politique inaugurée par Dupleix et s'efforçait d'y trouver une compensation à la perte que la révolte des treize colonies d'Amérique venait de lui infliger. C'est dans une pensée analogue que, suivant tardivement un conseil de Cook, elle envoyait, en 1788, un premier convoi de colons fonder en Australie l'établissement de Sydney.

La France, sans jeter le même éclat, avait joui cependant, sous Colbert surtout, d'une belle fortune coloniale que le traité d'Utrecht avait entamée et que la guerre de Sept ans ruina. Elle en conservait encore cependant de glorieux débris et elle avait relevé l'honneur de sa marine pendant la guerre de l'Indépendance des États-Unis.

Les représentants de la race européenne hors d'Europe en 1800. — Il ne nous appartient pas de faire ici l'histoire des colonies : nous n'avons qu'à constater le résultat de l'émigration.

Au commencement du XIXᵉ siècle, le nombre des représentants de la race européenne dans les parties du monde autres que l'Europe peut être évalué à 9 millions 1/2 : résultat de deux siècles de découvertes, de conquêtes et de colonisation.

En Afrique, sur les côtes des pays habités par des noirs, les Anglais, les Portugais, les Français, les Hollandais, les Espagnols possédaient des comptoirs dont quelques-uns prospéraient par l'odieux trafic des esclaves, mais qui n'étaient pas plus que de nos jours des colonies de peuplement. Dans le sud, les 10,000 Hollandais (1) du Cap étaient devenus, depuis quelques années, par le sort des armes, sujets de l'Angleterre; les Açores, Madère, les Canaries au nord-ouest, Fernando-Po et autres îles du golfe de Guinée, Bourbon et l'Ile-de-France au sud-est étaient

---

(1) En 1780, la population blanche du Cap se composait de 6,600 hommes, de 1,931 femmes et de 1,287 enfants.

plus florissantes, mais ne renfermaient vraisemblablement pas plus de 100,000 habitants en tout.

Peu d'Européens étaient fixés en Asie, malgré l'étendue très vaste des possessions russes dans le nord (1) et la puissance déjà considérable des Anglais dans le sud.

En Océanie, les Hollandais dominaient sur Java et sur la plus grande partie des îles de la région ; les Espagnols étaient établis dans les Philippines ; les Anglais ne comptaient encore que 5 à 6,000 colons groupés autour de Sydney.

L'Amérique était la seule partie du monde où l'Europe possédât de vastes domaines peuplés de ses émigrants.

Au nord, le Canada, que Louis XV avait cédé, en 1763, avec 69,000 Français environ (2), l'Acadie et Terre-Neuve cédés en 1713 renfermaient, en 1800, environ 400,000 habitants, dont les 2/3 environ étaient d'origine européenne (3). Au centre, les États-Unis venaient de compter, par leur second recensement, 5,308,483 habitants, dont les 4/5 environ appartenaient à la race blanche et 1/5 à la race noire. Au sud, les Antilles, quoique très prospères (surtout Saint-Domingue avant la Révolution française) par la production du sucre, ne comptaient peut-être pas plus de 300,000 créoles d'origine européenne, parce que la culture y était faite par des esclaves d'origine africaine (4).

L'Amérique espagnole (Amérique centrale et Amérique du

---

(1) L'*Almanach de Gotha* de 1812 attribue 9,200,000 habitants à la partie asiatique de la Russie, partie dans laquelle sont comprises les provinces caucasiennes et toute la région de l'Europe à l'est du Volga, peuplée presque exclusivement d'Asiatiques. La *Géographie* de Guthrie (1805) donne 6 millions.

(2) Voir *La Population française*, liv. III, ch. XI.

(3) En estimant, avec plusieurs auteurs, la population européenne en 1800 à 240,000 âmes. Un document trouvé au greffe des archives de Montréal porte pour 1800 le chiffre des habitants du Canada (districts de Québec, des Trois-Rivières et de Montréal) à 161,311 individus. Les relevés de Bouchotte (*The British Dominions*) donnent, pour l'année 1806, un total de 455.899 habitants dans les colonies de l'Amérique du nord, y compris Terre-Neuve. Mais l'*Almanach de Gotha* de 1812 ne compte que 384,000 habitants dans les possessions anglaises du nord de l'Amérique.

(4) La *Géographie* de Guthrie (4e édition), dont la statistique est loin d'ailleurs d'être irréprochable, donne 280,000 habitants, dont 250,000 noirs pour la Jamaïque; 520,000, dont 450,000 noirs esclaves, pour la partie française de Saint-Domingue (chiffre très supérieur à celui que donnait Necker pour 1779 et peut-être exagéré), 80,000, dont 70,000 noirs, pour la Barbade ; 17,700, dont 10,000 noirs, pour la Trinité. Humboldt évaluait à 140,000 le nombre des Européens dans les Antilles, non compris Cuba qu'il comptait dans l'Amérique espagnole.

sud) reconnaissait encore l'autorité de la métropole, quoique les esprits y fussent déjà agités par le contre-coup de l'émancipation des Etats-Unis et de la Révolution française. Sa population, d'après Humboldt, s'élevait à 13 millions 1/2 d'âmes, moitié dans l'Amérique centrale, moitié dans l'Amérique du sud (1). Ce nombre semblant exagéré et les Européens, de sang pur ou mélangé, n'étant qu'une minorité (2), on peut évaluer approximativement le nombre de ceux-ci à 3 millions 1/2. Humboldt attribuait au Brésil 950,000 habitants européens ou considérés comme ayant du sang européen dans les veines.

On peut dire approximativement qu'en 1800, dernière année du xviiie siècle, il y avait en tout 9 millions 1/2 d'Européens, de race pure ou de race mélangée, qui représentaient la civilisation et le christianisme hors d'Europe :

En Afrique		110.000 ?
Le Cap	10.000 ?	
Iles de l'océan Atlantique	70.000 ?	
Iles de l'océan Indien	30.000 ?	
En Asie		?
En Océanie		10.000 ?
Malaisie,		?
Australie		5.547 ?
Dans l'Amérique du nord		6.690.000 ?
Canada	240.000	
Etats-Unis	4.400.000	
Antilles	300.000 ?	
Amérique espagnole	1.750.000 ?	
Dans l'Amérique du sud		2.705.000 ?
Amérique espagnole	1.750.000 ?	
Brésil	950.000 ?	
Guyane	5.000 ?	
Total		9.515.000 ?

(1) Humboldt donne 13 millions 1/2, dont 6 1/2 pour l'Amérique du nord. L'*Almanach de Gotha* de 1812 donne 11,350,000; celui de 1810, 8,076,000 ainsi répartis :

Vice-royauté du Mexique	3.300.000
Gouvernement du Nouveau-Mexique	390.000
— de la Floride	535.000
— de Puerto-Rico	93.000
Vice-royauté de la Nouvelle-Grenade.	1.128.000
— du Pérou	1.730.000
— du Rio de la Plata	900.000
Total	8.076.000

(2) Humboldt disait qu'à Mexico même il y avait une proportion de 2 Espagnols d'Espagne, de 49 créoles, de 24 Indiens et de 25 métis par 100 habitants. Dans le Mexique et le Nouveau-Mexique avec le Guatemala, il comptait 3,700,000 Indiens, 1,230,000 blancs, 1,860,000 individus de sang mélangé.

Tel était l'héritage de colons que l'Europe du XVIIIe siècle, laquelle renfermait alors elle-même 175 millions d'habitants, léguait au XIXe.

La population d'origine européenne hors d'Europe en 1890. — Ce siècle a vu s'accroître, dans une progression presque prodigieuse, le nombre des représentants, hors d'Europe, de la race européenne.

En Amérique, la Puissance du Canada (Dominion of Canada) et Terre-Neuve ont recensé, en 1881, 4 millions 1/2 d'âmes appartenant, en très petite minorité, à une race mélangée de sang européen et indien et, en très grande majorité, à la race blanche. Sur ce nombre, 1,298,929 étaient des Canadiens français (1). Comme la population du Canada a doublé à peu près tous les trente ans, il semblait que la population de tout le Dominion dût approcher de 6 millions en 1891. Cependant le recensement, dont les résultats définitifs ne sont pas encore connus, restera au-dessous de ce chiffre ; l'émigration irlandaise a sensiblement diminué pendant la dernière décade ; si l'accroissement a été rapide dans l'ouest, il s'est ralenti dans les provinces de l'est et il est probable que le nombre total n'excède pas 5 millions 1/2 (2). Néanmoins, à le considérer dans son ensemble, l'accroissement, qui correspond précisément à la progression de Malthus, s'est produit sans que jamais, malgré les entraves de la politique, les habitants se soient trouvés aux prises avec les graves difficultés de subsistance dont le savant économiste menaçait les nations prolifiques.

Le dixième recensement (1880) des Etats-Unis portait 50,155,783 habitants (sans l'Alaska et le Territoire indien) ; en retranchant 6,580,793 noirs et gens de couleur, il restait, en 1880, environ 43 millions 1/2 de blancs et de métis de blanc et d'indien qui constituaient la population de sang européen. Au onzième recensement (1890), la population était de 62,622,000 âmes, sans Alaska

---

(1) Les Canadiens français sont même plus nombreux que le recensement ne l'indique. Voir liv. IV, ch. x. Ce sont d'ailleurs eux qui, dans les anciennes provinces de l'est, ont le mieux soutenu, de 1881 à 1891, leur progression qui a été de 14 p. 100, tandis que celle des Anglo-Saxons est tombée à 5 p. 100.

(2) La population pour 1889 était évaluée à 5,273,200 dans le *Statistical abstract for the several colonies and other possessions of the United Kingdom.*

et le territoire indien, et d'environ 63 millions avec ces deux territoires; en défalquant les gens de couleur (environ 7 millions 1/2), il restait 55 millions 1/2.

Les Antilles, malgré les guerres du premier Empire, la suppression de l'esclavage et les révolutions intestines qui ont troublé les deux plus grandes îles, ont une population plus considérable qu'au siècle dernier (1). Nous ne croyons pas exagérer en supposant que la moitié, au moins, soit environ 2 millions 1/2, se rattache, plus ou moins immédiatement, par son origine, à la race européenne (2).

Au Mexique et dans l'Amérique centrale on peut, par une hypothèse vraisemblable, attribuer à cette race 4 millions (sang pur ou sang mêlé avec prédominance de race européenne) sur une population totale de plus de 14 millions (3).

L'Amérique du sud renferme aujourd'hui 34 à 35 millions d'habitants. Sur ce total, le Brésil s'en attribue environ 14, dont 13 au moins, après défalcation de ses Indiens. Ceux-ci, étant moins civilisés que ceux de la Cordillère, ont opposé à l'occupation de la race immigrante une résistance moindre qu'au Pérou ou au Mexique ; aussi, peut-on admettre que la moitié de la population du Brésil (4), soit 6 millions 1/2 d'âmes, se rattache directement ou indirectement à la race européenne.

----

(1) Environ 4,800,000 habitants en 1890.

(2) En 1877, Cuba comptait 998,000 Espagnols et 10,632 blancs étrangers sur un total de 1,521,000 habitants. Cependant, dans la plupart des autres îles, le nombre des blancs de race pure est très faible et il semble diminuer dans plusieurs. Sur les 176,000 habitants de la Martinique (non compris les fonctionnaires, marins et soldats) en 1862, le contre-amiral Aube estimait qu'il n'y avait pas plus de 8,000 blancs pouvant revendiquer une filiation pure de tout croisement.

(3) Près de 11 millions 1/2 pour le Mexique ; 2,900,000 pour l'Amérique centrale. Quand la statistique de l'Amérique centrale et de l'Amérique du sud tente de distinguer les races, elle s'expose à de grandes erreurs dans des pays dont les habitants tiennent à honneur d'avoir du sang blanc dans les veines.

En 1888, on comptait au Mexique, sur 11 millions 1/2 d'habitants, 19 pour 100 de race blanche, 38 pour 100 de race indienne, 43 pour 100 de race mélangée (et peu civilisée en général). Les Indiens de race pure semblent diminuer en nombre.

Au Guatemala, on estime qu'il y a 60 pour 100 d'Indiens purs et que, dans les 40 pour 100 qui restent, presque tous sont de sang mélangé, et qu'il y a très peu de sang européen pur. Au Salvador, sur 651,000 habitants recensés en 1886, il y avait environ 10,000 blancs. La population du Honduras est indienne et ce n'est guère que dans les villes qu'on rencontre quelques descendants des Européens. Au Nicaragua, le nombre des descendants européens est très restreint et paraît décroître. Au Costa-Rica, les blancs ne forment qu'une petite minorité.

(4) M. Favilla-Nunez attribue même 14,600,000 habitants au Brésil, dont 600,000 In-

Les républiques espagnoles de la zone tropicale (Vénézuela, Colombie, Équateur, Pérou, Bolivie) sont moins bien partagées à cet égard. Les Indiens, civilisés ou sauvages, purs ou métis, y forment la majorité (1); la colonisation ne les a pas absorbés. Leur population étant de plus de 12 millions 1/2 d'âmes, on peut évaluer hypothétiquement à 3 millions, soit à moins du quart, la part de la race européenne.

Le Chili et les républiques de la Plata (moins le Paraguay, toutefois, qui est presque exclusivement indien, quoiqu'il y vienne une certaine immigration italienne) (2) sont mieux partagés. Il s'en faut de beaucoup, sans doute, que la race soit pure ; mais comme, d'une part, les Indiens de ces contrées, belliqueux et sauvages, ont résisté plus énergiquement aux conquérants que ceux de l'empire des Incas et ont dû être, en grande partie, exterminés, comme, d'autre part, le climat tempéré convenait mieux aux émigrants d'Espagne, le sang européen a dominé ; de nos jours, ceux de ces États qui sont riverains de l'Atlantique, surtout la République Argentine, ont reçu une immigration considérable. C'est pourquoi leur population, sans appartenir toute à la race européenne, peut cependant y être rattachée en très grande partie, soit 2 millions 1/2 pour le Chili, 3 millions 1/2 peut-être pour la République Argentine et l'Uruguay (3).

---

diens seulement. D'autres évaluations portent à 900,000 et plus le nombre des Indiens. Le recensement de 1872, qui est le seul fait jusqu'ici par le Brésil, et qui n'a pas été complet, accuse, par 100 habitants, 38 blancs, 38 mulâtres, 20 nègres et 4 Indiens. Il en résulterait que 76 p. 100 de la population ont du sang blanc dans les veines; mais il convient de tenir compte des exagérations résultant du désir qu'ont les habitants de ce pays de passer pour blancs ou pour métis de sang blanc.

(1) Le dernier recensement du Pérou, qui date de 1875, accuse sur 100 habitants, 57 Indiens, 26 métis ou cholos, 13 blancs, 2 nègres et 2 Chinois. Une statistique de la Bolivie, datant de 1844, partageait la population en moitié blancs et métis et moitié Indiens ; mais il y a là une exagération évidente. Dans l'Equateur on estimait, avec plus de vraisemblance, qu'il n'y avait que 50,000 créoles sur 1 million d'habitants. Cependant, le recensement de 1885 porte 100,000 blancs, 300,000 individus de sang mêlé et 600,000 indiens purs (sans compter les Indiens sauvages). En 1858, la Colombie évaluait le nombre des blancs et des cholos aux 3/5 de la population. Au Vénézuela, on estime que les créoles forment le 1/4 de la population; mais cette proportion paraît exagérée.

(2) Il y avait, d'après l'enquête de la Société de géographie italienne, environ 2,600 Italiens au Paraguay en 1888.

(3) La population du Chili était évaluée à 3,165,000 âmes en 1890 (2,527,320 d'après le recensement de 1885, mais on suppose que les omissions sont d'environ 15 p. 100). Celle de la République Argentine était, par M. Latzina, directeur général de la statis-

En Océanie, l'Australasie britannique (Australie, Tasmanie et Nouvelle-Zélande) a été le théâtre d'un développement non moins remarquable que le Canada et les États-Unis. En 1801, la Nouvelle-Galles seule avait des colons, au nombre de 5,547 ; en 1890, les sept colonies, dont trois sont particuliérement florissantes, comptaient 3,945,000 habitants, dont il faut retrancher environ 95,000 (1) pour avoir la population d'origine européenne. On peut, en nombre rond, compter 3,850,000 pour l'Australasie entière.

Les îles de la Polynésie sont fréquentées par les marines de l'Europe et des États-Unis qui y conduisent des missionnaires, qui y ont planté, à l'envi, leur drapeau colonial et qui s'en disputent le commerce. Mais le nombre des Européens qui s'y sont fixés n'excède probablement pas une dizaine de mille (2).

Dans la Malaisie, surtout à Java, la population indigène est très dense ; mais les Hollandais et les Espagnols qui y dominent avec les Anglais figurent pour moins de 55,000 dans un total de plus de 35 millions d'âmes (3).

L'Europe a forcé par mer les portes de l'extrême Asie ; elle y a fait pénétrer, de gré ou de force, son commerce et elle a pris position, par la conquête ou la colonisation, sur deux points importants : l'Angleterre dans l'îlot de Hong-kong, en face de Canton ; la France sur tout le versant oriental de l'Indo-Chine.

L'Empire chinois, quoiqu'il se familiarise avec l'Europe par sa diplomatie, est cependant encore enfermé dans sa propre civilisation et reste jusqu'ici réfractaire à la nôtre. Plus hardi, le Japon, inaccessible jusqu'en 1854, s'est non-seulement ouvert largement, mais a opéré, en un quart de siècle, dans ses institutions et même dans ses mœurs (du moins à la surface de ses mœurs) une des plus surprenantes révolutions dont l'histoire fasse mention. Cependant, les Européens sont rares à l'orient de l'Asie ;

---

tique, évaluée à 3,204,000 en 1886 et 3,807,530 en 1888 ; celle de l'Uruguay à 700,000 âmes environ en 1889. Le Paraguay (350,000 habitants?), est, à peu d'exceptions près, peuplé d'Indiens.

(1) A savoir, 42,000 Maoris en Nouvelle-Zélande, 47,100 Chinois dans sept colonies et 5,000 Australiens (non compris 12,000 Australiens qui ne figurent pas dans le recensement de Queensland)

(2) Avec la Nouvelle-Guinée, la Nouvelle-Calédonie, les îles Fiji, etc.

(3) Dans les possessions néerlandaises, il y avait en 1888 : 53,752 Européens, dont 42,263 à Java et Madoura et le reste dans les autres îles, dites Possessions extérieures.

la population indigène est trop dense pour qu'ils y trouvent place autrement que comme négociants ou comme administrateurs ; au Japon, il y en avait 3,809 (1); en Chine, 7,111 (2) ; dans les possessions françaises de l'Indo-Chine, environ 4,000, sans compter l'armée (3).

Il en est à peu près de même de l'Empire indien qui appartient à l'Angleterre. Sur 254 millions d'habitants que le recensement de 1881 y a comptés (près de 290 millions avec la Birmanie et le Béloutchistan britannique, en 1891), l'Europe ne figurait que par 121,000 représentants, dont 89,798 Anglais (4).

Sous le climat tropical, quelle que soit la partie du monde, l'Européen fonde des comptoirs, fait du commerce, gouverne les indigènes ; mais il ne saurait cultiver la terre et exercer un métier rude et, par conséquent, il ne fonde pas de colonies de peuplement. L'altitude modifiant le climat, il y a des plateaux sur lesquels les voyageurs estiment que la race européenne pourrait prospérer ; mais jusqu'à présent aucun groupe important de colons européens n'a démontré expérimentalement la possibilité de cette acclimatation, même au Mexique.

Dans l'Asie occidentale, sur les côtes de la Méditerranée, on rencontre des commerçants européens, surtout des Grecs. Ils sont dans les grands ports (5); mais ils ne forment pas de groupes considérables de colons, même dans l'île de Chypre (6).

Aujourd'hui l'Empire russe s'étend jusqu'au détroit de Béring; il surveille toute la frontière septentrionale de la Chine et gravit le plateau de Pamir. Il a rattaché Samarcande à la Caspienne par un chemin de fer et il est aux portes de Hérat. Il ne tardera probablement pas à créer une voie, partie par eau, partie par terre, sur laquelle la vapeur emportera voyageurs et marchandises de Moscou au Pacifique. Il gouverne les provinces cauca-

---

(1) En 1888 : 1,623 Anglais, 849 Américains, 488 Allemands, 312 Français.

(2) En 1889 : 3,276 Anglais, 1,061 Américains, 596 Allemands, 551 Français, 348 Espagnols, etc. Le Chibao, journal chinois, évaluait, en 1891, à 8,107 le nombre des Européens employés dans les maisons de commerce (552 maisons).

(3) 1,500 en 1889, au Tonkin ; 2,651 en Cochinchine, y compris l'administration. Les troupes françaises au Tonkin comprenaient, en 1889, 11,475 hommes.

(4) 77,188 hommes et 12,610 femmes. Il y avait 220,000 Anglais en 1886, en comptant l'armée.

(5) A Smyrne, à Samos, il y avait 605 étrangers en 1880.

(6) Sur 186,173 habitants en 1881, 182,704 étaient nés dans l'île.

siennes d'où il fait peser son influence sur la Perse et il menace le flanc oriental de l'Empire ottoman auquel il a enlevé en dernier lieu Kars et Batoum. Il possède en Asie près de 17 millions de sujets (1). Dans ce nombre, combien y a-t-il de rejetons de la race européenne ? La réponse n'est pas aisée ; car une partie des peuples si divers du Caucase est considérée comme ayant la même origine que les Européens sans cependant descendre d'eux, et, dans la Sibérie, les émigrants, les transportés, les métis vivent confondus avec les Asiatiques ; dans l'Asie centrale, les Russes, jusqu'ici, sont en petit nombre. C'est donc par pure hypothèse que nous attribuons 3 millions au contingent de la race européenne dans ces contrées.

En Afrique, l'Europe, qui a conquis dans le cours du xixᵉ siècle cette partie du monde à la science, y a plus fait de découvertes qu'elle n'a fondé d'établissements coloniaux dans la région tropicale. Dans cette région elle est représentée : à l'intérieur par des voyageurs et des missionnaires, parmi lesquels elle compte des martyrs ; sur les côtes, par trois ou quatre villes fondées avant ce siècle, par de nombreux comptoirs et par une nuée de trafiquants. Sept États européens s'y sont taillés de vastes possessions en découpant, sur la carte, presque toute cette immense région et en s'attribuant des territoires qui ne sont pas même explorés et sur les limites desquels ils ont des litiges.

Mais, aux deux extrémités de l'Afrique, dans l'une et l'autre zone tempérée, l'Europe a de solides établissements.

Au sud, la colonie du Cap, qui s'est développée par l'accroissement naturel de sa population plus que par l'immigration, celle de Natal, l'Etat libre d'Orange et la République Sud-africaine comptaient environ 616,000 habitants de race blanche en 1890 (2).

---

(1) En 1885 : 7,284,000 pour la partie asiatique des provinces caucasiennes ; 4,314,000 pour la Sibérie ; 5,327,000 pour le Turkestan ou Asie centrale sans compter la partie des gouvernements européens (Perm. oufa) qui se trouve en Asie.

(2)

ÉTATS OU COLONIES.	POPULATION.	
	TOTALE.	BLANCHE.
Le Cap........................	1.526.000	377.000
Betchouanaland, Basoutoland et Zoulouland..................	358.000	7.000
Natal.........................	424.000	35.000
Etat libre d'Orange (1890).........	207.000	78.000
République Sud-africaine (1890)...	679.000	119.000
	3.194.000	616.000

Au nord, l'Algérie est plus qu'une colonie, c'est une France d'outre-mer; à côté de 2,855,000 indigènes, le recensement de 1886 y avait enregistré 425,000 Européens (avec l'armée) dont la moitié (219,000) étaient Français; le résultat provisoire de celui de 1891 est de 492,600, (armée non comprise), dont 272,600 Français. Avec la Tunisie (49,000 Européens en 1890?) devenue l'annexe de l'Algérie, avec le Maroc où les étrangers sont en très petit nombre, avec l'Égypte où le recensement de 1882 a compté 90,886 étrangers, on atteint un total d'environ 633,000 Européens (sans compter l'armée d'Algérie), fixés dans la région méditerranéenne de l'Afrique.

Dans les îles du sud-est (Réunion, Maurice, Madagascar, etc.) et du nord-ouest (Canaries, Açores, Madère, etc.,) qui sont situées aussi vers les extrémités de l'Afrique et dont la population totale est d'environ 1,245,000 âmes (1), on peut approximativement compter le quart comme étant des créoles ou des mulâtres qui, de près ou de loin, tiennent de la race européenne. A Madagascar, les Européens sont encore en nombre très restreint.

On peut évaluer approximativement aujourd'hui (1890) à 91 millions 1/2 le nombre total des habitants de l'Afrique, de l'Asie, de l'Océanie et de l'Amérique, qui sont plus ou moins complétement de souche européenne et qui contribuent à répandre dans le monde la civilisation de leur pays d'origine :

En Afrique		1.562.000
Afrique méditerranéenne (Algérie, Tunisie, Egypte et Maroc)	633.000	
Afrique tropicale (moins les îles)	?	
Afrique australe	616.000	
Iles de l'Atlantique	170.000 ?	
Iles de l'océan Indien	143.000 ?	
En Asie		3.136.000 ?
Asie occidentale	?	
Empire des Indes	121.000 ?	
Indo-Chine	4.000	
Chine et Japon	11.000	
Possessions russes	3.000.000 ?	
A reporter		4.698.000

(1) Iles anglaises de l'océan Indien, 368,000 habitants ; Réunion et autres îles françaises, 205,000 ; Canaries, 281,000 ; Açores et Madère, 391,000.
Sur les 360,000 habitants de Maurice en 1881, il y avait 247,625 Indiens et 112,700

Report		4.698.000
En Océanie......		3.915.000
Malaisie.....	55.000 ?	
Australasie........	3.850.000	
Polynésie......................	10.000 ?	
Dans l'Amérique du nord		67.500.000
Puissance du Canada et Terre-Neuve.	5.500.000	
Etats-Unis........................	55.500.000	
Antilles........................	2.500.000 ?	
Mexique et Amérique centrale.....	4.000.000 ?	
Dans l'Amérique du sud		15.520.000
Brésil...........................	6.500.000 ?	
Guyane..........................	20.000 ?	
Républiques de la zone tropicale..	3.000.000 ?	
Chili............................	2.500.000	
République Argentine et Uruguay.	3.500.000	
TOTAL................		91.633.000

De 9 millions 1/2 en 1800 à 91 millions 1/2 en 1890, le nombre a décuplé en moins d'un siècle. Pendant ce temps, la population de l'Europe doublait (175 millions en 1800 et 360 environ en 1890). L'enfant a grandi plus vite que la mère, parce qu'il a devant lui l'espace.

La statistique de l'émigration européenne. — Les statistiques de l'émigration, publiées par divers États, ont été longtemps très imparfaites et, quoiqu'améliorées, sont encore incomplètes, peu comparables, parfois même discordantes (1). Il faudrait prendre beaucoup de peine pour y porter la lumière, si l'œuvre n'avait été faite, avec autant d'exactitude que la matière le comporte, par la Statistique du royaume d'Italie (2). C'est surtout dans ses documents que nous puiserons.

Les îles Britanniques ont été longtemps, à cause de leur ma-

---

habitants d'origine française pour la plupart, sur lesquels 20,000 blancs ; les autres étaient des créoles. La proportion des blancs à Maurice est considérée comme plus forte que dans les autres colonies tropicales. A la Réunion, il y a environ vingt-cinq ans, le nombre des blancs, y compris les fonctionnaires, était évalué à 34,000 sur un total de 193,000 habitants, soit 1/6.

(1) C'est une statistique dont il est difficile de rassembler et de faire concorder les éléments. D'ailleurs, celle du commerce extérieur, qui porte aussi sur des entrées et des sorties, est loin d'avoir la précision désirable et est très imparfaitement comparable d'un pays à l'autre.

(2) Voir, entre autres documents, le *Bulletin de l'Institut international de statistique,* années 1887, 1888, 1889 et 1890.

rine, de leurs colonies et de la situation particulière de l'Irlande, le principal foyer d'émigration européenne. Il est parti de leurs ports jusqu'à 34,787 émigrants en 1819, dont les 2/3 se rendaient au Canada : nombre considérable pour un temps où les transports se faisaient par voiliers ; car l'année 1815, la première pour laquelle on possède une statistique de ce genre, n'a donné que 2,081 émigrants et la moyenne annuelle de la période quinquennale 1815-1819, n'a été que de 19,400. Sous l'influence d'une crise commerciale, le nombre s'éleva tout à coup de 31,198 en 1829 à 56,907 en 1830 et jusqu'à 103,140 en 1832 ; depuis ce temps, il n'est descendu que très rarement au-dessous de 60,000 (1). La famine de l'Irlande en 1847, qui causa en quelques années un excédent de 600,000 décès sur les naissances, et l'exode qui en fut la conséquence le portèrent brusquement à 129,851 en 1846 et à 258,270 en 1847.

Les événements politiques de 1848 en Europe, la découverte des mines d'or de la Californie et de l'Australie furent des stimulants si énergiques que l'année 1852 a compté 368,764 émigrants : près des 9/10 étaient des sujets britanniques (2). Il faut aller jusqu'à l'année 1881 pour retrouver un chiffre aussi fort et jamais on n'a vu, depuis 1853, une telle proportion de sujets britanniques s'expatrier : 1 sur 100 habitants (3). Les récoltes de 1854 et de 1855 avaient été mauvaises en Irlande et, en 1857, une crise commerciale avait sévi en Angleterre : nouveaux stimulants. D'autre part, la vapeur favorisait désormais les départs et le transport des émigrants devenait une grande industrie maritime qui, en cherchant des clients, n'a pas peu contribué à l'accroissement du nombre. La crise de 1873 éleva tout à coup à 310,612 ce nombre qui n'avait été que de 252,435 en 1871. De 1875 à 1878, il est resté au-dessous de 200,000 ; mais la crise agricole et les difficultés au milieu desquelles s'est débattue l'industrie pendant les années suivantes ont renforcé le courant : l'année 1882 a fourni 413,288

---

(1) En 1835 : 41,478 ; en 1838 : 33,222 ; en 1843 : 57,212.

(2) La statistique anglaise ne distingue la nationalité des émigrants que depuis 1853. Cette année-là, sur 329,937 émigrants, 278,129 étaient sujets britanniques 31,459 étaient étrangers et 20,349 étaient de nationalité inconnue.

(3) La proportion des émigrants britanniques en 1853 a été de 10 par 1,000 habitants des îles Britanniques. Or, cette proportion a varié ensuite de 2 (en 1861) à 9 (en 1883).

émigrants et, de 1880 à 1889, le nombre n'est descendu qu'une fois au-dessous de 300,000 (1).

En résumé, de 1853 à 1870 (disettes de 1854, 1855, etc.), l'Irlande a fourni le contingent le plus fort ; l'exode lui a enlevé, en moyenne chaque année 1,5 p. 100 de sa population (2) et jusqu'à 2 p. 100 dans les premières années de la fièvre de l'or (3). Depuis 1871, la population anglaise a pris le premier rang (4); les mécomptes de l'agriculture et de l'industrie ont fait monter à 183,236 le contingent anglais en 1883, à 170,822 en 1888, à 163,518 en 1889 et à 139,979 en 1890. En 1888, l'émigration totale pour tous les pays par les ports (5) du Royaume-Uni (398,494 émigrants) s'est composée de 170,822 Anglais (et Gallois), de 73,233 Irlandais, de 35,873 Écossais et de 118,566 étrangers ou individus de natioalité inconnue; en 1889, sur 342,642 émigrants, elle comprenait 163,518 Anglais, 25,354 Écossais, 64,923 Irlandais et 88,846 étrangers ou individus de nationalité inconnue.

Les hommes sont en grande majorité : en 1888, 210,634 hommes, 122,689 femmes, 65,171 enfants au-dessous de 12 ans; en 1889,

---

(1) En 1885, il a été de 264,385 ; en 1888, de 398,494 ; en 1889, de 342,644 ; en 1890, de 315,980.

(2) La population de l'Irlande s'est élevée jusqu'à 8,199,000 habitants en 1840 ; elle n'était que de 4,706,162 en 1891.

(3) Sur ces 695,199 émigrants de la période triennale 1853-1855, 211,013 étaient Anglais (émigration annuelle d'environ 0,4 pour 100 de la population), 62,514 étaient Écossais (0,7 pour 100 de la population), 421,672 étaient Irlandais (2,1 pour 100 de la population). La même proportion (2,1 pour 100) s'est retrouvée en 1883 avec 105,743 émigrants irlandais.

(4) Cependant l'émigration est restée considérable ; le total de 542,703 émigrants irlandais enregistrés de 1871 à 1881 est inférieur à la réalité, car, en calculant d'après les dénombrements et l'excédent des naissances sur les décès, on trouve que l'Irlande a perdu, pendant cette période, 678,728 habitants. Pour l'Angleterre et le pays de Galles, l'excédent des naissances (3,410,000), augmenté du nombre des rapatriements d'Anglais et d'Irlandais confondus (798,000) et diminué de celui des émigrants (972,000), donne 3,237,000, lequel ne diffère pas beaucoup de la différence de population entre les deux recensements (3,273,000).

(5) Le port de Liverpool est de beaucoup le premier (240,566 émigrants en 1888) ; au second rang, Glasgow et Greenock (43,838), Queenstown (39,876), Londres (38,591); au troisième, Southampton, Londonderry, etc.

	En 1889.	En 1890.
Liverpool......................	197.855	190.785
Glasgow et Greenock..........	28.023	25.438
Queenstown...................	37.822	33.524
Londres......................	38.755	31.480

178,999 hommes, 111,403 femmes et 52,239 enfants au-dessous de 12 ans.

En 1888, les ouvriers agricoles (24,210), les mécaniciens (20,072), les manouvriers (80,216) parmi les hommes, les nourrices ou servantes (29,705) parmi les femmes, constituaient les groupes professionnels les plus nombreux. 14,176 hommes avaient un capital ou exerçaient un commerce. 65,658, soit 16 pour 100 du total, ayant fait le voyage en cabine, devaient posséder une aisance relative. Voici la répartition par profession pour les années 1889 et 1890 :

	En 1889.	En 1890.
Ouvriers agricoles............	16.299	11.441
Mécaniciens.................	15.467	12.113
Manouvriers.................	62.192	67.509
Nourrices ou servantes........	28.565	25.772
Ayant un capital ou exercant un commerce.................	15.131	13.172
Ont fait le voyage en cabine.	77.097 (soit 23 0/0 du total).	76.081 (soit 24 0/0 du total).

L'empire allemand fait concurrence à l'Angleterre. Comme les Allemands fournissaient une abondante matière de transport, Hambourg et Brême ont cherché à en avoir aussi les profits. En 1850, ces ports n'embarquaient encore que 33,206 passagers, contre 280,000 qui partaient du Royaume-Uni. Ils ont amené à eux une grande partie de la clientèle depuis 1870; en 1888, ils pouvaient opposer 204,901 passagers aux 398,000 des ports britanniques et en 1889, 197,067 aux 343,000.

En Allemagne, l'habitude d'émigrer date de loin. Dans l'antiquité et au moyen âge, l'Allemand allait dans les pays voisins; dès le XVII° siècle, il passait les mers. En 1888, le nombre des Allemands qui se sont embarqués a été de 98,515, y compris les 17,844 qui sont partis par la Hollande et par Anvers ; en 1889, il a été de 90,259 (y compris 16,158 par la Hollande et Anvers). Une moyenne de 2 émigrants par 1,000 habitants n'est pas excessive; mais les gênes du régime féodal l'élèvent à 4 pour 1,000 dans la Poméranie et la Prusse orientale et occidentale, et l'oppression systématique des Polonais à 7 en Posnanie, quoique ces provinces aient une densité relativement faible. Le Wurtemberg, bien que sa population soit dans une meilleure situation économique et politique, a aussi une forte émigration (3 pour 1,000).

Le reste de la clientèle de Hambourg et de Brême (106,386

en 1888 et 106,808 en 1889) vient d'Autriche-Hongrie (42,228 et 43,533), de Russie (39,307 et 36,629), et, en bien moins grand nombre, de Danemark, de Norvège, etc.

Anvers, qui avait compté 24,057 émigrants en 1885, en a eu 33.750 en 1887, 33,086 en 1888 et 39,401 en 1889. Les Allemands forment plus du 1/3 du contingent; les Anglais, les Belges et les Suisses viennent en seconde ligne, bien loin d'eux.

Des ports hollandais sont partis, en 1886, 11,792 émigrants, 19,188 en 1888 et 17,849 en 1889; des ports danois, en 1888, 8,659 et en 1889, 8,967.

La Suède n'a distingué qu'à partir de 1861 ses émigrants se rendant dans des États d'Europe de ceux qui vont hors d'Europe. Elle n'en enregistrait d'ailleurs annuellement pas beaucoup plus d'un millier de 1851 à 1860. Le nombre s'est considérablement accru; car il a été de 39,064 en 1869 (pour les pays d'Europe, 6,779, pour les pays hors d'Europe, 32,285); il s'est abaissé ensuite, pour se relever, en 1880, à 42,109 (pour les pays d'Europe 5,715, pour les pays hors d'Europe 36,398) et il n'est pas descendu, depuis ce temps, au-dessous de 23,000. C'est surtout dans les provinces méridionales que se produit le courant migratoire qu'activent l'esprit aventurier des Scandinaves et les sollicitations des parents ou amis déjà fixés dans le nord des États-Unis.

La Norvège est dans le même cas; l'émigration y est devenue d'autant plus forte que la difficulté de vivre dans le pays a été plus grande. Elle a atteint son maximum en 1882 avec 30,214 émigrants, dont 28,800 environ sont partis pour les États-Unis et l'Australie.

L'Italie est aujourd'hui un pays de très forte émigration. De 19,756 en 1876, le nombre des émigrants s'est élevé à 85,355 en 1886 et à 195,993 en 1888; il a quelque peu diminué les deux années suivantes, et il était de 104,733 en 1890 (1). En 1888, plus de 218,000 voyageurs de troisième classe se sont embarqués à Gênes (172,676), à Naples (42,779) et à Palerme (3,155) et, en outre, 46,539 Italiens ont pris passage à Marseille, au Havre, à

---

(1) Mais, si en 1889 la véritable émigration que la statistique italienne désigne par le terme d'émigration permanente a diminué, l'émigration temporaire a passé de 94,743 en 1888 à 112,511 en 1890. Les chiffres diffèrent quelque peu suivant les documents. Voir pour ceux que nous venons de citer : *Alcuni indici misuratori del movimento economico in Italia*, par M. Bodio.

Bordeaux, à Anvers, etc. La statistique italienne a calculé qu'en 1888, le nombre total s'élevait à 290,736 (94,743 ayant quitté temporairement leur pays natal et 195,993 constituant la véritable émigration), dont 82,941 pour des pays d'Europe, le reste pour d'autres parties du monde; en 1889, à 218,412, dont 92,631 pour les pays d'Europe. En 1888, la proportion des émigrants quittant l'Europe était de 63 par 1,000 habitants dans la province de Rovigo, de 50 à 150 dans celles de Padoue, Venise, Vérone, Mantoue, Vicence, Modène (Haute-Italie), et dans celles de Campobasso, Cozenza, Salerne, Potenza, Bénévent (Italie méridionale); proportion énorme, qui a baissé en 1889 (1). La forte densité et la pauvreté d'une grande partie de la population, en quête de moyens d'existence, expliquent l'émigration.

Quoique l'émigration annuelle, depuis une dizaine d'années, s'élève à 10,6 par 1,000 habitants en Norvège, à 7,1 dans le Royaume-Uni, à 6,3 en Suède, elle ne va pas (l'Irlande (2) et quelques provinces italiennes exceptées), jusqu'à épuiser l'excédent annuel des naissances sur les décès (3). C'est, pour ainsi parler, sur son revenu que la population européenne alimente l'émigration sans entamer jusqu'ici son capital (4).

Les essaims qu'elle a envoyés régulièrement chaque année durant la seconde moitié du XIXᵉ siècle sont évidemment un des traits saillants de la démographie européenne. De 1815 à 1889, le nombre des Européens enregistrés comme s'étant embarqués dans les ports de la Grande-Bretagne et de l'Irlande pour une autre partie du monde, non en vue d'un voyage d'agrément ou d'affaires, mais pour gagner leur vie, dépasse 12 millions; la plupart quittaient définitivement la mère-patrie. Ce chiffre ne

---

(1) Cependant elle était encore de 50 p. 1000 dans la province de Rovigo et de 150 dans celle de Cosenza qui présente le maximum pour l'année 1889.

(2) En Irlande, quoique la natalité soit en général supérieure à la mortalité, chaque recensement, depuis 1831, constate une diminution de la population; toutefois, cette diminution est moindre aujourd'hui qu'autrefois. En 1841, la population de l'Irlande présentait une augmentation de 5,2 p. 100 sur le recensement de 1831; en 1851, diminution de 19,8 sur 1841; en 1861, diminution de 11,5 sur 1851; en 1871, diminution de 9,6 sur 1861; en 1881, diminution de 4,4 sur 1871; en 1891, diminution de 8,1 sur 1881.

(3) Voir le chapitre précédent.

(4) Voici le tableau comparé de l'excédent des naissances et de l'émigration, par 1,000 habitants, dans les principaux États de l'Europe pour la période 1887-1889 (Les moyennes approximatives que nous donnons ici ont été obtenues d'après les rapports

comprend pas toute l'émigration dont le total, dans le cours du XIXᵉ siécle, dépasse assurément 15 millions, puisque les États-Unis à eux seuls ont reçu ce nombre d'immigrants.

En 1870, le nombre des Européens qui se sont expatriés ainsi a été d'au moins 260,000; en 1880, il s'est élevé vraisemblablement à plus de 600,000; en 1887 et en 1888, il a dépassé 800,000, d'après un calcul qui ne porte que sur les principaux ports ou pays d'émigration (1). Ce sont surtout des paysans qui partent pour travailler la terre; ce sont aussi des terrassiers et des manouvriers qui s'emploient dans les villes et pour la construction des chemins de fer ; en moindre nombre, des marchands, surtout des petits marchands de fruits et autres comestibles (2).

L'émigration française hors d'Europe. — Nous avons vu,

---

calculés pour chacune des trois années par M. Bodio, dans son ouvrage : *Di alcuni misuratori del movimento economico in Italia*, p. 94).

PAR 1.000 HABITANTS.
(Période 1887-1889).

ÉTATS.	EXCÉDENT des naissances sur les décès.	NOMBRE d'émigrants constatés.
Angleterre (et Galles)...........	12.87	5.93
Ecosse....	12.65	8.32
Irlande......................	4.97	14.95
France........	1.63	0.57
Suisse	12.70	2.47
Empire allemand..............	12.87	2.13
Autriche.....................	9.61	0.93
Hongrie......................	11.71	1.30
Italie.......................	11.31	5.25
Suède.......................	7.61	8.53
Norvège.....................	13.68	9.26
Danemark....................	12.79	4.17

Comparer les excédents des naissances de ce tableau avec le taux d'accroissement du tableau de la page 194.

(1)

PORTS.	1887.	1888.	1889.	1890.
Royaume-Uni....	»	398.494	342.641	315.980
Empire allemand	»	187.000	180.809	243.291
France.................	72.000	94.675	88.754	?
Belgique..............	33.750	36.086	39.401	?
Italie........	»	218.000	134.081	?
Pays-Bas.............	19.188	17.726	»	?
Danemark.............	»	8.630	8.967	?

(2) Voir : *Indagine sulla emigrazione italiana* (1888-1889).

dans le chapitre précédent (1), que, sur 15,920 Français qui ont pris annuellement des passeports en vue de se fixer à l'étranger durant la période 1854-1860, 6,560 étaient partis pour un pays d'Europe. Les autres, soit 59 pour 100 du total se sont embarqués pour une autre partie du monde.

Ce sont les départements du midi, surtout les départements montagneux des Pyrénées et des Alpes (bassins de la Garonne et du Rhône), les départements de la frontière de l'est et le Nord qui fournissent presque tous les émigrants (2). Pour les Basques des Basses-Pyrénées, les montagnards des Alpes et des Cévennes, les émigrants suivent une ancienne tradition de famille; la pauvreté pousse le montagnard hors de son pays natal; la proximité de la mer ouvrait aux Basques, hardis marins, les routes de l'Océan. Le phylloxéra, en ruinant les paysans, a été depuis dix ans une cause d'émigration dans les plaines de la Garonne.

Si l'on calcule d'après les passeports délivrés en vue d'un établissement à l'étranger, le total aurait varié de 19,957 (1885) à 12,297 (1860) avec une moyenne de 15,000 environ pour la période 1854-1860; il a été en réalité plus fort (3). Les passeports, depuis qu'ils ne sont pas obligatoires, sont devenus rares (4) et ne fournissent même pas un indice.

Si l'on calcule d'après la statistique du ministère de l'intérieur, qui ne remonte qu'à l'année 1857 et qui n'enregistre qu'une partie

---

(1) Page 326.

(2) Voici, d'après un calcul de M. Turquan, le nombre par 1,000 habitants des émigrants enregistrés pendant la période 1880-1889 dans les dix départements où ce nombre est le plus considérable :

Basses-Pyrénées	35.7	Aveyron	8.7
Hautes-Alpes	27.6	Doubs	8.6
Hautes-Pyrénées	21.2	Lot	8.4
Territoire de Belfort	18.0	Savoie	8.3
Haute-Saône	9.7	Pyrénées-Orientales	8.0

Dans ces départements, le nombre absolu des émigrants de la période 1880-1889 a varié de 15,474 (Basses-Pyrénées), à 1,692 (Pyrénées-Orientales); dans le département de la Seine, il a été de 5,224.

Voir, entre autres ouvrages sur la question, *l'Émigration en France* (*Comptes rendus de l'Académie des Sciences morales et politiques*, 1886), par le Dr Lagneau.

(3) Cependant les émigrants français enregistrés en 1860 par la statistique de l'émigration n'étaient que 9,632. Voir d'ailleurs le chapitre précédent. Les passeports délivrés par les préfets sont seuls comptés dans cette statistique. Les passeports délivrés directement par le Ministère des Affaires étrangères n'y figurent pas.

(4) En 1878, le nombre des passeports de ce genre était tombé à 2,316.

des passagers d'entrepont dans les principaux ports (1), elle aurait fourni 6,800 émigrants en moyenne, par an, de 1861 à 1870, et 5,750 de 1871 à 1880; mais un accroissement s'est tout à coup manifesté depuis quelques années et a porté ce nombre à 30,953 en 1889 et à 20,560 en 1890 (2) (Voir la note à la page suivante). Sur les 20,560 individus, 8,695 exerçaient la profession agricole, 6,397 une profession industrielle, etc.; plus de 3,000 étaient sans profession déterminée. Les hommes étaient en majorité (11,282 hommes, 5,493 femmes, 3,785 enfants); plus de la moitié avaient de 20 à 50 ans (3,450 de moins de 10 ans, 4,437 de 10 à 20, 12,122 de 20 à 50, 551 de plus de 50).

Le nombre des étrangers embarqués dans les mêmes ports de France, principalement à destination de la Plata, des États-Unis, du Canada et du Brésil, était, en outre, de 14,458 en 1865, de 71,336 en 1888 (15,844 Italiens, 5,840 Suisses, 5,694 Espagnols et Portugais, 5,436 Allemands, etc.), de 57,801 en 1889, de 50,945 en 1890; il a néanmoins beaucoup augmenté depuis 1879.

Pour apprécier les raisons de cette différence avec les États

---

(1 Les passagers d'entrepont, c'est-à-dire de la dernière classe, considérés seuls comme émigrants sont enregistrés par des commissaires spéciaux (à Paris et à Marseille) ou par des agents spéciaux de la police au Havre, à Bordeaux, à Bayonne, à Belfort et à Avricourt. Les passagers des paquebots des Messageries maritimes, qui font cependant le transport des émigrés et ceux qui ont moins de 40 émigrants de ce genre ne figuraient pas dans cette statistique.

Sur la demande de l'administration, la Compagnie fournit aujourd'hui des renseignements. En réalité il n'y a, depuis plusieurs années, que trois ports d'émigration qui envoient des tableaux de statistique au ministère : le Havre, Marseille, Bordeaux.

Il avait été dressé par les soins des préfets une autre statistique par départements de l'émigration de 1865 à 1877. Voir l'article *Migrations* du Dr Bertillon dans le *Dictionnaire encyclopédique des Sciences médicales*, et une lecture faite à l'Académie des Sciences morales et politiques en 1884 par le Dr Lagneau. Voir aussi la *Démographie figurée de l'Algérie*, par le Dr Ricoux et les *Mouvements de l'émigration*, publiés par le Ministre de l'Intérieur.

De 1854 à 1860, dans les relevés du Ministère de l'Intérieur, sous le régime du passeport obligatoire, les départs pour l'Algérie et les colonies n'étaient pas compris, non plus que certaines catégories de passeports. M. Ricoux estime que le nombre des Français qui se sont fixés en Algérie a été de 1,200 environ en moyenne par an de 1866 à 1872, de 5,230 de 1872 à 1876 et de 4,500 de 1878 à 1887. Ces émigrants partent principalement des départements du sud et de l'est (Basses-Pyrénées, Gironde, Hautes-Pyrénées, etc.) et de la Seine.

A ces nombres il faudrait ajouter les émigrants français enregistrés dans d'autres ports : en 1886, 24 dans les ports allemands, 487 à Anvers. L'Angleterre ne distinguant pas la nationalité des étrangers, on ignore le nombre des Français qui s'embarquent dans ses ports.

dont nous venons de parler, il ne faut pas oublier que la densité de la population est moindre en France que dans le Royaume-Uni, l'Allemagne et l'Italie, que l'accroissement en est plus lent et que la richesse y est supérieure à celle des derniers États.

Le docteur Bertillon évaluait hypothétiquement, il y a une trentaine d'années, à 20,000 le nombre des Français qui s'expa-

---

Note de la page précédente.

(1)

DATES.	ÉMIGRANTS FRANÇAIS.		
	D'après l'histoire de l'émigration au XIXᵉ siècle.	D'après le Ministère de l'Intérieur, service de l'émigration en France.	D'après la statistique départementale des préfets.
1853	5.257	»	»
1854	10.395	»	»
1855	10.115	»	»
1856	9.433	»	»
1857	10.808	17.939	»
1858	9.004	13.333	»
1859	»	8.737	»
1860	»	9.032	»
1861	»	8.501	»
1862	»	7.302	»
1863	»	5.575	»
1864	»	5.094	»
1865 (*)	»	4.715	4.489
1866	»	5.752	4.531
1867	»	6.047	4.938
1868	»	6.406	5.274
1869	»	7.898	4.837
1870	»	4.600	4.845
1871	»	5.947	7.109
1872	»	9.214	9.581
1873	»	7.141	7.516
1874	»	6.755	7.080
1875	»	4.464	4.464
1876	»	2.867	2.867
1877	»	3.666	3.666
1878	»	3.316	»
1879	»	4.634	»
1880	»	4.612	»
1881	»	4.456	»
1882	»	4.858	»
1883	»	4.011	»
1884	»	6.100	»
1885	»	6.069	»
1886	»	7.314	»
1887	»	11.170	»
1888	»	23.339	»
1889	»	30.953	»
1890	»	20.560	»

(*) Depuis 1865, la statistique donne le détail par port; ces ports étaient d'abord : Bayonne, Bordeaux, le Havre, Marseille; aujourd'hui ce sont : Bordeaux, le Havre, Marseille. En 1890, 30,846 étrangers et 9,076 Français se sont embarqués au Havre, 14,453 étrangers et 1,119 Français à Marseille, 6,646 étrangers et 10,365 Français à Bordeaux.

triaient annuellement pour s'établir dans les pays d'outre-mer ; le docteur Lagneau (en 1884), à 15,000 ; M. P. Leroy-Beaulieu, de 20,000 à 30,000. Il est certain que le nombre des émigrants est supérieur à celui des voyageurs d'entrepont inscrits dans quatre ports pour certaines catégories seulement de navires (1); il est même probable que la France, proportionnellement au total de ses émigrants, compte plus de passagers de cabine que l'Italie ou l'Allemagne ; mais les données manquent pour un calcul précis. Ce nombre, quoi qu'il en soit, a dépassé aujourd'hui 30,000; nous ne serions pas éloigné de croire qu'il approche de 35,000. La part de la France dans le grand mouvement de translation et d'expansion de la race européenne n'en reste pas moins minime.

C'est principalement vers la Plata, secondairement vers les États-Unis que se dirigeait jusqu'en 1890 le courant français ; puis vers le Brésil et les autres pays de l'Amérique latine (2).

---

(1) Les pays d'immigration, qui ont une statistique, enregistrent presque toujours plus de Français immigrants que la statistique française ne compte d'émigrants. En voici deux exemples (voir *Bulletin de l'Institut international de statistique*, t. V, p. 208).

ANNÉES.	ÉTATS-UNIS.		RÉPUBLIQUE ARGENTINE.	
	Partis pour les Etats-Unis d'après la statistique française	Arrivés aux Etats-Unis d'après la statistique des Etats-Unis.	Partis pour la République Argentine d'après la statistique française.	Arrivés à la République Argentine d'après la statistique argentine.
1880	2.666	4.939	1.603	2.175
1881	2.605	5.654	1.227	3.612
1882	2.742	5.560	1.189	3.382
1883	2.329	4.016	1.116	4.286
1884	2.518	3.692	2.564	4.731
1885	2.106	3.138	3.058	4.752
1886	2.427	4.085	3.350	4.662
1887	3.374	5.604	5.585	7.036
1888	4.142	6.872	16.716	17.105
1889	3.658	6.118	24.110	27.173
1890	»	6.685	»	»

(2) En 1889, sur 31,354 émigrants, 24,410 sont partis pour la Plata, 3,658 pour les Etats-Unis, 582 pour le Brésil et 1,918 pour les autres parties de l'Amérique.

Il est à remarquer que, parmi les émigrants français la proportion des enfants se trouvait (lorsque la statistique donnait ce détail) moindre que parmi les émigrants étrangers.

En 1860, dernière année où le passeport a été obligatoire, la destination des émigrants français a été la suivante sur 100 émigrants : 25.7 pour l'Europe, 26.2 pour l'Algérie, 20.3 pour l'Amérique du nord, 21 pour l'Amérique du sud, 0.3 pour les colonies françaises, 6.5 pour d'autres pays (*l'Émigration européenne*, par Legoyt, p. 161).

L'influence des agents d'émigration n'a pas été étrangère à l'accroissement qui s'est produit depuis 1887.

Tableau général de l'émigration européenne. — Le tableau suivant fait connaitre, de cinq ans en cinq ans, jusqu'en 1870 et par année depuis 1870, le nombre d'émigrants parti des ports de cinq États.

NOMBRE D'ÉMIGRANTS EUROPÉENS EMBARQUÉS DANS LES PORTS DES ÉTATS SUIVANTS SANS DISTINCTION DE NATIONALITÉ.

(Nombres exprimés en milliers d'unités).

ANNÉES.	ROYAUME-UNI.	EMPIRE ALLEMAND.	FRANCE.	BELGIQUE.	ITALIE.
1815	2	»	»	»	»
1820	26	»	»	»	»
1825	15	»	»	»	»
1830	57	»	»	»	»
1835	44	»	»	»	»
1840	91	»	»	»	»
1845	94	»	»	»	»
1850	281	33	»	7	»
1855	177	50	»	2	»
1860	128	47	»	2	»
1865	210	88	19	4	»
1870	257	79	26	0.1	»
1875	174	56	27	3	»
1880	332	150	45	20	»
1885	264	155	36	24	84
1886	331	180	43	22	79
1887	396	193	72	34	134
1888	398	205	95	36	219
1889	343	197	89	39	134
1890	»	260	»	»	»

Comme port d'embarquement, le Royaume-Uni, ainsi que nous l'avons déjà dit, a toujours été et reste le plus important; l'Allemagne vient ensuite et l'Italie la serre aujourd'hui de près. Relativement à la nationalité des émigrants, les rangs sont les mêmes pour ces trois États, comme le montre le tableau suivant dont la figure 173 est le commentaire graphique. L'Irlande est le pays qui fournit proportionnellement le plus fort contingent : 16 p. 100 (période 1880-1888), si fort qu'il dépasse l'excédent des naissances sur les décès et qu'à chaque recensement depuis 1841, le nombre de ses habitants est en décroissance :

En 1841...................... 8.199.853 habitants.
1891...................... 4.706.162 —

La Norvège vient en seconde ligne avec 11.6 p. 100 et la Suède avec 6.3 ; puis le Portugal, le Danemark, la Suisse, l'Italie avec une proportion de 3.8 à 3 p. 100 ; l'Allemagne avec 2.9. La France figure à peine, d'après les statistiques officielles, à raison de 0.1.

ÉMIGRATION DES PRINCIPAUX ÉTATS D'EUROPE
POUR LES PAYS SITUÉS HORS D'EUROPE.
Nombre d'émigrants appartenant à chaque nationalité (1).
(Nombres exprimés en milliers d'unités).

ANNÉES.	GRANDE-BRETAGNE ET IRLANDE.				EMPIRE ALLEMAND (2).	SUISSE.	AUTRICHE.	HONGRIE.	PORTUGAL.	ITALIE.	ÉTATS SCANDINAVES.			FRANCE.
	ANGLETERRE ET GALLES.	ÉCOSSE.	IRLANDE.	TOTAL.							SUÈDE.	NORVÈGE.	DANEMARK.	
1870..	105	23	74	202	»	3	»	»	»	»	16	15	4	5
1871..	102	19	71	192	75	4	9	0.1	»	»	13	12	4	6
1872..	118	21	72	210	126	5	9	0.5	17	»	12	14	7	16
1873..	123	21	84	228	110	5	10	0.9	19	»	10	10	7	8
1874..	116	20	60	197	48	3	9	0.0	15	»	4	5	3	7
1875..	85	15	41	141	32	2	11	1.0	15	»	4	4	2	4
1876 .	73	10	26	109	30	2	10	0.6	11	22	4	4	2	2
1877..	63	9	23	95	23	2	7	0.6	11	23	3	3	2	2
1878..	72	11	29	113	26	3	5	0.7	10	24	4	5	3	2
1879..	104	19	41	164	35	4	7	1.7	13	30	13	8	3	4
1880..	112	22	94	228	117	7	21	8.0	13	35	36	20	6	5
1881..	140	21	76	243	221	11	25	11.0	15	44	31	26	8	4
1882..	163	32	84	279	204	11	18	17.0	18	68	41	29	12	5
1883..	183	31	106	320	174	13	20	14.0	19	70	26	22	8	4
1884..	147	22	73	242	149	9	21	13.0	18	59	18	15	6	6
1885..	126	21	60	207	110	7	16	12.0	15	79	18	14	4	6
1886..	146	25	61	232	83	6	19	25.0	15	87	28	15	6	7
1887..	168	34	79	281	105	7	25	18.0	17	133	47	21	9	11
1888..	170	36	73	279	104	7	25	17.0	24	207	46	21	9	23
1889..	164	25	65	254	96	7	21	22.0	?	126	29	13	9	31
1890..	140	21	57	218	92	7	?	?	?	?	26	11	?	?

La statistique de l'immigration dans les principaux pays hors d'Europe. — Le principal courant humain de l'émigration débouche par la Manche ou par le canal de Bristol dans l'Atlantique ; un courant moins considérable sort par le détroit de Gibraltar, pendant qu'un autre entre par ce même détroit dans la Méditerranée pour en sortir, un peu grossi, par le canal de Suez.

On distingue, au point de vue de la colonisation, les pays d'exploitation et les pays de peuplement. Il y a matière à exploi-

---

(1) Les nombres de ce tableau et ceux du tableau précédent sont exprimés en milliers d'unités. Ils sont extraits des deux travaux insérés par le Directeur général de la statistique du royaume d'Italie dans le tome V du *Bulletin de l'Institut international de statistique*; de l'*Almanach de Gotha* pour 1891 et du *Statesman's Yearbook* pour 1890.

(2) Émigrants partis par les ports de Brême, de Marseille, du Hâvre et de Bordeaux.

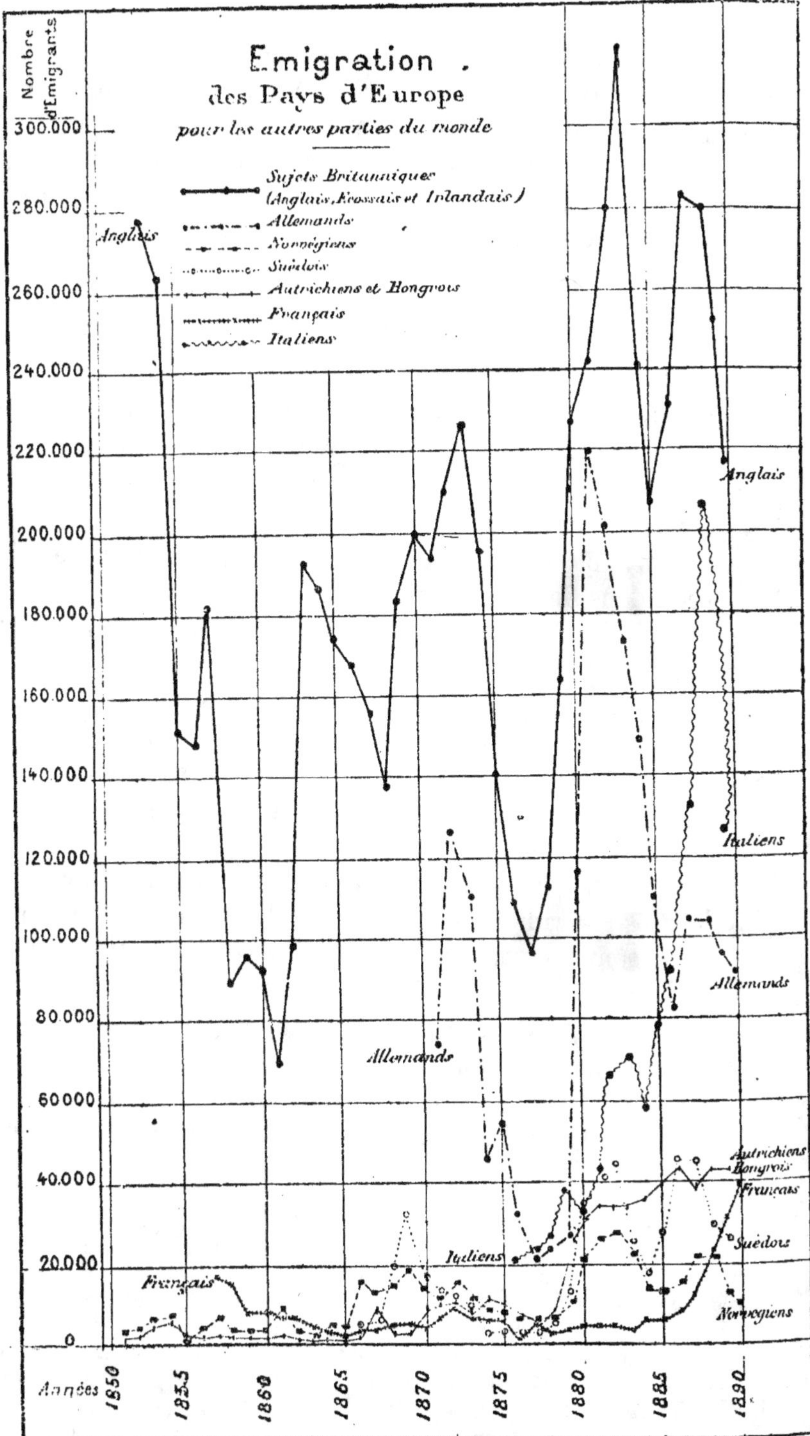

Fig. 173. — Emigration des pays d'Europe pour les autres parties du monde (1850-1890).

tation partout où il y a de la richesse ; mais il n'y a possibilité de peuplement que là où se rencontrent un climat propice aux Européens, un territoire suffisamment fertile et peu occupé par les indigènes, une population disposée à accueillir les étrangers.

C'est pourquoi il n'y a guère lieu de se préoccuper de l'exploitation dans la zone tropicale où, les îles et les hauts plateaux exceptés, il n'est pas douteux (quelque effort que de zélés colonisateurs aient faits pour démontrer le contraire) que le climat ne soit défavorable aux Européens. Dans l'Amérique centrale, par exemple, l'immigration est très faible (1). Quant aux îles, qui avaient d'abord séduit ceux-ci à cause de leurs productions spéciales, les terres fertiles y sont peuplées aujourd'hui et leurs produits rencontrent une telle concurrence que la plupart peuvent à peine nourrir leur population actuelle.

C'est à l'exploitation aussi que se borne à peu près le rôle de l'Européen dans des contrées où la densité de la population indigène est considérable, comme l'Inde, l'Indo-Chine, Java, et où la main-d'œuvre est à très bas prix.

Il ne se produit donc de grand courant d'émigration européenne ni vers l'Asie, ni vers la Malaisie, ni vers la Polynésie qui est trop petite, ni vers l'Afrique tropicale, ni vers l'Amérique centrale et les Antilles, ni vers la côte occidentale de l'Amérique du sud qui est trop éloignée.

Le Canada, les États-Unis, la République Argentine avec l'Uruguay, le Brésil méridional en Amérique, l'Australasie britannique en Océanie sont les seuls points où des courants de ce genre se portent de nos jours avec force et avec continuité. L'Afrique tempérée participe, dans une très modique mesure, à cette bienfaisante importation d'hommes.

Le Canada ouvre des espaces immenses à la colonisation, qui sont loin, il est vrai, d'être également cultivables partout ; la

---

(1) Le Mexique avait reçu, en 1882, 11,000 immigrants, presque tous Italiens ou Espagnols ; mais les difficultés que les étrangers ont rencontrées dans le pays a découragé l'immigration et un grand nombre sont partis ; il y avait cependant 9,553 Espagnols à Mexico en 1887. Au Costa-Rica, il y a eu un millier d'immigrants en 1887, venant moitié de la Jamaïque et moitié de l'Italie ; les quatre autres républiques de l'Amérique centrale ne reçoivent presque pas d'immigrants, quoiqu'on compte dans la ville de Guatémala environ un dixième d'Européens sur 65,000 habitants. Au Vénézuela l'immigration et l'émigration se balancent à peu près. Dans le Grand Océan, les îles Hawaï ont un mouvement plus considérable (5,532 immigrants et 2,890 émigrants en 1888) ; mais il se compose surtout de Chinois et de Japonais.

distance et surtout la rigueur du froid sont les grands obstacles. Ces deux inconvénients étant moindres dans le Haut-Canada qu'ailleurs, on comprend l'avantage dont a joui longtemps cette province. Le *Canadian Pacific Railway* a beaucoup amoindri le premier pour les territoires de l'ouest. Le Canada, où se trouvaient 240,000 individus de race européenne en 1800, renfermait 1,842,000 habitants au recensement de 1851, 4,325,000 (sans Terre-Neuve) au recensement de 1881 et en renferme, avec Terre-Neuve, 5 millions aujourd'hui (1).

Autrefois, les émigrants venaient presque tous par mer et remontaient le Saint-Laurent jusqu'à Québec ou Montréal. Maintenant, la plupart abordent à Halifax, à Saint-John et dans le centre des États-Unis ; les chemins de fer les conduisent aux Grands lacs, d'où des bateaux les portent jusqu'à l'extrémité du Lac Supérieur (2). Plus d'un tiers de ceux qui débarquent ne font

---

(1) Le recensement de 1891 a donné un résultat inférieur à celui que l'on attendait et le taux de l'accroissement de 1881 à 1891 a sensiblement diminué dans les provinces de l'est ; il n'a été considérable que dans les provinces de l'ouest. Voici ce résultat provisoire (par milliers d'habitants) et le taux d'accroissement depuis 1881.

NOMS DES PROVINCES.	RÉSULTATS provisoires du recensement de 1891 (par milliers d'hab.)	ACCROISSEMENT moyen annuel pour 100, de 1881 à 1891.
Nouvelle-Ecosse	450.5	0.22
Nouveau-Brunswick	321.3	» »
Ile du Prince Edouard	109.1	0.02
Québec	1.488.6	0.95
Ontario	2.113.0	0.96
Manitoba	154.4	0.80
Assinaboïa		
Alberto	61.5	14.10
Saskatchewan		
Colombie anglaise	92.7	8.76
Territoires non organisés	33.1	0.40
	4.823.3	1 15
Labrador et Terre-Neuve	200 0?	
	5.023.3	

(2) IMMIGRATION DANS LE DOMINION.

NOMBRE DES COLONS (*settlers*), DÉFALCATION FAITE DE L'ÉMIGRATION.

1871	27.773	1880	38.505
1872	36.578	1881	47.991
1873	50.050	1882	112.458
1874	39.373	1883	133.624
1875	27.382	1884	103.824
1876	25 633	1885	79 169
1877	27.082	1886	69.152
1878	29.807	1887	84.526
1879	40.492	1888	88.766

que passer pour se rendre aux Etats-Unis ; les deux autres tiers restent dans le Dominion au nombre de 79,000 en moyenne par an, depuis dix ans. Plus des 9/10 viennent des îles Britanniques (1) ; le reste arrive d'Allemagne, de Scandinavie, de Russie. Il y en a très peu de France, car au recensement de 1881, il ne s'est trouvé au Canada que 4,389 individus nés en France.

Mais la descendance des premiers colons français a merveilleusement prospéré : du nombre d'environ 70,000 en 1763, elle s'est élevée à celui de 1,298,000, d'après le recensement de 1881. En ajoutant, d'une part, les Canadiens qui, au nombre de plus de 100,000 sans doute, ont été chercher du travail aux États-Unis (2) et, d'autre part, le croît de la population depuis neuf ans, le total doit approcher aujourd'hui de deux millions (3).

Une rivalité passionnée divise dans ce pays les races et les religions : catholiques anglais, catholiques irlandais, protestants anglo-saxons. Les Français, serrés autour de leur clergé, défendent énergiquement leur nationalité par l'instruction et par la politique et la propagent même par l'émigration. Ils ont de nombreux représentants non seulement dans les États de la Nouvelle-Angleterre, mais dans le Nouveau-Brunswick, qui a été jusqu'en 1713 l'Acadie française, et dans le Manitoba, que des Français ont les premiers occupé et où on leur conteste aujourd'hui l'usage de leur langue maternelle dans les publications officielles.

Les États-Unis doivent leur existence à l'émigration euro-

---

(1) Les émigrants Irlandais se rendaient en grand nombre au Canada de 1840 à 1854. En 1847, année de famine en Irlande, le Canada a reçu 117,000 Irlandais. De 1854 à 1873, le courant s'est détourné sur les États-Unis. Depuis 1873, la construction des chemins de fer canadiens et la vente de terres publiques l'ont en partie ramené ; cependant l'immigration irlandaise a diminué.

(2) Il s'est même produit, au Massachusetts particulièrement, une sourde opposition contre cette émigration de Canadiens français, qui font concurrence dans les manufactures aux ouvriers américains et commencent à occuper des fermes abandonnées par leurs anciens fermiers par suite de la concurrence des terres de l'ouest. Une loi de 1887 a frappé d'une amende de 20 à 50 dollars les patrons qui emploient un adolescent ne sachant pas lire et écrire l'anglais ; une loi de 1888 a décidé que tout mineur, depuis l'âge de 13 ans, qui n'aurait pas fréquenté une école, ne pourrait être employé dans une fabrique.

(3) Quelques écrivains évaluent à 2,400,000, dont 1,700,000 au Canada, le nombre actuel des Canadiens français.

péenne. Celle-ci avait créé les treize colonies dont est issue la

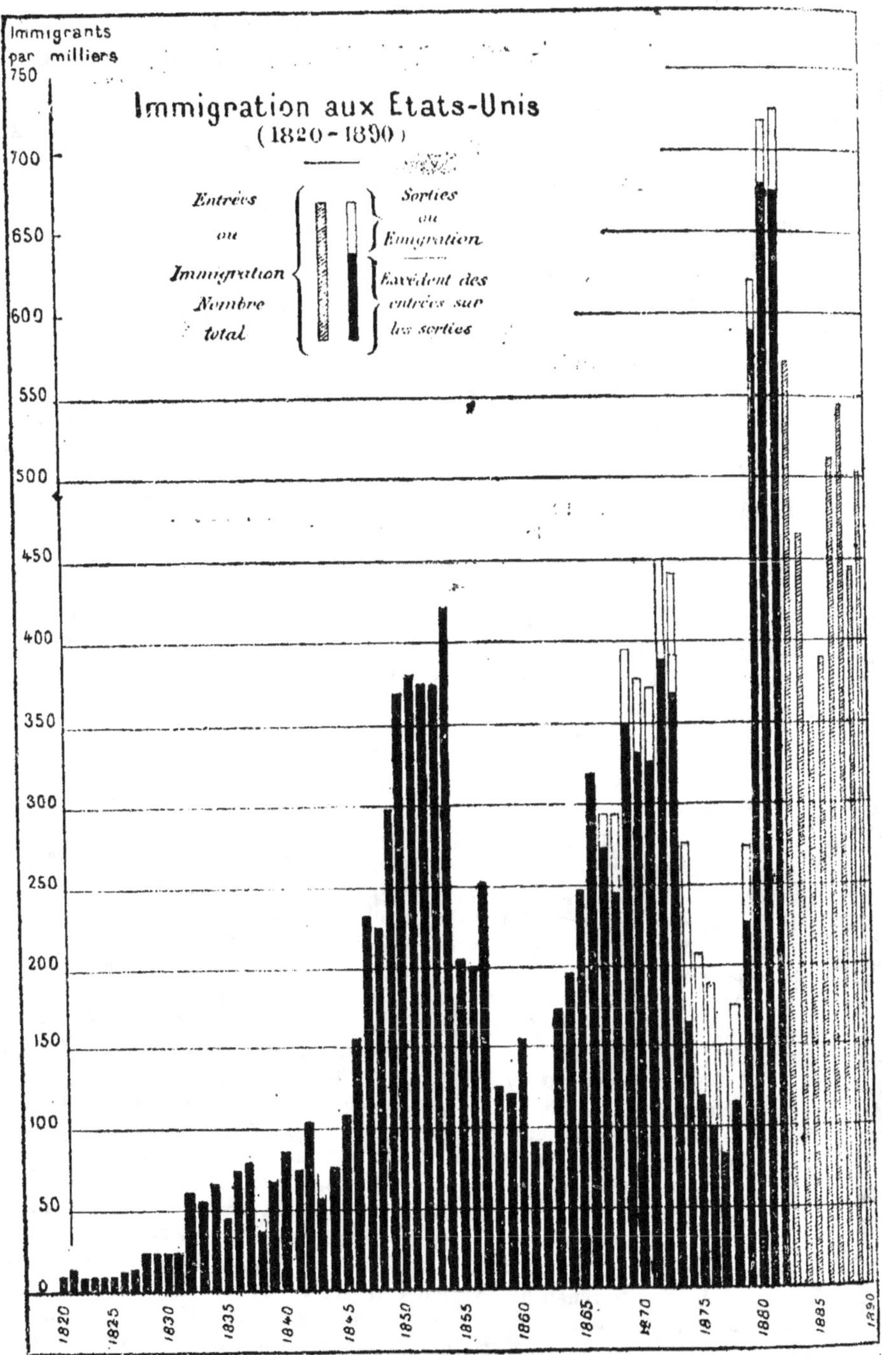

Fig. 174. — Immigration aux États-Unis (1820-1880).

grande république américaine. Elle n'a cessé de l'alimenter et de la fortifier. La figure ci-jointe (fig. 174) montre le mouvement annuel de cette émigration depuis 1820 (1); on y reconnaît quelques-unes des influences qui agissent sur le déplacement des races humaines.

M. Richmond Mayo Smith (2) a distingué avec raison deux périodes dans cette histoire : celle de la colonisation pendant laquelle s'est constitué, par la venue d'Européens, le fonds de la population américaine et se sont formées les institutions politiques du pays, et celle de l'émigration pendant laquelle des recrues européennes ont apporté chaque année leur travail, puis se sont fondues successivement dans une société déjà organisée.

La première s'étend jusqu'en 1783, c'est-à-dire jusqu'à la reconnaissance par la mère-patrie de l'indépendance des États-Unis; elle peut même être prolongée jusqu'en 1820, parce que, jusque là, l'émigration européenne a été très faible (3). L'importation

---

(1) La colonne, dans toute sa hauteur, représente le nombre des passagers de nationalité étrangère débarqués aux États-Unis; la partie de la colonne non ombrée représente (de 1867 à 1882) le nombre des étrangers qui sont venus sans intention de se fixer et celui des émigrants; la partie noire est donc l'excédent, c'est-à-dire l'accroissement annuel de la population des États-Unis par l'émigration. Depuis 1882 la destruction n'est pas faite et la colonne tout entière est ombrée.

La statistique de l'émigration a commencé en 1820, en vertu d'une loi (15e congrès, section II, chapitre XLVI) qui réglait le nombre de passagers par navire et prescrivait à l'administration des douanes de publier tous les trois mois le nombre des passagers arrivés par mer aux États-Unis. Ce n'est qu'à partir de 1856 qu'on a commencé à distinguer les véritables immigrants des passagers et à partir de 1881 qu'on a enregistré (autant qu'il a été possible de le faire) les immigrants par voie de terre.

(2) *Bulletin de l'Institut international de statistique*, tome III, 1888, 2e livraison.

(3) Cependant il y a eu au XVIIIe siècle quelques immigrations importantes : en trois années, 13,000 Allemands sont arrivés du Palatinat; en 1729, 5,000 Irlandais ont débarqué à Philadelphie; en 1790, le nombre total des immigrants s'est élevé à 10,000. Ce nombre a diminué durant les guerres européennes de la Révolution et de l'Empire. D'après les recherches de M. Franklin Bowditch Dexter (*Estimates of population in the American colonies*, 1887), la population coloniale était : en 1640, 25,000 blancs dont 3/4 dans la Nouvelle-Angleterre, et 1/4 dans la Virginie; en 1689, 206,000 (200,000 d'après Bancroft); environ 500,000 en 1721, l'augmentation étant due surtout aux colonies du centre; 1,207,000 en 1750; environ 2,580,000 en 1775, quoique les colons, qui voulaient donner une haute idée de leur force, portassent alors l'estimation à plus de 3 millions. Les estimations de M. Bancroft pour le XVIIIe siècle, sont en général un peu plus fortes. Le premier recensement (1790) a donné 3,172,000 habitants; mais il ne comprenait ni le Vermont, ni le territoire au nord-ouest de l'Ohio; la population approchait donc probablement alors de 4 millions. Le recensement de 1790 rectifié a donné 3,979,214 habitants. Voir la série des recensements des États-Unis, tome III de *La population française*, p. 199.

Le nombre des habitants des États-Unis s'était élevé de 3 millions, chiffre qu'il at-

des noirs, au contraire, a été considérable ; ils étaient 600,000, sans les États du sud en 1790 et 2,178,000 en 1830.

Dans la seconde période, la crise qui sévissait en Angleterre en 1827 a amené cette année jusqu'à 20,000 personnes. Pour la même raison, l'immigration s'est trouvée fort réduite pendant la crise américaine de 1836-1837. Dès 1830, les États-Unis avaient entrepris le réseau de leurs chemins de fer qui n'ont pas cessé, durant soixante ans, de fournir aux immigrants du travail pour la construction et des terres devenues cultivables par la facilité des communications. L'immigration a augmenté régulièrement depuis 1845, date qui correspond aux premiers grands progrès de la navigation, surtout de la navigation à vapeur. Après la famine irlandaise de 1846 qui a contraint un grand nombre de misérables à aller chercher leur pain en Amérique, la découverte de l'or, en 1848, a exercé une attraction subite et considérable ; on s'est rué vers les mines où chacun, en partant, rêvait une fortune et où beaucoup n'ont rencontré que la misère. Cependant, le pays se peupla et la terre fut fécondée par les bras de ceux qui se décidèrent à la cultiver. A partir de 1855, un certain découragement se manifesta et l'immigration retomba (1858-1859) au-dessous du niveau de 1845. La guerre de Sécession la paralysa quelque temps (1861-1862). Mais le nord triomphant sillonna de chemins de fer les plaines de l'ouest ; la locomotive, traversant les prairies et franchissant la Cordillière, unit les deux océans ; les manufactures se multiplièrent, la suppression de l'esclavage élargit le champ du travail libre. L'immigration suivit le progrès ; elle atteignit, en 1873 (année fiscale 1872-1873), le chiffre de 459,000 (voyageurs et émigrés non défalqués).

L'exagération des entreprises et l'abus du crédit amenèrent une crise commerciale qui, pendant plusieurs années, entrava de nouveau les affaires aux États-Unis et l'émigration diminua ; en 1878 (année fiscale 1877-1878), elle n'était que de 138,000. Cette crise passa et l'émigration remonta. D'un bond, pour ainsi dire, sous l'influence d'une autre crise qui chassait les Européens d'Europe ; elle atteignit, en 1882, (du 1er juillet 1881 au 31 juin 1882), le chiffre de 788,922 (environ 735,000, défalcation faite de l'émigra-

---

teignait à peine en 1783, à 7,862,000 en 1820. C'était presque exclusivement par l'excédent des naissances sur les décès et par la traite des noirs ; car les auteurs américains n'estiment qu'à 250,000 le total des immigrants libres de cette période.

tion) (1), qu'on n'avait jamais vu jusque-là et qui a fléchi dans les années suivantes, sans redescendre cependant au-dessous de 334,000 (en 1886). De 1820 à 1890, les États-Unis ont ainsi reçu d'Europe (défalcation faite des émigrants depuis 1867) plus de 15 millions de recrues (2).

Le tableau suivant donne les chiffres de l'immigration par période décennale et présente en même temps, comme termes de comparaison : 1° la population des États-Unis à chaque recensement avec son taux d'accroissement et avec les parties du territoire habité ; 2° la longueur des chemins de fer exploités, lesquels ont facilité le peuplement des régions de l'intérieur.

| IMMIGRATION (3). | | POPULATION. | | | NOMBRE de milles car. habit⁰ˢ exp. en milliers d'unités, dont la pop. | | KILOMÈTRES DE CHEMINS DE FER EN EXPLOITATION A LA FIN DE L'ANNÉE. |
PÉRIODES.	Nombre d'immigrants étrangers (y compris ceux qui n'avaient pas l'intention de s'y fixer).	DATES DES RECENSEMENTS.	Nombre d'habitants exprimé par millions d'unités.	Accroissement pour 100 d'un recensem. à l'autre.	A au moins 2 habitants par mille carré.	À plus de 90 habit. par mille carré (les nombres de cette col. sont compris dans le total de la col. précéd⁰ᵉ)(4).	
»	»	1790	3.9	35	240	0.8	»
»	»	1800	5.3	36	306	1.2	»
»	»	1810	7.2	32	408	1.2	»
..	»	1820	9.7	33	509	1.3	»
1820-1830.........	143.440	1830	12.9	32	633	3.4	37
1831-1840..........	599.130	1840	17.1	35	807	5.8	4.514
1841-1850.........	1.713.250	1850	23.2	35	979	11.2	14.515
1851-1860.........	2.598.200	1860	31.4	22	1.195	11.2	49.291
1861-1870.........	2.466.752	1870	38.6	30	1.272	18.3	85.138
1871-1880.........	2.944.695	1880	50.2	25	1.570	25.1	150.726
1881-1889.........	4.681.191	1890	63.0	»	»	»	260.000
1890...............	515.892	»	»	»	»	»	»
	15.146.658						

(1) Les émigrants partis des Etats-Unis ont été de 42,000 en 1878-79, 32,000 en 1879-80, 38,000 en 1880-81, 53,000 en 1881-82.

(2) Le détail par année change suivant qu'on le présente par année civile ou par année fiscale et qu'on déduit ou qu'on ne déduit pas l'émigration. La statistique des États-Unis indique : 1° le nombre total des passagers arrivés aux États-Unis (exemple : 329,971 en 1879) ; 2° le nombre total des passagers partis des États-Unis (109,872, d'où excédent des arrivées : 213,099) ; 3° les citoyens des États-Unis qui, parmi les arrivés, sont rentrés aux États-Unis (50,484) ; 4° les étrangers venus aux États-Unis sans intention de s'y fixer, (21,922) ; 5° l'arrivée des étrangers (272,487) qu'on obtient en retranchant le numéro 3 du numéro 1 ; 6° l'immigration nette qu'on obtient en retranchant les numéros 3 et 5 du numéro 1 ; 7° l'émigration nette (37,466) ; 8° l'excédent de l'immigration nette sur l'émigration nette, qui représente l'accroissement de la population.

(3) Voir : *Emigration and immigration ; Reports of the Consular officers of the United States*, Washington, 1887 ; *Bulletin de l'Institut international de statistique.*

(4) C'est-à-dire ayant au moins environ 36 habitants par kil. carré.

C'est surtout au printemps (avril, mai et juin) que les émigrants affluent. Les hommes sont, comme dans toute immigration, en grande majorité : en 1889, 263,000 contre 181,400 femmes ; en 1889-1890, 281,853 contre 173,149.

Les manouvriers, les ouvriers agricoles, les domestiques et les gens sans occupation déterminée (ce sont surtout les femmes qui composent cette catégorie) forment plus des 9/10 du total. Les mécaniciens, les maçons, les charpentiers et menuisiers, les mineurs, les forgerons, les tailleurs, les cordonniers, les bûcherons viennent ensuite (1). C'est principalement de la main-d'œuvre, agricole ou manufacturière, que demandent les entrepreneurs aux États-Unis.

New-York d'abord, Baltimore, Boston, Philadelphie ensuite sont, avec les ports canadiens, les principaux ports de débarquement. De là, les immigrants se répandent sur la surface du vaste territoire de la République. Ils s'y distribuent en raison soit de leur profession, les mineurs en Pennsylvanie, les bûcherons dans le Michigan, etc., soit de leur nationalité, chacun cherchant un groupe de compatriotes qui parle sa langue et qui ait ses mœurs, soit en vertu de circonstances particulières. Ils vont rarement dans le sud où le climat et la concurrence des noirs ne sont pas pour les inviter. Ils préfèrent les États du centre-est (New York, New Jersey, Pennsylvanie, etc.) et de l'ouest (vallée du Mississipi au nord du confluent de l'Ohio) (2). C'est en général la région septentrionale des États-Unis qui béné-

---

(1) En 1880, sur 100 personnes employées dans chacune des catégories de travaux, le nombre de celles qui étaient nées à l'étranger était de :

Agriculture	10.7
Petite industrie et service personnel	24.5
Commerce et transports	25.3
Manufactures et mines	31.9

Professions dans lesquelles plus de 40 p. 100 étaient étrangers (surtout allemands).

Boulangers	36 1
Ebénistes	41.8
Ouvriers en cigares	44.6
— en cuir	45.7
Tailleurs de pierre	44.6
Mineurs	53.9
Tailleurs	53.5

(2) Sur les 371,000 immigrants arrivés à New York en 1887, 220,000 ont déclaré venir pour se fixer dans les Etats du centre, 100,000 dans les Etats de l'ouest.

ficie de ces recrues, parce que son climat convient aux Anglais, aux Allemands et aux Scandinaves et parce que le travail y est mieux assuré qu'ailleurs. Le recensement de 1880 a montré que, dans le bassin de l'Ohio et du Missouri, la population étrangère était en moyenne de cinq individus par mille carré (1), tandis qu'elle était seulement de 1 au sud de cette limite ; que la proportion des étrangers aux nationaux s'élevait jusqu'à 50 p. 100 dans le Far West, tandis qu'elle n'était que de 1 p. 100 dans les États du sud.

Le recensement de 1880 porte que 6,680,000 habitants des États-Unis, soit 13,3 p. 100 de la population totale, étaient nés à l'étranger. Ce nombre ne donne qu'une idée incomplète du contingent de l'immigration, car il ne comprend ni les enfants de ces 6,680,000 personnes vivantes qui sont nés aux États-Unis, ni les fils et filles d'anciens immigrants morts avant l'année 1880.

Le recensement a pu pousser plus loin l'analyse dans un certain nombre d'États et compter que, sur 26,351,000 habitants, il s'en trouvait 14,922,000, soit 56 pour 100, dont le père ou la mère étaient étrangers. On peut donc supposer que la moitié environ de la population n'appartient pas à l'Amérique depuis plus d'une génération (2).

---

(1) Les États du centre et de l'ouest où les étrangers se trouvent en plus grand nombre sont : Massachusetts, Connecticut, New York, Pennsylvanie, Ohio, Indiana, Illinois, Missouri, Kansas, Michigan, Wisconsin, Iowa, Nebraska, Minnesota.

(2) L'État de Massachusetts a dressé une statistique plus détaillée de l'origine de sa population. En 1885, le nombre des habitants nés à l'étranger était de 27,13 p. 100, à savoir 29,25 en Irlande, 10,80 dans les colonies britanniques de l'Amérique (sur ces 10,80, 5,25 étaient des Canadiens français), 6,29 en Angleterre et Ecosse, 2,25 en Allemagne, 0,20 en France, etc. La population de l'État se répartissait ainsi d'après l'origine :

ORIGINE DE LA POPULATION DU MASSACHUSETTS EN 1883.

NÉS DE PARENTS	LES PARENTS, ÉTANT NÉS EUX-MÊMES		RAPPORT POUR 100 À LA POPULATION TOTALE DE L'ÉTAT.
	Aux Etats-Unis.	A l'étranger.	
Américains..............	60.29	0.43	44.05
Etrangers..............	28.49	98.06	47.36
L'un américain, l'autre étranger.............	8.16	0.81	6.17
Individus d'origine inconnue.............	3.06	0.70	2.42

Il s'est trouvé, pour les États-Unis en général, beaucoup plus de personnes ayant

Par un calcul ingénieux, le bureau de statistique de Washington a établi que, sur les 50 millions d'habitants des États-Unis en 1880, 31 millions et demi environ étaient de race américaine et près de 19 millions étaient nés à l'étranger ou nés de parents ou grands-parents étrangers. En réalité, presque tous ont des ancêtres européens.

Les Irlandais sont en grand nombre, surtout dans les États du nord-ouest (Massachusetts, New York, Pennsylvanie, Illinois, etc.) et principalement dans les villes où ils sont employés comme domestiques ou ouvriers ; les Allemands dans l'Ohio, le Minnesota, le New York, la Pennsylvanie, l'Illinois, le Missouri, le Wisconsin, où on les rencontre comme ouvriers de fabrique ou de ferme ; les Anglais dans les mines de Pennsylvanie, etc. ; les Scandinaves dans les fermes du Minnesota et du Wisconsin ; les Français dans les grandes villes et dans la Louisiane ; les Canadiens dans les manufactures du Massachusetts et dans les exploitations forestières du Michigan. Tous sont groupés suivant certaines affinités de climat, de race ou de profession (1).

Le Royaume-Uni fournit le plus fort contingent : conséquence de l'affinité de langue et d'origine, ainsi que de la grande expansion de la race anglo-saxonne dans le monde. Ses immigrants étaient au nombre de 153,549 en 1888-89 ; ceux de l'Allemagne de 99,538 (92,427 en 1889-90). En troisième ligne, les États scandinaves en fournissaient 57,500 (50,368 en 1889-90) ; l'Italie 24,800 ; l'Autriche-Hongrie 34,164 ; la Russie 31,900 (33,137 en 1889-90) ; la France ne figurait en 1888-89 que pour 5,918 émigrants (2).

---

un père étranger que de personnes ayant une mère étrangère, parce que les hommes émigrent plus que les femmes. Cependant, au Massachusetts, il y avait plus de femmes que d'hommes, à cause des domestiques et ouvrières (d'origine anglaise ou irlandaise) venues du Canada.

(1) Cette répartition est celle qu'a constatée le recensement de 1886.

(2) Émigrants de France qui se sont établis aux États-Unis (d'après la statistique américaine).

Année		Année	
1873	14.798	1882	6.003
1874	9.643	1883	4.821
1875	8.321	1884	3.608
1876	8.002	1885	3.493
1877	5.856	1886	3.318
1878	4.159	1887	5.034
1879	4.665	1888	6.454
1880	4.313	1889	5.918
1881	5.227	1890	6.585

D'après l'estimation des statisticiens américains, les 15 millions et demi d'émigrants que les États-Unis ont reçus de 1821 à 1890 se composeraient de 6,317,000 habitants des Iles Britanniques (dont 3,508,000 Irlandais), de 4,554,000 Allemands, de 1,091,000 Scandinaves, de 453,000 Austro-Hongrois, de 402,000 Italiens, de 369,000 Français, de 338,000 Russes ou Polonais, de 290,000 Chinois, de 174,000 Suisses, de 102,000 Hollandais, etc., et, en outre, de 1,047,000 individus venus des possessions britanniques de l'Amérique du Nord, c'est-à-dire du Canada, mais qui la plupart n'en étaient pas originaires.

Le mélange des races ne se fait que très lentement, comme on le voit d'après la statistiq' suivante, qui porte sur dix États des États-Unis au recensem` de 1880.

	SUR 100 ÉPOUX DE CHAQUE NATIONALITÉ, NATIONALITÉ DE L'ÉPOUSE		
	IRLANDAIS.	ANGLAIS.	ALLEMANDS.
Mariés à une femme de leur nationalité .	91.1	73.2	86.5
Id. à une femme américaine........	6.3	16.7	8.2
Id. à une femme d'une autre nationalité	2.6	10.1	5.3

Les 15 millions de recrues (1820-1890) sont venus en très grande majorité dans la vigueur de la jeunesse (1), prêts à payer l'hospitalité par leur travail sans que leur éducation ait rien coûté à la nation américaine (2). Beaucoup sont même arrivés avec des capitaux qu'ils ont fait fructifier au profit du pays, en même temps qu'à leur profit particulier. Ils ont fait souche (3), et le rapide doublement de la population est dû en partie aux naissances dont ils ont augmenté le nombre.

Cet apport continu de forces humaines a été incontestablement avantageux, puisqu'il a fait les États-Unis et créé ainsi une des

---

(1) En 1887, par exemple, 71 p. 100 environ des immigrants étaient âgés de 15 à 40 ans. Les adultes sont en plus forte proportion dans la population née à l'étranger que dans la population née aux États-Unis. Voir livre II, chapitre xv, la population par âge aux États-Unis.

(2) Si on estime à 4,000 francs (moyenne de plusieurs évaluations données par des auteurs américains), la valeur moyenne d'un immigrant adulte et si l'on suppose que le nombre de ces adultes ait été de 15 millions, les États-Unis auraient reçu, au xixe siècle, un capital humain équivalant à 60 milliards.

(3) D'une statistique du Massachusetts, dressée en 1885, il semble résulter que les ménages étrangers aient plus d'enfants que les ménages indigènes. Nous avons vu qu'en France la natalité (années 1888 et 1889) avait été plus forte parmi les étrangers que parmi les Français.

plus grandes nations du monde. Le moule avait été pétri par les colons du XVIIIe siècle. Les immigrants du XIXe l'ont rempli et l'ont élargi en même temps qu'ils en prenaient eux-mêmes la forme.

Les Américains pensent que la diversité même des origines et les mariages mixtes qui en ont été la conséquence ont contribué à la qualité du type nouveau qui en est résulté; quoique la statistique ne possède aucune preuve directe de l'influence des mélanges de sang (1), cette prétention nous paraît fondée.

Tout n'est pas profit dans cet apport. Depuis que les immigrants affluent par centaines de mille chaque année, appartenant la plupart aux classes pauvres, l'assimilation est devenue plus laborieuse. Aux États-Unis, en 1880, le onzième (8,7 pour 100) de la population au-dessus de dix ans née aux États-Unis ne savait pas écrire, tandis que la population née à l'étranger en accusait un huitième (12 pour 100). Au Massachusetts, en 1885, sur 100 illettrés, 11,4 étaient Américains et 88,6 étrangers, la plupart venus d'Irlande ou du Canada. L'école est un laboratoire dans lequel s'opère la fusion des éléments adventices ; mais les immigrants adultes n'y entrent pas. D'autre part, aux États-Unis comme partout, l'immigration fournit beaucoup de misérables (2) et plus de criminels que le reste de la nation (3).

Lorsque les émigrants étaient pour la plupart de race anglo-saxonne, l'assimilation se faisait beaucoup plus facilement. Les Irlandais, différents par les mœurs et la religion, ont les premiers apporté dans le concert une voix discordante ; sont venus ensuite les Allemands qui depuis 1870 sont fiers de leur nationalité. Le contraste est devenu beaucoup plus choquant encore quand ont afflué les Italiens, les Russes, les Polonais. C'est pourquoi l'Amérique s'inquiète.

---

(1) Il ne faudrait pas en conclure que tout mélange de sang soit avantageux ; ainsi, dans l'Amérique du sud, les métis constituent, en général, une race inférieure aux Européens de pur sang.

(2) Ainsi, dans les maisons de pauvres de l'État de New York, il y avait 1 pauvre né dans l'État par 160 habitants indigènes et 1 pauvre étranger par 35 habitants nés à l'étranger. Au Massachusetts, en 1885, il y avait 4,661 pauvres américains et 4,147 étrangers sur 1,415,274 Américains (nés aux États-Unis) et 526,687 étrangers (nés à l'étranger).

(3) En 1866, dans l'État de New York, le nombre des condamnés par rapport à la population était trois fois plus élevé pour la population étrangère que pour la population indigène ; au Massachusetts la proportion était beaucoup plus forte encore.

La République Argentine exerce dans l'hémisphère sud une attraction analogue à celle des États-Unis, quoique beaucoup moins énergique. Elle possède une immense plaine dont une notable partie pourra être livrée à la charrue et dont une partie

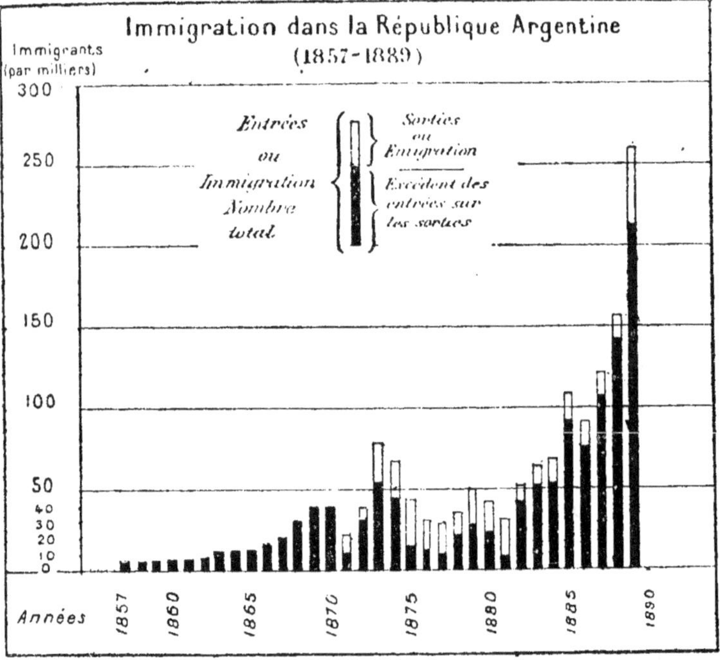

Fig. 175. — Immigration dans la République Argentine (1857-1890) (1).

beaucoup plus considérable est propre au pâturage et est déjà aménagée sur de grands espaces La distance et l'insécurité résultant des dissensions intestines en avaient écarté le grand courant migratoire jusqu'à l'époque de la chute de Rosas, quoique depuis longtemps, les Basques et les Italiens connussent le chemin de Buenos-Aires. Ce n'est qu'après la paix sociale et le commen-

---

(1) La statistique de l'immigration dans la République Argentine a commencé en 1857.

NOMBRE D'IMMIGRANTS
(Exprimé en milliers d'unités).

1857-1859 moyenne annuelle.	47	1884	78
1860-1869 —	15	1885	109
1870-1879 —	48	1886	93
1880	41	1887	121
1881	47	1888	156
1882	51	1889	260
1883	63	1890	138

cement de la construction des chemins de fer, en 1863, que l'immigration a dépassé le chiffre de 10,000; (voir la figure 175); en 1870, elle atteignait déjà 40,000. La crise européenne de 1870-1871 a valu à cette république 76,332 immigrants en 1873. Le courant, qui s'était ralenti ensuite pendant quelques années, reprit un essor vigoureux de 1884 à 1889 et amena, soit directement, soit par Montevideo, 260,000 émigrants en 1889. Tous ne sont pas restés; cependant, on évaluait aux 2/3 le nombre de ceux qui s'étaient fixés dans le pays de 1871 à 1889 (453,000 arrivées, 147,000 départs). La colonie agricole y a rencontré deux difficultés permanentes qui ont été cependant à peu près surmontées dans les provinces de Santa-Fé et de Buenos-Aires : le climat qui est généralement sec et le sol qui est plus propice au pâturage qu'au labourage et qui exige surtout de vastes exploitations, et la très grande propriété qui en est la conséquence. Elle s'est heurtée, en 1890, à un autre obstacle qui a arrêté et fait refluer le courant (1) : une crise très intense causée par l'abus du crédit a profondément ébranlé le pays. On ne saurait encore en prévoir le terme ; mais les chiffres de l'immigration et de l'émigration pendant le premier semestre de 1890, quoiqu'ils soient antérieurs à la crise et ceux (chiffres provisoires) du premier semestre de 1891 montrent déjà le changement.

	Arrivés.	Partis.	Différence.
1er semestre 1889	144.389	44.590	+99.799
1er semestre 1890...............	82.886	37.096	+45.796
1er semestre 1891...............	36.459	30.030	+ 6.423

Dans cette contrée de climat tempéré chaud et de langue latine, les Italiens, qui sont arrivés en 1888 au nombre de 75,029 et en 1889 au nombre de 84,647 (surtout dans les provinces de Santa-Fé et de Buenos-Aires), et les Espagnols, qui affluent depuis 1884 et qui fournissaient 71,151 immigrants en 1889, dominent ; les Français, dont l'immigration n'est importante que depuis 1887, venaient après eux avec 27,173 immigrants (2).

---

(1) Déjà, en 1889, pendant qu'arrivaient 260,000 immigrants qu'un recrutement trop peu mesuré avait attirés, il y avait une émigration de 40,649 personnes, au lieu de 12,790 en 1888. En 1890 il y a eu 82,981 départs contre 138,407 arrivées.

(2) En 1886, le commissaire général de l'immigration dans la République Argentine écrivait : « Parmi les immigrations d'Europe, il n'en est pas qui présentent de meilleurs antécédents, des conditions plus satisfaisantes que l'immigration française. »

Les Belges en comptaient 8,666 ; les autres peuples moins de 2,000 chacun.

L'Uruguay appartient aussi au Rio de la Plata. Le port de Montevideo avait reçu exceptionnellement 24,339 émigrants en 1873. Le nombre, depuis cette époque, a varié entre 27,349 (1889) et 5,298 (1875), et, comme les départs balancent la moitié environ des arrivées, il n'est resté en moyenne que 5,000 à 7,000 colons par an durant la dernière décade (1878-1887). L'Uruguay possède des terres fertiles, mais il en a peu à vendre et il n'a pas fait les mêmes dépenses que sa voisine pour attirer des colons; en outre, il est quelque peu atteint du mal financier dont elle souffre (1).

Le Brésil méridional participe du climat et de l'agriculture des États de la Plata; l'immigration y est déjà de date ancienne et il y a des colonies agricoles d'Allemands ou d'Italiens qui prospèrent dans les États de Rio-Grande do Sul et de Parana; dans l'État de Rio-Janeiro même il y a des villes, comme Novo-Friburgo et Petropolis, qui doivent leur origine à des colons européens. Depuis l'abolition de l'esclavage (mai 1888) et même auparavant, soit en vue de la colonisation agricole, soit en prévision de cette abolition et pour fournir des travailleurs aux plantations de café et de sucre, le Brésil a fait un énergique appel à l'émigration européenne. Celle-ci est venue, surtout dans les États (provinces jusqu'en 1889) de Saó-Paulo, de Rio-de-Janeiro et dans le sud. On ne comptait encore au Brésil, en 1883, que 28,000 recrues attirées principalement d'Italie et de Portugal; il y en a eu 131,745 en 1888 (2), 65,187 en 1889, 107,100 en 1890 et 81,792

---

(1) En 1890, il y a eu 19,852 départs contre 24,117 arrivées.

(2) D'après la statistique du bureau brésilien de l'inspection des terres et de la colonisation, l'immigration dans les trois ports de Rio-de-Janeiro, de Santos et de Victoria, de janvier 1855 à juin 1889, aurait été de 760,000 personnes ; de 1876 à 1878, puis depuis 1885, le nombre aurait chaque année été supérieur à 20,000 ; en 1887, il aurait presque atteint 55,000. Ces trois ports ne sont pas les seuls qui reçoivent des immigrants.

Parmi les 760,000 immigrants, il y avait 290,000 Italiens, 260,000 Portugais, 50,000 Allemands, 24,000 Espagnols, 7,000 Autrichiens environ et seulement 3,480 Français. L'immigration allemande, à laquelle sont dues d'importantes colonies dans la province de Rio-de-Janeiro (Petropolis, Novo-Friburgo, etc.), dans celles de Parana, de Santa-Catharina, de Rio-Grande do Sul, n'est pas en progrès. L'immigration portugaise et italienne a au contraire beaucoup augmenté depuis 1866. (Voir un article de M. de Santa Anna Néry dans l'*Economiste français* du 3 janvier 1891). Les colons Allemands du Brésil méridional, tout en conservant leur langue, ont montré dans la guerre au Paraguay qu'ils étaient fidèles à une nouvelle patrie.

(pour les deux ports de Rio et de Santos seulement) dans le premier semestre de l'année 1891. Sur les 107,100 immigrants débarqués en 1890 dans les ports de Rio-de-Janeiro, de Santos et du Rio-Grande do Sul, 31,275 étaient Italiens, 27,125 Russes et Polonais, 25,177 Portugais, 12,008 Espagnols, 4,812 Allemands, 2,844 Français, 2,246 Autrichiens, 354 Suédois, 308 Belges, 254 Suisses, etc. (1). Les Portugais, les Espagnols et les Italiens n'ont pas de peine à s'habituer à la langue et au climat; il n'en est pas de même des Russes et des Polonais dont l'immigration a causé quelques difficultés. L'espace ne manque pas au Brésil; quoique la vente des terres n'y offre pas les mêmes facilités et garanties qu'aux États-Unis, des groupes de colons, — cultivateurs bien constitués peuvent réussir. Mais les « fazenderos », qui ont besoin surtout de manouvriers pour la récolte du café, ne peuvent payer cher. L'usage du papier-monnaie ne contribue pas à améliorer la situation du salarié et les avances que lui fait le propriétaire le lient en l'endettant. En outre, le climat et la nourriture, consistant en maïs, manioc et haricots, conviennent moins aux Européens du nord qu'à ceux du sud. Ces considérations ne sont pas pour détourner le Brésil d'encourager une immigration qui lui est nécessaire et qui sera profitable, mais pour indiquer qu'il doit proportionner la qualité et le nombre à la facilité des placements (2).

L'Australasie reçoit, comme l'Amérique du nord (Canada et États-Unis) et comme la côte atlantique de l'Amérique du sud dans la zone tempérée, un des grands courants de l'émigration européenne. Ce courant, qui n'avait jamais apporté 5,000 personnes en une année jusqu'en 1837, en a fourni 32,625 en 1841, à l'époque de la famine irlandaise; puis 33,945 par suite de la crise de 1849; puis, par l'appât des mines d'or, 89,076 en 1852. Le niveau s'est maintenu jusqu'en 1866 (excepté en 1860 et 1861)

---

(1) Sur les 84,992 immigrants, 24,689 sont venus spontanément (dont 17,762 de la Plata) et 60,303 avec passage payé pour le compte du gouvernement.

(2)
IMMIGRATION AU BRÉSIL.
(Nombres exprimés par milliers d'unités).

1864-1869 moyenne annuelle..	8	1885	30
1870-1879 —	18	1886	26
1880	22	1887	55
1881	11	1888	132
1882	27	1889	65
1883	28	1890	107
1884	20		

Voir l'article *Brésil* dans la *Grande Encyclopédie*.

au-dessus de 30,000 par an (voir la figure 176). Il a baissé avec l'amoindrissement de la production des mines, mais pour se relever en 1874 à la suite de la crise européenne et le mouvement de 1880 à 1889 a été plus considérable qu'il n'avait été dans le passé (1).

Mais l'immigration est plus forte en apparence qu'en réalité. En 1887, par exemple, le chiffre de l'immigration dans les sept colonies australasiennes a été de 235,300 et celui de l'émigration de 189.584 (2) : différence 45,716 seulement, dont près de 10,192 pour Victoria (3). Ces 45,716 immigrants représentent le gain réel de la colonisation ; les autres sont, pour la plupart, des individus ayant passé d'une colonie dans une autre.

Quant au Cap, il ne paraît avoir reçu d'Angleterre que 7,705 émigrants en 1888 ; les mines de diamants ont cependant dû attirer un plus grand nombre d'Européens dans ces parages.

En additionnant les émigrants hors d'Europe d'une part et

---

(1) De 1825 à 1841, l'Australasie a reçu 105,924 immigrants (sans déduction des émigrants); de 1871 à 1880, 1,234,106 ; de 1881 à 1890, 2,255,851. Mais la déduction de l'émigration, c'est-à-dire des retours en Europe ou des passages d'une des sept colonies dans une autre, réduit le total de plus des deux tiers.

IMMIGRATION ET ÉMIGRATION DANS LES COLONIES BRITANNIQUES D'AUSTRALASIE
(Nombres exprimés par milliers d'unités).

ANNÉES.	IMMIGRANTS.	ÉMIGRANTS.
1880.......................	157	113
1881.......................	166	122
1882.......................	173	120
1883.......................	235	140
1884.......................	236	157
1885.......................	238	172
1886	253	187
1887.......................	235	189
1888.......................	249	183
1889...	235	190
1890...........	233	181

(2)   NOMBRE D'IMMIGRANTS ET D'ÉMIGRANTS PAR COLONIE.

ANNÉE 1889.	IMMIGRANTS.	ÉMIGRANTS.
Queensland..................	35.606	24.680
Nouvelle-Galles du sud.......	64.197	43.557
Victoria.....................	84.582	74.390
Australie méridionale........	9.230	8.736
Australie occidentale.........	2.850	2.272
Tasmanie....................	23.443	20.771
Nouvelle-Zélande	15.392	15.178
	235.300	189.584

(3) Le total des émigrants des principaux États d'Europe (11 États), d'après les statistiques de ces États, a été de 608,000 pour l'année 1889 (Voir plus haut, page 357). Le total des immigrants dans les six principaux pays d'immigration en 1889, d'après

d'autre part les immigrants européens dans les autres parties du monde, on devrait obtenir deux totaux concordants, si les données étaient exactes. Cependant le dernier total est plus fort, soit à cause des omissions dans les ports d'embarquement, soit à cause

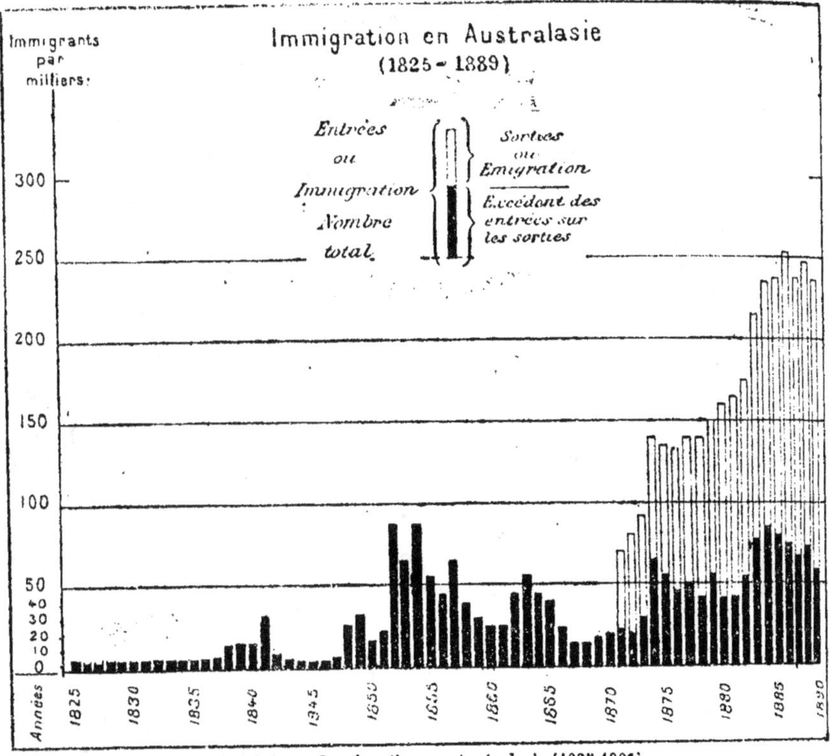

Fig. 176. — Immigration en Australasie (1825-1889).

du passage des immigrants d'un pays dans un autre, soit à cause des statistiques dont quelques-unes confondent les voyageurs avec les véritables immigrants. C'est ce que constate le tableau suivant :

les statistiques de ces États, serait de 884,000, chiffre supérieur à la réalité, parce que l'émigration n'est défalquée que pour deux États :

	NOMBRES EXPRIMÉS EN MILLIERS D'UNITÉS	
	Immigrants.	Emigrants.
Etats-Unis............	252	»
Canada..............	88 ?	»
Brésil..........	65	»
République Argentine...	260	40
Uruguay.............	27	14 ?
Australie britannique...	235	189
	1.127	
	243	243
	884	

ANNÉE 1886.

(Voir *Bulletin international de statistique*, t. III, 2º livraison, 1888).

TOTAL DES ÉMIGRANTS SE RENDANT HORS D'EUROPE (d'après la statistique des ports d'embarquement).		TOTAL des IMMIGRANTS (d'après la statistique de trois pays de débarquement : Etats-Unis, République Argentine et Brésil).		
ÉMIGRANTS.	Nombres exprimés en milliers d'unités.	NATIONALITÉ des immigrants.	Nombres exprimés en milliers d'unités.	
Émigrants italiens embarqués dans les ports italiens, français, etc.	100.4	Italiens.	88.2	30.6 pour les Etats-Unis, 43.3 pour la Répub. Arg. 14.3 pour le Brésil.
Émigrants autrichiens embarqués dans les ports de Hambourg, Brême et ports français.	19.4	Autrichiens et Hongrois.	40.1	Presque tous pour les Et.-Unis (22 Autrichiens et 18.1 Hongrois).
Émigrants hongrois embarqués dans les ports de Hambourg et Brême.	25.1			
Émigrants allemands embarqués dans les ports allemands et à Anvers.	76.7	Allemands.	89.1	86.3 p. les Etats-Unis.
Émigrants embarqués dans les ports britanniques.	232.9	Anglais, Écossais, Irlandais	128.3	126.6 arrivés aux Et.-U. (152.7 étaient partis à destination des Et.-Un., 12.7 à destination de l'Amérique centr. et méridion.)
	6.2	Danois.	6.6	Tous aux Etats-Unis.
Émigr. suédois partis pour les pays hors d'Europe.	28.3	Suédois.	32.2	Tous aux Et.-Un. (27.9 avaient déclaré partir pour les Et.-Unis).
	15.8	Norvégiens.	13.8	Tous pour les Et.-Unis.
Émigr. embarqués dans les ports de Marseille, Havre, Bordeaux, Saint-Nazaire.	7.3	Français.	9.0	4.7 pour la Plata.
	2.0	Belges.	2.1	1.6 pour les Et.-Unis.
	2.0	Hollandais.	2.7	2.6 arrivés aux Et.-Un. (2.0 avaient déclaré se rendre aux Etats-Unis).
	6.3	Suisses.	5.8	4.5 pour les Et.-Un. (4.8 avaient déclaré se rendre aux Etats-Unis).
Émigrants partis de Hambourg et de Brême pour les Etats-Unis.	33.7	Russes.	33.2	33.2 arrivés aux Et.-Un.
	556.1		4	
				A ajouter : 1º l'immigration constatée :
			69.1	Au Canada.
			65.0	En Australie.
				2º Les départs d'Europe à destination de pays autres que ceux qui sont déjà mentionnés : émigrants partis des Iles Britanniques pour les Indes orientales et occident., le Cap, etc.
			13.9	
			0.8	Emigrants allemands partis des ports d'Allemagne pour le Chili, le Pérou, l'Afrique, l'Asie, etc.
			4.5	Emigrants italiens partis pour l'Egypte, la Tunisie, l'Algérie.
			604.4	

Le tableau n'est pas complet. Les Espagnols (34,043 émigrants environ en 1886 et 37,200 en 1887), les Maltais, les habitants de la péninsule Pélasgique ne sont comptés ni dans le total des départs ni à l'arrivée ; la statistique manque pour l'Algérie et pour une partie de l'Afrique. On n'est sans doute pas éloigné de la vérité, en disant qu'environ 600,000 Européens ont passé d'Europe dans une autre partie du monde en 1886.

Le nombre s'accroît rapidement (1). Un calcul, très hypothétique porte à 14 millions 1/2 le nombre total des Européens qui sont partis de 1815 à 1889 pour une autre partie du monde. Il est assurément inférieur à la réalité ; car nous avons constaté que les États-Unis avaient reçu à eux seuls, depuis 1820, 15 millions d'immigrants.

NOMBRE D'EUROPÉENS ENREGISTRÉS COMME AYANT ÉMIGRÉ HORS D'EUROPE

PÉRIODES.	PAR AN.	TOTAL.
1815-1829	20.000	300.000
1830-1849	90.000	1.800.000
1850-1869	200.000	4.000.000
1870-1879	300.000	3.000.000
1880-1889	600.000	6.000.000
		14.500.000

Le reflux. — Une partie de ces émigrants sont revenus en Europe ; les uns pour jouir dans leur pays natal d'une fortune, petite ou grande, acquise à l'étranger ; les autres, parce qu'ils

---

(1) M. Bodio, directeur général de la statistique du royaume d'Italie, a établi, d'après les données que fournissent les documents existants, le tableau suivant :

STATISTIQUE APPROXIMATIVE DE L'ACCROISSEMENT DE L'ÉMIGRATION EUROPÉENNE.

PAYS D'ORIGINE.	ANNÉES.	NOMBRE D'ÉMIGRANTS (par milliers).
Royaume-Uni, Norvège, Autriche............	1853	289
Les mêmes..............................	1855	155
Les mêmes, plus la France...............	1860	109
Les mêmes..............................	1865	186
Les mêmes, plus la Suisse, la Suède, le Danemark...............................	1870	250
Les mêmes, plus l'Allemagne.............	1875	199
Les mêmes, plus l'Italie................	1880	475
Royaume-Uni, Norvège, Suisse, Danemark, Allemagne, Italie.....................	1882	601

n'avaient rencontré que des déceptions. La statistique du reflux est moins connue que celle du flux.

On a cependant des renseignements pour l'Angleterre. On sait, par exemple, que 108,079 émigrants (année 1886) y sont rentrés, venant principalement des États-Unis (78,708) et que, sur ce nombre, 80,018 étaient des sujets britanniques, soit 34 p. 100 émigrants de la même année ; qu'en 1887 le total des départs des sujets britanniques ayant été de 281,000 et celui des rentrées de 85,000, l'émigration nette n'a été que de 196,000 ; qu'en 1888 elle a été de 185,000 ; en 1889, de 150,000 ; en 1890, de 102,000.

Pour l'Angleterre (avec le pays de Galles), l'accroissement de la population, constaté de 1871 à 1881 par les recensements, a été de 3,373,148 individus. Durant cette période, l'excédent des naissances sur les décès a été 3,410,471. Les émigrants (Anglais) ont été au nombre de 972,565 ; les rapatriés (sujets britanniques), de 798,426. Les nombres concordent à peu près.

En France, la crise de la République Argentine a ramené un certain nombre de Français. La plupart ont été rapatriés aux frais du Gouvernement par l'intermédiaire des consuls ; ceux-ci, en 1891, ont été dans l'impuissance de satisfaire à toutes les demandes et le ministre de l'Intérieur a dû demander un supplément de crédit (150,000 fr. à ajouter aux 50,000 fr.. du budget), lequel sera loin de suffire à la moitié des demandes.

Le nombre des Européens habitant hors d'Europe. — Les émigrants qui se fixent à l'étranger y forment deux groupes distincts. Le premier se compose de ceux qui, n'ayant aucune pensée de retour, se sont fait naturaliser et de ceux qui, étant nés dans le pays, ne se rattachent plus à l'Europe que par leur généalogie ; ils forment la très grande majorité des représentants de la race européenne. Le second comprend ceux qui n'ont pas renoncé à leur nationalité et qui sont encore considérés comme des étrangers dans le pays où ils se sont fixés temporairement ou définitivement. Nous donnons, autant que les documents nous le permettent, par pays d'établissement et par pays d'origine, les nombres relatifs à ce second groupe.

NOMBRE APPROXIMATIF DES EUROPÉENS RÉSIDANT DANS LES PRINCIPAUX PAYS HORS D'EUPOPE.

(NOMBRES EXPRIMÉS PAR MILLIERS D'INDIVIDUS). (Non compris ceux qui habitent les colonies de leur pays). (Période 1880-1890).

	FRANÇAIS		ANGLAIS.	ALLEMANDS.	ITALIENS.	TOTAL DES ÉTRANGERS DE TOUTES LES NATIONS EUROPÉENNES.
	d'après l'enquête française de 1886.	d'après la statistique des divers Etats.				
AFRIQUE.						
Algérie (1881)	»	»	15.4	4.2	33.7	190 »
Tunisie (1891)	»	»	8.9	?	11.2	26 »
Tripolitaine	»	»	1.7	?	0.7	3 »
Egypte (1882)	15.7	15.7	6.1	0.9	18.6(1)	90.9
Maroc	0.2	0.1	0.6	»	0.1	0.8
Canaries, Madère, Cap-Vert	0.9	»	0.6	»	»	0.6
Zanzibar (1884)	0.08	0.3	0.09	0.01	»	0.1
Le Cap	0.5	?	?	»	»	»
		16.11	33.39	5.11	64.3	311.4
ASIE.						
Turquie d'Asie	3.0	1.7	1.6	»	5.6	9 »
Inde et autres colonies britanniques (1881)	0.6	2.6	»	1.2	1.3	5 »(2)
Chine (1889)	0.4	0.5	3.3	0.6	0.2	6.9
Japon (1889)	0.2	0.3	1.7	0.5	3.03	3 1
		5.1	6.6	2 3	7.13	24.0
OCÉANIE.						
Colonies néerlandaises	0.1	»	»	»	»	»
Colonies françaises	»	»	0.6	»	0.3	?
Colonies britanniques (1881)	3.0?	2.5	»	42.1	2.5	90 ?
Hawaï (1890)	0.1	0.1	1.2	1.6	»	11.3
		2.6	1.8	43.7	2.8	101.3
AMÉRIQUE DU NORD.						
Canada (1881)	0.2	4.4	»	25.3	1.8	37.9
Etats-Unis (1880)	116	106.9	2772 »	1966.7	44.2(3)	6679 »
Mexique	8.8	8.8	?	?	6.1	24 »
Amérique centrale	»	0.6	1.5	0.2	?	?
Antilles	5.6	6.»?	3.1	?	2 4	?
		126.7	2776.6	1992.2	54.5	6738.9
AMÉRIQUE DU SUD.						
Venezuela (1881)	»	2.2	4 »	1.2	3.2	26 »
Colombie et Equateur	0.9	?	?	?	1.7	?
Pérou et Bolivie (4)	2.5	2.6	?	0.9	10 »	20 »?
Brésil	6.8	6.8	?	45.8	82.2	260 »
Uruguay (1880)	14	14.3	2.7	2 1	40 »	116 »
Paraguay (1887)	»	0.5	0.1	0.7	3 »	5 »?
Rép. Argentine (1887)	60	150 ?	40 »	20 »	281 »	600 »
Chili (1885)	1.7	4.2	5.3	6.8	3 1	29 »?
		180.6	52.1	77.5	124.2	1056 »
TOTAL GÉNÉRAL		331.1	2871.09	2120.84	552.9	8231 6

Les nombres des quatre premières colonnes qui ne figurent pas dans la cinquième 16.5

8248 1

Le total général est d'environ 8,220,000 Européens établis hors d'Europe, lesquels ont conservé encore leur nationalité ou du moins la marque certaine de leur origine, étant nés en Europe ou étant enfants de parents européens non naturalisés à l'étranger. Les Anglais y figurent pour 2,871,000, les Allemands pour 2,120,000, les Italiens pour 553,000 et les Français pour 357,000. Cette statistique, dont le total pour la France est très supérieur à celui que les consuls ont fourni au gouvernement en 1886, ne comprend cependant pas les personnes résidant dans les colonies de la mère-patrie et est, en outre, incomplète pour plusieurs pays (1); néanmoins, elle donne une idée approximative de l'importance des groupes européens dans les pays hors d'Europe.

L'impulsion et l'attraction. — L'émigration est un des faits les plus considérables de l'histoire de la civilisation au xixᵉ siècle et un des plus féconds en conséquences politiques et économiques. Avec la vapeur, elle sera considérée par les écrivains du siècle

---

(1) *Note se rapportant à la page précédente.* — D'après le recensement égyptien ; d'après le recensement italien de 1881, ce nombre aurait été 14.9.

(2) *Id.* — Dans ce nombre, les Anglais, Écossais et Irlandais ne figurent pas.

(3) *Id.* — La statistique italienne accuse 170,000 Italiens aux États-Unis.

(4) *Id.* -- Dont 18,000 pour le Pérou ; le nombre des étrangers en Bolivie n'est pas connu. La statistique péruvienne donne 7,000 Italiens ; la statistique italienne donne 10,000.

(1) Pour la France, plusieurs chiffres diffèrent sensiblement de ceux que les consuls ont fournis au ministre du Commerce à l'occasion des recensements de 1861 et de 1866 ; mais on n'ignore pas que, malgré leur bonne volonté, les consuls n'ont pu obtenir dans beaucoup de cas que des renseignements incomplets. Ainsi le renseignement consulaire ne porte que 26,000 Français pour la République Argentine. Voici, comme terme de comparaison, les nombres relevés par les consuls aux deux dates :

	FRANÇAIS A L'ÉTRANGER *d'après les renseignements consulaires* (complétés pour quelques pays).	
	En 1861.	En 1886.
En Afrique....................	15.000	30.000 (*)
En Asie....................	3.000	15.000 (*)
En Océanie	?	3.200
En Amérique du nord.........	113.000	130.600
En Amérique du sud.........	58.000	85.100
TOTAUX.........	189.000	263.900

(*) Dans ce total sont comprises la Tunisie et l'Indo-Chine qui ne figurent pas dans le tableau de la page 380, la Tunisie et l'Indo-Chine française étant considérées comme des possessions françaises.

prochain comme une des principales causes qui ont si grandement accru de nos jours la puissance de l'homme sur la terre
et qui ont modifié et modifieront encore l'équilibre des nations
dans le monde.

Autrefois, l'impulsion partait d'Europe. Les gouvernements
envoyaient des colons en vue de posséder des colonies.

De nos jours, l'attraction est venue principalement des pays
d'immigration qui s'efforcent d'attirer des travailleurs afin de
mettre en valeur les richesses naturelles de leur sol. Le mobile
principal s'est déplacé.

L'ère de l'émigration moderne date de l'indépendance des États-
Unis (1776) qui lui a ouvert un champ presque illimité et a garanti
aux immigrants la liberté individuelle. Cette émigration n'a commencé, en réalité, à devenir un fait important qu'après la paix
européenne en 1815 et avec l'émancipation des colonies espagnoles
qui a fourni de nouveaux territoires de peuplement. Les progrès
qu'elle a faits depuis ce temps s'expliquent, d'une manière générale par l'accroissement de la population européenne qui a été
vraisemblablement plus considérable au xıxe siècle que dans les
siècles précédents et par la facilité des communications qui a été
indubitablement plus grande d'une manière particulière, ainsi que
nous l'avons déjà constaté, par des événements politiques ou économiques qui ont exercé sur elle une poussée en Europe ou une
attraction par delà l'Océan : abolition de l'esclavage dans les pays
civilisés (1834, 1848, 1863, 1871, 1888, etc.); découverte des
mines d'or (1848 et 1850); construction du réseau des chemins
de fer et substitution, rapide depuis 1850, de la vapeur à la voile;
grèves, crises commerciales et famines en Europe (1847, 1854,
1857, etc.); révolutions européennes (1848) et guerres (1870-1871);
ouverture du canal de Suez (1869); consommation toujours croissante par les Européens des matières premières et des subsistances
que les pays de colonisation peuvent produire; progrès général
du commerce.

Les causes et les effets de l'émigration. — L'émigration est
déterminée surtout par la perspective d'un avenir meilleur. On
émigre parce qu'on ne se trouve pas suffisamment bien dans son
pays natal et parce qu'on espère être mieux dans un autre.

Elle a des causes morales, politiques et économiques.

Certains individus et certains peuples ont le caractère plus aventureux que d'autres (1) : ils s'expatrient plus volontiers, par amour du gain ou par goût de la nouveauté. C'est ainsi que les hommes émigrent en beaucoup plus grand nombre que les femmes et que les habitants des côtes, comme les Anglais et les Norvégiens, hésitaient moins autrefois à s'embarquer que les paysans de l'intérieur du continent.

Parmi les causes politiques qui agissent sur l'émigration, la persécution religieuse, le défaut de liberté, la crainte du service militaire, les révolutions ont eu une influence parfois considérable. Ce sont les questions religieuses qui, au XVIIe siècle, ont forcé successivement les « têtes rondes » et les « cavaliers » à chercher un asile en Amérique. La révolution de 1848, en France, a fourni à l'Algérie un contingent de population, qui a d'ailleurs médiocrement réussi. Aujourd'hui beaucoup de jeunes gens, Allemands, Italiens et même Belges, passent la frontière pour ne pas entrer au régiment.

Les principales causes économiques sont, d'une part, l'excès de population et la misère, ou du moins la gêne, et, d'autre part, la facilité des communications et la sécurité des déplacements. Il faut ajouter l'action des agents d'émigration.

Dans les pays de grande densité et de forte natalité, comme l'Angleterre, l'Allemagne, l'Italie, il se produit chaque année un excès de population qui, ne trouvant pas sur place l'emploi de ses bras, est disposé à aller le chercher à l'étranger. Si, dans un de ces pays, il se trouve un nombre considérable de prolétaires ou de déclassés par des revers de fortune, comme en Angleterre ; si les salaires sont bas, comme en Allemagne ; si la pauvreté règne dans les campagnes, comme sur certains points de l'Italie (2), il suffit d'une légère attraction pour former de puissants courants d'émigration. La poussée est plus forte dans les années de disette

---

(1) Le secrétaire du département de l'agriculture au Canada faisait à ce sujet une remarque judicieuse : : « People who emigrate voluntarily with the motive of bettering their condition, have naturally more than the average energy. It follows that the immigrant settlement of Canada is, to a large extent, what may be called a natural selection of energy, and one of its effects is seen in the force of character wich is developped by the people. » *Emigration and immigration*, Washington, 1887.

(2) Voir les enquêtes italiennes *Sulla condizione dell' emigrazione italiana*. Voir aussi l'enquête faite par les soins de la Société de géographie italienne : *Indagini sulla emigrazione italiana all' estero fatte per cura della Società geografica italiana* (1888-1889).

ou de crise que dans les autres : le grand exode d'Irlande a suivi une famine et la crise de 1882, en Europe, a rendu plus considérable l'essaim de 1883. C'est surtout la classe ouvrière qui subit cette loi. La classe moyenne, qui émigre avec des capitaux en vue de fonder un établissement agricole, manufacturier ou commercial, est plus indépendante des circonstances, quoiqu'elle ne s'y soustraie pas entièrement ; mais elle ne forme qu'une petite minorité dans l'émigration.

L'Europe voit naître tous les ans sur son sol un excédent de population que, dans l'état actuel de productivité de son agriculture, de son industrie et de son commerce et avec la moyenne actuelle des consommations individuelles, elle est impuissante à faire vivre. Si l'excédent ne se déversait pas au dehors, il faudrait ou augmenter la productivité — ce qui n'est pas toujours facile — ou réduire les consommations — ce qui est très pénible. La productivité augmente sans doute, et nous avons dit que chaque adulte portait en lui une force de production qui peut le faire vivre ; mais il faut un capital suffisant pour employer cette force. C'est pourquoi on peut dire que, dans le temps présent, l'émigration est nécessaire à l'Europe et qu'elle est une des conditions de l'équilibre actuel de sa population.

La facilité des communications a une importance prépondérante. L'Europe était plus pauvre il y a cinquante ans qu'aujourd'hui, et cependant on émigrait moins. Les chemins de fer et les bateaux à vapeur, en transformant les conditions du voyage, ont changé les mœurs.

Dans les siècles passés, quitter l'Europe équivalait souvent à renoncer pour toujours au monde dans lequel on laissait ses affections de famille et ses souvenirs d'enfance.

Un romancier, qui a contribué à populariser la géographie, a rendu célèbre le *Tour du monde en quatre-vingts jours* ; on pourrait même le faire aujourd'hui en moins de temps. Or, le premier qui l'a accompli et qui, il est vrai, l'a fait par un circuit très long, Magellan, était parti de Séville le 10 août 1519, et le seul de ses cinq navires qui revint en Espagne aborda à San Lucar de Barrameda le 7 septembre 1522 ; le voyage avait duré trois ans et vingt-huit jours. Beaucoup plus tard, à la fin du XVIIIe siècle, sir Arthur Philipp, qui conduisit en Australie le premier convoi de convicts, n'entra dans Botany bay que huit mois et sept jours après son départ d'Angleterre (13 mai 1787-20 janvier 1788).

Les paquebots font maintenant en quarante-deux jours la traversée de Southampton à Melbourne.

Sous Louis XIV, il fallait autant de temps pour aller en diligence de Paris à Strasbourg que pour aller aujourd'hui à New York, et Mme de Sévigné en mettait plus pour rejoindre sa fille en Provence qu'il n'en faut pour se rendre dans l'Inde. Le voyage était non-seulement long, il était très pénible ; celui qui conduisit en Amérique, sur le May-flower, le pasteur Robinson et les « Pilgrim fathers » et celui de Lescarbot au Canada peuvent être cités comme exemples. Les engagés, c'est-à-dire les émigrants qui partaient en vertu d'un contrat de louage pour un certain nombre d'années, étaient particulièrement maltraités ; leur condition au XVIIIe siècle rappelle la traite des noirs (1).

L'adoucissement général des mœurs au XIXe siècle a proscrit

---

(1) La *Gazette de Saner* (février 1745), s'exprime ainsi (cité dans *Bundestat und Bundeskrieg in Nord-America*, par Otto Hipp) : « Encore un navire d'émigrants allemands arrivés à Philadelphie. De 400 qu'ils étaient au départ, il n'en reste que 50. On leur distribuait tous les quinze jours des rations de biscuit ; mais ils avaient presque tous l'habitude de dévorer leur provision en quatre ou cinq jours, et, pour peu qu'on les fît attendre à l'expiration de la quinzaine, comme cela arrivait par les gros temps, ils mouraient littéralement de faim. Ceux-là seuls qui avaient de l'argent pouvaient obtenir du maître d'équipage un peu de farine ou de vin à des prix exorbitants. On cite notamment le cas d'un de ces malheureux : ayant vu mourir sa femme d'inanition, il se décida à acheter tous les jours, pour ses cinq enfants et pour lui, une livre de farine et un litre de vin, ce qui lui permit d'achever la traversée. En revanche, un pauvre diable qui avait consommé en huit jours sa provision de biscuit, vint avec sa femme et ses enfants se jeter aux pieds du capitaine en le suppliant de lui accorder de quoi manger ou de le faire jeter par dessus bord pour lui épargner une mort épouvantable ; le capitaine ne voulut prendre ni l'un ni l'autre parti ; il répondit au suppliant de s'adresser au maître d'équipage et de lui présenter sa sacoche pour qu'on la remplît de farine. Malheureusement l'infortuné n'avait pas le sou ; le maître d'équipage, par dérision, remplit sa sacoche de sable et de charbon au lieu de farine. Que pouvait faire le misérable, sinon de s'allonger en pleurant auprès de sa femme ? Avant que le jour de distribution des vivres fût revenu, ils avaient tous deux cessé de vivre ».

La traite existait effectivement. On trouve souvent dans les journaux américains des annonces de ce genre (*Pennsylvania Gazette*, juin 1742) : « A vendre une bonne servante ayant encore trois ans et demi à faire. Très bonne fileuse. »

Dans le *Voyage de Gottlieb en Pensylvanie*, 1750, on lit à propos des émigrants allemands : « Un grand nombre de parents vendent leurs enfants comme des bestiaux afin de pouvoir, avec le prix qu'ils en retirent, payer leur propre passage et rester libres à l'arrivée. Ces gens ignorent fréquemment où leurs enfants sont emmenés et ne les revoient plus de leur vie. Il est plus ordinaire encore que non seulement les enfants, mais des familles entières, mari, femme, fils et filles, soient vendus à divers maîtres et séparés pour toujours : c'est la règle quand ils n'ont pas de quoi payer leur passage. »

cette barbarie. La rapidité des voyages, la concurrence des armateurs qui se sont disputé la clientèle, le bon marché des transports qui en a été une des conséquences ont facilité singulièrement les traversées.

Nous ne dirons pas que l'émigrant fasse un voyage d'agrément. Comme c'est la misère qui très souvent le force à quitter son pays, il part le cœur gros et la bourse peu garnie. Malgré les améliorations introduites dans l'aménagement des bateaux, il y est à l'étroit dans un entassement insalubre ; quelque surveillance qu'exercent certaines administrations publiques, la traversée est généralement désagréable, quelquefois mortelle (1). Cependant, à mesure que la durée du voyage s'abrège, le mal devient plus tolérable.

A mesure que les émigrants trouvent plus de groupes déjà formés de concitoyens pour les accueillir et que les pays d'immigration, qui sont désireux d'attirer les travailleurs, les protègent plus efficacement, les débuts deviennent moins difficiles et les immigrés appellent les immigrants (2). L'attraction qu'exercent

---

(1) Exemple : sur 476,086 émigrants qui sont arrivés en 1882 en rade de New York, à destination de l'office de Castle-Garden, 213 sont morts en rade sur les navires, 75 sont morts en entrant à l'hôpital ; sur 6,079 autres que l'hôpital de l'île Ward a reçus, 532 sont morts des suites de la maladie ; en tout, 820 décès, sans compter ceux qui ont pu avoir lieu pendant la traversée.

(2) Dans maint passage des enquêtes italiennes de 1886 à 1888 (*Sulla condizione dell' emigrazione italiana*), on trouve la preuve, recueillie sur les lieux mêmes dans les communes d'Italie, de cette influence. « L'esemplo e l'invito dei parenti e amici già emigrati che anno migliorato la loro posizione all'estero, e che mandano in patria alle loro famiglie delle somme relativamente considerevoli..... »

Un témoignage du même genre, relatif à la France, se trouve dans un rapport du consul américain à Reims : « It frequently happens that these emigrents (émigrants de Reims) finding steady and remunerative labor in the United States, soon accumulate money and send or some relatives or friends to come and join them in their new home. »

Le consul américain de Dusseldorf dit : « Fifty per cent of those who emigrate have friends or relatives in the United States who induce them to come, often advancing means sufficient to meet the necessary expenses. »

Dans la Galicie, l'accroissement de la population, qui a déjà une très forte densité rurale, qui monte rapidement et où l'émigration temporaire a pris une notable importance, des bandes d'ouvriers ruraux s'associent, emmènent avec eux une femme pour faire leur cuisine et tenir leur ménage, vivent en commun très économiquement et rapportent au bout de quelques années leurs économies (le salaire des ouvriers ruraux ne dépasse pas en Galicie 30 à 50 kreuzers ; ils gagnent quelquefois dix fois plus en Amérique). Beaucoup ont acheté de la terre à leur retour ; on dit même que dans certains cantons le prix de la terre s'est accru par suite de la concurrence des acheteurs.

ces groupes, restés en correspondance avec la mère-patrie, offrant aux nouveaux venus une société qui parle leur langue, qui pratique leur culte, qui peut leur procurer du travail ou des secours doit être classée au nombre des causes importantes d'émigration. Au départ, l'émigrant sait qu'il ne sera pas seul là-bas ; il sait aussi qu'après l'arrivée il restera lié à son pays d'origine par la poste et par le télégraphe et qu'il suffirait au besoin d'un ou deux mois au plus, suivant les lieux, pour y rentrer.

L'émigration peut épuiser le pays d'origine quand elle est excessive : l'Espagne en a fourni un exemple au XVIe siècle. Elle peut diminuer la population en soulageant un pays incapable de nourrir ses habitants : l'Irlande a été un de ces pays. Mais, en général, le contingent de l'émigration est inférieur à l'accroissement résultant de l'excédent des naissances sur les décès. Si l'Europe entière gagne par an environ 3 millions 1/2 d'habitants, ce n'est, comme nous l'avons dit, qu'une part (1/4 à peine en 1888, année de la plus forte émigration jusqu'ici) de son revenu humain qu'elle prélève pour le placer à l'étranger. Elle ne s'appauvrit donc pas.

Ajoutez que, si le déficit se produisait quelque part sans qu'une cause grave, politique ou économique, l'eût motivé, il est vraisemblable que les naissances le combleraient bientôt. La loi de compensation manifesterait ses effets dans ce cas, comme dans ceux que nous avons observés (1).

Le placement que fait ainsi un État nous paraît en général avantageux quand l'émigration n'a pas été provoquée par des manœuvres frauduleuses. Car, d'un côté, il se débarrasse du fardeau de pauvres gens qui auraient été peut-être à charge à leur pays et qui auraient déprécié les salaires ; d'autre part, il se crée des relations à l'étranger.

Si l'émigrant s'est rendu dans une des colonies de son pays et qu'il réussisse, le profit n'est pas douteux ; la nation s'est enrichie de tout le gain réalisé par le colon. S'il s'est fixé sur une terre étrangère, il peut y devenir un intermédiaire utile en propageant la langue et les goûts de son pays et contribuer, directement ou indirectement, à accroître le courant commercial entre ses deux patries. S'il s'y trouve avec un grand nombre de ses concitoyens et si tous ensemble conservent un certain sentiment de leur na-

---

(1) Voir livre II, chapitre VII.

tionalité première, le pays natal peut trouver dans cet essaim un appui moral pour son commerce et pour sa politique. L'Allemagne possède, dans certains cas, cet avantage aux États-Unis (1); l'Angleterre a appris, à son détriment, quelle force une telle situation donnait aux Irlandais.

L'influence économique et politique d'une nation se répand ainsi dans le monde par les essaims qui en sont sortis.

Les causes et les effets de l'immigration. — L'émigrant libre recherche les climats qui lui conviennent : c'est pourquoi l'Européen ne va pas dans la zone glaciale et va très peu dans la zone torride.

La colonisation de cette dernière a cependant ses avocats qui font valoir la richesse de la végétation et l'étendue des territoires à occuper, principalement en Afrique ; mais elle a contre elle l'expérience. Dans les îles, les Européens, les métis surtout, s'acclimatent ; mais la plupart de ces îles ont autant d'habitants qu'en comporte leur état économique. Sur le continent, la race européenne constituera peut-être un jour quelques colonies de culture sur des plateaux où l'altitude tempère la chaleur, comme à Mexico (2) ou au Minas Geraes ; peut-être aussi disciplinera-t-elle dans d'autres contrées le travail des indigènes, comme les Hollandais l'ont fait à Java ; assurément, elle augmentera le nombre de ses représentants dans les comptoirs maritimes à mesure que le commerce se développera, quoique les côtes en soient précisément les parties les plus insalubres. Mais les établissements formés dans les terres basses de cette zone resteront toujours, ainsi qu'on les a justement dénommés, des colonies d'exploitation.

Dans la zone tempérée même, le climat n'est pas sans influence sur la direction que prennent les émigrants. Les Scandinaves vont de préférence à l'extrémité septentrionale des États-Unis ; les Italiens à la Plata.

L'émigrant cherche du travail. Il se dirige donc, quand le

-----

(1) Cependant les gouvernements allemands sont médiocrement favorables à l'immigration aux États-Unis où ils pensent que leurs concitoyens sont promptement absorbés dans l'élément anglo-américain.

(2) Il y a à Mexico une colonie de marchands français, établis pour la plupart sous le règne de Maximilien, qui a une certaine importance ; toutefois le goût français, prédominant encore, est contrebalancé par le progrès de l'influence des États-Unis.

climat ne s'y oppose pas, sur les points où le travail est demandé et où il espère que le sien sera plus rémunéré que dans son pays natal. Dans une contrée où le salaire est très élevé, les salariés affluent (1). Dans une contrée où des villes sortent de terre en quelques années, comme aux États-Unis ou naguère dans la province de Buenos-Aires, les ouvriers du bâtiment trouvent pendant plusieurs années un emploi ; dans une contrée qui se défriche, les ouvriers agricoles sont recherchés. Le débouché des métiers de luxe et des professions libérales est toujours beaucoup plus restreint.

Un autre attrait très puissant est la propriété foncière. En Europe, tout sol est occupé et, en général, il coûte cher. Dans les pays nouveaux, on achète la terre à peu de frais. Si l'émigrant a un capital, il arrive souvent qu'il part pour acquérir un domaine ; s'il n'en a pas, il nourrit l'espérance de pouvoir faire quelque jour cette acquisition avec les économies réalisées sur un gros salaire. Quelle séduisante perspective pour le malheureux qui, dans sa patrie, n'a pas de quoi payer le pain de sa famille !

Les pays de colonisation le savent. C'est pourquoi les plus désireux de peuplement ont mis en vente des terres publiques à très bas prix, en prenant le soin de donner une grande publicité à leurs lotissements et d'assurer la possession aux acquéreurs.

La sécurité est en effet une des conditions essentielles de la colonisation : l'émigrant veut être sûr que son gain ne lui sera pas ravi. C'est pourquoi les États-Unis, avec leur constitution libérale, éprouvée par plus d'un siècle de durée, leur mode de concession de terres et les garanties du « Homestead » (2),

---

(1) C'est une des causes principales que signale l'enquête faite par la Société italienne de géographie (1888-1890). Les salaires étant en général peu élevés en Italie, dit le rapport (p. 13), ils sont triples et quadruples dans l'Amérique du nord et l'Australasie, doubles dans la République Argentine et l'Uruguay, moins du double au Brésil et au Paraguay, peu différents au Mexique et au Pérou. Le coût de la vie cependant pour l'ouvrier ne diffère pas sensiblement dans ces pays du coût en Italie ; le logement y est souvent plus cher, mais la viande, le sucre, le café sont moins chers.

(2) Le gouvernement fédéral des États-Unis possédait en 1888 des terres publiques dans 16 États. Il possède environ 250 millions d'hectares dans les territoires sans compter l'Alaska. Il les met en vente à un prix uniforme de 6 fr. 50 pour 40 ares (excepté dans le voisinage des chemins de fer où ce prix est de 13 fr.) Tout citoyen des États-Unis et tout immigrant « admis à débarquer » et âgé de 21 ans au moins, déclarant qu'il a l'intention de devenir citoyen des États-Unis et de renoncer à

exercent une attraction si puissante ; c'est pourquoi les immigrants n'ont commencé à débarquer en grand nombre à la Plata qu'après la chute de Rosas et sont devenues plus rares chaque fois qu'ont sévi des crises politiques ou économiques.

Un réseau de chemins de fer est aussi une cause d'attraction. Dans les contrées de peuplement, les distances sont en général trop considérables pour que les routes ordinaires, indispensables à la vicinalité, suffisent au commerce. Il a fallu que la vapeur transportât le colon du bord de la mer où il débarque jusque dans l'intérieur où il se fixe, pour qu'il prit confiance. Le chemin de fer est le fil qui, à la fois, le rattache moralement au monde civilisé et rend son exploitation fructueuse par le débouché qu'il procure à ses produits. C'est pourquoi le peuplement du Far West américain, de la Pampa Argentine, de la province de Saó Paulo au Brésil, de l'intérieur de l'Australie a coïncidé avec le développement des voies ferrées. Le succès obtenu excuse en partie les dettes que plusieurs États ont contractées, (notamment dans la République Argentine et en Australie), avec trop d'empressement et peut-être avec trop de prodigalité pour doter leur pays de communications rapides. Si la République Argentine n'avait pas commis des fautes plus graves, elle ne traverserait pas aujourd'hui (1891) une crise aussi intense et aussi douloureuse.

La protection que la plupart des gouvernements de ces pays donnent ou ont donné aux immigrants non-seulement attire l'immigration, mais provoque l'émigration. Plusieurs ont institué des agences en Europe (1) ; ils ont organisé, directement ou par

---

toute allégeance étrangère, peut, en vertu de la loi du Homestead, obtenir une concession de 80 à 160 ares, à condition de payer 10 dollars, plus un droit de commission de 1 p. 100, de s'établir sur la terre et de la cultiver pour son propre compte. Après trois ans, s'il a planté en bois au moins 40 ares par 7 hectares, après cinq ans s'il a résidé et cultivé, lui ou ses héritiers, le titre définitif de propriété et le titre de citoyen des États-Unis lui sont conférés. Les lois du Homestead existent dans 32 États ; la première loi de ce genre remonte à l'année 1839. Le Homestead garantit au propriétaire, chef de famille, que sa propriété, jusqu'à une certaine somme (500 dollars, par exemple, dans le Vermont et 5,000 en Californie) ne sera pas saisie et vendue pour dettes. Outre ce domaine inaliénable, l'émigrant peut acquérir des terres en vertu de trois autres lois : celle de la préemption qui lui donne la préférence pour l'acquisition à un prix déterminé des terres qu'il a effectivement occupées dans le voisinage de son domaine ; celle de « Tree culture » et celle de « Desert land » par lesquelles il peut obtenir la concession gratuite de terres sur lesquelles il a fait des plantations ou qu'il a irriguées.

(1) En Italie, par exemple, il existait, en 1888, des agences fixes de ce genre, ṽ

l'intermédiaire de sociétés (1), des transports gratuits ou à prix réduit (2) ; ils paient des primes aux importateurs d'immigrants ; ils hébergent les arrivants (3) ; quelquefois ils leur donnent la terre (4) et promettent de leur construire une maison et de leur avancer les instruments de travail. Ayant la terre, ils ont compris qu'il leur manquait l'homme pour créer la richesse par la fécondante action de l'un sur l'autre et ils ont fait à l'envi des efforts pour l'amener à eux. Ils ont eu raison. Mais, en cela

---

Alexandrie, Turin, Gênes, Côme, Crémone, Mantoue, Bellune, Udine, Vicence, Lucques, Chieti, Naples, Salerne, Potenza et, en outre, beaucoup d'agences temporaires.

(1) Au Canada, par exemple, les immigrants agriculteurs et pauvres peuvent obtenir un billet gratuit de passage et même, après débarquement, le transport gratuit par chemin de fer.

(2) Par exemple, pour la province de Sâo-Paulo, une société promotrice de l'émigration fondée en 1888, s'était engagée à fournir pour l'agriculture 100,000 émigrants et le gouvernement lui remboursait 75 milreis par immigrant adulte ; un décret du 28 juin 1890 sur l'immigration a promis aux compagnies de transport 120 francs de subvention par immigrant adulte importé d'Europe ; il a accordé, en outre, aux immigrants le passage gratuit ou à prix réduit sur les chemins de fer pour se rendre au lieu où ils doivent travailler et ils sont nourris pendant les huit premiers jours après leur débarquement dans une hôtellerie de l'État. De 1888 à 1891, le gouvernement brésilien a passé quinze contrats pour l'introduction, en douze ans, de 1,257,000 immigrants pour la somme de 180 millions de francs.

Aux États-Unis, il existe de puissantes sociétés d'émigration fondées et soutenues par les colons de plusieurs nationalités.

Plusieurs colonies australasiennes, notamment la Nouvelle-Galles du sud et la Nouvelle-Zélande ont renoncé aujourd'hui à subventionner l'immigration par des passages gratuits.

En 1891, à la suite de la crise, le gouvernement argentin a supprimé son agence générale.

(3) Les émigrants « admis à débarquer » sont reçus à New York dans Castle Garden, devenu un établissement public, alimenté par l' « Immigration fund » qui lui-même est alimenté par une taxe de 50 cents que, d'après la loi du 8 août 1882, les capitaines de navires paient pour chaque émigrant débarqué. Les émigrants trouvent à Castle Garden un interprète parlant leur langue, un bureau de change pour leur argent, un médecin et, au besoin, l'hôpital. Les Allemands trouvent à New York les secours de la « Deutsche Gesellschaft der Stadt New York » ; les Irlandais, ceux de l' « Irish emigrant Society ». L'émigrant peut s'adresser aussi, pour trouver du travail au « Bureau of labor ».

A Buenos-Aires, les émigrants étaient (avant 1891) logés et nourris gratuitement pendant cinq jours à l' « Hospedaria de immigrantes » et ils étaient transportés aux frais du gouvernement dans l'intérieur du pays.

(4) Nous venons de citer (p. 390) les lois du Homestead aux États-Unis. Des traités ont été signés par les États-Unis avec la Grande-Bretagne, avec plusieurs États de l'Allemagne, avec la Belgique, avec les États scandinaves pour assurer la naturalisation des immigrants qui veulent bénéficier de ces lois.

Le Canada donne des terres gratuitement ou les vend à très bas prix.

comme en toute évolution économique, il y a une mesure : ils n'ont pas toujours su l'observer.

Le tort commence surtout lorsque leurs agents en Europe, officiels ou officieux, trompent la foule crédule par des descriptions fantaisistes et par des promesses mensongères (1) : ce qui, malheureusement, s'est produit depuis que le recrutement des immigrants est devenu une profession lucrative (2).

Quand on s'élève au-dessus des accidents particuliers et des abus qu'a pu engendrer une aussi vaste opération, on voit que, en somme, dans les pays insuffisamment peuplés, l'immigration est un bien : les faits le prouvent avec évidence.

Elle est un bien pour les immigrants. Beaucoup d'entre eux sans doute ont eu d'amères déceptions, soit parce qu'on les avait trompés avant le départ, soit parce que les circonstances leur ont été défavorables après l'arrivée, et ils ont enduré de telles misères qu'ils en sont morts ou qu'ils sont rentrés plus pauvres dans leur pays natal. Il n'est pas moins certain que les 15 à

Dans la République Argentine, il y a des colonies agricoles formées pour le compte du gouvernement fédéral, d'autres pour celui des provinces, d'autres créées par des particuliers. Dans certains cas, l'immigrant reçoit 25 hectares, une famille en reçoit 100.

(1) Quelquefois les immigrants tombent aux mains de spéculateurs sans foi qui les maltraitent, les trompent et ne les paient pas. Voir *Indagini sulla emigrazione italiana*, p. 25.

D'autres fois ils se laissent prendre par de grossiers appâts. Un procès célèbre jugé à Lemberg, en Galicie, en 1890 a montré jusqu'où pouvait aller en ce genre le charlatanisme des spéculateurs et la naïveté des dupes. Des agences juives établies à Osiorécim (Galicie) ont recruté, en 1887 et en 1888, 13,000 paysans auxquels ils achetaient à vil prix leur terre en leur faisant croire qu'ils allaient trouver de grands domaines à très bon marché en Amérique. Ils avaient soudoyé des conducteurs de trains et même des gendarmes qui entretenaient l'illusion de leurs dupes. Dans leur bureau de Hambourg, ils se servaient d'un réveil-matin qu'ils faisaient sonner, annonçant pompeusement aux gens ignorants qu'ils avaient amenés jusque-là qu'ils allaient télégraphier à « l'Empereur d'Amérique » pour savoir s'il y avait réellement de très bonnes terres à acheter à très bas prix. La sonnerie donnait promptement la réponse qui était toujours favorable, et, après l'embarquement, les juifs devenus possesseurs de la terre et, débarrassés de l'ancien propriétaire, ne s'occupaient plus de leurs victimes.

Il est arrivé dans l'Amérique du sud que des immigrants aient été abandonnés sur des terrains non préparés et qu'ils aient été obligés de se bâtir eux-mêmes, comme il le pouvaient, un abri, ou de se livrer à la merci d'un colon qui les exploitait.

(2) Cette industrie peut être en effet parfois très lucrative. Il y a des entrepreneurs de transport qui reçoivent 120 ou 130 fr. et plus par adulte amené d'Europe, et des entrepreneurs de colonisation qui ont perçu jusqu'à 1,200 fr. pour fixer un immigrant dans une colonie.

16 millions d'hommes qui ont quitté l'Europe depuis soixante-quinze ans et dont la grande majorité était sans pécule, ont multiplié sur la terre étrangère, y ont produit plus de richesses et ont joui en moyenne de plus de bien-être qu'il ne leur eût été permis d'en espérer dans leur patrie (1).

Elle est un bien pour le pays d'immigration (2). Les 91 millions 1/2 de représentants de la race et de la civilisation européennes hors d'Europe n'existeraient pas sans l'expansion de cette race et ne produiraient pas dans les pays peuplés par eux des milliards de francs de richesse. Quand on songe à ce qu'étaient, à l'époque de l'arrivée des premiers colons, le bassin du Mississipi ou celui de la Plata, les régions côtières de l'Amérique ou de l'Australie et qu'on considère l'état économique et politique des mêmes contrées aujourd'hui, on admire la transformation qui s'est opérée.

Les régions tempérées et même une partie des régions intertropicales de l'Amérique du nord et de l'Amérique du sud, l'Australie, le sud de l'Afrique invitaient en quelque sorte l'Européen à s'unir à elles, par des affinités de climat et par l'attrait des richesses naturelles à mettre en valeur. L'Européen est venu ; il a offert à son tour à ces terres vierges, comme présent de noce, son blé et ses animaux domestiques, cheval, bœuf, mouton, porc, qui y étaient inconnus. L'union a été féconde. Car les États-Unis regorgent de blé qu'ils envoient pour nourrir l'Europe ; l'Australasie, la Plata, le Cap possèdent plus de moutons que l'Europe entière et, sans l'importation de leur laine, les manufacturiers européens seraient réduits à fermer la moitié de leurs fabriques. Ces pays fournissent à l'Europe des

---

(1) Sans parler de ceux qui reviennent après une opération relativement avantageuse. De l'enquête italienne de 1888, il ressort que, dans la province de Vicence, le quart de ceux qui sont rentrés dans leur patrie était dans la misère, mais que les trois autres quarts se trouvaient dans une position convenable, et que quelques-uns rapportaient plusieurs milliers de francs. Dans la province de Trévise, tous étaient dans une position, sinon bonne, du moins convenable ; presque tous, dans celle d'Udine ; tous étaient dans une bonne condition dans celles de Lucques et de Massa, etc. L'enquête de la Société de géographie italienne (1888-1889) a établi aussi qu'ils font des épargnes. Dans d'autres pays, notamment en Hongrie, beaucoup de paysans, dit-on, sont rentrés en regrettant d'être partis ; mais nous avons dit qu'en Galicie il n'en était pas toujours ainsi.

(2) « The amount of wealth brought in and created by immigrants in Canada during ten years had been enormous, and the whole country owes very much of its prosperity to it », disait en 1887 M. Lowe, secrétaire du Département de l'Agriculture du Dominion.

vivres et des matières premières : l'Europe leur vend des produits manufacturés. L'échange est profitable aux deux parties et les courants commerciaux ont augmenté d'intensité. Il en est résulté un changement considérable dans la circulation et dans la production de la richesse, dont nous sommes loin encore d'avoir vu l'évolution complète ; c'est un des plus grands faits économiques de notre siècle.

Les groupes de race européenne qui se forment ainsi sur divers points du globe sont intéressants, non seulement au point de vue particulier du commerce, mais au point de vue général de la civilisation. Ce sont autant de foyers nouveaux d'activité intellectuelle. On y envisage la nature, la vie, la société à des points de vue qui ne sont pas absolument les mêmes que ceux où les Européens sont placés ; la pensée humaine s'y empreint d'une certaine originalité et les colons peuvent rendre à la civilisation, par leurs travaux intellectuels, quelque chose de ce qu'ils tiennent d'elle. Sans doute, ces sociétés naissantes sont et seront peut-être longtemps encore préoccupées surtout de leurs intérêts matériels. Elles cultivent cependant les lettres et surtout les sciences ; l'Amérique du nord a déjà prouvé qu'elle peut apporter une large contribution à leur progrès.

L'immigration n'a pas partout sans doute un avenir illimité. Il y a des régions qui approchent du point de saturation ; cependant la Terre, à la considérer dans son ensemble, est loin d'être saturée d'hommes et de longtemps la place ne manquera pas. Ce ne seront pas non plus les moyens de communication qui feront défaut ; car on peut prédire qu'ils s'amélioreront encore.

L'obstacle principal viendra de la volonté de certaines populations qui, au lieu d'autoriser leur gouvernement à offrir la place et à solliciter l'immigration élèveront des barrières pour préserver leurs salaires de la concurrence ou leur esprit national du mélange. Déjà les États-Unis, loin de solliciter l'immigration, opèrent un triage et un parti nombreux d'ouvriers prétend faire de ce triage un moyen de protection douanière en faveur du travail national. Le même sentiment s'est fait jour en Australasie et dans l'Amérique du sud les révolutions et les crises produisent aujourd'hui sur certains points un reflux violent (1).

____

(1) Le tableau de l'Amérique du sud qu'a tracé tout récemment M. Child (*Les Républiques hispano-américaines*) n'est pas encourageant pour l'émigration.

Les débouchés se sont déjà resserrés et se resserreront peut-être davantage au xxᵉ siècle et l'immigration pourra n'avoir pas dans dans ce siècle la brillante fortune qu'e le a eue dans la seconde moitié du dix-neuvième ; si ce n'est pas une certitude, c'est du moins une hypothèse qu'on peut envisager. Que deviendra alors le demi-million d'hommes qu'aujourd'hui l'Europe verse annuel-lement hors de son sein ? Restera-t-il dans le pays natal, soit pour y abaisser les salaires par la concurrence, soit pour y aug-menter la production par un déploiement plus grand d'énergie humaine, soit pour pousser les peuples féconds à se ruer sur ceux qui le seront moins ? Ou bien la fécondité se restreindra-t-elle par une diminution des mariages et des naissances afin de proportionner l'offre à la demande ? Si l'émigration se ralentit l'allure de la démographie européenne se modifiera probablement et l'accroissement de la population finira par se mesurer aux emplois du travail (1). Quant au passé, nous pouvons résumer notre jugement sur l'émigration européenne depuis la découverte de l'Amérique en répétant qu'elle est un des plus grands faits de l'histoire de la civilisation dans le monde et en ajoutant qu'elle a augmenté dans une proportion considérable le nombre des hommes civilisés, l'étendue des terres cultivées, la somme des richesses produites et échangées, la masse des connaissances et des idées qui sont le capital intellectuel de l'humanité et qu'à aucune époque ces phénomènes n'ont eu, à beaucoup près, autant d'intensité que dans la seconde moitié du xixᵉ siècle.

La politique de l'émigration et de l'immigration. — Émigrer est un droit pour tout individu qui dispose de sa personne. L'émigration est une des formes de la liberté individuelle ; elle peut être un besoin pour celui qui ne trouve pas le moyen de vivre dans son pays. En principe, elle doit être libre (2).

Un gouvernement peut l'encourager : l'Angleterre l'a fait pour ouvrir une issue au paupérisme irlandais. Il est rare toutefois qu'il ait intérêt à agir ainsi, quand il ne dirige pas le courant

---

(1) Voir à ce sujet la fin du chap. iii du livre iv.

(2) Bentham dit plaisamment qu'une loi contre l'émigration devrait être précédée du préambule suivant : « Nous, ignorant l'art de rendre nos peuples heureux, bien assurés que, si nous leur laissions la liberté de fuir, ils iraient chercher des contrées moins opprimées.. ».

vers une de ses colonies ; car il perd des travailleurs que la nation avait pris la peine d'élever et qui la plupart quittent le pays à l'âge où ils rendraient probablement par leur travail plus qu'ils n'ont coûté pour leur éducation. Aussi les gouvernements européens se montrent-ils en général médiocrement favorables à l'émigration.

Un gouvernement peut interdire l'émigration dans certains cas, particulièrement celle de jeunes gens qui voudraient partir pour se soustraire au service militaire : l'homme doit remplir des obligations qu'il contracte volontairement ou que la loi lui impose. L'État d'ailleurs, outre le dommage qu'il subirait par la réduction du contingent, peut considérer qu'une telle émigration est factice, puisqu'elle est déterminée par le désir de se soustraire à un devoir dans le pays natal, plus que par la perspective d'un gain à l'étranger.

L'État sera circonspect en matière de restrictions de ce genre s'il comprend que sa mission essentielle est d'assurer, par l'ordre et la justice, la liberté de tous et non de gérer, en tuteur, les affaires de chacun. Toutefois il est dans son rôle et il accomplit un devoir quand il cherche à éclairer la population ignorante (1). Lorsque des agents, nationaux ou étrangers, essaient de pomper à leur profit la substance humaine par des manœuvres déshonnêtes, il a intérêt à opposer la vérité à l'erreur, soit en donnant des renseignements par ses propres agents, soit en fixant certaines conditions pour l'établissement des agences et pour les transports maritimes, soit en encourageant des sociétés protectrices ayant pour objet d'éclairer ceux qui partent ou de soutenir dans les pays étrangers ceux qui sont partis (2). La plupart des États européens

---

(1) C'est ainsi qu'il existe à Londres un « Emigrants information office », qui publie des documents à bas prix (ainsi l'*Emigration Statutes and general Handbook* coûte 3 den.), fournit à tout venant des renseignements sur les transports, veille à l'exécution des règlements sur l'aménagement des navires et assiste au besoin les émigrants dans leurs réclamations.

(2) Voir, entre autres documents, le rapport de la commission d'émigration de la Société de géographie commerciale, février 1889. Voir aussi les déclarations de M. L. Bourgeois, alors sous-secrétaire d'État à la Chambre des Députés (10 nov. 1888)· «... Il est évident qu'il n'y a non-seulement aucune inquiétude à avoir, ni aucun danger pour la France, mais qu'il y a même un profit pour notre pays... Il y a un mouvement normal d'émigration auquel nous ne pouvons pas et ne devons pas nous opposer ; s'il se produit un mouvement factice, le gouvernement n'hésitera pas à réprimer des manœuvres abusives »,

ont fait des lois et des réglements qui ont pour objet la surveillance de l'émigration et qui imposent, dans un but d'humanité, certaines conditions aux agences de recrutement et de transport; les premières datent du milieu du siècle, c'est-à-dire de l'époque où l'émigration européenne a pris un large développement; elles ont été renforcées par des lois plus récentes (1).

La France en particulier a un trop faible excédent de naissances pour favoriser une émigration (2) qui ne serait pas dirigée vers ses possessions coloniales. Mais elle aurait tort de l'entraver quand elle se produit sans excitation frauduleuse, parce que, comme toute grande puissance commerciale, elle tire profit de l'établissement de ses nationaux à l'étranger.

Il serait même désirable que, pour soutenir la concurrence, elle possédât un plus grand nombre de représentants de sa race et de ses intérêts sur les marchés importants du monde et qu'elle préparât une partie de sa jeunesse à cette mission par une éducation appropriée. Elle s'est laissé distancer dans le commerce de la Grèce, des Échelles du Levant, de l'Orient, etc. par les Allemands, parce que ces derniers sont plus nombreux et mieux à portée de connaître les affaires.

L'immigration a, suivant les pays et suivant le point de vue d'où on la juge, des partisans et des adversaires. Nous avons déjà parlé dans le chapitre précédent de ses avantages et de ses inconvénients au point de vue français. Nous devons ici, au risque de nous répéter, indiquer quelques considérations générales.

Dans les pays neufs, plusieurs gouvernements l'ont sollicitée ou la sollicitent encore par des faveurs, primes aux importateurs d'immigrants, passages gratuits sur mer et sur les chemins de fer du pays, hospitalité des premiers jours, travaux préparatoires en vue de rendre une contrée habitable, dons de terres ou vente à bas prix et à long terme, avance de vivres pendant la première année

---

(1) Les lois sur l'émigration datent pour l'Angleterre de 1852 et de 1855, pour la Prusse de 1853, pour l'Espagne de 1853, pour les cantons Suisses de 1854 à 1859, pour la France de 1855 et de 1860, pour les Pays-Bas de 1861 et de 1869, pour la Belgique de 1876, pour la Suisse et l'Italie de 1888.

(2) Elle s'est contentée de la réglementer par le décret du 15 juin 1855, par la loi du 18 juillet 1860, suivie des décrets du 9 et du 15 mars 1861, en vertu desquels les agences pour l'enrôlement et le transport des émigrants ne peuvent s'établir qu'avec l'autorisation du Ministre du Commerce et certaines mesures protectrices sont imposées pour le transport.

de séjour. Tous ces moyens n'ont pas la même vertu dans tous les lieux et dans tous les temps; mais, comme ils ont pour but d'enrichir la contrée en mettant le sol en valeur, l'emploi en est légitime, à condition que le gouvernement accomplisse loyalement les promesses qu'il a faites, ou surveille l'accomplissement de celles qui ont été faites sous son patronage. Leur efficacité générale n'est pas douteuse, malgré les crises qui, à certaines époques, les paralysent.

Dans les pays anciennement peuplés, il est naturel que l'État n'encourage pas une immigration dont il n'a pas besoin; nous ne sommes plus au temps de Colbert où l'on attirait des artisans étrangers pour naturaliser en France les industries de Venise et de la Hollande, pendant qu'on punissait de la prison ceux qui tentaient de passer à l'étranger (1). Il ne doit pas non plus l'entraver; en règle générale, il doit laisser les individus libres d'entrer, suivant leur intérêt personnel, sur son territoire comme d'en sortir, n'interdire l'accès qu'aux malfaiteurs avérés et n'exclure que ceux qui troubleraient l'ordre ou qui, manifestement incapables de vivre de leur travail et tombant à sa charge, seraient renvoyés à leur pays d'origine (2). Si l'immigrant apporte des capitaux ou une industrie, il contribue à enrichir le pays auquel il est venu demander l'hospitalité; s'il n'apporte que ses bras et qu'il en trouve l'emploi, son travail, payé par le capital national, est encore profitable à la richesse du pays.

Les ouvriers qui, dans les pays neufs comme dans les pays anciennement peuplés, envisagent la question au point de vue particulier de leur salaire, voient dans les nouveaux venus une concurrence et, par suite, une cause de réduction de leur propre revenu. Des propriétaires même peuvent se trouver, dans certains cas, lésés par des déplacements d'équilibre de population résultant de l'émigration : c'est ainsi qu'aux États-Unis le défrichement des grandes plaines de l'ouest a fait baisser le prix des fermages

---

(1) Cette politique, qui était à peu près celle de tous les États à cette époque, a persisté au xviiiᵉ siècle; l'Angleterre punissait de mort l'artisan qui portait son industrie à l'étranger.

(2) Les États-Unis ont, par la loi de 8 août 1882, interdit le débarquement des condamnés autres que les condamnés politiques et les États par leurs lois particulières, ont renforcé cette prohibition ; puis par d'autres décrets, celui des gens incapables de travailler, des idiots, même des indigents.

dans la Nouvelle-Angleterre. Les intérêts privés ne sont pas d'ailleurs les seuls que l'émigration inquiète; des publicistes, que le sentiment national inspire, ont été émus en voyant l'ignorance gagner du terrain avec l'immigration et se sont plaints de l'impuissance des écoles à refondre les recrues adultes dans le moule américain.

La conséquence redoutée par la classe ouvrière ne saurait être absolument niée : c'est pourquoi, dans les États démocratiques, l'immigration est menacée. On l'a vu aux États-Unis (1) et en Australie, lorsque l'accord de toute la race blanche salariée contre la race jaune a proscrit les Chinois ou rendu leur importation très onéreuse (2). On a vu triompher aussi cet esprit de monopole par des mesures restrictives de l'immigration européenne (3) et il ne nous paraît pas douteux qu'un jour il ne se

---

(1) Aux États-Unis l'opinion est partagée entre les avantages et les inconvénients de l'immigration. Voici un fragment d'une lettre du secrétaire du département du Trésor, du 8 octobre 1891 (Lettre de M. Ch. Poster, secrétaire du département du Trésor, à M. Brarkett, agent spécial du Treasury dep^t, oct. 1891), qui exprime clairement la politique du Gouvernement sur cette matière (sans expliquer toutefois l'interdiction du territoire américain aux salariés ayant contracté un engagement) : The government and people of U. S. are not averse to the immigration of meritorious and self-sustaining persons, but public opinion and the laws of the country are crystallizing definitively in opposition to the further immigration of persons belonging to the helpless, defective and criminal classes. Le message adressé aux congrès des Etats-Unis le 9 décembre 1891, par le président Harrison, témoigne de la préoccupation du gouvernement des États-Unis à l'égard de l'immigration, principalement de l'immigration des juifs qui émigrent en masse de Russie et arrivent en Amérique dans un dénument complet.

(2) Par la loi du 17 novembre 1880, les États-Unis ont donné au gouvernement le droit de régler, limiter ou suspendre l'immigration chinoise; des lois du 6 mai 1882, du 5 juillet 1884 et de septembre 1888 ont suspendu l'immigration pour dix ans (en 1882), puis pour vingt ans (1888) et déterminé les conditions de séjour pour les Chinois. La loi de 1888 a été rendue à la suite d'un traité signé à Washington en 1885 que le gouvernement chinois n'a pas ratifié. En janvier 1891, dans une ville de l'Orégon (Milton), on a vu les terrassiers de race blanche maltraiter les Chinois et les traîner hors de la ville la corde au cou. Les Chinois se sont cependant introduits, mais en petit nombre, jusque dans les villes de l'est où ils exercent certains métiers, particulièrement celui de blanchisseur.

Victoria a porté, de 1851 à 1881, une série de lois restrictives sur la matière. Queensland a des lois de ce genre depuis 1871 et les a aggravées en 1884. La Nouvelle-Galles-du-sud, en 1881, a défendu d'introduire plus d'un Chinois par 100 tonneaux de jauge du navire et a imposé une taxe d'importation de 10 liv. st. par tête.

Dans l'île de Java même, les Hollandais commencent à se préoccuper de la question et réagissent contre l'immigration chinoise.

(3) La loi du 26 février 1885 (Act to prohibit the importation and immigration of

forme dans la grande république américaine un parti puissant contre l'immigration. En Australasie, le parti ouvrier, « labour party », a amené le gouvernement colonial (excepté dans Queensland et dans l'Australie occidentale) à supprimer les subventions en faveur de l'immigration européenne, en même temps que les propriétaires faisaient restreindre la vente des terres publiques, afin d'augmenter la valeur de leurs propres domaines (1).

La naturalisation. — En France, cette question devait être posée, parce que l'immigration est considérable et que le régime républicain prête une grande force aux réclamations de la classe ouvrière. On a proposé de mettre sur les employés et ouvriers de nationalité étrangère une taxe de séjour proportionnelle à leur salaire (2), une taxe sur les patrons qui emploient des ouvriers étrangers, d'interdire aux entrepreneurs de travaux publics l'emploi d'ouvriers étrangers (3). Malgré les exemples que l'on tire des législations étrangères (4), de pareilles mesures sont illibérales. Il ne serait pas sage de fermer les portes de la France aux recrues de travailleurs qui viennent du dehors, tant

---

foreigners and aliens under contract or agreement to perform labor in the United States) contre l'importation et l'immigration d'étrangers interdit, entre autres choses, d'organiser cette immigration par des promesses de travail ou d'emploi, sous peine de 1,000 dollars d'amende pour l'entrepreneur ; elle atteint même les capitaines de navire qui feraient le transport. En vertu de cette loi défense de débarquer a été faite en 1888 à 485 émigrants (431 comme pauvres, 31 comme fous et 23 comme criminels).

(1) Victoria, l'Australie méridionale, la Tasmanie ont entièrement suspendu l'intervention du gouvernement dans l'immigration. La Nouvelle-Galles-du-sud et la Nouvelle-Zélande se bornent maintenant à aider les femmes et les familles de colons établis dans le pays à les rejoindre ; le nombre des immigrants de cette catégorie n'a été en 1889 que de 431 pour la Nouvelle-Galles et de 82 pour la Nouvelle-Zélande.

(2) Séance de la Chambre des députés, 16 novembre 1885.

(3) Voir la séance du 2 février 1888.

(4) « Ce que nous faisons, toutes les nations l'ont fait », disait le rapporteur de la commission. Il citait, en effet, des exemples. En Angleterre, l'étranger ne pouvait pas, jusqu'en 1870, être complètement propriétaire foncier et il ne peut pas encore être propriétaire d'un navire anglais. Le gouvernement allemand a usé durement du droit d'expulsion à l'égard des Français en Alsace et des Russes en Posnanie ; il a fait payer une taxe particulière aux marchands ambulants étrangers et imposé de dures conditions aux israélites. La Russie, à son tour, a expulsé les sujets allemands des provinces baltiques et poussé les juifs à s'expatrier. Aux Pays-Bas, les étrangers sont astreints à se munir d'un permis de séjour. Au Portugal, ce permis s'acquiert par le paiement d'une taxe trimestrielle. En Suisse, les étrangers ne peuvent se fixer dans un canton qu'avec un permis de séjour ou d'établissement et ils paient une taxe militaire.

qu'ils ne sont pas un danger pour l'ordre public, ni de leur rendre désagréable le séjour à l'intérieur. Une bonne politique pour un pays dont la population s'accroît lentement consiste au contraire à faciliter l'absorption de l'élément étranger dans le corps social.

Les législateurs des temps passés n'étaient pas en général tendres pour les étrangers. A Athènes, que la pratique du grand commerce avait rendue plus libérale à cet égard que la plupart des autres républiques de la Grèce, le métèque, c'est-à-dire l'étranger autorisé à s'établir en Attique, ne pouvait cependant pas y posséder d'immeubles ni recevoir ou léguer par testament ; il était soumis à une juridiction spéciale et il payait une contribution particulière. A Rome, le mot « hostis » a eu longtemps la double signification d'étranger et d'ennemi ; le « peregrinus » était régi par le « jus gentium » sans participer aux avantages que le « jus civile » reconnaissait aux Romains ; les « barbares » ne pouvaient même pas se réclamer du « jus gentium ». Toutefois la république romaine s'était fortifiée en accordant successivement à un grand nombre de villes et de peuples le droit de cité que Caracalla finit par étendre à tout l'Empire.

Les communes du moyen-âge étaient pour la plupart aussi fermées que les cités de la Grèce. Sous l'ancienne monarchie, l'aubain avait en France une condition légale qui rappelait celle du peregrinus à Rome et, malgré les adoucissements que le temps et des priviléges particuliers avaient apportés à sa condition, il était encore, en 1789, frappé d'incapacité, totale ou partielle, relativement à la transmission de ses biens après sa mort.

L'esprit du XIXᵉ siècle a été plus libéral. L'Assemblée Constituante, considérant que « la France libre devait ouvrir son sein à tous les peuples de la Terre, en les invitant à jouir, sous un gouvernement libre, des droits sacrés et inviolables de l'humanité, » avait aboli le droit d'aubaine. Le Code civil n'admit pas cette solution générale et philosophique ; il s'attacha à la réciprocité, en concédant par l'art. 11 (1) à l'étranger en France les mêmes droits civils que ceux dont jouissent, par traité, les Français dans la patrie de cet étranger. La loi du 14 juillet 1819, plus généreuse, abolit, sans condition, le droit d'aubaine et donna aux étrangers l'entière capacité de recevoir à titre gratuit sur le

---

(1) Complété par les art. 926 et 912, qui ont été abrogés par la loi du 19 juillet 1889.

sol français. Le Code civil, d'autre part, a accordé (art. 13) la jouissance de « tous les droits civils » à l'étranger admis, par autorisation du chef de l'Etat, à fixer son domicile en France; l'admission au domicile était l'antichambre de la naturalisation.

Sous l'ancien régime, le fait d'être né en France conférait la qualité de Français : c'est ce qu'on appelle « jus soli. » Le Code civil attacha de droit cette qualité à la filiation, « jus sanguinis, » mais il ne détermina pas les conditions de la naturalisation. La Constitution de 1791 avait conféré le titre de citoyen français à tout étranger résidant depuis cinq ans en France (1) et y possédant un établissement, un immeuble, ou marié à une française et ayant prêté le serment civique. La Constitution de l'an III avait exigé que l'individu qui voulait devenir français déclarât, après sa majorité, son intention de se fixer en France, et elle lui accordait de droit la naturalisation sept ans après cette déclaration confirmée par un séjour effectif. La Constitution de l'an VIII avait porté le délai à dix ans. Le décret du 17 mars 1809 substitua au droit pour l'étranger une simple faculté pour le chef de l'État, qui après la dixième année, pouvait délivrer au postulant, s'il le jugeait à propos, des lettres de naturalisation. Le décret du 19 février 1808 et la loi du 4 juin 1814 ont créé, en faveur d'étrangers ayant rendu des services signalés, la naturalisation exceptionnelle et la grande naturalisation, lesquelles ont été supprimées en 1848. Ces dispositions, modifiées en partie par les lois du 3 décembre 1849 (2), du 7 février 1851 et du 29 juin 1867 (3), ont subsisté jusqu'à la loi du 26 juin 1889 (4), qui a attribué de plein droit la qualité de Français aux personnes nées en France de parents étrangers, résidant en France à l'époque de leur majorité et a simplifié les formalités de la naturalisation pour d'autres catégories de personnes. La loi militaire du 15 juillet 1889 a établi que les individus nés en France d'étrangers résidant

---

(1) La Constitution de 1793 n'exigeait qu'un an.

(2) Un décret du 28 mars 1848 ayant réduit à cinq ans la résidence, il y eut, en trois mois, 2,500 naturalisations; le ministre crut devoir, en attendant une nouvelle loi, suspendre l'application du décret.

(3) Cette loi a réduit la résidence à trois ans et même, dans les cas de services exceptionnels, à un an.

(4) Cette loi a été l'objet de longues discussions au Sénat et à la Chambre des députés. Voir aussi le décret du 13 août 1889.

seraient inscrits sur les listes du recrutement et deviendraient par là même Français, sauf à en être rayés sur leur réclamation (1).

Avant la promulgation de cette loi, le nombre annuel des naturalisations depuis 1867 était en moyenne de 562 ; il avait toutefois dépassé 1,000 dans les dernières années. Or, il y a eu 2 223 naturalisations du 26 juin 1889 à la fin de l'année et 7,297 en 1890 (2). Si l'on ajoute 4,077 enfants mineurs des personnes naturalisées, 3,131 personnes devenues françaises en vertu de déclarations faites dans les cas prévus par la loi (3), 4,174 réintégrations dans la qualité de Français (4), on trouve un total de 18,679 personnes acquises à la nationalité française en 1890 (5). Les départements où il y a eu le plus de naturalisations sont la Seine (1,937), les Bouches-du-Rhône (533), le Nord (337), Meurthe-et-Moselle (323), qui sont aussi au nombre de ceux qui renferment le plus d'étrangers.

Parmi les Etats européens, les uns, comme l'Italie, la Russie,

---

(1) Voici le texte de l'article 11 de la loi militaire :

ART. 11. — Les individus déclarés Français en vertu de l'art cle 1er de la loi du 16 décembre 1874 sont portés, dans les communes où ils sont domiciliés, sur les tableaux de recensement de la classe dont la formation suit l'époque de leur majorité. Ils sont soumis au service militaire s'ils n'établissent pas leur qualité d'étranger.

Les individus nés en France d'étrangers résidant en France sont également portés, dans les communes où ils sont domiciliés, sur les tableaux de recensement de la classe dont la formation suit l'époque de leur majorité, telle qu'elle est fixée par la loi française. Ils peuvent réclamer contre leur inscription lors de l'examen du tableau de recensement et lors de leur convocation au conseil de révision, conformément à l'article 16 ci-après. S'ils ne réclament pas, le tirage au sort équivaudra pour eux à la déclaration prévue par l'article 9 du Code civil. S'ils se font rayer, ils seront immédiatement déchus du bénéfice dudit article.

Les mêmes dispositions sont applicables aux individus résidant en France et nés en pays étranger, soit d'un étranger qui depuis lors a été naturalisé français, soit d'un Français ayant perdu la qualité de Français, mais qui l'a recouvrée ultérieurement, si ces individus étaient mineurs lorsque leurs parents ont acquis ou recouvré la natio-lité française.

(2) Ce nombre se compose de 5.984 naturalisations par décret pour la France et de 1313 pour l'Algérie et les colonies.

Sur les 7,297 personnes, 97 p. 100 avaient plus de dix ans de domicile, 25 p. 100 étaient nées sur le territoire actuel de la France ; 73 p. 100 étaient mariés, dont 56 à des Françaises. Sur les 5,984 naturalisés en France, il y avait 1,309 Italiens, 1052 Alsaciens-Lorrains, 1,034 Belges, etc.

(3) Dans ce total, sont compris les femmes qui étaient devenues étrangères par leur mariage et qui sont redevenues françaises par la naturalisation de leur mari.

(4) Dont 1,586 Belges, 633 Italiens, etc.

(5) L'admission au domicile n'est plus une condition préalable de la naturalisation ; aussi n'y en a-t-il eu que 763 en 1890.

l'Espagne, traitent dans les rapports civils l'étranger sur le pied d'égalité avec leurs nationaux ; les autres, comme les Etats de l'Allemagne, l'Autriche, la Suède, la Belgique, acceptent plus ou moins complètement le principe de la réciprocité. L'Angleterre a longtemps refusé aux étrangers, conformément aux traditions féodales, le droit de transmettre et d'hériter et ne s'est relâchée de ses rigueurs que par les lois de 1844 et de 1870 ; la dernière les a enfin assimilés aux citoyens britanniques pour tout ce qui concerne la possession, puissance, acquisition ou transmission des biens mobiliers et immobiliers (1). Les États-Unis, qui avaient reçu le « common law » de la mère-patrie, ont encore maintenu, dans quatre de leurs États, l'incapacité pour l'étranger de posséder la terre et dans une vingtaine d'États ils n'admettent cette capacité qu'avec certaines restrictions.

---

(1) Excepté toutefois en ce qui concerne les navires qui ne peuvent pas être possédés par un étranger.

CHAPITRE X

LA COLONISATION FRANÇAISE.

Sommaire. — Les colonies françaises sous l'ancien régime — La politique colo- niale de 1815 à 1878 — L'expansion coloniale depuis 1878 — Les populations indigènes de l'Algérie — Les Européens — La population de la Tunisie — Les colonies sucrières et les autres îles — L'Indo-Chine — La Guyane — L'Afrique tropicale — Le partage de l'Afrique — La comparaison des domaines coloniaux des Etats européens — La situation coloniale de la France.

Les colonies françaises sous l'ancien régime.— Charles Quint, maître du Nouveau Monde, dépensait les trésors du Mexique et du Pérou pour dominer l'Ancien. François Ier, son rival, songea à prendre sa part des terres et des richesses dont la découverte d'un génois avait doté l'Espagne. Il fit entreprendre trois voyages d'exploration par l'italien Verazzano qui périt dans le dernier (1523-1525); dix ans après, il profita d'un intervalle de paix, après le traité de Cambrai, pour envoyer dans le nord de l'Amé- rique, où commençaient déjà à s'aventurer quelques marins français (1), le malouin Jacques Cartier (1534); celui-ci découvrit un long estuaire (le Saint-Laurent) « qui va si loin, disait-il dans sa relation, que jamais homme n'avait été ». N'était-ce pas la route des Indes cherchée par Colomb? Les rois d'Espagne et de Portugal s'émurent et marquèrent quelque humeur contre le Roi

---

(1) Des Basques pêchaient depuis plusieurs siècles la baleine dans le golfe de Gascogne; on pense qu'ils s'aventurèrent peu à peu à la poursuite des cétacés jusque dans les parages de Terre-Neuve. Des Bretons y pêchaient aussi. En 1504, Gonneville, poussé par la tempête, débarqua sur les côtes du Brésil. En 1506, un marin de Honfleur, Jean Denys, revit le Brésil et, dans un autre voyage, aborda au Canada. En 1508, un marin de Dieppe, Aubert, ramena sept sauvages du Canada; en 1518, le baron de Léry débarqua à l'île de Sable et tenta, mais inutilement, d'y fonder une colonie. Voir les *Découvreurs français* et l'*Histoire de la découverte de l'Amérique*, t. II, ch. x, par P. Gaffarel. Nous ne parlons pas du prétendu voyage de Cousin jusqu'au Brésil en 1488, lequel ne repose sur aucune preuve.

très chrétien qui ne respectait pas la bulle de démarcation du pape Alexandre VI. « Eh quoi ! répartit François Ier, ils partagent tranquillement entre eux toute l'Amérique sans souffrir que j'y prenne part comme leur frère ! Je voudrais bien voir l'article du testament d'Adam qui leur lègue ce vaste héritage. »

Il envoya une seconde fois J. Cartier qui remonta le Saint-Laurent jusqu'à l'île nommée par lui Mont-Royal et apprit des sauvages qu'on pouvait naviguer vers l'ouest encore pendant plus de trois lunes. Il donna le gouvernement général du Canada au sieur de Roberval sous l'autorité duquel J. Cartier repartit en 1541 avec des colons. Mais la guerre ayant recommencé en Europe, ces colons ou du moins les survivants d'une entreprise qui ne paraît pas avoir été heureuse durent être rapatriés (1). Maintes fois, dans la suite de l'histoire coloniale, on voit la même situation produire des effets semblables : la France négligeant ou abandonnant ses possessions d'outre-mer pour s'occuper de ses intérêts continentaux. L'Angleterre, dans son île, n'a pas subi l'inconvénient d'une double politique.

Les guerres de religion n'ont été favorables à la politique française ni en Europe, ni dans les colonies. Malgré la bonne volonté de Coligny, qui espérait « en peu de temps faire en sorte que nous ferons le plus beau trafic qui soit en chrétienté », les tentatives de Jean Ribaut en Floride (1562) et de Villegaignon dans la baie de Rio de Janeiro (1555) n'aboutirent qu'à des désastres. Les bâtiments français qui avaient fréquenté les côtes du Brésil dans la première moitié du XVIe siècle et y avaient fait un commerce d'une certaine importance, devinrent rares. Il faut arriver au règne réparateur de Henri IV pour enregistrer des efforts heureux : Champlain, qui, naviguant pour le compte d'une compagnie de marchands rouennais, remonta le Saint-Laurent jusqu'au saut Saint-Louis (1603) et séduisit à son retour le roi en mettant sous ses yeux la carte de cette « Nouvelle-France », fut le fondateur de Québec (1608) (2) il découvrit aussi deux des cinq Grands Lacs (3).

---

(1) C'est aussi sous le règne de François Ier que les frères Parmentier, qui passent pour être les premiers Français ayant trafiqué aux Indes, firent leur voyage (1529).

(2) La ville de Québec, dont le nom signifie détroit (resserrement du fleuve), avait 28 habitants hivernant en 1608 ; 60 habitants en 1620 ; 800 en 1663 (le recensement de 1635, qui donne 547, n'est pas complet) ; 1407 en 1688 ; 8,967 en 1765.

(3) Le succès du récit des voyages de Champlain, qui eut plusieurs éditions,

Richelieu, qui s'était fait donner le titre de surintendant de la navigation et qui prenait à cœur les intérêts maritimes de la France, était animé d'excellentes intentions. Il encouragea les marins aventureux qui allaient faire la contrebande dans les colonies espagnoles de la mer des Antilles et qui s'y étaient établis dès l'année 1625 (d'Esnambuc à Saint Christophe et à la Guadeloupe en 1625 ; les boucaniers à l'île de la Tortue en 1630). Il voulait, « voyant comme nos marins s'y gouvernent, faire de grandes Compagnies, parce que chaque petit marchand n'a pas les reins assez forts » ; c'est pourquoi il patrona celle des Cent associés pour le Canada, celle du Sénégal qui fonda Saint-Louis, celle du Cap Moro, celle des îles d'Amérique (1635) qui s'engagea à établir aux Antilles en vingt ans 4,000 personnes de religion catholique (1) et sous l'autorité de laquelle d'Esnambuc colonisa la Martinique et l'Olive et Duplessis la Guadeloupe (1635). Mais, depuis 1635, Richelieu, directement engagé dans la guerre de Trente ans, n'eut plus le loisir de s'occuper des Antilles françaises (2) qu'affaiblirent des dissensions intestines et l'hostilité des Espagnols.

Colbert, ébloui par l'exemple de la Hollande, suivant d'ailleurs la tradition de Richelieu et inclinant beaucoup plus que lui à considérer en cette matière le profit commercial de la métropole, s'imagina que les grandes Compagnies, possédant un gros capital et dotées de privilèges très étendus, étaient nécessaires à la prospérité du commerce colonial (3) ; il créa celle des Indes

---

atteste le goût qu'on avait alors en France pour les découvertes lointaines. C'est aussi sous le règne de Henri IV que La Ravardière fonda (1604) Saint-Louis de Maragnon d'où les Portugais chassèrent les Français en 1615. Montchrétien, dans son ouvrage intitulé : *Traité d'économie politique* (qui n'est pas un traité de science économique), vante les avantages de la colonisation et dit, non sans exagération pour son temps, que le peuple « s'est infiniment multiplié dans le royaume et qu'on s'y entreétouffe l'un l'autre. » La population française réparait alors les pertes que les guerres de religion lui avaient fait subir.

(1) La compagnie d'Amérique remplaçait une compagnie de Saint-Christophe fondée en 1626 avec l'agrément de Richelieu. Il paraît qu'elle avait déjà introduit 7,000 colons en 1642.

(2) Cependant c'est en 1642 que Louis XIII concéda à la « Société de l'Orient ou de Madagascar » le privilège de prendre en son nom posession de cette île.

(3) Les négociants des grandes villes de France et les administrateurs des colonies n'ont jamais partagé cet avis. « Le monopole accordé aux Compagnies est devenu nuisible... » disait le délégué de Nantes à l'Assemblée du commerce en 1701. L'intendant Talon écrivait à Colbert dès l'année 1665 : « Si S. M. veut faire quelque chose au Canada, il me paraît qu'elle ne réussira qu'en le retirant des mains de la Compagnie

orientales à laquelle il céda Madagascar et qui, quatre ans après, établit (1665) à Surate le premier comptoir français dans les Indes, et celle des Indes occidentales pour laquelle il racheta chèrement les Antilles françaises et qu'il dota du monopole du commerce au Canada. Le succès de ces Compagnies dont les actions n'avaient été souscrites que par la volonté du roi fut très médiocre. Dès 1668, la Compagnie des Indes orientales remit au roi son privilège sur l'île de Madagascar qui resta comme oubliée pendant un siècle et elle concentra ses opérations dans l'Inde. Celle des Indes occidentales, sur les réclamations des colons, renonça, quatre ans après sa fondation, à son privilège commercial au Canada (1668) (1) et fut supprimée en décembre 1674 après avoir occasionné par son monopole une révolte aux Antilles.

La culture et le commerce intérieur étant devenus libres (2), les colonies d'Amérique prospérèrent. Le système qu'on a désigné sous le nom de pacte colonial, moins gênant que le monopole des compagnies, ne leur imposait pas d'autre obligation que de recevoir exclusivement des marchandises françaises, sous pavillon français, et leur accordait des immunités pour l'entrée de leurs denrées en France. C'était le temps où la marine française, sous les ordres de Duquesne, triomphait des flottes hollandaises dans la Méditerranée et où l'Angleterre était encore neutre.

Le Canada se peuplait. De 2,500 colons environ (3) qu'on y comptait vers 1660, le nombre s'était élevé à 10,251 en 1683. Colbert y avait fait expédier à plusieurs reprises des convois de filles nubiles ; il avait prescrit d'encourager les mariages et les familles nombreuses (4). Vingt-quatre compagnies du régiment de

---

des Indes et qu'en y donnant une grande liberté de commerce aux habitants, à l'exclusion des seuls estrangers. »

(1) Le commerce des peaux de castor a été à plusieurs reprises rendu libre ou érigé en monopole.

(2) Excepté toutefois le commerce des peaux de castor dont l'État affermait à des traitants le monopole, au grand mécontentement des habitants.

(3) Les recensements faits au Canada par l'intendant Omer Talon ont constaté 3.418 habitants en 1666, 4,312 en 1667, 5,870 en 1668. Ces chiffres sont inférieurs à ceux que portent les recensements et qui ont été trouvés la plupart dans les archives de Paris et insérés dans le tome III du recensement du Canada en 1871 : 3,222 habitants en 1665 ; 6,282 en 1668 ; 9,400 en 1679; 10,251 en 1683 ; 11,562 en 1688: 15,255 en 1698.

(4) L'édit de novembre 1666 fut appliqué au Canada par ordonnance du 5 avril 1669. L'intendant devait donner en outre, comme présent du roi, 20 livres à tout garçon se mariant à 20 ans, et à toute fille se mariant à 16 ans au moins. On devait infliger une

Carignan, qui avaient été licenciées, furent envoyées en Amérique, principalement dans le canton voisin de la rivière Richelieu, et reçurent des terres et du bétail ; les officiers devinrent des seigneurs, les soldats des tenanciers. La coutume de Paris était déjà depuis quelques années et est restée le code civil du Canada : la mère-patrie transportait de toutes pièces ses institutions dans sa colonie. La culture s'étendait : les trafiquants et les « coureurs de bois » pénétraient dans des contrées inconnues en cherchant le castor ; Jolliet et Marquette (1673), Cavelier de la Salle (1673-1680), en découvrant le Mississipi, doublaient l'étendue de la Nouvelle-France.

Après la paix de Nimègue (1678) qui avait valu Tabago à Louis XIV, la plupart des Petites Antilles appartenaient à la France (1). La Martinique, centre du gouvernement, renfermait alors plus de 20,000 habitants, dont 15,000 noirs importés d'Afrique. Si l'île de la Tortue était presque abandonnée, des établissements s'étaient formés dans la partie occidentale de Saint-Domingue, sans que les Espagnols eussent pu s'y opposer (2). Vers la fin du XVIIᵉ siècle, les Antilles françaises produisaient environ 27 millions de livres de sucre (3).

L'île Bourbon avait été définitivement occupée, mais elle ne prospérait pas encore. Pondichéry était devenu le centre des factoreries de l'Inde depuis la perte de San Thomé ; mais le commerce français, sous le monopole de la Compagnie et en face de la concurrence hollandaise, restait médiocre en Orient.

Depuis la chute des Stuarts (il faut ajouter : depuis la mort de Colbert), la France a eu l'Angleterre pour ennemie sur mer, presque chaque fois que la guerre a éclaté en Europe. Celle de

---

amende aux pères qui ne mariaient pas leurs enfants à cet âge. « S. M. ne doute pas que le comte de Frontenac ne se serve avantageusement de ces moyens pour porter tous les habitants à se marier et que les colons n'en reçoivent une augmentation considérable. » *Lettres inst.*, *Mém. de Colbert*, t. III, § 3, 7 avril 1672.

(1) Sainte-Croix, une partie de Saint-Martin (l'autre à la Hollande), une partie de Saint-Christophe (l'autre à l'Angleterre), Saint-Barthélemy, la Guadeloupe et îles voisines, la Dominique, la Martinique, Sainte-Lucie, Saint-Vincent, la Grenade et les Grenadilles, Tabago.

(2) Saint-Domingue ne fut pas compris dans le traité de Nimègue, parce que les Espagnols ne voulaient pas reconnaître qu'une partie de l'île ne leur appartenait plus.

(3) Le pacte colonial ne permettant aux colonies de vendre qu'à la métropole, laquelle ne consommait guère que 20 millions de livres, le prix du sucre s'avilit. Il est juste d'ajouter que le prix de la plupart des denrées agricoles a baissé en France dans la seconde moitié du XVIIᵉ siècle.

la ligue d'Augsbourg, pendant laquelle elle a perdu sa flotte, détruite à la Hougue, et qui a porté la dévastation aux Antilles, lui laissa par le traité de Ryswick (1698) son domaine intact; mais celle de la succession d'Espagne lui coûta (1713) l'Acadie, Terre-Neuve, la baie d'Hudson et l'île de Saint-Christophe, où elle avait fondé, en même temps que les Anglais, son premier établissement des Antilles (1).

Le système de Law valut, durant une période de paix avec l'Angleterre, la fondation de la Nouvelle-Orléans et la création d'une gigantesque Compagnie des Indes qui réunissait les priviléges de toutes les compagnies antérieures. La guerre de la succession d'Autriche, sous Louis XV, mit aux prises les Canadiens et les colons américains, et Louisbourg resta pendant trois ans aux mains des Anglais.

Cependant, dans l'Inde, Dupleix avait durant cette guerre pris Madras. Après le traité d'Aix-la-Chapelle (1748), grâce à ses alliances avec les souverains du pays, aux services qu'il rendit aux uns et à la guerre qu'il fit aux autres, il parvint à se faire céder de vastes territoires et à étendre l'influence française sur la plus grande partie du Carnatic. L'Angleterre, inquiète de ses progrès, obtint des directeurs timorés de la Compagnie son rappel (1754). Menaçante au Canada où elle contestait aux Français le droit d'établir des forts sur l'Ohio et où un de ses amiraux attaqua brusquement des bâtiments marchands sans déclaration de guerre, elle vit avec joie la France s'allier avec l'Autriche et s'engager dans une lutte continentale. L'événement lui donna raison : le traité de Paris (1763) consacra la ruine de la puissance française dans l'Inde, la perte du Canada qui fut cédé à l'Angleterre avec un nombre d'environ 69,000 habitants (2) et de presque

---

(1) Vers 1700, la France comptait moins de 60,000 colons ou engagés de race blanche dans toutes ses colonies (non compris par conséquent les noirs), à savoir : 30,000 à Saint-Domingue, 10,600 à la Martinique, 3,825 à la Guadeloupe, environ 12,000 au Canada, 400 à Cayenne. — Voir *Histoire de la question coloniale en France*, par M. Deschamps, p. 188.

(2) Voici les recensements connus (et publiés en appendice dans le recensement du Canada de 1871, tome IV), au XVIII° siècle jusqu'à l'époque de la conquête anglaise :

1706 — 16.417 habitants.
1716 — 20.531   —   (dont 3.318 hommes, 3.340 femmes, 7,059 garçons,
1726 — 29.396   —   6.814 filles).
1736 — 39.063   —
1754 — 55.009   —   (clergé, 155 ; religieuses, 225 ; fonctionnaires, 208 ; chefs
                          de famille, 6.820 ; femmes, 6.020 ; enfants et domes-
                          tiques 38,581 ; voyageurs 3,000).

toutes les colonies françaises ; il fut immédiatement suivi (1764), de la cession de la Louisiane à l'Espagne, à titre d'indemnité. Des Petites Antilles, il ne resta à la France que la Guadeloupe et ses dépendances, la Martinique et Sainte-Lucie ; dans l'océan Indien, l'Ile-de-France, occupée depuis 1715, Bourbon et les cinq villes démantelées de l'Inde. La Compagnie des Indes fut supprimée en 1770.

Les tentatives de colonisation faites pendant le règne de Louis XV échouèrent. Les vagabonds et les filles perdues qu'on avait ramassés pour les expédier à la Nouvelle-Orléans pendant le ministère de Law ne pouvaient faire souche d'honnêtes familles. Néanmoins la police envoya à plusieurs reprises des convois de ce genre. En Guyane, où Choiseul espérait trouver une compensation à la perte du Canada, 15,000 colons, recrutés principalement en Alsace et en Lorraine et séduits par de trompeuses promesses, furent embarqués pour le Kourou ; ils n'y trouvèrent ni préparatifs pour les recevoir, ni bienveillance de la part des habitants de Cayenne, et la plupart moururent de misère ou de maladie (1763-1767). A Madagascar, les établissements fondés dans la baie d'Antongil (1774) par l'audacieux comte Benyowski auraient peut-être réussi sans la jalousie du gouverneur de l'Ile-de-France.

Sous Louis XVI, la guerre d'Amérique, qui releva l'honneur du pavillon, rendit à la France Tabago aux Antilles et le Sénégal en Afrique.

Malgré les fautes et les revers de la politique de Louis XV, il est remarquable que dans le cours et surtout dans la seconde moitié du XVIIIe siècle, sous ce prince et sous son successeur, le commerce et la population des colonies aient prospéré grâce au progrès de la consommation des denrées coloniales. L'île Bourbon et l'Ile-de-France s'étaient enrichies par le café ; la Guadeloupe, la Martinique, Saint-Domingue par le sucre dont la vente avait plus que décuplé en quatre-vingts ans (200 mil-

---

Le recensement de 1716 indique que les familles étaient nombreuses, moins cependant qu'on ne le dit quelquefois. En retranchant le clergé, il resterait environ 3,200 familles pour 13,873 enfants, soit 4 enfants 1/3 par famille.

Des documents tirés des Archives de Paris donnent 70,000 à 82,000 habitants pour la Nouvelle-France en 1758-1760 ; ces chiffres sont évidemment exagérés. Un recensement opéré en 1765 a donné 69,810 (voir *La Population française*, t. I, p. 281).

Un certain nombre d'Acadiens se réfugièrent en France ; il y a dans le Poitou une commune qui a été fondée par eux.

lions de livres en 1788). Rompant avec les traditions du pacte colonial, Louis XVI, par l'édit du 30 août 1784, avait accordé aux colonies le droit de trafiquer librement, pour certaines marchandises au moins, avec l'étranger. La superficie totale du domaine colonial de la France, en 1789, pouvait être évaluée à 138,000 kilomètres carrés, et la population, dans laquelle les esclaves étaient en très grande majorité, à 744,000 âmes (1); le commerce total de la France avec ses colonies atteignait, y compris la traite et la pêche, 362 millions de livres (2). Domaine et commerce importants assurément, mais qui n'autorisent pas à croire que la France avant 1879 fût plus colonisatrice et fournît beaucoup plus d'émigrants qu'aujourd'hui. Les faits, qui doivent avoir plus de poids en pareille matière qu'un préjugé, disent précisément le contraire (3).

La guerre maritime avec l'Angleterre qui, de 1793 à 1814, n'eut qu'une interruption de deux ans à peine à la suite du traité d'Amiens, et que cette puissance s'appliqua constamment à compliquer d'une guerre continentale, ruina une fois encore les colonies françaises. Pas une n'échappa à l'ennemi (4). Le traité

---

(1) Voir plus loin le tableau général du domaine colonial à trois époques. Dans ce tableau, les chiffres sont à peu près ceux que donnait Necker pour 1779 (voir *La Population française*, t, I, p. 281, en note). Toutefois, nous avons adopté pour la Guadeloupe le chiffre de 107,000 habitants, qui se rapporte à l'année 1788, au lieu de 77,970. La population de Saint-Domingue est évaluée très diversement par les publicistes de cette époque ; on trouve jusqu'à 520,000 habitants et même 600,000 pour l'année 1789.

(2) (Voir *Histoire de la question coloniale en France*, par Deschamps, p. 235).

(3) L'opinion, en France, sur l'utilité des colonies et sur la colonisation était alors, comme à d'autres époques, très divisée ; cependant on peut dire que la majorité des écrivains était peu enthousiaste des établissements lointains. Voltaire n'a été que l'interprète de ce dernier sentiment, non lorsqu'il a parlé « de quelques arpents de neige vers le Canada », expression dont il ne s'est servi que dans un roman, celui de *Candide* (ch. XXIII), mais lorsqu'il écrivait plus sérieusement, dar le Siècle de Louis XV, que « le Canada coûtait beaucoup et rapportait très peu ». L'auteur de *Paul et Virginie* lui-même dit dans le *Voyage à l'Ile-de-France* : « Je croirai avoir rendu service à ma patrie, si j'empêche un seul honnête homme d'en sortir et si je puis le déterminer à y cultiver un arpent de plus dans quelque lande abandonnée » et il parle en termes peu élogieux de l'Ile et de son commerce. Voir pour la politique coloniale de la France sous l'ancien régime l'*Histoire de la question coloniale*, par Deschamps.

(4) La Réunion fut prise en 1801 ; Tabago en 1797 ; Saint-Martin en 1801 ; la Martinique en 1794; puis en 1809 : la Guadeloupe ; en 1810, Saint-Domingue, dont la France avait obtenu en 1795 la possession entière, fut évacué définitivement en 1809. La Louisiane, rendue par l'Espagne en 1795, fut vendue aux États-Unis en 1803 à une époque où le Premier consul prévoyait la rupture du traité d'Amiens.

de 1814 ne rendit à la France que Saint-Pierre et Miquelon avec le droit de pêche sur la côte de Terre-Neuve, la partie française de Saint-Martin, la Guadeloupe et ses dépendances, la Martinique, la Guyane, le Sénégal, l'île Bourbon et les cinq villes de l'Inde, en tout un territoire de 110,000 kil. c. dont la population était d'environ 200,000 âmes.

C'est ainsi que pendant deux siècles et demi, la France, impuissante à soutenir longtemps le double effort d'une lutte sur terre et sur mer, avait, vaincue ou victorieuse en Europe, compromis plusieurs fois sa fortune coloniale, d'abord contre Charles-Quint qui l'étreignait entre ses vastes domaines, ensuite contre l'Angleterre alliée à des puissances continentales.

La politique coloniale de 1815 à 1878. — Le gouvernement de la Restauration, auquel plusieurs colonies ne furent restituées qu'en 1817, conserva ce domaine sans l'augmenter, mais en conférant au sucre colonial des priviléges douaniers qui procurèrent aux planteurs d'amples revenus et qui leur firent trop délaisser le café. En tombant, il légua à la France, Alger qu'une politique hardie venait d'emporter d'assaut, malgré les représentations de l'Angleterre.

Le gouvernement de Juillet, après quelques hésitations, accepta l'héritage. Il fit la conquête de l'Algérie ou du moins celle du Tell et des Hauts plateaux, dont la reddition d'Abd-el-Kader marque l'achévement. L'occupation de cette contrée située en face de la France sur la Méditerranée est assurément le fait le plus important de l'histoire coloniale de la France depuis François Ier : à la Restauration revient le mérite de l'initiative ; à la monarchie de Juillet, celui de l'accomplissement de l'œuvre ; au second Empire, celui de son couronnement par la soumission de la Kabylie et du Sahara algérien.

L'Angleterre voyait avec déplaisir cette conquête que le ministère français avait poursuivie plus résolument, avec l'aide du général Bugeaud, depuis que les affaires d'Orient (1840) avaient un peu troublé l'entente des deux puissances. La marine, impatientée d'un long repos, avait été autorisée à agir ; c'est l'époque du bombardement de Tanger, de la fondation (1839-1843) de comptoirs en Guinée, de l'occupation de Mayotte et des Marquises, et du protectorat, à défaut d'occupation directe, de Tahiti. La marine aurait, sans l'opposition de l'Angleterre, ajouté la Nouvelle-

Calédonie dès 1843 au domaine colonial de la France. En 1848, ce domaine était de 215,000 kilomètres carrés, peuplé de 2,718,000 habitants (1).

Le second Empire se préoccupait trop de donner de l'éclat à ses armes et d'étendre la puissance et le commerce de la France pour ne pas songer à des agrandissements hors d'Europe. L'amiral Février-Despointes prit possession de la Nouvelle-Calédonie (1853). Faidherbe, gouverneur du Sénégal, étendit l'autorité française sur le Oualo, le Cayor, le Fouta, fonda Dakar (1863), porta jusqu'à la Mellacorée les comptoirs français, construisit et défendit (1857) Médine sur le haut-fleuve. L'amiral Rigault de Genouilly, chargé de conduire une expédition franco-espagnole pour venger des missionnaires, enleva Saïgon par un coup de main hardi (1859) ; l'empereur d'Annam vaincu céda trois provinces de la Cochinchine (1862) ; puis les trois autres furent occupées (1867) et cédées par l'empereur (1874) qui consentit à se soumettre lui-même au protectorat de la France. Depuis 1869, le Cambodge avait accepté ce protectorat.

Les priviléges douaniers dont jouissaient les colonies sucrières n'étaient pas compatibles avec l'entrée en franchise des denrées alimentaires et des matières premières qui était une des conditions du régime libéral inauguré en 1860. Privées des avantages, les colonies ne devaient plus être astreintes à porter les charges ; le pacte colonial fut rompu d'abord pour les colonies sucrières, ensuite pour l'Algérie, et toutes obtinrent une liberté de commerce qu'aucun régime ne leur avait jusque-là aussi complètement accordé.

Après la guerre de 1870-1871 qui avait été toute continentale, mais dont le contre-coup avait ébranlé l'Algérie, la France demeura pendant dix années à panser ses blessures, à refaire son armée et à couvrir sa frontière de forteresses.

L'expansion coloniale depuis 1878. — Cependant, depuis 1870, les colonies avaient des représentants dans le Parlement français et le suffrage universel y avait été introduit dans les élections locales. Le gouvernement n'avait pas osé en 1873 ratifier l'audacieuse tentative de Francis Garnier sur Hanoï ; il avait

---

(1) Voir plus loin le tableau général du domaine colonial à trois époques.

rendu le Tonkin à l'empereur d'Annam en signant le traité de 1874.

Mais, après la guerre de Turquie, les puissances européennes, réunies en congrès à Berlin (1878), se partagèrent des lambeaux de l'Empire ottoman. La Russie, qui avait pensé s'adjuger seule les dépouilles par le traité de San Stefano, dut partager et son ministre sortit mécontent des négociations ; l'Autriche obtint une grosse part grâce à la protection de l'Allemagne ; l'Angleterre, comme compensation, s'était fait céder Chypre par le Sultan. La France, qui avait contribué au remaniement des stipulations de San Stefano, allait-elle laisser de si grands changements s'accomplir dans la Méditerranée sans rien demander pour elle-même ? La Russie plus maîtresse que jamais de la mer Noire ; l'Autriche sur la route de Salonique ; l'Italie aspirant à posséder des colonies africaines ; l'Angleterre tenant à Chypre les clés du canal de Suez ! Quatre ans plus tard, cette dernière devait profiter de la révolte d'Arabi pour s'emparer (l'année qui a suivi l'occupation de la Tunisie) de la maison même en mettant l'Egypte sous son autorité et en excluant la France qui n'avait pas osé assumer avec elle la responsabilité de l'entreprise.

Le gouvernement français se décida donc ; il saisit l'occasion d'entrer en Tunisie et le bey signa le traité de protectorat du Bardo (1881). C'était, eu égard à l'état général de notre pays, une politique hardie ; nous n'hésitons pas à nous ranger de l'avis de ceux qui ont pensé que c'était une bonne politique. Si, sous l'influence des convoitises coloniales auxquelles le Congrès de Berlin avait ouvert la carrière, un autre peuple avait mis la main sur la Tunisie, l'Algérie n'aurait plus été en sûreté et la situation de la France dans la Méditerranée eut été sensiblement amoindrie, au moment même où quatre puissances y prenaient une position plus forte. Le seul effet regrettable de cette occupation a été, comme nous l'avons dit, le ressentiment que l'Italie en a conçu. La conquête, ayant fait verser peu de sang et n'ayant pas été suivie de confiscations, n'a pas laissé de souvenirs irritants dans la population indigène et la manière dont l'administration du protectorat a été combinée a assuré l'autorité de la France sans être jusqu'ici onéreuse pour la métropole ni antipathique aux mœurs de cette population.

Du jour où la politique des agrandissements coloniaux a prévalu dans les conseils du gouvernement, les occasions ne manquèrent pas. Au Tonkin, l'empereur d'Annam n'exécutait pas le traité de 1874 qui assurait la libre navigation du Song-koi (Fleuve Rouge) au commerce français ; des troupes furent envoyées (1882), mais en trop petit nombre d'abord ; il fallut la mort du commandant Rivière (1883) pour déterminer une action énergique sur terre et sur mer, non-seulement contre les Annamites, mais surtout contre la Chine. Celle-ci traita, une première fois en 1884, une seconde en 1885. A la suite de ces événements, le protectorat de l'Annam est devenu tout à fait effectif depuis que les mandarins ont reconnu le nouvel empereur intronisé par le commandant des troupes françaises (1886), et celui du Cambodge a été fortifié par le traité du 24 juin 1884.

La France règne aujourd'hui en Indo-Chine sur un territoire qui comprend une colonie (la Cochinchine), un protectorat ayant presque le caractère d'une colonie (Tonkin) et le protectorat de deux États (royaume du Cambodge et Empire d'Annam) et dont la superficie (environ 500,000 kil. carrés) est presque égale à la sienne et la population totale est évaluée vaguement à 14 millions 1/2 d'âmes. Quoique les provinces septentrionales de ce territoire ne soient pas encore complétement pacifiées, la France n'a pas en ce moment d'adversaire sérieux à redouter dans l'Indo-Chine française qu'elle a, en 1887, constituée en Union douanière et placée sous l'autorité d'un gouverneur général civil.

Au Sénégal, Faidherbe a eu des continuateurs. Des voyageurs (1879 et 1881) ont signé les premiers traités avec des chefs du Fouta-Djallon et des officiers ont reconnu le pays. La construction de Bafoulabé (1879), des forts de Kita (1881) et de Bammako (1882-1883) marquent des étapes successives de la conquête du Soudân français jusqu'au Niger. Aujourd'hui des canonnières ont descendu (en 1887 pour la première fois) le fleuve jusqu'à la hauteur de Tombouctou ; le Kaarta, au nord, a été envahi et Ahmadou qui y régnait a été mis en fuite (1890) ; au sud du Niger, un autre roi hostile à l'influence française, Samory a été puni et contenu ; le capitaine Binger, par un voyage mémorable (1887-1889), a préparé les voies aux relations françaises dans la région, jusque-là inconnue, qui s'étend du Niger au golfe de Guinée. Aujourd'hui la France administre ou couvre de son protectorat un territoire qui, du Sénégal à la Mellacorée et de l'Atlantique au Niger, mesure comme l'Indo-Chine environ 500,000 kil. carrés, mais qui renferme assurément moins d'habitants (deux millions par hypothèse (quelques auteurs disent dix millions) ; et dont la population est moins civilisée et plus pauvre. Une convention conclue le 5 août 1890 avec l'Angleterre porte « que le gouvernement de S. M. Britannique reconnaît la zone de l'influence de la France au sud de ses possessions méditerranéennes jusqu'à une ligne de Saï sur le Niger à Barroua sur le lac Tchad » ; ainsi se trouve reliée, théoriquement au moins, l'Algérie au Sénégal (1) et le Moyen-Niger jusqu'à Saï reste sous l'influence française ; il est vrai que, d'autre part, l'Angleterre se réserve ainsi au sud de la ligne Saï-Barroua la partie la plus riche du Soudan.

A l'époque du congrès de Berlin, le voyage de M. de Brazza (1875-1878) par delà le bassin de l'Ogôoué et surtout la grande découverte du Congo par Stanley (1877) venaient d'attirer l'attention sur l'Afrique tropicale et fournissaient un nouvel aliment aux convoitises de l'Europe. Le prince de Bismarck, qui paraît avoir agi dans cette circonstance surtout en vue de satisfaire l'opinion ou de la distraire et d'occuper la marine militaire de l'Europe, qui n'a engagé dans ses entreprises ni un soldat ni beaucoup d'argent, agita avec bruit la question coloniale et prit possession de territoires vacants en Afrique et en Océanie (2).

L'Association internationale africaine fut fondée alors sous la présidence du roi des Belges dans le but d'ouvrir ce grand fleuve au monde civilisé ; puis, une conférence, réunie à Berlin (novembre 1884-février 1885) à l'instigation du chancelier, donna l'investiture au nouvel Etat indépendant du Congo et trancha certains débats relatifs aux limites. Par suite des traités signés à cette époque, le Congo français est séparé du territoire allemand de Cameroûn par le parallèle 2° 2' (jusqu'à 15° de longitude orientale, méridien de Greenwich seulement, la limite restant indéterminée plus à l'est), et de l'État du Congo par le Congo même entre son affluent l'Oubanghi et la localité de Manyanga. Des explorations entreprises

---

(1) La superficie, au sud du 30° parallèle, de la partie du Sahara où l'Angleterre reconnaît l'influence française, est d'environ 4 millions de kilomètres carrés dont 1 million 1/2 pour le triangle entre Igli, Ghadamès et Tombouctou. — Voir *La France et ses colonies*, par E. Levasseur, t. III, p. 122.

(2) En 1884, l'Empire allemand a déclaré prendre possession de Togo, du territoire de Cameroûn, du Sud-ouest africain ; en 1885, de l'Est africain, de la Terre de l'empereur Guillaume (Nouvelle-Guinée) et de l'archipel de Bismarck ; en 1886, d'une partie des îles Salomon et des îles Marshall. Il a, dans le même temps, mécontenté les Espagnols en plantant son drapeau sur les îles Carolines.

sous la direction de M. de Brazza ont donné peu à peu quelques notions précises sur cette contrée, entièrement inconnue des Européens il y a vingt ans, et des investigations ont été poussées dans le nord vers le Soudán. Ce sont encore, entre le Congo et l'Atlantique, 700,000 kil. c. au moins, sur lesquels la France a le droit exclusif d'exercer son autorité.

La même politique a fait revivre sur Madagascar des droits auxquels la France n'avait jamais renoncé (1). Profitant d'une attaque des Hovas contre les Sakalaves de la côte nord-ouest qui étaient nominalement (depuis 1841) sous notre protection, le gouvernement français commença les hostilités en enlevant Majunga aux Hovas (1883). La guerre continua avec des succès variables jusqu'au traité du 17 décembre 1885 par lequel la reine de Madagascar a reconnu le protectorat français et cédé la baie de Diégo-Suarez à la France. C'est un territoire d'environ 590,000 kil. c. qui a été placé sous le protectorat de la France. Son autorité y est jusqu'ici bien moins solidement assise qu'en Tunisie et le commerce est très médiocre; mais l'avenir est ménagé, d'autant mieux que par la convention du 5 août 1890 l'Angleterre a reconnu ce protectorat.

En Océanie, le gouvernement a transformé le protectorat de Tahiti en possession directe (1880) et étendu cette possession sur tout l'Archipel de la Société et sur les îles voisines (1880-1890). En Amérique, le droit de pêche sur les côtes de Terre-Neuve a donné lieu à de vifs débats, Saint-Barthélemy a été acheté à la Suède (1877), les colonies sucrières ont consenti à admettre quelques restrictions protectionnistes dans leurs tarifs de douanes, puis le tarif général de 1892 en échange de privilèges qu'elles ont obtenus pour l'importation de leurs sucres. La Guyane ne s'est pas étendue ; mais deux voyageurs, MM. Crevaux et Coudreau, ont, l'un après l'autre, traversé ou exploré la ligne de partage des eaux et le vaste territoire contesté entre la France et le Brésil qui s'étend au sud de cette ligne.

---

(1) Après la mort du comte Benyowski (1786), tué par des troupes qu'avait envoyées le gouverneur de l'île Maurice, deux missions, l'une en 1791, l'autre en 1801, étudièrent Madagascar et, sous l'Empire, le gouverneur de l'Ile-de-France érigea en sous-gouvernement les établissements de la côte de Madagascar. En 1815, le gouverneur de l'île Bourbon fit occuper quelques points de cette côte dont le gouverneur anglais de Maurice lui contestait la possession. Depuis cette époque jusqu'en

SUPERFICIE ET POPULATION DES POSSESSIONS FRANÇAISES HORS D'EUROPE A TROIS ÉPOQUES.

POSSESSIONS.	1779-1789.		1848.		1894.	
	SUPERFICIE en kil. carrés	POPULATION.	SUPERFICIE en kil. carrés.	POPULATION.	SUPERFICIE en kil. carrés.	POPULATION.
Algérie	»	»	100.000?	2.100.000?	600.000?	4.124.732(1)
Tunisie	»	»	»	»	140.000?	1.500.000
Sahara occidental (entre le 30e parallèle et le Niger)	»	»	»	»	4.000.000?(2)	»
Sénégal, Soudân français et Rivières du sud	1.000?	10.000?	1.000?	10.000?	500.000?	2.000.000?
Etablissements de la Côte d'or et du golfe de Bénin, et régions entre le Niger au nord, le golfe de Guinée au sud, le Soudân français et la République de Libéria à l'ouest, les possessions anglaises à l'est (déduction faite des possessions allemandes)	»	»	200	200	1.000.000?	4.000.000?
Congo français	»	»	»	»	700.000?	3.000.000
Mayotte et les autres Comores	»	»	350	3.000	2 065	80.000
Nossi-Bé, Diégo-Suarez et Sainte-Marie de Madagascar	»	»	620	16.500	800	21.000
Madagascar	»	»	»	»	590.000	3.600.000?
La Réunion	2.512	32.515	2.512	103.000	2.512	163.880
Ile-de-France et dépendances	2.655	32.739	»	»	»	»
Obock	»	"	»	»	6.000?	22.000
En Afrique	6.467	75.254	104.682	2.232.700	7.541.377	18.511.612
Etablissements de l'Inde	508	80.000	508	200.000	508	282.700
Indo-Chine française [Cochinchine 59.4 Millions de kil. c. / 1.9 Millions d'hab.; Cambodge 120.0 / 1.5; Annam 220.0 / 5.0; Tonkin 100.0 / 6.0]	»	»	»	»	489.460	14.416.000
En Asie	508	80.000	508	200.000	489.968	14.698.700
Nouvelle-Calédonie	»	»	»	»	17.360	64.000
Etablissements français de l'Océanie (Tahiti, etc.)	»	»	3.840	28.600	5.240	29.000
En Océanie	»	»	3.840	28.600	22.600	93.000
Saint-Pierre et Miquelon	235	1.200	235	5.000	235	6.000
Saint-Domingue	24.000	288.800	»	»	»	»
Guadeloupe	1.757	107.000	1.757	125.700	1.778	182.000
Martinique	998	85.780	988	130 000	988	175.863
Sainte-Lucie	238	14.200	»	»	»	»
Tabago	295	80.000	»	»	»	»
Guyane	105.000	11.900	105.000	20.000	105.000	24.000
En Amérique	132.523	588.880	107.980	280.700	108.001	387.863
Total général	139.198	744.134	217.010	2.742.000	8.161.946	33.691.175

En 1891, les territoires placés hors d'Europe sous l'autorité de la France et qui constituent la France d'outre-mer (Algérie), les colonies ou pays de protectorat ont une superficie totale de 4,162,000 kilomètres carrés (sans compter les 4 millions de kilom. carrés du Sahara occidental) et une population de plus de 33 millions d'âmes (1).

Les populations indigènes de l'Algérie. — L'Algérie n'est pas une colonie; c'est une terre conquise par les armes et francisée par la colonisation, dont les services administratifs sont en grande partie assimilés à ceux de la métropole. Elle n'est pourtant pas, et elle ne sera jamais, complètement semblable à la France, parce que l'existence d'une nombreuse population indigène à côté de la population européenne lui impose un régime spécial.

Dans la population indigène, les juifs, qui étaient au nombre de 42,600 en 1886 et de 47,677 (résultat provisoire) en 1891 (2), doivent être mis à part. Un décret-loi du 24 octobre 1870 leur a conféré en masse la naturalisation et, depuis ce temps, ils jouissent des droits civils et politiques des Français. On ne saurait nier que cette mesure ait été un progrès au point de vue de l'assimilation; cependant ces indigènes ont gardé jusqu'ici leur caractère distinct et la faveur qui leur a été faite n'a pas contribué à rendre le nom français agréable aux musulmans. Ceux-ci, qui affectent de mépriser la race juive, ont été humiliés de la voir élevée au rang des conquérants, tandis qu'ils étaient eux-mêmes traités comme des inférieurs. Les juifs se distinguent en Algérie par leur état démographique : une forte natalité (environ 45 naissances par 1,000 habitants) (3) ; moins de naissances illégitimes

---

1883, les Anglais et les Français ont cherché à l'envi les uns des autres à faire accepter leur influence par le souverain des Hovas. — Voir *La France et ses colonies*, par E. Levasseur t. III, p. 173.

(1) Voir le tableau de la superficie et de la population des possessions françaises hors d'Europe, à trois époques. Ce tableau est extrait (avec quelques modifications) de *La France et ses colonies*, t. III, p. 343. Pour la politique actuelle de la France en matière coloniale, consulter, entre autres ouvrages *L'Expansion coloniale de la France* par M. de Lanessan et *l'Expansion de la France* par M. L. Vignon.

(2) Dont 23,320 naturalisés par le décret de 1870 et 19,275 nés d'israélites naturalisés par le décret.

(3) D'après le docteur Ricoux (*La démographie figurée de l'Algérie* et *la population européenne en Algérie en 1885*), les moyennes seraient les suivantes :

que la population européenne (1) ; une nuptialité précoce et des mariages qui se contractent presque exclusivement entre juifs ; une mortalité qui n'est pas plus forte et qui est même parfois plus faible que celle des autres races (24 décès environ par 1,000 hab.), quoiqu'ils aient beaucoup d'enfants ; un excédent, par conséquent considérable (19 p. 1,000), qui se manifeste à chaque recensement par un accroissement de population, quoique l'immigration ne leur fournisse presque aucun apport.

La population indigène musulmane comptait environ 3,300,000 représentants au recensement de 1886 (3,263,000 sujets indigènes, 22,000 étrangers marocains ou tunisiens, 13,000 indigènes dans la population comptée à part) (2). La moitié peut-être était des Berbères ou Kabyles, d'origine sémitique, qui paraissent être les plus anciens habitants du pays dans les temps historiques. Des invasions successives, surtout celle des Arabes, les ont refoulés en partie dans les régions montagneuses, comme la Grande et la Petite-Kabylie et l'Aurès. Les Mzabites peuvent être classés parmi les Berbères. Les Kabyles, quoique musulmans, sont en général monogames, mais ils pratiquent fréquemment le divorce et beaucoup vivent ainsi dans une sorte de polygamie successive. Ils sont en général sédentaires, cultivent la terre, groupent leurs maisons en villages et vivent rarement sous la tente ; ils ont leur langue particulière et obéissent à de très anciennes institutions communales. Dans la Grande-Kabylie, la densité de leur population (75 hab. par kil. c.), est un peu supérieure à la densité moyenne de la France. En outre, beaucoup de Berbères ou de

PÉRIODES.	PAR 1000 ISRAÉLITES INDIGÈNES	
	Naissances.	Décès.
1853-56.......................	56	28
1867-72.......................	42	28
1873-76.......................	49	24
1885.......................	41	23

(Voir plus loin, chapitre XI, la note relative à la démographie des israélites).

(1) En 1885, sur 1,000 naissances, il y en a eu parmi les

    Français   886 légitimes et 114 illégitimes
    Espagnols 902   98
    Italiens   903   97
    Juifs   968   32

(2) Les résultats provisoires du recensement de 1891 donnent 3,267,223 sujets indigènes, 18.501 étrangers marocains ou tunisiens.

tribus de sang mélangé parlent arabe et aiment à se dire arabes; c'est pourquoi le recensement de 1886 n'a enregistré que 677,900 Kabyles et 40,764 Mzabites contre 2,544,185 Arabes. En réalité, il n'y a guère que la moitié des indigènes, peut-être moins, malgré les chiffres du recensement, qui soient Arabes ; encore la plupart sont-ils mélangés de sang berbère. Les Arabes pratiquent la polygamie. Sédentaires dans une partie du Tell, ils sont surtout nomades et pasteurs sur les Hauts-Plateaux et dans le Sahara où ils vivent sous la tente groupés en tribus et en douars. Quelques tribus arabes cependant (les Haracta par exemple) ont adopté depuis la conquête les mœurs européennes. Les Turcs, anciens dominateurs du pays, ne sont qu'en très petit nombre. On rencontre en nombre plus grand les métis de Turcs et de femmes indigènes, désignés sous le nom de « Kouloughli ». On rencontre fréquemment aussi des nègres et des individus de sang mêlé dans les oasis.

Les musulmans, même les Arabes, ne pratiquent pas tous la polygamie. Sur 711,757 hommes mariés qu'a enregistrés le recensement de 1886 (dont la publication, incomplète jusqu'ici, n'a pas distingué les indigènes et les européens) (1), 136,121 seulement avaient plus d'une femme, et le nombre total des femmes mariées (746,749) n'excédait pas de beaucoup celui des hommes (19,6 femmes mariées et 19 hommes mariés sur 100 habitants). En admettant par hypothèse 300,000 à 400,000 ménages arabes (2), on serait amené à penser que, sur 3 musulmans mariés pouvant avoir plusieurs femmes, il n'y en a guère qu'un qui use de cette faculté; quoique la femme soit une servante du mari, la polygamie est en somme un luxe qui n'est pas à portée de toutes les fortunes. Les femmes sont mariées de très bonne heure : sur 746,749 femmes mariées, 17,674 avaient moins de 15 ans. Il y avait, en outre, 1877 veuves (dont 146 de moins de 15 ans) et 1,515 divorcées de moins de vingt ans. Les familles polygames ont plus d'enfants que les familles monogames (3) ; ce qui est logique, mais ce

---

(1) Il est regrettable que le recensement de 1886, le premier qui fournissait des renseignements démographiques intéressants sur la population musulmane, n'ait pas été l'objet d'une publication par la Statistique générale de France.

(2) En déduisant de 711,757 le nombre probable des ménages européens, israélites et ceux des kabyles monogames.

(3) La statistique de l'état civil des indigènes est encore à l'état rudimentaire. Mais,

qui n'implique pas nécessairement que la population soit plus féconde (1).

Il y a dans la population musulmane moins de femmes (1,692,985) que d'hommes (1,872,775); en raison de cette infériorité et de la polygamie, il doit y avoir (et il y a en effet) beaucoup moins de célibataires adultes du sexe féminin qu'on n'en rencontre en général en Europe.

La natalité musulmane pour la période 1885-1887 a été de 36,6 naissances par 1,000 habitants; la mortalité de 31,6 (2) : natalité et mortalité qui se rapprochent beaucoup de la moyenne générale de l'Europe (3) et qui laissent un excédent de 14 par 100 naissances (86 décès pour 100 naissances'.

Le recensement de 1886 autorise à déclarer que, grâce à la suppression des guerres intestines, la population musulmane a augmenté sous l'administration française. Mais ceux qui l'avaient précédé sont trop imparfaits et trop discordants pour permettre de mesurer cet accroissement (4).

Les races conquises sont toujours dans une situation désavantageuse vis-à-vis de leurs conquérants, même lorsque ces derniers leur apportent le bienfait de la paix et des facilités pour le com-

---

du recensement de 1886 qui a fait connaître (imparfaitement sans doute) le nombre des enfants par famille, on peut tirer les proportions suivantes :

SUR 100 FAMILLES Nombre de celles qui, en 1886, avaient	FAMILLES MONOGAMES.	FAMILLES POLYGAMES.
0 Enfant	18.2	17.6
1 Enfant	21.1	18.6
2 Enfants	20.0	16.5
3 Id	16.9	12.9
4 Id	10.5	11.0
5 Id	6.8	10.4
6 Id	4.0	6.7
7 Id	2.5	6.3

(1) Pour calculer la vraie fécondité, il faudrait connaître le nombre des femmes nubiles et celui des naissances.

(2) La *Statistique générale de l'Algérie* fait remarquer qu'en « ce qui concerne les musulmans, les chiffres indiqués ne doivent être considérés que comme approximatifs ». Mais ils ne peuvent pécher que par omission ; d'où il résulte que la natalité et la mortalité sont au-dessus du taux indiqué ici.

(3) 38.5 et 28. Voir livre II, ch. XVII, p. 419 du deuxième volume.

(4) Les recensements de la population musulmane ont donné, depuis 1856, les résultats suivants :

merce. Néanmoins, quand le climat s'oppose à la colonisation par la métropole, la population indigène de la colonie peut s'accroître rapidement : l'Inde en fournit un exemple. Ce n'est pas le cas de l'Algérie. La population européenne s'est implantée sur son sol; elle est envahissante et elle fait durement sentir sa supériorité et son dédain aux indigènes, qui en souffrent. Les Européens devraient cependant comprendre qu'il est aussi impossible d'éliminer trois millions d'hommes (1) qu'il serait injuste de le tenter, que, si par conséquent les deux races doivent coexister, il vaudrait mieux qu'elles fussent en bonne intelligence, que d'ailleurs, parmi les indigènes, les Kabyles, actifs et sobres, — ce qui compense les vices qu'on peut leur reprocher, — peuvent fournir un corps excellent d'ouvriers et de métayers, que si les Arabes sont sous ce rapport moins disciplinables, les steppes et les déserts dans lesquels ils promènent leurs troupeaux ne sont exploitables que par leur race et que la richesse qu'ils créent en bétail et en laine contribue à la richesse générale de l'Algérie. Dans cette circonstance, comme dans beaucoup d'autres, la politique de conciliation est la plus sage à conseiller, mais n'est pas celle que les passions sont le plus disposées à suivre.

La plupart des colons ne considèrent les indigènes que comme

INDIGÈNES MUSULMANS, SUJETS FRANÇAIS.

1856......	2.307.000
1861......	2.733.000
1866......	2.652.000
1872......	2.125.000
1875	2.171.000
1876......	2 463.000
1881.. ...	2.851.000
1886......	3.265.000 (avec le Mzab.) (et en outre, 22,000 Tunisiens ou Marocains).
1891......	3.267.000 (résultat provisoire, sans les Tunisiens et les Marocains au nombre de 18,500 et probablement sans le Mzab.).

La diminution en 1872 s'explique par une diminution réelle causée par la disette de 1867 et par l'état des esprits après l'insurrection de 1872. Rien ne justifie un accroissement de près de 900,000 en cinq ans (1881-1886).

(1) M. le Dr Ricoux (*La démographie figurée de l'Algérie*, p. 261), déclarait en 1880 « que les indigènes, loin de se relever depuis les calamités de 1867-1871, sont menacés d'une disparition inévitable prochaine ». C'est un sentiment qui ne nous paraît nullement fondé, mais qui est très répandu parmi les colons. Le docteur cite à l'appui de son opinion le témoignage suivant d'un conseiller général en Algérie : « Le peuple arabe meurt, il périra. Il tombe sous les coups d'une loi supérieure à la volonté humaine, loi implacable dans ses effets... qui fait disparaître les peuples arriérés... Il meurt de rester immobile dans son fatalisme et ses préjugés, quand tout progresse autour de lui. Il meurt, pourrait-on ajouter, de ses vices et de ses dépravations. »

un obstacle, quoique dans la pratique ils s'en servent souvent comme d'auxiliaires, et les députés algériens, qui sont exclusivement les représentants des colons, ne peuvent guère défendre à la tribune les intérêts généraux de l'Algérie que dans la mesure des intérêts particuliers de leurs commettants. De leur côté, Arabes et Kabyles restent sournoisement méfiants et haineux, conséquence de leur caractère naturel et de l'oppression qu'ils subissent. Comment les indigènes de la Grande-Kabylie, par exemple, pourraient-ils oublier le passé, quand du haut des collines où sont huchés leurs villages, ils ont constamment sous les yeux les terres fertiles de la vallée que la confiscation leur a ravies?

Les Européens. — Les Européens comprennent : l'armée, dont l'effectif a varié de 35,000 à 90,000 (35,333 au recensement de 1881) et la colonie (422,000 personnes environ en 1886 et 492,000 en 1891), composée des colons proprement dits et des fonctionnaires civils, et partagée en deux catégories, les Français et les étrangers.

Si aux 422,000 européens de 1886 on ajoute la population comptée à part, on trouve un total d'environ 440,000 représentants (sans compter l'armée) de la race européenne.

Le nombre des hommes a toujours été plus considérable que celui des femmes, comme dans toute colonie naissante (1). En 1886, il y avait 296,498 personnes du sexe masculin (y compris l'armée) et 203,055 du sexe féminin.

Les Français forment un peu plus de la moitié du total (51 p. 100 en 1886 et 55 en 1891, sans la population comptée à part). C'est une proportion qui a peu varié depuis 1845, c'est-à-dire depuis le commencement de la véritable colonisation ; on ne peut donc pas accuser la nation française de s'être laissé distancer en Algérie par les nations étrangères.

Le tableau suivant et la figure n° 177 (2), font connaitre l'accroissement de la population européenne, française et étrangère, en Algérie depuis 1831.

____

(1) En 1840, sur 29,984 personnes, on comptait 11,831 hommes, 7,156 femmes et 7,997 enfants ; en 1847, sur 103,893, on comptait 44,850 hommes, 30,258 femmes et 26,785 enfants.

(2) Figure extraite de l'ouvrage intitulé *La France et ses colonies*, par E. Levasseur, t. III, p. 55.

ACCROISSEMENT DE LA POPULATION EUROPÉENNE EN ALGÉRIE.

ANNÉES.	FRANÇAIS.	ÉTRANGERS.	TOTAL DES EUROPÉENS.	PROPORTION DE FRANÇAIS sur 100 Europ.	TAUX D'ACCROISSEMENT moyen annuel de la population européenne d'une période à l'autre p. 100
1831................	3.228	»	3.228	100	
1833................	3.478	4.434	7.812	44	121
1836................	5.485	9 076	14.561	38	53
1841................	16.677	20.697	37.374	44	51
1845................	46.339	48.982	95.321	48	51
1851...............	66.050	65.233	131.283	50	23
1856................	92.750	68.048	160.798	57	24
1861...............	112.229	80.417	192.646	58	23
1866...............	122.119	95.871	217.990	56	22
1872...............	129.601	115.516	245.117	53	18
1876................	155.727	155.738	311.462	50	32
1881................	184.400 (1)	189.600	374.000	49	24
1886................	219.000 (2)	203.000	422.000	51	22
1891 (résultat prov^{re}).	272.662	219.920	492.582	55	23

De 1845 à 1886, le nombre des Français (armée comprise) a augmenté de 460 p. 100. Si celui des Espagnols a augmenté de

(1) 227,000 avec l'armée.

(2) 261,000 avec l'armée et près de 270,000 avec les lycées, hôpitaux, etc.

Recensement de 1886.

POPULATION MUNICIPALE.

Français (natifs ou naturalisés)................	219.028
Israélites indigènes........................	42.595
Sujets indigènes (Arabes, Kabyles, Mzabites).....	3.264.932
Étrangers { Marocains et Tunisiens............	22.338
{ Européens......................	203.144
Total de la population municipale........	3.752.037
Population comptée à part (armée, internes des lycées et collèges, malades des hôpitaux, etc.), laquelle comprend environ 42,000 Français, 10,000 sujets indigènes, 2,000 Marocains ou Tunisiens et 11,000 étrangers européens.............	65.269
Total..........................	3.817.306

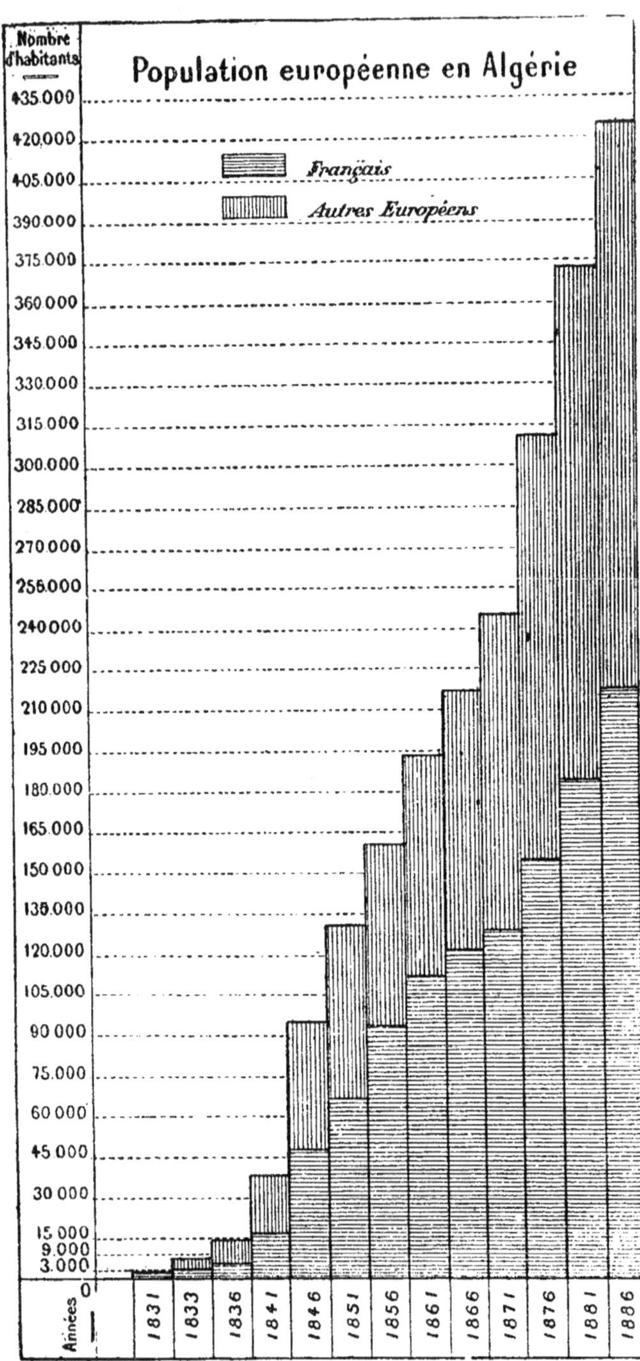

Fig. 177. — Progrès de la population européenne (Français et étrangers) en Algérie (1831-1886).

470, celui des Italiens, de 503, celui des Maltais, de 93, c'est que pour ces trois nationalités, surtout pour les deux dernières, l'augmentation a porté sur des nombres absolus beaucoup moins forts que pour la nationalité française ; en somme, le total des étrangers n'a augmenté que de 387 p. 100 (1).

La population européenne se recrute par l'immigration et par la natalité.

L'immigration a été dans les premiers temps entravée par le défaut de sécurité ; les 14,561 européens de 1836 habitaient presque tous les villes. C'est précisément à cette époque (19 avril 1836) que le maréchal Clausel édicta les premiers règlements de colonisation et donna quelques concessions de 4 à 12 hectares. Le maréchal Bugeaud, qui se proposait de conquérir l'Algérie « ense et aratro », développa le système des concessions à titre gratuit et tenta, sans succès il est vrai, la colonisation militaire. L'envoi de déportés après les journées de juin 1848 réussit très médiocrement. Cependant la population rurale française, qui n'était que de 1,560 personnes en 1841, comprenait, en 1861, 86,500 personnes sur un total de 193,000 européens.

Le décret du 26 juillet 1860 régularisa le système de la vente des terres, sans donner de meilleurs résultats que les premiers essais faits depuis 1856 en ce genre. A la suite d'un voyage en Algérie, l'empereur Napoléon III conçut le dessein de créer un « Royaume arabe-français ». Par le sénatus-consulte de 1863, il reconnut aux tribus la propriété de leur territoire, occupé ou non par elles, et il supprima le « cantonnement », opération par laquelle l'administration restreignait, dans certains cas, ce territoire et attribuait au domaine de l'État le reste qui pouvait

---

(1) Recensement par nationalité d'origine de la population européenne de l'Algérie (extrait jusqu'en 1876 inclusivement de *La démographie figurée de l'Algérie*, par M. le Dr René Ricoux ; extrait pour 1881 du recensement ; extrait des archives du Ministère du commerce pour 1886).

NATIONALITÉS.	1833	1836	1841	1845	1851	1856	1861	1866	1872	1876	1881	1886
Français (avec l'armée)	3748	5485	16677	46339	66050	92750	112729	122119	129601	156365	233987	259729
Espagnols	1291	4592	9748	25335	41558	42218	48145	58510	71366	92510	114320	144530
Italiens	1122	1845	3258	7338	7555	9472	11815	16655	18351	25759	33693	44315
Anglo-Maltais	1213	1802	3795	8047	7307	7114	9378	10627	11512	14220	15402	15533
Allemands	692	783	1547	4451	2854	5440	5816	5436	4933	5772	4201	4863
Autres nationalités	16	54	2349	3411	5959	3804	5363	4643	9354	16861	22328	8143
Totaux	8082	14561	37374	94921	131283	160798	193246	217990	245117	311487	423931	477113

ensuite être affecté à la colonisation. La pensée de donner aux musulmans sécurité et protection et de leur inspirer confiance dans leurs maîtres était juste ; mais il était inutile de prétendre justifier l'expression déclamatoire de royaume arabe-français en fortifiant l'autorité de leurs chefs et imprudent de donner une consécration générale et définitive à des propriétés souvent douteuses, en entravant ainsi la vente des terres. Ce sénatus-consulte excita un très vif mécontentement parmi les colons et, de 1860 à 1871, on ne créa que 11 villages renfermant 4,582 habitants (1).

L'insurrection de 1871 ayant été punie par la confiscation d'environ 300,000 hectares, l'administration disposa de nouvelles terres. 100,000 hectares furent affectés alors aux Alsaciens-Lorrains, dont un petit nombre seulement parvint à s'acclimater. Depuis ce temps, diverses mesures législatives ont facilité l'aliénation des terres « arch » qui sont des propriétés collectives de la tribu et ont fourni ainsi matière à la colonisation. De 1871 à 1887, l'administration a créé 246 villages, en a agrandi 73 sur une superficie de 541,845 hectares, dont 390,497 ont été vendus ou concédés en 13,964 lots (2); ces créations ont coûté, d'après la *Statistique générale de l'Algérie*, 30 millions ; d'autres disent au moins 60 (3). L'étendue totale des propriétés européennes en Algérie n'était encore que de 571,215 hectares en 1870 ; elle était de 1,355,000 en 1887. La culture européenne a produit 1,363,000

----

(1) L'exactitude de ces chiffres a été contestée par M. Burdeau dans le rapport sur le budget général de l'exercice 1892 (service de l'Algérie). Il fait remarquer que, d'après la *Statistique de l'Algérie*, la population agricole européenne aurait augmenté de 32,000 personnes de 1860 à 1871. Assurément ces statistiques sont imparfaites ; mais les deux renseignements ne sont pas nécessairement contradictoires, puisque les 4,582 habitants ne représentent que les colons installés administrativement.

(2) Depuis l'année 1888, les ventes se sont ralenties ; elles avaient été de 13,531 hectares pour l'exercice oct. 1886-oct. 1887 ; elles n'ont été que de 1,638 hect. pour l'exercice suivant ; du 1er oct. 1887 au 1er oct. 1890, le total n'a été que de 6,450 hect.

(3) M. Burdeau, dans le Rapport sur le budget général de l'exercice 1892 (Service de l'Algérie) donne des chiffres très différents. Du 16 oct. 1871 à la fin de 1881, il y aurait eu 318 créations (190 villages nouveaux, 47 villages agrandis, 81 fermes isolées), ayant coûté 57 millions (valeur des terrains 42, travaux 15), sur lesquelles ont été installées 9,858 familles (4,992 familles d'immigrants, 4,886 familles déjà établies en Algérie). De ces familles, 3,198 ont été évincées ou déchues et remplacées (remplacées par 3,433 autres familles), 2,671 ont succombé et en 1881, il restait 7,423 familles composées de 28,245 personnes. En embrassant la période 1871-1886, M. Burdeau a donné la liste de 215 centres de colonisation qui ont été créés et qui, ayant reçu 38,000

quintaux de blé en 1872, 1,782,000 (soit 2,376,000 hectolitres) en 1888 et 2,059,000 en 1890 ; 227,000 hectolitres de vin en 1872, 2,754,000 en 1888 et 3,322,000 en 1890 (1).

Dans l'œuvre de la colonisation algérienne il y a eu sans doute des tâtonnements, des indécisions et des fautes, et il est vraisemblable qu'on aurait obtenu davantage en tournant mieux au profit de la métropole les institutions indigènes. Néanmoins il n'y a pas lieu de s'étonner que l'Algérie ait coûté près de 4 milliards de francs à la France, et il n'est pas juste de répéter après certains publicistes que les Français ne savent pas coloniser ; ce serait méconnaître l'importance de l'œuvre accomplie en un demi-siècle (car elle ne date réellement que de 1841). Au Canada, aux États-Unis, en Australie, l'occupation a été relativement facile parce que les défricheurs se trouvaient en face de sauvages qui ne tenaient pas à la terre par des attaches solides. En Algérie, l'Européen a trouvé deux races civilisées, dont l'une, la Kabyle, dépense sur son champ non moins de travail que le paysan français et l'aime aussi passionnément ; il a eu beaucoup de peine à se faire une place sur la terre. Quoique l'administration ait parfois gêné et parfois mal protégé le colon, le résultat, en définitive, est considérable. L'Algérie, comme nous le disions, n'est plus une colonie ; c'est une France d'outre-mer dans un milieu musulman et l'autorité de la métropole y est aussi fortement établie qu'a pu l'être dans l'antiquité celle de Rome.

Il ne faut pas pousser inconsidérément l'émigration française en Algérie ; car, s'il y a place pour des cultivateurs, des industriels ou des commerçants possédant des capitaux, il y en a peu pour des ouvriers français, les indigènes pouvant fournir la main-d'œuvre à bas prix. Il ne faut ni décourager la venue des étrangers qui apportent leur travail et leur capital, ni espérer qu'un afflux considérable de nationaux changera complètement cet équilibre à bref délai. Ce qu'il faut pour consolider l'œuvre, c'est, par une large publicité, renseigner les cultivateurs français sur les terres à vendre, c'est faciliter la transmission de la propriété, compléter

---

colons à l'origine, en renfermaient 50,400 en 1886. Sur ces 215 centres, 134 se sont développés (principalement Tizi, Ouzan, Dra el-Mizan, Bouïra), 81 sont restés stationnaires ou ont reculé.

(1) Les Européens produisent aussi en quantité notable l'orge (1,145,000 quintaux net en 1890), l'avoine (522,000 q. m.), le tabac (7,820 q. m.) et la graine de lin (1,591 q. m.).

le réseau ferré par la construction de voies étroites et pousser une ou deux têtes de lignes jusque dans le désert, incorporer le plus possible l'élément européen étranger dans la nationalité française (1), pratiquer une politique propre à concilier peu à peu à la France les sympathies des musulmans.

Aujourd'hui l'élément vraiment national, celui qui a les sentiments et les intérêts français, qui jouit des droits de citoyen et qui en accomplit les devoirs, est insuffisant à côté d'un autre élément européen qui est à peu près équivalent par le nombre et qui, en cas de crise politique ou de guerre, pourrait rester indifférent, peut-être même devenir hostile, et en face de l'élément indigène qui est huit fois plus nombreux.

L'acclimatement de la race européenne s'est fait peu à peu. Le Maltais, qui a du sang arabe, se trouve en Algérie dans son élément naturel ; il se fixe surtout dans la partie orientale où on le rencontre marin, jardinier, marchand. L'Italien vient le plus souvent de l'ancien royaume de Naples ou de la Sardaigne et s'établit principalement aussi dans la province de Constantine comme pêcheur, marin, manouvrier, vigneron, commerçant. L'Espagnol domine à l'ouest dans la province d'Oran; il vient des Baléares, « le Mahonnais », et des provinces du midi ; il est jardinier, domestique, terrassier. Le groupement se fait, en Algérie comme en France, suivant la proximité du pays d'origine. L'émigration d'ailleurs ne part guère que des rives de la Méditerranée. Les gens du midi réussissent beaucoup mieux que ceux du nord (2).

Il en est de même pour les Français ; ce sont ceux du bassin de la Méditerranée qui s'acclimatent le mieux.

Jusqu'en 1854, les pertes par les décès avaient excédé les recrues par les naissances dans la population européenne (3). En 1849

---

(1) Le nombre des naturalisations et options augmente : 890 en 1885, 1756 en 1887. La loi militaire du 15 juillet 1889 est un moyen énergique de faire entrer la population étrangère dans la nationalité française.

(2) Parmi les Allemands, il y a eu excédent des décès sur les naissances pendant les 24 années de la période 1853-1876, excepté en 1865. Il est singulier de remarquer qu'il naît ordinairement plus de filles que de garçons dans les ménages allemands d'Algérie.

(3) C'est surtout à cause de la mortalité française ; car, de 1853 (première année à laquelle la statistique puisse remonter) à 1857, il y a eu excédent de naissances parmi les Espagnols, les Italiens et les Maltais.

surtout, année de choléra qui suivait l'arrivée en Algérie d'un grand nombre de déportés de juin impropres à la vie coloniale, la différence avait été énorme : 5,206 naissances et 10,493 décés. En 1854 pour la première fois l'excédent des naissances s'est produit ; depuis 1857 il est devenu la règle, excepté en 1869 où le choléra, le typhus et la famine ont conspiré contre la population.

Le tableau suivant fait connaître l'accroissement constaté par les recensements et la part due à la natalité et à l'immigration.

ACCROISSEMENT DE LA POPULATION EUROPÉENNE EN ALGÉRIE PAR L'IMMI-GRATION ET LA NATALITÉ.

(Jusqu'en 1876, d'après M. le Dr Ricoux).

| PÉRIODES. | POPULATION — ACCROISSEMENT | | NAISSANCES ET DÉCÈS. | | | Pour un accroissement annuel de 1,000 habitants combien compte-t-on | |
| | | | NOMBRE TOTAL POUR LA PÉRIODE, DES | | Excédent moyen annuel des nais-sances + ou des décès — | | |
	total durant la période.	moyen annuel.	Nais-sances vivantes.	Décès (sans les mort-nés).		d'im-migrés (résultat obtenu p^r calcul)	de naissanc. en excédent (d'après l'état civil).
1830-1831........	2.626	2.626	5	2	+ 3	998	2
1831-1833.·......	3.584	1.792	218	439	— 110	1.061	»
1833 1836........	6.749	2.249	1.043	1.398	— 118	1.052	»
1836-1841........	22.813	4.562	4.087	5.729	— 328	1.072	»
1841-1845........	59.947	14.489	7.937	10.375	— 744	1.052	»
1845-1851........	35.962	5.993	25.995	37.504	—1.843	1.307	»
1851-1856........	37.903	7.581	29.260	32.785	— 705	1.090	»
1856-1861........	36.702	7.340	34.381	30.965	+ 683	907	93
1861-1866........	29.334	5.867	42.662	30.380	+2.456	600	403
1866-1872........	55.951	9.325	52.392	49.668	+ 476	951	49
1872-1876........	65.329	16 322	52.055	43.539	+1.706	869	131
1876-1880........	62.535	12.507	60.117	51.283	+1.766	859	141
1881-1885........	48.000	9.600	73.274	60.142	+2.626	727	273
1886-1890........	70.000	14.000	83.973	74.601	+1.874	866	134

Parmi les Européens, la proportion de ceux qui étaient nés en Algérie était de 50 p. 100 en 1866 et celle des Français de 43 seulement ; en 1876, celle des Français s'élevait à 49.

Autant qu'on en peut juger d'après les statistiques, jusqu'ici très insuffisantes, du mouvement de la population, la natalité a toujours été (du moins depuis 1853, origine de cette statistique) beaucoup plus élevée pour la population française en Algérie qu'en France et à peu près égale à celle des nationalités de l'Europe méridionale (1) : en Algérie, de 1853 à 1873, la moyenne paraissait être d'environ 37 naissances par 1,000 habitants ; de 1881 à 1890 elle a été d'environ 36.

Comme en France, le nombre des garçons l'emporte sur celui

____

(1) Voici (d'après M. le Dr Ricoux jusqu'en 1876 et, d'après le rapport de M. Bur-

des filles, même avec une supériorité plus marquée (109 garçons pour 100 filles, période 1853-1877, 110 garçons pour 100 filles, période 1885-1887) qu'elle ne l'est aujourd'hui (101 garçons pour 100 filles en 1885).

Il y a plus de naissances illégitimes qu'en France : environ 12 (période 1853-1874) et 16 (période 1888-1890) sur 100 naissances ; les filles y sont souvent en un plus grand nombre que les garçons.

La mortalité paraît avoir diminué à peu près constamment (excepté dans les années d'épidémie ou de crise), étant tombée de 46 décès par 1,000 habitants (période 1853-1856) à 32 (1888-1889). Elle est en général moins forte pour les Français que pour les Espagnols, les Italiens et surtout les Allemands (1).

Les décès du sexe masculin sont beaucoup plus nombreux que ceux du sexe féminin, non seulement à cause d'une différence réelle entre la vitalité d'un sexe et celle de l'autre, mais parce que dans cette population il y a plus d'hommes que de femmes (2).

La mortalité est faible en hiver et surtout au printemps; elle s'élève beaucoup en été à cause de la chaleur (3).

deau de 1876-78 à 1882-84, et d'après la statistique générale de l'Algérie pour 1885-87) la natalité et la mortalité suivant la nationalité :

PÉRIODES.	FRANÇAIS.		ESPAGNOLS.		ITALIENS.		MALTAIS.		ALLEMANDS.		ISRAÉLITES Indigènes.	
	Natalité.	Mortalité.	Natalité.	Mortalité.	Natalité.	Mortalité.	Natalité.	Mortalité.	Natalité.	Mortalité.	Natalité.	Mortalité.
1853-1856....	41	46.3	47.5	30	38.5	30	44.0	28.2	31	54.8	36 5	27.9
1865........	37.4	34.5	40.7	28.2	43.7	31.6	43.9	31.5	49.5	39.7	42.8	22.8
1867-1872....	36.7	34.6	41.0	35.5	40.8	28.5	44.0	35.3	40.1	48.8	41.6	27.7
1872........	37.6	33.0	42.9	33.2	43.4	21.6	45.8	30.7	39 9	47.4	42.4	21.3
1873-1876....	38.0	26.8	39.5	27.8	39.0	28.9	38.3	26.7	28.8	36 9	49.0	24.4
1876........	35.6	24.7	37.6	28.9	38.3	30.1	28.8	24.6	29.6	33.2	53.5	24.1
			39.3	28.2	34.3	29.7	38.7	30.7	20.8	31	53.?	24.?

			TOTAL GÉNÉRAL POUR LES ÉTRANGERS.					
			Natalité.			Mortalité.		
1876-1878....	36.5	33.4	34.5			32.6	»	»
1879-1881....	35.5	31.0	36.6			33.4	»	»
1882-1884....	34.8	30.0	39.9			34.1	»	»
1885-1887....	35.2	30.7	41.5			37.3	»	»
1888-1890....	38.9	33.6	37.3			35.3	»	»

(1) A savoir (années 1885-87) 30,7 pour les Français, 33,7 pour les étrangers (d'après le Rapport de M. Burdeau).

(2) Il y a eu en moyenne pendant les années 1888-1889-1890 1.328 décès masculins sur 1,000 décès féminins.

(3) M. Ricoux a calculé que, sur 10,000 décès, il y en avait 1,900 pendant les trois mois d'avril, mai et juin, et 3,050 pendant ceux de juillet, août et septembre.

Durant la période 1885-1887, la natalité moyenne de la population européenne (française et étrangère) étant donnée de 33,7 par 1,000 habitants, et la mortalité de 32,4, l'excédent serait de 1,3 : excédent faible. Mais ces données manquent de précision.

Pendant les années 1885-1887, il y a eu 100 naissances pour 83 décès pour l'ensemble de la population européenne. De 1888 à 1890, la statistique générale de l'Algérie a enregistré un excédent de 5,179 naissances, soit 100 naissances pour 92,2 décès. Le rapport est un peu meilleur que celui de la population musulmane (86,2 décès pour 1885-1887 et 95 pour 1888-1890) ; il est bien moins favorable que celui des israélites (52 décès).

Les mariages sont contractés le plus souvent entre personnes de même nationalité. Cependant, sur les 3,271 mariages qui constituent la moyenne annuelle de la période 1881-1890, 590 l'ont été entre Français et Européens d'autre nationalité (1) ; 10 seulement entre personnes de race européenne et de religion musulmane.

---

(1) Les Français figurent (depuis 1838, origine de cette statistique), pour plus de moitié dans le nombre total des mariages européens (64,2 p. 100, moyenne de 1881-1890, obtenue en comptant le nombre des époux ou épouses dans les mariages entre Français et entre Français et étrangers), et la nuptialité (environ 9 mariages en moyenne par 1,000 habitants) y est presque constamment supérieure à celle de la France, parce que l'immigration y amène beaucoup d'adultes.

Les garçons et les filles se marient en général un peu plus jeunes en Algérie qu'en France. M. Ricoux a calculé pour la période 1874-1878 l'âge du mariage de chaque n tionalité en Europe et en Algérie. Voici le résultat pour les Français sur 100 mariages (non compris ceux des veufs et veuves) :

	EN FRANCE.		EN ALGÉRIE.	
	Hommes.	Femmes.	Hommes.	Femmes.
Agés de moins de 20 ans	1	12	14	63
Agés de 21 à 30 ans..........	54	51.8	66	34
Agés de 31 à 40 ans..........	35.5	29	20	3
Agés de 41 à x..............	9.5	7.2	0	0

De 1830 à 1877, sur 44,816 mariages, M. Ricoux en a compté 23,217 entre Français et Françaises, 14,568 entre étrangers, 5,073 entre Français et étrangères, 1,808 entre étrangers et Françaises, 120 unions de race européenne et musulmane, 30 de race européenne et juive. De 1881 à 1890, sur 3,271 mariages en moyenne par an, 1,523 ont été contractés entre Français et Françaises, 1,180 entre étrangers, 405 entre Français et étrangères, 149 entre étrangers et Françaises, 2,6 entre européens et juives indigènes, 4,6 entre européens et musulmanes et 5,5 entre musulmans et européennes. En 1885, l'âge moyen du mariage des Français a été de 26 ans et celui des Françaises de 21 ans. Les mariages de veufs ou veuves sont plus fréquents qu'en France. En 1885, sur 100 mariages, il y en a eu pour les Français 82,4 entre célibataires, 5,8 entre veufs et filles, 7,5 entre garçons et veuves, 4.3 entre veufs et veuves.

La fusion des deux races est une utopie, aussi bien que la disparition de la race indigène. La politique doit chercher, autant que possible, l'accord de ces deux éléments par le rapprochement des intérêts économiques. De 1881 à 1890, le nombre des mariages des Français a augmenté (1,385 en 1881 et 1,699 en 1890) ; celui des étrangers est resté stationnaire (1,200 en 1881 et 1,206 en 1890).

Les divorces sont relativement nombreux (environ 3 p. 100 des mariages contractés, période 1888-1890).

La population européenne, particulièrement la population française, peut donc désormais se suffire à elle-même en Algérie, aussi bien que la population française en France. On en doutait, il y a trente ans (1), on ne saurait en douter aujourd'hui. Cette population augmentera avec le temps. Il paraît impossible que l'immigration ne lui apporte pas quelques renforts, parce qu'il ne manque pas d'entreprises lucratives à former ou à développer sur cette terre. Mais, cette source fût-elle même tarie, l'excédent de la natalité sur la mortalité assure un accroissement satisfaisant, si les conditions économiques ne l'entravent pas.

La population de la Tunisie. — La population de la Tunisie est évaluée à environ 1 million 1/2 d'âmes ; quelques auteurs la portent même à 2 millions. Comme celle de l'Algérie, elle professe l'islamisme et se compose de Berbères, la plupart sédentaires, d'Arabes, la plupart nomades, et de 45,000 Israélites. Il y a, en outre, plus de 40,000 européens (en 1890), dont 6,000 Français, 15,000 Italiens, 10,000 Maltais, 9,000 Anglais, qui, en très grande majorité, exercent le commerce dans les villes, dirigent des entreprises industrielles, des travaux publics ou s'adonnent à la culture de la vigne. En 1889, on évaluait la superficie des vignobles à 5,220 hectares, dont 4,060 appartenaient à des Européens (les 3/4 à des Français) et 1,160 à des indigènes (récolte totale de 1890 : 65,000 hectolitres). La totalité des terres possédées par les Européens et presque exclusivement par des Français, s'élevait à 400,000 hectares (dont 120,000 pour le grand domaine de l'Enfida).

La Tunisie n'est pas une colonie, mais un protectorat. L'administration française n'y crée pas de villages comme en Algérie,

---

(1) Des démographes, entre autres Boudin et Alph. Bertillon, ont exprimé ce doute.

mais elle donne aux Français sécurité et aide pour former des entreprises privées; avec cette aide, de solides progrès peuvent être accomplis dans un avenir prochain, si l'administration et la politique ne les contrarient pas.

Les colonies sucrières et les autres îles. - Durant les 120 ans qui se sont écoulés entre la suppression du monopole de la Compagnie des Indes occidentales et la Révolution, les colonies des Antilles se sont rapidement peuplées, parce que, le sucre enrichissant les planteurs et le noir étant nécessaire pour produire le sucre, on faisait venir d'Afrique autant d'esclaves qu'il en fallait. En 1776, la population de la Martinique était évaluée à 85,779 âmes, dont 11,619 blancs, 2,892 gens de couleur et 71,268 esclaves; en 1790, celle de la Guadeloupe l'était à 107,210, dont 13,940 blancs, 3,140 gens de couleur affranchis et 90,130 esclaves. Quelques blancs venaient directement d'Europe; la plupart étaient des créoles nés aux îles où ils formaient une race particulière, à la fois vive et indolente, ayant des traits fins et des habitudes aristocratiques. Les gens de couleur qui s'échelonnaient dans une série de variétés depuis le sacatra, presque noir, jusqu'au sang mêlé, presque blanc, étaient, sauf un petit nombre d'exceptions, des affranchis, dédaignés par les blancs et dédaignant les noirs. Ces derniers, importés d'Afrique ou nés dans la colonie, vivaient sans état civil, les enfants appartenant au maître de la mère et les maîtres encourageant la fécondité comme le croît d'un bétail. Au XIXe siècle, la population a continué à augmenter tant que le sucre s'est vendu cher et que l'esclavage a fourni des bras.

A la Martinique, il y a eu en moyenne par 1,000 habitants, de 1834 à 1847, 33 naissances ; elles se décomposaient en 26 par 1,000 blancs, dont les 9/100 étaient illégitimes, 37 par 1,000 personnes de couleur, dont les 72/100 étaient illégitimes, 32 par 1,000 esclaves, presque toutes hors mariage. La condition des femmes de couleur, dont beaucoup servaient de maîtresses aux blancs, explique le grand nombre des naissances illégitimes de cette catégorie. La mortalité moyenne durant cette période a été de 30 décès par 1,000 habitants, avec un taux à peu près uniforme pour les trois groupes de population : d'où un déficit parmi les blancs et un excédent plus fort parmi les affranchis que parmi les esclaves.

La nuptialité était faible : 7 mariages par 1,000 personnes chez les blancs ; 4 seulement chez les gens de couleur ; presque aucun chez les esclaves.

Depuis 1848, l'esclavage est aboli (1). Pour remplacer les bras serviles, les planteurs ont fait venir d'abord de la côte d'Afrique des « engagés volontaires » dont la condition différait peu de l'esclavage ; puis, depuis 1861 et par une convention spéciale avec l'Angleterre laquelle n'a pas été renouvelée en 1882, des coolies de l'Inde qu'on engageait en général pour cinq ans et dont la plupart sont restés dans l'île.

La population de la Réunion, qui s'était élevée à 212,000 en 1870, n'était plus que de 165,915 au 31 décembre 1889, dont 38,791 immigrants (23,208 hommes, 8,366 femmes et 7,217 enfants) soumis au régime spécial des coolies. Le nombre des hommes (66,904) dans la population non soumise au régime spécial est supérieur à celui des femmes (60,220).

La population de la Guadeloupe a augmenté ; elle était au 31 décembre 1889 de 165,899, dont 15,557 immigrants (8,563 hommes, 3,552 femmes et 3,442 enfants). Le nombre des femmes (77,285) est notablement supérieur à celui des hommes (73,057) (2).

Celle de la Martinique, au 31 décembre 1888, était de 177,078 âmes. Le nombre des femmes y est aussi supérieur (91,169) à celui des hommes (84,694) (3).

A la Réunion, le nombre des décès parmi les immigrants est souvent plus considérable que celui des naissances (1,017 naissances et 1,161 décès en 1889) ; il n'en est pas ainsi dans le reste de la population dont la très grande majorité (119,620 sur 165,000) est née dans l'île et qui comptait, en 1889, 31 naissances et 24 décès par 1,000 habitants.

A la Guadeloupe, où la grande majorité de la population (les immigrants non compris) est née dans l'île (146,681 sur 150,342), la natalité, de 1848 à 1875 (30 par 1,000 habitants), était restée un peu au-dessous de la mortalité, tandis que depuis quelques années elle s'est élevée au-dessus (27 naissances et 23 décès par 1,000 habitants en 1889), excepté toutefois pour les immigrants (27,4 naissances et 45,6 décès en 1889).

---

(1) La Réunion avait alors environ 66,000 esclaves ; la Martinique, 75,000.
(2) La comparaison ne porte que sur 150,342 âmes.
(3) La comparaison ne porte que sur 175,863 âmes.

A la Martinique, la natalité fournit d'ordinaire un excédent ; le contraire cependant s'est produit en 1888 et en 1889 (5,000 naissances et 6,215 décès en 1889).

La nuptialité est forte à la Réunion (9 mariages par 1,000 habitants en 1889) et très faible (2,9 à la Guadeloupe, 2,6 à la Martinique en 1889) dans les Antilles où beaucoup de noirs vivent en concubinage.

Dans les trois îles, la population est dense : 64 habitants par kilomètre carré à la Réunion ; 92 à la Guadeloupe et dépendances ; 179 à la Martinique. Comme les montagnes en rendent la partie centrale à peu près inhabitable (excepté à Grande-Terre), c'est près de la côte que presque toute la population s'est groupée en formant un cordon littoral, et la densité réelle de la zone annulaire est bien supérieure à la moyenne. Nous savons d'ailleurs que les îles en général sont très peuplées (1).

Il n'y a pas place pour une immigration venant de la mère-patrie, non seulement à cause de cette densité, mais parce que l'abolition de l'esclavage et le bas prix du sucre ont porté atteinte à la fortune des propriétaires et, par suite, à l'esprit d'entreprise. Quand les planteurs ont besoin de main-d'œuvre, ils ne demandent que des engagés africains ou hindous qui la fournissent à très bon marché. Ils ont vu, en même temps que leur fortune, s'amoindrir leur influence politique qui a passé, en vertu de la loi du nombre, aux gens de couleur ; il leur est même arrivé d'essayer de la ressaisir en s'appuyant sur les noirs, comme au moyen-âge l'aristocratie florentine s'appuyait sur les petits métiers.

La Nouvelle-Calédonie (avec ses dépendances) est dans une situation tout autre. Jusqu'ici on n'y cultive guère la canne, ni le caféier. Trois populations distinctes, sans compter les fonctionnaires (au nombre de 3,476 en décembre 1887), s'y trouvent en présence : les indigènes (au nombre d'environ 42,000), qui, depuis la répression de 1878, paraissent se résigner à la soumission ; les colons libres (5,585) ; la colonie pénitentiaire comprenant 9,992 individus (2,515 libérés astreints à la résidence et 7,477 condamnés en cours de peine) et les récidivistes relégués qui ont été expédiés depuis la loi du 27 mai 1885. A ces catégories il faut ajouter les engagés venus de la Nouvelle-Calédonie

---

(1) Voir la fin du chapitre VI du livre II.

même, des Nouvelles-Hébrides ou d'ailleurs qui étaient au nombre de 3,825.

Entre la colonisation libre et l'administration pénitentiaire, il y a eu antagonisme ; la perspective du voisinage des condamnés n'encourageait pas l'immigration, les colons se plaignaient que l'administration eût accaparé les meilleures terres et redoutaient le maraudage des évadés. La surveillance et la discipline des condamnés qui s'étaient relâchées (1) paraissent être devenues plus sévères depuis l'année 1888 (2) et avoir produit de meilleurs effets. En décembre 1890, 1213 libérés ou condamnés avaient des concessions de terre, et parmi les 3,850 libérés soumis à l'appel, une moitié exerçait des professions manuelles, un tiers était dans l'industrie, surtout celle des mines, et un cinquième dans l'agriculture. La plupart des établissements agricoles, que l'administration avait fondés et qui faisaient concurrence à l'industrie privée, ont été liquidés en 1890, l'administration s'appliquant aujourd'hui à louer aux colons le travail de ses condamnés plutôt qu'à l'utiliser directement elle-même. Ce système est plus favorable que le précédent à la colonisation libre, quoique celle-ci soit très limitée par le peu d'étendue des terres actuellement propres au labour (3), par les conditions de l'agriculture locale et par l'éloignement de la France.

Tahiti et les autres « Établissements français de l'Océanie » sont plus éloignés encore. Le groupe de ces établissements, qui ne font qu'un très petit trafic, ne pourrait prendre quelque importance commerciale que si quelque jour un canal interocéanique était ouvert.

Quand on remarque que toutes les îles (non compris Madagascar) placées sous l'autorité directe ou sous le protectorat de la France n'ont ensemble que 30,000 kil. carrés (4), que plus de la moitié de cette superficie n'est pas cultivable et que dans plusieurs îles la partie habitable porte une population très dense, on comprend qu'il n'y ait pas de ce côté un large débouché pour l'émigration française. Quant à l'île de Madagascar, qui ne paraît

---

(1) Par l'effet des lois du 23 janvier 1874 et 27 mai 1885.

(2) En vertu du décret du 13 janvier 1888 qui a consacré le principe de l'appel annuel des libérés et de celui du 29 septembre 1890 qui les a obligés à se munir d'un livret et à faire connaître leurs changements de résidence.

(3) On l'évalue à 1,450 kil. carrés. — Voir *La France et ses colonies*, t. III, p. 249.

(4) Exactement 30,058, dont 17,360 pour le groupe néo-calédonien.

habitée par une population dense et civilisée que sur le plateau où dominent les Hovas et dont les côtes orientales sont presque partout malsaines, elle fournira quelque jour peut-être un vaste champ sinon à la colonisation, du moins au négoce ; mais il faut attendre que le protectorat soit plus fortement établi pour que le commerce s'y développe et que les capitaux viennent avec sécurité former des entreprises importantes.

L'Indo-Chine. — Il n'y a pas non plus place dans l'Indo-Chine française pour une émigration considérable, quoique le territoire soit très étendu (environ 500,000 kil. c.) et la densité moyenne médiocre (de 12,5 hab. par kil. c. au Cambodge à 60 au Tonkin, par évaluation approximative). Mais elle est très forte dans la région des rizières et la population, qui exploite à peu près tout le sol cultivable, donne son travail à trop bas prix (1) pour que le manouvrier européen songe à venir lui faire concurrence.

La population indo-chinoise, qu'on évalue à 14 millions 1/2 d'âmes (2), appartient à deux races : les Annamites dont les Cochinchinois et les Tonkinois ne sont que des variétés (3) et les Muongs, Moïs, Chams ou Maus. Ceux-ci, qui sont peut-être les premiers habitants du pays, vivent à demi-sauvages et insoumis dans la région montagneuse. Les premiers habitent les plaines et les villes ; ils sont agriculteurs et pêcheurs, ils ont le teint cuivré, les pommettes saillantes, la taille médiocre de la race mongole ; ils sont sobres et se nourrissent de riz, de poissons et de légumes ; la plupart habitent des paillottes, pratiquent la polygamie tout en reconnaissant une autorité supérieure dans la maison à la femme de premier rang et en étant très attachés à la vie de famille ; ils professent le bouddhisme et sont fidèles surtout au culte des ancêtres (4).

Les Chinois, qui ont le génie du négoce et de l'association, pénétrent facilement dans cette population avec laquelle ils ont

---

(1) Dans le delta du Tonkin, le salaire de l'ouvrier non nourri ne passait guère 0 fr. 20 avant l'année 1890.

(2) Les *Statistiques pour l'année* 1889 portent 18 millions.

(3) Au Cambodge, les Kmers, Samié et Koui, qui forment le fond principal de la population, se distinguent des Annamites.

(4) On ne connaît jusqu'ici le mouvement de la population asiatique que pour la ville de Saïgon ; mais la composition de cette population étant anormale (8,201 hommes et 4,195 femmes en 1889), on n'en peut tirer aucune conclusion démographique.

beaucoup d'affinité par les mœurs et la religion et dont ils sont les principaux clients par leurs achats de riz. En 1888, il y avait en Cochinchine 55,740 Chinois sur un total de 1,916,000 habitants (1). Peu se fixent définitivement et peu sont mariés à des chinoises; ils s'unissent à des femmes du pays que souvent ils abandonnent avec leurs enfants quand ils partent.

Les Européens viennent en nombre bien moindre : 2,418 étaient en Cochinchine en 1889 ; 1,150 au Tonkin en 1888. Colonie mobile d'ailleurs qui, en 1889, a enregistré 1,355 arrivées et 1,088 départs et dans laquelle dominaient les comptables, les employés de commerce, les cafetiers et surtout les gens sans profession déclarée.

L'Indo-Chine est partagée entre deux États européens : à l'ouest, l'Angleterre qui a étendu récemment son Empire des Indes sur toute la Birmanie et aspire à s'ouvrir une route fluviale vers la Chine par l'Iravaddy ou le Salouen ; à l'est, la France qui tient aujourd'hui la route beaucoup plus courte du Song-koï et qui étudie la navigation du Mé-kong. Entre les deux reste le royaume de Siam qui n'échappera probablement pas au protectorat de l'une ou de l'autre.

La Guyane. — La Guyane mérite à peine une place dans cette énumération. On n'a pas mieux réussi à la peupler au XIXᵉ siècle qu'au XVIIIᵉ. La fondatrice de l'ordre de Saint-Joseph de Cluny, qui a créé en 1828 pour les noirs libérés un établissement encore existant, est un rare exemple de succès que l'on puisse citer. De 1852 à 1865 (2) on y a transporté environ 16,000 forçats tirés des bagnes de France ; puis on a renoncé à cause de la grande mortalité et on n'y envoie plus que les condamnés de l'Algérie et des colonies, lesquels supportent le climat tropical mieux que les Européens. La population (sans les Indiens sauvages) était en 1889 d'environ 30,000 âmes, dont plus de 21,500 pour la population coloniale libre, de 3,300 pour les immigrants

---

(1) Les *Statistiques coloniales* pour 1889 portent, sur un total de 1,879,689 habitants au 31 décembre, 56,988 Chinois (p. 3) et, d'autre part (p. 9 et 10), elles portent 70,391 Chinois sur lesquels 65,466 hommes et seulement 3,061 femmes et 1864 enfants ; dans le nombre des Chinois figurent 13,130 immigrants arrivés dans l'année, pendant que 16,074 autres Chinois quittaient la Cochinchine pour retourner dans leur pays.

(2) Décrets du 8 décembre 1851 et du 27 mars 1852 et loi du 30 mai 1854.

soumis à un régime spécial, et 5,400 pour les condamnés en cours de peine ou tenus à la résidence après libération. Dans la population libre il y a eu, en 1889, beaucoup plus de décès (822) que de naissances (486).

L'Afrique intertropicale. — Dans la zone intertropicale de l'Afrique la France possède, sans compter Obock qui n'est jusqu'ici qu'un dépôt de charbon, deux grandes contrées, le Sénégal avec ses dépendances et le Congo français, qui, réunis, sont deux fois grands comme la France. Mais les noirs qui les habitent sont sauvages ou demi-civilisés et généralement pauvres ; le commerce, quoiqu'il ait déjà quelque importance et qu'il soit certain qu'avec du temps et de la persévérance il prendra des développements, n'est pas en proportion de l'étendue du territoire. Le climat est défavorable à la race européenne ; on a prétendu que sur les plateaux du Congo les conditions hygiéniques étaient bonnes ; mais, bien qu'elles soient vraisemblablement moins mauvaises que sur la côte, l'expérience n'a pas encore prouvé l'assertion. Au Sénégal, sur lequel nous possédons plus de renseignements que sur le reste de cette région, nous savons que les troupes subissent (aussi bien dans les colonies britanniques que dans les colonies françaises) une plus forte mortalité que dans aucune autre contrée et en 1889, comme presque tous les ans, la population sédentaire, qui devait être acclimatée (1), a compté 1,721 décès contre 1,469 naissances.

L'Afrique intertropicale ne nous paraît pas être une terre de colonisation pour l'Européen; il n'y cultivera jamais le sol, sinon par une très rare exception dont les missionnaires ont donné quelques exemples. Mais il pourra diriger des mines, des fabriques, des entreprises de transport, s'il parvient à obtenir des indigènes une main-d'œuvre régulière. Il peut surtout trafiquer : c'est là son véritable rôle.

Le partage de l'Afrique. — Depuis 1885, l'Europe a vu un spectacle dont elle se serait peut-être étonnée si elle n'était blasée par les surprises que la politique ne lui a pas ménagées depuis trente ans. Les gouvernements ont dépecé l'Afrique; ils s'en

---

(1) D'après les *Statistiques coloniales pour* 1889 il y avait sur un total de 155,394 habitants 150,497 personnes nées au Sénégal.

sont, à l'envi les uns des autres, attribué par des décisions personnelles ou par des conventions internationales les morceaux qu'ils croyaient à leur convenance; ils ont donné pour prétexte une convention conclue avec un chef de village qu'un diplomate de circonstance avait séduit par un présent, le passage d'un voyageur ou d'un marchand sur un territoire, la relation géographique de ce territoire situé dans les profondeurs du continent avec une côte sur laquelle ils possédaient des comptoirs ou élevaient des prétentions. Les bulles pontificales qui, à la fin du XVe siècle, ont partagé entre le Portugal et l'Espagne le monde à découvrir et les peuples à convertir passaient naguère encore comme des singularités du moyen-âge qui n'étaient plus dans nos mœurs; mais le pape Alexandre VI agissait du moins au nom d'un principe moral, comme pasteur des âmes. Les gouvernements actuels ne peuvent invoquer que le droit du plus fort; les populations noires qu'ils s'adjugent ne les connaissent pas et, dans la plupart des contrées, ils ne connaissent pas eux-mêmes davantage ces populations; ils déclarent néanmoins que nul ne pourra désormais, sans leur bon vouloir, commercer avec ces noirs et qu'ils se réservent le droit de les gouverner à leur gré, quand ils les connaîtront suffisamment. En réalité, cette théorie nouvelle qui a pris corps dans une conférence tenue à Berlin est inspirée par une pensée égoïste de concurrence commerciale; puisque l'Afrique était la seule partie du monde incapable de résister à une usurpation, les Gouvernements l'ont accaparée pour en faire à l'usage de leurs nationaux des parcs de clients dont ils ont déterminé les clôtures par des conventions diplomatiques.

L'Angleterre, toujours alerte, avait commencé par confisquer l'Égypte à son profit; puis, dans le partage du pays noir, elle a pris la plus large part (plus de 7 millions de kilomètres carrés, y compris ses anciennes possessions); pour s'agrandir, elle n'a pas craint de rudoyer le Portugal, son fidèle allié, qui aimait à teindre de ses couleurs sur les cartes un immense territoire et qui était impuissant à le défendre par ses armes comme à l'exploiter par son trafic. L'Empire allemand s'est attribué quatre morceaux dont l'étendue totale dépasse 2 millions de kilomètres carrés. Le roi des Belges a préparé à son royaume l'héritage d'un État de 2 millions 1/2 de kilomètres carrés. L'Italie, jusqu'ici moins favorisée, a dépensé beaucoup d'efforts sur la côte de la mer Rouge sans parvenir encore à faire accepter sa tutelle en Abyssinie dont les habitants sont plus civilisés que les nègres de l'Afrique australe. La France n'a pas à se plaindre du lot de plus de 4 millions de kilomètres carrés qu'elle s'est taillé.

Si cette main-mise de l'Europe sur le continent noir n'est pas justifiable en équité, elle peut se défendre, non seulement par l'intérêt qui en a été le mobile, mais par certaines considérations générales de civilisation. Depuis des milliers d'années, la majorité de la race noire vit dans la barbarie, abêtie par l'esclavage domestique, décimée par les guerres de tribu à tribu et par les razzias du commerce des esclaves. L'Europe, si elle ne l'infecte pas de son alcool et de ses vices, pourrait lui rendre un service éminent en la gouvernant pacifiquement, en lui inspirant le désir de cultiver la terre pour vendre ses denrées, en réprimant peu à peu les excès du trafic de chair humaine et elle en tirerait elle-même profit par l'exploitation des ressources naturelles de son vaste territoire; mais un siècle peut-être s'écoulera avant qu'un changement appréciable soit opéré dans l'état moral et social de la masse noire.

La comparaison des domaines coloniaux des États européens. — Il ne nous appartient pas d'écrire l'histoire coloniale des peuples étrangers. Mais il est de notre sujet de faire connaître l'état comparatif des domaines coloniaux possédés aujourd'hui par les États européens. Il est consigné dans le tableau suivant (p. 445).

L'Angleterre est au premier rang; elle occupe cette place depuis la seconde moitié du XVIIIe siècle et, malgré sa renonciation au territoire des États-Unis en 1783, elle l'a conservée et elle s'est élevée plus haut que jamais par l'achèvement de la conquête de l'Inde et par le développement de l'agriculture et de l'industrie dans cette contrée, la plus peuplée du monde après la Chine, par la colonisation de l'Australasie, par ses agrandissements au sud de l'Afrique. Dans les 29 millions 1/2 de kilomètres carrés et les 369 millions 1/2 d'âmes que le tableau lui attribue approximativement, sans qu'elle exerce une autorité effective sur la totalité de ces territoires, n'est pas comprise l'Égypte qu'elle administre réellement depuis 1882, sans avoir voulu jusqu'ici définir quel était le genre de son occupation.

Le second rang est à la Russie qui ne possède pas à proprement parler de colonies, mais dont l'immense empire, occupant plus de la moitié de l'Europe, se prolonge à l'est sur toute l'Asie septen-

ÉVALUATION DE LA SUPERFICIE ET DE LA POPULATION DES ÉTATS EUROPÉENS QUI POSSÈDENT DES COLONIES OU DES PROTECTORATS HORS D'EUROPE.

Situation, en partie hypothétique, pour l'année 1891. — La superficie est exprimée en milliers de kilomètres carrés ; la population en millions d'habitants (1).

ÉTATS.	TERRITOIRE MÉTROPOLITAIN. EUROPE. Superf. (Milliers de kil. c.)	Popul. (Millions d'hab.).	TERRITOIRE COLONIAL. AFRIQUE. Superf. (Milliers de kil. c.)	Popul. (Millions d'hab.).	ASIE. Superf. (Milliers de kil. c.)	Popul. (Millions d'hab.).	OCÉANIE. Superf. (Milliers de kil. c.)	Popul. (millions d'hab).	AMÉRIQUE DU NORD. Superf. (Milliers de kil. c.)	Popul. (millions d'hab.).	AMÉRIQUE DU SUD. Superf. (Milliers de kil. c.)	Popul. (millions d'hab.).	TOTAL des territoires métropolitains et coloniaux. Superf. (Milliers de kil. c.)	Popul. (millions d'hab.).
Royaume-Uni de Grande-Bretagne et d'Irlande.	314	38.6	7.370 (sans l'E-gypte (2)	26.3	4.824	293 (5)	8439	4.8	8.985	5.7	221	0.3	30.153	368.7
Empire russe	4.736	98.6	»	»	16.658	16 5	»	»	»	»	»	»	21.394	115.1
France	528	38.3	3.541 (sans le Sahara(3)	18.5	500	14.7	22	0.09	3	0.3	108	0.04	4.702	72.0
Empire allemand	540	49.5	2.207	1.6	»	»	233	0.38	»	»	»	»	2.980	51.5
Belgique	29	6.1	(2.600)	(13.0)	»	»	»	»	»	»	»	»	»	»
Pays-Bas	33	4.5	»	»	»	»	1598	29.3	0.08	0.008	120	0.1	1.751	29.4
Portugal	89	4 5	1 029	3.1	3	0.5	0.01	0.3	»	»	»	»	1.121	8.4
Espagne	497	17.1	9	0.3	»	»	299	5.7	128	2.4	»	»	933	25.5
Italie	286	31.0	379 (sans l'A-byssinie(4)	0.9	»	»	»	»	»	»	»	»	665	31.9
Danemark	142	2.2	»	»	»	»	»	»	88.4	0.02	»	»	230	2.2

(1) Le détail des possessions de chaque État hors d'Europe se trouve dans l'appendice du *Précis de la Géographie de la Terre* par E. Levasseur (édition de 1891). Il a été complété et modifié à l'aide de *Die Bevölkerung der Erde*, VIII, 1891. Les *Statistiques coloniales pour l'année 1889* donnent pour la France des évaluations dont plusieurs diffèrent de nos calculs et un total de 21 millions d'âmes dans lequel ne sont pas compris l'Algérie, la Tunisie, Madagascar, les Comores autres que Mayotte, le Soudan français.

(2) L'Egypte, placée aujourd'hui sous l'autorité britannique, a une superficie de 1,040,000 kil. c., une population de 7.2 millions d'habitants, sans compter les provinces révoltées du sud.

(3) Le Sahara occidental a environ 4 millions de kil. c.

(4) L'Abyssinie, pour le protectorat de laquelle l'Italie avait conclu un traité avec le roi du Choa, a une superficie de 50,000 kil. c. et une population évaluée à 3 millions d'âmes.

(5) D'après des résultats provisoires du recensement de 1891 et *Die Bevölkerung der Erde*, VIII, 1891.

trionale, presse de sa longue frontière la Chine sur laquelle elle exerce peut-être plus d'influence qu'aucun autre peuple européen, étreint de deux côtés la Perse où elle se trouve en rivalité avec l'Angleterre et pèse sur la Turquie, par ses troupes d'Arménie et du Danube et par sa flotte de la mer Noire.

La France est au troisième rang avec un territoire (métropole comprise) d'environ 4,700,000 kilomètres carrés et une population d'environ 72 millions d'âmes, sans compter le Sahara occidental sur lequel l'Angleterre a reconnu, en 1890, son droit d'influence.

L'Empire allemand est au quatrième, malgré la vaste étendue que nous lui attribuons sans qu'il y ait sur cette matière de données officielles de la statistique. Son domaine colonial n'est pour ainsi dire rien à côté de sa puissance continentale.

Les trois autres pays qui viennent ensuite sont, au contraire, de véritables puissances coloniales, les plus anciennes même de l'Europe. Les Pays-Bas possèdent en Malaisie un domaine considérable qui a été la principale source de la fortune de la métropole et qui n'est pas sans lui causer aujourd'hui quelques embarras financiers ; l'Espagne, quoiqu'ayant perdu la plus grande partie de son domaine depuis le commencement du XIXᵉ siècle, est encore maîtresse aux Antilles et en Malaisie de colonies productives, mais elle n'est pas sans inquiétude au sujet de la possession de Cuba ; le Portugal, déchu de sa possession depuis la fin du XVIᵉ siècle, a été tout récemment froissé d'une manière regrettable dans son amour-propre colonial.

La Belgique n'a encore qu'une espérance d'hoirie. L'Italie, à qui ses postes sous le climat brûlant de la mer Rouge ont été jusqu'à présent plutôt onéreux que lucratifs, attend que la fortune lui soit propice. Le Danemark, avec ses petites îles des Antilles et ses Groenlandais qu'il gouverne paternellement et défend contre l'alcoolisme, n'a aucune prétention à devenir une grande puissance coloniale.

La situation coloniale de la France. — La France, depuis le XVIᵉ siècle, a voulu être et elle a été, depuis le XVIIᵉ, une puissance coloniale. Sa politique à cet égard est légitime, quoique sa situation sur le continent lui ait rendu par moments et puisse lui rendre encore un pareil rôle difficile à soutenir. La France n'a donc pas eu tort de se mêler à la poussée coloniale des grands États européens qui s'est produite depuis dix ans et de prendre sa part de la curée africaine. L'histoire reproche justement à Louis XV d'avoir failli à cette politique; elle l'aurait reproché aussi à la troisième République. On peut cependant regretter que, de 1880 à 1885, le gouvernement français ait entrepris à la fois trop de besognes diverses et disséminé une action qui eut été plus efficace et peut-être moins coûteuse si elle eut été plus concentrée.

Les 33 à 34 millions d'individus qui peuplent le domaine colonial de la France (72 millions avec la population de la France) sont loin d'avoir tous une égale valeur au triple point de vue de la politique, de l'économie politique et de la civilisation. Les Français constituent une première catégorie, la meilleure de toutes, qui comprend plus de 700,000 personnes (1), nombre dans lequel sont comptés les noirs des colonies sucrières. Les Européens, autres que les Français forment une seconde catégorie de plus de 260,000 personnes (2). Le reste se compose d'Indo-Chinois et d'Indiens au nombre de plus de 14 millions 1/2, d'engagés d'origine asiatique ou africaine dans les colonies sucrières (environ 55,000), d'Arabes et de Kabyles au nombre d'environ 5 millions, de noirs d'Afrique et de Malgaches dont nous ne connaissons pas le nombre (peut-être plus de 12 millions 1/2) et dont la très grande majorité n'a jamais aperçu un visage français.

Aux 700,000 Français, l'émigration de la mère-patrie peut apporter quelque renfort. Peu toutefois, quand on se rend compte de la situation. La plus grande partie des territoires possédés par la France sont des marchés de commerce et non des colonies de peuplement, soit parce que le climat tropical oppose un obstacle, soit parce que la densité de la population indigène suffit au travail de la terre et que le bas prix de la main-d'œuvre ne convient pas

---

(1) Dont 272,000 pour l'Algérie (en 1891), environ 6,000 pour la Tunisie, 3,000 pour les colonies intertropicales de l'Afrique (les *Statistiques coloniales* pour 1889 portent 2,876 individus nés en France, au Sénégal et dans les Rivières du sud), 600 à 650 personnes nées en France et résidant à Madagascar ou dans les iles voisines (non compris la Réunion), 6,676 personnes nées en France et résidant en Nouvelle-Calédonie (non compris les transportés, au nombre d'environ 4,000), environ 2,400 personnes nées en France, résidant en Indo-Chine, 548 personnes nées en France, résidant dans les Établissements de l'Océanie. A ces nombres, il convient d'ajouter toute la population de la Réunion, de la Guadeloupe et de la Martinique (moins les immigrants placés sous un régime spécial) et celle de Saint-Pierre et Miquelon, qui jouissent des droits politiques. Le total, avec les colonies pour lesquelles le ministère de la marine ne publie pas de renseignements précis, paraît dépasser aujourd'hui 700,000.

(2) Dont 220,000 en Algérie (en 1891) et environ 40,000 en Tunisie.

à l'ouvrier européen. Les îles sucrières ont une population presque surabondante ; l'Algérie et la Tunisie n'offrent de perspectives d'avenir qu'à des capitalistes entrepreneurs de culture ou d'industrie. Les vingt à trente mille Français qui sont aujourd'hui enregistrés comme émigrants chaque année et qui vont chercher fortune hors de leur patrie ne trouveraient pas tous un emploi dans ses colonies ; s'il est d'une bonne politique d'incliner de préférence le courant d'émigration vers les terres qui portent le drapeau national, il serait imprudent de l'y pousser fortement quand il risque de s'y perdre dans les déceptions et la misère, et il serait illibéral de l'entraver, sous prétexte qu'on désespère de le diriger.

Il y a toutefois un souhait qu'on peut former, c'est que les représentants de la France, dans ses propres colonies comme dans les pays étrangers, soient toujours dignes d'elle par leur éducation, leur intelligence des affaires, leur probité. On ne doit pas oublier que ces représentants contribuent plus encore à sa réputation qu'à sa fortune. Or, le Français ayant peu de goût pour s'expatrier, ce ne sont pas les meilleurs en général qui émigrent et, quoiqu'il y ait des émigrants excellents, on ne saurait dire que la masse soit excellente. Donner à une partie de la jeunesse française une instruction qui la rende plus apte à s'ouvrir une carrière hors de de son pays et dissiper le préjugé qui existe contre l'émigration, serait faire acte de patriotisme.

La grande extension que le domaine colonial de la France a reçue depuis dix ans a ajouté certainement quelque chose à l'importance qu'elle avait dans le monde. Mais il faut reconnaître qu'elle n'a rien ajouté à sa force réelle. Sous le règne de Louis-Philippe on répétait volontiers que l'Algérie était une école de guerre. L'événement a montré, sous le second Empire, qu'on s'était trompé et personne, avec l'organisation actuelle des armées, n'aurait aujourd'hui cette illusion. En 1870, les turcos n'ont prêté qu'un bien mince secours et, en 1871, l'insurrection arabe a été un danger. Ce danger pourrait se renouveler, si le gouvernement était quelque jour obligé d'appeler en France les régiments du XIXe corps ; il importe de le prévenir, autant qu'il est possible, par une forte organisation de la milice européenne et par un habile emploi des contingents indigènes.

Obock, Diégo-Suarez et le Port Courbet sont sans doute des postes très importants dans les mers de l'Orient, comme Bizerte sur la côte de Tunisie, et il est sage d'y préparer des moyens de défense. Mais, si une guerre maritime survenait dans laquelle la France eût à défendre ses propres côtes sur l'Atlantique et sur la Méditerranée, peut-être à menacer celles de ses ennemis, certainement à couvrir le long littoral de l'Algérie et de la Tunisie dont certaines marines étrangères sont plus voisines qu'elle, ses flottes n'auraient-elles pas beaucoup de peine à maintenir dans l'obéissance tant de contrées éloignées les unes des autres, le Soudan français, Madagascar, l'Indo-Chine? En supposant même que la population de ces pays fût disposée par elle-même à demeurer fidèle, n'aurait-on pas à redouter, d'un côté les excitations des ennemis de la France, qui enverraient des émissaires, peut-être des officiers, de l'autre les spéculations des marchands qui voudraient vendre des armes? Le Tonkin est, à cet égard, la possession la plus menacée; car, si c'est, au point de vue économique, la plus avantageusement située des quatre contrées de l'Union indo-chinoise, c'est aussi la plus exposée au point de vue militaire. Sur son flanc la Chine pèse du poids de ses 400 millions d'habitants, et, malgré le traité de 1885, elle n'a pas oublié qu'elle convoitait cette province. L'ennemi le lui rappellerait au besoin et la marine serait impuissante contre une armée d'invasion pénétrant par la frontière septentrionale. Il y a là un danger grave qu'il est impossible de supprimer parce qu'il procède de la nature même des choses. Ce qui pourtant, dans l'état actuel de la politique européenne, en atténuerait quelque peu la gravité, c'est que la Russie peut user de son influence sur la Chine et la contenir.

Aujourd'hui, dans l'état de paix, la France ne ressent que les effets économiques de son agrandissement colonial et ceux-ci sont bons, quoiqu'elle n'ait pas encore tiré de ses domaines tout le parti qu'elle aurait pu et que les changements qu'elle apporte (en 1891) à son régime douanier ne semblent pas être tous favorables au progrès (1). Nous citons, en terminant, un témoignage de cette im-

---

(1) COMMERCE DE L'ALGÉRIE, DE LA TUNISIE ET DES COLONIES EN 1889
(MILLIONS DE FRANCS).

	avec la France.	avec l'étranger.
Algérie	385	106
Tunisie	21	28
Colonies et protectorats autres que la Tunisie.	167	283
	573	417
	990	

portance. En 1889, le commerce général (importations et exportations) de la France (numéraire non compris) s'est élevé à 10,124 millions, dont 573 avec l'Algérie et les colonies ; de leur côté, l'Algérie et les colonies ont fait en tout un commerce de 990 millions, dont 573 avec la France (comptés dans les 10,124 millions du commerce français) et 417 avec l'étranger : le commerce de la France avec ses possessions d'outre-mer, pour ne s'élever qu'au vingtième environ du mouvement total d'entrée et de sortie des marchandises dans la métropole, n'en est pas moins considérable, puisqu'il dépasse un demi-milliard et le commerce total des colonies l'est davantage, puisqu'il atteint presque le milliard (1).

------

(1) Le commerce de l'Angleterre avec ses colonies a été de 181 millions de livres sterling (4525 millions de francs) sur un commerce total de 675 millions de livres sterling en 1889, proportion beaucoup plus forte que celle de la France. Pour les Pays-Bas, sur un commerce total de 2339 millions de florins, la part du commerce avec les colonies a été de 212 millions en 1889. Pour l'Espagne, sur un commerce total de 1479 millions de francs, les colonies figurent pour 187 millions en 1889.

CHAPITRE XI

Sommaire. — Les progrès de la famille européenne — Le domaine actuel de la famille européenne — Les Indiens et les Sémites — La race noire — La race jaune — Les grands groupes d'origine européenne — Les États-Unis — Les grands États du monde.

Les progrès de la famille européenne. — La grande famille européenne est prépondérante dans le monde. Elle l'est, moins par le nombre des habitants de l'Europe même, quoiqu'il ait doublé depuis un siècle, que par sa richesse qui a augmenté bien davantage ; elle l'est par la puissance de sa civilisation ; elle l'est enfin par son expansion dont nous avons constaté les résultats dans les deux chapitres précédents (1).

Dans l'antiquité, l'Europe avait commencé à s'imposer à l'Asie occidentale et à l'Afrique septentrionale par la conquête macédonienne et par la conquête romaine. Mais en Afrique elle n'avait pas franchi les limites du bassin de la Méditerranée et elle ne dominait que sur des peuples de race blanche.

Au moyen-âge, l'Europe est sortie une seconde fois de son foyer par les croisades. Mais alors ses conquêtes ont été restreintes et éphémères et elle avait plus à recevoir de la civilisation arabe qu'elle ne pouvait lui donner.

C'est avec Christophe Colomb et Vasco de Gama que ses grandes destinées ont commencé. C'est au XIXᵉ siècle, avec la vapeur, qu'elle a complété son œuvre de domination en prenant presque partout possession du commerce maritime, en envoyant

---

(1) Livre IV, ch. IX et X.

ses émigrants dans toutes les contrées où il y avait des terres à occuper et des travaux lucratifs à exécuter, ses marchands dans tous les ports où il y avait des profits à recueillir. Rappelons que les représentants de la famille européenne hors d'Europe étaient au nombre de 9 millions 1/2 en 1800 et de 91 1/2 en 1890.

L'Amérique civilisée tout entière, l'Australasie, le sud et presque tout le nord de l'Afrique font partie de son domaine; car ce sont des hommes de sa race, issus de son émigration, ayant dans leurs veines son sang, pur ou mélangé, qui occupent ces contrées ou qui y dominent. La superficie totale de ces régions en est d'une quarantaine de millions de kilomètres carrés (1). On peut les ajouter aux 10 millions de l'Europe pour avoir l'aire totale occupée par la race européenne.

En outre, par les possessions russes, britanniques, françaises en Asie, néerlandaises et espagnoles en Malaisie, les Européens règnent sur près de 23 millions de kilomètres carrés et sur plus de 330 millions de sujets appartenant soit à d'autres familles de la race indo-européenne, soit à d'autres races (2).

Le domaine actuel de la famille européenne. — Donc, des cinq parties du monde, deux sont peuplées par la famille euro-

---

(1) La superficie de ce territoire ne saurait être calculée exactement; car la partie septentrionale de l'Amérique du nord, la plus grande partie de l'intérieur de l'Australie sont inhabitables pour les Européens et jusqu'ici leur race a très peu pénétré dans le bassin intérieur de l'Amazone et dans le bassin septentrional du Paraguay. Nous donnons cependant les nombres suivants à titre de renseignement approximatif (en millions de kilomètres carrés) :

Amérique du nord (moins le Labrador et les deux tiers du Dominion)..	17
Amérique du sud (moins la partie centrale, soit la moitié du territoire).	9
Australasie (moins la moitié de l'Australie).................................	7
Sud et nord de l'Afrique..	6
	39

(2)

POSSESSIONS.	MILLIONS	
	de kilom. car.	d'habitants.
Russie d'Asie....	16.6	16
Possessions britanniques en Asie............................	4.8	293
Possessions françaises en Asie	0.5	15
Possessions néerlandaises et espagnoles en Malaisie.....	1.9	35
Totaux.............	23.8	359

péenne, à savoir : l'Europe, à l'exception de la partie de la péninsule Pélasgique qu'occupent des Turcs, mélangés aux races slave et hellénique, et l'Amérique, moins les régions de l'extrême nord et de l'intérieur de l'Amérique du sud où domine encore la vie sauvage et celles de la zone torride où prévaut, dans une demi-civilisation, le sang indigène (1). Une troisième, l'Océanie, est peuplée d'Européens ou est, à l'exception de quelques îles sans importance, possédée par des Etats européens; une quatrième, l'Afrique, est confisquée au profit d'Etats européens; la cinquième, l'Asie, est sous la main des Russes au nord, des Anglais au sud et des Français au sud-est.

Dans ces possessions de la famille européenne, il faut distinguer deux espèces de régions : les zones tempérées, où l'Européen est en quelque sorte chez lui, sous un climat qui convient à son tempérament, où il s'approprie pleinement le sol, où il multiplie, et la zone torride continentale où il ne travaille la terre que dans des cas exceptionnels, où il s'énerve et ne multiplie pas parce que les décès excèdent les naissances, où il est, par conséquent, toujours un hôte étranger, mais où il peut devenir un maître en dirigeant le travail des indigènes et même faire souche en donnant naissance à des métis.

C'est par la colonisation et par la conquête que les Européens se sont ainsi répandus sur la surface du globe. La colonisation, quand elle vient occuper une contrée déserte, produit un bien sans mélange que le moraliste, le politique et l'économiste s'accordent à approuver. Quand elle s'est faite par l'anéantissement, le refoulement ou l'asservissement des indigènes, on éprouve une émotion pénible au spectacle ou au récit des violences par lesquelles les faibles ont été évincés et le terrain peu à peu préparé pour les œuvres de la civilisation. Toute conquête peut être jugée à deux points de vue opposés : celui des vainqueurs

---

(1) Il est difficile de dire quelles proportions de sang européen et de sang d'autres races possèdent certains groupes de population. Nous avons parlé de ces mélanges dans le chapitre IX de ce livre. Même dans les contrées où la race européenne paraît la plus pure, comme aux États-Unis, il y a eu probablement dans les premiers temps bien des mélanges auxquels est dû peut-être le type yankee. Les races inférieures ne disparaissent pas seulement par l'extermination et la misère. Elles se fondent aussi dans la race conquérante par l'union de celle-ci avec les femmes du pays. C'est ainsi que dans les Antilles le type caraïbe paraît s'être quelque peu conservé.

et celui des vaincus. On peut dire toutefois, pour la justification de l'Europe, que, si elle a prévalu par la force, c'est qu'elle était supérieure par l'intelligence et que, dans des pays tels que l'Algérie, l'Inde, l'Indo-Chine, la Sibérie, elle a assuré la paix sociale et amélioré l'état économique. Dans un des articles de son programme africain, elle a inscrit la suppression de l'esclavage; elle ne réussira sans doute pas de longtemps à le faire respecter; mais il est certain que, partout où elle s'établit solidement, en souveraine, les guerres entre les tribus sont moins fréquentes et le trafic des esclaves cesse ou devient moins patent.

Les Indiens et les Sémites. — Les deux autres familles de la race blanche ne peuvent, depuis longtemps, soutenir la comparaison avec les Européens.

La famille indienne, qui a peut-être servi de berceau à notre civilisation et qui s'honore d'une longue suite de siècles de prospérité et même de gloire, est maintenant sujette de l'Angleterre. Molle et douce, elle se laisse gouverner; elle demeure sur le sol natal et ne se répand qu'en petite quantité hors de ses frontières par de riches marchands qui fréquentent les ports de l'océan Indien ou par des coolies appartenant aux basses classes qui vont louer leurs bras dans les colonies. Peut-être, si elle était excitée et soutenue par une armée étrangère, pourrait-elle encore, comme en 1858, causer de grands embarras à sa métropole; mais, quoique le nombre de ses représentants augmente par le bienfait d'un gouvernement pacifique et dépasse aujourd'hui 290 millions, elle ne paraît pas capable — du moins dans un avenir prochain — de s'élever à l'autonomie politique. Son rôle est subordonné.

La famille sémitique a enregistré aussi de grandes choses dans son histoire. Trois religions qui ont transformé l'état moral de l'humanité, le judaïsme, le christianisme et l'islamisme, en sont sorties, et la civilisation arabe a brillé d'un vif éclat au moyen âge. Mais c'est par le cimeterre et le Coran que cette dernière a surtout prévalu. Depuis plus d'un siècle, l'islamisme, qu'il soit professé par des sémites ou par d'autres races a été refoulé peu à peu aux confins de l'Europe; en Asie et dans le nord de l'Afrique, l'Empire ottoman s'est vu arracher par lambeaux une partie de son territoire. La religion musulmane, il est vrai, n'a pas perdu de terrain dans ces contrées; elle en a même gagné par la conversion dans le Soudàn et dans la région des Grands lacs ; quand les Européens essaieront d'y pénétrer en plus grand nombre, ils rencontreront les Arabes qui leur disputeront l'influence et le commerce. Néanmoins, on peut dire d'une manière générale que les Sémites, depuis les Phéniciens, ont été des conquérants plutôt que des colonisateurs et les musulmans ne pèsent plus aujourd'hui d'un poids aussi considérable qu'autrefois dans la balance des races humaines.

Il convient toutefois de faire une exception pour les Israélites. Ils ne sont qu'une infime minorité dans l'humanité, car on n'estime guère leur nombre à plus de 7 millions (1). Mais leur génie commercial leur a donné une importance économique bien supérieure à leur nombre ; suspects dans certaines parties de l'Europe centrale et orientale et exposés à des vexations qui étonnent au XIXᵉ siècle, tolérés dans les pays musulmans, influents en France et en Angleterre, ils servent à leur manière la civilisation. Ils ont d'ailleurs un caractère démographique qui les distingue presque partout des races au milieu desquelles ils vivent : des mariages précoces et une mortalité enfantine relativement faible (2), conditions favorables à l'accroissement de la race.

---

(1) L'article Juifs du *Dictionnaire de géographie universelle de Vivien de St Martin* qui résume l'ensemble des travaux démographiques sur la matière donne, pour l'année 1884, la répartition des Juifs, ainsi qu'il suit :

France	63.000	
Empire allemand.	561.000	
Autriche	1.005.000	
Hongrie	638.000	
Italie	35.000	
Russie	2.552.000	
Turquie	118.000	
Roumanie	265.000	
Gibraltar	2.000	
Angleterre	46.000	
Etc.	»	
Europe	5.405.000	5.405.000
Afrique		415.000
Asie		250.000
Océanie		12.000
Amérique		300.000
		6.382.000

M. Jacob (*Journal of the Anthropological Institute*, XV, 1885-86), estime qu'il y a 6,925,000 juifs de naissance et de religion, 75,000 juifs de religion et non de naissance et 12,000 juifs de naissance et non de religion.

(2) Peu de pays fournissent les moyens d'établir par des proportions numériques

La race noire. — La race noire, à laquelle nous attribuons environ 180 millions de représentants, occupe la partie de l'Afrique située dans la zone torride. Sa civilisation est tout à fait rudimentaire ; c'est pourquoi l'Europe a osé la traiter comme un troupeau. Est-elle aujourd'hui plus nombreuse qu'autrefois ? Il est impossible de répondre à cette question. Ce qu'on sait, c'est que son domaine a été réduit par les empiétements de la race blanche ; car, dans l'antiquité, elle s'avançait jusque dans le voisinage de la Méditerranée ; les Arabes et les Berbers l'ont refoulée et les Touareg occupent aujourd'hui une partie du Sahara ; les Tebou, qui sont noirs, conservent encore l'autre. Les colonies britanniques, les deux républiques du sud de l'Afrique, en partie peuplées de blancs, sont établies sur un sol qu'habitaient des noirs.

---

précises ce caractère et la différence qui distingue la race juive des autres ; mais, le fait ayant été constaté dans la région danubienne, en Algérie, aux États-Unis, peut être considéré comme un trait de caractère. Voici d'ailleurs, d'après l'article Juifs du *Dictionnaire de Vivien de St-Martin* (lequel paraît avoir emprunté ses données à l'ouvrage de Bergmann), le tableau du mouvement de la population (nous donnons ce tableau sous toutes réserves ; nous ne voyons pas à quelles sources authentiques l'auteur a pu puiser toutes ces données, et remarquant qu'elles ne sont pas toujours conformes à celles que nous avons nous-mêmes tirées des documents officiels pour l'ensemble de la population) :

| | | NOMBRE PAR 1,000 HABITANTS | | | | | |
| | PÉRIODES | DE MARIAGES | | DE NAISSANCES | | DE DÉCÈS | |
		Chrétiens	Israélites	Chrétiens	Israélites	Chrétiens	Israélites
France.	1855-59	8.2	6.2	26	25	24	18
Prusse.	1821-73	8.8	7.5	40	35	30	19
Grand duché de Bade.	1857-63	7.4	5.8	27	19	36	30
Autriche.	1861-70	9.8	3.3?	39	28	30	21
Russie.	1868-70	9.4	8.2	49	32	38	23

M. Ricoux dans la *Démographie figurée de l'Algérie* donne pour les Juifs d'Algérie des chiffres qui diffèrent notablement des précédents.

	En 1861	1865	1867-1872	1873-1876
Natalité.	56.5	42.8	41.6	49.0
Mortalité.	27.9	22.8	27.7	24.4

M. Jacob (*Journal of the Anthropological Institute*, XV, 1885-86, p. 26 et suiv.), estime que parmi les Juifs la nuptialité, la natalité et la mortalité sont généralement faibles relativement à celles des autres populations au milieu desquelles ils vivent et que le taux faible de leur nuptialité est dû principalement à ce que, perdant peu d'enfants, il y a chez eux moins d'adultes par 1,000 hab. que dans d'autres populations. Il ajoute que les Juifs se marient jeunes, souvent entre cousins, qu'ils ont relativement peu de morts-nés, peu de naissances illégitimes, une faible mortalité enfantine parmi les enfants légitimes et au contraire, une mortalité très forte parmi les enfants illégitimes,

La race noire a été transportée par l'esclavage dans certaines parties de l'Asie et de l'Amérique; elle y a fait souche, soit en donnant naissance à des noirs, soit en mêlant son sang à celui de la race blanche et de la race américaine. En Amérique, on en rencontre du Potomac à la Plata des groupes plus ou moins denses et plus ou moins purs. L'esclavage y est aboli et les noirs ont reçu des droits civils et politiques. Ils forment des partis et ils apportent leur contingent d'influence dans les élections; à ce titre ils ont une part dans le mouvement social. On le sait aux Antilles. On le sait aussi dans le sud des États-Unis où leur nombre dépasse parfois celui des blancs (554,712 blancs et 562,893 personnes de couleur en Louisiane en 1890; 593,703 blancs et 747,720 personnes de couleur dans le Mississipi; 458,454 blancs et 692,503 personnes de couleur dans la Caroline du sud) et où il augmente (1). Toutefois, ils sont loin d'avoir encore conquis partout l'égalité morale; dans plusieurs parties des États-Unis, au Maryland par exemple, les blancs répugnent à les considérer comme des concitoyens. La lutte entre les deux couleurs sera longue encore; cependant elle se terminera dans quelques générations par l'indifférence et l'apaisement, et nulle part, sinon dans quelques petits États, comme Haïti, et dans quelques colonies, elle ne compromettra la prépondérance de la race blanche.

---

peu de suicides : toutes conditions qui indiqueraient un bon état démographique. Il ajoute aussi qu'ils habitent les villes plutôt que les campagnes et qu'ils vivent en général plus entassés que les autres populations : ce qui n'est pas favorable à un bon état démographique.

Le surintendant du census des États-Unis en 1890 a publié une étude démographique (Census, bulletin n° 19) portant sur 60,630 juifs, dont les résultats sont bien plus avantageux encore que les conclusions de M. Jacob, mais qui, étant peu conformes aux données générales de la vie humaine, ne peuvent être acceptées qu'après un examen approfondi de la manière dont a été dressée cette statistique. En attendant, voici ces résultats:

Nuptialité	7.4 par 1,000 habitants.	
Natalité	20.8	id.
Mortalité	7.1	id.

(1) Il paraît qu'en 1790, date du premier recensement des États-Unis, il y avait 690,000 gens de couleur. Le recensement de 1860 a accusé 4,440,000 gens de couleur dont 3,953,000 esclaves; celui de 1870, 4,880,000 gens de couleur; celui de 1880, 6,580,000; celui de 1890, environ 6,996,000. Mais on a pensé, non sans vraisemblance, qu'il y avait des omissions dans le recensement de 1870 qui a eu lieu peu d'années après la guerre de sécession, d'autre part, comme le recensement comprend sous le nom de gens de couleur les métis aussi bien que les noirs, on ignore dans quelle proportion les blancs, en s'unissant à des femmes de couleur, ont contribué aux naissances. Jusqu'en 1830, le nombre des gens de couleur augmentait plus vite que celui des blancs; depuis 1830, celui des blancs augmente plus vite.

Quelques parties de l'Océanie sont peuplées aussi de noirs; mais, leur état de civilisation étant inférieur à celui des nègres d'Afrique, ils ne comptent pour ainsi dire pas; leur rôle se borne à fournir des travailleurs aux colons (1).

La race jaune. — La race jaune est la seule qui possède en elle une force capable de contre-balancer la poussée de la race blanche : par le nombre d'abord, qu'on évalue approximativement à 570 millions; ensuite par l'originalité de sa civilisation qui s'est développée en Chine pendant des milliers d'années sans rien emprunter au monde occidental, puisque ses langues, son écriture, ses traditions lui appartiennent en propre et que, si elle a admis une religion étrangère au nombre des cultes qu'elle professe, c'est de l'Inde et non de l'Occident qu'elle l'a reçue ; par l'importance des deux principaux États qu'elle a formés, puisque le Japon, avec ses 40 millions d'habitants, a une population qui va de pair avec celle de plusieurs Grandes puissances européennes, et que l'Empire chinois, quel que soit le nombre exact de ses sujets (360 à 400 millions), en a probablement plus que l'Europe ne compte d'habitants ; enfin par son génie et son activité laborieuse qui la rendent apte à toutes les œuvres de l'agriculture, de l'industrie et du commerce, par la modicité de ses besoins qui lui permet de vivre d'un très petit salaire (2). Les Japonais, depuis 1854, époque à laquelle ils ont ouvert leurs ports au commerce européen, ont montré quelle était leur puissance d'assimilation en changeant dans l'espace de quelques années une constitution plusieurs fois séculaire, en bouleversant toute leur organisation sociale et en installant sur leur sol l'outillage européen. Sans doute la transformation est jusqu'ici plus apparente à la surface que complète dans le fond des mœurs ; mais elle pénètre peu à peu et, si le Japon ne répond pas à toutes les espérances d'importation que l'Europe et l'Amérique avaient conçues avant de connaître la simplicité de la vie dans cette contrée, l'habileté de ses ouvriers

---

(1) En 1881, il y avait 2,346 indigènes d'Australie au service des colons de l'Australie occidentale.

(2) Il paraît qu'en Chine les Chinois peuvent avoir des ouvriers dont le salaire en fraction de tael équivaut à 3 fr. 75 par mois. Les Européens, qui paient plus cher, en trouvent à 19 et à 25 fr. par mois.

travaillant à bon marché peut fournir un jour à l'exportation plus qu'elles n'avaient supposé.

La Chine, au contraire, a résisté, grâce à sa masse, à ses mœurs et à son administration. Le gouvernement craint les nouveautés qui pourraient ébranler, avec la tradition, l'échafaudage politique. Le peuple croit ses institutions bien supérieures à celles des Européens qu'il considère encore comme des barbares et le spectacle que ceux-ci lui donnent quelquefois par leurs rivalités et même par leurs violences n'est pas pour le détromper. Le Chinois est sans doute bien au-dessous du niveau qu'ont atteint l'Europe et les États-Unis dans les arts mécaniques ; mais, il y a cent ans, l'Europe elle-même était loin de ce niveau. Il y a quelques années, un ambassadeur chinois, le marquis Tseng, écrivait dans un document officiel : « La Chine depuis des siècles était endormie. Elle fut reveillée par le canon européen... Il fallait que le feu du Palais d'été lui brûlât les sourcils ; il fallait que le Russe atteignît Kouldja, que le Français s'emparât du Tonkin... » Il semble en effet qu'elle s'éveille ; elle a relié, depuis 1886, ses grandes villes par des lignes télégraphiques ; elle commence à s'habituer aux chemins de fer qu'elle avait tout d'abord repoussés ; ses diplomates ont, depuis 1888, élevé la voix pour se plaindre du traitement que la race blanche a fait à ses émigrants ; elle a la haine de l'étranger ; la populace l'a montré en 1891 par de sauvages excès.

Il y a longtemps que le Chinois est connu comme un agriculteur énergique et patient, un artisan habile, un commerçant consommé et on sait aujourd'hui quelle force lui donne l'esprit d'association. Les Anglais et les Américains, lorsqu'ils eurent installé leurs comptoirs dans ses ports, s'étaient, grâce à la puissance de leur marine, emparé du cabotage ; les Chinois les en ont peu à peu évincés en les remplaçant. Leurs marchands se sont établis à leur tour dans les pays voisins, en Indo-Chine, en Malaisie, et ils occupent dans le commerce une situation importante, qui grandit d'année en année. Ils ont envoyé leurs ouvriers dans tous les pays que baigne le Grand océan (1) ; ceux-ci y ont si bien réussi que partout il s'est formé contre eux des ligues de blancs

---

(1) A Singapore, qui est un des ports par lesquels se fait l'émigration chinoise, 167,900 immigrants Chinois ont débarqué en 1887, 164,300 en 1888, 150,800 en 1889.

pour proscrire, par l'autorité de la loi, des concurrents (1) que faisait préférer le bas prix de leurs services.

En 1881, sur 160,400 habitants de Hong-kong, on ne comptait que 7,990 blancs. A Bang-kok, dans une population qui n'atteint peut-être pas en tout 500,000 âmes, les Chinois sont, dit-on, 180,000 et le grand commerce est entre leurs mains. Dans la Cochinchine il y a 50,000 Chinois, qui sont à peu près maîtres du commerce de Saïgon ; il y en a probablement plus encore dans le reste de l'Indo-Chine. A Singapore et dans les autres Établissements du détroit, on en comptait en 1881, 174,000, autant que de Malais ; dans l'île de Java, 225,500 (en 1887) (2). A Banka ils forment le quart de la population et fournissent presque tous les ouvriers des mines d'étain. A Manille, ils font une grande partie du commerce.

En Australie, ils ont pénétré à la suite de la découverte des mines d'or ; ils ont été recherchés sous le climat chaud du nord pour la culture de la canne à sucre et leur nombre a atteint 40,000 (3). Mais ils sont toujours restés, à cause de leurs mœurs particulières, isolés du reste de la population ; étant venus sans femmes, ils n'ont pas fait souche et ils ont excité l'animosité des ouvriers de race blanche (4) qui ont obtenu contre eux des lois restrictives, sans parvenir à diminuer sensiblement (5) leur nombre.

---

(1) Voir livre IV, chap. ix.

(2) En 1889, il y avait à Batavia 25,600 Chinois sur un total de 96,000 âmes.

(3)

	MILLIERS DE CHINOIS	
(1886) Queensland............	10.5	(dont 56 femmes).
(1881) Nouvelle-Galles...........	10	
(1881) Australie méridionale...	2.7	(pas de femmes).
(1886) Nouvelle-Zélande.........	4.5	(dont 15 femmes).
(1881) Tasmanie....	0.8	
(1881) Victoria.................	12.1	(dont 259 femmes).
Total.................	40.6	

(4) Voir la *Revue des Deux-Mondes* du 1er avril 1889. En 1888, les habitants de Sydney ont refusé de laisser débarquer, du navire l'*Afghan*, les Chinois qui venaient sur la foi des traités. Plus récemment, le bateau à vapeur qui porte la poste de la Nouvelle-Zélande à Sydney, ayant à bord des chauffeurs chinois, les ouvriers du port de Sydney ont déclaré que le navire ne serait pas déchargé, tant que les Chinois ne seraient pas congédiés et le capitaine a dû céder. Voir pour les mesures législatives prises contre les Chinois le ch. ix du livre IV.

(5) Voir livre IV, ch. ix. On estimait à 47,000 environ en 1891 le nombre des Chinois dans les colonies australasiennes.

Dans les îles Hawaï, les hommes de race jaune formaient une imposante minorité en 1890 : 26,000 sur 80,000 habitants (1).

Les premiers émigrants chinois ont débarqué à San Francisco vers 1853, et, de 1855 à 1889, le nombre total des immigrants venus de la Chine a été de 290,680. Il se trouvait aux États-Unis 105,465 Chinois (dont 75,132 en Californie) lors du recensement de 1880; 104,468 étaient nés en Chine. La loi de 1882 a interdit pour dix ans leur admission; ils ont eu cependant, jusqu'à la loi de septembre 1888, l'art d'échapper aux rigueurs de la douane, en transmettant, quand ils rentraient au pays, leur passeport à un compatriote qui revenait sous leur nom. Il entre encore des Chinois, en petit nombre. On les rencontre, surtout comme blanchisseurs à New York, où leur service est apprécié, quoiqu'on leur reproche de s'occuper plus de la blancheur que de la solidité du linge. La statistique américaine fournit les renseignements suivants:

```
1853.....        35 immigrants chinois aux États-Unis.
1854.....  13.101              id.
1855.....   3.526              id.
1861...'.   7.518              id.
1868. ...  10.684 (à la suite du traité de 1868, qui a donné aux Amé-
1873.....  18.154     ricains le droit d'aller partout en Chine et aux
1882.....  35.614     Chinois le traitement de la nation la plus favo-
1890.....   1.716     risée aux États-Unis.
```

Des Compagnies chinoises ont opéré le recrutement en Chine, facilité le passage en Amérique et se sont couvertes de leurs déboursés par 2 1/2 pour 100 que les émigrants leur assuraient sur tous leurs gains. On dit que ces compagnies étaient au nombre de six, correspondant aux grandes divisions de la Chine; cependant il paraît que la très grande majorité des émigrants provient des parties montagneuses et très pauvres du Kouang-toung. Dans les pays où ils se sont installés, les Chinois ont formé des sociétés de crédit qui, dès qu'elles ont amassé une somme suffisante, la prêtent à un des membres pour s'établir.

Les Chinois sont à Lima où ils font les gros travaux, ceux de terrassier ou de porteur d'eau, par exemple ; ils travaillent dans les exploitations de guano. On les trouve aussi au Chili dans les mines et dans les ports (2).

---

(1) En 1878, ils n'étaient que 5,919 sur un total de 57,985 habitants; en 1884, 17,939 (dont 871 femmes) sur 80,578 habitants. En outre, en 1890, les Japonais, très peu nombreux encore en 1884, étaient au nombre de 8,400.

(2) On évaluait au Pérou le nombre des Asiatiques (presque tous Chinois), à 50,000 en 1876. Le recensement du Chili, en 1885, porte 1,164 Chinois.

Quoique la statistique chinoise n'inspire pas assez de confiance pour autoriser le calcul du taux d'accroissement de la population du Céleste Empire (1), il nous paraît très probable que cette population s'est beaucoup accrue depuis les siècles passés et qu'elle s'accroît encore aujourd'hui, en réparant les pertes que les insurrections des Taïpings et des Musulmans du sud lui avaient infligées. La précocité et le nombre des mariages peuvent être considérés comme un indice de cet accroissement et les recensements du Japon, qui se préoccupe d'un croît trop rapide et songe à déverser sur Yéso une partie de l'excédent de Niphon, en sont un exemple (2); Le soulèvement de 1891, auquel l'excès de densité et la misère ne sont peut-être pas étrangers est un autre indice. Si la population chinoise jouit d'une longue paix, elle pourra fournir dans le siècle prochain une abondante émigration dont les progrès futurs de la navigation faciliteront l'écoulement.

On adresse justement à la race jaune un grave reproche : les femmes n'émigrent pas. C'est pourquoi le Chinois à l'étranger est réprouvé comme un être immoral et ne colonise pas.

Si l'émigration en famille s'introduisait dans ses mœurs — ce qui n'est pas impossible — elle pourrait occuper au siècle prochain une très forte position sur les côtes du Grand océan. Dans les contrées où domine la race blanche, comme les États-Unis, le Chili, l'Australasie; ce mouvement amènerait peut-être une guerre de races, guerre sans combats, signalée par des mesures de proscription que suggéreraient les salariés et que subiraient à regret les entrepreneurs de race blanche; la persévérance de la race jaune et son aptitude au travail dans les pays chauds finiraient peut-être par triompher des obstacles et des préjugés. Celle-ci aurait moins de peine à se faire place dans les régions où la lutte

---

(1) Le dernier recensement officiel des habitants de la Chine proprement dite est celui de 1842-1844, qui accusait 419 millions d'habitants. D'après des données officielles qui se rapportent pour certaines provinces à 1879 et pour d'autres à 1882 et à 1885, des statisticiens évaluent la population actuelle à 382 millions; c'est le chiffre que nous avons adopté dans la *Statistique de la superficie de la population des contrées de la Terre* (*Bulletin de l'Institut international de statistique*, 1886 et 1887). Les auteurs de *Die Bevölkerung der Erde*, VIII (1891) donnent une estimation moindre : 350 millions, soit pour tout l'Empire (avec les pays tributaires) 362 millions au lieu de 400.

(2) Japon :
Déc. 1879.. . . . . 35.768.584 habitants
  — 1889. . . . . 40.072.020   —
soit un accroissement moyen annuel d'environ 1 p. 100.

n'est pas engagée et il nous paraît probable que, sur la mer dont l'espace est librement ouvert, la marine du Grand océan sera au xxᵉ siècle en grande partie servie, peut-être même quelquefois commandée, par des hommes jaunes.

L'influence se trouvera partagée dans le Grand océan entre deux races. Mais l'homme jaune viendra-t-il jusque sur les côtes de l'Atlantique et en Europe offrir ses produits et ses services à bon marché? Il n'y a aucune raison pour affirmer que ses produits n'y trouveront pas un marché et qu'il ne les y apportera pas lui-même quelque jour. Malgré l'opinion de quelques auteurs, il paraît plus douteux, étant donné la densité de la population européenne et les antipathies de race, qu'il parvienne à se faire accepter comme travailleur habituel dans les ateliers européens.

La race jaune a d'ailleurs chez elle, dans la région montagneuse et sur les plateaux du Massif central de l'Asie, un champ immense que personne ne lui disputera. La population y étant très clairsemée, elle peut y envoyer ses colons et prendre plus fortement possession du sol. « Les Chinois n'ont jamais été une race agressive, disait le marquis Tseng pour répondre aux craintes d'envahissement que certains Européens ont manifestées; il n'a pas besoin d'émigrer, car dans ses vastes domaines la Chine a de la place pour tous ses prolifiques enfants. »

Les grands groupes d'origine européenne. — Le premier rôle continuera à appartenir à la famille européenne. Ce n'est pas avec les autres races, c'est dans son propre sein que se produiront les luttes d'influence les plus âpres.

Nous savons comment les guerres et les révolutions ont changé, dans le cours de notre siècle, l'équilibre des États en Europe et comment parmi ces États quelques-uns ont cherché, depuis plusieurs siècles et avec un redoublement d'émulation depuis une quinzaine d'années, à étendre leur commerce et leur puissance en acquérant des possessions coloniales. Il nous reste à dire quels sont, hors d'Europe, les États d'origine européenne qui seront ou qui sont déjà capables de modifier cet équilibre dans le monde.

Trois groupes seulement sont à considérer, les États de la Plata, les colonies d'Australasie et les États-Unis de l'Amérique.

Dans le premier, la République Argentine est l'État principal. Malgré les progrès remarquables qu'elle a accomplis de 1853 à 1890 et que la crise actuelle, quelqu'intense qu'elle soit, n'interrompra que pendant quelques années, elle ne compte encore que 4 millions d'habitants. Le groupe tout entier, avec l'Uruguay, les provinces méridionales du Brésil et le Chili, qui n'en a guère que 10 millions, est régi par des gouvernements divers et divisé par des rivalités de voisinage. Néanmoins, dans un demi-siècle, cette population aura encore beaucoup augmenté et la région sera un des deux foyers principaux de la civilisation dans l'hémisphère du sud.

L'Australasie britannique, qui approche aussi du chiffre de 4 millions (1), sera son émule dans cet hémisphère.

Ces deux régions, qui doivent une grande partie de leur fortune à leur bétail, conserveront très longtemps un caractère agricole et seront de grands exportateurs de laine, de viande, peut-être même de blé. Cependant, quelque jour, ils deviendront aussi manufacturiers et s'ingénieront, comme a déjà commencé à le faire la colonie de Victoria, à mettre en œuvre les matières premières que l'élevage leur fournit en abondance. Après avoir été pour l'Europe de simples pourvoyeurs et des consommateurs, ils s'élèveront alors au rang de manufacturiers et de concurrents. L'époque de cette transformation peut être hâtée ou retardée par la politique douanière de l'Europe (2).

Les États-Unis. — La transformation s'opère en ce moment aux États-Unis. Le peuple américain a une haute opinion de lui-même ; il a encore l'élan de la jeunesse et la confiance que donne le succès. Tous les dix ans, par son recensement, il trouve augmentée d'un tiers sa population qui atteint aujourd'hui le chiffre de 63 millions (3), et sa richesse accrue dans une progression plus forte encore. L'élévation des salaires et les chances de gain attirent tous les ans des immigrants par centaines de mille, quoiqu'il ne leur ouvre plus ses portes à deux battants comme autrefois. Sur son territoire qui égale les 4/5 de l'Europe (4), l'espace est

---

(1) 3,775,000 en 1888 ; 3,903,000 à la fin de 1890.

(2) En 1890, deux grandes maisons de commerce en laine ont transporté, de Londres en Australie, leur principal marché de vente : c'est un indice de l'importance que prend le marché producteur.

(3) Les statisticiens américains avaient même évalué d'avance la population de l'année 1890 à un chiffre d'environ 65 millions.

(4) Sans l'Alaska :

États-Unis	7.836.000	kilomètres carrés.
Territoire d'Alaska	1.376.000	—
	9.212.000	

largement ouvert et la densité est presque partout faible. Il possède une industrie armée de toute la science européenne, et un esprit d'entreprise plus a[illegible]cieux que celui de l'ancien continent. Ainsi s'explique le développement si rapide de ce grand pays.

Le peuple des États-Unis a d'autres avantages encore. Il ne porte pas, comme les États d'Europe, les entraves du passé et le poids de lourdes dettes ; il a eu le mérite de se débarrasser, promptement et à son honneur, de celle dont l'avait surchargé la guerre de sécession. Prépondérant en Amérique, il n'a pas d'ennemis à redouter sur terre et il ne supporte pas, comme les États d'Europe, l'onéreux fardeau d'une nombreuse armée (1). Sur mer même, il regarde comme trop coûteux l'entretien d'une flotte de guerre et il se borne au strict nécessaire.

De telles conditions sont favorables à l'accroissement ; elles font comprendre la fortune des États-Unis. Sans justifier le régime douanier que les républicains ont fait triompher au profit des États manufacturiers du nord-est, cette brillante fortune explique à son tour comment les citoyens de la grande république, enivrés de leur puissance, ont cru pouvoir se passer de l'Europe et comment, obéissant aux conseils intéressés des États du nord-est, ils veulent systématiquement interdire leurs frontières à la plupart des produits étrangers, afin d'approvisionner leur marché par leurs propres fabriques et en vue d'aller faire un jour concurrence sur les marchés d'Asie et d'Afrique, d'abord sur ceux d'Europe, plus tard, aux nations européennes.

Les États-Unis ne sont pas assurément un modèle sans défaut. Leur état politique et leurs mœurs prêtent, comme toutes les sociétés humaines, à bien des critiques quand on les examine de près. Mais ce serait une grave erreur de croire, avec quelques écrivains trop préoccupés de certains détails, qu'ils recèlent dans leurs flancs les germes d'une prochaine décadence. Le fait le plus saillant de leur histoire est précisément la vigueur de leur croissance ; elle leur permet de commettre, sans trop de dommage, des fautes qui seraient pernicieuses à d'autres. C'est ainsi qu'un

______

(1) Leur armée, en 1888, n'était que de 27,000 hommes. La milice des États, qui compte nominalement près de 8 millions d'hommes, est à peine organisée dans quelques-unes.

enfant de robuste constitution grandit dans une atmosphère viciée que ne supporterait pas une créature délicate.

Les États-Unis sont trop grands pour n'être pas composés de parties diverses par le climat et, en conséquence, par les mœurs et les intérêts. Dans la question de l'esclavage, le nord a triomphé du sud, et la cause de l'humanité avec lui. Dans la question de la protection, c'est encore le nord qui s'impose, mais c'est la cause particulière de ses manufactures qui prévaut au détriment des États agricoles ; un pays qui possède, d'une part, le charbon et presque toutes les matières premières en abondance, d'autre part, un marché intérieur de 63 millions de consommateurs peut supporter un pareil régime.

Dans la question de la monnaie, les États miniers ont fait voter des lois en vertu desquelles le Trésor paye le produit de leurs mines plus qu'il ne vaut.

Néanmoins, malgré cette diversité qui parfois devient de l'antagonisme, l'union américaine est forte. Le réseau des chemins de fer qui s'est étendu en surface et dont les mailles sont devenues plus serrées depuis la guerre de sécession, sont en quelque sorte les fils qui ont définitivement cousu ensemble les morceaux de cet immense territoire; nous croyons la couture solide. L'orgueil national des Américains est d'ailleurs une garantie du maintien de la fédération.

Les États-Unis exerceront-ils une attraction assez puissante pour entraîner le Canada dans leur orbite? Déborderont-ils sur le Mexique septentrional? S'annexeront-ils Cuba ou Haïti? L'avenir le dira. Ce que le présent voit, c'est qu'ils veulent être les maîtres dans l'Amérique et jusque dans l'Amérique du sud. Ils ont fait une tentative pour inféoder à leurs manufactures le continent entier par une union douanière; elle était prématurée. Cependant ils ont déjà traité avec le Brésil; ils ont développé leur commerce depuis dix ans avec toutes les parties du monde et ils sont dans une situation avantageuse pour le développer encore.

Si l'Europe jouit d'une longue période de paix, semblable à celle qui a suivi les guerres du premier Empire, elle continuera à verser sur les deux Amériques et même sur l'Australasie, l'excédent du croît de sa population, jusqu'au jour où ces contrées elles-mêmes seront saturées d'hommes. Ce jour n'est pas prochain; celui où les ouvriers se mutineront contre l'introduction de travailleurs européens, comme ils ont déjà fait par la proscription de la race jaune et même aux États-Unis par des restrictions à l'admission des immigrants de race blanche, l'est davantage.

Les grands États du monde. — Quoiqu'il advienne, il est vraisemblable qu'avant trente ans, le nombre des habitants des États-Unis aura dépassé cent millions.

En face de l'Europe, qui en aura vraisemblablement plus de quatre cents, elle sera une puissance avec laquelle il faudra compter plus encore qu'aujourd'hui. Une guerre entre les deux mondes, ou même une guerre européen   , dans laquelle l'Amérique serait impliquée, ne paraît pas probable, quoique nul ne puisse deviner, à trente ans de distance, les complications de la politique. Ce qu'on peut prévoir, c'est une lutte d'influence dont le commerce sera le principal mobile.

En règle générale, le progrès de la richesse dans un État n'est pas un obstacle aux échanges avec l'étranger ; au contraire : on ne fait beaucoup d'affaires qu'avec les pays riches. Mais il est certain que les pays qui ne peuvent écouler le supplément de leur production que par l'exportation sont concurrents entre eux. Si tous les grands États installent leurs fabriques en vue d'exporter beaucoup et font en même temps des lois en vue de prohiber l'importation, ils aggraveront les difficultés économiques par cette politique contradictoire dont les deux termes, à considérer l'ensemble du commerce du monde, sont absolument incompatibles. L'Europe, qui est morcelée, ne perdra-t-elle pas plus à ce jeu que les États-Unis ?

C'est surtout en vue de s'assurer des clients, que plusieurs États européens sont en quête de colonies. Mais les pays à demi-sauvages, sur lesquels ils mettent la main, ne compenseraient pas l'interdiction du commerce dans les États riches du monde civilisé.

Si l'Europe, dans trente ans, possède encore — ce qui est désirable — ses six Grandes puissances, l'Asie, représentée par la Chine et le Japon, et l'Amérique, par les États-Unis, complèteront les neuf États prépondérants dans le commerce. Au second rang, à côté des autres États européens, tels que l'Espagne, la Belgique, les Pays-Bas, le Portugal qui ont ou auront des colonies, et la Norvège qui aura sa marine, figureront les trois groupes de population européenne du Canada, de la Plata et de l'Australasie, dont deux sont aujourd'hui des possessions britanniques.

Il est intéressant de comparer aujourd'hui (1890), le territoire et la population de ces États : c'est par là que nous terminerons ce chapitre (1).

ÉTATS.	Millions de kilom. carrés.	Millions d'habitants.
Empire chinois.......	11.574	360 à 400
Empire britannique	29.593	369
Empire russe	21.394	115
États-Unis.............	9.212	63
France avec ses possessions hors d'Europe (sans le Sahara)........	4.759	72
Empire allemand avec ses possessions hors d'Europe	2 980	51
Autriche-Hongrie.	684 (2)	42
Japon................	382	40
Italie avec ses possessions hors d'Europe (sans l'Abyssinie)...	665	32

(1) Nous avons déjà donné ces renseignements pour l'année 1886 (t. I, p. 322). Mais le progrès de la population et les annexions coloniales ont depuis trois ans modifié la superficie et la population de plusieurs États. Comparer ce tableau avec celui du livre II, ch. II (tome I, p. 322), et avec celui du présent chapitre, p. 452, (voir aussi l'appendice) Il s'en faut de beaucoup que l'étendue et la population de ces États soient connues avec précision. Les trois publications les plus autorisées et les plus récentes donnent pour la totalité des possessions de ces 9 États, les chiffres suivants :

ÉTATS.	DIE BEVÖLKERUNG DER ERDE VIII, 1891 par MM. Wagner et Supan.		STATESMAN'S YEARBOOK 1891 par M. J. Scott Keltie.		GEOGRAPHISCH STATISTISCHE TABELLEU 1891-92 par M Juraschek.	
	Superf. (Milliers de kil. c.).	Popul. (Millions d'âmes).	Superf. (Milliers de milles anglais carrés).	Popul.	Superf. (Milliers de kil. c.).	Popul. (Millions d'âmes).
Empire chinois.	11.142	361.5	4.179	404.1	11.574	403.7
Empire britannique.......	25.150	350.4	11.355	366.6	24.634	342.4
Empire russe ..	20.559	118.6	8.660	113.3	22.182	115 6
États-Unis.....	9.242	63	»	63	9.086	62.8
France et possessions.....	?	70.3	3.019	68.7	3.649	70.4
Empire allemand et possessions	?	?	1.144	50.7	2.618	51.6
Autriche-Hongrie	684	42.6	264	42.4	676	42.7
Japon..... ...	382	40.1	147	39.6	382	40
Italie et possessions (sans l'Abyssinie)..	?	?	250	31.8	?	31.1

(2) La superficie pour l'Autriche-Hongrie est ici un peu supérieure (677,000) à celle du tableau annexé à la page 242. Voir à l'appendice la note relative à la page 241.

CHAPITRE XII

LES LIMITES DE LA DENSITÉ.

Le rapport de la population et des moyens d'existence. — Nous connaissons les causes principales de la densité (1) et nous savons que dans un même pays, à côté de parties très peuplées, il peut s'en trouver qui soient presque désertes. Ainsi, en Angleterre, le comté de Radnor ne renfermait que 21 habitants par kilomètre carré en 1880 (19 seulement en 1891) pendant que le Lancashire en comptait 707 en 1881 (803 en 1891); en France, dans le même département, tel canton boisé avait, en 1886, 40 habitants par kilomètre carré pendant qu'un autre, couvert de maisons de campagne, en comptait 800 (2). On peut résumer ces causes dans la formule suivante : *la population se proportionne aux moyens d'existence.*

Nous savons aussi que cette proposition, qui d'une manière générale exprime le rapport des deux termes, diffère essentiellement de celle de Malthus dont un des termes porte seulement sur les aliments et impose à l'accroissement des habitants la limite fatale de l'accroissement plus lent du second terme.

Or, les hommes peuvent faire venir, surtout aujourd'hui, leur subsistance de très loin, très rapidement et par quantités considérables pourvu qu'ils aient de quoi la payer. Le peuplement du monde et l'application de la vapeur aux transports ont bien changé les choses depuis que Malthus écrivait. En outre, par « moyens

---

(1) Voir livre II, ch. vi (t. I, p. 461).
(2) Voir t. I, p. 430,

d'existence » nous entendons non seulement la nourriture, mais le vêtement, le logement, en un mot tout ce qu'une société est habituée à consommer. Que le sol et les fabriques nationales fournissent directement les objets de cette consommation ou que le commerce les procure par l'échange, c'est une considération qui, malgré son importance, est secondaire dans le problème et qui ne deviendrait très grave pour l'humanité que si tout le blé que la Terre peut produire suffisait à peine à cette population ou, pour une nation, que si son gouvernement interdisait systématiquement le commerce extérieur ; le principal est que la population soit assez riche pour acheter tous les objets qu'elle a l'habitude de consommer.

Toutes les sociétés et, dans une même société, tous les individus, n'éprouvent pas les mêmes besoins et n'ont pas les mêmes ressources pour les satisfaire.

« Moyens d'existence » est, par suite, une expression nécessairement vague dont le sens varie suivant le climat, la civilisation, le temps et suivant la fortune et les goûts des personnes. Les besoins des Français de la fin du XIXᵉ siècle ne sont pas ceux des Français du XVIIIᵉ lesquels diffèrent beaucoup de ceux des hommes du moyen-âge et plus encore de ceux des Gaulois. A mesure que la richesse est devenue plus considérable et a été produite sous des formes plus diverses les besoins ont augmenté et il a fallu dépenser davantage pour les satisfaire. Pour citer quelques exemples, nos ancêtres du XVᵉ siècle n'avaient besoin ni de tabac, ni de café, ni de sucre ; nos pères, il y a seulement soixante-dix ans, ne connaissaient pas les chemins de fer et usaient encore très peu des bateaux à vapeur ; depuis que les transports sont moins coûteux, nous dépensons beaucoup plus en voyages. Le compagnon menuisier faisait au XVIIIᵉ siècle son « tour de France » à pied ; un ouvrier qui n'aurait pas aujourd'hui de quoi prendre de temps à autre l'impériale d'un omnibus pour se rendre d'un quartier de Paris à un autre, serait considéré comme n'ayant pas des moyens suffisants d'existence.

De nos jours même l'expression de « moyens d'existence » a un sens très différent pour un Anglais et pour un Hindou ; différent aussi à Paris, dans une même maison pour les locataires du premier et pour ceux du cinquième étage.

Malthus plaçait pour ainsi dire hors de l'homme la limite de la population, en considérant surtout la croissance des végétaux.

La nature a en effet des limites qui s'imposent à l'homme ; mais, en réalité, c'est plutôt dans l'homme qu'il faut chercher la véritable limite de la densité, puisque l'homme règle en partie la somme de ses besoins par sa volonté et qu'il crée par son travail et son intelligence la richesse nécessaire à leur satisfaction.

Plus la richesse est grande dans un pays et plus la population peut y être nombreuse. Mais, d'autre part, plus la moyenne individuelle de la consommation est élevée et moins est nombreuse la population à laquelle une quantité donnée de richesse fournit les moyens d'existence. La densité varie donc en raison directe de la richesse produite et en raison inverse des besoins individuels.

En conséquence, il ne faut pas dire à l'homme : « La nature te gouverne ; subis ses lois fatales ». Il faut lui dire : « Tu ne gouvernes qu'en disciplinant la nature par ton travail et ton intelligence et en te gouvernant toi-même de manière à régler tes désirs sur tes moyens de satisfaction ».

Le genre de production et le genre de consommation, qui dépendent essentiellement de l'homme, influent aussi sur la densité. Si les travailleurs sont munis d'un outillage puissant, il en faudra moins pour obtenir le même résultat ; par suite, le nombre des ouvriers sera moindre, comme il est arrivé lorsque la batteuse a été substituée au fléau, ou la production sera plus abondante, comme le prouve le progrès de la plupart des industries manufacturières. En fait, on a vu des perfectionnements déplacer des groupes de population, on ne les a jamais vus dépeupler un État en même temps qu'ils y facilitaient l'accroissement de la richesse. Si c'est la consommation d'aliments indigènes qui se développe, il faudra plus de bras pour l'approvisionner que si c'est la consommation d'objets manufacturés que les machines peuvent multiplier aisément ou de produits étrangers que le commerce fournit sans beaucoup de main-d'œuvre.

La relation de la densité avec les divers États de civilisation. — Entre la nature et l'homme il y a nécessairement des relations étroites, puisque l'homme vit de la nature et que son corps et jusqu'à un certain point même son esprit (1) subissent l'influence

______

(1) Voir livre III, ch. III.

du climat et du sol. Là où il ne pleut pas, il n'y a pas de végétation et l'homme ne saurait subsister : c'est le désert. Là où l'intensité et la continuité du froid suppriment toute végétation, l'homme ne saurait subsister : c'est le champ de glace polaire. Là où dominent les influences paludéennes, l'homme est rare : exemple, la Floride. Là où ne pousse qu'une végétation herbacée et intermittente, la place ne convient qu'à des pasteurs et l'homme est rare ; exemple, les Hauts plateaux de l'Atlas. Dans les pays chauds où les céréales, les racines et les fruits contiennent beaucoup de substance alimentaire, un petit territoire au contraire peut nourrir beaucoup d'hommes et la population être d'autant plus dense qu'ayant peu d'énergie et peu de besoins, elle consomme moins ; c'est ce qui se rencontre dans la vallée du Gange. De ces relations, des écrivains ont cru pouvoir conclure que l'homme n'était, comme le végétal, qu'un produit spontané du sol et dire en remaniant une phrase de Bossuet : « L'homme s'agite ; le milieu le mène » (1) ; ils simplifient le problème en supprimant ainsi un des deux facteurs, mais ils ne le résolvent pas. La volonté de l'homme, cultivant son intelligence et dirigeant son activité, est, avec les conditions naturelles du climat et du sol qu'il met en œuvre, une cause de peuplement et de densité.

L'homme tire de ces conditions naturelles un parti très différent suivant sa valeur personnelle et le degré de son énergie. Aussi n'est-ce pas dans la zone torride où la chaleur est trop lourde pour que l'âme ait tout son ressort et la végétation trop luxuriante pour être facilement disciplinée, que la civilisation est née. Elle a son berceau sous des climats chauds, il est vrai, et voisins de cette zone, mais au nord de la région tropicale, dans les plaines fertiles du Gange, de la Mésopotamie, du Nil, du Hoang-ho (2) ; quelquefois cependant, sous les tropiques, mais à une altitude qui modifie le climat comme au Mexique et au Pérou. Plus tard, cette même civilisation s'étant propagée dans

---

(1) Ce sont les derniers mots de l'ouvrage de M. Mougeolle : *la Statistique des Civilisations*, publiée en 1883. Au début de l'ouvrage (p. 19) l'auteur avait dit : « Nous sommes en droit de conclure que l'homme est un parasite de la terre, absolument comme le vibrion est un parasite de l'homme ». Voir aussi dans le même sens l'écrivain anglais Buckle...

(2) Canton, en Chine, est dans la zone torride, mais c'est plus au nord que la zone subtropicale, entre 35° et 40° environ, dans la riche plaine d'alluvion du Hoang-ho, que la civilisation chinoise est née.

des contrées plus septentrionales, l'homme s'y est trouvé assez fort pour dompter une nature moins indulgente ; l'obstacle, dés qu'il a pu le surmonter, a stimulé son activité et éveillé son génie ; il lui a fallu produire plus d'aliments, se vêtir plus chaudement. Le besoin l'a rendu industrieux et la civilisation s'est développée sous des climats tempérés avec une puissance que les pays chauds n'avaient jamais connue. Les foyers les plus actifs de la civilisation, dans cette nouvelle période, ont été, dans l'antiquité et même durant le moyen âge, sur les bords de la Méditerranée, en Asie-Mineure, en Grèce, en Italie. Ils se sont déplacés, durant les temps modernes, vers le centre et l'ouest du continent européen. Dans cette translation faut-il, avec une certaine école, voir une loi fatale de la nature et faut-il en induire que les nations qui occupent aujourd'hui les premiers rangs devront le céder quelque jour à des peuples encore plus septentrionaux ? Quant à nous, nous voyons dans ces révolutions des faits qui ne sont assurément pas sans dépendre du climat et du sol, mais que l'histoire explique plus encore que la physique et nous remarquons que, si en Europe c'est entre 60° et 40° de latitude que l'activité industrieuse des hommes est le plus développée, en Amérique c'est entre 50° et 30° et en Chine entre 40° et 22° : la latitude ne détermine pas une zone infranchissable.

On peut, d'une manière générale, distinguer un certain nombre de degrés de densité correspondant à divers états de civilisation.

1° L'état sauvage est celui qui comporte la moindre densité. L'homme vivant de cueillette, de chasse et de pêche, sans cultiver la terre et sans produire aucune marchandise à vendre en échange de subsistances, n'a d'autres moyens d'existence que ceux que la nature lui offre spontanément. Or, la nature n'est jamais prodigue quand elle n'est pas disciplinée.

Si la rigueur du climat s'ajoute à l'impuissance de l'industrie humaine, la densité peut descendre très bas. Nordenskjöld estime que les Esquimaux (lesquels ne sont pas à proprement parler des sauvages) du Grœnland, dont la superficie dépasse 2 millions de kilomètres carrés, sont à peine 40,000 ; la densité serait de 2 habitants au plus par 100 kilomètres carrés (0,02 par kil. c.). Leur vie de pêcheurs est rude ; c'est peut-être pourquoi le nombre des femmes est très supérieur à celui des hommes (1).

____

(1) A Gotthaals, en 1885, il y avait 402 hommes et 508 femmes.

Sous un climat tout différent, mais sur un sol presque aussi ingrat, les indigènes de l'Australie ne paraissent pas moins clairsemés dans le centre du continent Austral. Même, lorsque la végétation est luxuriante, comme dans la grande plaine forestière de l'Amazone, la vie sauvage nécessite un très vaste espace pour la nourriture d'un homme. On ne compte que 0,04 habitant par kilomètre carré dans la province d'Amazonas au Brésil, et même que 0,03, en retranchant les villes habitées par des civilisés. Quoique le sauvage éprouve très peu de besoins, il a encore moins de moyens de les satisfaire : la famine est son grand ennemi. C'est là que se vérifie la loi de Malthus.

2º L'état pastoral est celui où l'homme, cultivant peu la terre, vit du produit des troupeaux qu'il élève. Parfois le pasteur récolte quelques céréales sans se fixer sur le sol, exerce certaines industries domestiques et fait du commerce ; mais sa principale occupation est de soigner ses animaux et de les conduire successivement dans les pâturages où ils trouvent leur nourriture. Il a besoin de vastes espaces, beaucoup moins cependant que le sauvage. Dans la steppe des Kirghises, la densité est de 1 habitant par kilomètre carré et dans les trois provinces du Turkestan russe habitées surtout par des nomades (Syr-Daria, Semiretchinsk, Province transcaspienne), elle varie de 2,7 à 0,5 hab. par kil. c. La densité de ces contrées n'est si faible que parce qu'une partie du territoire se compose de déserts inhabitables ; la constitution du sol y perpétue la vie nomade. Avec un régime social très différent, les provinces subandines de la République argentine où le régime pastoral domine ont une densité analogue (1,5 hab. par kil. c.).

3º Dans l'état agricole l'homme s'attache à la terre ; il la travaille et il y sème les végétaux qui lui sont utiles. La production devient plus abondante et surtout mieux appropriée à ses besoins. Si chaque individu en moyenne possède moins de bétail que dans l'état pastoral, le territoire, relativement à son étendue, en renferme davantage. La population est beaucoup plus nombreuse. Le nombre d'hommes établis sur un kilomètre carré de terrain cultivé varie suivant la fertilité naturelle du sol et suivant l'art avec lequel il est cultivé ; le nombre de kilomètres cultivables dépend de la configuration générale du pays, de ses forêts, de ses marécages, de ses montagnes. Pendant que telle contrée et telle civilisation comporte à peine 10 habitants par kilomètre carré, telle autre en nourrit 50 et plus.

Un territoire dont 30 p. 100 seraient consacrés aux céréales avec assolement triennal et rendraient en moyenne 10 hectolitres de blé à l'hectare, pourrait, à raison de 2 hectolitres 1/2 par tête, nourrir 40 habitants par kilomètre carré. Ce nombre peut, en effet, être considéré comme une bonne moyenne de la densité rurale. Elle correspond à peu près à celle de la Roumanie et de la Serbie et elle est un peu supérieure à celle de la Petite et de la Grande-Russie, défalcation faite des environs des grandes villes et surtout de Moscou où le caractère industriel est fortement accusé. Elle est à peu près aussi celle que nous avons attribuée à la France du XIVe siècle (1).

Nous venons de calculer d'après la production du blé en Europe. Dans les contrées où le riz est la culture dominante, le rendement est beaucoup plus fort ; c'est pourquoi la vallée du Gange compte plus de 160 habitants par kilomètre carré (2). Dans certaines contrées de la zone torride, la population, se nourrissant presque sans travail de manioc et de bananes, peut pour la même raison être relativement dense.

Dans les îles où la pêche et le commerce maritime fournissent des ressources supplémentaires, la population est généralement dense, ainsi que sur les côtes du continent qui offrent aux marins beaucoup d'anses et de ports. On pourrait faire la même observation pour les oasis du Sahara qui sont en quelque sorte les îles du désert et où la datte fournit un aliment très nutritif.

4° Dans l'état industriel, les manufactures créent de la richesse et il s'établit entre la ville et la campagne un courant d'échanges qui stimule l'agriculture, lui procure des consommateurs et des capitaux et détermine des cultures intensives. La récolte de froment peut être alors non plus de 10, mais de 20 et elle dépasse dans certaines fermes 30 hectolitres à l'hectare. Si en même temps les défrichements ont diminué l'étendue des forêts et des landes, si un assolement meilleur, rendu possible par l'abondance du fumier, a supprimé la jachère, si l'emploi des engrais chimiques a ajouté au sol une fertilité artificielle, le territoire peut fournir le pain à trois et quatre fois autant d'habitants que sous le régime exclusivement agricole.

---

(1) Voir livre I, ch. VII.
(2) Densité en 1881 : Bengale, 171 hab. par k. c. ; en 1891, 176 ; provinces du Nord-ouest et Aaoude en 1881, 160 ; en 1891, 171.

5° L'état commercial est un cinquième degré de civilisation commercial qui permet une densité beaucoup plus forte encore.

Quelques conditions particulières à l'état commercial. — Par état commercial nous entendons non le régime sous lequel les hommes commercent entre eux (car le commerce est pratiqué à tous les degrés de la civilisation), mais celui où le commerce est capable d'importer une part notable des aliments de la population. Dans l'intérieur de tout pays, il se fait un commerce de ce genre entre la ville et la campagne ; nous ne parlons ici que du commerce qui a lieu avec l'étranger. Ainsi vivait dans l'antiquité la nombreuse population d'Athènes qui tirait des bords de la mer Noire une partie de sa subsistance. Ainsi faisaient les Hollandais au XVIIe siècle. Ainsi font les Anglais qui ont dépensé, en 1889, 4 milliards de francs (1) pour acheter à l'étranger le complément de nourriture et de boisson qui était nécessaire à leur consommation. Dans ce dernier état, la densité peut croître indéfiniment avec les moyens d'acquisition et les facilités de transport : c'est ainsi que le comté de Lancastre fait vivre 700 à 800 habitants par kilomètre carré et qu'une capitale comme Paris en entassait 29,000 en 1886 sur la même superficie.

Une cause accidentelle peut quelquefois réunir tout-à-coup en un lieu peu fertile, stérile même, une nombreuse agglomération d'hommes. Quand les mines de diamant du Cap eurent été découvertes, des villes, comme Kimberley, se sont élevées tout-à-coup dans un désert que la nature semblait avoir destiné à la solitude ; mais, les richesses que recelaient les mines pouvant payer la subsistance de ceux qui les fouillaient, on a fait venir de loin, à grands frais d'abord, tout ce qui était nécessaire à l'existence. Kimberley subsistera tant que l'extraction du diamant pourra payer ses dépenses, avec une moyenne de consommation qui est probablement supérieure à celle de l'Europe. Peut-être même, la population de cette contrée prendra-t-elle assez pleinement possession du sol pour créer sur place une agriculture et y

---

(1) Valeur en livres sterling :

	Importation.	Exportation.
Animaux vivants....................	10,360,087	1,172,063
Objets d'alimentation et boissons......	161,071,299	10,118,662

trouver des moyens d'existence après l'épuisement des mines.
C'est ce qui est arrivé pour la Californie ; il est vrai que le sol
de cette dernière contrée était naturellement fertile.

Il y a entre cet état commercial et les précédents une différence
essentielle : dans les premiers, la population vit ou peut vivre de
son propre fonds ; dans le dernier, elle dépend de ses approvisionnements à l'étranger. Cette dépendance peut devenir un
danger (1). Quelle nation civilisée, il est vrai, n'est pas dans une
certaine dépendance de l'étranger par les marchandises qu'elle lui
achète et lui vend et quel dommage ne causerait pas l'interruption
complète des échanges internationaux ?

La densité augmente à chacun des progrès que fait une population, soit en passant d'un état à un autre — ce qui est rare, —
soit en se perfectionnant dans un même état. Les États-Unis, dont
certaines parties ont plus de 40 habitants par kilomètre carré (2),
avaient une densité cent fois, mille fois peut-être moindre lorsque
la contrée n'était habitée que par des Peaux-Rouges. La densité
de tous les États de l'Europe a beaucoup augmenté au XIXᵉ siècle,
grâce surtout aux perfectionnements de la science et à l'extension
du commerce.

Souvent, il est vrai, la nature limite le développement de la
civilisation. Dans les déserts il n'y a place que pour des nomades ;
les steppes, où la sécheresse rend la végétation intermittente,
sont, depuis les temps historiques, et resteront le domaine des
pasteurs.

La France a une densité (72,3 hab. par k. c.) bien supérieure
à la moyenne européenne (36 en 1890), mais inférieure à celle du

---

(1) Pour éviter le danger, l'Angleterre s'adresse à plusieurs fournisseurs. Voici,
pour l'année 1889, les sept principaux, dont trois sont des possessions britanniques :

	Quarters de froment importés :
Russie	4.264.335
Etats-Unis	3.403.250
Inde	1.843.466
Roumanie	572.497
Empire allemand	507.725
Australasie	281.212
Canada	23.366

(2) Cinq États, au recensement de 1880, avaient une densité entre 40 et 80 : Connecticut, Massachusetts, New Jersey, Rhode-Island, New York.

reste de l'Europe occidentale (120 pour le Royaume-Uni, 139 pour les Pays-Bas, 206 pour la Belgique), de l'Empire allemand (91) et de l'Italie (105) (1). Elle peut donc, n'étant pas moins industrieuse ni moins riche que la plupart de ces Etats, porter plus d'habitants qu'elle n'en a aujourd'hui.

Mais il ne faut pas oublier, en premier lieu, que ces États, y compris la France, sont sous le régime commercial, c'est-à-dire qu'ils importent une partie de leurs subsistances (2), et que, malgré les progrès que pourra accomplir la culture nationale, tout accroissement de leur population aura vraisemblablement pour conséquence une demande plus forte d'aliments à l'étranger. Les politiques qui désirent cet accroissement doivent donc, pour être conséquents, s'appliquer à faciliter l'importation.

En second lieu, l'accroissement de densité profitera surtout aux villes, puisque les campagnes en France, dans l'état actuel de notre agriculture, paraissent avoir atteint leur point de saturation et que, dans une grande partie de l'Europe, la population rurale est, relativement à la population urbaine, en voie de diminution.

En troisième lieu, il importe de remarquer que ces États, la France seule exceptée, ne peuvent pas conserver tout le croît annuel de leur population et en versent une notable partie à l'étranger par l'émigration (3).

---

(1) Voir livre II, ch II et l'appendice relatif à la page 318 du tome I.

(2) On peut en juger par l'excédent de l'importation sur l'exportation des céréales qui constituent le principal article de l'alimentation.

ÉTATS.	CÉRÉALES (EN 1888)	
	Valeur en milliers de francs de	
	l'importation.	l'exportation.
Royaume-Uni............	1.369	22
Pays-Bas.................	492	52
Belgique.................	223	59
Empire allemand.	300	77
Italie....................	162	17
France...................	434	36

L'Autriche, dont la densité est de 74, serait dans le même cas si elle ne tirait une partie de son blé de la Hongrie.

(3) Voir livre IV, ch. IX. Nous n'y parlons pas de l'émigration des Pays-Bas et de celle de la Belgique qui sont peu considérables. M. Kiær (vie congrès d'hygiène et de démographie tenu à Vienne en 1887) s'est servi des recensements, des naissances, des décès et de l'émigration constatée pour calculer approximativement l'émigration de

De l'avenir de la densité. — Nous avons dit que les agglomérations urbaines exerçaient une attraction proportionnelle à leur masse et que les plus considérables étaient en général celles qui augmentaient le plus.

La même formule ne saurait s'appliquer à la densité d'une grande contrée · la France, qui est un pays dense, s'accroît avec lenteur, et l'Allemagne, plus dense, s'accroît avec rapidité ; les États-Unis ont une densité faible et une croissance très rapide; l'Australie occidentale, une densité bien plus faible encore et une croissance lente.

En somme, la densité peut augmenter plus facilement lorsque les rangs sont peu serrés que lorsqu'ils le sont. beaucoup ; les États de l'Europe occidentale et centrale, qui déversent leur trop plein par l'émigration et les États-Unis d'Amérique qui absorbent une forte immigration, sont des exemples de cette différence. Il est probable, par conséquent, que, sans égaler de très longtemps la densité de l'Europe, les pays nouveaux où la race européenne s'est fixée et qu'elle exploite avec la même énergie et la même intelligence que les Européens font de l'Europe, s'en rapprocheront. Leur croissance plus rapide sera une des causes qui modifieront, ainsi que nous l'avons montré (1), l'équilibre des forces productives dans le monde.

La population civilisée, en Europe et dans les autres parties du monde peuplées par la race européenne, a beaucoup augmenté dans le cours du XIXe siècle, vraisemblablement plus qu'elle n'avait fait jusque-là en aucun siècle, et la densité par conséquent, depuis cent ans, est devenue plus forte. C'est qu'en aucun siècle la civilisation, ou tout au moins la partie de la civilisation qui consiste dans la connaissance des lois de la nature et dans l'emploi des forces et des matériaux que l'homme peut tirer de la nature pour son industrie, n'avait fait d'aussi rapides progrès. « Qui oserait deviner, disait Condorcet à la fin du siècle dernier, ce que l'art

---

chaque État. Il a trouvé que, de 1877 à 1886, l'excédent moyen annuel de l'émigration sur l'immigration était :

Pour le Royaume-Uni..	127,000 individus.
les Pays-Bas..	1,280
la Belgique...	7,800
l'Empire allemand..	144,650
l'Italie..	56,050

(1) Voir le chapitre précédent.

de convertir les éléments en substances propres à notre usage peut devenir un jour (1) ? »

Ce que notre siècle a vu, le siècle prochain le verra-t-il encore ? Le champ est ouvert aux conjectures. Dans un concours sur la population que l'Académie des Sciences morales et politiques a jugé en 1891, les opinions opposées en cette matière ont été soutenues par des arguments plausibles et avec conviction dans plusieurs mémoires ; l'un d'eux félicitait la France de sa modération, adjurant l'Europe d'imiter son exemple, de mettre un terme à un accroissement excessif sous peine de tomber dans la misère, déclarant qu'une diminution de la natalité est nécessaire non seulement pour améliorer le sort matériel des populations européennes, mais pour assurer la paix sociale et la paix internationale, et pensait même que, loin de chercher à augmenter la densité moyenne de l'Europe dans le XXᵉ siècle, il serait utile de la réduire ; d'autres, au contraire, déclaraient que l'homme adulte étant une force qui produit plus qu'elle ne consomme, il ne saurait jamais y en avoir trop sur la Terre, donnant comme preuve la population dense de l'Europe actuelle qui vit dans une plus grande abondance que la population rare des siècles passés et montrant dans les autres parties du monde les immenses espaces qui sont encore incomplètement occupés.

Il est certain, comme nous l'avons dit dans d'autres chapitres (2), que, tout en admirant les progrès que notre siècle a faits, nous n'avons pas le droit de déclarer que nous sommes parvenus à la limite du génie humain et que les autres siècles seront nécessairement impuissants à en faire d'aussi grands. Nous ne savons pas quelle puissance de production la science et le capital de l'avenir communiqueront au sol, de quelles nouvelles facilités jouiront nos descendants, quelles forces de la nature ils apprendront à connaître et à utiliser.

Viendra-t-il néanmoins un temps où la Terre sera saturée d'hommes ? Théoriquement on peut le prévoir. En réalité, ce temps est si éloigné, il y a encore tant de régions incultes ou à peine cultivées qui pourraient l'être (3), les limites de la densité

---

(1) Condorcet, *Esquisse d'un tableau des progrès de l'esprit humain* (Édition de la Bib. Nat. II, 80).

(2) Voir particulièrement livre IV, ch. IV.

(3) M. Raveinstein a lu à la Société de géographie de Londres (*Proceedings*, Ja-

sont si extensibles et nous savons si imparfaitement quelle sera l'énergie des moyens de production dont disposera notre postérité que toute prétention à un calcul de ce genre serait ambitieuse et que le résultat serait sans valeur.

---

nuary 1891) un mémoire dans lequel il évalue (par partie du monde) que, sur les 46,350,000 milles carrés de la Terre (non compris, dit l'auteur, 4,888,000 milles carrés pour les régions polaires), il y avait 28,369,200 milles carrés de terres fertiles, 13,901,000 de steppes et 4,180,000 de déserts); puis il indique la densité possible de chacune de ces catégories (207 habitants par mille carré pour les terrains fe tiles, 10 pour les steppes, 1 pour les déserts), et il conclut que la Terre peut porter 5,994 millions d'habitants, au lieu des 1467 millions qu'il lui attribue aujourd'hui. Il essaie ensuite de déterminer le taux d'accroissement actuel de la population des cinq parties du monde dont la moyenne annuelle, d'après lui, serait de 8 par 1000 habitants; enfin, à l'aide de cette moyenne, il calcule que, dans 182 ans, la Terre aura 5,977 millions d'habitants, c'est-à-dire qu'elle aura atteint son maximum de peuplement. Avec plusieurs statisticiens qui ont pris la parole à la suite de cette communication, nous pensons que l'auteur, très compétent d'ailleurs sur les questions de population, ne tient pas suffisamment compte de toutes les conditions du problème et que son calcul repose sur des données trop incertaines et vise un résultat trop éloigné pour qu'on y voie autre chose qu'un savant jeu d'esprit.

Plus récemment M. Edouard Hahn (*Dr A. Delermauns Mittheilungen...* 1892, I) a publié une carte de la Terre partagée en régions culturales : 1º déserts ; 2º régions de chasse et de pêche (presque tout le nord de l'Amérique jusqu'au 48º parallèle, le sud de l'Amérique du sud, la plus grande partie de la Sibérie, etc.) ; 3º et 4º régions de culture primitive et de denrées coloniales qu'il désigne sous les noms de Hackbau et de Plantagenbau (l'Amérique centrale, le centre de l'Amérique du sud, presque toute l'Afrique tropicale, la Malaisie et l'Indo-Chine, etc.) ; 5º régions de pâturages ou d'élevage du bétail (presque tout le Far West des États-Unis, la Pampa, le nord de la Scandinavie, tout le Massif central de l'Asie avec l'Iran et une partie de la Sibérie, les territoires au nord de la côte du Cap, une partie de l'Australie et la Nouvelle-Zélande) ; 6º régions de labour qui comprennent presque toute l'Europe (moins le nord de la Scandinavie, l'Islande, le nord de l'Écosse et l'ouest de l'Irlande), la partie méridionale de la Sibérie, l'Inde, l'Asie-Mineure, la région de l'Atlas, l'Abyssinie, la côte méridionale de l'Afrique, le sud-est de l'Australie, l'est et le centre des États-Unis avec la région californienne, le plateau du Mexique, une partie du bassin de la Plata ; 7º régions de culture jardinière qui ne comprennent que la Chine et le Japon. Les deux dernières régions sont celles où la densité peut être le plus considérable (avec certaines parties du groupe nº 4). Ces déterminations sont intéressantes, mais ne sauraient prétendre à la précision.

CHAPITRE XIII

QUELQUES CONCLUSIONS DÉMOGRAPHIQUES, POLITIQUES ET ÉCONOMIQUES.

Sommaire. — Les opinions contradictoires sur les questions de population — L'état stationnaire et l'allure progressive ou rétrograde — L'accroissement de la richesse et de la population en France — La question politique — La démographie française — De l'avenir démographique de la France.

Nous avons fait connaître la population française, nous pourrions presque dire la nation française, par son histoire durant les siècles passés, par l'analyse des éléments démographiques dont elle est composée au XIXe siècle, par la suite des changements que le temps a amenés dans sa constitution et par la description de son état moral ; nous avons, par la comparaison avec les pays étrangers, marqué le rang qu'elle occupe en Europe et dans le monde au milieu des populations civilisées. Il ne nous reste qu'à rassembler les traits les plus caractéristiques de cette étude et à conclure

Les opinions contradictoires sur les questions de population. — Nous avons présenté successivement dans un ordre méthodique les aspects multiples de la question et nous avons pris à mesure, dans chaque chapitre, les conclusions spéciales au groupe de faits qui y étaient exposés. Pour porter un jugement d'ensemble, il importe de bien connaître le détail des phénomènes et les rapports qui en dérivent. Même avec cette connaissance, il est difficile de tirer la conclusion générale, non seulement à cause de la nature du sujet, mais à cause de la diversité des points de vue d'où il peut être considéré ; sur quelque somme de faits que s'appuie l'auteur, il est exposé à être taxé d'insuffisance et, quelque bonne foi qu'il apporte, à être suspecté de partialité ou d'étroitesse.

En matière de population, comme en mainte étude sociale, il importe de dégager son esprit de tout préjugé de circonstance ; car les hommes sont exposés à porter des jugements contradictoires ou à agir contrairement à leur opinion, quand ils ne se placent pas assez haut pour embrasser l'ensemble du regard ou quand ils ne sont pas assez fermes pour mettre leurs actes en harmonie avec leurs croyances.

Des bourgeois déplorent la dépopulation des campagnes ; mais ils font venir leurs bonnes du village.

« Il ne faut pas laisser envahir la France par les étrangers », dit un négociant qui, le mois précédent, a pris un commis suisse de préférence à un français, parce qu'il savait l'allemand.

« On ne fait plus d'enfants en France ; c'est la décadence romaine », répètent sentencieusement dans les salons des personnes qui ont un héritier unique.

Dans un club où chacun parle à voix basse de la maîtresse du voisin on gémit hautement de l'immoralité croissante et de la multiplication des bâtards.

Autres contradictions. On a voté en France une loi militaire qui astreint tous les jeunes gens au service militaire ; il était nécessaire de le faire ; mais on met ainsi un obstacle aux mariages précoces et on détourne peut-être à jamais un certain nombre de jeunes gens d'entrer en ménage et de rester' aux champs. On répand l'instruction parmi les femmes ; c'est une œuvre de civilisation et de justice ; mais la jeune fille instruite et sans fortune ne se résigne plus aussi facilement à devenir la femme d'un ouvrier (1) et souvent elle préfère vivre de son travail dans le célibat. On construit des chemins de fer et on facilite les déplacements par des réductions de tarif ; mais on favorise ainsi la désertion des campagnes et l'accroissement des grandes villes, quoique les populations rurales soient plus fécondes que les populations urbaines. On applaudit au progrès de la richesse et du bien-être et les législateurs s'ingénient à le stimuler ; cependant on n'ignore pas que le bien-être, en général, n'est pas prolifique.

---

(1) J'ai entendu dire à Constantinople que l'instruction, que l'on donne aujourd'hui aux filles dans les écoles primaires, leur rend quelquefois très pénible la réclusion à laquelle la religion musulmane astreint les femmes mariées. Quoique la condition des européennes soit tout autre, l'observation est intéressante à noter.

Beaucoup de gens, tout en approuvant ces mesures et d'autres qui entraînent les mêmes conséquences, se plaignent de la lente croissance de la population française sans s'apercevoir de la contradiction. C'est aussi manquer de logique que proférer cette plainte et, dans le même temps, affaiblir le sentiment religieux qui incite l'homme à vivre dans le mariage sans limiter sa postérité, ou demander des droits de douane restrictifs qui gênent l'approvisionnement du pays en matières premières et en subsistances.

L'état stationnaire et l'allure progressive ou rétrograde. — Dans une science d'observation, on ne saurait donner le nom de loi à une proposition qui est en désaccord avec les faits Or, les faits observés au XIXe siècle montrent que, d'une manière générale, la somme des subsistances et des richesses s'est accrue dans les pays civilisés plus vite que le nombre des habitants, quoique ce nombre ait augmenté en Europe et surtout en Amérique plus rapidement que dans les trois ou quatre derniers siècles ; que cependant les fléaux destructeurs de l'humanité, tels que la peste, la famine et la guerre, ont sévi moins cruellement que dans les temps passés. D'autre part, aucun fait n'indique que les hommes de ce siècle pratiquent plus que leurs ancêtres la vertu de la chasteté. Il faut donc conclure, contrairement à Malthus, que ce n'est ni par une répression violente de la mort ni par une intervention extraordinaire de la morale que l'humanité n'a pas débordé hors de ses moyens d'existence, mais que l'équilibre s'est établi de lui-même, sans effort ni contrainte, et que, dans tous les temps comme dans le nôtre, le rapport entre les deux termes, population et richesse, s'est modifié peu à peu suivant l'état de la civilisation et des mœurs.

De l'état stationnaire, progressif ou rétrograde, lequel est préférable ? Première question à laquelle on ne saurait répondre d'un seul mot, parce qu'elle a plusieurs faces et que la solution est subordonnée aux conditions du milieu.

L'allure rétrograde, c'est-à-dire la diminution du nombre des habitants d'un pays, est presque toujours un signe de décadence. Elle est même, dans beaucoup de cas, une cause d'appauvrissement, puisque le travail de l'homme est un des facteurs de la richesse. Cependant il peut arriver que, sur un espace restreint, la population diminue sans que l'ensemble du pays subisse de dommage ; par exemple, telle campagne, qui était naguère en labours, a été transformée en prairies et la richesse y a augmenté, quoique le travail agricole réclame moins de bras et que le nombre des habitants soit devenu moindre ; telle autre campagne, dans laquelle l'emploi des machines agricoles s'est répandu, utilise moins d'ouvriers tout en produisant davantage. Par suite des progrès de l'industrie, les hauts fourneaux ont abandonné les bois pour se porter vers les houillères et la région forestière a perdu en hommes et en revenus, pendant que la richesse du pays gagnait à cette transformation. Une ville ayant élargi ses rues et aéré ses quartiers malsains, les habitants ont émigré vers les faubourgs et la densité de la partie centrale a diminué ; mais c'est au profit de la santé publique.

Si l'allure rétrograde, au lieu d'être un fait local ou un simple changement de résidence, affecte tout le territoire d'un État, elle cause une perte réelle : on a le droit de s'en alarmer comme d'un symptôme fâcheux de l'état démographique et économique de la nation.

L'allure progressive est sans doute plus satisfaisante. Mais, pour en apprécier les conséquences, il faut la considérer dans ses rapports avec toute l'économie sociale de la nation. Si la progression de la population est précisément égale à celle de la richesse, c'est bien ; si elle est un peu plus lente, c'est mieux ; si, au contraire, elle est plus rapide, c'est mal, puisque cette croissance surabondante engendre une gêne dans le présent et fait naître une inquiétude pour l'avenir.

Par accroissement de la richesse devançant celui de la population, nous voulons dire que, l'enfant consommant avant de produire, il est sage que la société possède non la somme de richesses entassées qui serviraient à cette consommation — proposition qui serait absurde — mais une somme de forces productives suffisante pour pourvoir au fur et à mesure, sans déchéance, aux frais d'éducation.

Il est désirable, quoique certains moralistes aient un sentiment opposé, que l'allure progressive résulte d'une diminution de la mortalité enfantine plus encore que d'un accroissement de la natalité ; il serait très regrettable qu'elle provînt surtout d'une extension de la natalité illégitime. Il est à souhaiter que les classes aisées, qui ont plus de ressources que les prolétaires, contribuent proportionnellement plus que ceux-ci à l'accroissement de la population, parce qu'elles peuvent plus facilement ouvrir à leurs enfants la carrière de la vie si elles n'avaient pas de trop hautes prétentions pour leur lignée ; mais on constate que c'est ordinairement le contraire qui se produit en France et que la France n'est pas le seul État où cette infériorité relative se manifeste.

L'état stationnaire qu'a prôné J. S. Mill ne se rencontre guère pendant une longue période dans l'histoire des peuples. Non seulement un état tout à fait stationnaire n'est pas historiquement vraisemblable, mais il n'est pas non plus logiquement désirable. Car, pour déployer dans la bataille de la vie toute sa force de production et rendre à la société tous les services dont son activité et son intelligence le rendent capable, l'homme a besoin d'un aiguillon qui l'excite ; il lui faut un but qu'il ne puisse atteindre qu'avec un certain effort ; c'est pourquoi un peuple peut s'alanguir dans la richesse, comme il arrive à des fils de famille fortunés, ou même se reposer trop complaisamment dans une constante et uniforme médiocrité. Une population qui croît trouve en elle ce stimulant nécessaire, et, si sa croissance ne dépasse pas celle de la richesse qu'elle produit, sa situation démographique sous ce rapport est bonne. Ce qui coûte, c'est l'éducation de la jeune génération ; la masse des adultes, quand les circonstances ne sont pas particulièrement défavorables et que la densité n'excède pas celle que comporte l'état économique du pays, produit plus qu'elle ne consomme. Nous avons dit qu'il n'y a pas de limites certaines à cette densité, laquelle varie suivant le degré et le mode de civilisation des peuples.

L'accroissement de la richesse et de la population en France. — Ces considérations nous ramènent à la France, sujet principal de cet ouvrage. La France se rapproche beaucoup de l'état stationnaire. Cependant, malgré un préjugé contraire qui s'est propagé depuis quelques années, elle a toujours trouvé, à une seule exception près, une population plus nombreuse à chacun de ses dénombrements et chaque année, sauf cinq exceptions depuis le commencement du siècle (1853 et 1854, années de guerre et de choléra, et 1870 et 1871, années de guerre et 1890) (1), elle a eu un excédent des naissances sur les décès (2). La croissance très lente

---

(1) Il est à craindre que l'année 1892 ne donne aussi un résultat négatif.

(2) On ne saurait dire que cet excédent provient uniquement des étrangers qui sont en France, puisque, même dans la dernière période décennale où il a été très faible, il est supérieur au nombre total des naissances d'étrangers.

de cette population s'est ralentie encore depuis une quinzaine d'années. Dans le cours et particulièrement durant la seconde moitié du XIXe siècle, la richesse a suivi une progression plus rapide, et la diffusion de cette richesse par l'augmentation des salaires a amélioré l'état matériel des classes inférieures, pendant que les mœurs et la politique modifiaient leur état moral et élevaient le niveau de leur importance sociale. Dans ces changements qui, comme tant de choses humaines, contiennent un certain mélange de bien et de mal, le bien l'emporte de beaucoup assurément. Si l'accroissement de la richesse ne servait qu'à procurer plus de jouissances matérielles aux riches, le moraliste s'en soucierait médiocrement ; mais, s'il a pour effet de développer dans une nation la culture des sciences, des lettres et des arts, il le considérera avec satisfaction comme la cause d'un progrès moral, et, s'il a pour résultat d'assurer du pain à ceux qui en manquent, d'améliorer l'alimentation, le vêtement, le logement de ceux qui ne possèdent que leur salaire journalier et d'éclairer leur vie laborieuse d'un rayon de bien-être et de gaîté, il le saluera comme un grand bienfait pour l'humanité. « Le grand but vers lequel la religion doit diriger la société est l'amélioration la plus rapide possible du sort de la classe la plus pauvre », a dit Saint-Simon dont l'école a eu le mérite de montrer l'importance du but, tout en ayant le tort de vouloir frayer une route qui aurait conduit dans la direction opposée (1).

La relation qui existe en France entre l'accroissement de la richesse et celui de la population et, par suite, la croissance lente de cette dernière ne doivent pas être par elles-mêmes l'objet d'un blâme. Cette croissance, à considérer le résultat général des deux derniers siècles, ne paraît pas avoir été moindre au XIXe qu'au XVIIIe. Si l'Europe tout entière, au XIXe, a vu doubler le nombre de ses habitants (175 millions en 1800 et 360 en 1890), c'est que les découvertes de la science ont communiqué à l'homme de notre temps une prodigieuse puissance de production. Cette puissance continuera-t-elle à s'accroître aussi vite dans le siècle qui va bientôt commencer ? Question discutable que personne n'a aujourd'hui le moyen de résoudre. Mais ce que nous pouvons

---

(1) Voir dans notre *Histoire des classes ouvrières en France depuis 1789*. t. I, p. 490, l'appréciation du Saint-Simonisme.

affirmer, c'est qu'aucun siècle n'avait encore vu rien de comparable sous ce rapport à l'ère moderne, qui date en réalité de la machine à vapeur. Il serait absurde de supposer que l'Europe ait toujours doublé en cent ans, puisqu'il faudrait admettre qu'elle n'avait que vingt et un millions d'habitants au commencement du XV⁰ siècle et moins de six en l'an 1300 (1).

D'ailleurs, si les expressions d'allure progressive et d'allure rétrograde ont un sens précis, déterminé par des nombres, celui de croissance trop lente n'en a pas ; car il n'existe pas d'étalon de la croissance normale des populations. En pareille matière, tout est relation. Ce qu'il convient de dire, c'est que la population française croît aujourd'hui moins vite que celle des autres États d'Europe, et trop lentement pour maintenir son rang dans l'échelle des populations européennes.

La question politique. — Dans la première moitié du XIX⁰ siècle, les Français ne se sont guère préoccupés de cette lenteur non plus que de la diminution de leur natalité ; les statisticiens avaient encore peu étudié la question et la majorité des économistes l'envisageait comme Malthus. C'est sous le second Empire qu'un courant d'opinion s'est formé dans l'autre sens ; la fondation de l'Empire allemand lui a donné depuis vingt ans une force si considérable qu'aujourd'hui il faut presque un certain courage pour l'examiner scientifiquement et mettre en balance les avantages économiques d'une progression lente avec les inconvénients politiques du déplacement de l'équilibre européen.

Le danger est manifeste et s'accuse davantage à chaque recensement. La frontière que le traité de Francfort a donnée à la France l'aggrave considérablement. Sans doute, aucun État de l'Europe n'a des frontières qui satisfassent entièrement l'amourpropre national ; cependant il est certain, pour tout observateur impartial, à quelque nation qu'il appartienne, que parmi les six Grandes puissances y compris même l'Autriche-Hongrie, la France

---

(1) **En** calculant seulement le doublement simple en progression arithmétique et sans tenir compte des variations causées par des fléaux accidentels, on aurait approximativement :

1890	360		1501	22
1801	175		1401	11
1701	88		1301	5
1601	44			

est aujourd'hui celle dont la capitale est la plus menacée (1) et que d'aucune on ne peut dire avec plus de vérité que la capitale est le cœur de l'État. C'est une situation pénible et profondément regrettable. Le lecteur français me pardonnera-t-il de dire qu'il faut que la France s'en accommode et qu'il est à la fois plus digne et plus utile de chercher à appliquer des remèdes là où ils peuvent être efficaces que d'exhaler des plaintes contre l'inexorable nécessité ?

Il faut aussi qu'elle prenne son parti de la différence que la politique, par de brusques changements, et la démographie, par le lent accroissement des populations, ont introduite depuis un siècle dans le rapport du nombre des habitants des États prépondérants. En 1816, il y avait cinq Grandes puissances dans le total desquelles la France comptait à raison de 21 p. 0/0 ; en 1890, il y en a six et la France compte à peine à raison de 13.

La démographie française. — La vie humaine est régie par des lois. Les plus générales s'appliquent à l'humanité entière ; mais chaque population a pour ainsi dire ses lois particulières, c'est-à-dire des rapports entre les phénomènes démographiques qui ne conviennent qu'à elle et qui la caractérisent. En outre, dans une même population chaque groupe a ses lois spéciales ; on trouve parfois plus de différences entre · deux quartiers de Paris qu'entre deux nations. C'est que, si la physiologie trace le cadre, c'est la condition sociale qui fait en grande partie le tableau, et ce tableau est divers comme les mœurs et la fortune des hommes.

Sous le rapport de la mortalité, la France, qui avait 28,2 décès par 1,000 habitants au commencement du siècle (période 1801-1810) et qui n'en a plus eu que 22,2 (période 1881-1888) est dans une bonne situation, puisque la moyenne de l'Europe est de 28 et

---

(1) Nous pouvons appuyer ce que nous avons dit à ce sujet dans le chapitre vi du livre IV par le témoignage du prince de Bismarck qui s'exprimait ainsi dans un discours au Reichsrath à propos de l'expansion coloniale et commerciale de l'Allemagne : « D'un côté, nous aurons l'appui de l'Angleterre qui attache un haut prix à l'amitié de l'Allemagne ; de l'autre, nous n'aurons jamais à redouter de la France aucune de ces nasardes que veut bien nous annoncer le préopinant. Il suffit, en effet, de constater ceci : la France confine aux portes de Metz et, si des sujets de l'Empire allemand avaient à souffrir de la part de cette puissance dans des pays lointains, le contre-coup ne manquerait pas de s'en faire sentir dans les environs de Metz »

qu'il y a à peine neuf États sur vingt-neuf qui en aient une meilleure (1). En réalité, cette situation n'est pas aussi avantageuse et l'amélioration depuis un siècle n'est pas aussi accentuée qu'elle le paraît, parce que la diminution de la natalité a réduit les chances de mort et qu'un pays qui compte peu d'enfants et beaucoup d'adultes, — ce qui est le cas de la France, — doit avoir, avec une vitalité égale, moins de décès par 1,000 habitants qu'un pays à forte natalité. Cependant, même en tenant compte de cette cause d'illusion, on constate, d'après les tables de survie, que, de la moitié du XVIIIe siècle à la fin du XIXe et même dans la seconde moitié du XIXe, la vie moyenne s'est allongée non seulement pour l'enfance, mais pour presque tous les âges, et que cette prolongation de l'existence, n'étant pas particulière à la France, doit être considérée comme un résultat général de la civilisation. La mort a réellement reculé dans la plupart des pays et, parmi eux, la France occupe un bon rang.

La nuptialité en France (7,4 par 1,000 habitants, période 1881-1888), qui est un peu au-dessous de la moyenne générale de l'Europe (8,4 par 1,000 habitants, période 1865-1883) (2), peut être considérée aussi comme satisfaisante. Elle a diminué depuis une dizaine d'années, sans qu'on puisse décider encore si cette tendance est un accident passager occasionné par le grand nombre de jeunes gens morts en 1870 et en 1871 ou un abaissement de la normale dû à des influences économiques plus durables, telles que l'accroissement de l'effectif militaire et l'émigration des campagnes : ce qui serait plus grave. C'est pourtant l'hypothèse la plus vraisemblable, celle que la diminution de nuptialité dans plusieurs autres États semble confirmer depuis dix ans.

La natalité est le côté faible de la démographie française. Elle a considérablement diminué dans le cours du XIXe siècle (de 32,2, période 1801-1810, à 24,0, période 1881-1888) et, comme nous l'avons fait remarquer, la diminution a été un peu plus rapide durant la première moitié du siècle que durant la seconde. Avec ses 25 naissances par 1,000 habitants période (1865-1883), la France se trouve placée au dernier rang de l'Europe dont la

---

(1) Voir le tableau de la page 223 du deuxième volume en remarquant que la mortalité de la France y est un peu exagérée (voir p. 225) à cause des années 1870 et 1871.

(2) Nous rappelons que la nuptialité française était 7,7 durant cette période 1865-1883 et que, sur 29 États, la France avait le 18e rang.

moyenne était pour la même période de 38,5. Depuis 1886, le nombre des naissances en France est descendu au dessous de 900,000 et, comme il a faibli encore en 1890, pendant que l'influenza aggravait la mortalité, il y a eu un déficit dans la balance de l'année.

C'est là le trait le plus caractéristique de la population française, celui par lequel elle se distingue surtout des autres populations européennes. En effet, la faible natalité fait la faible croissance, qui contribue pour une large part à la faible mortalité et d'où résulte une forte proportion d'adultes. Si l'équilibre politique résultant des forces militaires et, jusqu'à un certain point, l'équilibre économique résultant des forces productives s'est déplacé au détriment de la France, c'est la faible natalité qui en est la cause principale ; si, d'autre part, le bien-être général et en particulier celui des classes inférieures ont augmenté et si le peuple français est sous ce rapport un des plus avantagés, c'est encore à la faible natalité qu'il faut en partie attribuer ce résultat. Dans presque tous les problèmes relatifs à la population, la natalité apparaît comme un des éléments les plus importants. C'est pourquoi ceux qui voient dans cette faiblesse un péril national — nous avons signalé nous-même le danger politique — jettent un cri d'alarme et ceux qui croient à l'efficacité des lois en pareille matière proposent des mesures dont quelques-unes, dans des cas restreints, peuvent être opportunes, mais dont la plupart ne feraient rien ou feraient plus de mal que de bien.

Il se produit depuis une dizaine d'années en Europe un phénomène démographique très digne de remarque. Plus encore que la nuptialité, la natalité a diminué dans presque tous les États. Est-ce un résultat passager de la crise qui a pendant un temps comprimé l'essor du commerce et rendu la vie plus difficile ? N'est-ce pas, au contraire, une conséquence de la diminution des mariages ? N'est-ce pas en même temps un effet de la diffusion du bien-être et l'indice d'un certain changement dans les mœurs ?

Quoi qu'il en soit, l'accroissement de la population française reste à une grande distance de celui des autres États européens, sans parler de certains États américains dont le progrès a été beaucoup plus rapide encore. Pendant que, depuis 1872, sa population, d'après l'excédent des naissances sur les décès, gagnait en moyenne, par an, de 3,4 par 1,000 habitants, celle de l'Europe en gagnait de 11 et celle de l'Empire allemand de 11,6.

L'excédent annuel qui, dans les dix dernières années, n'a pas dépassé au maximum 2,9 par 1,000 habitants (en 1881) et n'a été en moyenne que de 1,7 (1) est si faible que le moindre accident, guerre, crise, épidémie, peut le tourner en déficit : c'est précisément ce qui est arrivé en 1890. L'allure rétrograde de cette année, symptôme fâcheux, pourrait se manifester encore à plusieurs reprises avant que le sentiment du vide produit ne provoquât un accroissement des naissances.

On peut demander s'il n'y a pas une relation entre l'état démocratique de la France et sa faible natalité. A cette question, on ne répond que par des conjectures. La natalité était déjà faible avant 1830 et 1848, sous le gouvernement monarchique, mais ce gouvernement était, depuis 1789, celui d'une société qui tendait vers la démocratie.

La Suisse républicaine et démocratique a une natalité qui, bien que supérieure à celle de la France, est sensiblement inférieure à la moyenne européenne ; aux États-Unis, dans toute la région du nord-est se manifeste une propension à restreindre le nombre des naissances.

Si donc l'expérience vérifiait cette opinion que, dans un État où le sentiment de l'importance politique tend à élever le niveau des besoins de la foule, les classes inférieures sont moins disposées à contracter mariage et usent davantage de prudence en ménage, il ne serait pas logique de louer, au nom de l'égalité, le régime de la démocratie et en même temps d'en blâmer les conséquences : il faudrait choisir. C'est cependant aussi bien des rangs extrêmes de la démocratie française que du milieu des opinions religieuses que s'élèvent les plaintes les plus amères contre l'état stationnaire.

L'illégitimité est une fraction de la natalité ; petite fraction heureusement, puisqu'elle n'apporte guère en France que 7,5 dans

---

(1) Nous rappelons : 1° que sous Louis XVI, période favorable, il est vrai, à l'accroissement, la population qui n'était à la fin du règne que de 26 millions d'âmes, a gagné, d'après le chevalier des Pommelles, 84,000 âmes en moyenne par an de 1778 à 1787, soit au moins 3,2 par 1,000 ; 2° que, de 1880 à 1889, d'après l'excédent des naissances sur les décès (abstraction faite de l'immigration), les 38 millions d'habitants de la France ont gagné en moyenne par an 76,700, soit environ 2 par 1,000. La comparaison des recensements de 1881 et de 1891 entre lesquels l'accroissement a été de 671,000 âmes, donne 72,200 comme accroissement moyen annuel (calculé sur une période de 9 ans 1/4), soit presque ,9 par 1,000 habitants (calculé sur la moyenne des deux recensements). L'immigration explique comment le taux de l'accroissement d'après les recensements est supérieur à celui de l'excédent des naissances.

le total des naissances. Si la proportion s'est élevée depuis quelques années à 8, c'est moins par l'augmentation même des naissances naturelles que par la diminution des naissances légitimes. En tout cas, la France, tout en se préoccupant de cet accroissement, doit se féliciter d'être sous ce rapport dans une condition moins désavantageuse que beaucoup d'autres États européens ; mais elle ne doit pas oublier que l'illégitimité n'est qu'un indice très imparfait de l'état moral d'un peuple et que rien n'indique que, dans les rapports des sexes, les mœurs françaises soient meilleures ou pires que celles de la plupart des autres grandes nations d'Europe.

La faible natalité de la France, combinée avec l'accroissement de la richesse, a eu encore pour conséquence une immigration relativement considérable. La France est, parmi les Grandes puissances, celle où l'on compte le plus d'étrangers : situation qui n'est pas par elle-même inquiétante et qui apporte aux capitaux un appoint de travail que notre propre population ne fournissait pas en quantité suffisante. Elle motiverait seulement quelques mesures propres à faire entrer, autant que possible, l'élément adventif dans le corps social ; mais il est à craindre que la classe ouvrière n'en réclame quelque jour d'autres, comme aux États-Unis, par crainte de la concurrence.

Une natalité faible et des salaires élevés sont deux raisons pour que l'émigration ne soit pas considérable. Aussi ne l'est-elle pas en France (20,000 ou 30,000 émigrants enregistrés par an, dans ces dernières années). Il faut accepter ce fait comme une conséquence logique de la situation.

La France possède un magnifique prolongement de son territoire méditerranéen par l'Algérie et la Tunisie et un vaste domaine colonial qu'elle a beaucoup agrandi depuis dix ans. Mais, si ce domaine peut procurer un marché très large à son commerce, il ne présente à la colonisation agricole qu'un champ très limité. De ce côté, la population métropolitaine n'est pas très excitée à émigrer. Il appartient néanmoins à l'administration de lui faciliter, autant que possible, les moyens d'exploiter ses colonies.

Dans les pays étrangers, s'il y a lieu de se féliciter de ce que les ouvriers français n'éprouvent pas le besoin de s'expatrier, on doit regretter que les intérêts français ne soient pas toujours représentés sur les grands marchés du monde par une colonie assez forte de négociants, d'employés et d'entrepreneurs. Dans la concurrence commerciale des nations, les absents ont tort. En surélevant sur la plupart des articles le tarif des douanes à l'importation, le Parlement nous paraît avoir aggravé la situation du commerce extérieur en France.

Les populations urbaines augmentent rapidement dans tous les pays, et il se forme à l'intérieur du territoire des États de nombreux courants d'émigration des campagnes vers les villes. En France, ils sont moins intenses que dans plusieurs autres pays d'Europe et d'Amérique ; mais, comme la croissance générale de la population est très faible, les villes attirent plus d'émigrants que l'excédent des naissances sur les décès ne fournit d'habitants, et les campagnes se dépeuplent. 41 départements étaient en 1886 moins peuplés qu'en 1846 et, entre les deux derniers recensements (1886 et 1891), 55 départements ont perdu des habitants, tandis que 32 en ont gagné. Ce mouvement de concentration, que des écrivains signalaient déjà au XVIIIe siècle, s'est beaucoup accéléré dans la seconde moitié du XIXe, sous la double influence des chemins de fer et de la grande industrie. Il n'est pas sans inconvénient pour les mœurs ; mais, considéré du point de vue de la création de la richesse, il nous enseigne que la moyenne individuelle de la puissance productive s'est élevée, puisque moins d'agriculteurs fournissent aujourd'hui plus d'aliments et de matières premières à plus de Français.

De l'avenir démographique de la France. — Quand on voit comment les phénomènes se sont succédé en se modifiant peu à peu depuis un siècle, on est conduit à penser que la démographie française n'est pas près de changer d'allure, et on est disposé à prendre pour une illusion l'espérance d'un accroissement de natalité qui en changerait l'état en une trentaine d'années ; c'est plutôt à une diminution qu'à une augmentation de la natalité qu'il faut s'attendre. Le luxe et les besoins qu'il développe ne se réduiraient que dans le cas où la richesse diminuerait sensiblement : résultat qui n'est assurément pas désirable. Mais on est en droit d'espérer que les progrès de l'hygiène publique et de l'hygiène privée amèneront une certaine réduction dans la mortalité, surtout dans celle de la première enfance ; le gain que la nation ferait ainsi, quel qu'il fût, ne serait pas à dédaigner puisqu'il fournirait un appoint et qu'il épargnerait des deuils.

L'Europe continuera longtemps encore à croître plus vite que la France ; car elle est loin d'avoir atteint la limite extrême de la densité et le maximum de la richesse, et nous savons que cette limite peut reculer avec la civilisation et que le maximum n'existe pas. Les contrées d'Amérique et d'Australasie dont la race européenne a pris fortement possession croîtront encore dans le siècle qui va s'ouvrir. La Terre est vaste et n'est pas saturée d'hommes, avons-nous dit ; le génie des inventions n'est pas épuisé, on peut lui appliquer ces mots du poète : « vires acquirit eundo » ; il y a donc encore place pour un large développement de l'humanité. Ce développement ne se fera pas tout d'une pièce ; il y aura, en Europe et hors d'Europe, des déplacements d'équilibre entre les nations qu'il est impossible de mesurer aujourd'hui, mais dont il n'est pas impossible de présumer sur certains points la tendance : équilibre toujours instable qui ne sera sans doute pas pour nos arrière-neveux ce qu'il aura été pour nos fils. Nous inclinons à penser que plusieurs nations, probablement parmi les plus denses et les plus riches, verront quelque jour, comme la France, leur croissance se ralentir d'une manière continue et le mouvement de leur population se rapprocher de l'état stationnaire ; peut-être, à cette époque, si l'esprit européen n'est plus hanté par le cauchemar de la guerre, les démographes s'accorderont-ils à louer ce ralentissement comme un progrès de la prévoyance humaine.

Si la France n'est pas au premier rang par le nombre, il est certain que, par sa richesse agricole, industrielle et commerciale, par son influence littéraire et scientifique, elle est et restera une des grandes nations du monde, au niveau des plus élevées. Nous avons dit et nous répétons que le rôle considérable qu'elle n'a cessé de jouer depuis le moyen-âge, malgré quelques interruptions causées par des guerres ou par des dissensions intestines, a été utile à la civilisation et qu'il est utile pour cette même civilisation qu'elle le conserve.

C'est surtout par une bonne politique intérieure, par la laborieuse activité de sa population, par un sage emploi de ses forces qu'elle maintiendra et développera sa valeur économique et morale. La France contemporaine a de graves problèmes à résoudre ; la démocratie, qui est définitivement souveraine chez elle, a besoin d'être plus complètement éclairée par l'instruction qui est donnée aux enfants et par l'expérience des affaires publiques. Il est nécessaire que les tentations criminelles et les désordres moraux que l'accroissement de la richesse multiplie soient contrebalancés par une sévérité plus soutenue des tribunaux et par une application judicieuse des peines ; que la concurrence dans le commerce extérieur soit rendue facile par la plus grande liberté possible des transactions ; que le désir de développer les services publics soit tempéré par la crainte de surcharger les contribuables ; quant aux débats qui s'élèvent entre le travailleur salarié et l'entrepreneur au sujet de la répartition du produit et qui sont une des plus graves questions du temps présent, ils ne peuvent être tranchés qu'avec l'aide du temps par un accord des parties, amené lui-même par la force des choses. Quelque ardu que soit ce dernier problème, le rôle de l'État en cette matière ne sera pas le plus difficile, si les gouvernants comprennent que leur mission est avant tout d'assurer le droit selon l'équité et de donner la sécurité à tous, sans prétendre régir les intérêts particuliers de chacun.

A son pays tout français souhaiterait une frontière mieux tracée qui fût un gage de paix pour l'Europe, la certitude de cette paix pour un long avenir, une croissance de population qui, sans cesser d'être devancée par la croissance de la richesse, maintînt davantage l'équilibre du nombre entre les Grandes puissances. Mais ceux qui ne veulent former que des vœux aujourd'hui réalisables, quoique difficiles même à réaliser entiè-rement, se contentent, relativement aux sujets que nous avons traités dans cet ouvrage, de demander, dans l'ordre politique, la pacification des esprits à l'intérieur sous un gouvernement républicain, le seul que la France puisse désormais supporter ; dans l'ordre moral, la formation de la jeunesse par une bonne instruction acquise dans les écoles et par de solides habitudes de moralité et de travail prises au foyer paternel, à l'église et à l'atelier, l'amour de la famille et la pratique des vertus qui lui sont propres ; dans l'ordre économique, le respect complet de la liberté avec laquelle toutes les formes légitimes d'association sont compatibles ; dans l'ordre démographique, une diminution de mortalité, la continuité d'un léger excédent des naissances sur les décès, le maintien de l'illégitimité à un taux peu élevé, l'assimilation d'une partie des étrangers, le soin de l'éducation physique, en un mot une population saine de corps et d'esprit, fournissant par le prolongement de la vie moyenne une carrière plus longue et partant plus utile.

APPENDICE

CORRECTIONS ET ADDITIONS

TOME I

Préface, p. IV. — L'ouvrage ne devait avoir que deux volumes. Il en a trois. C'est pourquoi une nouvelle préface, mise en harmonie avec la division de l'ouvrage en trois tomes et imprimée avec les tables alphabétiques, a été substituée à l'ancienne.

Page 36, ligne 30. — Au lieu de : naissances d'une année, lire : décès d'une année.

Page 38, ligne 15. — Après quantités, ajouter : par leur nombre. Ligne 20. — Au lieu de : 988,944, lire : 937,944.

Page 44, ligne 2. — Au lieu de : la moyenne a plus de valeur, lire : n'a plus de valeur.

Page 87, ligne 23. — Au lieu de : l'Ouest, lire : l'est.

Page 101, ligne 15 de la note. — Au lieu : de $920.000 \times 1 \cdot 2 \times 2 = 368.000$, lire : $92.000 \times 2 \times 2 = 368.000$.

Page 117, note, ligne 14. — Au lieu de : sud-ouest, lire : sud-est.

Page 119, ligne 23. — Au lieu de : ouest, lire : est.

Page 146, ligne 31. — Au lieu de : Sully, lire : Suger.

Page 159, ligne 2 de la note.— Au lieu : de XIXe siècle, lire : XVe siècle.

Page 198. — Avaient chassé de France, dit-on, de 250,000 à 300,000 protestants. — Toutefois les témoignages des protestants sur lesquels nous nous sommes appuyés ne doivent pas être admis sans réserve. Ils portent de 8,000 à 9,000, le nombre des tisseurs qui ont quitté Lyon ; or, M. Natalis Rondot (*Les protestants à Lyon au* xviie *siècle, 1891*) a prouvé que le nombre des protestants habitant Lyon à cette époque ne dépassait pas 1,100.

Page 202, ligne 24. — Au lieu de : le duc de Boulainvilliers, lire : le comte de Boulainvilliers.

Page 217. — Note sur le nombre des habitants de la France en 1789.

Après la publication du premier volume de *La Population française*, Nous avons fait à la Société d'Économie sociale une communication sur la population française dans la seconde moitié du XVIIIe siècle. Plusieurs personnes ayant une compétence spéciale sur notre question avaient été invitées à cette séance (Séance du 11 novembre 1889). Notre communication a donné lieu à une discussion qui s'est continuée dans la séance du 10 février 1890.

Le nombre des habitants de la France en 1789 n'est pas connu avec précision ; mais il est intéressant d'être fixé au sujet du chiffre le plus vraisemblable. La question nous a paru assez importante pour que nous reproduisions ici le procès-verbal des deux séances, en ajoutant même en appendice le résumé d'un travail de M. Des Cilleuls sur la question et une note complémentaire rédigée par nous.

Le lecteur y trouvera les arguments pour et contre la probabilité du chiffre de 26 millions d'habitants en 1789 que nous croyons le plus vraisemblable et pourra se décider en connaissance de cause.

COMPTE-RENDU DE LA SÉANCE DU 11 NOVEMBRE 1889.

M. LE PRÉSIDENT (M. Cheysson) donne la parole à M. Levasseur qui veut bien exposer à la Société l'état et le mouvement de la population française dans la seconde moitié du XVIIIe siècle.

M. LEVASSEUR. — Messieurs, je viens acquitter une dette déjà ancienne contractée envers la Société d'Économie sociale, ma communication ce soir sera moins un rapport qu'une conversation.

Le choix du sujet a été motivé par deux raisons : la première est que la population française est une étude dont je m'occupe depuis plus de vingt ans ; la seconde est l'intérêt particulier qui s'attache à la question que je me propose de traiter : celle du nombre des habitants de la France, de leur natalité et de leur mortalité.

Je parlerai très peu de l'état moral et matériel de la population à cette époque. La question se trouve traitée dans deux chapitres du premier volume de *La Population française*, que je viens de publier et que M. Cheysson a bien voulu se charger de présenter à la Société.

La question comprend deux parties : Quel était le chiffre de la population il y a cent ans ? Quel était le taux d'accroissement ?

Il est intéressant de la résoudre, autant que les documents de l'histoire le permettent, en interrogeant et en comparant les textes, sans idée préconçue. La plupart des textes sur lesquels s'appuie une démonstration de ce genre sont des chiffres. Je vous prie d'excuser l'aridité de l'argumentation en considération de l'intérêt que présente le résultat.

I

Avant d'aborder le sujet même, je dois vous dire quelques mots des sources de cette étude pour le XVIIIᵉ siècle.

Il n'y a pas longtemps que l'on possède des données numériques précises sur la population de la France. Avant le XIXᵉ siècle il n'y a eu aucun recensement général.

Voici les sources principales :

En premier lieu, les *mémoires des intendants* rédigés par les intendants de justice, police et finance des généralités, de 1698 à 1700. Le duc de Beauvilliers, précepteur du duc de Bourgogne, avait demandé que ces mémoires fussent rédigés pour l'éducation de son élève et le roi avait donné les ordres. Ces mémoires ont une valeur très inégale, les uns sommaires, les autres rédigés avec de grands détails. Tous, conformément au plan suggéré par Vauban, traitent de la population, mais quelques-uns seulement indiquent le nombre des habitants ; la plupart se contentent de donner celui des feux ou des personnes taxées à la capitation. Les mémoires des intendants, dont nous possédons plusieurs exemplaires manuscrits, n'ont jamais été publiés. Le comte de Boulainvilliers en a donné un résumé dans l'*État de la France*. Le ministère de l'instruction publique a confié, il y a quelques années, à M. de Boislille la publication de ces mémoires qui doivent figurer dans la *Collection des documents inédits sur l'histoire de France*, la généralité de Paris a seule paru jusqu'ici. C'est de ces mémoires que Vauban a tiré le tableau de la population de la France par généralité, qu'il a inséré dans la *Dîme royale*. J'ai discuté la valeur de ce document et donné le même tableau dans le chap. x du livre Iᵉʳ de *La Population française* ; je l'ai emprunté non à Vauban, mais à M. des Cilleuls qui, dans une brochure récente, a publié les résultats d'une étude critique, faite avec beaucoup de soin, sur cette question. Sur plusieurs points, M. des Cilleuls rectifie les calculs de Vauban.

En 1709, la librairie Saugrain fit paraître, dans un volume intitulé : *Dénombrement du royaume de France*, réédité en 1720, un état des feux du royaume par bailliages, sénéchaussées, etc , en partie emprunté aux mémoires des intendants, en partie composé sur des renseignements nouveaux.

En 1762, l'abbé Expilly publia dans divers articles et principalement dans l'article « population » de son grand *Dictionnaire géographique, historique et politique des Gaules et de la France*, le nombre des habitants par province. Son travail est en partie emprunté à Saugrain et en partie composé, comme le sien, sur les documents originaux.

Avant lui, en 1746, Deparcieux publiait dans son *Essai sur les probabilités de la durée de la vie humaine*, le résultat d'un travail beaucoup plus précis que tout ce qui avait été fait en France avant lui sur cet ordre de questions, mais il ne s'occupe pas du nombre des habitants de la France.

M. le marquis de Mirabeau dans son *Ami des hommes* ou *Traité de la population* publié en 1754 s'en occupa. Mais le marquis n'est pas un statisticien, c'est un moraliste qui veut multiplier les hommes, qu'il considère, non sans raison, comme la richesse la plus précieuse d'un pays, en restreignant le luxe des riches et en améliorant l'agriculture par la multiplication des petites cultures. C'est un écrivain inégal, qui a des saillies d'esprit et qui a composé un long ouvrage, ennuyeux à lire aujourd'hui, quoiqu'il ait fait du bruit de son temps

C'est pour réfuter Mirabeau, qui affirmait que la France se dépeuplait (ce qui avait cessé d'être vrai depuis une trentaine d'années au moment où il publiait son livre), que Messance, à l'instigation de l'intendant la Michodière, publiait en 1768 ses *Recherches sur la population de la France*, lesquelles sont précises et contiennent des renseignements très instructifs, mais ne portent que sur quelques généralités.

J'omets de parler de Dupré de Saint-Maur et de Buffon pour arriver à une mesure, très importante pour l'histoire de la population française, prise par l'abbé Terray, lorsqu'il était contrôleur général des finances. En vertu de l'ordonnance de Villers-Cotterets (1539), les curés étaient tenus, sous le contrôle des officiers de judicature, d'enregistrer exactement les baptêmes, mariages et enterrements. Une ordonnance de 1736 leur enjoignit de déposer chaque année le double de leur registre au greffe du bailliage royal. Terray prescrivit, en 1772, aux intendants de faire relever par les greffiers le nombre des actes et d'en adresser chaque année le rôle au contrôleur général. C'est ainsi que, depuis l'année 1770, on possède le nombre total des naissances, mariages et décès annuels pour la France entière. Déjà, dès 1670, Colbert avait fait publier annuellement les résultats pour la ville de Paris.

En 1778, Moheau publia, sous le titre de *Recherches et considérations sur la population de la France*, un volume remarquable. Il a fait usage des nombres recueillis par ordre de Terray et d'autres documents. Mais les documents, en quelque lieu qu'il les cherchât, étaient peu nombreux et on doit louer l'auteur de la précision des résultats auxquels il est arrivé malgré l'insuffisance des éléments : Moheau mérite dans l'histoire de la démographie en France la même place que les Allemands assignent à Sussmilch dans l'histoire de la démographie allemande.

Necker est venu après Moheau. Dans le chapitre qu'il a consacré à la population dans l'*Administration des finances*, il s'est servi aussi des chiffres recueillis par le contrôle général pour calculer le nombre des habitants, et son témoignage a une grande valeur.

En 1789 la question du nombre des habitants a été traitée dans beaucoup de brochures. Celle du chevalier des Pommelles sur le *Tableau de la population et rapport des naissances, mariages et morts* est de beaucoup la plus importante. On y trouve, à la fin, un tableau par généralités du nombre des habitants, de la natalité, de la mortalité, calculée sur une période de dix années d'après les chiffres du contrôle général.

Les résultats généraux de cette statistique du mouvement de la population émanant du contrôle général ont été pendant plusieurs années communiqués à l'Académie des sciences et sont insérés dans les comptes rendus. Mais on ne connaissait pas les tableaux de détail par bailliages et on pouvait les croire perdus. Grâce à l'obligeance de M. Rocquain, nous avons retrouvé pour presque toutes les généralités un de ces tableaux présentant pour une année (1783, 1785 ou 1787) le détail des naissances, mariages et décès par paroisses et par bailliages. Cette collection était enfouie aux archives nationales dans les cartons de la Convention nationale. Nous en avons extrait le tableau des naissances, mariages et décès par généralités, bailliages et sénéchaussées que nous avons inséré dans le tome Ier de *La Population française* (p. 258 et suiv.), en calculant pour chaque circonscription l'excédent des naissances sur les décès et le nombre d'enfants par mariage et en dressant deux cartes de France qui montrent, par généralités, cet excédent et ce rapport.

Ces documents permettent pour la première fois de comparer avec précision, dans les diverses parties de la France, le mouvement de la population aujourd'hui et il y a cent ans. Il n'entrerait pas dans le sujet que je traite devant vous d'insister sur les particularités de cette comparaison.

L'Assemblée constituante avait possédé cette collection que lui avait sans doute fournie directement le contrôle général. Elle s'en est servie non pour étudier le mouvement de la population — ce qui ne la concernait pas — mais pour calculer le nombre des habitants par bailliages en vue d'établir la division du territoire par départements en équilibrant à peu près les populations. Les calculs, que des députés ou plutôt des employés de la Constituante ont faits au crayon sur chaque dossier en multipliant uniformément par 26 le nombre des naissances de chaque bailliage, montrent l'usage que l'on en a fait.

La Constituante a prescrit à plusieurs reprises des recensements et quelques résultats partiels lui ont été adressés ou l'ont été plus tard à la Convention. On en peut trouver l'historique dans mon ouvrage, ainsi que celui des recensements opérés dans quelques généralités avant 1789, notamment en Bourgogne en 1789. Il suffit ici de déclarer qu'aucun recensement général de la population française n'avait été opéré avant celui qui fut exécuté sous le Consulat en 1801.

II

A l'aide de ces documents on peut établir le nombre vraisemblable des habitants de la France à diverses époques durant le cours du XVIIIe siècle.

En 1700 : 20 millions d'habitants, d'après les mémoires des intendants, pour le territoire de la France tel qu'il était alors. La densité moyenne était de 40 habitants par kilomètre carré. En calculant d'après cette densité, on obtient pour 528,400 kilomètres carrés, superficie actuelle de la France, 21,136,000 habitants. La statistique des intendants de Louis XIV est loin sans doute d'être parfaite. Mais elle est le seul document authentique qui existe sur cette matière et tout autre chiffre qu'on essaierait de substituer au total, après l'examen critique des éléments qui a été fait consciencieusement par M. des Cilleuls, serait arbitraire et, par conséquent, sans valeur contre un texte positif.

En 1762, Moheau donnait 22,014,000 habitants avec la Lorraine, mais sans la Corse.

Avant lui, Forbonnais, Mirabeau et d'autres avaient donné, mais sans s'appuyer sur aucune donnée positive, des nombres très inférieurs à 22 millions et l'opinion d'une diminution de la population était acceptée par beaucoup d'auteurs. Il y avait eu, en effet, une diminution considérable pendant les quatorze premières années du xviiie siècle et nous avons nous-même proposé dans notre ouvrage l'hypothèse de 18 millions à l'avènement de Louis XV. Mais depuis ce temps le chiffre s'était relevé et Mirabeau était fort arriéré lorsqu'il parlait encore de diminution en 1754.

En 1778, Moheau donnait 24 millions ; il obtenait ce résultat en multipliant par 25 1/2 le nombre des naissances fourni par le contrôle général.

En 1785, Necker opérant sur un plus grand nombre d'années et multipliant le nombre des naissances par 25 3/4, donnait 24,800,000. Il ajoutait qu'avec la Corse et les omissions la population pouvait peut-être atteindre 26 millions.

Les autres évaluations (voir p. 217 du tome Ier de *La Population française*), de 1781 à 1793 varient de 23 millions, chiffre fourni par Calonne à l'Assemblée des notables (1787) à 28,896,000, chiffre donné par le comité pour l'assiette de l'impôt de l'Assemblée constituante. Quelque mois après, le même comité, pensant que la première évaluation était exagérée, en donna une seconde de 26,363,000.

De ces diverses évaluations de la fin du règne de Louis XVI, nous avons conclu que le chiffre probable était de 26,300,000 habitants. La superficie de la France était alors un peu plus grande qu'aujourd'hui et ce nombre, en supposant la densité partout égale, correspond à 26 millions sur une superficie de 528,400 kilomètres carrés.

Ce nombre est certainement l'approximation la plus vraisemblable qu'on puisse proposer. Toutefois il n'est qu'une approximation, car tous les auteurs à cette époque calculent en multipliant le nombre des naissances, qui est le document officiel, par un coefficient qui n'est qu'une probabilité et ils appliquent le même coefficient à toute la France, ce qui n'est certainement pas exact.

De notre temps, deux ou trois écrivains ont avancé que la France devait avoir, à l'époque de la Révolution, une trentaine de millions d'habitants. Il est singulier que, n'ayant à produire aucun document nouveau qui s'appliquât à la France entière, ils aient eu la prétention de contredire les contemporains, et qu'ils aient affirmé que la France avait plus d'habitants que n'en suppose l'évaluation la plus forte de la Constituante, surtout en sachant que la Constituante, qui n'avait aucun intérêt à réduire le nombre des habitants de la France, avait reconnu que son évaluation était exagérée.

Des relevés de naissances sur les registres de banlieue dans un arrondissement, comme ceux qu'a faits M. Raudot, sont intéressants pour l'histoire locale, mais ne prouvent rien relativement au nombre total des habitants de la France. J'ai publié dans le tableau dont je parlais tout à l'heure les relevés et les calculs du chevalier des Pommelles pour toutes les généralités ; or des Pommelles en tirait le chiffre de 25 millions ; nous en admettons 26.

Ils peuvent, il est vrai, invoquer un document contemporain, c'est le *Tableau de l'Europe*, brochure publiée pendant l'émigration par M. de Calonne. L'auteur déclare que, quoique le calcul des écrivains, échos les uns des autres, ne soit que de 25 à 26 millions, le calcul vérifié en 1787 est de 28 millions. Remarquons d'abord que Calonne ne dit pas 30. En outre, M. de Barentin, ancien garde des sceaux de Louis XVI, répondant au *Tableau de l'Europe* en 1796 dans une brochure intitulée *Rapport fait à sa Majesté Louis XVIII*, réfute Calonne et déclare qu'ayant, en 1788, dit dans une séance du conseil que la population de la France était de 26 millions, le roi, qui avait bonne mémoire, lui avait répondu qu'on lui avait toujours présenté cette population comme étant inférieure à 25 millions. Calonne, par contre, avait la mémoire bien courte ; car c'est lui — ce que M. de Barentin ignorait — qui avait fourni à l'Assemblée des notables le chiffre de 23 millions dans un tableau dressé par généralités.

Les idées préconçues et les hypothèses sans fondement sont des causes d'erreur qui faussent l'histoire et la statistique.

Le recensement de 1801 a accusé (nombre rectifié, voir *La Population française* t, I, p. 300) 27,347,800 habitants (pour le territoire resté français après le traité de 1815). Ce recensement est probablement imparfait, puisqu'il est le premier que l'administration française ait exécuté. L'examen des documents conservés aux archives laisse supposer que le travail du bureau central à Paris a été très sommaire. Cependant c'est un document authentique dont le résultat a, par conséquent, plus d'autorité que les évaluations au XVIIIe siècle et au total duquel il serait téméraire d'en vouloir substituer un autre. Il serait surtout illogique de réduire le total ; car les recensements imparfaits pèchent d'ordinaire par omission : et les préfets, qui étaient disposés à montrer les effets fâcheux du désordre révolutionnaire pour faire mieux goûter les bienfaits de l'ordre renaissant, n'avaient pas intérêt à forcer les chiffres ; d'ailleurs le recensement de 1806 (qu'on peut peut-être soupçonner de quelque exagération) donne un chiffre beaucoup plus fort que celui de 1801 (29,107,000), trop fort relativement.

La France de 1815 avait une superficie de 530,300 k. c. Pour 528,400 k. c. la population était donc d'environ 27,210,000 en supposant la densité égale partout.

Or la densité n'était pas égale. Depuis 1815 la France a gagné Nice et la Savoie qui avaient alors environ 680,000 habitants et perdu l'Alsace-Lorraine qui en avait 1,216,000. La différence est de 536,000 qu'il conviendrait de retrancher de 27,347,000, le résultat serait 26,811,000. Toutefois nous ne calculerons pas d'après ce nombre, parce qu'ayant supposé la densité uniforme au XVIIIe siècle, il convient de procéder de même au XIXe pour la comparaison.

Des chiffres que nous venons de produire la conclusion suivante se déduit :

Sur le territoire actuel de la France :

La population était probablement en 1700 de :   21 millions
                                 en 1789   » :   26
                                                 ———————
          Augmentation   5 millions

Soit une augmentation de 23,8 % du nombre initial dans l'espace de 89 ans.

La population recensée a été en 1801 de :   27,217,000
                              en 1886   » :   38,219,000
                                              ———————
          Augmentation   11 millions.

Soit une augmentation de 40,4 % du nombre initial dans l'espace de 85 ans.

Donc si l'accroissement de la population française a été plus lent au XIXe siècle que celui de presque tous les autres États européens, il a été néanmoins plus fort au XIXe qu'au XVIIIe siècle.

Toutefois au XIXe cet accroissement s'est manifesté dans des proportions diverses à chaque recensement, à l'exception de celui de 1872. Au XVIIIe au contraire, il y a eu une diminution considérable occasionnée par les évènements politiques de la fin du règne de Louis XIV. Mais on ne peut pas et on ne doit pas séparer l'histoire de la population de celle de la politique qui exerce sur elle son influence.

Ce qu'on peut dire, c'est que de 1700 à 1789 la politique a agrandi le territoire français (vallée de Barcelonnette, Lorraine et Corse) et qu'il convient de comparer 20,000,000 et 26,300,000, nombre réel des habitants du royaume aux deux époques. D'après ces données, l'accroissement serait de 31 %.

En appliquant la même règle au XIXe siècle, on doit comparer 27,347,000 et 38,219,000, ce qui donne un accroissement de 39 %.

Sous cette seconde forme l'accroissement du XIX⁰ siècle reste encore notablement au-dessus de celui du XVIII⁰.

On peut faire le calcul d'une troisième manière, en diminuant le règne de Louis XIV et en disant : Si le chiffre des habitants était réduit à **18** millions en 1715, quel en a été l'accroissement dans les 75 ans qui séparent l'avènement de Louis XV et la Révolution ? On trouve 44.4 c'est-à-dire un taux un peu plus fort que celui du XIX⁰ siècle et dans un temps un peu plus court. Mais les 18 millions sont une pure hypothèse sur laquelle on ne peut rien fonder de solide.

En concluant donc que *la population française*, quelles qu'aient été les causes qui en ont pu contrarier aux deux époques le développement, *n'a pas augmenté plus rapidement dans le cours du XVIII⁰ que dans le cours du XIX⁰*, on exprime une proposition qui est conforme aux faits connus, et dont les termes très modérés sont plutôt en deçà qu'au delà de la vérité.

III

Je serai très bref sur la seconde partie du sujet : le mouvement de la population. Je ne parlerai pas, quelque intérêt que cet examen aurait pour éclairer le sujet, de l'état matériel de la population à la ville et à la campagne. Je renvoie, faute de temps, à mon ouvrage sur *La Population française.*

La natalité, la nuptialité et la mortalité sont aujourd'hui des rapports exactement calculés, parce que les recensements fournissent l'état de la population. Nous pouvons dire avec assurance que la moyenne des années 1876-1885 est de 24,9 naissances, 7,5 mariages, 22,3 décès par 1,000 habitants. Au XVIII⁰ siècle, ces rapports sont quelque peu hypothétiques, puisqu'un des deux termes, celui du dénombrement, manque. Les auteurs de la fin du XVIII⁰ siècle, qui travaillaient sur les chiffres du contrôle général, donnent 8,8 à 8 mariages, 39 à 35,7 naissances et 33 à 30 décès par 1,000 habitants. Il y avait donc alors, quel que soit le taux que l'on adopte, plus de mariages, plus de naissances, plus de décès par 1,000 habitants qu'il n'y en a aujourd'hui.

La fécondité légitime, c'est-à-dire le nombre d'enfants par mariage que nous pouvons calculer presque aussi exactement pour 1785 que pour 1885, puisqu'il suffit pour l'établir de connaître le nombre des mariages et celui des naissances était de 4,2. Ce rapport est aujourd'hui de 3 environ. La supériorité du XVIII⁰ siècle, à cet égard, est la conséquence de sa forte natalité ou, pour mieux dire, c'est le même résultat présenté sous une autre forme.

Mais la mortalité enfantine était considérable (V. *La Pop. fr.* t. 1ᵉʳ p. 274).

« Que dans un pays, dit Necker, le plus grand nombre des habitants jouisse d'un étroit nécessaire ; entraînés cependant par les plaisirs des sens, ils auront peut-être le même nombre d'enfants que s'ils vivaient dans l'aisance; mais après avoir fait quelques efforts pour les élever, trop pauvres pour leur donner ou une nourriture suffisante ou des secours dans leurs maladies, la plus grande partie de cette génération ne passera pas l'âge de trois ou quatre ans, et il se trouvera que dans tel pays le nombre des enfants en bas âge sera constamment en disproportion trop grande avec le nombre des adultes et des hommes faits. Alors un million d'hommes ne présenteront ni la même force ni la même capacité de travail qu'un pareil nombre dans un royaume où le peuple est moins misérable. »

La forte mortalité avait pour conséquence que, malgré la forte natalité, l'accroissement de la population n'était pas rapide. En admettant 37 naissances et 30 décès par 1,000 habitants, l'accroissement serait de 7 p. 1,000, taux notablement supérieur à celui de notre temps : 2,6 par 1,000 habitants. La comparaison est à l'avantage de l'ancien régime. Mais il ne faut pas oublier qu'elle manque de précision, parce que l'ancien régime n'a jamais eu le moyen de calculer exactement sa natalité et sa mortalité.

Le calcul direct de l'excédent des naissances sur les décès est une méthode préférable, puisque le nombre des naissances et celui des décès sont connus. Des Pommelles l'a employé pour la période décennale 1778-1787, il donne 1,086 naissances par 1,000 décès, année moyenne. En faisant le même calcul, à l'aide des chiffres (9,409,358 naissances et 8,184,918 décès) donnés dans l'*Administration des finances* de Necker pour une période décennale antérieure (1771-1780), on trouve 1,149 naissances par 1,000 décès. Le même calcul appliqué à la période contemporaine 1876-1885 (9,378,000 N et 8,378,000 D) donne 1,118 naissances par 1,000 décès. Le temps présent se place donc, au point de vue de l'accroissement moyen annuel de la population, à un niveau intermédiaire entre les deux dernières périodes décennales de l'ancien régime.

Toutefois, s'il n'est pas étonnant qu'une population de 38 millions fournisse plus de décès qu'une population de 26 millions, il est singulier qu'elle fournisse moins de naissances.

Sous le rapport de la natalité et de la mortalité, la France de 1789 était à peu près au niveau démographique où se trouvent aujourd'hui l'Autriche et la Pologne russe.

La vie moyenne était conséquemment plus courte qu'aujourd'hui et, dans sa composition par âges, la population comprenait proportionnellement plus d'enfants, moins d'adultes et moins de vieillards (1).

---

(1) M. Levasseur explique cette composition par âges, à l'aide d'un double graphique mural, représentant l'un la population par âges, d'après Expilly et Moheau, l'autre la population par âges, d'après le recensement de 1876. Ces graphiques sont reproduits à plus petite échelle dans *La Population française* (t. Ier, p. 277).

IV

Pour plus de clarté, nous répétons sous forme de résumé nos conclusions sur la question :

1° Il n'y a pas eu de dénombrement général de la population de la France, sous l'ancien régime ;

2° La population de la France en 1700 était vraisemblablement de 20 millions d'âmes, d'après les mémoires des intendants : ce qui correspond à environ 21 millions sur le territoire actuel de la France (528,400 k. c.) ;

3° La population de la France en 1789 était vraisemblablement de 26,300,000 âmes, d'après nos recherches : ce qui correspond à 26 millions sur le territoire actuel de la France ;

4° L'accroissement total de la population française, de 1700 à 1789 (y compris les conquêtes) a été d'environ 6 millions d'âmes, soit de 31 p. 100 en quatre-vingt-neuf ans. Celui de la population française, de 1801 à 1886 (y compris les gains depuis 1815) a été de près de 11 millions d'âmes, soit de 39 p. 100 en quatre-vingt-six ans ;

5° Les études sur le mouvement de la population en France ne commencent qu'avec Deparcieux (1746) et, quoique le mouvement de la population de Paris ait été publié dès le ministère de Colbert, les relevés généraux pour la France entière, qui fournissent à ces études un fondement suffisant, ne datent que du ministère de Terray ;

6° Sous le règne de Louis XVI (1778-1787), la natalité française était probablement d'environ 37 p. 1,000 habitants : taux notablement supérieur à celui de la période actuelle (24,9 de 1876 à 1885) ;

7° La nuptialité était probablement d'environ 8 mariages par 1,000 habitants : période actuelle 7,5 ;

8° Le nombre des naissances par mariage était de 4,2 ; période actuelle 3. La fécondité était donc plus grande ;

9° La mortalité était probablement d'environ 30 par 1,000 habitants : période actuelle 22,3 ;

10° La mortalité des enfants était surtout beaucoup plus considérable. Les décès d'enfants de 0 à 10 ans formaient plus de la moitié du total des décès ; ils forment aujourd'hui le tiers ;

11° Le rapport des naissances aux décès était 1,149 : 1,000 de 1771 à 1780 et de 1,086 : 1,000 de 1778 à 1787. Il a été de 1,118 : 1,000 de 1876 à 1885. L'excédent n'était pas supérieur, il y a cent ans ;

12° La vie moyenne était moindre qu'aujourd'hui ;

13° Le nombre des émigrants français paraît avoir été moindre dans la seconde moitié du xviii° siècle qu'il n'est vraisemblablement de nos jours. (Question que M. Levasseur n'a pas eu le temps de développer). (*Vifs applaudissements*).

M. LE PRÉSIDENT. — C'est un tableau magistral que celui que vient de nous présenter M. Levasseur et l'on ne sait ce qu'il faut en admirer le plus : l'originalité des recherches, leur érudition et leur abondance, leur mise en œuvre et leur interprétation. Ce sujet si peu connu et si mal fouillé jusque-là est désormais fixé d'une manière définitive et l'auteur n'a plus laissé qu'à glaner après lui.

Cette question de la population, par cela même qu'elle touche à tout, se prête à un échange intéressant d'observations et je donnerai la parole à ceux d'entre vous qui auraient à discuter les conclusions du rapporteur ou à lui demander un supplément d'éclaircissements.

M. BAUDRILLART, répondant à cette invitation, présente quelques observations sur les conclusions de M. Levasseur. Suivant lui, les recensements du commencement du siècle dernier ont été exagérés. L'intention plus ou moins accusée de ceux qui s'en sont servis, M. Paul Boiteau par exemple, dans son *État de la France avant 1789*, était de prouver que la Révolution avait, par ses résultats favorables à l'aisance, amené un rapide accroissement dans le nombre des naissances. Or, ces calculs semblent à M. Baudrillart empreints d'une certaine exagération.

Il croit pouvoir, en outre, revenant à l'opinion exprimée par le rapporteur sur le marquis de Mirabeau, défendre quelque peu *l'Ami des hommes*, contre un jugement trop sévère. Sans doute le marquis de Mirabeau s'est trompé sur les chiffres, sa statistique est loin d'être à l'abri de tout reproche, mais il n'a fait en somme que répéter ce que Montesquieu avançait dans ses *Lettres persanes* et dans l'*Esprit des lois*, avec plus d'exagération encore, puisque Montesquieu prophétisait le dépeuplement de toute l'Europe.

Le marquis de Mirabeau se trompait quand il affirmait que la population française diminuait : elle augmentait au temps où il écrivait.

Mais il a eu le mérite de bien poser la question de la population. Sa pensée était qu'il ne fallait pas craindre la multiplication des hommes, en contradiction sur ce point avec ceux qui déjà, avant Malthus, redoutaient avant tout l'excès. Il écrivait que, tant qu'il y a de la subsistance, les hommes multiplient comme les rats dans un grenier à blé ; mais il savait aussi qu'entre l'homme et ces rongeurs, il y a cette différence que le rat consomme sans produire, et que l'homme produit en consommant. L'homme, partout où il est, fait la richesse ; il améliore les fonds de terre par son travail et ses capitaux. C'est donc à tort que dans une boutade, le docteur Quesnay reprochait au marquis de mettre la charrue avant les bœufs en ne commençant pas par s'occuper des subsistances.

Au XVIIIe siècle, Arthur Young exprimait des craintes au sujet de la population de l'Angleterre ; il la trouvait déjà excessive, et pourtant elle n'était peut-être pas la moitié de ce qu'elle est aujourd'hui.

En résumé, la société a besoin de subsistances, et, dès lors, des cultivateurs qui les font naître. Le marquis de Mirabeau l'a compris et il a recommandé les qualités morales qui peuvent assurer la qualité de la population aussi bien que son accroissement numérique.

M. FOURNIER DE FLAIX. — Je voudrais également, Messieurs, quoique l'heure soit déjà fort avancée, faire quelques réserves formelles sur les résultats auxquels est arrivé notre éminent conférencier, aux travaux duquel nous rendons tous hommage. Ces réserves pourraient exiger beaucoup de temps et de chiffres afin d'en faire saisir la portée. Comme le temps nous manque, je vais les formuler très succinctement en demandant que cette belle discussion soit renvoyée à une autre séance.

D'une manière générale il me semble que M. Levasseur s'est servi de moyennes établies à l'aide de relevés faits sur un nombre d'années insuffisant, et sur une partie relativement trop peu étendue du territoire. Conclure de ces moyennes à l'ensemble de la population pour la France de 1789, ne me paraît pas acceptable. De là les contradictions formelles entre les résultats de M. Levasseur et d'autres résultats dont la solidité me semble tout autre.

Par exemple, si on accepte le total hypothétique de 26 millions d'habitants pour la France de 1789, on trouve, d'après le recensement de 1821, reconnu sérieux de part et d'autre, que de 1789 à 1821, l'accroissement de la population aurait été de 4,400,000 — moyenne annuelle 137,000. — Or, de 1789 à 1821 se sont écoulés 32 ans, dont 23 de guerre et de révolution. Est-il possible d'admettre que ces 23 ans de guerre et de révolution n'aient exercé aucune influence sur la population ?

Nous savons, par des documents certains, que ces 23 ans de guerre ont coûté à la France plus de 2,500,000 hommes, et dans ce total on n'a pas tenu compte des guerres civiles, des massacres de la Révolution, de la famine, des épidémies. L'état intérieur de la France de 1797 à 1799 a été lamentable, pire que sous la Terreur.

Je ne peux donc accepter l'hypothèse que, malgré les 23 ans de guerre et de révolution, la France a pu accroître sa population de 4,400,000 âmes de 1789 à 1821.

Il est vrai que M. Levasseur, à l'appui de sa thèse, invoque 1° le fait du morcellement des terres et la prospérité agricole de la France de 1782 à 1815 ; 2° l'axiome malthusien, que les populations accablées par des fléaux répareraient leurs pertes. Au premier fait, j'oppose la constatation aujourd'hui vérifiée que le morcellement n'a pas, sur la population, l'influence qu'on lui attribue et que les lois révolutionnaires, en changeant la propriété de mains, n'en ont pas modifié la constitution. (Rapport officiel de 1799). Au second fait, j'oppose d'abord le discrédit de la plupart des axiomes de Malthus, et ensuite les relevés de la population en France de 1846 à 1855 et de 1866 à 1871. Ces relevés ont une bien autre authenticité que les moyennes ou les relevés qui les ont précédés. Or de 1846 à 1855, dans une époque qui a été relativement calme, malgré la disette de 1847, la révolution de 1848 et la guerre de Crimée, si on la compare aux années de 1789 à 1799, l'accroissement moyen de la population en France est tombé a 63,000 ! Mais de 1866 à 1871, au milieu d'une période très prospère, il a suffi de *six mois de guerre* pour détruire non seulement tout accroissement, mais pour amener une perte de 369,000 âmes !

Je conclus de ces relevés sérieux qu'il n'est pas possible que les 23 ans de guerre de la Révolution et de l'Empire aient permis un accroissement de 4,400,000 et par suite, que la population de la France en 1789, *en fait*, était supérieure à 26 millions d'habitants.

M. Levasseur, répondant aux observations de M. Fournier de Flaix, fait remarquer que la population des villes a considérablement diminué pendant la Révolution, celle des campagnes a augmenté très vraisemblablement.

Avant la Révolution la plupart des cultivateurs avaient à payer les impôts royaux et les redevances seigneuriales. La nuit du 4 août supprima les droits féodaux, abolissant les uns comme contraires aux droits de l'homme et déclarant les autres rachetables afin de ne pas entraver la liberté par des obligations perpétuelles. Les décrets de la Constituante, fidèles à cette manière de voir qui me parait équitable, distinguèrent la féodalité dominante et la féodalité contractante ; ils abolirent en effet les droits dérivant de la première et réglèrent le rachat des droits dérivant de la seconde. Les faits ne se conformèrent pas à ces principes. La Législative commença par déclarer que les contrats ne seraient valables qu'autant que les seigneurs en fourniraient la preuve écrite ; or beaucoup de droits de cette catégorie n'existaient qu'en vertu de la coutume, sans texte écrit. La Convention fit brûler tous les « actes recognitifs de la féodalité », et dans la plupart des causes, les cultivateurs se trouvèrent affranchis sans rien payer. Les impôts royaux qui pesaient surtout sur le roturier furent remplacés par la contribution foncière, impôt unique, que toute terre devait payer. Il est vrai que cette contribution était forte ; mais au début, on la paya en assignats dépréciés, ce qui allégeait beaucoup le fardeau et sous la Convention et même sous le Directoire, les impôts furent très irrégulièrement payés ou même ne le furent pas. Les cultivateurs se trouvèrent donc en réalité bien dégrevés des charges publiques. Sans doute la guerre imposait de rudes sacrifices et la disette fut pour ainsi dire en permanence pendant plusieurs années ; sur ce dernier point cependant il faut distinguer. Les villes souffraient de la famine, parce que le défaut de sûreté et les mesures violentes, comme le maximum, nuisaient à l'approvisionnement des villes. Mais les cultivateurs continuaient à labourer et à récolter. Malthus, qui étudiait la population à cette époque et qui n'avait aucune raison de porter un jugement favorable sur la Révolution française, dit positivement que la population rurale a augmenté pendant cette période.

Je suis convaincu en effet que, durant cette période, tandis que diminuait la population des villes sous l'influence de la crise politique et commerciale, celle des campagnes augmentait pour les raisons que je viens de dire et j'incline fortement à croire, conformément aux documents authentiques, que la balance a été en faveur d'un accroissement pour la population totale de la France.

M. LE PRÉSIDENT craint que, par suite d'une fausse interprétation, les conclusions du rapport de M. Levasseur ne soient de nature à trop rassurer les esprits Alors que nous ne cessons de montrer ici les fâcheuses conséquences de notre faible natalité et de la dénoncer comme un « péril national », l'opinion publique, qui ne demande pas mieux que de se détourner de ces problèmes et d'écarter ces avertissements comme importuns, ne va-t-elle pas trouver la justification de son indifférence dans un rapprochement duquel il résulte, qu'après tout, notre population marcherait tout aussi vite dans ce siècle qu'au siècle dernier?

Cette conclusion s'assied sur des statistiques dont l'éminent rapporteur a lui-même indiqué les côtés faibles. Alors même qu'elle serait incontestable, serait-ce déjà un résultat dont nous aurions le droit d'être si fiers que d'avoir consommé, sans profit pour notre population, le bénéfice de toutes les inventions modernes et en particulier du progrès des transports, qui ont fait disparaître de nos jours les famines autrefois si meurtrières et jusqu'aux disettes elles-mêmes.

C'est d'ailleurs par comparaisons internationales que ces situations doivent se juger. Qu'importe que notre population ne croisse pas plus lentement qu'au dernier siècle, si nos rivaux sont en voie de progression rapide? Cette différence d'essor crée des dangers évidents, dont notre patriotisme peut à bon droit s'alarmer.

Enfin, à supposer même que la moyenne du siècle actuel puisse ne pas autoriser ces craintes, il n'en est pas de même lorsqu'en la décomposant en ses différents éléments par périodes, on constate que la progression va sans cesse en décroissant. N'est-ce pas hier que retentissait encore dans tout le pays le cri d'alarme causé par les révélations contenues dans le relevé du mouvement de la population en 1888 ! Les naissances n'ont atteint que le chiffre de 882,000, en décroissance de 55,000 sur le chiffre de 1884 et supérieur de 45,000 seulement au chiffre des décès. Ce n'est pas en face de constatations aussi affligeantes qu'il faut laisser à l'opinion publique un prétexte, même spécieux et illusoire, pour se dérober à ce genre de préoccupation.

Je suis sûr d'ailleurs que notre éminent collègue, qui mieux qu'aucun autre a approfondi tous ces problèmes et en connaît la gravité, serait le premier à désavouer l'interprétation qu'on pourrait faire à tort de ses paroles et nous lui serions tous très reconnaissants de vouloir bien nous dire son point de vue sur cette redoutable question. (*Applaudissements*).

T. III. 33

M. Levasseur. — La question de l'accroissement actuel de la population française est tout à fait distincte de celle de l'accroissement de la population de la France au xviiie siècle. C'est à dessein que je n'ai pas parlé de la première.

Je me mettrai volontiers à la disposition de la Société d'Économie sociale pour parler une autre fois de la natalité française au xixe siècle et des conséquences que peut avoir son lent accroissement sur sa situation politique : c'est l'objet de plusieurs chapitres du second volume de *La Population française* que je mets en ce moment sous presse. Il ne convient pas d'aborder ce soir cette question ; le temps nous manquerait pour en parler utilement, et on risque d'obscurcir les problèmes en les compliquant.

Le point que j'ai voulu mettre en lumière est celui-ci : Pour diverses causes, le nombre des habitants de la France n'a pas augmenté plus vite de 1700 à 1789 que de 1801 à 1886. Ce n'est pas une conclusion, ni optimiste ni pessimiste : c'est l'expression de deux faits et de leur rapport. Les chiffres sur lesquels est fondé ce rapport au xviiie siècle n'ont pas sans doute le même degré de précision que les dénombrements actuels ; je l'ai dit. Mais ils sont les plus vraisemblables ; je suis convaincu, par l'étude que j'en ai faite, qu'on ne saurait en proposer de meilleurs. C'est sur ces chiffres et non sur leurs conséquences qu'il importe, dar.j l'intérêt de l'histoire de la population, de faire porter le débat. Tant qu'ils ne sont pas remplacés par d'autres chiffres plus autorisés par des preuves historiques, le rapport que mesure leur différence subsiste.

M. le Président remercie M. Levasseur de ses déclarations et de l'aimable engagement qu'il a pris de nous exposer dans une prochaine séance l'état actuel de la question de la population en France. Ce sera une bonne fortune pour notre Société que d'entendre traiter par un tel maître un sujet aussi vital. Je le remercie en notre nom à tous de cette promesse, comme de sa savante communication d'aujourd'hui, et je lui donne rendez-vous à l'une de nos plus prochaines séances ainsi qu'à ceux qui s'intéressent à la question et voudront bien nous aider à la discuter.

SÉANCE DU 10 FÉVRIER 1890.

M. le Président (M. Gibon) sur la proposition de M. Levasseur et pour continuer la discussion ouverte dans la séance du 11 novembre sur la population de la France en 1789, donne la parole à M. Fournier de Flaix.

M. Fournier de Flaix. — Messieurs, je ne m'attendais pas à prendre le premier la parole, je pensais que M. Levasseur exposerait d'abord les raisons sur lesquelles il s'est fondé pour maintenir que la population de la France ne dépassait pas 26 millions d'habitants en 1789 et je m'étais préparé à lui répondre. Puisque M. Levasseur préfère que j'ouvre la discussion, je cède à ses désirs.

La question de la population de la France en 1789 se rattache directement aux préoccupations de tous les esprits prévoyants et patriotes à l'endroit de l'état actuel de la population française; le renouvellement de nos familles se fait difficilement ; le poids du maintien du niveau actuel n'est supporté que par deux tiers des familles ; celui de l'accroissement ne dépend plus que du tiers des familles. Ce sont là des faits graves. Je vous les ai déjà exposés, il y a quelques mois (1), et j'en ai attribué la cause principale à l'état révolutionnaire, instable, anxieux de la nation, à l'incertitude du lendemain, sous la double influence de guerres multiples, de révolutions incessantes.

A l'appui de mon opinion j'ai cité un document récent que nous devons aux publications officielles et en particulier à M. Turquan, aujourd'hui chef de bureau de la statistique au ministère du commerce. Permettez-moi, à cet égard, de vous rappeler deux faits décisifs que j'emprunte aux tableaux que je vous ai soumis dans ma dernière conférence.

1° De 1846 à 1856, il a suffi dans une période relativement assez prospère, de la disette de 1846, de la Révolution de 1848 et de la guerre de Crimée, pour ramener à 74,761 l'accroissement moyen annuel de la population française qui a été de 197,200 de 1821 à 1846 ;

2° De 1866 à 1872, il a suffi d'une guerre de six mois et de l'invasion d'un quart de la France pour causer à la population française une perte de 500,000 âmes.

J'en ai conclu qu'il n'était pas possible que les vingt-trois ans de guerre de la Révolution et de l'Empire, auxquels il faut ajouter les malheurs, excès, massacres, guerres civiles de la Révolution, aient produit un accroissement de la population.

Si l'on adopte le chiffre de 26 millions pour la population de la France en 1789 et qu'on rapproche ce chiffre des recensements qui ont suivi on obtient les résultats suivants :

Années.	Recensement.	Accroissement.	Moyenne.
1789	26.000.000	—	—
1801	27.349.000	1.349.000	112.400
1806	29.107.000	1.758.000	351.700
1811	29.092.000	Diminution	—
1821	30.461.000	1.369.000	136.900

Il suffit de jeter un simple coup d'œil sur ces chiffres pour constater leur contradiction.

1° L'accroissement de 1801 et 1806 est tellement prodigieux qu'il ne s'est jamais reproduit ;

---

(1) Séance du 14 janvier 1889 (*Réf. soc.*, 2ᵉ série, t. VII, p. 350).

2° Il est suivi de 1806 à 1811 d'une chute totale, sans motifs réels ;

3° Au contraire, l'accroissement est très élevé de 1811 à 1821, malgré les pertes accablantes des guerres d'Espagne, de Russie, d'Allemagne et deux invasions ;

4° Quant à l'accroissement moyen de 112,400 par an, de 1789 à 1801, il est tout aussi invraisemblable que les autres chiffres ci-dessus. En effet, si pendant cette période, les pertes des hommes sur les champs de bataille, quoique déjà très lourdes, sont moins accablantes que vers la fin de l'Empire, faut-il encore faire une large part aux guerres civiles, aux massacres et aux souffrances des populations.

Les guerres civiles ont été longues, acharnées, extrêmement sanglantes. M. Le Play nous a fait connaître que la guerre de Vendée avait ruiné la race de chevaux en Limousin, à raison de l'excès des réquisitions ; croyez-vous que les réquisitions d'hommes aient été moindres ? Il importe de ne pas oublier le caractère populaire des guerres de la Vendée et les malheurs de toutes sortes qu'elles ont coûtés à ces populations héroïques, car les femmes et les enfants y ont péri par milliers. C'était la guerre, la dévastation, l'incendie et la mort sans pitié et sans merci ; treize départements ont été ainsi ravagés, incendiés, ruinés. Je ne ferai pas le compte des massacres, je ne soulève point ces débats à un point de vue réactionnaire. Je ne rends pas la République actuelle responsable de la crise de 1793 ; mais, pendant trois ans, combien de gens ont péri au nom de la patrie ! Faut-il même les compter.

Quant aux souffrances des populations, maladies, épidémies, disettes, pillages, incendies, insécurité, elles ont été excessives. Il suffit à cet égard de parcourir les collections des rapports des commissaires du Directoire en 1797 et des préfets en 1800. M. Rocquain en a publié un résumé, mais les documents sont encore plus formels. Dans la plupart des départements les communications avaient cessé, les ponts étaient rompus ; on se rendait aux foires en armes ; les fonctionnaires étaient déplorables ; ils se pillaient entre eux. Des bandes de brigands parcouraient le pays et rançonnaient tout le monde. Combien de généraux n'étaient que des voleurs donnant l'exemple du pillage. Et l'on voudrait que, dans une telle situation, la population ait eu une augmentation de 112,400 âmes par an, lorsque de 1846 à 1856, cette moyenne est tombée à 74,700 et qu'en 1870-1871, la France a perdu 500,000 habitants ? Il y a là, selon moi, une contradiction évidente qui prend son principe dans le chiffre insuffisant accepté par M. Levasseur pour 1789.

Je vais plus loin ! Comment ! la moyenne de 1789 à 1801 serait un accroissement de 112,400, et cependant la moyenne totale de 1700 à 1789 n'aurait été que de 56,100 ? M. Levasseur répond : 1° La guerre de la succession d'Espagne a coûté à la France 2 millions d'habitants ; 2° l'abolition des droits féodaux, des dîmes et le non payement des impôts, de 1789 à 1800, ont compensé les excès de la Révolution.

En ce qui est de la guerre de la succession d'Espagne, je ferai remarquer : 1° qu'elle n'a duré que onze à douze ans, tandis que les guerres de la Révolution et de l'Empire ont duré vingt-trois ans ; 2° qu'elle a été bien moins sanglante ; 3° qu'elle n'a pas coïncidé avec une crise intérieure ayant quelque analogie avec l'état de la France de 1789 à 1799.

En ce qui est des droits féodaux, de la dîme et des impôts, je réponds que seuls les propriétaires fonciers (paysans, bourgeois ou nobles) en ont profité, mais que les masses rurales ou urbaines non propriétaires, c'est-à-dire la moitié au moins de la population n'en a pas tiré autre chose que l'exemption des contributions indirectes. Cette exemption a-t-elle compensé les levées d'hommes, les guerres civiles, les disettes, les réquisitions, les épidémies, l'insécurité générale? Je ne le pense pas. C'était l'avis de M. de Barante et de la plupart des personnes bien renseignées de cette époque.

M. Levasseur a invoqué un dernier argument qui mérite un examen particulier. Il s'appuie sur l'opinion de Malthus qui a soutenu que la population française avait rapidement récupéré les pertes de la Révolution. La première édition de l'ouvrage de Malthus sur la population a paru en 1798 et la seconde, l'édition rectifiée, en 1803. Malthus a pu se servir des recensements de 1801 pour admettre que la population française (il écrivait sous le Consulat) avait pu se récupérer des pertes de la Révolution.

J'ai toujours combattu et je repousse encore les théories de Malthus sur la population ; elles ont beaucoup perdu de leur vogue, et cela n'est pas à regretter. Sans caractériser l'œuvre de Malthus, je répondrai qu'en 1803 il ne connaissait pas l'époque de la Révolution, encore si mal connue aujourd'hui, et qu'il lui était impossible de savoir réellement quelles avaient été les pertes de la population française pendant la Révolution, surtout si elle s'en était récupérée. La puissance de récupération des populations était un argument pour sa thèse. Examinons ce qu'il peut valoir. Si la population française s'est si promptement récupérée des pertes de la Révolution, le même fait a dû se produire depuis 1871.

De 1861 à 1866, l'accroissement moyen de la population française avait été de 136,000 ; il s'est élevé de 1872 à 1886 à 141,000 — différence en plus 5,000 — qui, pendant quatorze ans, fournit 70,000 âmes pour en remplacer 500,000. On voit combien hasardée est la théorie de la récupération. La vérité est que la France ne s'est pas encore récupérée des pertes d'une guerre de six mois. Comment aurait-elle pu, en 1803, s'être récupérée de dix ans de guerres étrangères et civiles, massacres, épidémies, insécurité ?

Je ne prolongerai pas ces observations, je les compléterai seulement en rappelant qu'il a été constaté en 1816 que le nombre des femmes était bien supérieur à celui des hommes — 15,658,568 femmes contre 14,605,827 hommes. J'ai rappelé, dans ma conférence, qu'on évaluait de 1,800,000 à 2 millions d'hommes les pertes causées à la France par les guerres de la Révolution et de l'Empire.

Prétendre que, malgré ces pertes terribles, la population a augmenté, c'est impossible, surtout en présence des résultats constatés de 1846 à 1856 et de 1870 à 1871. J'en conclus que le chiffre de 26 millions d'habitants, en 1789, est un chiffre insuffisant. J'appuie mes critiques sur l'opinion de M. Raudot, formulée dans une note de son livre sur *La Décadence de la France*, et sur celle de M. Juglar, savamment exposée dans plusieurs articles publiés en 1852 par *le Journal des Économistes*.

Les documents présentés par M. Levasseur pour défendre le chiffre de 26 millions n'ont pas assez d'autorité et d'accord pour prévaloir sur la critique comparative des faits subséquents. Ils sont contradictoires avec ces faits, et cette contradiction ne permet pas de leur laisser le dernier mot.

Permettez-moi, en terminant, de nettement caractériser la portée de mes observations. Je n'ai point en vue de faire le procès à la Révolution française. Dans plusieurs de mes livres, j'en ai montré la nécessité, mais si elle était inévitable, n'oublions jamais qu'elle nous a coûté bien cher. C'est ce coût, coût des évènements intérieurs que la justice mieux entendue aurait prévenus, coût de guerres affreuses qui n'ont produit qu'une gloire inutile, que j'ai entendu faire toucher du doigt. Les chiffres de M. Levasseur le font compenser par une récupération inadmissible. Il faut bien voir cette terrible période de notre histoire telle qu'elle est : elle nous a coûté 2 millions d'hommes ; elle a affaibli la force de notre race, et nous n'avons plus le territoire que nous avions reçu de nos pères.

Quand aura paru le second volume de l'ouvrage remarquable de M. Levasseur, nous pourrons rouvrir cette grande discussion et rechercher les moyens d'améliorer les conditions d'accroissement de la population française.

M. Clément Juglar. — Quand on s'occupe de la population de la France, il s'agit toujours de savoir quel était le chiffre de cette population avant 1800. M. Levasseur nous a donné, au point de vue historique et au point de vue statistique, tout ce que l'on possédait sur la matière. Il a reconnu qu'il y avait des corrections à faire comme Necker le pressentait lui-même, alors que donnant le chiffre du recensement approximatif, 24,800,000 habitants, il indiquait qu'il pouvait s'élever à 26 millions, c'est ce chiffre qu'a adopté M. Levasseur : ce chiffre n'était-il pas dépassé ?

On est d'accord sur tout ce que laissent à désirer les recensements faits sous l'Empire et la Restauration. Le recensement de 1806 est celui qui s'approche le plus de la réalité, et, malgré les pertes d'hommes, par suite des guerres de la Révolution et des premières années de l'Empire, il donne de suite une augmentation de 1,700,000 habitants sur le relevé de 1801. Il y a là une première rectification et elle est trop considérable pour qu'on puisse l'attribuer au seul développement de la population pendant les cinq dernières années qui l'ont précédée.

En dehors des recensements, sans puiser ailleurs que dans les relevés officiels de l'administration, ne pouvons-nous pas obtenir des résultats plus précis ?

Nous avons vu que les pertes d'hommes sur les champs de bataille produisaient des vides considérables au moment des dénombrements, comment boucher ces trous? D'une manière bien simple, en prenant pour base de ces recensements la partie de la population la plus sédentaire qui est à l'abri de ces accidents, la partie féminine seule. Pour reconnaître l'exactitude de ces opérations et les rectifier, appuyons-nous sur les actes de l'état civil : naissances et décès. Étant admis qu'une population, en dehors de l'immigration, ne peut s'accroître que par l'excédent des naissances sur les décès, il nous sera facile de contrôler ainsi les résultats des dénombrements et de les ramener à la réalité quand ils s'en éloignent trop.

Comme point de départ, il fallait choisir le recensement qui paraît avoir été exécuté dans les meilleures conditions sur bulletins individuels, celui de 1836. De ce moment à 1816, nous pouvons rétablir le chiffre de la population féminine en retranchant, de la population constatée en 1836, l'excédent pendant cette période, soit 1,421,641 naissances. De 17,080,209, la population féminine, recensée en 1836, se trouve ainsi réduite en 1816 à 15,658,568. Poursuivons la même opération en 1806, elle se trouve abaissée à 14,896,734 et enfin en 1801 à 14,718,188.

Le recensement officiel de 1801 ne donne que 14,037,114, soit 725,225 femmes de plus que les hommes, chiffre auquel il faut ajouter 681,074 femmes, si nous prenons pour base la population féminine calculée par l'excédent des naissances sur les décès, ce qui donnerait en tout un excédent de la population féminine sur la population masculine de plus de 1,406,299 âmes. Cette seule disproportion du rapport des deux sexes nous prouve que la partie masculine a été mal recensée, ou a éprouvé des pertes considérables ; là est, en effet, la cause de ce défaut d'équilibre.

Si la population, garçons et filles, se maintenait dans le même rapport que celui des naissances qui paraît invariable, on devrait retrouver 106 individus du sexe masculin contre 100 du sexe féminin, puisque tel est le rapport des naissances de l'un et de l'autre sexe ; mais il n'en est pas ainsi. Les accidents auxquels les hommes sont exposés, leur mobilité à l'intérieur et surtout leur émigration ou leurs voyages les rendent beaucoup moins saisissables que les femmes dans les recensements, et non-seulement leur nombre diminue et se nivelle avec celui des femmes, mais ces dernières, quoique naissant en moindre nombre, dépassent toujours dans les recensements le nombre des hommes. Un regard sur l'excédent des femmes sur les hommes à chaque recensement depuis 1800, nous montre que malgré un moindre nombre des naissances dans la proportion de 100 femmes sur 106 hommes, cependant la population féminine a toujours été supérieure à la population masculine. La proportion, il est vrai, a été loin d'être la même.

Sur les chiffres officiels nous voyons l'excédent des femmes sur les hommes s'abaisser de 725,225 en plus en 1801 à 193,252 en 1851, et cette diminution n'est pas soudaine, elle a lieu peu à peu, à chaque recensement ; ce n'est donc pas le résultat d'un plus grand soin apporté dans les relevés officiels.

Pris à cette source, l'excédent des femmes sur les hommes dans les divers recensements suit les oscillations suivantes :

1801	725.225	1846	316.332
1806	481.725	1851	193.252
1816	1.051.741 (Raudot)	1856	297.791
1821	868.325	1861	38.906
1836	619.508	1876	158.510
1841	420.922	1881	92.254

Il y a toujours un excédent, mais cet excédent est variable : de 725,225 en 1801 à 481,725 en 1806, recensement plus exact, il se relève à 1,051,741, si nous accceptons la population de 1816 calculée d'après le procédé de M. Raudot en déduisant l'excédent des naissances sur les décès de la population recensée en 1836 ; puis nous le voyons décroître d'une manière continue et s'abaisser à 868,325 sur le relevé officiel de 1821 (ce qui justifie celui de 1,051,941 calculé pour 1816), 619,000 en 1836, 420,000 en 1841, 316,000 en 1846, 193,000 en 1851 ; on voit la différence de l'écart de 1816 à 1851, de 1.051,741 à 193,252. Nous venons de traverser une longue série d'années qui n'ont pas été troublées par de grandes guerres et l'équilibre entre la population masculine et féminine tend à se rétablir. Alors éclate de nouveau une grande guerre, la guerre de Crimée, simple escarmouche comparée aux guerres de l'Empire, et cependant ce léger trouble reporte de suite de 193,000 à 297,000 l'excédent des femmes sur les hommes en 1856. Cette cause disparue, aussitôt l'équilibre tend à se rétablir et, en 1861, à 38,000 près, le recensement donne presque l'égalité entre les deux sexes, égalité qui ne dure pas, car la guerre franco-allemande de 1870 fait prédominer de nouveau dans le recensement de 1872 l'élément féminin en l'élevant à 158,000, chiffre qui n'est pas en rapport avec les pertes d'hommes éprouvées alors ; mais, dès 1881, la trace de cette guerre a pour ainsi dire disparu : l'excédent féminin s'est abaissé à 92,000 ; s'il se relève ensuite à 130,000 en 1886, l'immigration des étrangers y est probablement pour quelque chose.

L'importance de ces excédents féminins pendant la Révolution et sous l'Empire, puis leur diminution constante pendant la période de paix, leur faible augmentation pendant les guerres modernes, guerre de Crimée, guerre de 1870, nous montre, sur une moindre échelle, ce qui s'est passé aux époques antérieures, la liaison de cause à effet n'est pas discutable. Ainsi, dans les excédents de la population féminine sur la population masculine, constatée par les recencements, nous avons un excellent moyen de contrôler l'exactitude de ceux-ci.

Mais là encore nous trouvons une cause d'erreur, si nous voulons comparer les accroissements de la population par l'excédent des naissances sur les décès. En prenant les femmes seules, nous pensions éviter les omissions que l'on rencontre sur les listes des décès masculins par suite des grandes guerres de la première République et de l'Empire, ce qui donne un excédent des naissances plus considérable que la réalité.

En prenant les femmes seules, le résultat serait bon si leur nombre était en proportion avec celui des hommes, or les recensements nous montrent qu'il le dépasse de beaucoup dans la première partie du siècle. Ce nombre de femmes, plus grand que celui qui devrait exister par rapport aux hommes, vient surcharger les listes des décès ; nous ne nous plaignons plus ici de l'absence des décès non inscrits, mais des décès inscrits en plus. Un million de femmes de plus que les hommes donne une mortalité annuelle de 25 à 30,000 décès, qui diminue d'autant l'excédent des naissances sur les décès féminins : cet excédent devait s'élever à 1,500,000 en 1800, ce qui correspondrait déjà aux 1,700,000 disparus pendant les guerres de l'Empire.

La population calculée pour 1801, en prenant simplement la population féminine officielle de 1836 et en retranchant l'excédent des naissances sur les décès sans aucune rectification, devait s'élever à....... 14.718.188

Ajoutons la population masculine dans la proportion des années qui ne sont pas troublées par des guerres, soit de 100 à 150,000 âmes en moins et nous avons... .... 14.593.000

Soit une population totale de........ .... 29.311.188

Ajoutons encore la population féminine en excédent sur les hommes soit de 300,000 à 1,500,000 femmes, même en prenant le chiffre le plus petit, nous dépassons 30,000,000 en 1801.

Les documents nous manquent pour aller au-delà ; nous ne possédons que le relevé des naissances et des décès donné par les intendants pendant quatre années, de 1781 à 1784. D'après ce relevé, l'excédent total annuel des naissances masculines et féminines ne dépassait pas 47,600 âmes. Cet excédent pendant dix-sept années, de 1781 à 1801, donne un total de 761,000 âmes qu'il faut déduire de la population de 1801 pour avoir celle de 1774 qui, ainsi calculée, devait s'élever à 29,238,400 habitants.

M. LEVASSEUR avait donné dans la précédente discussion (séance du 11 novembre) et dans le premier volume de son ouvrage sur *La Population française* qui a été l'occasion de cette discussion, les raisons qui lui font considérer le chiffre de 26 millions comme représentant la population probable de la France en 1789. Il n'avait plus qu'à écouter les observations de ses collègues relativement à ce chiffre pour y répondre. Il remercie MM. Fournier de Flaix et Juglar d'avoir exposé nettement leurs objections. Elles prouvent que le problème est difficile à résoudre, qu'il peut être abordé par des procédés d'investigation différents et qu'il n'est pas

(M. Levasseur l'a dit en traitant la question dans son livre *La Population française*, t. I, p. 217) de nature à recevoir jamais une solution rigoureusement exacte. Mais elles ne prouvent pas que l'évaluation de 26,300,000 habitants ne soit, comme il l'a dit, « la moins éloignée de la vérité ».

Les deux orateurs n'ont fait aucune observation sur le chiffre de 20 millions en 1700. Considérons donc ce chiffre comme acquis à la discussion et passons.

Ils contestent celui de 26 millions en 1789. Voyons sur quoi s'appuie cette critique et sur quel fondement, j'ai, moi, assis mon évaluation.

Je ferai observer à M. Fournier de Flaix qu'il a fondé son opinion sur un sentiment personnel et non sur des textes. Il est dangereux de faire de la critique historique avec des sentiments ; on risque de prendre ce qu'on désire pour ce qui est. Il est plus dangereux encore de le faire lorsqu'il existe des textes contemporains et que les sentiments du critique sont en désaccord avec ces textes.

Le sentiment de M. Fournier de Flaix est que la population de la France devait être plus considérable en 1789 qu'en 1801, parce qu'elle a dû perdre des habitants pendant la période révolutionnaire. Il serait possible en effet que la guerre étrangère, la guerre civile et les agitations politiques eussent diminué le nombre des habitants pendant cette période. Si cette diminution résultait de la comparaison des documents, les raisons ne manqueraient pas à l'historien pour l'expliquer. Mais, si les documents disent le contraire, il faut commencer par les étudier au lieu d'en rejeter préalablement le témoignage sous prétexte qu'ils ne concordent pas avec une opinion préconçue, et, s'il y a des raisons qui peuvent expliquer un accroissement, il est prudent d'accepter le fait, comme étant attesté par des documents contemporains suffisamment authentiques, et comme n'étant pas, après tout, invraisemblable et sans exemple dans l'histoire.

Or, ces raisons existent. Sans doute la guerre sur les frontières et en Vendée, la crise économique, l'émigration, l'échafaud ont fait des vides très considérables dans la population de certaines parties de la France. J'ai dit que Paris, particulièrement, avait perdu une partie de ses habitants. La plupart des villes ont été dans le même cas ; ce sont elles surtout qui ont souffert de l'état de l'industrie, du maximum, de la disette et de la Terreur. Les campagnes, malgré les violences dont certaines localités ont été le théâtre et malgré les levées d'hommes, étaient plus à l'abri de ces maux et les paysans ont, sous plusieurs rapports, profité de la transformation sociale. Voici comment je me suis exprimé sur ce sujet dans mon ouvrage :

« Comment la population française s'est-elle comportée durant la période révolutionnaire ? La guerre, les dissensions civiles, la disette, le discrédit, la langueur du commerce intérieur et l'interruption du grand commerce maritime n'étaient pas des conditions favorables à un accroissement. Si ces causes avaient agi seules, nul doute que le recensement de 1801 n'eût constaté un nombre inférieur aux évaluations de la fin de l'ancien régime. Or, il en a trouvé un qui est supérieur, et cependant ce recensement lui-même semble pécher par omission. Faut-il en conclure que les dernières et diverses évaluations de l'ancien régime, parmi lesquelles nous avons adopté le chiffre de 26 millions, étaient au-dessous de la réalité, ou que l'émancipation des paysans avait contrebalancé l'influence de la crise politique ? Les campagnes en effet n'ont pas souffert de la disette autant que les villes ; elles ont profité de la suppression des droits féodaux et des dîmes, de l'achat des terres confisquées ou du partage des terres communes ; elles n'ont guère porté, grâce au payement en assignats, le poids de l'impôt foncier, et les paysans, propriétaires ou non, ont été affranchis de la taille personnelle et des charges que l'ancien régime faisait peser sur eux. Il est donc vraisemblable que la population a augmenté. C'est l'opinion qu'a soutenue Malthus contre un écrivain français hostile à la Révolution et, sur ce point, Malthus avait raison. »

M. Fournier de Flaix objecte que les propriétaires ont seuls profité de la suppression des dîmes et impôts ; il aurait dû ajouter « et les fermiers » et il sait combien le n...mbre des petits cultivateurs et fermiers ou métayers était grand. En outre, la suppression (suppression momentanée) des impôts indirects a été pour les habitants de la campagne un soulagement plus sensible qu'il ne paraît le penser.

Je cite en note l'opinion de Malthus qui écrivait en 1803 : «... Pendant le cours de la Révolution, la population a plutôt crû que diminué... quoique la France ait beaucoup souffert dans ses manufactures, on semble reconnaître généralement que son agriculture a plutôt prospéré... (1) ». Or Malthus a connu le recensement de 1801 qu'il cite ; il ne paraît pas avoir connu celui de 1806 qui eût corroboré son opinion. Il était contemporain et avait une compétence incontestable sur cette matière, il n'écrivait certes pas pour flatter la France, car il n'était pas partisan de la Révolution. Son témoignage a donc une grande valeur. Quant à la théorie de Malthus, je ne la crois pas exacte et je la discute dans le second volume de *La Population française* ; mais il ne serait pas opportun d'aborder en ce moment une discussion qui nous transporterait hors de notre sujet.

Les mémoires rédigés en l'an IX par les préfets, sur l'ordre de Chaptal, dont a parlé M. Fournier de Flaix, sont des documents intéressants, quoique d'inégale valeur ; j'en ai fait usage souvent, particulièrement dans l'*Histoire des classes ouvrières*. On ne peut pas dire qu'ils soient complètement impartiaux ; par les dispositions d'esprit des hommes qui les ont composés et par le désir de plaire à l'administration, ils montrent volontiers le mal fait par la Révolution que le Consulat s'apprêtait alors à réparer.

---

(1) Voir la note complète, p. 299 du 1er volume de *La Population française*.

Cependant plusieurs d'entre eux ont constaté qu'on avait défriché beaucoup de champs et étendu les ensemencements, que même dans certain⁻ départements, les paysans avaient acheté des terres jusqu'à se gêner en immobilisant leur capital d'exploitation, que les salaires avaient augmenté. Ils ne prouvent pas que le nombre total des habitants de la France fut plus considérable en 1789 qu'en 1801.

M. Fournier de Flaix a le sentiment que cette population a diminué, non seulement pendant la République mais aussi sous le Consulat et l'Empire, vu la grande consommation d'hommes que la guerre a faite de 1792 à 1815.

Je crois qu'il ferait mieux de ne pas s'appuyer, à ce propos, sur le prétendu recensement de 1811 pour chercher une contradiction avec le document de 1806. J'ai eu occasion de dire ici et dans mon livre (t. I, p. 301) qu'il y avait eu en 1811 une évaluation du nombre des habitants calculée par les préfets, mais non un recensement.

M. Fournier de Flaix a raison de dire que les pertes ont été considérables ; elles ont assurément nui au progrès de la population. Toutefois, une diminution pendant le Consulat et l'Empire est absolument contredite par la comparaison des trois recensements de 1801, de 1806 et de 1821 qui ont donné (pour le territoire demeuré à la France en 1815) : le premier 27,347,000, le second 29,197,000 et le troisième 30,461,000. Or, M. Fournier de Flaix accepte, comme suffisamment exacts, ces recensements, puisqu'il s'appuie sur eux pour établir l'hypothèse de 30 millions d'habitants en 1789. Il admet donc conséquemment que le fléau de la guerre, cause dépressive, peut être neutralisé par d'autres causes.

M. Fournier de Flaix me fait dire que la guerre de la succession d'Espagne a coûté 2 millions d'habitants ; je crois qu'elle a coûté beaucoup, mais tout en citant l'opinion d'écrivains du temps (t. I, p. 213), je n'ai rien affirmé, n'ayant aucune donnée positive. Cependant, je pense que la misère a été plus grande en France alors que pendant la Révolution et je fournis des textes qui montrent que cette misère était affreuse (t. I, p. 211 et 212). Tous les historiens sont d'accord sur ce point.

M. Fournier de Flaix m'oppose ce fait que la révolution de 1848 et la guerre de Crimée ont suffi pour ralentir le progrès de la population. (Il aurait pu même dire que pendant la guerre de Crimée il y a eu plus de décès que de naissances) et que deux années de guerre, en 1870 et en 1871, l'ont amoindrie ; il demande comment la Révolution et les guerres de 1789 à 1801 n'auraient pas eu le même effet. J'ai dit qu'*a priori* cette opinion était vraisemblable. Mais elle est en désaccord avec les textes : c'est beaucoup. De plus, quand on regarde de près, on s'aperçoit que la transformation sociale ayant soulagé les habitants des campagnes et la natalité étant alors plus forte qu'aujourd'hui, il y a des raisons qui expliquent les différences des résultats à la fin du xviiie et dans la seconde moitié du xixe siècle.

Voici les chiffres fournis par les contemporains ; ce ne sont pas là des hypothèses, ce sont des textes. Je les cite, sans vouloir y substituer un sentiment qui me soit personnel et je me contente de les diviser en deux groupes qui donnent pour deux époques, vers la fin du règne de Louis XV et vers la fin du règne de Louis XVI, une idée approximative de la population de la France.

Expilly (en 1762) 22,014,357 avec la Lorraine, mais sans la Corse (1).

Buffon (vers 1766) 22,672,000.

Messance (en 1766) 23,109,000.

Moheau (en 1776) 24,000,000.

Vers la fin de l'ancien régime, les évaluations sont en général plus fortes, la population ayant augmenté sous le règne de Louis XVI.

Essai pour connaître la population du royaume (mémoire présenté à l'Académie des sciences en 1785) 25,000,000.

Necker, *Administration des finances* (1784) 24,802,000 (2).

Dupont de Nemours (*Séance du comité de l'agriculture*, 1785) 23 à 24 millions.

État par généralités (Corse comprise) présenté à l'Assemblée des notables, par M. de Calonne, en 1787, 23,052,475.

Chevalier des Pommelles. *Note et observations sur la population de la France*, 1789 (calcul fait par généralités sur les naissances, mariages et décès durant dix ans (1778-1787), 25,065,883.

Bonvallet des Brosses (1789) 27,957,157.

Comité de l'Assemblée constituante pour l'assiette de l'impôt et la nomination des députés :

1re évaluation : 28,896,000.

2e évaluation (rectification faite par le comité lui-même, environ deux mois après) : 26,363,000.

(Cette deuxième évaluation est vraisemblablement celle qu'a reproduite par département M. Arthur Young dans ses *Voyages en France*).

3° Evaluation (Rapport du 27 mai 1791, reproduit dans l'*Adresse aux Français sur les contributions publiques*) : 27,190,000 (3).

Lavoisier, *la Richesse territoriale en France* (1791) : 25,000,000.

Condorcet, Peysonnel et Le Chapelier, *Bibliothèque de l'homme public* (1791) : 25,500,000.

---

(1) Plus tard dans un tableau présenté au roi en 1779, on lit : « plus de 24 millions ».

(2) Necker ajoute qu'il donne ce chiffre pour ne pas s'éloigner de l'opinion commune, mais que le nombre des naissances, y compris la Corse, dépasse 1 million, ce qui indiquerait une population de près de 26 millions d'âmes.

(3) Le détail par département de cette évaluation de la population a été donné par M. le comte de Luçay dans un article de *La Réforme sociale* (année 1891) intitulé : *Les Contributions de la France à cent ans de distance.*

Rapport de Montesquiou à l'Assemblée constituante (1791), 26,300,000.

Rapport sur les taxes à l'Assemblée constituante : 26,100,000.

Pinteville-Cernon, *Nouveau dictionnaire géographique de la France* (1791) : 27,400,000 (1).

C'est donc entre 23 et 29 millions que varient les évaluations des écrivains et des administrations à la fin de l'ancien régime. Qu'il y ait entre ces évaluations de grandes différences, on ne saurait s'en étonner quand on songe qu'il n'y a jamais eu, à cette époque, de dénombrement général, et que les chiffres les plus autorisés resultent de la multiplication du nombre des naissances par un coefficient dont la détermination était nécessairement quelque peu arbitraire. Toutefois, ces nombres ne sont pas donnés au hasard et leurs auteurs sont la plupart des hommes qui méritent qu'on tienne compte de leur calcul.

N'est-ce pas en tenir compte en se conformant aux règles de la critique qu'adopter la moyenne de leurs évaluations et dire que la France d'alors renfermait environ 26,300,000 âmes (ce qui correspond à 26 millions pour le territoire actuel de la France)? Ces 26 millions ne sont qu'une approximation ; mais, je le répète, l'approximation la plus vraisemblable. Comme, d'autre part, il se trouve que ce chiffre s'accorde assez bien avec ceux des temps précédents (par exemple les 22 millions d'Expilly) et avec ceux qui suivent (par exemple les 27 millions 1/2 de 1801), le démographe, quelque valeur qu'aient les objections de MM. Fournier de Flaix et Juglar, n'a pas à protester contre le témoignage de l'historien.

Combien n'est-il pas plus modeste et plus prudent de procéder ainsi que de prétendre que la France d'alors renfermait 30 millions d'habitants, c'est-à-dire excéder d'un million et au-delà la plus forte évaluation des contemporains, surtout lorsqu'on remarque que le comité de l'Assemblée constituante, auteur de cette évaluation, s'est empressé de reconnaître qu'il avait exagéré et de diminuer son évaluation de 2 millions 1/2 !

Ce chiffre de 30 millions, M. Fournier de Flaix l'appuie sur le témoignage de M. Raudot et de M. Fayet qui, écrivant soixante ans après l'évènement, croyaient pouvoir, de quelques faits particuliers recueillis dans une province (M. Raudot particulièrement dans l'Avallonnais) conclure à la population totale de la France. C'est là un genre de sophisme historique dont j'ai montré le danger en plusieurs passages de mon ouvrage. Du travail de M. Juglar sur lequel s'appuie aussi M. Fournier de Flaix, je parlerai tout à l'heure.

Je demande à M. Fournier de Flaix la permission de lui lire un passage d'une brochure très peu connue, écrite dans l'émigration, qui, émanant

---

(1) Voir *La Population française*, t. I, p. 215, 216, 217, 296.

d'un homme considérable, ancien ministre de Louis XVI, confirme mon évaluation.

Calonne avait écrit, sous le titre de *Tableau de l'Europe*, un pamphlet qui a eu un certain retentissement et dans lequel il prétendait que la France comptait 28 millons d'habitants en 1789.

M. de Barentin, ancien avocat général au Parlement de Paris, premier président de la Cour des aides, garde des sceaux de 1788 à 1791, répondit par une brochure imprimée, sans nom d'auteur, à Constance en 1796 et portant pour titre : *Rapport fait à Sa Majesté Louis XVIII* (1). Voici le passage (p. 160 et suiv. de cette brochure) relatif à la population :

« L'auteur (c'est M. de Calonne) prétend qu'en 1787, c'est-à-dire pendant son administration, il a été découvert que la France avait 28 millions d'habitants. Le calcul, dit-il, des écrivains, échos les uns des autres, n'est que de 25 à 26 millions d'habitants ; mais le calcul, vérifié en 1787, est d'environ 28 millions. Ces expressions sont ambiguës et incertaines, et il faut fixer le sens de ce que l'auteur entend par son calcul vérifié. L'évaluation de la population de la France n'a été méthodique que depuis qu'il y a eu des états exacts des naissances, dans toute la France, et des dénombrements dans quelques lieux ; parce que de la proportion dans les cantons dénombrés, du nombre des naissances au nombre des habitants, on a pu conclure une proportion générale pour le royaume, et conséquemment avoir une idée probable de la population. Les états des naissances dans tout le royaume sont recueillis par le gouvernement et livrés au public par l'impression ; ainsi ce genre d'éléments a servi également et aux écrivains que l'auteur dément et réforme, et à lui-même ; ces écrivains n'ont donc pu tomber dans l'erreur que par une fausse estime de la proportion des naissances à la population.

» Avant l'administration de l'auteur du « *Tableau de l'Europe* », ies seuls écrivains qui eussent donné un état de la population de la France d'après des états des naissances et des dénombrements, étaient MM. de Buffon, Messance, Moheau, Necker. On ne compte ni le marquis de Mirabeau, ni l'abbé Expilly, parce qu'ils n'ont suivi aucune méthode. Quant à ces quatre écrivains, on ne conçoit pas pourquoi l'auteur les accuse d'être les échos les uns des autres, car chacun d'eux a donné une idée différente de la population.

---

(1) *Rapport fait à Sa Majesté Louis XVIII, imprimé à Constance*, 1796.

En manuscrit sur le titre de l'exemplaire que j'ai entre les mains se trouve : Sur le principe, de la monarchie française contre le Tableau de l'Europe par M. de Calonne par M. de Barentin. Et plus bas, il y a : *Nota*. M. Barbier dit dans son dictionnaire des anonymes que quelques personnes attribuent ce rapport à M. de Montyon. J'ajoute qu'il ne peut être de lui parce que Montyon n'a pas été ministre et qu'il parle de ce qu'il a fait étant du conseil du roi. M. de Barentin (1739-1819) a été avocat général au Parlement de Paris, premier président de la Cour des aides et garde des sceaux de 1788 à 1791.

» Buffon donne à la France..... ....   22.677.077
» Messance.......... ....   23.909.400
» Moheau........ ....   23.687.419
» Necker (1) 24.676.000

» La différence de ces résultats vient : 1° de ce que ces écrivains établissent entre le nombre des naissances et le nombre des habitants une proportion plus ou moins forte. Ainsi Moheau estime que la population du royaume est au nombre des naissances pendant une année comme vingt-cinq et demi est à un ; et Necker, comme vingt-cinq trois quarts à un ; 2° comme ces auteurs ont écrit dans divers temps et que le nombre des naissances augmentait annuellement, ils ont, d'après ce nombre, formé une évaluation de la population plus ou moins forte. Et cette progression continuant toujours, avant la Révolution, par suite des principes admis par ces écrivains, on portait la population de la France à 26 millions d'habitants ; si l'auteur du « *Tableau de l'Europe* » a trouvé la preuve que cette proportion pour la totalité de la France doit être beaucoup plus forte, il aurait bien dû, au lieu d'une décision dogmatique, faire connaître ses preuves, afin de servir à l'instruction des écrivains à venir. Mais ces preuves ne pouvaient consister que dans la confection de nouveaux dénombrements qui indiquassent une proportion différente du nombre des habitants dénombrés aux naissances annuelles. Cependant on n'a aucune notion de la prétendue vérification alléguée par l'auteur. Des dénombrements ne peuvent être faits incognito ; s'ils avaient existé, ils eussent été connus, les papiers publics en eussent fait mention, les procès-verbaux s'en trouveraient dans les archives ou dans les bureaux : mais rien de tout cela n'existe. D'ailleurs, si l'auteur avait reconnu que la population de la France était beaucoup plus considérable qu'on ne l'estimait, il n'aurait pas manqué de rendre compte au roi du fruit de ses travaux, et le roi qui avait très bonne mémoire, n'aurait pas oublié un fait aussi intéressant aux yeux d'un monarque, que la découverte de deux millions de sujets dont il ignorait l'existence. En 1788, ayant eu l'occasion de dire au conseil des finances qu'il existait en France 25 millions d'habitants, le roi m'a fait l'honneur de me dire en présence de tout le conseil, que *dans les comptes qui lui avait été rendus de la population de la France, elle lui avait toujours été présentée comme inférieure à 25 millions.* Il est difficile de concilier tous ces faits avec l'assertion de l'auteur. »

Ce que ne savait pas M. de Barentin, mais ce que nous savons maintenant, puisque je vous ai cité l'évaluation produite à l'Assemblée des notables qui se trouve aux Archives nationales (H 1444) (2), c'est que ce même

----

(1) M. Levasseur fait remarquer que ces chiffres diffèrent un peu de ceux qu'il a donnés (en nombres ronds, il est vrai) d'après les ouvrages de ces auteurs.
(2) Cité dans le tome I, page 218 de *La Population Française.*

ministre, qui prétendait qu'un « calcul vérifié en 1787 » l'autorisait à parler d'environ 28 milions, avait en réalité produit cette année même, dans une circonstance solennelle, un état qui n'était que de 23 millions.

Après le témoignage de M. de Barentin et la réfutation de Calonne par lui-même, je crois inutile d'insister davantage sur l'hypothèse de 30 millions.

Mais puisque j'ai fait une première citation de la brochure de 1796, je vous demande la permission de terminer ma réponse par une seconde citation. Elle confirme une autre assertion qui n'a pas été, je crois, contestée, c'est que la population française, qui avait beaucoup souffert dans le premier tiers du XVIIIe siècle, avait relativement été dans une situation beaucoup plus favorable sous le règne de Louis XVI.

« Les quatorze premières années du règne de Louis XVI sont, depuis les quatorze siècles qu'a duré la monarchie française, le temps où la masse de la nation jouit d'un plus grand bonheur. A l'époque de la Révolution, dans un cercle autour de la capitale d'environ quatre-vingts lieues de diamètre, il y avait près de cent quarante ans qu'on n'avait entendu tirer un coup de fusil que pour des réjouissances. La personne, la propriété du citoyen, sous l'inspection de la police la plus vigilante, étaient dans la plus grande sûreté. La population était considérablement augmentée et augmentait annuellement. La culture faisait des progrès continuels, et les terres étaient travaillées avec plus d'art et de soin. Le genre de produit territorial dont l'État retirait les plus grands avantages, était la vigne, qui s'était prodigieusement propagée. Les manufactures s'étaient multipliées ; leurs procédés s'étaient perfectionnés, et des genres d'industrie nouveaux s'étaient formés. Le commerce ne prospérait pas moins ; de nouveaux débouchés avaient été ouverts, la plupart des anciens étaient devenus plus productifs. L'importation et l'exportation coloniales avaient une augmentation périodique, et nos ports contenaient plus de navires français qu'il n'y en avait jamais existé.

» Ces sources de richesses ne pouvaient exister sans que l'état de citoyen fût amélioré. Si les dernières classes du peuple étaient toujours dans une situation dont devait s'affliger un ami de l'humanité, du moins leur existence était beaucoup moins malheureuse qu'elle n'avait été anciennement ; la classe indigente avait plus que dans les temps précédents les moyens de pourvoir à ses divers genres de besoins physiques, ses aliments étaient meilleurs. Dans presque toutes les provinces, les anciens habitants des villages attestaient, même en se plaignant, suivant l'usage, de la rigueur du temps actuel, qu'un plus grand nombre d'habitants mangeait du pain de froment et de la viande ou en mangeait plus souvent.

» L'usage des boissons fermentées était plus général ; moins de maisons étaient en ruines ; celles nouvellement bâties étaient plus grandes ou plus commodes et mieux distribuées ; et elles étaient pourvues de meubles inconnus à la pauvreté des pères ; les vêtements étaient meilleurs et plus propres à garantir du froid. Si les impôts étaient considérablement augmentés, le prix des denrées et des marchandises était augmenté dans une proportion beaucoup plus forte, et la masse des produits était aussi accrue. Ainsi les charges de l'État, quoique nominativement plus fortes, l'étaient moins dans la réalité, la preuve en est que les recouvrements étaient plus prompts, et le nombre des contraintes était moindre. »

M. Juglar apporte dans le débat un argument statistique qu'il avait produit il y a trente-cinq ans, et qui est digne d'attention. Cet argument est présenté, cette fois, dégagé de circonstances accessoires qui prêtaient à la critique dans l'article du *Journal des Économistes.* Il consiste à prendre le premier recensement qui lui inspire suffisamment confiance (le choix qu'il fait de celui de 1836 me paraît justifié), à en déduire l'excédent des naissances sur les décès entre les deux dates de 1836 et de 1801, de n'opérer que sur le sexe féminin pour éviter les erreurs provenant des décès non enregistrés des militaires et d'obtenir ainsi, par calcul, une population probable pour 1801

Je ferai observer en premier lieu à M. Juglar que le calcul me donne un excédent de 14,662,000 (1) pour l'année 1801, tandis qu'il a trouvé 14,718,000. Le recensement de 1801 donne 14,037,114.

Je lui ferai observer en second lieu qu'il suppose très arbitrairement le chiffre de 14,593,000 pour le sexe masculin, tandis que le recensement porte 13,311,889. Il lui plaît de réduire l'excédent de la population féminine, qui est de 725,225 d'après le recensement, à 125,188. De quel droit le fait-il, puisqu'à tous les recensements, moins deux (1861 et 1881), l'excédent a été plus fort qu'il ne le suppose pour 1801, et que précisément en 1801, l'état politique de la France rend vraisemblable un fort excédent ?

Ces deux raisons suffiraient pour ne pas admettre les 29,311,000 que propose M. Juglar, et pour admettre moins encore les 30 millions qu'il indique sans preuve.

Voici d'autres raisons. M Juglar ne tient aucun compte de l'immigration qui a une certaine part (quoique relativement plus faible qu'aujourd'hui) dans l'accroissement de la population et qu'il conviendrait de déduire, si on connaissait le montant du chiffre fourni par l'excédent des naissances sur les décès. Il ne tient pas compte des critiques qui ont été faites, particulièrement par Demontferrand à propos de sa table de mortalité, relativement à l'enregistrement des naissances et des décès antérieurement à

---

(1) Je tire ces chiffres du document original. *Statistique de la France, territoire, population* 1837. Le recensement de 1836 porte 17.080,209 personnes du sexe féminin (p. 199). L'excédent des naissances de l'an IX à 1835 (on pourrait même retrancher la partie de l'an IX antérieure au recensement, et il ne faut pas compter 1836, année du recensement) a été pour le sexe féminin de 2.417,955 (16,098,978 naissances et 13,673,023 décès enregistrés (p. 219 et 224). Or 17,080,209 — 2,417,955 = 14,662,254.

l'année 1820, critiques qui ont porté sur les deux sexes et qui, signalant
de nombreuses omissions, enlèvent une grande partie de sa force à l'argument tiré de ce genre de calcul.

Néanmoins je reconnais volontiers avec M. Juglar, et j'ai dit à plusieurs
reprises (Voir notamment *La Population française*, t. I, p. 301), que le
recensement de 1801 paraissait donner un chiffre un peu trop faible, de
même que celui de 1806 paraît donner un chiffre un peu trop fort. Admettons par hypothèse, si vous le voulez, 28 millions pour 1801.

Cette hypothèse, étant admise, ne résout nullement la question en litige,
celle de la population en 1789. Elle pourrait tout au plus conduire à penser
que l'accroissement pendant la Révolution a été plus grand que nous ne le
supposons.

Il est vrai que M. Juglar essaie d'en déduire la population de 1789
d'après l'excédent des naissances sur les décès de 1781 à 1784 (1). Il aurait
pu voir dans mon ouvrage que ces documents existaient depuis l'année
1770 (*La Pop. fr.*, t. I, p. 250) et il aurait pu prendre pour base le tableau
que je donne des naissances et décès par généralités (t. I, p. 258 à 268) et
l'excédent qu'a calculé, d'après ces documents, le chevalier des Pomelles
pour la période décennale (1778-1787) qui précède immédiatement la
Révolution (t. I, p. 269). Il aurait eu ainsi une base plus large pour son
calcul. Cet excédent moyen, étant de 86 naissances par 1,000 décès, correspond, calculé d'après un nombre moyen de 90,000 décès par an, à un
accroissement annuel de 77,400 et non de 47,000 ; soit pour dix-sept
années, 1,315,800, au lieu de 761,600 que propose M. Juglar.

Il n'est pas du tout certain que le taux de la natalité ait été sous la Révolution le même que sous Louis XVI. Mais, en suivant M. Juglar dans le
calcul hypothétique où il s'est engagé, on trouve que ce calcul confirme
plus qu'il n'infirme notre chiffre de 26,300,000 habitants en 1789. Car
26,300,000 + 1,315,800 = 27,615,800, nombre qui est à peu près celui
du recensement de 1801.

M. Fournier de Flaix, dans une courte réponse, fait remarquer : 1° que
tous les chiffres et documents sur lesquels s'appuie M. Levasseur sont
purement hypothétiques. — 2° Que les relevés de Buffon réduisant la population à 23 millions d'habitants prouvent qu'on ne possédait à son époque
que des données prises au hasard. — 3° Que les deux relevés de l'Assemblée constituante qui varient, en quelque mois, de près de 3 millions, ont
le même caractère. — 4° Qu'au contraire le chiffre de 30 millions accepté
par M. Raudot et par M. Juglar, ou plutôt le premier recensement produit
à l'Assemblée constituante, 28,800,000 habitants, cadrent seuls avec les

---

(1) M. Bloch ne donne en effet que les années 1781-1784 dans sa *Statistique de la
France*, t. I, p. 59.

faits subséquents (1). — 5° Que notamment le dernier cadrerait fort bien avec le recensement de 1801. De 1789 à 1801, la population aurait perdu 1,400,000 âmes. Soit 116,600 en moyenne. — 6° De 1801 à 1811, les meilleures années de l'Empire, cette perte aurait été en partie reparée, de telle sorte qu'en 1821 la population s'élevait à 30,461,000 habitants, soit un accroissement total de 4,761,000 de 1789 à 1821, ou moyen de 55,000 habitants. — 7° Si l'accroissement de la population est descendu à 74,700 de 1846 à 1856, il n'y a rien de surprenant qu'il n'ait été que de 55,000 de 1789 à 1821, au contraire, c'est parfaitement plausible.

M. TURQUAN reconnaît combien ces évaluations sont délicates. Pour la fin du dernier siècle, nous n'avons rien de pareil aux recensements actuels, qui deviennent de plus en plus exacts et scientifiques. Il est presque impossible d'établir avec certitude l'importance d'une population et ses mouvements à l'aide du simple relevé des naissances et des décès. Mais on peut tirer de ces faits certaines indications. C'est ainsi qu'en comparant le nombre des naissances au nombre des mariages, actuellement et il y a cent ans, on trouve que la natalité a diminué d'un quart. Si l'on compare pour les mêmes dates le nombre des naissances au chiffre de la population, et si l'on prend l'évaluation de 26 millions pour 1789, on trouve que la natalité a diminué non plus d'un quart, mais d'un tiers, c'est-à-dire d'un douzième en plus. Donc il paraît probable que le chiffre de 26 millions est trop faible : il conviendrait de le relever d'un douzième : on arriverait ainsi à une population approximative de 27,800,000 âmes en 1789. Cette observation n'infirme en rien les savantes recherches de M. Levasseur, qui a tenu a ne s'appuyer que sur des textes ; en la formulant M. Turquan a voulu faire part à l'Assemblée d'une remarque qu'il a faite, à savoir que la natalité attribuée jusqu'ici à la population française avant 1789 lui semble exagérée (39 naissances pour 1,000 habitants) et par conséquent que l'évaluation de la population de cette époque lui semble trop faible.

Pendant la période 1776-86 il y avait 4 naissances par mariage

Pendant la période 1876-86, 3 naissances par mariage ; diminution un quart.

Pendant la période 1876-86, on compte 24 naissances pour 1,000 habitants ; diminution un tiers.

L'une de ces diminutions est erronée évidemment : M. Turquan accepte pour bonne et digne de foi la supputation des naissances par rapport aux mariages, à chacune des deux époques, mais pense que le calcul relatif au nombre de naissances, rapporté à la population est défectueux pour ce qui concerne la période 1776-1786. M. Turquan estime que le dénomina-

---

(1) Comparer page 217 du premier volume du livre de M. Levasseur les évaluations diverses sur la population de la France de 1785 à 1791, elles varient de 23 à 29 millions.

teur de la fraction relative à cette dernière période est trop faible de un douzième environ (1).

M. LE Dr LAGNEAU, de l'Académie de médecine, estime que les évaluations relatives à la population ne peuvent être qu'hypothétiques, lorsqu'il n'y a pas de recensements réels. Or de pareils documents font défaut pour la fin du XVIIIe siècle. Les proportions des mariages, des naissances et des décès, par rapport aux habitants, étant variables suivant les époques, l'évaluation de la population d'après les nombres des mariages et des naissances est loin de donner des résultats suffisamment approximatifs. En l'absence de documents précis, l'évaluation de M. Levasseur, donnée et vérifiée par les contemporains, semble la plus vraisemblable.

Quant aux pertes éprouvées par la population durant les guerres de la République et de l'Empire, elles sont également difficiles à évaluer. Si l'on sait approximativement combien d'hommes ont été appelés aux armées, on ne sait pas combien sont rentrés dans leurs foyers. M. Germain Sarut a montré que les levées militaires faites en France, du 24 juin 1791 à la fin de 1813, se sont élevées à un total de 4,556,000 hommes (2). Les pertes, évaluées par Michel Chevalier approximativement à 1,800,000 ou 2 millions de décès, ne semblent pas invraisemblables.

D'ailleurs, pour apprécier toute l'étendue des pertes que les guerres font éprouver à une nation, il ne faut pas seulement tenir compte de la diminution immédiate de la population due aux hommes morts par le fait de ces guerres ; mais il faut également tenir compte du préjudice porté aux générations suivantes. Comparant nos jeunes gens appelés au recrutement de 1831 à 1860, Boudin constatait l'infériorité physique de ceux dont les naissances correspondaient aux « dernières années du premier Empire, époque à laquelle la presque totalité des hommes grands et forts, enlevée par la conscription, ne prenait aucune part à la

---

(1) A la suite de l'observation faite par M. Turquan, M. Levasseur avait dit que ce côté de la question méritait d'être examiné à loisir. En lisant l'épreuve de ce compte-rendu, M. Levasseur nous fait remarquer qu'il a écrit (*La Pop. fr.*, t. I, p 272) que les rapports vers 1789 étaient de « 8,8 à 8 mariages et de 39 à 36,7 naissances (39 est, comme on le sait, un maximum et non le taux attribué ordinairement à la natalité) par 1,000 habitants » ; que, d'autre part, des Pommelles donne 4,2 naissances par mariage (*La Pop. fr.*, p. 269), qu'entre ces deux nombres l'accord n'est pas parfait, puisque 4,2 multiplié par le taux maximum des mariages 8,8 ne donne que 35,9 chiffre inférieur au taux minimum des naissances. L'imperfection des documents ne permettait pas à cette époque d'établir des proportions précises, le nombre des habitants n'étant pas connu. C'est ce qu'il faut d'abord répéter pour le bien faire comprendre. On ne peut obtenir que des approximations. Avec 230,000 mariages ou un taux de 8,8 on trouve 26,100,000 habitants en nombre rond avec 8,5, 27 millions. Avec 970,000 naissances une natalité de 36 donne près de 27 millions d'habitants ; une natalité de 39 en donne près de 25.

(2) Germain Sarut : *Levées militaires faites en France du 24 juin 1791 à la fin de 1813* : Recueils de mémoires de médecine et chirurgie militaires, 1867, t. XVIII, p. 68.

procréation ». Alors que sur 10,000 jeunes gens, de 1831 à 1835, on comptait 875 exemptés pour défaut de taille, de 1856 à 1860, on n'en comptait plus que 613. Pareillement, en réunissant aux exemptés pour défaut de taille, les exemptés pour infirmités beaucoup plus nombreux, afin de constater par déduction le dégré d'aptitude militaire de chaque classe, Baudin mettait à même de reconnaître que sur 10,000 jeunes gens, de 1831 à 1835, il n'y en avait que 6,357 aptes au service, tandis que, de 1856 à 1860, il y en avait 6,709 (1).

M. ALBERT BABEAU estime qu'en présence de chiffres très différents, il est plus prudent de prendre une moyenne qu'un maximum. Les faits sont très complexes. Si la population urbaine a diminué pendant la période révolutionnaire, la population rurale s'est développée. La suppression des droits féodaux a profité aux paysans dont beaucoup étaient propriétaires. Ils n'ont pas acheté immédiatement de biens nationaux ; mais ils ont vécu à l'aise. Les voyageurs qui ont parcouru la France en 1796 et 1797 étaient frappés de la prospérité des campagnes. Au contraire, la population industrielle des villes a dû décroître.

Quant au XVIIIe siècle, il y a des périodes très distinctes qu'il ne faut pas confondre. A la fin du règne de Louis XIV, la crise agricole et industrielle qui sévissait avec une grande intensité avait diminué sensiblement la population des villes et des campagnes. Cette dépression ne saurait être attribuée exclusivement à l'édit de Nantes, puisqu'elle se fait sentir même dans les régions où il n'y avait pas de protestants. On entre dans une période de reprise des affaires vers 1740, avec le ministère Fleury. De 1760 à 1790, on voit doubler le prix des terres. Il faut donc se garder des généralisations trop sommaires, et ne pas établir une moyenne uniforme d'accroissement de la population pour tout le XVIIIe siècle.

M. J. BERTILLON a pris grand intérêt à cette discussion sur un sujet où il semblait au premier abord qu'il fut bien difficile d'apporter des arguments nouveaux. Il reconnaît combien il est difficile de donner une solution certaine ; mais s'il fallait donner des chiffres, ce sont ceux de M. Levasseur qu'il adopterait.

M. CASTONNET DES FOSSES confirme ce fait que la population urbaine, fort élevée en 1789, a sensiblement décru pendant la période révolutionnaire. La seule ville de Tours a perdu un tiers de ses habitants. En 1788, elle comptait 30 ou 31,000 habitants, à la fin de 1810, 21,000 ! Pendant la

---

(1) Boudin : De l'accroissement de la taille et des conditions d'aptitude militaire en France : *Mémoires de la Société d'anthropologie*, 1re série, t. II, p. 224, 252, etc., 7 mai 1863.

Révolution, la guerre de Vendée a fait périr 3 à 400,000 personnes. De 1804 à 1814, les armées françaises ont perdu plus de 1,800,000 hommes !

M. LE PRÉSIDENT avant de clore la séance tient à remercier M. Levasseur et les divers orateurs qui, à un débat abstrait et dénué de conclusion précise, ont donné un intérêt vif et varié, en discutant les causes multiples qui, dans la tourmente du siècle dernier, ont influé sur le mouvement de la population française. Ce sera une excellente préface pour la discussion qui, après la publication complète des travaux de M. Levasseur, pourra s'ouvrir ici sur l'état et le mouvement de notre population pendant le siècle qui s'achève.

NOTE REMISE PAR M. ALFRED DES CILLEULS (AOÛT 1891).

Sous ce titre : *Développement de la Population française* en 1789, M. Alfred des Cilleuls doit publier, dans la *Réforme Sociale*, une étude qui a pour but de concilier les données divergentes et les évaluations contradictoires, sur le nombre des habitants de la France, au moment de la Révolution.

L'auteur commence par mettre en relief et n'a pas de peine à réfuter l'erreur des statisticiens consistant à supposer un rapport fixe entre le nombre moyen annuel des naissances et le chiffre de la population. Mais, après avoir écarté cette méthode de supputation, il fallait trouver deux choses : 1° une formule exacte permettant de connaître l'importance de la masse des individus vivants, au moyen de certaines données ; 2° discerner les procédés de recherche de ces données.

Sur le premier point, M. des Cilleuls est conduit, par un nouvel examen, à maintenir la proposition qu'il avait écrite en 1883, dans sa monographie sur la *Population de la France* avant 1789, à savoir que, « à la même époque et dans des contrées soumises aux mêmes institutions, *le rapport des naissances à la population est en sens inverse de celui des mariages aux naissances* ».

Ce théorème n'est vrai qu'autant qu'on néglige certains éléments accessoires ; en raisonnant d'après l'expérience acquise, M. des Cilleuls estime que l'erreur volontairement commise ne dépasse pas une limite qui la rend négligeable, si l'on s'en tient à un demi-million dans le calcul du chiffre de la population.

À l'égard des données, M. des Cilleuls, après comparaison : 1° des relevés annuels fournis par les intendants sur les naissances et les mariages ; 2° des recensements de la Champagne, de la Bourgogne et de la Picardie, en 1773, 1787 et 1788, arrive à cette double conclusion qui paraît acceptable :

1° Il y avait en France, au moment de la Révolution, 26 millions d'habitants environ ;

2° Les évènements politiques et militaires survenus de 1790 à 1799, ont fait perdre au pays 400,000 âmes.

NOTE COMPLÉMENTAIRE DE M. LEVASSEUR.

L'opinion de ceux qui attribuent à la France plus de 26 millions d'habitants à la fin du règne de Louis XVI est en contradiction avec celle qui avait cours alors dans la haute administration et autour du roi. La déclaration de M. de Barentin que nous avons reproduite plus haut est formelle; le roi disait « que dans les comptes qui lui avaient été rendus de la population de la France, elle lui avait toujours été présentée comme inférieure à 25 millions ». Pourquoi donc en cette matière se montrer, si je puis me servir de cette expression, plus royaliste que le roi, je veux dire vouloir grossir le chiffre de la population plus que ne faisaient les contemporains les plus autorisés à la veille de la Révolution ? La principale raison au fond est une raison de sentiment. D'une part, on croit servir la cause de l'ancienne monarchie en attribuant à la France d'alors la plus forte population possible ; d'autre part, comme le recensement de 1801 a accusé 27,349,003 habitants, on se refuse à admettre que la population ait augmenté pendant la tourmente révolutionnaire, et comme, en outre, le recensement a péché par omission plutôt que par excès, on s'attache aux évaluations faites pendant la Révolution qui vont de 27 à 29 millions en négligeant de parti pris les évaluations plus nombreuses qui sont au-dessous de 26, ou, par des calculs hypothétiques que n'autorise pas l'état des documents démographiques de ce temps, on monte arbitrairement « au nom de la science sociale » jusqu'à 30.

Il est certain qu'à priori, quand on ne considère que la crise commerciale et politique et l'état de guerre, on est porté à croire à une diminution. Mais, quand on réfléchit qu'il y a eu en même temps une révolution économique dont les paysans ont largement profité, ou quand on voit sur les registres de certaines municipalités, que les mariages ont été plus nombreux qu'auparavant dans les campagnes (ou du moins dans certaines campagnes), on se demande si les influences favorables à la population n'ont pas compensé les influences défavorables. Malthus le croyait et puisque 26 est le chiffre vraisemblable, et que douze ans après le recensement à donné plus de 27, nous le croyons aussi, parce que nous n'avons sur cette matière aucun parti pris d'avance.

Il y a des Français qui repoussent, au nom de la science sociale et peut-être au nom du patriotisme, l'idée que la France ait été plus peuplée en 1801 qu'en 1789. Cependant les Anglais qui n'ont pas moins de patriotisme, admettent que la population de la Grande-Bretagne et d'Irlande a passé de 12 millions en 1789, à plus de 19 millions en 1815, malgré la guerre contre la France qui a duré plus de vingt ans. L'Allemagne, qui a été tant de fois traversée par les armées françaises et remaniée par les traités durant cette période, avait environ 28 millions en 1789 et plus de 30 en 1815 ; l'Italie, bouleversée aussi, parait avoir gagné dans le même temps plus d'un million (voir le tableau qui se trouve page 242 bis du troisième volume). On ne s'étonne pas d'un tel accroissement dans ces pays parce qu'il n'y a pas de passion politique qui interdit d'y croire.

Les États-Unis fournissent un exemple plus récent d'accroissement malgré la guerre. Ils avaient 31,433,000 habitants en 1860 et 38,558,000 en 1870, quoique la guerre eût coûté beaucoup, ravagé un grand nombre de territoires et produit, par la suppression de l'esclavage, un bouleversement social plus profond peut-être que l'abolition du régime féodal. Les États qui avaient le plus souffert de la révolution ont participé eux-mêmes à cet accroissement : Virginie, 1,596,000 habitants en 1860 ; Virginie (proprement dite) 1,225,000 et Virginie occidentale 442,000 habitants en 1870 ; Géorgie, 1,057,000 habitants en 1860 et 1,184,000 en 1870 ; Louisiane, 708,000 habitants en 1860 et 727,000 en 1870, etc.

La guerre est en général une cause de diminution de population. Cependant on voit que son influence néfaste peut être paralysée par d'autres influences et que les exemples ne manquent pas. (Fin de l'appendice de la page 217).

Page 224, ligne 5. — Au lieu de : par kilomètre carré : lire par lieue carrée.

Page 227, ligne 12. — Au lieu de : 166 p. 100 : lire 125 p. 100.

Page 256. — MOUVEMENT DE LA POPULATION DE LA FRANCE DE 1770 A 1784.

(Inséré dans les Mémoires de l'Académie des Sciences).

ANNÉES.	NAISSANCES.	MARIAGES.	DÉCÈS.
1770	950.528	185.069	709.786
1771	913.214 (1)	172.547	770.401
1772	905 580 (1)	185.632	864.656
1773	900.438 (1)	203.629	840.639
1774	939.608 (1)	215.783	774.988
1775	934 480 (1)	214 670	817.480
1776	939 074 (1)	235.027	740.699
1777	998.171 (1)	232.850	751.711
1778	932.800 (1)	204.137	744.160
1779	956.667 (1)	232.327	766.467
1780	986.306 (1)	241.138	914.017
1781	970.406	236.503	881.138
1782	975.703	224.890	948 502
1783	947.941	228.631	952.205
1784	965.648	229 827	887.155

(1) De 1770 à 1783, il y a eu, moyenne annuelle : 1,375 professions en religion 112,670, excédent des naissances sur les décès.

Nous n'avons pu retrouver ni aux archives nationales, ni à la bibliothèque de

Page 281, ligne 3 de la note. — Au lieu de : S. Dominique : lire S. Domingue.

Page 294. — Complément du tableau de la date des recensements : 1885, Suède et Chili ; 1886, Labrador ; 1887, Espagne et Paraguay ; 1888, Bulgarie ; 1889, Grèce ; 1890, Empire allemand, Autriche-Hongrie, Serbie, Danemark, États-Unis ; 1891, Royaume-Uni et Colonies britanniques, France e. .lgérie, Italie.

Page 313. — Complément du tableau :

DATE.	RECENSEMENT.	RECENSEMENT (Nombre rectifié).	Nombre résultant du calcul de l'excédent des naissances sur les décès et de l'immigration entre deux recensements.		ACCROISSEMENT		SUPERFICIE de la France en kilomètres carrés.	DENSITÉ (Nombre d'habitants par kilomètre carré).
			Calculs de la Statistique générale de la France.	Calculs du docteur Bertillon	total d'un recensement à l'autre (par milliers d'habitants).	moyen. annuel par 1,000 habit.		
12 avril 1891 { Domiciliée 38.343.192 / De fait... 38.095.150		»	»	»	124	0.65	»	72.35

Pages 318 et 319. — Nous avons donné deux tableaux de la superficie et de la population actuelle de l'Europe. Dans l'un (t. I, p. 318-319) nous avons indiqué pour la fin de l'année 1888 une population totale de 352 millions. (Auparavant, dans la *Statistique de la superficie et de la population des contrées de la Terre. — Bulletin de l'Institut international de statistique*, années 1886 et 1887, nous avions calculé que la population de l'Europe à la fin de l'année 1886 s'élevait à 347 millions) ; dans l'autre (t. III, p. 240-241) nous avons indiqué comme population probable à la fin de l'année 1890 : 361 millions.

Depuis l'impression de ce dernier tableau, les résultats définitifs ou provisoires de plusieurs recensements opérés en 1890 et en 1891 ont été publiés, et MM. Wagner et Supan ont fait paraître la VIII° édition de *Die Bevölkerung der Erde* (août 1891), publication périodique qui est la plus importante et la plus autorisée sur cette matière. A l'aide de ces documents nouveaux, nous avons revisé notre second tableau. Voici le

---

de l'Institut, aucun document relatif aux années suivantes. Jusqu'en 1788 inclusivement, les mémoires de l'Académie des Sciences renferment chaque année (à peu près depuis 1781), une communication rédigée par MM. du Séjour, Condorcet et de La Place qui a pour objet l'état de la population du Royaume calculé d'après les feuilles de la carte de Cassini. Cependant le chevalier des Pommelles avait eu ce document sous les yeux, car les moyennes qu'il a calculées portent sur la période 1778-1787.

ÉTATS ET COLONIES.	SUPERFICIE. (Milliers de kilom. carrés)	POPULATION. (Millions d'habit. à la fin de l'année 1890).	DENSITÉ. (Nombre d'habit. par kil. carré).
Europe occidentale :			
Royaume-Uni de Grande-Bretagne et d'Irlande avec les îles anglo-normandes (1).	314.6	37.9	120
Pays-Bas (2)...............	33.0	4.6	139
Belgique (3)...................	29.6	6.1	206
Grand-duché de Luxembourg	2.6	0.2	76
France (4)............................	536.5	38.3	72
Monaco.................................	0.02	0.01	»
Europe occidentale	**916.32**	**87.11**	**95**
Europe centrale :			
Empire allemand (5)	540.6	49.4	91
(Prusse)............................	(318.3)	(29.9)	»
Suisse (6)...........................	41 3	2.9	70
Liechtenstein	0.16	0.009	60
Autriche-Hongrie (sans la Bosnie et l'Herzégovine).....	625.5	41.3	66
Europe centrale....................	**1.207.56**	**93.609**	**77**
Europe méridionale :			
Andorre................. •	0.4	0.006	13
Portugal (8)	89.3	4.5	50
Espagne (9)	497.1	17.2	34
Gibraltar (à l'Angleterre)...............	0.005	0.02	40
Italie (10).........	286.6	30.2	105
Saint-Marin........................	0.06	»	»
Malte (à l'Angleterre)	0.3	0.2	»
Grèce (11).............	65.1	2.2	33
Turquie (12)	168.5 '	5.2 ?	31
Bosnie, Herzégovine et Novi-Bazar (administrées par l'Autriche)...........	48.4	1.5	25
Bulgarie (avec la Roumélie orientale) (13)	96.6	3.1	33
Serbie (14).....................	48.1	2.1	43
Monténégro..........................	9.1	0.2	22
Roumanie (15)	131.0	5.4	41
Europe méridionale.................	**1.450.565**	**71.826**	**50**
Europe orientale :			
Empire russe (16)	5.477	98.0	18
Europe septentrionale :			
Suède (17)............................	442.8	4.8	11
Norvège (18)......	325.3	2.0	6
Danemark (19)........	144.4	2.3	16
Spitzberg et autres îles boréales (Jan Mayen, île aux Ours, etc.)	70.5	0.0	»
Europe septentrionale.................	**983.0**	**9.1**	**9**
TOTAUX POUR L'EUROPE....... .	**10.034.445**	**359 645**	**35.8**

(1) ROYAUME-UNI. — Cette superficie comprend les eaux intérieures; c'est celle que,

résultat (page 539) que nous avons obtenu et que nous présentons comme étant les chiffres officiels ou, à défaut de publication officielle, comme les plus probables de la superficie des États d'Europe et de leur population à la fin de l'année 1890.

Nota. — Nous ne changeons rien au groupement des États que nous avons adopté depuis longtemps dans nos Précis de géographie et que nous avons conservé dans le présent ouvrage. Dans un pareil groupement

---

d'après le census de l'Angleterre, les éditeurs de la *Bevölkerung der Erde* ont adoptée et qui est à peu près conforme à celle du général Strelbistky (314,2). Celle de 312,931 nous a été donnée par M. Ogle, Registrar général de l'Angleterre, d'après l'*Ordnance Survey* et se trouve dans la *Statistique de la superficie et de la population des contrées de la Terre*. Le chiffre de la population 38,6 du tableau de la page 240 résultait de la population calculée par le Registrar général ; celui de 37,9 est le résultat provisoire du recensement de 1891 ; le calcul donnait ainsi une population supérieure de plus d'un demi-million à la population réelle.

Autres notes se rapportant au tableau de la page 539.

(2) Pays-Bas. — La superficie des Pays-Bas d'après les nouvelles mesures cadastrales (1889) est de 32,538,3 k. c., et, avec les fleuves et lacs (461,6 k c.), de 32 999,9 k. c. Le recensement du 31 décembre 1889 porte 4,511,415 hab.

(3) Belgique. — Le cadastre belge donne une superficie de 29,457 k c.; mais les cours d'eau, qui n'y sont pas compris, ont une superficie d'environ 192 k. c. Le dernier recensement (5,520,009 hab.) date de 1880 ; 6,1 est la population calculée pour 1890.

(4) France. — La superficie de la France, telle que nous l'avons donnée dans l'*Annuaire du Bureau des longitudes*, est de 528,400 k. c.; mais cette superficie, calculée d'après le cadastre, ne comprend pas certaines parties absolument incultes du territoire et est inférieure à la superficie mesurée sur la carte au 320,000ᵉ par le général Strelbitsky (533,0 milliers de k. c.) et sur la carte au 80,000ᵉ par le Service géographique de l'armée (536,5). Nous donnons provisoirement la superficie calculée par le Service géographique, quoique dans le cours de l'ouvrage nous nous soyons toujours servi, pour nos calculs, du chiffre semi-officiel de 528,400 k. c. Pour les évaluations de la superficie de la France, voir *La France et ses Colonies*, par E. Levasseur, t. I, p. 2. Le recensement de 1891 porte 38,343,150 habitants (population domiciliée).

(5) Empire allemand. — *Die Bevölkerung der Erde*, *VIII* donne (page 1) 540,418 k. c., sans les baies intérieures et la partie allemande du lac de Constance, 540,419 dans le tableau d'ensemble, p. XI. Nous préférons le chiffre officiel 540,597 (sans Helgoland) donné par le *Statistisches Yahrbuch fur Deutsches Reich* (1891). Le recensement du 1ᵉʳ décembre 1890 porte 49,424,135 habitants.

(6) Suisse. — La superficie était officiellement de 41,347 k. c. avec la partie suisse des lacs de Genève et de Constance ; l'*Annuaire statistique de la Suisse*, 1891, la porte à 41,390. Le recensement du 18 décembre 1888 a donné 2,933,334 habitants.

(7) Autriche-Hongrie. — La superficie officielle, d'après le cadastre, était pour l'Autriche de 300,024 k. c. ; celle des pays de la couronne de Saint-Etienne, de 325,338 k. c.; total : 625,362. Une mesure planimétrique prise sur la carte au 75,000ᵉ par M. Penck a donné 625,557. Les résultats provisoires du recensement du 31 décembre 1890 portent 23,835,261 habitants pour l'Autriche et 17,449,705 pour la Hongrie ; total : 41,289,966. Avec la Bosnie, l'Herzégovine et la partie annexée du sandjak de Novi-Bazar (58,460 k. c. et 1,489,091 hab.), la superficie totale de la monarchie Austro-hongroise est de 683,978 k. c. et la population de 42,774,057 âmes.

il y a nécessairement quelque chose d'arbitraire et l'auteur prête toujours à la critique ; nous croyons néanmoins que le nôtre peut se justifier plus facilement que celui de *Die Bevölkerung der Erde* (ouvrage que nous ne citons que parce qu'il jouit en matière de population d'une légitime autorité) qui place la Belgique dans l'Europe centrale, la Suède dans le groupe du nord-ouest, la France dans celui du sud-ouest.

La population et surtout la superficie sont deux notions numériques qui semblent pouvoir être facilement déterminées avec une parfaite précision ; cependant les auteurs (quand ils ne se copient pas) ne s'accordent pas toujours.

Suite des notes se rapportant au tableau de la page 539.

(8) Portugal. — Dans le *Bulletin de l'Institut international de statistique*, nous avions donné pour la superficie du Portugal (sans Madère et les Açores) 88,869 k. c. d'après le conseiller Madeira Pinto. Le général Strelbitsky a trouvé 89,1. Une nouvelle mesure officielle, insérée dans *Annuario Estadistico* du Portugal (1884) donne 89,372 k. c. La population calculée pour 1881 était de 4,306,554 habitants en Europe ; nous l'évaluons à 4,5 pour l'année 1890.

(9) Espagne. — 497,244 k. c. est la mesure officielle calculée par l'Institut géographique et statistique, laquelle est inférieure d'environ 3,100 k. c. à la superficie calculée par le général Strelbitsky. Le recensement de 1887 porte 17,257,432 habitants pour l'Espagne (avec les Baléares et sans les Canaries).

(10) Italie. — L'Institut géographique militaire italien a calculé que la superficie de l'Italie était de 286,588 k. c.; ce nombre a remplacé l'ancienne évaluation officielle (296,323 k. c.). Le général Strelbitsky avait trouvé 288,540 k. c. D'après la Direction générale de la statistique du royaume d'Italie, la population calculée d'après les naissances, les décès et l'émigration, était de 30,158,000 habitants à la fin de l'année 1890.

(11) Grèce. — La superficie de la Grèce, d'après les documents officiels, a été de 63,581 k. c., puis de 65,662 k. c. Nous préférons 65,119 (64,689 sans les petites îles côtières dépendant des nomes continentaux), mesures du général Strelbitsky. Le résultat provisoire du recensement de 1889 est de 2,217,000 habitants.

(12) Turquie. — On ne connaît exactement ni la superficie, ni la population de la Turquie. Nous acceptons pour la superficie le chiffre de 168,533 k. c., calculé par l'Institut géographique de Gotha (*Die Bevölkerung der Erde, VIII*) et inférieur à celui que nous avions donné (174,139) dans la *Superficie et population des contrées de la Terre*. Dans ce travail, nous avions évalué la population à 4,137,000 habitants. M. Cuinet (*La Turquie d'Asie*) l'évalue à 4,798,685. *Die Bevölkerung der Erde, VIII*, porte 5,600,000. Nous croyons cette dernière évaluation un peu trop forte, et après avoir donné 5,5 dans le tableau de la page 241, nous nous contentons de mettre ici 5,2.

(13) Bulgarie. — Nous avions donné 99,872 k. c. pour la Bulgarie et Roumélie orientale ; nous acceptons la nouvelle mesure planimétrique de M. Trognitz (*Die Bevölkerung der Erde, VIII*) qui est de 96,660 k. c. Le recensement du 1er janvier 1888 porte 3,154,375 habitants.

(14) Serbie. — Nous adoptons pour la Serbie le nouveau calcul planimétrique de M. Trognitz : 48,100 k. c. Le résultat provisoire du recensement du 31 décembre 1890 est de 2,157,477 habitants.

(15) Roumanie. — Le chiffre de 5,400,000 est une évaluation hypothétique donnée à défaut de renseignements précis. Il paraît cependant que, d'un calcul fait en Roumanie, il résulterait que la population (Dobroudja non comprise) s'élevait à 5,331,000 habitants en 1888.

1° C'est qu'il n'est presqu'aucun pays dont on connaisse très exactement la superficie. Dans plusieurs États, le chiffre officiel de cette superficie est tiré du cadastre ; or, le cadastre ne comprend pas partout (notamment en France), la totalité du territoire, terres et eaux intérieures, et sur la côte, les anses, ports maritimes et les estuaires des fleuves, et les géographes eux-mêmes ne sont pas unanimes sur les parties d'eau qui doivent figurer dans la superficie d'un pays. Dans d'autres, la superficie officielle ou semi-officielle a été mesurée sur des cartes topographiques à grande échelle ; mais le résultat peut varier suivant l'échelle de la carte et l'habileté de l'opérateur. Quelques États se sont même contentés d'adopter des mesures prises par des particuliers, notamment par le général Strelbitsky et par l'Institut géographique de Gotha. Aussi, d'une année à l'autre, les meilleurs ouvrages donnent-ils parfois des évaluations différentes du même pays. Pour ne prendre qu'un exemple et le prendre dans un des pays d'Europe où ce genre d'étude est le plus pratiqué et dans un ouvrage qui fait autorité, voici quelle est la superficie de l'Empire allemand dans la série des publications de la *Bevölkerung der Erde* : En 1872, 540,302 kil. c.; en 1874, 540,612 ; en 1876, 540,631 ; en 1878, 539,829 ; en 1880, 540,477 ; en 1882, 540,518 ; en 1891, 540,419 ; le général Strelbitsky a donné 540,800. Les différences sont peu considérables. Elles le sont davantage pour la France (Voir *La France et ses colonies*, par E. Levasseur, t. I, p. 2), pour l'Italie, etc., pour l'Angleterre, etc. (Voir dans la *Statistique de la super-*

Suite des notes se rapportant au tableau de la page 539.

(16) RUSSIE. — Nous avons donné pour la superficie de l'Empire russe en Europe 5,477,089 k. c., dans la *Superficie et population des contrées de la terre*. La *Bevölkerung der Erde*, VIII donne dans le tableau général (page XII, 5,337,784 k. c.; mais elle ne comprend pas la Novaïa Zemlia (91,070 k. c., d'après la *Superficie.....; 91,814* d'après *Die Bevölkerung der Erde, VIII*), et elle prend pour limite sud-est de l'Europe la dépression Ponto-caspique. Le général Strelbitsky, qui prend, comme nous, pour limites de l'Europe la crête de l'Oural, le fleuve Oural et la crête du Caucase, donne dans la nouvelle édition (1889) de son travail, 5,515,057 k. c. avec la mer d'Azov dont la superficie est de 37,605 k. c.; soit 5,477,452 k. c. sans cette mer ; c'est ce dernier chiffre que nous adoptons. En 1885, la population de ce territoire était évaluée à 92,947,000 habitants. Nous l'évaluons pour 1890 à 98 millions (au lieu de 98,6, chiffre du tableau de la page 241).

(17) SUÈDE. — La superficie officielle de la Suède est de 442,818 k. c. D'après le général Strelbitsky elle serait de 450,574 k. c. D'après les registres de population, le nombre des habitants de la Suède au 31 décembre 1889 était de 4,774,400.

(18) NORVÈGE. — L'ancienne superficie officielle était de 318,195 k. c. Le général Strelbitsky a trouvé 325,122 ; une nouvelle mesure officielle a donné 325,285 : c'est le chiffre que nous adoptons. La population était officiellement évaluée à 1,990,000 habitants pour décembre 1888.

(19) DANEMARK. — Nous avions évalué la superficie du Danemark (avec les Færoër et l'Islande) à 142,464 k. c. La *Bevölkerung der Erde* l'évalue à 144,397 ; nous adoptons ce dernier chiffre. Le résultat provisoire du recensement de 1890 donne 2,172,205 habitants ; en outre 82,200 environ pour les Færoër et l'Islande ; total 2,254,405.

ficie et de la population des contrées de la Terre, p. 9, des différences qui s'élèvent à plusieurs millions de kil. c. pour la République argentine).

2° La population d'un pays est connue par les recensements et, entre les recensements, par le calcul de l'excédent des naissances sur les décès ; très peu de pays possèdent des renseignements statistiques qui leur permettent de tenir compte de l'émigration et de l'immigration. Les résultats des recensements ne sont pas d'une exactitude irréprochable ; néanmoins ils sont, sauf quelques exceptions, préférables à tout autre mode d'évaluation et ils sont en général adoptés par les statisticiens et les géographes. Mais tous les États d'Europe ne font pas régulièrement le recensement de leur population ; la Turquie n'en a jamais fait. Plusieurs ne les renouvellent qu'à dix ans d'intervalle : autant de causes d'erreur ou de divergence dans l'évaluation de la population totale de l'Europe. On n'obtiendrait pas un résultat satisfaisant en additionnant les chiffres de tous recensements à cause de la diversité des époques auxquelles ils ont eu lieu.

C'est pourquoi, pour pouvoir additionner les populations, nous les avons toutes ramenées par le calcul et à l'aide du taux d'accroissement actuel, au chiffre probable de la fin de l'année 1890.

Page 321. — Le tableau de la superficie et de la population que nous avons donné à la page 321 est extrait du mémoire que nous avons publié sous le titre de *Statistique de la superficie et de la population des contrées de la Terre* dans le *Bulletin de l'Institut international de statistique*, tome I et II, Rome, 1886 et 1887. Depuis la publication de ce mémoire, nous avons refait le travail et nous en avons publié les résultats en juin 1891 dans la dernière édition de notre *Précis de la géographie physique, politique et économique de la Terre (moins l'Europe)*. Depuis la publication de ce Précis, a paru (août 1891) l'ouvrage composé par MM. Wagner et Supan et publié comme supplément des *Mittheilungen du Dr Petermann* sous le titre de *Die Bevölkerung der Erde, VIII*. C'est la huitième édition du travail le plus considérable et, comme nous l'avons dit dans la note précédente, le plus autorisé qui existe sur cette matière. L'étude de ce document nous a conduits à faire de nouvelles modifications à quelques parties de notre travail. Nous donnons, dans le tableau suivant : 1° les chiffres que nous croyons nous-même les meilleurs sur la superficie et la population des parties du monde (ce sont ceux que nous communiquons à l'*Annuaire du Bureau des longitudes* pour 1892) ; 2° les chiffres insérés dans les trois publications les plus connues sur la matière : *Die Bevölkerung der Erde*, VIII, 1891, *Statesman's Yearbook*, 1891 ; *Geographisch-statistiche Tabellen*, 1891-92 ; 3° quelques notes explicatives.

Nous ferons remarquer que, si la superficie totale de l'Europe, dont le territoire presque entier appartient à des États civilisés, ayant pour la plupart un cadastre et une carte topographique, présente quelques incertitudes, celle des autres parties du monde en soulève nécessairement de

CONTRÉES.	I		II		III			IV	
	D'après l'ouvrage intitulé *La population française* (appendice du 3ᵉ volume) et d'après *l'Annuaire du Bureau des longitudes* pour 1892.		D'après l'ouvrage intitulé *Die Bevolkerung der Erde, VIII.* (année 1891).		D'après l'ouvrage intitulé *The Statesman's Yearbook* 1891 (d'après M. Ravenstein).			D'après : *Otto Hubner's Geographisch-Statistiche Tabellen aller Lander der Erde,* 1891-92.	
					SUPERFICIE		POPULATION		
	Superficie (millions de kil. car.)	Population (millions d'âmes).	Superficie (millions de kil. car).	Population (en millions d'âmes).	(en milliers de milles carrés).	(en millions de kilom. carrés).	(millions d'âmes).	Superficie (millions de kil. car.)	Population (millions d'âmes).
Europe	10.0	360	9.7	357.4	3.555	9.2	360.2	9.7	358.2
Afrique	30.5	153	29.2	164.0	11.514	29.8	127.0	29.8	206.1
Asie	42.2	824	44.2	825.9	14.710	38.1	850.0	44.6	860.3
Océanie	11.1	38	7.7	3.2	3.288	8.5	4.7	8.9	5.3
			(Australien, Festland and Tasmanien).		(Australasia).			(Australien und Oceanien).	
Amérique { du nord	23.7 } 42.4	88	38 3	121.7	6.446	16.7	89.3	38.3	124.52
Amérique { du sud	18.7 }	34			6.837	17.7	36.4		
Iles de l'Océan	»	»	1.9	7.42	»	»	»	»	»
Terres polaires	»	»	4.5	0.08	4.889	12.7	0.3	4.5	0.08
	136.2	1.497	135.5	1.479.7	51.239	132.7	1.467.9	135.8	1.554.9

beaucoup plus grandes. Cette superficie n'est connue, pour la majorité des contrées, qu'à l'aide de calculs faits par des géographes sur des cartes qui sont relativement à petite échelle. La même remarque s'applique à la population, parce que le nombre des États hors d'Europe qui procèdent à des recensements réguliers est une minorité et qu'en outre, plusieurs de ces recensements ne méritent qu'une confiance limitée ; plus de la moitié de la population du globe n'étant indiquée que par des évaluations vagues des géographes ou des voyageurs, le chiffre de la population de la Terre ne peut être qu'une quantité approximative.

NOTES EXPLICATIVES DU TABLEAU.

Europe. - I. L'Europe, telle qu'elle figure dans le tableau nº 1, a pour limites : à l'est, le fleuve Kara, la crête principale de l'Oural, le fleuve Oural et la mer Caspienne jusqu'à la presqu'île Apchéron ; au sud-est, la crête du Caucase. Elle comprend, dans la mer Egée, Lemnos et les îles situées plus au nord ; au sud de la mer Egée, la Crète ; elle comprend, au nord, l'Islande et les îles polaires situées entre les méridiens extrêmes de l'Europe, Novaia-Zemlia, Spitzberg, Jan Mayen, etc. Elle ne comprend pas la Terre François-Joseph dont la superficie est entièrement inconnue. La superficie de cette partie du monde ainsi délimitée, est, d'après nos calculs, de 10,034,285 k. c.

En 1886, la population de l'Europe était évaluée par nous à 347 millions. Le chiffre de 360 millions d'habitants qui représente cette population en 1890, a été obtenu soit directement par les recensements des années 1890 et 1891, soit indirectement par la population calculée pour les pays dont les recensements sont plus anciens (voir la note précédente). La population européenne est connue par les recensements et par le mouvement annuel de la population pour la plupart des États. La Turquie cependant ne fournit ni l'un ni l'autre renseignement et quelques pays, comme la Roumanie et le Portugal, ne les fournissent qu'à de longs intervalles.

II. MM. Wagner et Supan, dans la dernière édition (VIIIᵉ) de la *Bevölkerung der Erde*, attribuent à l'Europe une superficie de 9,729,861 kil. c. En ajoutant à ce nombre l'Islande et les terres polaires qu'ils placent dans un autre groupe, on trouve 10,046,000 kil. c. Dans un tableau spécial (p. 52), ils donnent comme superficie de l'Europe, y compris l'Islande, la Novaia-Zemlia et la mer de Marmara, 10,010,566 kil. c. Le général Strelbitsky, dans la nouvelle édition de son travail sur la superficie de l'Europe, donne 10,010,922. Entre notre évaluation, celle du général Strelbitsky et celle de MM. Wagner et Supan, il n'y a qu'une différence peu importante (22,000 kil. c. au plus).

Le chiffre de la population que donnent MM. Wagner et Supan (357.4) est formé à peu près des mêmes éléments que le nombre 360 ; la différence provient principalement de la Russie à laquelle nous attribuons, en Europe, 98 millions d'habitants, tandis que MM. Wagner et Supan ne donnent que 96, et de la Turquie.

III. Les chiffres donnés par M. J. Scott Keltie au commencement du *Statesman's Yearbook* sont empruntés à un travail de M. Ravenstein et ne sont pas accompagnés d'un commentaire justificatif. Le volume porte le chiffre de 380,2 pour la population ; mais il faut lire 360,2 (rectification faite par M. Ravenstein).

IV. La plupart des données relatives à la superficie et à la population dans les *Geographisch-Statistische Tabellen*, rédigées aujourd'hui par M. Juraschek, sont les mêmes que celles de l'*Almanach de Gotha* et sont, par suite, à peu près conformes à la *Bevölkerung der Erde*.

Afrique. — I. Dans l'Afrique sont compris Madère, les Açores et les îles situées au sud du cap de Bonne-Espérance. La superficie que nous assignons à l'Afrique (30,5) est à peu près la moyenne entre les trois nombres que nous avions donnés dans la *Statistique de la superficie et de la population des contrées de la Terre* : 31,431,089, total des nombres donnés pour chaque contrée par les auteurs les plus autorisés (c'est ce total que nous avons reproduit dans le tableau inséré à la page 321 du 1er volume de *La population française*), 30,121,000 et 29,914,000, nombres résultant, le premier d'une mesure planimétrique faite par nous sur notre carte murale d'Afrique au 10,000,000e et le second d'un calcul des trapèzes sphériques ou portions de trapèzes compris entre deux méridiens et deux parallèles sur cette carte. Le nombre 30,495,600 est celui qui se trouve dans l'Appendice de la dernière édition de notre *Précis de géographie physique, politique et économique de la Terre (moins l'Europe)*.

Le nombre total des habitants de l'Afrique est inconnu ; ceux que donnent les statisticiens sont de pures hypothèses : il importe d'abord de le déclarer. Il est nécessaire cependant de faire cette hypothèse, en ajoutant aux populations connues ou à peu près connues les nombres les plus vraisemblables pour les vastes territoires où elles ne sont pas connues, si l'on veut obtenir le total probable des habitants de la Terre. Nous avions supposé, avec d'autres auteurs, que l'Afrique avait environ 200 millions d'habitants (197 dans la *Statistique de la superficie et de la population des contrées de la Terre*, 1886). Un examen plus attentif des conditions économiques dans lesquelles vivent les populations de l'intérieur nous fait croire que ce chiffre est trop fort ; les voyageurs qui — en petit nombre jusqu'ici — ont visité ces contrées, sont généralement portés à se faire une idée exagérée de la densité parce qu'ils suivent presque toujours, par eau ou par terre, les routes de commerce où la population est généralement plus dense qu'ailleurs. C'est pourquoi nous avons cru devoir réduire à 153 millions la population probable de l'Afrique. Le détail des superficies ou des populations par État ou par région se trouve pour cette partie du monde comme pour l'Asie, l'Océanie et l'Amérique, dans l'Appendice de la dernière édition (1891) de notre *Précis de la géographie physique, politique et économique de la Terre (moins l'Europe)*.

II. MM. Wagner et Supan ont donné pour l'Afrique une superficie calculée sur une carte anglaise à l'échelle du 5,977,382ᵉ, qui, en y comprenant les îles côtières du golfe de Guinée, est de 29,207,100 kil. c. Mais les autres îles et particulièrement Madagascar (592,000 kil. c.), ne sont pas comprises dans ce total.

Le nombre de 164 millions d'habitants qu'ils donnent ne correspond donc pas à toute la population du territoire que nous désignons nous-même sous le nom d'Afrique.

III. La population est celle qu'a calculée M. Ravenstein dans les *Proceedings* de la Société de géographie de Londres (janvier 1891) en réduisant à 3.6 hab. par kil. car. la densité moyenne de l'Afrique équatoriale et méridionale.

IV. M. Juraschek, qui comprend dans l'Afrique Madagascar et les îles voisines, donne 29,825,848 kil. c. pour la superficie et 206,112,000 âmes pour la population.

Asie. — I. Nous avions trouvé pour la superficie de l'Asie, dans laquelle nous ne comprenons pas les îles de la Malaisie, 42 millions de kil. c. (*Statist. de la superficie et de la popul. des contrées de la Terre*), puis 41,345,000 kil. c. (*Précis de la géographie de la Terre*). L'étude de la *Bevölkerung der Erde, VIII* nous a amené à préférer à ce nombre celui de 42,186,000.

Le chiffre de la population de l'Asie peut varier considérablement suivant le nombre d'habitants qu'on attribue à la Chine ; ce nombre n'est de toute façon qu'une évaluation très incertaine. Nous avions donné 789 millions (*Statistique de la superf. et de la pop. des contrées de la Terre*, et *Précis de la géographie de la Terre*, page 309) ; mais, nous ne possédions encore pour l'Inde que le recensement de 1881 qui donnait 257 millions 1/2 ; nous avons indiqué cependant (p. 158 du *Précis*) que, pour l'année 1885, le nombre des habitants de ces possessions était d'environ 280 millions. Les résultats provisoires du recensement de 1891 le portent probablement à 294 millions. Par suite, le total de la population de l'Asie doit être aujourd'hui non de 789 millions (chiffre que nous avions calculé), mais de 824 millions.

II. MM. Wagner et Supan, mettant à profit les travaux du général Strelbitsky et de M. Trognitz, ont donné pour la superficie de l'Asie 44,142,658 kil. c. Mais les îles de la Sonde et les Philippines figurent pour 1,994,000 kil. c., nombre que, d'après notre définition de l'Asie, il convient de retrancher. D'autre part, pour les terres polaires (archipel de la Nouvelle-Sibérie, île Wrangel, etc.), nous ajoutons 38,000 kil. c. La superficie se trouve être ainsi ramenée à 42,186,000 kil. c.

Nous adoptons ce nombre qui résulte de mesures plus précises que celles qui avaient été prises par nous-même auparavant. La Sibérie et le Turkestan russe ont, d'après cette nouvelle mesure, 16,830,663 kil. c. au lieu de 16,231,000 (voir *Précis de la géographie de la Terre*, p. 309); les possessions anglaises environ 4,070,000 kil. c. au lieu de 3,765,000, etc.

La population est, d'après MM. Wagner et Supan, de 823,954,000 âmes; mais, en retranchant celles des îles que nous attribuons à l'Océanie, il ne resterait que 786 millions. MM. Wagner et Supan attribuent 361 millions d'habitants à l'Empire chinois; nous avons adopté le chiffre de 400; (l'*Almanach de Gotha* pour 1891 donne 402 et le *Statesman's Yearbook* 404). Ils attribuent 15 millions 1/2 d'habitants à la Turquie d'Asie; nous avons accepté le chiffre calculé par M. Cuinet dans la *Turquie d'Asie* qui est de 21 millions 1/2. Ils attribuent au Kafiristan, etc., 4 millions; nous lui attribuons seulement 1/2 million; ils donnent 2 millions 1/2 à l'Arabie indépendante, nous en donnons 3 1/2. Ils attribuent environ 19 millions aux possessions françaises; nous en donnons 14 1/2; ils donnent, d'après la publication des résultats provisoires du recensement de 1891, 294 millions 1/2 d'habitants pour toutes les possessions britanniques en Asie; nous avions donné, d'après le recensement de 1885, 257 millions 1/2, chiffre auquel nous substituons dans notre nouveau calcul celui de 294. Ils attribuent 9 millions au royaume de Siam, en disant que les évaluations varient de 5 millions 1/2 à 12; nous donnons 5.8. Les autres différences sont moins importantes.

III. M. Ravenstein (*Proceedings of the Royal geographical Society*, January 1891) donne sans détails le total de la superficie et de la population. D'après une rectification faite par lui, il faut au lieu de 830 millions lire 850; ce dernier nombre nous paraît trop fort.

IV. M. Juraschek définit le territoire de l'Asie de la même manière que MM. Wagner et Supan et, comme il attribue 402 millions à la Chine et 387 millions aux possessions britanniques, il arrive à un total de 860 millions d'âmes, lequel nous semble trop élevé.

Océanie. — I. Sous le nom d'Océanie, nous entendons l'ensemble des îles baignées par le Grand océan et par les mers secondaires qui en dépendent, et situées entre le continent asiatique (y compris les îles Japonaises) et le continent américain (y compris les îles côtières). Nous la divisons en trois parties : Malaisie, qui s'étend du détroit de Malacca à la Nouvelle-Guinée exclusivement; Australasie, dont le nom, emprunté à la nomenclature anglaise, est plus correct, depuis le développement de la colonisation européenne, que l'ancien nom de Mélanésie; Polynésie, laquelle comprend les groupes d'îles désignés autrefois sous les noms de Micronésie et la plus grande partie de l'ancienne Polynésie. Dans l'Australasie, est comprise l'Australie, le plus petit des continents suivant nous, la plus grande des îles suivant d'autres.

Nous devons donner au lecteur les raisons pour lesquelles nous déterminons ainsi l'Océanie, parce que d'autres géographes ne la déterminent pas ainsi.

La division de la Terre en cinq parties du monde est une notion simple. Elle correspond à la division de la mer en cinq océans. Elle est commode pour les géographes et pour l'enseignement : il faut la conserver. C'est pour ne pas compliquer ces divisions que nous rattachons les terres polaires du nord aux trois parties du monde dont elles sont le plus voisines. C'est aussi en vue de la clarté et par une raison d'analogie que nous avons donné de l'Océanie la définition ci-dessus. Toute division de ce genre tient quelque peu de l'arbitraire, parce que la nature, en ce cas comme en bien d'autres, n'a pas créé partout des limites indiscutables. Il n'est certainement pas nécessaire de rattacher les îles Hawaï et l'Australie dans une même partie du monde ; cependant il est légitime de réunir en un même groupe toutes les îles disséminées dans le Grand océan. Il est bon de remarquer que, si l'on retranche, comme le font généralement les géographes allemands, la Malaisie de l'Océanie, on coupe en deux le monde insulaire que baigne le Grand océan, et on diminue la moins peuplée des cinq parties du monde pour grossir le nombre des habitants de la plus peuplée ; une partie du monde qui n'aurait pas 4 millions d'habitants manquerait tout à fait de proportion avec les autres. Physiquement, si la faune de la Malaisie occidentale se rattache à celle de l'Asie, la faune de la Malaisie orientale rappelle celle de la Nouvelle-Guinée. Ethnographiquement, il y a trop peu de Malais dans l'Indo-Chine pour qu'il soit nécessaire de réunir ces deux contrées dans la même partie du monde ; politiquement, la Malaisie n'appartient pas aux mêmes maîtres que l'Indo-Chine. la dénomination d'Indes que portent les possessions hollandaises est appliquée aux Antilles comme à la Malaisie : elle n'est donc pas un motif suffisant d'annexion géographique de la Malaisie à l'Asie. Il est d'ailleurs à remarquer que MM. Wagner et Supan ne se servent pas du mot Océanie quoiqu'il soit consacré par l'usage, et qu'ils divisent en sept parties les continents et les îles de la Terre.

II. **MM.** Wagner et Supan ne comprennent, dans ce groupe, que le continent Austral et la Tasmanie.

III. Le *Statesman's Yearbook*, sous la dénomination d'Australasia, paraît comprendre les deux régions que nous désignons sous le nom d'Australasie et de Polynésie.

IV. M. Juraschek, sous la dénomination de Australien und Oceanien, comprend l'Océanie, moins la Malaisie.

Amérique. — I. — D'après notre définition, l'Amérique du nord comprend, outre le continent, d'une part l'Archipel polaire et le Grœnland au nord, et, d'autre part, les Antilles au sud jusques et y compris la Trinité située sur la côte de l'Amérique du sud. Nous lui avions assigné, en 1886, 23,4 millions de kilomètres carrés ; un nouveau calcul en 1891, nous a donné 23,7.

Pour la population des possessions britanniques au nord de l'Amérique, nous avons donné, dans notre *Précis*, 4,323,000, d'après divers recensements opérés de 1881 à 1886. Le *Statistical abstract* anglais porte, comme chiffre de la population calculée pour 1889, 5,273,000 ; mais le recensement de 1891 restera un peu au-dessous de cette évaluation et nous n'avons en somme que 77,000 à ajouter au nombre 4,323,000, que nous avions donné. La population de l'Amérique du nord se trouve être ainsi portée à 88 millions d'âmes.

Pour l'Amérique du sud, les superficies à l'aide desquelles nous avons formé le total de 18,752,000 kil. c., diffèrent peu de celles que nous avions calculées en 1886 et dont le total est 18,3 millions de kil. c. ; elles sont empruntées principalement aux documents officiels des Etats situés dans cette partie du monde.

II. MM. Wagner et Supan assignent 19,810,200 kil. c. à l'Amérique du Nord ; mais ils n'y comprennent ni l'archipel polaire américain ni le Grœnland, ni l'Amérique centrale, ni les Antilles. Ils attribuent 17,732,130 kil. c. à l'Amérique du sud, d'après des mesures planimétriques prises à l'Institut géographique de Gotha à l'aide desquelles ils ont cru pouvoir rectifier les données officielles ; mais ils ne comprennent pas dans l'Amérique du sud les îles Falkland et la Géorgie du sud.

La population qu'ils assignent à l'Amérique (79,6 millions pour l'Amérique du nord, 3,2 pour l'Amérique centrale, 5,5 pour les Indes occidentales, 33,3 pour l'Amérique du sud) diffère peu en somme de celle que nous donnons nous-même.

III. La superficie donnée pour l'Amérique du nord par M. Ravenstein ne comprend ni l'Archipel polaire, ni le Grœnland ; même en tenant compte de cette différence de classification, elle nous paraît trop faible. La population, au contraire (89,3 et 36,4) nous semble un peu trop forte.

IV. La superficie donnée par M. Juraschek est exactement celle de *Die Bevölkerung der Erde ;* la population en diffère peu.

Iles de l'Océan. — Sous ce titre, MM. Wagner et Supan groupent des archipels et des îles que nous avons attribuées aux cinq parties du monde : 1° une grande partie des îles de l'Océanie, Nouvelle-Guinée et îles adjacentes, Mélanésie, Nouvelle-Zélande, Micronésie, îles Hawaï, Polynésie ; 2° les îles de l'océan Indien, Madagascar, Réunion, Maurice et îles adjacentes, îles Kerguelen, etc.; 3° les îles de l'Atlantique, Açores, Madère, Canaries, îles du Cap-Vert, etc.

Terres polaires. — Sous ce titre, MM. Wagner et Supan, Ravenstein et Juraschek comprennent le Grœnland et les autres terres polaires du nord. Ils ne comptent pas (à l'exception de la Géorgie du sud classée dans les îles de l'Atlantique par MM. Wagner et Supan) les terres de la région polaire du sud, leur superficie étant inconnue.

Page 327. — Sur la figure n° 14, le dernier point (1881 de la population rurale doit être abaissé à 24,4 au lieu de 24,9.

Voici les chiffres de la population rurale et de la population urbaine depuis 1846 (par millions d'habitants) :

ANNÉES	POPULATION		ANNÉES	POPULATION	
	rurale	urbaine		rurale	urbaine
1846.........	26.7	8.6	1872.........	24.9	11.2
1851.........	26.6	9 1	1876.........	24.9	11.9
1856.........	26.3	9 8	1881.........	24.6	13 1
1861.........	26.6	10.8	1886.........	24.4	13.7
1866.........	26.5	11.6			

Page 342, dernière ligne. — Ajouter :

D'après le recensement du 12 avril 1891, le nombre des étrangers (population domiciliée) est de 1,101,798, soit 13,416 de moins qu'en 1886 (où le nombre des étrangers était de 1,115,214 pour la population domiciliée et de 1,126,581 pour la population de fait). Mais cette diminution est plus apparente que réelle, parce que sous l'influence de la loi du 26 juin 1889, le nombre des étrangers naturalisés ou des Français réintégrés a été supérieur au chiffre de la diminution.

Page 379, au bas de la note.

Au lieu de :

Tailles élevées,   Tailles ordinaires,
82,42   17,58

Lire :

Tailles ordinaires,   Tailles élevées,
82,42   17,58

Page 389, légende de la figure.

Au lieu de :   Lire :

Petites tailles,   Grandes tailles,
Tailles moyennes,   Tailles moyennes,
Grandes tailles,   Petites tailles.

Pages 400 et suivantes. — Complément du tableau de la superficie, population et densité des départements :

POPULATION DOMICILIÉE D'APRÈS LE RECENSEMENT DU 12 AVRIL 1891.

NOMS des départements et arrondissements.	POPULATION (par milliers d'habitants)
BOURG	123.3
Belley	79 8
Gex	20.5
Nantua	48.2
Trévoux	85 1
1. Ain	356.9
LAON	162.2
Château-Thierry	56.5
Saint-Quentin	146.0
Soissons	70.9
Vervins	109.9
2. Aisne	545.5
MOULINS	123.4
Gannat	63.6
Lapalisse	96.6
Montluçon	110.8
3. Allier	424.4
DIGNE	43.2
Barcelonnette	14.1
Castellane	17.4
Forcalquier	30.1
Sisteron	19.5
4. Alpes (Basses)	124.3
GAP	61.2
Briançon	27.2
Embrun	27.0
5. Alpes (Hautes)	115.5
NICE	148.6
Grasse	86.3
Puget-Theniers	23.6
6. Alpes-Maritimes	258.6
PRIVAS	122.8
Largentière	97.8
Tournon	150.6
7. Ardèche	371.3
MÉZIÈRES	94.9
Rethel	53.5
Rocroi	52.4
Sedan	72.6
Vouziers	51.4
8. Ardennes	324.9
FOIX	77.0
Pamiers	72.7
Saint-Girons	77.7
9. Ariège	227.5

NOMS des départements et arrondissements.	POPULATION (par milliers d'habitants)
TROYES	111.0
Arcis-sur-Aube	29.9
Bar-sur-Aube	36.5
Bar-sur-Seine	41.8
Nogent-sur-Seine	36.3
10. Aube	255 5
CARCASSONNE	99.4
Castelnaudary	44.5
Limoux	61.1
Narbonne	112.3
11. Aude	317.3
RODEZ	113.3
Espalion	59.5
Millau	66.8
Saint-Affrique	57.4
Villefranche	103.5
12. Aveyron	400.5
Belfort (territoire de)	83 7
MARSEILLE	445.8
Aix	103.4
Arles	81.4
13. Bouch.-du-Rhône	630.6
CAEN	119.8
Bayeux	68.7
Falaise	48.5
Lisieux	61.8
Pont-l'Evêque	59.5
Vire	70.6
14. Calvados	428.9
AURILLAC	92.5
Mauriac	61.9
Murat	33.4
Saint-Flour	51.8
15. Cantal	239.6
ANGOULÊME	137.1
Barbézieux	45.2
Cognac	62.9
Confolens	67.9
Ruffec	47.2
16. Charente	360.3
LA ROCHELLE	83.0
Jonzac	72.0
Marennes	56.6
Rochefort	70.2
Saintes	102.3
Saint-Jean-d'Angély	72.4
17. Char.-Inférieure	456.2

NOMS des départements et arrondissements.	POPULATION (par milliers d'habitants)
BOURGES	155 2
Saint-Amand	117.1
Sancerre	87.0
18. Cher	359.3
TULLE	141.0
Brives	120.0
Ussel	67.1
19. Corrèze	328.1
AJACCIO	76.8
Bastia	81.6
Calvi	26.1
Co'te	61.8
Sartène	42.3
20. Corse	288.6
DIJON	163.9
Beaune	113.2
Châtillon-sur-Seine	40.5
Semur	59.3
21. Côte-d'Or	376.9
SAINT-BRIEUC	176.8
Dinan	121.2
Guingamp	127.9
Lannion	103.6
Loudéac	89.1
22. Côtes-du-Nord	618.6
GUÉRET	100.1
Aubusson	100.8
Bourganeuf	43.2
Boussac	40.5
23. Creuse	281.6
PÉRIGUEUX	120.9
Bergerac	104.5
Nontron	85.4
Ribérac	67.0
Sarlat	100.7
24. Dordogne	478.5
BESANÇON	112.7
Beaume-les-Dames	55.6
Montbéliard	83.6
Pontarlier	51.2
25 Doubs	303 1

NOMS des départements et arrondissements.	POPULATION (par milliers d'habitants)	NOMS des départements et arrondissements.	POPULATION (par milliers d'habitants)	NOMS des départements et arrondissements.	POPULATION (par milliers d'habitants)
VALENCE	159.9	MONTPELLIER	195.3	LE PUY	146.9
Die	54.9	Béziers	174.0	Brioude	78.1
Montélimar	63.2	Lodève	50.2	Yssengeaux	91.7
Nyons	28.4	Saint-Pons	42.1		
				43. Loire (Haute)	316.7
26. Drôme	306.4	34. Hérault	461.6		
				NANTES	284.7
EVREUX,	111.3	RENNES	168.4	Ancenis	51.8
Les Andelys	58.0	Fougères	90.2	Châteaubriant	82.5
Bernay	59.2	Montfort	63.6	Paimbeuf	49.4
Louviers	57.3	Redon	93.4	Saint-Nazaire	176.9
Pont-Audemer	63.7	Saint-Malo	132.6	44. Loire-Inférieure.	645.3
		Vitré	78.7		
27. Eure	349.5			ORLÉANS	174.3
		35. Ille-et-Vilaine	626.9	Gien	62.6
CHARTRES	113.7			Montargis	82.7
Châteaudun	63.7	CHATEAUROUX	116.6	Pithiviers	58.1
Dreux	65.5	Le Blanc	61.0		
Nogent-le-Rotrou	41.8	La Châtre	64.8	45. Loiret	377.7
		Issoudun	50.5		
28. Eure-et-Loir	284.7			CAHORS	100.5
		36. Indre	292.9	Figeac	81.7
QUIMPER	171.7			Gourdon	71.7
Brest	236.1	TOURS	190.9	46. Lot	253.9
Châteaulin	118.0	Chinon	82.5		
Morlaix	141.8	Loches	63.9	AGEN	75.0
Quimperlé	59.4			Marmande	85.7
		37. Indre-et-Loire	397.3	Nérac	55.2
29. Finistère	727.0			Villeneuve-sur-Lot	79.4
		GRENOBLE	229.1		
NIMES	160.0	Saint-Marcellin	77.3	47. Lot-et-Garonne	295.3
Alais	129.7	La Tour-du-Pin	127.3		
Uzès	72.6	Vienne	138.4	MENDE	51.2
Le Vigan	57.1			Florac	33.4
		38. Isère	572.1	Marvejols	50.9
30. Gard	419.4			48. Lozère	135.5
		LONS-LE-SAUNIER	92.7		
TOULOUSE	223.5	Dôle	69.3	ANGERS	170.5
Muret	80.1	Poligny	60.5	Baugé	72.4
Saint-Gaudens	118.9	Saint-Claude	50.5	Cholet	123.2
Villefranche	49.9			Saumur	90.6
		39. Jura	273.0	Segré	61.9
31. Garonne (Haute).	472.4			49. Maine-et-Loire	518.6
		MONT-DE-MARSAN	109.1		
AUCH	55.7	Dax	108.8	SAINT-LÔ	85.9
Condom	62.8	Saint-Sever	79.9	Avranches	96.9
Lectoure	39.6			Cherbourg	91.6
Lombez	34.5	40. Landes	297.8	Coutances	102.6
Mirande	68.5			Mortain	63.2
		BLOIS	144.4	Valognes	73.6
32. Gers	261.1	Romorantin	61.1		
		Vendôme	77.8	50. Manche	513.8
BORDEAUX	480.3				
Bazas	52.4	41. Loir-et-Cher	283.3	CHALONS-SUR-MARNE	62.6
Blaye	56.6			Epernay	99.1
Lesparre	44.8	SAINT-ÉTIENNE	312.8	Reims	198.1
Libourne	112.5	Montbrisson	141.1	Sainte-Menehould	29.5
La Réole	46.9	Roanne	162.3	Vitry-le-François	45.4
33. Gironde	793.5	42. Loire	616.2	51. Marne	434.7

NOMS des départements et arrondissements.	POPULATION (par milliers d'habitants)	NOMS des départements et arrondissements.	POPULATION (par milliers d'habitants)	NOMS des départements et arrondissements.	POPULATION (par milliers d'habitants)
CHAUMONT	79.8	ARRAS	174.8	CHAMBÉRY	138.7
Langres	88.6	Béthune	245.2	Albertville	36.3
Vassy	75.1	Boulogne	183.9	Moutiers	35.5
		Montreuil	77.3	St-Jean-de-Maurienne	52.8
52. Marne (Haute)	243.5	Saint-Omer	117.7		
		Saint-Pol	75.4	**70. Savoie**	263.3
LAVAL	118.1				
Château-Gontier	73.2	**61. Pas-de-Calais**	874.3	ANNECY	82.8
Mayenne	141.1			Bonneville	68.5
		CLERMONT-FERRANT	176.8	Saint-Julien	54.3
53. Mayenne	332.4	Ambert	75.9	Thonon	62.7
		Issoire	92.9		
NANCY	213.3	Riom	142.6	**71. Savoie (Haute)**	268.3
Briey	67.8	Thiers	76.0		
Lunéville	96.5			PARIS	2447.9
Toul	66.5	**62. Puy-de-Dôme**	564.2	Saint-Denis	403.9
				Sceaux	289.8
54. Meurt.-et-Moselle	444.1	PAU	128.9		
		Bayonne	107.2	**72. Seine**	3141.6
BAR-LE-DUC	77.9	Mauléon	59.2		
Commercy	80.6	Oloron	61.5	ROUEN	301.5
Montmédy	53.9	Orthez	68.2	Dieppe	108.4
Verdun	79.8			Le Hâvre	247.3
		63. Pyrénées (Basses)	425.0	Neufchâtel	76.1
55. Meuse	292.2			Yvetot	106.6
		TARBES	107.7		
VANNES	144.7	Argelès	40.4	**73. Seine-Inférieure**	839.9
Lorient	194.3	Bagnères	77.7		
Ploërmel	94.6			MELUN	68.6
Pontivy	110.9	**64. Pyrénées (Hautes)**	225.8	Coulommiers	51.3
				Fontainebleau	86.3
56. Morbihan	544.5	PERPIGNAN	116.9	Meaux	98.5
		Céret	47.9	Provins	52.0
NEVERS	129.1	Prades	45.3		
Château-Chinon	72.4			**74. Seine-et-Marne**	356.7
Clamecy	66.3	**65. Pyrén.-Orientales**	210.1		
Cosne	76.0			VERSAILLES	232.2
57. Nièvre	343.6	LYON	641.7	Corbeil	93.3
		Villefranche	165.0	Etampes	41.5
LILLE	732.8			Mantes	56.4
Avesnes	207.8	**66. Rhône**	806.7	Pontoise	135.4
Cambrai	197.5			Rambouillet	69.8
Douai	133.1	VESOUL	88.6		
Dunkerque	138.3	Gray	65.9	**75. Seine-et-Oise**	628.6
Hazebrouck	112.7	Lure	126.3		
Valenciennes	214.1			NIORT	110.6
58. Nord	1736.3	**67. Saône (Haute)**	280.8	Bressuire	88.1
				Melle	71.4
BEAUVAIS	125.8	MACON	108.8	Parthenay	84.2
Clermont	83.8	Autun	130.7		
Compiègne	93.0	Châlon-sur-Saône	160.3	**76. Sèvres (Deux)**	354.3
Senlis	99.2	Charolles	133.8		
		Louhans	85.9	AMIENS	198.6
59. Oise	401.8	**68. Saône-et-Loire**	619.5	Abbeville	132.5
				Doullens	51.6
ALENÇON	61.7	LE MANS	174.6	Montdidier	63.4
Argentan	80.9	La Flèche	91.4	Péronne	100.7
Domfront	117.9	Mamers	101.8		
Mortagne	93.9	Saint-Calais	61.9		
60. Orne	354.4	**69. Sarthe**	429.7	**77. Somme**	546.5

NOMS des départements et arrondissements	POPULATION (par milliers d'habitants.)	NOMS des départements et arrondissements.	POPULATION (par milliers d'habitants)	NOMS des départements et arrondissements	POPULATION (par milliers d'habitants)
ALBI.	100.2	AVIGNON.	84.2	LIMOGES.	182.0
Castres.	139.6	Apt.	44.7	Bellac.	85.0
Gaillac.	59.1	Carpentras.	44.2	Rochechouart.	55.8
Lavaur.	47.8	Orange.	62.3	Saint-Yriex.	50.1
78. Tarn	316.7	**81. Vaucluse**	235.4	**84. Vienne (Haute)**	372.9
MONTAUBAN.	97.5	LA ROCHE-SUR-YON.	168.4	EPINAL.	109.7
Castelsarrasin.	61.8	Fontenay-le-Comte.	143.6	Mirecourt	60.2
Moissac.	47.3	Les Sables-d'Olonne	130.3	Neufchâteau.	52.5
				Remiremout.	79.7
79. Tarn-et-Garonne.	206.6	**82. Vendée**	142.3	Saint-Dié.	108.1
				85. Vosges	410.2
DRAGUIGNAN	81.5	POITIERS.	124.5	AUXERRE.	112 2
Brignoles.	52.5	Châtellerault.	68.3	Avallon.	41.8
Toulon	154.3	Civray.	50 8	Joigny.	90.2
		Loudun	35.1	Sens.	62.6
		Montmorillon.	65.6	Tonnerre.	37.9
80. Var.	288.3	**83. Vienne**	341.3	**86 Yonne**	344.7

Page 409, ligne de Nantes, col. 11. — Au lieu de : 3,9 (avant-dernière colonne) : lire **73,9**.

Page 413. — Au lieu de *Briey* (en italique), mettre Briey (en romain).

Page 425. — Ajouter à la dernière colonne du tableau : 1891 — 36,144 communes ; et à la fin de la page, en note : du 30 mai 1886 au 12 avril 1891, 4 communes ont été supprimées et 27 communes ont été créées.

Page 428. — Ajouter au tableau « communes classées d'après leur population, » (pour 1891) :

		En 1891
Communes au-dessous de 100 habitants		876
— de 101 à 200 —		3.862
— de 201 à 300 —		4.952
— de 301 à 400 —		4.206
— de 401 à 500 —		3.694
— de 501 à 1 000 —		10.169
— de 1.001 à 1.500 —		3.790
— de 1.501 à 2.000 —		1.886
— de 2.001 à 3.000 —		794
— de 3.001 à 4.000 —		572
— de 4.001 à 5.000 —		313
— de 5.001 à 10.000 —		219
— de 10.000 et au-dessus		811
		36.144

Pages 439 et suivantes :

De 1886 à 1891, la population a augmenté dans 32 départements dont l'augmentation totale est de 523,290 habitants (180,506 dans la Seine, 66,157 dans le Nord, 33,825 dans le Rhône, 22,607 dans l'Hérault,

20,838 dans le Pas-de-Calais, 20,514 dans les Alpes-Maritimes, moins de 20,000 dans les autres). Elle a diminué dans 55 départements où la diminution totale est de 399,001 habitants (17,629 dans le Lot, 15,359 dans l'Aveyron, 14,708 dans l'Aude, 13,734 dans la Dordogne, 13,307 dans le Gers, 12,861 dans l'Orne, 12,018 dans le Tarn, 12,077 dans le Lot-et-Garonne, 10,676 dans l'Yonne, 10,432 dans l'Aisne, 10,128 dans l'Ariège, 10,098 dans la Haute-Saône, moins de 10,000 dans les autres). En 1886, il existait, relativement au recensement de 1881, 58 départements où il y avait accroissement et 29 où il y avait diminution (Voir dans le tome I, la note de la page 443).

TOME II

Page 8 et 9. — Complément du tableau :

ANNÉES.	POPULATION (par millions).	MARIAGES (par milliers).	NAISSANCES (PAR MILLIERS).								
			ENFANTS LÉGITIMES.			ENFANTS NATURELS.			TOTAL.		
			Garçons.	Filles.	Total.	Garçons	Filles.	Total.	Garçons.	Filles.	Total.
1888.....	38.3	277	414	394	808	38	37	75	452	431	883
1889.....	38.4	273	413	394	807	37	36	73	450	430	880
1890.....	38.5	269	392	375	767	36	35	71	428	410	838

ANNÉES.	DÉCÈS (par milliers).			EXCÉDENT (par milliers).		RAPPORT PAR 1,000 HABITANTS.			
	Masculins.	Féminin.	Total.	Naissances	Décès.	Mariages.	Naissances.	Décès.	Excédent.
1888.....	436	402	838	43	»	7.2	23.1	21.9	1.2
1889.....	412	383	795	85	»	7.1	22.9	20.7	1.0
1890.....	454	423	877	»	38	7.0	21.8	22.6	1.0

Page 13. — Le nombre des naissances avait été d'environ 900,000 (899,333) en 1887 ; dans les trois années suivantes il a été inférieur à ce nombre. En 1890, il est tombé à 838,059. On n'avait vu qu'une seule fois un chiffre aussi faible (826,000 naissances en 1871). C'est une diminution de 42,000 naissances de 1889 à 1890. L'influenza peut avoir exercé une certaine action sur cette diminution ; le nombre des mariages qui a été très faible a exercé aussi une influence.

Page 23, dans le titre de la dernière colonne du tableau du maximum : au lieu de : 34,6 à 29,6, lire : de 34,3 à 29,4. — Ajouter à la note n° 2 : en 1890, la natalité est tombée à 13.8 par 1,000 habitants, dans le Lot-et-Garonne, et à 13.6 dans le Gers,

Page 31. — Le nombre total des naissances naturelles n'a pas augmenté sensiblement (71,086 en 1890) ; mais, comme le nombre total des naissances a diminué, la proportion des naissances naturelles au total des naissances se trouve avoir augmenté. Il était de 8.5 par 100 naissances en 1889 et en 1890.

Page 70. — Depuis 1886, le nombre des mariages a constamment décru. En 1890, il a été de 269,332, soit 7 mariages par 1,000 habitants. D'une part, l'état économique actuel de la France, d'autre part, le petit nombre de naissances et la grande mortalité des enfants dans la période 1870-1871 expliquent en grande partie cette diminution.

Page 81, 8e ligne de la 3e colonne du tableau. — Au lieu de : 30,5, lire : 40,5.

Page 82, 6e ligne du tableau. — Au lieu de : 40 à 60 ans, lire : de 40 à 50 ans.

Page 83. — Compléter ainsi le tableau :

    15 à 20 ans (femmes).
    18 à 20 ans (hommes).
    20 à 25 ans (les deux sexes).
    25 à 30 ans   (item).

Page 101. — Le nombre des divorces prononcés en 1888 a été de 5,482 (4,548 non précédés de séparation de corps et 934 précédés de séparation de corps). Le nombre des divorces enregistrés par le ministère de la justice est tous les ans (excepté pour l'année 1884 où le nombre donné par la Statistique générale de France, est emprunté à la publication du ministère de la justice) supérieur à celui que donne la Statistique générale de France dans le mouvement de la population (4,277 en 1885, 2,950 en 1886, 3,636 en 1887, 4,708 en 1888, 4,784 en 1889, 5,457 en 1890). Comme il ne paraît pas possible que les parquets, en dressant leurs tableaux, aient imaginé des divorces qui ne figurent pas sur les rôles, on doit en conclure qu'il y a des omissions dans les relevés faits par les officiers municipaux sur les registres de l'état civil.

Page 118. — Depuis l'impression du second volume de la *Population française*, le ministère de l'intérieur (Direction de l'Assistance et de l'hygiène publique) a publié la statistique suivante :

NOMBRE MOYEN DE DÉCÈS ANNUELS PENDANT LA PÉRIODE QUINQUENNALE 1886-1890 DANS LES VILLES DE FRANCE DE PLUS DE 10,000 AMES.

MALADIES.	Par 100,000 habitants.	Rapport pour 100 de chaque maladie à la totalité des sexes.
Fièvre typhoïde.....	56	2.2
Variole...........	30	1.0
Rougeole...................	49	2.1
Diphtérie..................	63	2.6
Scarlatine.................	8	0.3
Coqueluche............ ...	17	0.6
Diarrhée gastro-entérite...	2.11	9.0
Phtisie..............	3.12	7.7
Autres tuberculoses...........	65	3.0
Bronchite.....	1.83	7.2
Pneumonie.................	2.29	9.1
Autres causes........	12.34	53.1
Causes inconnues.............	52	2.1
Mortalité générale	25.09	100

Page 120, dernière colonne du tableau. — Au lieu de : villes de 10,000 à 20,000 habitants, lire : villes de 10,000 à 11,600 habitants.

Page 126, 3e colonne du tableau en note. — Au lieu de : par 100,000 habitants, lire : par 1,000,000 d'habitants.

Page 148. — En 1874, le nombre des décès est tombé à 781,000, le nombre le plus faible que la France ait enregistré depuis 1860. Dans les quatorze années suivantes il s'est maintenu entre 801,000 (1877) et 858,000 (1880 et 1884); en 1889 il est tombé à 795,000, soit 20,7 décès par 1,000 habitants, malgré l'augmentation de décès en décembre causée par l'influenza (dans les villes de plus de 10,000 habitants, la mortalité de décembre qui était de 20,9 par 100,000 hab. en 1886-1889 a été de 27,7 en 1890). Mais, en 1890, l'influenza a élevé considérablement la mortalité de janvier (de 23,7 à 36,2 par 100,000 hab. dans les villes de plus de 10,000 habitants, et le nombre total des décès de l'année a été de 876,505; on n'avait pas, depuis 1871, enregistré un nombre aussi fort; la mortalité s'est élevée à 22,6.

Page 186, ligne 24. — Au lieu de : celle de l'Angleterre, de 25, lire : de 35,1.

Page 201, ligne 2. — Au lieu de : 100 accouchements, lire : de 10,000 accouchements.

Page 206, note 1. — Au lieu de : sur 100 veuves ou filles, lire : sur 1,000 veuves ou filles.

Page 214, note 2. — Intervertir les titres et au lieu de mariages en général, mariages de célibataires, lire : mariages de célibataires, mariages en général.

Page 216, note 2. — Intervertir l'ordre des titres de colonnes et au lieu de FEMMES (âge moyen), HOMMES (âge moyen), lire HOMMES, FEMMES. Dans la colonne de l'excès de l'âge moyen des hommes au moment du mariage. — Au lieu de : 2,7 lire : 2,1 ; au lieu de : 4,6 lire : 4,7 ; au lieu de : 2,3 lire : 2,4 ; au lieu de : 2,4 lire : 2,3 ; au lieu de : 2,6 lire : 2,7.

Page 223, en note. — Au lieu de : 3 p. 1,000, lire : 38 p. 1,000.

Pages 253 et 254. — Complément pour faire suite aux tableaux des naissances, des mariages et des décès. Ce complément fait voir que la natalité continue à diminuer, comme elle diminuait depuis 1880 ; la nuptialité a peu varié, la mortalité, à cause de l'influenza, a augmenté.

1° D'APRÈS LES CONFRONTI INTERNAZIONALI.

ÉTATS.	NATALITÉ.		NUPTIALITÉ.		MORTALITÉ.	
	1888.	1889.	1888.	1889.	1888.	1889.
Irlande	22.9	22.8	4.2	4.5	18.0	17.5
Ecosse	»	»	»	»	»	»
Angleterre et Pays de Galles	»	»	7.0	»	»	»
Pays-Bas	33.7	33.4	6.9	»	20.4	20.2
Belgique	»	»	7.0	7.2	»	»
France	23.1	22.9	7.2	7.1	21.9	20.7
Empire allemand	»	»	7.8	8.0	»	»
Prusse	37.3	37.0	8.0	8.1	»	»
Suisse	27.7	27.6	7.1	8.1	»	»
Autriche	37.9	37.8	7.9	7 5	»	»
Hongrie	43.2	43.0	9.2	8.6	»	»
Espagne	36.7	»	»	»	30.6	»
Italie	»	»	7.7	»	»	»
Suède	»	»	5.9	5.9	»	»
Norvège	»	»	»	»	»	»
Danemark	31.7	31.3	7.1	7.1	19.2	18.6

2° D'APRÈS LE REGISTRAR GENERAL D'ANGLETERRE.

ÉTATS.	NATALITÉ		NUPTIALITÉ. Nombre de mariés, hommes et femmes, par 1,000 hab.		MORTALITÉ.	
	1889.	1890.	1889.	1890.	1889.	1890.
Irlande	22.7	22.3	9.0	8.9	17.4	18.2
Ecosse	30.9	30.3	13.2	13.7	18.4	19.7
Angleterre et Pays de Galles	31.1	30.2	15.0	15.5	18.2	19.5
Pays-Bas	33.2	32 9	13.9	14 2	20.1	20.5
Belgique	29.5	28.7	14 5	14.5	19.1	20.6
France	23.0	21.8	14 2	14 0	20.5	22.8
Empire allemand	36.4	35.7	16.0	16.1	23.7	24.4
Prusse	37.1	36.6	16.3	16.4	23.2	24.0
Suisse	27.6	26.6	14.1	14.1	20.3	20.9
Autriche	37.9	36.7	15.0	15.1	27.3	29.4
Italie	38.4	35.9	15.4	14.7	25.6	26.4
Suède	27.7	»	12.0	»	16.0	»
Norvège	29.7	30.0	12.5	12 9	11.4	17.8
Danemark	31.3	30.6	14.2	13.8	18.6	19.0

Page 277, 2e colonne du tableau. — Au lieu de : 87,8, lire : 88 ; 3e colonne, au lieu de : 3, lire : 2,6 ; 4e colonne, au lieu de : 10, lire : 10,1 ; 5e colonne, au lieu de : 5, lire : 4,6.

Page 304, ligne 4. — Au lieu de : car la prolongation... mettre : car cette vitalité, excédant les prévisions du tarif des primes, calculé d'après la table de Deparcieux a été, avec la hausse des fonds publics sur le marché, la cause d'un déficit de 40 millions et demi (différence entre les engagements contractés et les ressources afférentes) que l'État a du combler en 1884, en attribuant à la caisse des rentes 3 p. 0/0 amortissables.

Page 312, 2e ligne de la 2e colonne. — Au lieu de : 314, lire : 334.

Page 316, 6e ligne de la dernière colonne du tableau. — Au lieu de : de 3 à 27 id., lire : de 31 à 27 id.

Page 330, note 2. — Au lieu de : né le 16 juillet 1704, lire : le 15 juillet 1701.

Pages 334 et 335.

Table de Mortalité *des Agents de Compagnies de Chemins de fer français, dressée par M. Beziat d'Audibert, actuaire, en 1891, sur les décès survenus de 1884 à 1889 pour les employés de la Cie Paris-Lyon-Méditerranée et de 1887 à 1889 pour ceux des autres Compagnies, sur un total de 39,396 personnes faisant partie de la Caisse de retraites.*

Cette table indique une mortalité moins forte que celle de la Caisse des retraites pour la vieillesse entre 18 et 65 ans ; (et surtout, à cause de la sélection faite par l'examen médical à l'entrée en fonction, une mortalité qui n'est que les 5/8 de celle de Deparcieux de 20 à 40 ans) ; une mortalité un peu plus forte après l'âge de la retraite, entre 65 et 80 ans, plus faible de 80 à 90 ; beaucoup plus rapide à partir de 90 ans, l'extinction totale ayant lieu à 97 ans au lieu de 103, comme pour la Caisse des retraites. On ne peut pas prendre cette table comme mesure de la vitalité réelle de la population française, parce que : 1° elle est calculée sur des individus vivant à l'abri de la misère dans une condition stable et régulière, presque tous dans cet état de médiocrité de fortune que Deparcieux regardait comme le plus favorable à la longévité, la plupart à la campagne ou dans de petites villes, par conséquent sur des têtes choisies ; 2° les agents ne sont acceptés par les Compagnies qu'après avoir été examinés par les médecins ; 3° ceux qui parviennent à la retraite constituent un groupe d'une espèce particulière, dont ont été éliminés, pendant la période d'activité, par démission ou par renvoi, les individus malingres, malades ou vicieux, et dont la vitalité par conséquent est supérieure à celle du personnel tout entier. En outre, M. Beziat d'Audibert a signalé des différences entre la mortalité des agents en activité et celle des agents pensionnés ; ainsi, pendant que les premiers présentent, de 50 à 60 ans, une mortalité relativement faible parce que les agents malades ou fatigués ont été mis à la retraite à l'âge réglementaire ou même avant cet âge, les seconds ont inversement une mortalité très forte durant la même période d'âge. Néanmoins ce document, dont nous devons la communication à M. Beziat d'Audibert, nous a paru utile à insérer pour compléter la connaissance de la vitalité de têtes choisies en France. Nous donnons, à côté, la table de survie de la Caisse des retraites ramenée, pour faciliter la comparaison, à 1,000 à l'âge de 18 ans.

TABLE DE MORTALITÉ DES AGENTS DES CHEMINS DE FER FRANÇAIS

AGES.	NOMBRE de vivants		AGES.	NOMBRE de vivants		AGES.	NOMBRE de vivants	
	de la table des chemins de fer.	de la caisse des retraites		de la table des chemins de fer.	de la caisse des retraites		de la table des chemins de fer.	de la caisse des retraites
18 ans	1.000	1.000	45 ans	823	810	72 ans	373	381
19	994	993	46	815	801	73	347	355
20	989	986	47	805	793	74	319	328
21	983	978	48	795	784	75	292	302
22	977	971	49	784	774	76	264	275
23	970	963	50	773	764	77	237	248
24	964	959	51	761	753	78	211	222
25	957	948	52	749	742	79	189	196
26	951	941	53	737	730	80	169	172
27	945	935	54	725	717	81	151	148
28	939	928	55	712	704	82	134	127
29	933	921	56	699	690	83	116	107
30	927	915	57	685	676	84	98	88
31	921	908	58	670	661	85	81	72
32	915	902	59	655	646	86	64	57
33	908	895	60	638	630	87	50	45
34	902	889	61	621	614	88	39	35
35	896	882	62	602	597	89	29	26
36	889	876	63	582	579	90	21	20
37	883	869	64	561	560	91	14	14
38	876	862	65	540	541	92	9	10
39	869	855	66	517	521	93	4	7
40	862	848	67	494	500	94	2	5
41	854	841	68	470	478	95	1	3
42	847	838	69	445	455	96	»	2
43	839	825	70	421	431	97	»	1
44	831	818	71	398	406			

Page 344, ligne 13. — Au lieu de : en 1801, lire : en 1836.

Page 345. — Ajouter au tableau le résultat du recensement de 1891 :

POPULATION TOTALE DES VILLES DE PLUS DE 30,000 HABITANTS.

VILLES.	HABITANTS.	VILLES.	HABITANTS	VILLES.	HABITANTS.
Paris	2.477.957	Rennes	69.232	Lorient	42.116
Lyon	416.029	Nice	88.273	Cherbourg	38.554
Marseille	403.749	Orléans	63.705	Bourges	45.352
Bordeaux	252.415	Montpellier	69.258	Cette	36.541
Lille	201.211	Tours	60.335	Tourcoing	65.477
Toulouse	149.791	Dijon	65.428	Poitiers	37.997
Nantes	122.750	Calais	56.867	Avignon	43.453
Saint-Etienne	133.443	Le Mans	57.412	Angoulême	36.690
Rouen	112.352	Grenoble	60.439	Levallois-Perret	39.857
Le Havre	116.369	Versailles	51.679	Pau	33.111
Roubaix	114.917	Besançon	56.055	Laval	30.374
Reims	104.186	Troyes	50.330	Rochefort	33.334
Nancy	87.110	Saint-Quentin	47.551	Clichy	30.698
Brest	75.854	Boulogne	45.205	Narbonne	32.569
Amiens	83.654	Saint-Denis	50.992	Périgueux	31.439
Angers	72.669	Béziers	45.475	Roanne	31.380
Toulon	77.747	Caen	45.201	Perpignan	33.878
Nimes	71.623	Clermont	50.119	Saint-Nazaire	30.935
Limoges	72.697	Dunkerque	39.498	Total	6.862.822

Page 371. — A Berlin, comme à Paris et à Londres, il y a eu, entre le recensement de 1880 et celui de 1885 et entre le recensement de 1885 et celui de 1890, une diminution de population dans les quartiers du centre et une augmentation dans les quartiers excentriques. Ainsi, Berlin a diminué de 5,7 p. 100 de 1880 à 1885 et de 2,2 de 1885 à 1890, Friedrichswerder de 12,3 et de 21,3, Altkoln de 1,1 et de 21,3, Dorotheenstadt de 3,1 et 3,3, Friedrichstadt de 1,3 et de 1,3. Au contraire, dans les quartiers excentriques l'augmentation est de 41,1 p. 100 de 1880 à 1885 et de 87,7 de 1885 à 1890 pour Thiergarten, de 62,3 et de 93,7 pour Moabit, de 23,1 et de 61,9 pour Rosenthaler Vorstadt nordliche, de 38,7 et de 61,9 pour Leusenstadt östliche, etc. (Voir *Die Berliner Volkszahlung*, 1890).

Page 380, note 1. — Retrancher Bologne, 74,103.

Page 381. — En 1890, le nombre des villes de plus de 100,000 habitants s'était élevé à 113, dont 30 dans les Iles Britanniques, 26 dans l'Empire Allemand, 12 en Russie, 11 en France, 9 en Italie, 6 en Autriche-Hongrie, 5 en Espagne, 4 en Belgique, 3 aux Pays-Bas, 2 en Portugal, 1 en Suède, en Norvège, en Danemark, en Turquie, en Roumanie.

Page 384. — A la liste des villes américaines dont la croissance a été très rapide, nous pouvons ajouter : Détroit (Michigan) et Denver (Colorado).

Population de Détroit en 1840.	9.192	Population de Denver en 1870.	5.759
—	1870.	79.577	—	1880.	35.630
—	1880.	116.340	—	1890.	106.713
—	1890.	205.876		

Page 384 *(suite)*. — Au recensement de 1890, 16 villes avaient plus de 200,000 habitants :

New York	1.515 301	Cincinnati	296.908
Chicago	1.099.850	Cleveland	261.353
Philadelphie	1.046.964	Buffalo	255.664
Brooklyn	806.343	Nouvelle-Orléans	242.039
Saint-Louis	451.770	Pittsburg	230.607
Boston	448.847	Washington	230.392
Baltimore	434.439	Détroit	205.876
San Francisco	298.997	Milwaukee	204.486

Page 385. — Voici, de recensement en recensement, le progrès de la population de Chicago :

1830.	70 habitants.	1870.	298.977 habitants.
1840.	4.853 id.	1880.	503.185 id.
1850.	29.963 id.	1890.	1.208.669 id.
1860.	112 172 id		

Page 387. — La proportion des étrangers est, dans les villes américaines dont la croissance a été très rapide, beaucoup plus considérable qu'à Paris. Voici, en effet, au recensement de 1890, la nationalité des habitants de Chicago d'après le *33e Annual report of board of trade of Chicago* :

Nationalité.	Habitants.	Proport. p. 100.	Nationalité.	Habitants.	Proport. p. 100.
Américains..	292.463	24.3	Norvégiens....	44.615	3.4
Allemands...	384.958	32.1	Anglais........	33.785	2.7
Irlandais	215.534	17.9	Français	12.963	1.1
Bohémiens ..	54.209	4.7	Ecossais.......	11.927	1.0
Polonais.....	52.756	4.4	Autres	59.592	5.0
Suédois.....	45.867	3.4			

Page 408. — Depuis la publication du second volume de *La Population française*, le Ministère de l'Intérieur (Direction de l'Assistance et de l'Hygiène publiques) a publié la *Statistique sanitaire des villes de France, période quinquennale 1886-1890*. Cette statistique confirme pleinement ce que nous avons dit de la mortalité des villes comparée à celle des campagnes.

MORTALITÉ.

(Statist. san. des villes de France, p. 56).

| ANNÉES. | PARIS. — 2.261.000 h. | VILLES | | | | Communes au-dessous de 10,000 h. — 28.691.271 h. | Communes au-dessous de 5,000 h. — 26.409.499 h. | FRANCE entière. |
		100.000 à 400.000 h. — 2.004.000 h.	20.000 à 100.000 h. — 3.189.000 h.	10.000 à 20.000 h. — 1.785.000 h.	de 5,000 à 10.000 h. — 2.281.772 h.			
1886..........	24.37	27 54	26.99	26.46	»	21.49	»	22.68
1887..........	23.36	26 17	26.20	25.23	»	21.22	»	22.22
1888..........	22.66	26.46	25.25	25.41	»	21.18	»	22.09
1889..........	23.92	24.76	23.11	25.33	18.31	18.31	20.09	20.96
1890..........	24.13	28.31	27.21	26.60	24.84	21.99	21.74	23.19
Moyenne des cinq années.	23.69	26.65	25.75	25.80	21.58	21.16	20.91	22.21

Page 419, lignes 11 et 12 des chiffres de la colonne 4 du tableau. — Au lieu de : 1881-1888, 2,32, lire : 22,3 ; au lieu de : Creuse, 6,41, lire : 16,4.

Page 424, dernière ligne. — Au lieu de : 23 décès, lire : 24 décès.

Page 447, la ligne : « Attentats de moindre importance qui sont précisément du nombre » doit être reportée au bas de la page.

Page 451, ligne 19. — Au lieu de : 1883, lire : 1838.

Pages 486-487. — Complément des tableaux.

ÉCOLES.

| DATE de la statistique. | NOMBRE total des écoles. | ACCROISSEMENT depuis 1837, sur 100 écoles. | NOMBRE D'ÉCOLES pour 10,000 habitants. | NOMBRE D'ÉCOLES | | NOMBRE D'ÉCOLES | | NOMBRE D'ÉCOLES | |
				de garçons et d'écoles mixtes.	spéciales de filles.	publiques.	privées.	laïques.	congréganistes.
1888-89	81.671	155	21.2	47.479	34.192	67.340	14.331	63.140	18.63
1889-90	81.857	155	21.3	47.628	34.229	67.359	14.498	63.228	18.62

ÉLÈVES.

DATE de la statistique.	NOMBRE TOTAL des élèves inscrits.	ACCROISSEMENT total p. 100 depuis 1837.	NOMBRE D'ÉLÈVES par 10,000 habitants	GARÇONS.	FILLES.	ÉCOLES		ÉCOLES	
						publiques.	privées.	laïques.	congréga-nistes.
1888-89	5 623.401	208	1.460	2.833.218	2.790.183	4.416.851	1.176.550	3.915.915	1 707 48
1889-90	5.601.567	208	1.460	3.087.505	2.514.062	4.405.543	1.196.024	3.896.700	1.704.86

Page 487, tableau. — Au lieu de : 3,778,986 filles (1887-88), mettre 2,778,986.

TOME III

Pages 151 et 152. — Les décès ont été en nombre supérieur aux naissances une cinquième fois, en 1890 : 838,059 naissances et 876,505 décès : d'où excédent des décès sur les naissances de 38,446. Il en résulte que, pendant la période décennale 1881-1890, l'excédent moyen annuel des naissances sur les décès a été 66,982 et l'accroissement du nombre annuel de la population par 1,000 habitants de 1,75.

Page 152. — La diminution de la natalité française s'est fait sentir dans l'effectif des écoles primaires. Ainsi, en 1884-1885, le nombre total des élèves inscrits dans les écoles primaires (écoles maternelles non comprises) en France (Algérie non comprise) a été de 5,531,229. En 1889-1890, il n'était que de 5,521,220 ; la différence est de 10,009. Or, en additionnant les naissances des sept années qui ont fourni la population d'âge scolaire aux deux époques, on trouve 6,633,000 pour la première et 6,539,000 pour la seconde : différence plus grande que celle du contingent des écoles. En étudiant ce phénomène par département, on constate que la diminution la plus considérable s'est produite surtout dans les départements dont la natalité a été très faible. (Voir la note insérée dans le *Résumé des états de situation de 1890-91* (Ministère de l'Instruction publique). Il en est de même dans les États de la Nouvelle-Angleterre (New Hamphire, Vermont, Rhode-Island) où le rapport du nombre des élèves à la population totale a diminué à cause de la faible natalité.

Page 209, en note. — Au lieu de : XIV° siècle, lire : XIX° siècle.

Page 232, en note. — Au lieu de : 212,188, lire : 232,188.

Pages 240-241. — Note à ajouter au tableau : En 1801, la Suède possédait à l'est de la Baltique, la moitié de la Finlande et en Allemagne la Poméranie suédoise ; la Norvège avait le même souverain que le Danemark.

Page 316. — Le nombre des étrangers a été trouvé un peu moindre dans la population domiciliée en 1891 qu'en 1886.

Page 322, en note. — Au lieu de : venant..., mettre : *exerçant directement ou indirectement les professions suivantes.*

Page 327, ligne 26. — En Allemagne, ajouter : 36,700 (en 1885).

Page 350, ligne 6. — Au lieu de : la proportion des émigrants était..... de 50 à 150 dans celles de Padoue, Venise..., mettre : de 50 à 15. — Et en note, au lieu de : cependant elle était encore de 50 p. 1,000 dans la province de Rovigo et de 150 dans celle de Cosenza..., mettre : 5 p. 1,000 dans la province de Rovigo et de 15 dans.....

Page 386, en note, ligne 14. — Au lieu de : send or, lire : send for.

Pages 412 (note) et 419 (tableau). — Au lieu de 288,000 habitants pour la partie française de Saint-Domingue en 1779-1789, chiffre emprunté à Necker (*de l'Administration des finances de la France*, recensement de 1779 : 32,650 blancs, 7,055 gens de couleur, 249,098 esclaves), il vaut mieux lire : 520,000, chiffre donné par Moreau de Saint-Mery (*La partie française de l'île de Saint-Domingue*) qui donne à peu près l'état de la population en 1790 (40,000 blancs, 28,000 gens de couleur, 452,000 esclaves). D'après ces données, la population blanche, dans l'intervalle d'une dizaine d'années, aurait peu augmenté, très peu probablement par l'excédent des naissances, puisque les trois quarts étaient nés en Europe ; le nombre des esclaves, dont les deux tiers en 1790 étaient, d'après Moreau de Saint-Mery, nés en Afrique, aurait doublé, et, comme conséquence, celle des gens de couleur, aurait quadruplé. Il y avait moins de 1 blanc par 11 esclaves.

TABLE DES MATIÈRES

DU TROISIÈME VOLUME

LIVRE IV.

LES LOIS DE LA POPULATION ET L'ÉQUILIBRE DES NATIONS.

PREMIÈRE PARTIE.

POPULATION CONSIDÉRÉE DANS SA RELATION AVEC LA RICHESSE.

DEUXIÈME PARTIE.

ÉQUILIBRE DES NATIONS ET DES RACES.

LE TERRITOIRE ET LA POPULATION DES GRANDES PUISSANCES EUROPÉENNES DEPUIS LE XVIIIᵉ SIÈCLE.

Les nombres qui se trouvent dans les colonnes Territoire et Population se rapportent à l'État ; les possessions coloniales en Europe et hors d'Europe n'y sont pas comprises. Dans la première colonne de chaque État les territoires acquis — en Europe ou hors d'Europe — sont en romain ; les territoires perdus, en italique.

FRANCE		PRUSSE			ALLEMAGNE			AUTRICHE			RUSSIE			ANGLETERRE			ITALIE			COMPARAISON DE LA POPULATION DE LA FRANCE AVEC CELLE DES AUTRES GRANDES PUISSANCES.
TERRITOIRE (en milliers de kilom. carrés)	POPULATION (en millions d'habitants)	*(notes)*	TERRITOIRE (en milliers de kilom. carrés)	POPULATION (en millions d'habitants)	*(notes)*	TERRITOIRE (en milliers de kilom. carrés)	POPULATION (en millions d'habitants)	*(notes)*	TERRITOIRE (en milliers de kilom. carrés)	POPULATION (en millions d'habitants)	*(notes)*	TERRITOIRE (en milliers de kilom. carrés)	POPULATION (en millions d'habitants)	*(notes)*	TERRITOIRE (en milliers de kilom. carrés)	POPULATION (en millions d'habitants)	*(notes)*	TERRITOIRE (en milliers de kilom. carrés)	POPULATION (en millions d'habitants en l'année 1814)	
493	19	1701. Prusse érigée en royaume.	110	2	Empire d'Allemagne, y compris les portions de l'Autriche et de la Prusse qui en faisaient partie. (Ne forme jusqu'en 1806 qu'une même puissance avec l'Autriche).	680	19 à 20	1699. PAIX DE KARLOWITZ. (L'Autriche reconquiert la Hongrie orientale à l'exception du Banat du Témesvar, la Transylvanie, la Croatie et l'Esclavonie jusqu'à la Save. 1708-1709. Prise de possession du duché de Mantoue, par déshérence. 6 mars et 7 sept. 1714. PAIX DE RASTADT ET DE BADE ; acquiert Pays-Bas espagnols (13,660 k. c.), Brisach, Milan, Naples, Sardaigne, etc. 1718. PAIX DE PASSAROWITZ. Acquiert Banat du Témesvar, partie de la Bosnie et de la Serbie, Valachie occidentale. 1720. Acquiert la Sicile en échange de la Sardaigne. [...] 1738. Préliminaires de Vienne ; Lorraine (momentanément unie à l'Empire appartenant) cédée à Stanislas Leckinski avec réversion à la France. 1737. PAIX DE BELGRADE. Perd la Serbie, la Valachie, la moitié (13,528 k. c.). 1742. PAIX DE BRESLAU. 1745. PAIX DE DRESDE ; cède presque toute la Silésie et le comté de Glatz. 1748. Traité de WORMS ; cède au roi de Sardaigne, territoire jusqu'au Tésin. 1756. TRAITÉ D'AIX-LA-CHAPELLE ; cède Parme, Plaisance, Guastalla. 1756-59. Acquiert Toscane, Falkenstein, Piémont, etc. Août 1772. Premier partage de la Pologne ; acquiert partie de Galicie et de Lodomérie et comté de Zips en Hongrie (75,560 k. c. et 3 millions d'hab.). 1775. Convention de Constantinople. Acquiert Bukovine (10,153 k. c.). 1779. PAIX DE TESCHEN ; acquiert terri. jusqu'à l'Inn. 1784. Acquiert Castiglione, Solferino, en Italie ; seigneurie d'Arlon en Bohême.	610	12 à 13	Empire Russe. En Europe... L'empire tout entier comprenait 15,400,000 k. c. et 11 à 12 millions d'hab. 1707. Kamtchatka découvert (1,295,600 kil. c. ajoutés). 1711. Perte d'Azov, conquis en 1699 (8,030 kil. c. perdus). 1721. TRAITÉ DE NYSTADT ; acquiert Ingermanland, Carélie, partie de l'Estlande, de l'Esthonie, de Livonie (129,000 kil. c.). 1724. Acquiert Baghestan, Ghilan, Chirvan, Derbend (on rend une partie en 1732 et 1736). 1731. Soumission des Kirghises (802,000 k. c. acquis). 1732. Soumission des Sibériens. 1742. Occupation de la Sibérie orientale et des îles Aléoutiennes. 1743. TRAITÉ D'ABO ; acquiert première à l'ouest du Kymene. (Avec les provinces du traité de Nystadt, 18,000 kil. c., le haut, dans le royaume de la Baltique, forme une population de 1,240,000 h.). 1772. Premier partage de la Pologne ; acquiert partie remboursable de la Pologne (93,000 kil. c. et 1,800,000 hab.). 1774. TRAITÉ DE KAÏNARDJI ; acquiert Azov, Gabardo et partie de la Crimée (26,000 kil. c.). (Le reste acquis ensuite.) 1783. Georgie sous le protectorat russe ; acquise définitivement en 1801 (96,380 kil. c.).	3242	10 à peine	Angleterre ; à savoir : Angleterre 7.4, Écosse 1.?, Irlande 2.? 1704. Prend Gibraltar. 1707. Suppression du Parlement écossais. 1713. TRAITÉ D'UTRECHT ; acquiert Acadie, Terre-Neuve et territoire de la baie d'Hudson.	314	8.9	En 1770, le territoire du royaume actuel d'Italie était divisé en 9 États : République de Gênes, Royaume de Sardaigne, États de la République de Venise, duché de Parme, de Modène, Grand duché de Toscane, États de l'Église, Royaume de Naples. La population actuelle était de...	18.5	La population des 3 grandes puissances (France, Angleterre, Empire germanique avec les possessions de la maison d'Autriche) est d'environ 50 millions d'habitants. La France figure dans le total pour **38 p. 100.**
586	26	La roy. de Prusse en 1789. 1791. Acquiert Anspach et Bayreuth (7,060 k. c. et 400,000 hab.). 1793-95. 2ᵉ et 3ᵉ partages de la Pologne acquiert environ 160,000 kil. carrés et 2,200,000 hab. 1795. PAIX DE BÂLE ; perd Gueldre, Meurs et partie de Clèves (rive gauche du Rhin) cède 2,130 k. c. et 115,000 hab.	194	5 à 6	Le Saint-Empire perd en 1789. 1795-1803. Perd tous les territoires d'Empire cédés par la Prusse un traité de Bâle, par l'Autriche aux traités...	660	28	L'Autriche 1789. 1791. TRAITÉ DE SISTOVA ; acquiert Alt-Orsova et district de l'Unna. 1795. Troisième partage acquiert Galicie occidentale avec Varsovie 17,360 k.	590	10	En Europe... L'empire entier : 43,340,000 k. c. et 28 millions d'hab. 1792. TRAITÉ D'IASSY ; acquiert Oczakov (140,000 kil. c.). 1793. Acquiert Courlande et Sémigalle (27,340 k. c.). 1793-95. 2ᵉ et 3ᵉ partages de la Pologne ; acquiert 250,000 kil. c.	4135	25	L'Angleterre en 1789. 1793-1815. S'empare de la plupart des colonies françaises et hollandaises, de Malte, d'Helgoland et vé... tout dans l'Inde. 1795. Acquiert Ceylan.	314	12.?	L'Italie en 1789.	17	La population des 5 grandes puissances (y compris l'Empire germanique et sans compter les possessions coloniales), est d'environ 98 millions d'habitants. La France y figure pour **26 p. 100.**

Perd Terre-Neuve, *le territoire de la baie d'Hudson. Échange vallées du Plata contre vallées du Haut-Adige.*

Perd *Canada, territoire dans l'Inde, Louisiane, etc.* Acquiert Lorraine. Acquiert Corse, 8,747.

Territoire de France en 1789. 1791-93. Comtat, Avignon et principauté d'Orange réunis (3,547 k. c.). 1792. Savoie et Nice, Conquête (13,915 k. c.). 1793. Acquiert Montbéliard. 1795. PAIX DE BÂLE. 1797. PAIX DE CAMPO-FORMIO et acquiert la rive gauche du Rhin. [La République franç. en 1797.]

1790-92. Comtat, Avignon et principauté d'Orange réunis (2,557 k. c.). 1793. Sarr. et Nice, Conquête (13,915 k. c.). 1501. Acquiert Montbéliard. 1795. Paix de Bâle. 1797. Paix de Campo-Formio, acquiert la rive gauche du Rhin. La République franç. en 1797. 1798. Mulhouse réuni.	252	21	1795. Acquiert Anspach et Bayreuth (...). 1793-5, 2e et 3e partages de la Pologne; acquiert [illegible] kil. carrés et 2,000,000 hab. 1795. Paix de Bâle; perd Gueldre, Meurs et partie de Clèves, rive gauche du Rhin; cède 2,550 k. c. et 125,000 hab. Le roy. de Prusse en 1795.	307	8.5	...	580	10	En Europe. L'empire entier: 48,500,000 k. c. et 25 millions d'hab. 1792. Traité d'Iassy; acquiert Oczakov (10,... kil. c.). 1793. Acquiert Courlande et Sémigalle (37,... k. c.). 1793-95, 2e et 3e partages de la Pologne; acquiert [illegible] kil. c. et 3,500,000 hab. 1797. Acquiert la région du Caucase jusqu'au Kour.	4156	25	
1801. Paix de Lunéville; Possession de la rive gauche du Rhin confirmée: 66,000 k. c. et plus de 3 millions d'habitants. La République franç. en 1801. 1802. Acquiert Piémont (34,... et l'île d'Elbe.	578	33	Récès de 1803; en compensation des territoires cédés par le traité de Bâle, gagne (bis 1802) Goslar, Hildesheim, Paderborn, Quedlinbourg, partie de Munster, Eichsfeld, Erfurth, Mulhausen, Nordhausen, Goslar, Essen, Werden, Herford (18,000 k. c. 1,000,000 hab.). 1805. Traité de Schönbrunn, cède le reste de Clèves, Neufchâtel, Anspach. Acquiert Hanovre (31,400 k. c. et 900,000 hab.). Le roy. de Prusse en 1804.	339	10.4							

Puissance	Événements	Superf. (mille k.c.)	Popul. (millions)
France	roy. de France en 1814	580	29.5
	18[..]-[..]. Conquiert l'Algérie et acquiert quelques colonies et protectorats (Mayotte, [...]-île, Tahiti, Nouvelle-Calédonie, etc.)		
	18[..] (2 mars). Traité de [...]; acquiert Savoie et partie du comté de Nice (13.815 k. c.)		
	18[..]-64. Acquiert Cochinchine française, et établit un protectorat sur l'Annam et le Cambodge; agrandit Sénégal.		
	Empire français en 1850	543	38.»
	18[..] (10 mars). Traité de Francfort; perd Alsace-Lorraine (14.492 k. c. et 1.597.228 hab.)		
	[..] (12 octobre). [Convention] additionnelle; [rend] à la France environ 13 k. c. et 1.200 hab.		
	République française 1872 (superficie officielle y comprise les mers intérieures; Densité de 69 h. par k. c.) — Ne forme depuis 1871 qu'une même puissance avec l'Empire allemand.	528	36.1
	8. Achète S.-Barthélemy.		
	18[..] Acquiert protectorat de la Tunisie; conquiert Tonkin, annexe Tahiti et îles voisines, agrandit possession du Sénégal jusqu'au Niger et au delà [...] comptoirs de Guinée [...]		
	La France en 1890 (Densité: 86 hab. par k. c.)	528	39.5
Prusse	Le roy. de Prusse en 1816	278	10.3
	1854. Acquiert par achat principauté de Lichtenberg (500 k. c.)		
	1850. Acquiert Hohenzollern (1.142 k. c. et 60.000 h.)		
	1853-54. Acquiert territoire de Jahde (12 k. c. et 1.000 hab.)		
	1847-57. Séparation de Neuchâtel (accomplie en fait depuis 1848.)		
	Le Prusse en 1872	352	24
Confédération germanique / Empire allemand	La Conféd. germap. en 1816	631.4	30.3
	1865. Convention de Gastein: reçoivent Lauenbourg [?].		
	1866. Traité de Prague; acquiert Hanovre, Nassau, Hesse-électorale, Francfort, Schleswig-Holstein, partie du territoire de Hesse ducale; constitue (1867) [...] k. c. d'Lauenbourg ou Holstein - 11.601 k. c. et 4.5 millions hab.		
	1866. Suppression de la Confédération germanique.		
	Confédération du nord (22 États)	415	30.9
	Confédération du sud (4 États: Bavière, Wurtemberg, Bade, partie méridionale de la Hesse)	415	8.6
	1870-71. Constitution de l'Empire Allemand par traités du 15 novembre 1870 (Bade et Hesse); du 23 novembre 1870 (Bavière); du 25 novembre 1870 (Wurtemberg). Ratifications échangées 29 janvier 1871. Décret du 18 avril 1871.		
	10 mai 1871. Traité de Francfort; acquiert Alsace-Lorraine.		
	L'Empire Allemand en 1872 (Densité de 74 h. au k. c.)	540.4	40.1
	1878-1879. Acquiert en Afrique territoires de Cameroun, de l'ouest et de l'est Africain allemand et en Océanie la Terre de l'Empereur Guillaume, l'Archipel Bismarck, etc.		
	1890. Acquiert Helgoland	348	29.5
	L'Empire allemand en 1890	840.4	49.5
Autriche	L'empire d'Autriche en 1816	688	28.9
	1846. Annexion de la République de Cracovie (1.360 k. c.)		
	1859. Traité de Zurich; perd la plus grande partie de la Lombardie (20.590 k. c. 2.3 millions d'hab.)		
	1866. Traité de Prague et de Vienne; l'Autriche sort de la Confédération germanique et perd la Vénétie (25.000 k. c. 2 millions 1/2 hab.)		
	1867. Emp. Austro-Hongrois.		
	L'Empire Austro-Hongrois en 1872 (Densité de 56 hab. au k. c.)	628	34.2
	1878. Traité de Berlin; annexion de la Bosnie et de l'Herzégovine.		
	L'Autriche-Hongrie (avec la Bosnie et l'Herzégovine) en 1890 (Densité: 65 hab. par k. c.)	677	44.5
Russie	En Europe [...] l'empire entier comprend 18.803.000 k. c. 45 millions d'hab.	5450	45
	1829. Paix de Tourkmantchaï; acquiert Érivan et Nakhitchévan (Nouvelle-Arménie) (38.000 k. c.)		
	1829. Paix d'Andrinople; acquiert Anapa, Poti, Akhalzik, Akhalkalaki (plus de 3.500 k. c.)		
	1856-1869. Acquiert le territoire de l'Amour (570.000 k. c.)		
	1859-64. Soumission du Caucase (78.000 k. c.)		
	1866. Acquiert partie du Turkestan et de l'Asie centrale (1.320.000 kil. c.)		
	1867. Cède l'Alaska aux États-Unis (1.570.000 k. c.)		
	1868. Suppression des restes de l'administration particulière de la Pologne.		
	1871. Abolition de quelques conditions du traité de Paris.		
	L'Empire russe en Europe en 1872 (Densité de 14 h. au k. c.). Acquisitions en Asie.	628	34.2
	1878. Traité de Berlin. La frontière russe reportée aux bouches du Danube. La Russie recouvre ainsi 9.990 kil. c. et 145.000 hab. Acquiert en Asie-Mineure le district de Kars (25.000 k. c. et 600.000 h.)		
	1884. Les Turcomans de Merv acceptent la suzeraineté de la Russie (224.000 kil. c.)		
	La Russie d'Europe en 1890 (Densité: 153 h. par k. c.)	5.477	98.6
Angleterre	L'Angleterre en 1816	314	19.3
	1816-36. Achève la conquête ou la soumission de l'Inde (pays des Mahrattes, Indo-Chine occidentale, Sindh, Poudjab); acquiert Aden, Hong-kong, etc.		
	1863. L'Angleterre cède les îles Ioniennes à la Grèce.		
	1788-1885. Occupation et colonisation de l'Australie, de la Tasmanie et de la Nouvelle-Zélande, de [...] ouest de la Nouvelle-Guinée, etc., des îles Fidji, etc. Développement des colonies du nord de l'Amérique.		
	Le Royaume-Uni en 1872 (Densité de 101 h. au k. c.)	5659	73.6
	1890. Cède Helgoland à l'Empire allemand.		
	L'Empire britannique, avec ses colonies et protectorats, à une superficie totale de 22.130.000 k. c. et une population de 348 millions d'hab.	314	28.6
Italie	L'Italie en 1816		18.4
	1859 (11 juillet). Paix de Villafranca.		
	1859 (10 novembre) Traité de Zurich; acquiert la Lombardie cédée par l'Autriche.		
	1860 (18 mars). Annexion de Parme, Modène, de la Romagne; 24 mars, de la Toscane; 17 décembre, des Marches, de l'Ombrie, des Deux-Siciles.		
	1861 (17 mars). Victor-Emmanuel prend le titre de roi d'Italie.		
	1866. Acquiert la Vénétie, cédée par l'Autriche 25.000 kil. c. et 2 millions 1/2 d'hab.		
	1870 (9 octobre). Annexion du reste des États de l'Église.		
	Le Royaume d'Italie (Densité de 90 h. au k. c.)	288	287
	1881-1889. Prend possession ou place sous son protectorat sur la côte orientale d'Afrique, Massaouah, Assab, territoire du Danakil, côte des Somali, etc.		
	L'Italie en 1890 (Densité: 153 h. par k. c.)	289	28.9

La population des 5 grandes puissances (y compris la Confédération germanique, et sans compter les puissances coloniales) est d'environ 189 millions d'habit. La France y figure pour 21 p. 100.

[Colonne finale, 1872 :] 21 h. [...] [illegible]

La population des 5 grandes puissances (sans compter leurs possessions coloniales) est de 217.8 millions. Celle des 6 grandes puissances est de 244 millions. La France figure pour 16.6 p. 100 dans les 5 grandes puissances. Dans le total des 6 grandes puissances actuelles, elle figure pour 14.8 p. 100.